2019 司法鉴定能力验证
鉴定文书评析（上）

司法部公共法律服务管理局
司法鉴定科学研究院　　主编

科 学 出 版 社
北 京

内 容 简 介

本书评析的鉴定文书取材于2019年度33项司法鉴定领域能力验证部分鉴定机构的反馈结果，分别是"尿液中滥用物质的定性分析""血液中乙醇含量测定（限用气相色谱法）""血液中常见毒物的定性定量分析""毛发中滥用物质的定性分析""个体识别（血斑与唾液斑）""个体识别（血斑与精斑）""三联体亲权鉴定（血斑）""二联体亲权鉴定（血斑）""X染色体STR检测（血斑）""Y染色体STR检测（血斑）""法医病理学死亡原因鉴定及致伤物推断""法医临床学伤残程度鉴定""法医临床学损伤程度鉴定""法医临床学听觉功能评定""法医临床学视觉功能评定""法医临床学男性性功能鉴定""法医学骨龄鉴定""医疗过错鉴定""法医精神病学行为能力评定""法医精神病学伤残程度鉴定""道路交通事故车速鉴定""道路交通事故痕迹鉴定""笔迹鉴定""印章印文鉴定""篡改文件鉴定""朱墨时序鉴定""文件形成方式""指印鉴定""电子数据提取与分析""图像同一性鉴定""语音同一性鉴定""墨粉成分比对检验"和"塑料种类检验"能力验证项目，覆盖法医类、物证类和声像资料（含电子物证）专业。评析中选用了同一个能力验证项目中不同层次水平的鉴定文书及相关反馈结果，依据各专业的要求从鉴定方法、鉴定过程、分析论述、标准适用、结果评判、结论表述、文书规范，以及检测中内部质量控制和记录要求等方面进行点评和分析，对于司法鉴定机构提高鉴定能力和加强质量管理具有很高的指导和示范作用。

本书可供司法鉴定机构技术和管理人员、司法行政管理人员和认证认可评审员学习或参考。

图书在版编目（CIP）数据

2019司法鉴定能力验证鉴定文书评析：上下册 / 司法部公共法律服务管理局，司法鉴定科学研究院主编. — 北京：科学出版社，2020.11
　　ISBN 978-7-03-066461-7

Ⅰ.①2… Ⅱ.①司… ②司… Ⅲ.①司法鉴定－法律文书－分析 Ⅳ.①D916.13

中国版本图书馆CIP数据核字(2020)第203072号

责任编辑：谭宏宇 / 责任校对：郑金红
责任印制：黄晓鸣 / 封面设计：殷　靓

科 学 出 版 社 出版
北京东黄城根北街16号
邮政编码：100717
http://www.sciencep.com
上海锦佳印刷有限公司印刷
科学出版社发行　各地新华书店经销
*
2020年11月第 一 版　开本：B5（720×1000）
2020年11月第一次印刷　总印张：78
总字数：1 314 000
定价：390.00元（上、下册）
（如有印装质量问题，我社负责调换）

《2019司法鉴定能力验证鉴定文书评析》编辑委员会

序

　　能力验证作为判定实验室能力的主要技术手段之一，随着各方对实验室数据可靠性要求的提高，越来越受到国际实验室认可合作组织、各国认可机构、各国政府管理部门和利用实验室数据的社会各方的日益重视。同时，随着司法鉴定机构责任意识、质量意识和管理水平的不断提高，鉴定机构定期参加能力验证已成为常态化的外部质量控制手段，它可以验证本机构的鉴定数据和结果与其他鉴定机构是否一致、其不一致(差异)是在公认的允许误差范围内或是在明显的"离群"位置。能力验证也作为质量保障和促进司法鉴定机构能力建设的有效手段，在帮助鉴定机构提高鉴定能力、鉴定质量和管理水平等方面发挥着重要的作用。

　　同时，司法鉴定能力验证活动与支持司法鉴定行业监管工作全面结合，扩展了司法行政部门进行技术监管的手段，有效地加强了技术监管的力度，为司法鉴定行政监管活动提供了重要的技术支撑。

　　《2019司法鉴定能力验证鉴定文书评析》取材于33项年度能力验证计划项目中部分鉴定机构的反馈结果，选取了优秀和存在问题的典型案例，全面覆盖法医类、物证类和声像资料等司法鉴定专业。司鉴院能力验证工作委员会和项目组专家选用了同一个能力验证项目中不同层次水平的鉴定文书及相关反馈结果，并依据各专业的要求从鉴定方法和标准适用、鉴定过程、分析论述、结果评判、意见表述、文书规范，以及检测检验中内部质量控制和记录要求等方面进行全面、细致的点评和分析,具有很高的指导作用和实用价值,也为参加机构进行自我改进提供了可参考的实际范例。

司鉴院于2006年11月成为首家获CNAS认可的能力验证提供者。自2005年以来,司鉴院开展的能力验证活动在推进司法鉴定领域实验室认可和加强实验室质量控制中,发挥着重要的作用并取得了显著的成绩。能力验证技术研发和专业领域拓展已成为了司鉴院科学研究任务中的一项重要内容,自2009年,司鉴院提供的能力验证年度计划项目已全面覆盖法医类、物证类和声像资料(含电子物证、车体痕迹和车速)共12个司法鉴定专业,项目类别涉及定量、定性和解释型,其中解释型能力验证计划项目的方案设计、结果评价等技术水准已处于国际领先地位。

期望本专著的出版可以在质量控制活动中给予司法鉴定机构一定的帮助、启示和示范,并在加强质量管理和提高鉴定水平的过程中能进一步发挥能力验证的增值作用。

本书获以下课题资助

十三五国家科技支撑计划《司法鉴定能力控制技术研究与示范》

(课题编号:2016YFC0800706)

上海市法医学重点实验室

(课题编号:17DZ2273200)

上海市司法鉴定专业技术服务平台

(课题编号:19DZ2292700)

中央级科研院所基本科研业务费

(课题编号:GY2020G‒1)

国家市场监督管理总局科技项目

(课题编号:2019MK139)

目　录

《尿液中滥用物质的定性分析（CNAS SF0001）》 鉴定文书评析

【项目简介】

在法医毒物司法鉴定工作中，尿液中滥用物质的定性分析是较为常见的鉴定项目。在一定目标物范围内进行筛选和确证，对法医毒物鉴定人而言，不仅要全面掌握法医毒物学等相关理论知识，还需具备诸如分析方法选择、样品预处理、仪器分析、数据处理、结果判断等实际操作技能和鉴定实践，从而得出科学、准确的鉴定结论。近年来，随着司法鉴定体制的改革，为满足体内滥用物质检测的司法鉴定的需求，越来越多的实验室开展了尿液中滥用物质的定性分析的检测项目，为涉嫌吸毒及其他相关案件的侦破和处理提供科学证据。本次能力验证项目《尿液中滥用物质的定性分析（CNAS SF0001）》旨在了解和评价参加能力验证的各实验室在尿液中滥用物质的定性分析的能力，以期进一步规范鉴定活动，提高实验室对尿液中滥用物质的鉴定能力，保障司法鉴定结论的科学性、可靠性和公正性。

【项目设计】

本次能力验证项目《尿液中滥用物质的定性分析（CNAS SF0001）》的方案和样品，由项目专家组根据目前我国司法鉴定实践中常见滥用物质的情况和相关法律法规要求设计并制作，目的在于通过对参加实验室的结果反馈内容的梳理及汇总，了解实验室对法医毒物鉴定中常见滥用物质的筛选和确证的基本理论、检验程序、检验过程、质量控制、结果判断等方面的理解与掌握，从而对实验室的"尿液中滥用物质的定性分析"的检测能力作出科学评价。本次能力验证项目的滥用物质涉及的目标物共计23种，包括吗啡、单乙酰吗啡、可待因、哌替啶、美沙酮、甲基苯丙胺、苯丙胺、MDMA、氯胺酮、可卡因、苯甲酰爱康宁、四氢大麻酸、巴比妥、苯巴比妥、异戊巴比妥、地西泮、硝西泮、氯硝西泮、氟硝西泮、阿普唑仑、艾司唑仑、咪达唑仑、劳拉西泮。本项目提供1份添加了2种滥用物质成分的尿液待测样品。本次能力验证计划的样品制备均按计划方案的要求进行,设计了A、B两组测试样品,根据实验室编号随机发放。空白尿液由健康志愿者提供,并经实验验证不含滥用物质成分。A组是在空白尿液中添加氯胺酮和四氢大麻酸两种目标物,质量浓度分别为1.1 μg/mL和0.055 μg/mL;B组是在空白尿液中添加MDMA和四氢大麻酸两种目标物,质量浓度分别为0.6 μg/mL和0.055 μg/mL。本次能力验证项目制备样品的均匀性和稳定性检验显示其均匀性和稳定性良好,能满足能力验证样品的要求。本项目向各参加实验室发送2管待测样品(共约10 mL,分装于2管)。

目前,在我国《麻醉药品和精神药品》品种目录中,大麻、氯胺酮和MDMA均被列为第一类精神药品进行管理。近年来,在司法鉴定实践中,大麻、氯胺酮和MDMA这三种毒品的滥用呈上升趋势,且在实际案件中这三种毒品经常联合使用。吸食大麻后,活性成分四氢大麻酚经体内代谢生成四氢大麻酸随尿液排出,吸食氯胺酮和MDMA后尿液中毒品原体和代谢物同时存在,在鉴定实践中通常通过鉴定氯胺酮和MDMA原体来判断有无吸毒。通过对尿液中滥用物质的定性分析可以反映各参加实验室对尿液中常见滥用物质进行筛选和确证的日常鉴定水平。本项目建议各参加实验室采用其日常在用的检测方法进行检验,检验完成后提交《尿液中滥用物质测定结果反馈表》以及检测原始记录和相关图谱等。结果的评价内容包括所运用的检验方法、样品前处理、空白对照试验、添加对照试验、原始记录图谱、检出限、筛选质量控制和定性结果等,其中以定性结果的准确性为主。结果评价以百分制打分进行,80分及以上者为"满意"、60~79分者为"通过"、60分以下者为"不通过"。

【结果评析】

[例1]　18AB0160结果反馈表(专家组评价结果:满意)

CNAS 能力验证计划 CNAS SF0001

尿液中滥用物质的定性分析能力验证计划
结果反馈表

参加编号:**19AA0017**

样品收到日期: **2019.6.12**　　　样品测定日期: **2019.6.13-2019.6.20**

样品外观描述: 两支试管分别装有约 5 mL 黄色尿液。

采用的检测方法: 免疫筛选法, GC/MS

最低检出限: MDMA 34 ng/mL, 四氢大麻酸 45 ng/mL

样品处理方法、检测方法的简单描述:
1 尿检板预试; 2 在不同酸碱性条件下液-液萃取,进行 MSTFA 衍生化反应后进 GC/MS 分析; 3 在不同酸碱性条件下液-液萃取,浓缩后直接进 GC/MS 分析; 4 将步骤 3 中浓缩液进行 MBTFA 衍生化反应后进行 GC/MS 分析。

检测原始记录和相关图谱:(包括筛选质量控制、空白对照、添加对照、检出限等)

(附页)

样品定性结果(样品中是否含有本次能力验证所指的滥用物质,是哪几种):

样品中含有本次能力验证所指的滥用物质,分别为 MDMA 和四氢大麻酸

对整个检测过程的描述:

1、样品形状描述即外观检查。

2 尿检板预试	用吗啡、甲基苯丙胺、氯胺酮、MDMA、大麻、可卡因、苯二氮卓类尿检板进行初筛。尿检板呈 MDMA 阳性,其他为阴性。
3 质量控制	1 阴性对照及阳性对照、检出限样品各 3 份:(1)1 份在酸性碱性条件下用氯仿:异丙醇(9:1)提取, MSTFA 衍生化后,供 GC/MS 分析;(2)1 份在酸性碱性条件下用乙醚提取,供 GC/MS 分析;(3)一份在酸性碱性条件下用乙醚提取, MBTFA 衍生化后,供 GC/MS 分析。2 添加一定量的四氢大麻酸、地西泮、巴比妥、MDMA 按上述提取检验方法进行筛选质量控制。
4 尿样处理	取尿样 2.0 mL 共 4 份,同质量控制操作,2 份酸性碱性提取后进行 MSTFA 衍生化反应,进行 GC/MS 分析;2 份酸性碱性提取后直接供 GC/MS 分析,然后再加入 MBTFA 进行衍生化反应,进行 GC/MS 分析。

5 前处理操作过程、进样条件和结果详见记录表单。

注:此表可添加附页,应在 2019 年 6 月 21 日前寄送至实施机构(以邮戳为准)

检验记录

案件编号： CNAS SF0001

MDMA（cutoff 值 500 ng/mL）　　　　阳性

大麻（cutoff 值 50 ng/mL）　　　　　阴性

可卡因（cutoff 值 300 ng/mL）　　　　阴性

苯二氮卓类（cutoff 值 300 ng/mL）　　阴性

苯丙胺（cutoff 值 1000 ng/mL）　　　　阴性

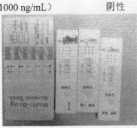

图 2　待测样品的尿检预试验结果(从左至右依次为吗啡、甲基苯丙胺、氯胺酮、MDMA、

大麻、可卡因、苯二氮卓类、苯丙胺检验结果)

三、气相色谱质谱法（GC/MS）检验

1　GC/MS 分析条件

仪器：岛津 GCMS QP2020 型气质联用仪

色谱柱：HP-5MS（30 m×0.25 mm×0.25 μm）弹性石英毛细柱

进样口温：250 ℃

传输线器温：230 ℃

离子源温度：200 ℃

程序升温：100 ℃（1.5 min）　25 ℃/min　280 ℃（15 min）

离子源：EI

质量扫描范围：40 amu -500 amu

载气：高纯氦气

采集方式：全扫描

分流比：20:1

柱流量（恒流）：1.0 mL/min

溶剂切割：3 min

进样量：1 μL

检验记录

案件编号： CNAS SF0001

2 样品提取与检验

取健康者空白尿样约 20 mL 用于制备阴性和阳性对照样品。

2.1 尿样中需 MSTFA 衍生化反应的毒（药）物提取与检验（依据 SF/Z JD107006-2010 方法）

2.1.1 阴性对照样品提取与检验

以空白尿样作为阴性对照样品。

取阴性对照样品 2 mL 分别置于 10 mL 具塞塑料离心试管中，加入 10 uL 乙基吗啡内标液，加入 10% 氢氧化钠溶液（10 μL）调 pH≈9，再加入 1 mL 硼砂缓冲溶液；分别加入 3 mL 氯仿:异丙醇（9:1）混合溶剂，涡旋振荡 5 min，8000 r/min 下离心 5 min，转移有机相至干净并标记的玻璃试管中；水相中加入 1 mol/L 盐酸（100 μL）调 pH 2~3，分别加入 3 mL 氯仿:异丙醇（9:1）混合溶剂，涡旋振荡 5 min，8000 r/min 下离心 5 min，将有机相转移与碱性条件提取的有机相合并，室温下空气流吹干。然后分别加入 100 μL 乙腈和 50 μL MSTFA 衍生化试剂，密封后于 70℃烘箱中加热 20 min，冷却后取出供 GC/MS 分析。

经检验，阴性对照样品中未检出吗啡衍生物、单乙酰吗啡衍生物、可待因衍生物、四氢大麻酸衍生物或苯甲酰爱康宁衍生物，认为此份尿液无干扰，可以作为空白尿液使用，如表 3 所示。

表 3 阴性对照样品检验结果

目标物	保留时间（min）	特征离子（m/z）	是否检出
单乙酰吗啡衍生物	-	-	未检出
吗啡衍生物	-	-	未检出
可待因衍生物	-	-	未检出
苯甲酰爱康宁衍生物	-	-	未检出
四氢大麻酸衍生物	-	-	未检出
乙基吗啡衍生物	10.86	385，192	检出

2.1.2 阳性对照样品提取与检验

取空白尿样 2.0 mL 于 10 mL 具塞塑料离心试管中，准确加入吗啡、单乙酰吗啡、可待因、苯甲酰爱康宁、四氢大麻酸 1 μg，混匀后得到尿液中标准对照品浓度均为 0.5 μg/mL 的尿样，作为阳性对照品使用。按照 2.1.1 部分提及的方法进行提取和检验，阳性对照样品中检出吗啡衍生物、单乙酰吗啡衍生物、可待因衍生物、苯甲酰爱康宁衍生物和四氢大麻酸衍生物，检验结果如下表 4 所示。

检验记录

案件编号: CNAS SF0001

2.1.3 检出限样品提取与检验

取空白尿样 2.0 mL 于 10 mL 具塞塑料离心试管中,准确加入吗啡、单乙酰吗啡、可待因、苯甲酰爱康宁、四氢大麻酸 100 ng, 得到尿液中标准对照品浓度均为 50 ng/mL 的尿样,作为检出限样品。按照 2.1.1 部分提及的方法进行提取和检验,检出限样品中检出吗啡衍生物、单乙酰吗啡衍生物、可待因衍生物、苯甲酰爱康宁衍生物和四氢大麻酸衍生物,检出限如下表 4 所示。

表 4 阳性对照样品检验结果及检出限

目标物	保留时间(min)	特征离子(m/z)	S/N	LOD (ng/mL)
单乙酰吗啡衍生物	11.44	399, 340, 287	3	50
吗啡衍生物	10.94	429, 414, 236	4.27	35
苯甲酰爱康宁衍生物	9.66	82, 240, 361	10.25	15
可待因衍生物	10.67	371, 178, 234	3	50
四氢大麻酸	12.50	371,473,488	3.35	45
乙基吗啡衍生物	10.86	385, 192		-

2.1.4 待测样品提取与检验

取待测样品 2 mL(2 份),分别置于 10 mL 具塞塑料离心试管中并标记为 JC1-1, JC1-2。按照 2.1.1 部分提及的方法进行提取和检验。经检验,待测样品中未检出吗啡衍生物、单乙酰吗啡衍生物、可待因衍生物或苯甲酰爱康宁衍生物,检出四氢大麻酸衍生物,检验结果如下表 4 所示。

表 5 待测样品检验结果

目标物	保留时间(min)	特征离子(m/z)	是否检出
单乙酰吗啡衍生物	-	-	未检出
吗啡衍生物	-	-	未检出
苯甲酰爱康宁衍生物	-	-	未检出
可待因衍生物	-	-	未检出
四氢大麻酸衍生物	12.49	371,473,488	检出
乙基吗啡衍生物	10.86	385, 192	检出

2.2 尿样中需酸性碱性提取的毒(药)物的提取与检验(依据 SF/Z JD107004-2010 方法)

2.2.1 阴性对照样品提取与检验

以空白尿样作为阴性对照样品。

检验记录

案件编号：CNAS SF0001

　　取阴性对照样品 2 mL 分别置于 10 mL 具塞塑料离心试管中，加入 10 μL 混合内标溶液，混匀，先加入 1 mol/L 盐酸调 pH 3~4，加入 3 mL 乙醚涡旋振荡 5 min，然后在 8000 r/min 下离心 5 min，将有机相转移至干净并标记的塑料试管中；转移后的水相再加入 10% 氢氧化钠溶液调 pH 11~12，分别加入 3 mL 乙醚，涡旋振荡 5 min，8000 r/min 下离心 5 min，将有机相转移与酸性条件提取的有机相合并，加入 30 μL 1% 盐酸甲醇，60 ℃下空气流吹干，用 100 μL 乙腈定容后供 GC/MS 分析。

　　经检验，阴性对照样品中未检出哌替啶、美沙酮、氯胺酮、可卡因、巴比妥、苯巴比妥、异戊巴比妥、地西泮、硝西泮、氯硝西泮、氟硝西泮、阿普唑仑、艾司唑仑、咪达唑仑或劳拉西泮，认为此份尿液无干扰，可以作为空白尿液使用；检出内标烯丙异丙巴比妥和 SKF525，如下表 6 所示。

表 6 阴性对照样品检验结果

目标物	保留时间（min）	特征离子（m/z）	是否检出
哌替啶	-	-	未检出
美沙酮	-	-	未检出
氯胺酮	-	-	未检出
可卡因	-	-	未检出
巴比妥	-	-	未检出
苯巴比妥	-	-	未检出
异戊巴比妥	-	-	未检出
地西泮	-	-	未检出
硝西泮	-	-	未检出
氯硝西泮	-	-	未检出
阿普唑仑	-	-	未检出
艾司唑仑	-	-	未检出
咪达唑仑	-	-	未检出
劳拉西泮	-	-	未检出
氟硝西泮	-	-	未检出
烯丙异丙巴比妥	6.75	167，124	检出
SKF525	9.89	86，99	检出

2.2.2 阳性对照样品提取与检验

　　取空白尿样 2.0 mL 于 10 mL 具塞塑料离心试管中，准确加入哌替啶 1 μg、美沙酮 1 μg、氯胺酮 1 μg、可卡因 2 μg、巴比妥 1 μg、苯巴比妥 1 μg、异戊巴

检验记录

案件编号：　CNAS SF0001

比妥 1 μg、地西泮 1.5 μg、硝西泮 4 μg、氯硝西泮 4 μg、阿普唑仑 4 μg、艾司唑仑 4 μg、咪达唑仑 1.5 μg、劳拉西泮 4 μg、氟硝西泮 2 μg，混匀后作为阳性对照样品使用。

　　按照 2.2.1 部分提及的方法进行提取和检验，阳性对照样品中检出哌替啶、美沙酮、氯胺酮、可卡因、巴比妥、苯巴比妥、异戊巴比妥、地西泮、硝西泮、氯硝西泮、阿普唑仑、艾司唑仑、咪达唑仑、劳拉西泮、氟硝西泮和内标烯丙异丙巴比妥、SKF525，检验结果如下表 7 所示。

2.2.3　检出限样品提取与检验

　　同时取空白尿样 2.0 mL 于 10 mL 具塞塑料离心试管中，准确加入哌替啶 200 ng、美沙酮 200 ng、氯胺酮 200 ng、可卡因 1 μg 、巴比妥 200 ng、苯巴比妥 200 ng、异戊巴比妥 200 ng、阿普唑仑 1.5 μg、艾司唑仑 300 ng、咪达唑仑 300 ng、地西泮 300 ng、硝西泮 1.5μg、氯硝西泮 1.5 μg、劳拉西泮 1 μg、氟硝西泮 300 ng，作为检出限样品。

　　按照 2.2.1 部分提及的方法进行提取和检验，检出限样品中检出可待因、哌替啶、美沙酮、氯胺酮、可卡因、巴比妥、苯巴比妥、异戊巴比妥、地西泮、硝西泮、氯硝西泮、阿普唑仑、艾司唑仑、咪达唑仑、劳拉西泮和内标烯丙异丙巴比妥、SKF525，检出限如下表 7 所示。

表 7 阳性对照样品检验结果及检出限

目标物	保留时间（min）	特征离子（m/z）	S/N	LOD （ng/mL）
哌替啶	7.67	71，172，248	3	100
美沙酮	9.17	72	51	6
氯胺酮	8.12	180，238，209	10.57	28
可卡因	9.38	82，182	6.11	245
巴比妥	6.09	141，156	23.43	13
苯巴比妥	8.35	204，117，233	29.79	10
异戊巴比妥	7.17	141，156，227	22.44	13
地西泮	10.72	256，283	16.26	28
硝西泮	13.48	280，264，253	3	750
氯硝西泮	14.50	314，281，288	3	750
阿普唑仑	15.98	204，274，307	3	305
艾司唑仑	15.32	294，259，205	5.38	84
咪达唑仑	11.77	310，325	3	150
劳拉西泮	10.53	274，239，303	7.02	214

检验记录

氟硝西泮	11.96	312，286，266	3.03	148
烯丙异丙巴比妥	6.75	167，124		-
SKF525	9.89	86，99		-

2.2.4 待测样品提取与检验

取待测样品 2 mL（2 份），分别置于 10 mL 具塞塑料离心试管中并标记为 JC1-3，JC1-4。加入 10 μL 混合内标溶液，按照 2.2.1 部分提及的方法进行提取和检验，检验结果如下表 7 所示。

表 8　待测样品检验结果

目标物	保留时间（min）	特征离子（m/z）	是否检出
哌替啶	-	-	未检出
美沙酮	-	-	未检出
氯胺酮	-	-	未检出
可卡因	-	-	未检出
巴比妥	-	-	未检出
苯巴比妥	-	-	未检出
异戊巴比妥	-	-	未检出
地西泮	-	-	未检出
硝西泮	-	-	未检出
氯硝西泮	-	-	未检出
阿普唑仑	-	-	未检出
艾司唑仑	-	-	未检出
咪达唑仑	-	-	未检出
劳拉西泮	-	-	未检出
氟硝西泮	-	-	未检出
烯丙异丙巴比妥	6.76	167，124	检出
SKF525	9.9	86，99	检出

2.3　尿样中需 MBTFA 衍生化反应的毒（药）物提取与检验（依据 SF/Z JD107004-2016 方法）

2.3.1 阴性对照样品提取与检验

以空白尿样作为阴性对照样品。

取阴性对照样品 2 mL 分别置于 10 mL 具塞塑料离心试管中，加入 10 μL 混合内标溶液，混匀，加入 10% 氢氧化钠溶液调 pH 11~12，加入 3 mL 乙醚，涡旋振荡 5 min，8000 r/min 下离心 5 min，将有机相转移与酸性条件提取的有机相合并，

检验记录

案件编号：　CNAS SF0001

加入 30 μL 1% 盐酸甲醇，60 ℃下空气流吹干，用 100 μL 乙腈定容后，加入 40 μL MBTFA 衍生化试剂，密封后于 70℃烘箱中加热 20 min，冷却后取出供 GC/MS 分析。

经检验，阴性对照样品中未检出甲基苯丙胺衍生物、苯丙胺衍生物和 MDMA 衍生物，认为此份尿液无干扰，可以作为空白尿液使用；检出内标 SKF525，如下表 9 所示。

表 9 阴性对照样品检验结果

目标物	保留时间（min）	特征离子（m/z）	是否检出
苯丙胺衍生物	-	-	未检出
甲基苯丙胺衍生物	-	-	未检出
MDMA 衍生物	-	-	未检出
4-苯基丁胺	6.20	91,104,176	检出

2.3.2 阳性对照样品提取与检验

取空白尿样 2.0 mL 于 10 mL 具塞塑料离心试管中，准确加入甲基苯丙胺、苯丙胺、MDMA 标准物质 1 μg，混匀后作为阳性对照样品使用。

按照 2.3.1 部分提及的方法进行提取和检验，阳性对照样品中检出甲基苯丙胺衍生物、苯丙胺衍生物和 MDMA 衍生物，检验结果如下表 10 所示。

2.3.3 检出限样品提取与检验

取空白尿样 2.0 mL 于 10 mL 具塞塑料离心试管中，准确加入甲基苯丙胺、苯丙胺、MDMA 标准物质 100 ng，混匀后作为检出限样品使用。

按照 2.3.1 部分提及的方法进行提取和检验，检出限样品中检出甲基苯丙胺衍生物、苯丙胺衍生物和 MDMA 衍生物，检出限如下表 10 所示。

表 10 阳性对照样品检验结果及检出限

目标物	保留时间（min）	特征离子（m/z）	S/N	LOD （ng/mL）
苯丙胺衍生物	4.91	91，118，140	9.25	16
甲基苯丙胺衍生物	5.56	110，118，154	6.49	23
MDMA 衍生物	7.30	135，154，162	4.47	34
4-苯基丁胺	6.20	91,104,176		检出

2.3.4 待测样品提取与检验

向 2.2.4 中待测样品提取浓缩液中加入 40 μL MBTFA 衍生化试剂，密封后于

检验记录

70℃烘箱中加热 20 min，冷却后取出供 GC/MS 分析。经检验，待测样品中检出 MDMA 衍生物，如下表 11 所示。

表 11　待测样品检验结果

目标物	保留时间（min）	特征离子（m/z）	是否检出
苯丙胺衍生物	-	-	未检出
甲基苯丙胺衍生物	-	-	未检出
MDMA 衍生物	7.30	135,154,162	检出
4-苯基丁胺	6.20	91,104,176	检出

3　筛选质量控制

取空白尿样 2.0 mL 于 10 mL 具塞塑料离心试管中，平行 3 份，1 份准确加入四氢大麻酸 200 ng，1 份准确加入 MDMA 200 ng，1 份准确加入地西泮 200 ng 和巴比妥 100 ng，作为筛选质量控制样品使用。

将上述样品分别按照 2.1、2.2、2.3 部分提及的方法进行提取和检验，分别检出四氢大麻酸衍生物、MDMA 衍生物、地西泮和巴比妥，结果如下表 12 所示。

表 12 筛选质量控制检验结果

样品名称	目标物	保留时间（min）	特征离子（m/z）	是否检出
ZK1	四氢大麻酸衍生物	12.49	371,473,488	检出
ZK2	巴比妥	6.08	141，156	检出
	地西泮	10.68	256，283	检出
ZK3	MDMA 胺衍生物	7.30	110，118，154	检出

四、结论

CNAS Z0178 样品中检出 MDMA、四氢大麻酸。

检验完成时间：2019.6.20　　检验人：XXX、XXX

表1 13

气相色谱质谱检验记录表

案件编号： 2019 年物检字第 SF0001 号

检测环境	室温	25 ℃		湿度	20%
	仪器	岛津 GCMS QP2020 型气相色谱质谱仪（仪器编号：313）			

			气相条件			
仪器条件	色谱柱	HP-5MS 30m×0.25mm×0.25μm MS 毛细柱		柱温	100 ℃(1.5 min) 25 ℃/min 280 ℃ (15 min)	
	进样方式	自动	进样量	1μL	进样口温度	250℃
	载气流量	He: 1mL/min	分流比	20:1	传输线温度	200℃
			质谱条件			
	扫描方式	☑EI □EI/SIS □EI/MS/MS		扫描范围	40-500 amu	
	电离电压	70ev		离子源温度	200℃	

样品	样品说明	□血液 ☑尿液 □其他_____ □阴性对照 □阳性对照 □检出限 □检材_____
	样品处理	□直接提取 □浸泡提取 □直接溶解 □固相萃取 ☑酸性提取 ☑碱性提取 □原样品未经提取 ☑衍生化 □其他_____

检验结论		样品					标准品			样品结论
	序号	名称	t_R (min)	特征离子	浓度 (μg/mL)	LOD (ng/mL)	名称	t_R (min)	特征离子	
	1	单乙酰吗啡衍生物	-	-	-	-	单乙酰吗啡衍生物	11.45	399, 340, 287	-
	2	吗啡衍生物	-	-	-	-	吗啡衍生物	10.94	429, 414, 236	-
	3	可待因衍生物	-	-	-	-	可待因衍生物	10.66	371, 178, 234	-
	4	苯甲酰爱康宁衍生物	-	-	-	-	苯甲酰爱康宁衍生物	9.66	82, 240, 361	-
	5	四氢大麻酸衍生物	-	-	-	-	四氢大麻酸衍生物	12.49	371,473, 488	-
	6	乙基吗啡衍生物(内标)	10.86	385,192			乙基吗啡衍生物(内标)	10.86	385, 192	+
	7									
	8									
	9									
	10									

备注	

检验人 XXX、XXX   检验日期：2019.6.12-6.20

表2   14

气相色谱质谱检验记录表

案件编号：　2019 年物检字第 SF0001　号

检测环境	室温	25 ℃			湿度		20%	
仪器		岛津 GCMS QP2020 型气相色谱质谱仪（仪器编号：313）						
仪器条件	气相条件							
	色谱柱	HP-5MS 30m×0.25mm×0.25μm MS 毛细柱			柱温	100 ℃（1.5 min）_25_ ℃/min_ 280 ℃（15 min）		
	进样方式	自动		进样量	1μL	进样口温度	250℃	
	载气流量	He：1mL/min		分流比	20:1	传输线温度	200℃	
	质谱条件							
	扫描方式	☑EI　□EI/SIS　□EI/MS/MS			扫描范围	40-500 amu		
	电离电压	70ev			离子源温度	200℃		

样品	样品说明	□血液　　☑尿液　　□其他_____ □阴性对照　☑阳性对照　　□检出限　　□检材	
	样品处理	□直接提取　□浸泡提取　□直接溶解　□固相萃取　☑酸性提取　☑碱性提取 □原样品未经提取　☑衍生化　　□其他_____	

	样品					标准品			样品结论
序号	名称	t_R (min)	特征离子	浓度 (μg/mL)	LOD (ng/mL)	名称	t_R (min)	特征离子	
1	单乙酰吗啡衍生物	11.45	399, 340, 287	0.5	-	单乙酰吗啡衍生物	11.45	399, 340, 287	+
2	吗啡衍生物	10.94	429, 414, 236	0.5	-	吗啡衍生物	10.94	429, 414, 236	+
3	可待因衍生物	10.66	371, 178, 234	0.5	-	可待因衍生物	10.66	371, 178, 234	+
4	苯甲酰爱康宁衍生物	9.66	82, 240, 361	0.5	-	苯甲酰爱康宁衍生物	9.66	82, 240, 361	+
5	四氢大麻酸衍生物	12.50	371,473, 488	0.5	-	四氢大麻酸衍生物	12.49	371,473, 488	+
6	乙基吗啡衍生物（内标）	10.86	385,192	-	-	乙基吗啡衍生物（内标）	10.86	385, 192	+
7									
8									
9									
10									

（检验结论栏位于左侧第3-6行合并单元格，标注"检验结论"）

备注	

检验人　　XXX、XXX　　　　　检验日期：2019.6.12-6.20

科4   16

气相色谱质谱检验记录表

案件编号：2019 年物检字第 SF0001 号

检测环境	室温	25 ℃		湿度		20%	
	仪器	岛津 GCMS QP2020 型气相色谱质谱仪（仪器编号：313）					
	气相条件						
仪器条件	色谱柱	HP-5MS 30m×0.25mm×0.25μm MS 毛细柱		柱温	100 ℃（1.5 min）25 ℃/min 280 ℃（15 min）		
	进样方式	自动	进样量	1μL	进样口温度	250℃	
	载气流量	He：1mL/min	分流比	20：1	传输线温度	200℃	
	质谱条件						
	扫描方式	☑EI □EI/SIS □EI/MS/MS			扫描范围	40-500 amu	
	电离电压	70ev			离子源温度	200℃	

样品	样品说明	□血液 ☑尿液 □其他____ □阴性对照 □阳性对照 □检出限 ☑检材 _Sample 1_						
	样品处理	□直接提取 □浸泡提取 □直接溶解 □固相萃取 ☑酸性提取 ☑碱性提取 □原样品未经提取 ☑衍生化 □其他____						

		样品				标准品			样品结论
序号	名称	t_R(min)	特征离子	浓度(μg/mL)	LOD(ng/mL)	名称	t_R(min)	特征离子	
1	单乙酰吗啡衍生物	-			50	单乙酰吗啡衍生物	11.45	399, 340, 287	-
2	吗啡衍生物				35	吗啡衍生物	10.94	429, 414, 236	-
3	可待因衍生物				50	可待因衍生物	10.66	371, 178, 234	-
4	苯甲酰爱康宁衍生物	-			15	苯甲酰爱康宁衍生物	9.66	82, 240, 361	-
5	四氢大麻酸衍生物	12.50	371,473, 488		45	四氢大麻酸衍生物	12.49	371,473, 488	+
6	乙基吗啡衍生物（内标）	10.86	385,192	-	-	乙基吗啡衍生物（内标）	10.86	385, 192	+
7									
8									
9									
10									

备注	

检验人 ___XX. XXX___   检验日期：2019.6.12-20

余图及记录略。

[例2]　19AA0022结果反馈表（专家组评价结果：满意）

CNAS 能力验证计划 CNAS SF0001

尿液中滥用物质的定性分析能力验证计划
结果反馈表

参加编号：**19AA0022**

样品收到日期：**2019 年 6 月 14 日**　　样品测定日期：**2019 年 6 月 17 日~6 月 21 日**

样品外观描述：　待测尿液样品共约 10mL，浅黄色透明液体，紫色胶塞密封于 2 个玻璃管中。

采用的检测方法：　液相色谱-串联质谱法（LC-MS/MS 法）

最低检出限：　尿液中氯胺酮的 LOD 为 0.005 ng/mL；四氢大麻酸的 LOD 为 0.5 ng/mL；

其他滥用物质的 LOD 列表见附件表 3。

样品处理方法、检测方法的简单描述：　采用液-液萃取法处理尿液样品，经液相色谱法-串联
质谱法进行定性分析。

检测原始记录和相关图谱：（包括筛选质量控制、空白对照、对照样品添加、检出限等）
（附页）附件 1 尿液中滥用物质的定性分析检验记录
　　　　附件 2 尿液中滥用物质的定性分析测定图

样品定性结果（样品中是否含有本次能力验证所指的滥用物质，是哪几种）：
尿液样品中含有氯胺酮和四氢大麻酸 2 种滥用物质。

对整个检测过程的描述：　　（1）接收样品，拍照记录并冷藏保存；（2）根据要求制定检测方案，

根据目标物种类选择检测方法；（3）取待测尿液样品三份，分别在酸性、碱性条件下对尿液样品

碱性条件下对尿液样品采用乙醚进行萃取，合并乙醚提取液，使用水浴锅挥干或氮吹仪挥干，残留

物加流动相复溶；另一份待测尿液进行四氢大麻酸提取，调节 PH＞13,80℃水浴水解，冷却后调节

PH4-5，加入冰醋酸和 3mL 正己烷：乙酸乙酯（9:1）混旋离心取上清液，水浴或者氮吹挥干，乙腈：

流动相（90:10）溶解，进样。同时进行空白对照、空白样品添加对照试验。将尿液样品与空白样品
添加标准品的色谱峰保留时间、特征离子对及丰度比进行比较，确定待测尿液样品中含氯
胺酮和四氢大麻酸。

注：此表可添加附页，应在 2019 年 6 月 21 日前寄送至实施机构（以邮戳为准）

附件1

尿液中滥用物质定性分析检验记录

鉴定登记号： ××

检验人： 张×× 胡××

复核人： 朱××

检验目的： 尿液中滥用物质的定性分析

检验方法： LC-MS/MS 法

检验日期： 2019 年 06 月 17 日至 06 月 21 日

实验环境： 天气：晴；实验室平均温度：25 ℃；平均湿度 45%

检验过程：

1 检材拍照： 将检材逐层打开，分别拍照，照片见图 1。

图 1 检材照片

2 检材外观描述： 尿液检材于紫色胶塞密封在 2 个玻璃管中，共约 10

mL，浅黄色透明液体。

3 实验器材与试剂

3.1 仪器

日本岛津公司 LC-30A 型液相色谱仪串联 AB 公司 5500QTRAP 质谱仪、涡旋震荡器、电子天平、水浴锅、高速离心机、尖底离心试管、具塞试管、容量瓶、移液枪、进样小瓶等。

3.2 试剂

甲醇、乙酸乙酯、水（超纯水），乙腈，pH9.2 硼酸缓冲液，10%氢氧化钠溶液，0.1mol/L 盐酸溶液，甲酸，乙酸铵；吗啡、单乙酰吗啡、可待因、哌替啶、美沙酮、甲基苯丙胺、苯丙胺、MDMA、氯胺酮、可卡因、苯甲酰爱康宁、四氢大麻酸、巴比妥、苯巴比妥、异戊巴比妥、地西泮、硝西泮、氯硝西泮、氟硝西泮、阿普唑仑、艾司唑仑、咪达唑仑、劳拉西泮标准品，SKF525A 标准品和烯丙异丙巴比妥标准品。

3.3 溶液的制备

3.3.1 23 种目标物标准品：配置浓度为 1.0mg/mL 的甲基苯丙胺、苯丙胺等 23 种标准品溶液。另将 23 种标准溶液稀释为 100ng/mL 的混标工作液。

3.3.2 烯丙异丙巴比妥标准溶液：精密称取烯丙异丙巴比妥标准品 10.0mg，置于 10mL 容量瓶中，用甲醇定容，浓度为 1.0mg/mL。另将烯丙异丙巴比妥标准溶液稀释为 500ng/mL 的烯丙异丙巴比妥工作液。

3.3.3 SKF525A 标准溶液：精密称取 SKF525A 标准品 10.0mg，置 10mL 容量瓶中，用甲醇定容，浓度为 1.0mg/mL。另将 SKF525A 标准溶液稀释为 100ng/mL 的 SKF525A 工作液。

4 样品前处理

CNAS 能力验证计划 CNAS SF0001

4.1 取尿液样品 1.0mL 于 1 号具塞离心管中，加入 SKF 525A 工作溶液 10uL，2.0mL 硼酸缓冲液（pH9.2）后混匀用 3.5mL 乙醚提取，涡旋震荡 10min，离心 10min(4000 r/min)，取乙醚层至 2 号具塞离心管中于 60℃水浴挥干，残余物中加入 100uL 流动相复溶，用 LC-MS/MS 分析，进行尿液样品中多种滥用物质的初步筛查。

4.2 取尿液样品 1.0mL，加入烯丙异丙巴比妥 10uL，滴加 2 滴 0.1mol/L 盐酸溶液，加入乙醚 3.5mL，涡旋震荡 10min，离心 10min(4000 r/min)，取乙醚至 2 号具塞离心管中，60℃水浴挥干，残余物中加入 100uL 流动相复溶，进 LC-MS/MS 分析。

4.3 取尿液样品 1.0mL，滴加 10%氢氧化钠溶液使 pH＞13，加入 1mol/L 盐酸溶液至 pH4-5，再加入 0.5mL 冰醋酸和 3mL 正己烷：乙酸乙酯（9:1），涡旋震荡 10min，离心 10min(8000 r/min)，提取液至 2 号具塞离心管中，氮吹吹干，残余物中加入 100uL 流动相复溶，进 LC-MS/MS 分析。

（注：根据作业要求，在待测的滥用物质范围内，有多种滥用物质，故分三种情况分别提取，合并检测）

5 LC-MS/MS 分析条件

5.1 液相条件

方法 A：色谱柱：Venusil MP C18（2.1×100mm，3μm）；流动相：水相—A 含 10mmol/L 乙酸铵的 0.1%甲酸水溶液，有机相—B 乙腈，梯度洗脱（见表 1），流速：0.2 mL/min，柱温 40℃，进样量：2 μL。

表 1. 梯度洗脱程序

时间/min	流动相%B
1	10
5	90

CNAS 能力验证计划 CNAS SF0001

	285.1/154.1		36	
硝西泮	282.2/236.2	70	32	0.01
	282.2/180.2		52	
氯硝西泮	316.2/270.1	75	34	0.01
	316.2/214.1		53	
氟硝西泮	314.2/268.3	85	35	0.01
	314.2/239.3		45	
阿普唑仑	309.1/281.1	80	36	0.005
	309.1/274.2		35	
艾司唑仑	295.2/267.3	70	34	0.001
	295.2/205.2		53	
咪达唑仑	326.2/291.4	80	37	0.01
	326.2/244.2		35	
劳拉西泮	321.1/275.1	60	30	1
	321.1/303.1		21	
SKF 525A	354.3/209.3	80	25	0.01
	354.3/167.3		28	
烯丙异丙基巴比妥	209.0/166.1	-72	-16	5
	209.0/85.0		-18	

6 质量控制

6.1 空白溶剂对照： 取甲醇，进行空白溶剂分析。

6.2 空白尿液对照： 取空白尿液 2.0 mL，按照"**4**"样品前处理方法进行操作，复溶溶液注入 LC-MS/MS 仪中进行分析（排除假阳性）。

6.3 滥用物质的空白尿液对照添加： 取空白尿液 1.0 mL 于具塞离心管中，加入配制的混标溶液，作为空白尿液添加阳性对照实验。按照"**4**"提取方法操作，复溶溶液注入 LC-MS/MS 仪中进行分析（排除假阴性）。

6.4 检出物质的方法检出限： 取空白尿液 1.0 mL，分别加入混标溶液，氯胺酮添加浓度为 0.005 ng/mL、四氢大麻酸添加浓度为 0.5 ng/mL 时，按照"**4**"样品前处理方法进行操作，能检出目标物且信噪比 S/N>3。

CNAS 能力验证计划 CNAS SF0001

6.5 内标的提取回收率：空白尿液添加内标 SKF_{525A} 使其浓度为 1ng/mL 和烯丙异丙巴比妥使其浓度为 10ng/mL，与对应内标标准品溶液同时进样分析，测定内标的提取回收率。

6.6 进样：将 **6.1-6.4** 的复溶溶液分别用方法 A 和方法 B 进行 LC-MS/MS 分析。

7 定性分析结果

7.1 空白溶剂的检测：甲醇溶剂中尿液中滥用物质的检测结果均呈阴性。（见附件 2 图 1-3）

7.2 空白尿液的检测：空白尿液中滥用物质检测结果呈阴性。（见附件 2 图 4-6）

7.3 尿液样品的检测：将尿液样品中检出物色谱峰保留时间与空白尿液添加标准物的色谱峰保留时间相比较，分别提取可能存在滥用物质的特征离子峰进行对比。通过比对发现，尿液样品中氯胺酮和四氢大麻酸的色谱保留时间与对应的标准品相同，且氯胺酮的定量离子对 238.0/125.0，定性离子对 238.0/179.0；四氢大麻酸的定量离子对 343.0/299.0，定性离子对 343.0/245.0（见附件 2 图 7-12）均出现，丰度比一致且峰型较好。对样品的谱图进行其他滥用物质的特征离子对提取，均未被检出。判断尿液样品中含有氯胺酮和四氢大麻酸。尿液样品中毒品及其代谢物定性结果见表 4。

表 4 样品中毒品及其代谢物定性结果

样品	保留时间 t_R/min	母离子/子离子对(m/z)	去簇电压 (V)	碰撞能量 (eV)
空白添加氯胺酮	4.41	238.0/125.0	40	40
		238.0/179.0		25
样品中氯胺酮	4.41	238.0/125.0	40	40
		238.0/179.0		25

CNAS 能力验证计划 CNAS SF0001

样品	保留时间 t_R/min	母离子/子离子对(m/z)	去簇电压 (V)	碰撞能量 (eV)
空白添加四氢大麻酸	5.41	343.0/299.0	-80	-28
		343.0/245.0		-28
样品中四氢大麻酸	5.41	343.0/299.0	-80	-28
		343.0/245.0		-28

7.4 空白尿液对照添加的检测：在当前色谱质谱条件下，将范围内的 23 种滥用物质添加到空白尿液中，目标滥用物质均可被检测到，且峰型良好（见附件 2 图 13-38），证明该色谱质谱条件适用于滥用物质的分析测定，避免了假阴性、漏检情况的出现。

7.5 滥用物质的方法检出限测定

不断降低添加尿液中滥用物质的添加浓度，各物质信噪比均大于 3，检出限见表 3（见附件 2 图 39-63）。

7.6 内标的提取回收率：经检测分析 SKF_{525A} 的提取回收率为 76.6%，烯丙异丙巴比妥的提取回收率为 76.3%（见附件 2 图 64-67）。

8 结果评价

本方法对尿液中氯胺酮的检出限为 0.005 ng/mL，对尿液中四氢大麻酸的检出限为 0.5 ng/mL，且样品中氯胺酮和四氢大麻酸的保留时间、两对离子对、丰度比与已知添加对照中氯胺酮和四氢大麻酸的保留时间、两对离子对、丰度比均一致。添加对照中多种毒品均被检出，以上数据可说明检测中使用的仪器方法能满足检测要求，检测的阳性结果可靠。空白溶剂及空白尿液中均未检出范围内多种毒品及其代谢物，可说明检测的阴性结果可靠。

9 检验结果

从所送样品中检出氯胺酮和四氢大麻酸。

10 样品保存

收到样品约 10 mL,检测结束后剩余约 3 mL,于本鉴定中心冰箱 4 ℃保存。

司法鉴定人:张××

《司法鉴定人执业证》证号:××××××

司法鉴定人:胡××

《司法鉴定人执业证》证号:××××××

司法鉴定人:朱××

《司法鉴定人执业证》证号:××××××

二〇一九年六月二十一日

图3

15/白

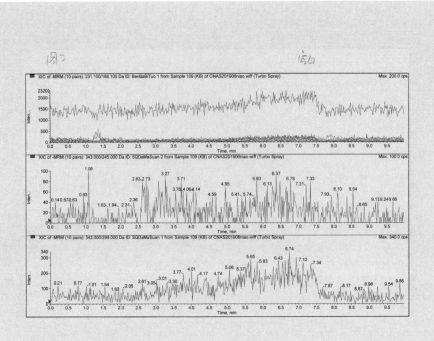

图11

样品—100苯巴比拖敏胺

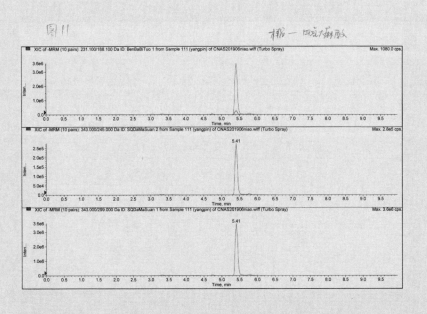

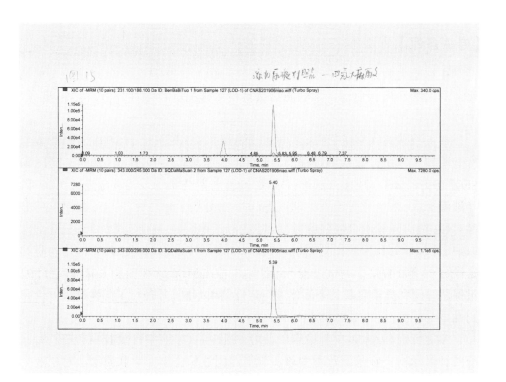

余图及记录略。

【专家点评】

在本能力验证项目中,参加机构19AA0017和19AA0022分别采用气相色谱－质谱法和液相色谱－串联质谱法对检测样品进行定性分析,得到"满意"的评价结果。

参加机构19AA0017所检测样品为B组样品(尿液中含MDMA和四氢大麻酸两种目标物),在检测过程中参照部颁技术规范SF/Z JD0107004－2016和SF/Z JD0107006－2010方法进行定性分析,样品先经免疫筛选法进行初筛,再经液液提取、衍生化等步骤处理后进GC/MS分析。样品处理、空白对照、标准品对照、检出限等质量控制得当,所附记录谱图完整,包括实验原始记录、空白尿液、添加样品和待测样品图谱,清晰地体现了鉴定机构对尿液中滥用物质的定性分析项目的整个测试过程。定性结果检出MDMA和四氢大麻酸成分,通过保留时间和离子对及其丰度比进行定性结果判断,并进行了阳性结果评价和阴性结果评价,定性结果准确,结果判断规范。

参加机构19AA0022所检测样品为A组样品(尿液中含氯胺酮和四氢大麻酸两种目标物),在检测过程中该实验室运用液相色谱－串联质谱法对尿液中23种目标物进行筛选和确证。该实验室首先根据本次能力验证的任务内容,按照电喷雾离子化正离子模式ESI＋和负离子模式ESI－,将23种目标物分成三组进行检测。对第一组物质的分析,参照司法部部颁技术规范《血液、尿液中238种毒(药)物的检测液相色谱－串联质谱法》(SF/Z JD0107005－2016),用碱性萃取法提取、分析待测样品中可能存在的19种碱性化合物;对第二组物质,则参照司法部部颁技术规范《生物检材中巴比妥类药物的测定液相色谱－串联质谱法》(SF/Z JD0107008－2010),用酸性萃取法提取、分析待测样品中可能存在的3种酸性化合物;第三组参照国家标准《尿液中Δ9－四氢大麻酸的测定液相色谱－串联质谱法》(GB/T 37272－2018),尿液在碱性条件下水解,然后在酸性条件下用有机溶剂萃取,分析待测样品中有无四氢大麻酸。在对待测样品进行分组分析的同时,均进行空白对照和添加对照试验,并附有每种滥用物质检出限的色谱图。通过保留时间和离子对及其丰度比进行定性结果判断,定性结果检出氯胺酮和四氢大麻酸成分,该实验室鉴定结论准确、所用检测方法恰当、记录完整、所附图谱齐全。

　　综上，参加实验室19AA0017和19AA0022本次能力验证结果准确，表明该实验室具备较好的尿液中滥用物质的定性分析的检测能力。

点评人：施　妍　副研究员

刘　伟　主任法医师

[例3]　19AA0044结果反馈表(专家组评价结果：不通过)

CNAS 能力验证计划 CNAS SF0001

尿液中滥用物质的定性分析能力验证计划

结果反馈表

参加编号：~~详见光盘封面并填写~~ 19AA0044

样品收到日期：2019. 6. 14　　样品测定日期：2019. 6. 15

样品外观描述：待测尿液样约10mL，具塞塑料管包装

采用的检测方法：血液、尿液中238种毒(药)物的检测液相色谱－串联质谱法

最低检出限：　　（含 23 种目标物，可附页列表）

样品处理方法、检测方法的简单描述：检材处理→空白和空白添加尿液制备、提取 →19种药物检测限测定样品制备、提取→液相色谱－质谱仪处理

检测原始记录和相关图谱：（包括筛选质量控制、空白对照、添加对照、检出限等）

　（附页）

样品定性结果（样品中是否含有本次能力验证所指的滥用物质，是哪几种）：

　　所送检材中检出氯胺酮、甲基苯丙胺

对整个检测过程的描述：1.处理检材过程中，取检材1mL于15mL塑料离心试管中，加入10uLSKF525A内标溶液（1ug/mL），加1mL乙腈，振荡10分钟，取上清液，浓缩至干，1mL乙腈定容，有机微孔膜（0.22um）过滤，待检。2.制备和提取空白和空白添加尿液。3.19种药物检测限测定样品制备、提取。4.液相色谱－质谱仪器限定条件处理。检测过程中毒(药)物种类较多，且灵敏度较高，通过数次检测试验最终测得所送尿液中滥用物质为：氯胺酮、甲基苯丙胺。（详见附页）。

注：此表可添加附页，应在 2019 年 6 月 21 日前寄送至实施机构（以邮戳为准）

编号：SJR-Q07-2017-PT　　　　实施日期：2018-1-2　　　　第 6 页 共 8 页

编号: 19AA0044

尿液中滥用物质定性分析能力验证检验记录

1、任务名称与编号
尿液中滥用物质的定性分析。

2、收样时间
2019 年 6 月 14 日。

3、检验材料
待测尿液样品约 10 毫升,具塞塑料管包装。

4、检验要求
对送检尿液样品进行指南中滥用物质的定性分析:吗啡、单乙酰吗啡、可待因、哌替啶、美沙酮、甲基苯丙胺、苯丙胺、MDMA、氯胺酮、可卡因、苯甲酰爱康宁、四氢大麻酸、巴比妥、苯巴比妥、异戊巴比妥、地西泮、硝西泮、氟硝西泮、氯硝西泮、阿普唑仑、艾司唑仑、咪达唑仑、劳拉西泮。

5、检验操作过程

5.1 试剂和材料

5.1.1　19 种药物标准溶液的制备
分别精密称取或量取吗啡、单乙酰吗啡、可待因、美沙酮、甲基苯丙胺、苯丙胺、MDMA、氯胺酮、可卡因、巴比妥、苯巴比妥、异戊巴比妥、地西泮、硝西泮、氯硝西泮、阿普唑仑、艾司唑仑、咪达唑仑、劳拉西泮标准品及内标 SKF525A,用甲醇配制成 1mg/ml 的标准储备液。检验所用其他浓度均为用上述储备液稀释得到,保存于 4℃冰箱中。

5.1.2　药品与试剂
乙酸铵、甲醇、乙腈均为色谱纯。

流动相缓冲溶液 A: 10mM 乙酸铵+0.1%甲酸,B:乙腈。

19AA0044

空白尿液。

5.2 定性分析

5.2.1 检材处理

取检材 1ml 于 15ml 塑料离心试管中，加入 10ulSKF525A 内标溶液（1ug/ml），加 1ml 乙腈，振荡 10min，取上清液，浓缩至干，1ml 乙腈定容，有机微孔膜（0.22um）过滤，待检。

5.2.2 空白和空白添加尿液的制备和提取

（1）取空白尿液 1ml，同"5.2.1 检材处理"方法操作，作为空白对照。

（2）取空白尿液 1ml，加入 1ug/ml 吗啡、单乙酰吗啡、可待因、美沙酮、甲基苯丙胺、苯丙胺、MDMA、氯胺酮、可卡因、巴比妥、苯巴比妥、异戊巴比妥、地西泮、硝西泮、氯硝西泮、阿普唑仑、艾司唑仑、咪达唑仑、劳拉西泮、内标 SKF525A 混合标准溶液 10ul，操作同"5.2.1 检材处理"方法。

5.2.3 19 种药物检测限测定样品的制备和提取

取空白尿液 1ml，加入 0.1ug/ml 吗啡、单乙酰吗啡、可待因、美沙酮、甲基苯丙胺、苯丙胺、MDMA、氯胺酮、可卡因、巴比妥、苯巴比妥、异戊巴比妥、地西泮、硝西泮、氯硝西泮、阿普唑仑、艾司唑仑、咪达唑仑、劳拉西泮、内标 SKF525A 混合标准溶液；根据检测情况，取空白尿液 1ml，加入单一标准物质溶液，操作均同"5.2.1 检材处理"方法。

5.2.4 液相色谱-质谱仪器条件

（1）液相条件：

a）仪器：AB qtrap6500+，

b）色谱柱：Titan c18 80A 柱，

c）柱温：40℃，

d）流动相 A：10mM 乙酸铵+0.1%甲酸，B：乙腈，

19AA0044

名称	检出限（ng/ml）	名称	检出限（ng/ml）
地西泮	5	阿普唑仑	5
吗啡	5	艾司唑仑	5
咪达唑仑	5	硝西泮	5
氯硝西泮	5	劳拉西泮	5
甲基苯丙胺	0.05	氯胺酮	0.5
美沙酮	0.5	苯巴比妥	5
苯丙胺	5	异戊巴比妥	5
MDMA	5	单乙酰吗啡	5
可卡因	0.5	可待因	0.5
巴比妥	5	SKF525A	5

表4 列表中19种药物检出限

6、检验结论

所送检材中检出氯胺酮、甲基苯丙胺成分，未检出吗啡、单乙酰吗啡、可待因、美沙酮、苯丙胺、MDMA、可卡因、巴比妥、苯巴比妥、异戊巴比妥、地西泮、硝西泮、氯硝西泮、阿普唑仑、艾司唑仑、咪达唑仑、劳拉西泮成分。

检验人：

检验结束时间：2019 年 6 月 20 日

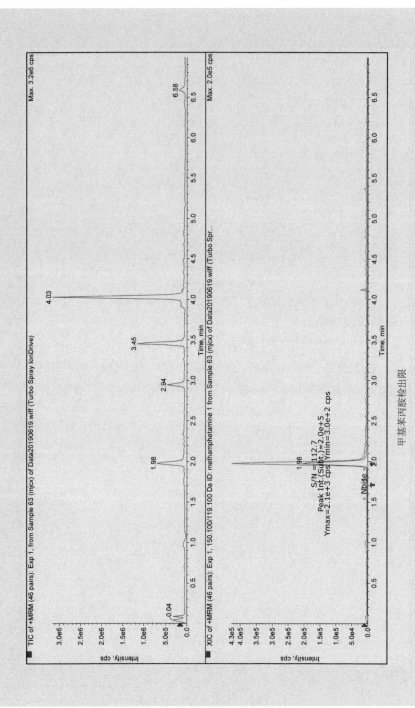

甲基苯丙胺检出限

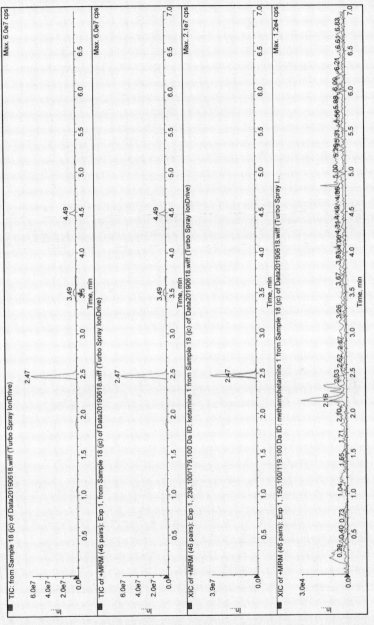

检材筛查氯胺酮和甲基苯丙胺

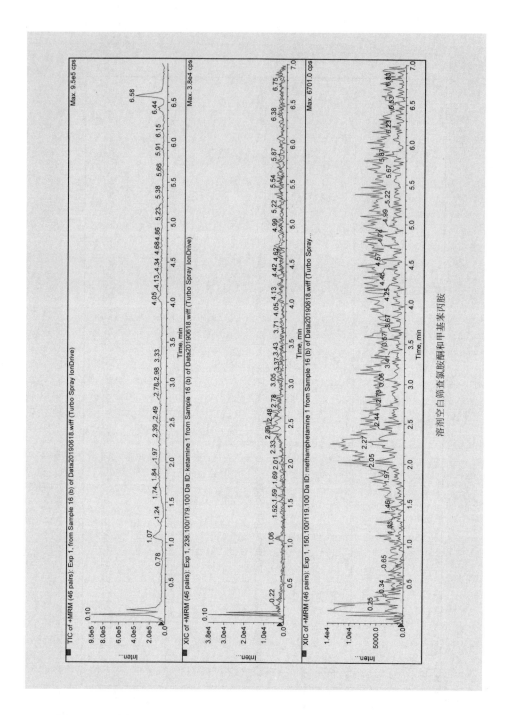

溶剂空白筛查氯胺酮和甲基苯丙胺

余图及记录略。

【专家点评】

在本能力验证项目中，实验室 19AA0044 采用液相色谱 - 串联质谱法对待测样品进行定性分析，结果检出氯胺酮，未检出四氢大麻酸，且出现甲基苯丙胺假阳性，得到"不通过"的评价结果。

实验室 19AA0044 所检测样品为 A 组样品（尿液中含氯胺酮和四氢大麻酸两种目标物），在检测过程中，实验室将待测尿液样品经沉淀蛋白后过滤膜，直接进行液相色谱 - 串联质谱分析，结果检出氯胺酮和甲基苯丙胺，未检出四氢大麻酸。从其提供的原始记录和相关图谱上看，存在以下问题：① 判定甲基苯丙胺为阳性的依据不充分，产生假阳性结果；② 未对哌替啶、苯甲酰爱康宁、四氢大麻酸、氟硝西泮这四种化合物进行分析，产生假阴性结果。

在法医毒物鉴定中，有机质谱定性判定依据是以保留时间、特征碎片离子及离子相对丰度比进行的。针对 LC - MS/MS，在相同实验条件下，要求待测样品中的目标物色谱峰保留时间与添加样品中目标物色谱峰的保留时间比较，保留时间（RT）的相对误差允许为 ± 2.5 % 以内。由实验室提供的图谱来看，检材中甲基苯丙胺的保留时间为 2.16 min，而添加样品中的保留时间为 1.98 min，超出 ± 2.5 % 的范围，且结果判断中缺少相对离子丰度比的判断过程，空白试验仅提供了空白溶剂的图谱，无法体现对整个检测过程进行了有效的控制，缺乏对甲基苯丙胺阳性结果的判定依据，也就不难理解假阳性结果的出现了。

针对该能力验证项目，实验室 19AA0044 从质量控制的要素、过程和结果上均无有效的控制手段，难以保证结果的准确性、可靠性，表明该实验室鉴定人员对该鉴定项目的方法、操作及结果判定等基本技能较为缺乏，建议加强对鉴定人员基本技能的培训。

点评人：施　妍　副研究员

刘　伟　主任法医师

《血液中乙醇含量测定（CNAS SF0002）》 鉴定文书评析

【项目简介】

血液中乙醇含量测定是法医毒物司法鉴定中最基本、最常见的鉴定项目，同时也是法医毒物鉴定人必须具备的基本能力。国家标准《车辆驾驶人员血液、呼气酒精含量阈值与检验》(GB 19522 – 2010)规定，车辆驾驶人员血液中酒精含量大于或等于0.2 mg/mL且小于0.8 mg/mL时驾车为饮酒后驾车；血液中酒精含量大于或等于0.8 mg/mL时驾车为醉酒后驾车，醉酒后驾车属于犯罪行为。血液中乙醇含量的测定作为判断饮酒后驾车和醉酒后驾车的重要依据，其测定数据的准确与否显得非常重要。因此，血液中乙醇含量的测定是法医毒物鉴定人员必须具备的基本能力。

随着司法实践需求的增加，目前我国血液中乙醇含量的测定鉴定机构已经具有相当的规模，专业队伍也日益壮大。但是，血液中乙醇含量测定鉴定机构的能力、检测仪器的配置、人员的操作技能参差不齐。本次能力验证的目的，就是了解国内该领域相关实验室的整体水平，识别实验室间存在的差异，通过比对，发现、分析并解决问题，帮助其规范鉴定活动，提高机构的测试水平，提高严格执法的准确性。本次能力验证活动结果也可以作为认证认可、行业监督管理以及机构的质量控制和持续改进的重要依据。

【方案设计】

CNAS SF0002《血液中乙醇含量测定》能力验证项目提供了8组含有乙醇的血液样品。含有乙醇的血液样品是在空白全血中加入乙醇标准储备液制得。空白全血中无凝血并不含传染病菌及干扰乙醇测定的挥发性物质。乙醇标准储备液由10 g乙醇标样加纯净蒸馏水至100 mL制得。

能力验证样品分为A、B、C、D、E、F、G和H组。每组由样品1和样品2两份血液组成，每份血液5 mL，密闭在抗凝管中，置于冰箱冷藏保存。样品的均匀性和稳定性检验报告显示其均匀性和稳定性良好，能确保本次计划实施过程中不会因样品的差异而导致不通过结果的出现。参加实验室随机分为8组，按分组结果发放不同样品，通过特快专递向每个参加能力验证实验室发送相应样品。发送的样品采用硬质塑料管密封分装，加以"血液样品"字样的安全标识，置于内装有冰袋的塑料泡沫盒内，避免在正常运输过程中引起损坏、混淆、腐败。

作业指南要求各参加实验室应首先核对所收到的书面材料和待测定样品。要求各实验室采用气相色谱法来分析2份待测定样品，测定结果以mg/mL或mg/100 mL单位表示，保留小数点后两位。在结果报告中应简单描述检测方法和仪器条件，并同时返回原始检测记录和相关图谱。

血液中乙醇含量能力验证计划能力评价是采用稳健统计方法，以各参加实验室的中位值作为指定值，标准化四分位距(NIQR)为变动性度量值(目标标准偏差)，计算各参加实验室的稳健Z比分数，结合2个样品的稳健Z比分数进行综合评价。涉及的统计量有中位值、标准化四分位距、变异系数、最大值、最小值和极差等，各统计量的意义和相关计算方法参见CNAS – GL002: 2018《能力验证结果的统计处理和能力评价指南》。

（1）稳健Z比分数的评价标准：

$$|Z| \leqslant 2 \qquad 满意结果$$
$$2 < |Z| < 3 \qquad 有问题结果$$
$$|Z| \geqslant 3 \qquad 不满意结果$$

(2) 综合评价：

两个样品的稳健Z比分数均为"满意结果"，则综合评价结果为"满意"。两个样品中有一个样品的稳健Z比分数为"不满意结果"，则综合评价结果为"不通过"。两个样品中有一个样品的稳健Z比分数为"有问题结果"，则综合评价结果为"通过"。

若结果反馈表中出现明显错误的结果，如单位错误、小数点错误、样品数据颠倒或者错报为其他能力验证物品的结果，则从数据集中剔除，不计入统计分析。

本次能力验证项目8组样品的配制值和中位值见表1。

表 1   八组血液样品的配制值与中位值

样品名		配制值（mg/mL）	中位值（mg/mL）	配制值和中位值的相对相差绝对值（%）
A组	样品 A－1	0.36	0.35	2.86
	样品 A－2	1.30	1.29	0.78
B组	样品 B－1	1.30	1.29	0.78
	样品 B－2	0.48	0.45	6.67
C组	样品 C－1	0.48	0.45	6.67
	样品 C－2	1.24	1.18	5.08
D组	样品 D－1	1.24	1.19	4.20
	样品 D－2	0.56	0.55	1.82
E组	样品 E－1	0.56	0.54	3.70
	样品 E－2	1.40	1.38	1.45
F组	样品 F－1	1.40	1.39	0.72
	样品 F－2	0.36	0.35	2.86
G组	样品 G－1	0.36	0.35	2.86
	样品 G－2	1.24	1.19	4.20
H组	样品 H－1	1.24	1.21	2.48
	样品 H－2	0.36	0.36	0.00

【结果评析】

[例1]　19AB0307结果反馈表（专家组评价结果：满意）

血液中乙醇含量测定能力验证计划
结果反馈表

参加编号：19AB0307

样品收到日期：<u>2019 年 6 月 11 日</u>　　样品测定日期：<u>2019 年 6 月 12 日</u>

样品外观描述：<u>试管密封包装液态血液 2 管，编号分别为样品 1 和样品 2，包装完好，</u>
<u>　　　　　标示清楚，每份样品约 5ml。</u>

采用的检测方法：
　☑ 顶空气相色谱法　□ 其它：

定量方法采用：
　☑ 内标法　　□ 外标法

最低检出限：<u>2mg/100mL</u>

检测方法的简单描述：<u>顶空自动进样器参数：加热温度 70℃，定量环温度 60℃，传输</u>
<u>线温度 90℃，样品加热平衡时间 30min；色谱柱：血液中乙醇专</u>
<u>用石英毛细管柱 1、2，石英毛细管柱柱温 50℃，检测器温度</u>
<u>250℃，进样口温度 150℃。</u>

样品测定结果：单位：□mg/mL　☑mg/100mL

平行样测定	样品 1	样品 2
第一份	111.84	51.85
第二份	113.29	51.17
平均值	112.57	51.51

检测记录及图谱（附页）

对整个检测过程的描述：<u>经选择不同的色谱条件检测空白样品、添加样品、待测样品，</u>
<u>以保留时间定性，内标-校准曲线法定量。</u>

①<u>建立校正曲线：用精密移液器吸取备好的系列浓度乙醇溶液各 0.1mL 于顶空瓶中，再</u>
<u>分别添加 0.5mL 的 4mg/100mL 叔丁醇标准使用液，密封混匀，置入顶空进样器内加热</u>
<u>平衡 30min，进样以乙醇峰面积与内标物峰面积比对乙醇浓度做校准曲线，r=0.9999。</u>

②<u>空白样品配制：用精密移液器吸取 0.1mL 空白血样于顶空瓶内，再添加 0.5mL 的</u>

CNAS 能力验证计划 CNAS SF0002

4mg/100mL 叔丁醇标准使用液，密封混匀后置于顶空进样器标记待测。

③外控样品配制：用精密移液器各吸取 0.1mL 已知浓度为 20mg/100mL、80mg/100mL 乙醇质控样品使用液于顶空瓶内，再分别添加 0.5mL 的 4mg/100mL 叔丁醇标准使用液，密封混匀后置于顶空进样器标记待测。

④样品前处理：用精密移液器各吸取 0.1mL 待测血样三份于顶空瓶内，再分别添加 0.5mL 的 4mg/100mL 叔丁醇标准使用液，密封混匀后置于顶空进样器标记待测。

⑤顶空进样测定：顶空进样器加热平衡后，进样，检测分析。

注： 此表可添加附页，应在 **2019 年 6 月 18 日** 前寄送至实施机构（以邮戳为准）

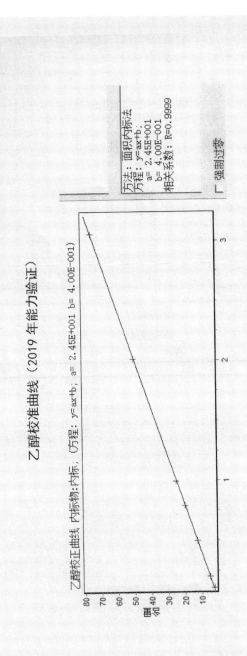

乙醇校准曲线（2019 年能力验证）

乙醇校正曲线 内标物:内标; (方程: y=ax+b; a= 2.45E+001 b= 4.00E−001)

方法：面积内标法;
方程：y=ax+b;
a= 2.45E+001
b= 4.00E−001
相关系数：R=0.9999

厂 强制过零

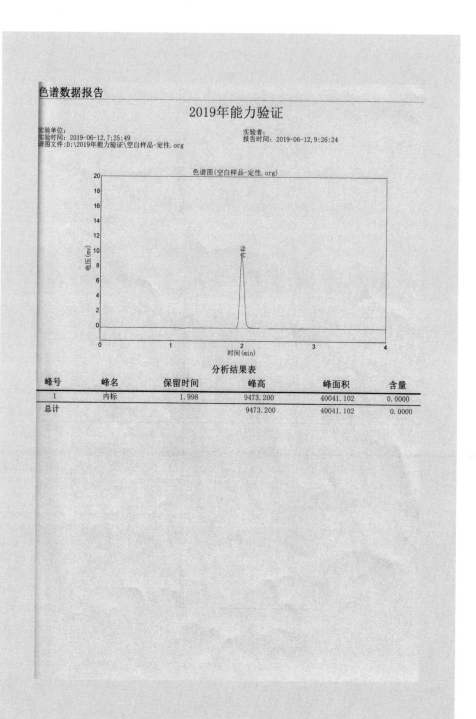

色谱数据报告

2019年能力验证

实验单位：   实验者：
实验时间：2019-06-12, 7:25:49   报告时间：2019-06-12, 9:26:24
谱图文件:D:\2019年能力验证\空白样品-定性.org

色谱图(空白样品-定性.org)

分析结果表

峰号	峰名	保留时间	峰高	峰面积	含量
1	内标	1.998	9473.200	40041.102	0.0000
总计			9473.200	40041.102	0.0000

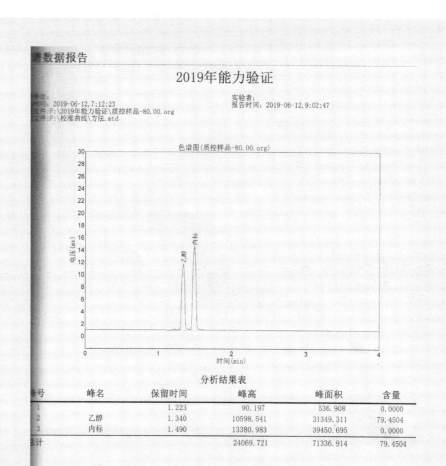

2019年能力验证

时间: 2019-06-12,7:12:23　　　　实验者:
文件:F:\2019年能力验证\质控样品-80.00.org　　报告时间: 2019-06-12,9:02:47
方法:F:\校准曲线\方法.mtd

分析结果表

峰号	峰名	保留时间	峰高	峰面积	含量
1		1.223	90.197	536.908	0.0000
2	乙醇	1.340	10598.541	31349.311	79.4504
3	内标	1.490	13380.983	39450.695	0.0000
总计			24069.721	71336.914	79.4504

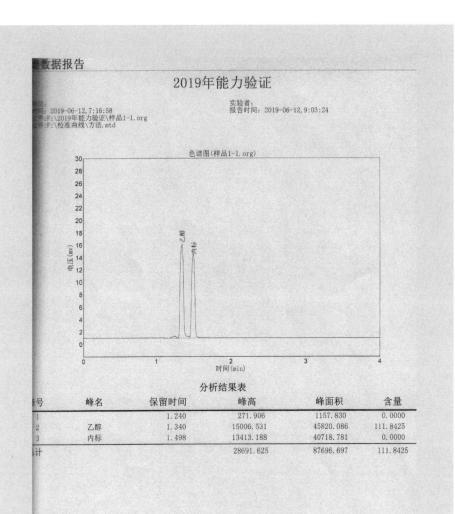

数据报告

2019年能力验证

验者:
2019-06-12,7:16:58
:F:\2019年能力验证\样品1-1.org
:F:\校准曲线\方法.mtd

实验者:
报告时间: 2019-06-12,9:03:24

色谱图(样品1-1.org)

分析结果表

序号	峰名	保留时间	峰高	峰面积	含量
1		1.240	271.906	1157.830	0.0000
2	乙醇	1.340	15006.531	45820.086	111.8425
3	内标	1.498	13413.188	40718.781	0.0000
计			28691.625	87696.697	111.8425

色谱数据报告

2019年能力验证

实验单位：
实验时间：2019-06-12,7:31:13
谱图文件:F:\2019年能力验证\样品2-1.org
方法文件:F:\校准曲线\方法.mtd

实验者：
报告时间：2019-06-12,9:04:39

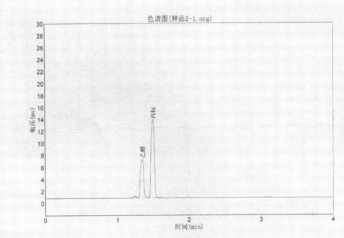

色谱图(样品2-1.org)

分析结果表

峰号	峰名	保留时间	峰高	峰面积	含量
1		1.248	272.180	1121.149	0.0000
2	乙醇	1.348	6453.377	21048.889	51.8504
3	内标	1.498	12990.672	41037.063	0.0000
总计			19716.229	63207.100	51.8504

[例2] 19AB0377结果反馈表(专家组评价结果：满意)

CNAS 能力验证计划 CNAS SF0002

血液中乙醇含量测定能力验证计划
结果反馈表

参加编号：**19AB0377**

样品收到日期： 2019.06.13   样品测定日期： 2019.06.13

样品外观描述：玻璃管装，红色液体约 5 ml（2 支），密封完好，标识 CNAS SF0002

采用的检测方法：

　　☑ 顶空气相色谱法　　□ 其它：＿＿＿＿＿＿＿＿＿＿＿＿＿＿＿＿

定量方法采用：

　　☑ 内标法　　　　　　□ 外标法

最低检出限：　　1mg/100ml

检测方法的简单描述：　　平行操作两份样品，根据 GA/T 1073-2013 检测方法，采用顶空气相色谱法对血液中的乙醇含量进行定性定量检测。

样品测定结果：　单位：　□mg/mL　☑mg/100mL

平行样测定	样品 1	样品 2
第一份	121.8	35.9
第二份	120.5	34.5
平均值	121	35

检测记录及图谱：(附页)

对整个检测过程的描述：＿

1. 标准曲线绘制：取不同浓度标准乙醇溶液各 0.10ml 两份，分别置于 20mL 顶空瓶中，分别加 4.0mg/100mL 的叔丁醇内标液 0.50mL，瓶口覆盖四氟乙烯薄膜的硅橡胶垫、铝帽密封，混匀，置顶空进样器中 65℃加热 10.0min，用顶空气相色谱法进行检验，并根据 GA/T 1073-2013 检测方法制备标准检测曲线。

2. 待测血液测定：取待测血液 0.10mL 两份，分别置于 20mL 顶空瓶中，按照 1 所示的操作用顶空气相色谱法进行检验，并求取平均值。

注：　此表可添加附页，应在 **2019 年 6 月 18 日**前寄送至实施机构(以邮戳为准)

新 疆 ××××鉴 定 中 心

法医毒物检验原始记录(一)

编号: XJZX/JS-16-2009　　　　　　　　　　　　　　　　　　共 5 页第 1 页

报告编号	样品1	样品名称	血液
样品编号	样品1	检验项目	乙醇含量检验
交接日期	6.13	检验方法	GA/T 1073—2013
环境温度	20℃	环境湿度	48%

样品前处理:
　　1.样品状态描述:(1)容器: ☑真空玻璃管装　□塑料管装　□塑料针管装;
　　　　　　　　　　　(2)状态: ☑红色液体　☑无凝血　□有凝血　□血性液体;
　　　　　　　　　　　(3)密闭: ☑密封完好　□有渗漏。
　　2.取待测血液0.10mL两份,分别置于20mL顶空瓶中,分别加4.0mg/100mL的叔丁醇内标液0.50mL,瓶口覆盖四氟乙烯薄膜的硅橡胶垫、铝帽密封,混匀,置顶空进样器中65℃加热10.0min,取液上气体进行仪器分析。

检验仪器条件:
1.气相色谱仪:
(1)安捷伦7890B (FID1-A/FID2-B) (唯一性标识:XJZX/YQ-A-45);
(2)色谱柱: FID1-A DB-ALC1 30m×320μm×1.8μm毛细管柱;
　　　　　　FID2-B DB-ALC2 30m×320μm×1.2μm毛细管柱;
(3)柱温: 40℃,进样口温度:150℃,检测器温度:250℃。
2.7697A 自动顶空进样器(唯一性标识:XJZX/YQ-A-51),加热箱温度:65℃,定量环温度:105℃,传输线温度:110℃,样品瓶加热平衡时间: 10.0min,循环时间3.0min,载气(N2)流速:6mL/min。

标准使用液配制时间:
　1.乙醇标准使用液配制时间: 2019 年 4 月 11 日(使用期 90 天)。
　2.正丙醇标准使用液配制时间: 2019 年 4 月 11 日(使用期 90 天)。
　3.叔丁醇标准使用液配制时间: 2019 年 4 月 11 日(使用期 90 天)。

检验结果:

		血样1	血样2
乙醇浓度值Wn (mg/100mL)	FID1-A	120.6	119.1
	FID2-B	121.8	120.5
FID2-B乙醇浓度平均值W (mg/100mL)		121	
FID2-B结果相对相差		1%	
检验结果(mg/100mL)		121	

备注:　　　　　　　　　　　　　　/

检验人	×· ××	检验日期	2019.06.13	审核人	××	日期	6·13

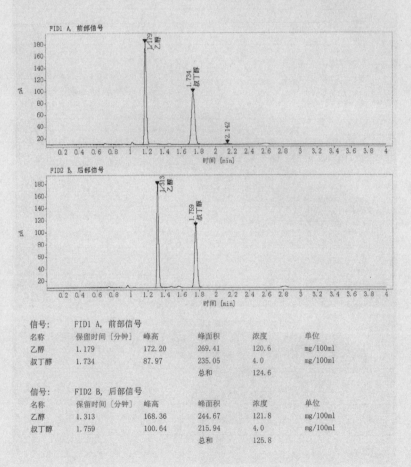

血液中酒精（乙醇）含量检验

共 ∫ 页第 ⟩ 页

检验单位：xxxx　　　　　　　　　　检验者：xx xx

样品名称：样品1　　　　　　　采集日期和时间：2019/6/13 13:22:07

信号：　　FID1 A，前部信号

名称	保留时间［分钟］	峰高	峰面积	浓度	单位
乙醇	1.179	172.20	269.41	120.6	mg/100ml
叔丁醇	1.734	87.97	235.05	4.0	mg/100ml
			总和	124.6	

信号：　　FID2 B，后部信号

名称	保留时间［分钟］	峰高	峰面积	浓度	单位
乙醇	1.313	168.36	244.67	121.8	mg/100ml
叔丁醇	1.759	100.64	215.94	4.0	mg/100ml
			总和	125.8	

血液中酒精（乙醇）含量检验

共十页第 3 页

检验单位：xxxx　　　　　　　　　　检验者：xx xx

样品名称：样品1　　　　　　　　采集日期和时间：2019/6/13 13:27:21

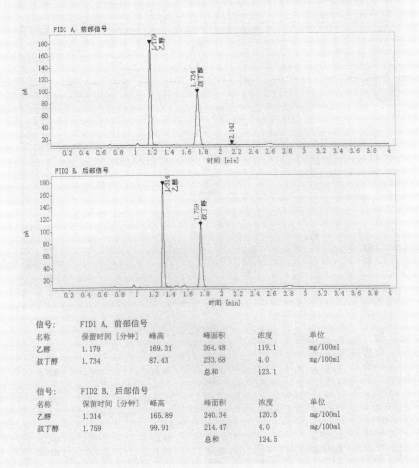

信号：　　FID1 A，前部信号

名称	保留时间 [分钟]	峰高	峰面积	浓度	单位
乙醇	1.179	169.31	264.48	119.1	mg/100ml
叔丁醇	1.734	87.43	233.68	4.0	mg/100ml
			总和	123.1	

信号：　　FID2 B，后部信号

名称	保留时间 [分钟]	峰高	峰面积	浓度	单位
乙醇	1.314	165.89	240.34	120.5	mg/100ml
叔丁醇	1.759	99.91	214.47	4.0	mg/100ml
			总和	124.5	

血液中酒精（乙醇）含量检验

共 f 页第 6 页

检验单位：xxxx   检验者：xx xx

样品名称：20190613质控-80   采集日期和时间：2019/6/13 11:12:18

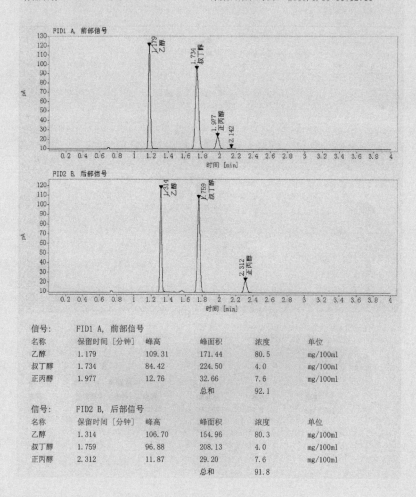

信号：   FID1 A，前部信号

名称	保留时间［分钟］	峰高	峰面积	浓度	单位
乙醇	1.179	109.31	171.44	80.5	mg/100ml
叔丁醇	1.734	84.42	224.50	4.0	mg/100ml
正丙醇	1.977	12.76	32.66	7.6	mg/100ml
			总和	92.1	

信号：   FID2 B，后部信号

名称	保留时间［分钟］	峰高	峰面积	浓度	单位
乙醇	1.314	106.70	154.96	80.3	mg/100ml
叔丁醇	1.759	96.88	208.13	4.0	mg/100ml
正丙醇	2.312	11.87	29.20	7.6	mg/100ml
			总和	91.8	

血液中酒精（乙醇）含量检验

共 1 页第 1 页

检验单位：xxxx　　　　　　　　　　　检验者：xx xx

样品名称：20190613质控-空白对照　　采集日期和时间：2019/6/13 11:24:44

信号：　　FID1 A，前部信号

名称	保留时间［分钟］	峰高	峰面积	浓度	单位
叔丁醇	1.734	85.96	227.96	4.0	mg/100ml
			总和	4.0	

信号：　　FID2 B，后部信号

名称	保留时间［分钟］	峰高	峰面积	浓度	单位
叔丁醇	1.759	98.47	211.48	4.0	mg/100ml
			总和	4.0	

余图及记录略。

【专家点评】

实验室19AB0307的样品为D组，该组样品1和样品2的中位值分别为1.19 mg/mL和0.55 mg/mL。该实验室样品1的第1次和第2次测定结果分别为1.12 mg/mL和1.13 mg/mL，平均值为1.13 mg/mL；样品2的第1次和第2次测定结果分别为0.52 mg/mL和0.51 mg/mL，平均值为0.52 mg/mL。样品1和样品2稳健Z比分数分别为-0.92和0.70，其绝对值均小于等于2。综合评价结果为满意。

实验室19AB0377的样品为H组，该组样品1和样品2的中位值分别为1.21 mg/mL和0.36 mg/mL。该实验室样品1的第1次和第2次测定结果分别为1.22 mg/mL和1.21 mg/mL，平均值为1.21 mg/mL；样品2的第1次和第2次测定结果分别为0.36 mg/mL和0.35 mg/mL，平均值为0.35 mg/mL。样品1和样品2稳健Z比分数分别为0.00和-0.50，其绝对值均小于等于2。综合评价结果为满意。

实验室19AB0307和19AB0377均采用了行业标准顶空进样气相色谱－内标法定量检测。气相色谱法（GC）是利用各试样组分气化后在色谱柱中气相和固定相的分配系数不同，使组分在两相中进行反复多次的分配。由于固定相对组分的吸附和溶解能力不同，造成各组分的流动速度不一样，经过一定长度的柱子后，达到彼此分离，相继流出色谱柱，进入检测器，记录仪将检测信号绘制出谱图，据此进行定性和定量分析。气相色谱法是一种高效、快速的分离分析技术，它可以在很短时间内分离几十种甚至上百种组分的混合物，这是其他方法无法比拟的。顶空（HS）进样技术是GC中一种方便、快捷的样品前处理方法，其原理是将待测样品置入一密闭的容器中，通过加热升温使挥发性组分从样品基体中挥发出来，在气液（或气固）两相中达到平衡，直接抽取气体进行色谱分析。顶空气相色谱法只将挥发和半挥发组分引入柱子，可避免非挥发性物质对系统的污染，样品前处理简单，分析效率高。HS－GC已为世界各国所普遍采用，是挥发性成分分析的"金标准"，我国测定血液中乙醇含量的行业标准也都采用了该项技术。另外，内标法的特点是操作过程中样品和内标混合在一起注入色谱柱，因此只要混合溶液中被测组分与内标的量的比值恒定，上样体积的变化不会影响定量结果。内标法抵消了上样体积，乃至流动相、检测器的影响，测定的结果较为准确。

实验室19AB0377依据的是行业标准GA/T 1073－2013《生物样品血液、

尿液中乙醇、甲醇、正丙醇、乙醛、丙酮、异丙醇和正丁醇的顶空－气相色谱检验方法》对血液中乙醇含量进行测定。2017年国家标准化管理委员会发布GB 19522－2010《车辆驾驶人员血液、呼气酒精含量阈值与检验》国家标准第1号修改单，该标准第5.3.2条规定："血液酒精含量检验方法按照GA/T 1073或者GA/T 842的规定"。因此在对车辆驾驶人员血液中酒精含量进行检测时，需选择行业标准GA/T 1073或者GA/T 842进行血液中酒精含量检测。

　　两个实验室进行血液中乙醇含量测定时，都采用校准曲线法，检测过程的质量控制较好、记录完整、实验图谱齐全，检测结果与相应分组中位值非常接近，说明该实验室对血液中乙醇含量测定有着很佳的检测能力。

点评人：严　慧　副研究员

刘　伟　主任法医师

[例3]   19AB0249结果反馈表(专家组评价结果:通过)

CNAS 能力验证计划 CNAS SF0002

血液中乙醇含量测定能力验证计划
结果反馈表

参加编号: **详见光盘封面并填写**

样品收到日期: ___2019 年 06 月 12 日___   样品测定日期: ___2019 年 06 月 15 日___

样品外观描述:泡沫盒包装,内有超级冰袋和 2 支试管装血液,第 1 支标签(血液中乙醇 样品-1),绿色胶盖密封,有约 5ml 血液,血液无凝血块,包装无渗漏,第 2 支标签(血液中乙醇 样品-2)咖啡色胶盖密封,有约 5ml 血液、血液无凝血块,包装无渗漏

采用的检测方法:

☑ 顶空气相色谱法   ☐ 其它: _____

定量方法采用:

☑ 内标法   ☐ 外标法

最低检出限: ___0.1mg/100ml___

检测方法的简单描述: 1、取(样品-1)血样 500 微升 2 份+ 各加 100 微升叔丁醇(内标液)于顶空瓶内,盖上硅橡胶垫,用密封铝帽封盖,混匀,置于顶空自动进样器中,待测。2、取(样品-2)血样 500 微升 2 份+ 各加 100 微升叔丁醇(内标液)于顶空瓶内,盖上硅橡胶垫,用密封铝帽封盖,混匀,置于顶空自动进样器中,待测.

样品测定结果: 单位: ☐mg/mL ☑mg/100mL

平行样测定	样品 1	样品 2
第一份	133.16	39.75
第二份	133.85	40.27
平均值	133.50	40.01

检测记录及图谱:(附页)

对整个检测过程的描述: 1、建立校正曲线:分别取不同浓度 20、40、80、200 各 10 ul 乙醇标准液+490ul 蒸馏水 +100 ul 叔丁醇(内标物)于样品瓶内,封盖,混匀,置入自动顶空仪内加热 10 分钟,进样得出曲线,建立校正曲线。以乙醇与叔丁醇内标物峰面积比对乙醇浓度做校正曲线r=0.99991、双柱保留时间定性、校正曲线法定量(Coll、FIDI 信号为定量依据).

2、对照:取顶空瓶 2 个,其中一个添加 500ul 蒸馏水+100ul 叔丁醇做阴性对照,另一个 500ul(含量

CNAS 能力验证计划 CNAS SF0002

10mg/100ml)标准液+100ul 叔丁醇做阳性对照,密封.上述曲线方法分析结果:阴性对照和阳性对照.

结果: 阴性为 0mg/100ml, 阳性为 80.3078mg/100ml.

3、检测: 取待测样品各 500ul +100ul 叔丁醇(内标液)各 2 份加入顶空瓶内, 盖上硅橡胶垫, 用密封铝帽封盖. 混匀. 进样. 得出样品-1 和样品-2 结果.

注: 此表可添加附页, 应在 <u>2019 年 6 月 18 日</u>前寄送至实施机构 (以邮戳为准)

建立校准曲线

乙醇：y = 176.907x 相关系数：0.99991

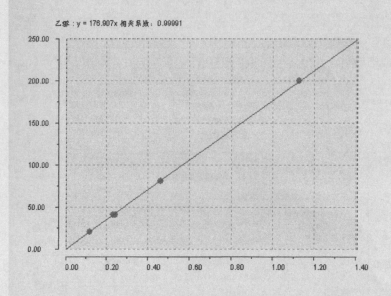

叔丁醇：y = 1x 相关系数：1

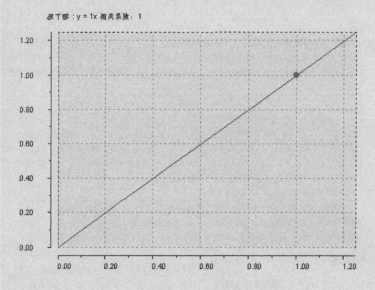

XXX 司法鉴定所

乙醇样品流转.检测原始记录表

表编号：XXXX　　　　　　　XXX 司鉴所［2019］毒鉴字 19AB0249 号

<table>
<tr><td rowspan="7">检材接收</td><td colspan="3">送检单位　司法鉴定科学研究所</td><td colspan="2">送检检材条码 样品-1</td></tr>
<tr><td colspan="3">被鉴定人血样　编号：19AB0249　姓名：样品-1</td><td colspan="2">检材量约 5.0 ml</td></tr>
<tr><td colspan="3">检材外观：　符合在□内打✓</td><td colspan="2"></td></tr>
<tr><td colspan="2">1.☑玻璃试管□注射器</td><td>接收检材保存：</td><td>接案人：XXX</td><td></td></tr>
<tr><td colspan="2">2.□是 ☑否 渗漏
3.☑是 □否 密封</td><td>冷藏于 1 号冰箱待检区
1 号冰箱(编号 XX-Y-006)</td><td colspan="2">2019 年 06 月 12 日 17 时 00 分</td></tr>
<tr><td colspan="2">4.☑是 □否 照相</td><td>冰箱温度 5 ℃</td><td>接收人：XXX</td><td></td></tr>
<tr><td colspan="2">5.□其他____</td><td></td><td colspan="2">2019 年 06 月 12 日 17 时 10 分</td></tr>
<tr><td rowspan="2">实验前准备：</td><td colspan="2">☑打开通风设备
室内温度 21 ℃
室内湿度 51 %</td><td>仪器准备使用情况</td><td colspan="2">☑正常 空气发生器
☑正常 HS-9A 自动顶空器
☑正常 GC9890A 型气相色谱仪
☑正常 移液器</td><td>送检人：

XXXX</td></tr>
</table>

<table>
<tr><td rowspan="2">1.
仪器
校准</td><td colspan="4">标准液检验结果</td><td rowspan="2">建立校准曲线参数：
相关系数：1
内标：叔丁醇</td><td>2019 年 06 月 15 日 09 时 20 分</td></tr>
<tr><td colspan="2">阴性：0 mg/100ml</td><td colspan="2">阳性：80 mg/100ml</td><td></td></tr>
<tr><td></td><td colspan="2">结果：0 mg/100ml</td><td colspan="2">结果：81.1094 mg/100ml</td><td></td><td>检验人：</td></tr>
<tr><td rowspan="4">2.
检材
处理</td><td colspan="2">☑一次检材量</td><td colspan="2">☑二次检材量</td><td>□其它消耗</td><td>☑封口</td><td></td></tr>
<tr><td>全血量</td><td>叔丁醇量</td><td>全血量</td><td>叔丁醇量</td><td>全血量</td><td>硅胶</td><td>2019 年 06 月 15 日</td></tr>
<tr><td>500 μl</td><td>100 μl</td><td>500 μl</td><td>100 μl</td><td>μl</td><td>铝盖</td><td></td></tr>
<tr><td colspan="6">设备：100 μl 移液器(编号：XX-Y-XXX) ；1000 μl 移液器(编号：XX-Y-XXX)</td><td></td></tr>
</table>

<table>
<tr><td rowspan="8">检验过程</td><td>3.
自动
顶空
器加
热</td><td>设备：HS-9A 自动顶空器
（编号：XX-Y-XXX）</td><td>条件参数：
加热箱温度 70 度，定量管温度 80 度，传输管温度
90 度。平衡时间 10 分钟，加压时间 20 秒，充样时
间 20 秒，定量平衡时间 5 秒，进样时间 1 分钟，清
扫时间 50 秒。</td><td>复核人：

XXX

2019 年 06 月 15 日</td></tr>
<tr><td>4.
检验
定量</td><td>设备：
GC9890A 型气相色谱仪
（编号：XX-Y-XXX）</td><td>条件参数：色谱柱箱温度 70 度
检测器温度 230 度
检测器进样器温度 150 度
载气 0.9；清自 5.0；吹尾 6.0；氢气 5.0 空气 7.5；
氮气 0.5 信号：38.0
辅助气的纯度：N₂≥99.999%; H₂≥99.99%
空气：无水、无油（经过脱水、脱烃处理）</td><td></td></tr>
<tr><td>5.
数
据</td><td colspan="2">电脑（编号：XX-Y-012）；启动 SD-2020 色谱工作站软件接收气相色谱仪数据
D:\思达色谱\Data\2019年\06 月 15 日 A-乙醇检测_012 图谱；结果：见打印图谱
D:\思达色谱\Data\2019年\06 月 15 日 A-乙醇检测_013 图谱；结果：见打印图谱</td><td>备注：
检测完成
送还送检人保存</td></tr>
</table>

<table>
<tr><td rowspan="2">保存</td><td>剩余检材保存
冷藏于 2 号冰箱已检区
（编号：XX-Y-XXX）</td><td>冰箱条件参数：
温度 5℃-10℃
冰箱温度 6 ℃</td><td>检材剩余量约：4.0 ml</td><td>送保存人：
XXX

2019 年 06 月 15 日 15 时 00 分</td></tr>
</table>

备注：

XXX 司法鉴定所

乙醇样品流转·检测原始记录表

表编号：XXXX   XXX 司鉴所〔2019〕毒鉴字 19AB0249 号

检材接收	送检单位	司法鉴定科学研究所		送检检材条码 样品-2	
	被鉴定人血样	编号：19AB0249 姓名：样品-2		检材量约 5.0 ml	
	检材外观：符合在□内打 ✓			接案人：XXX	
	2.✓玻璃试管 □注射器	接收检材保存：		2019年 06 月 12 日 17 时 00 分	
	3.□是 ✓否 渗漏	冷藏于 1 号冰箱待检区			
	4.✓是 □否 密封	1号冰箱（编号 XX-Y-006）		接收人：XXX	
	5.✓是 □否 照相	冰箱温度 5 ℃			
	5.□其他			2019年 06 月 12 日 17 时 10 分	

实验前准备：	✓打开通风设备 室内温度 21 ℃ 室内湿度 51 %	仪器准备使用情况	✓正常 空气发生器 ✓正常 HS-9A 自动顶空器 ✓正常 GC9890A 型气相色谱仪 ✓正常 移液器	送检人： XXXX

检验过程	1. 仪器校准	标准液检验结果			建立校准曲线参数： 相关系数：1 内标：叔丁醇	2019年 06 月 15 日 09 时 20 分
		阴性： 0 mg/100ml	阳性： 80 mg/100ml			
		结果：0 mg/100ml	结果：81.1094 mg/100ml			
	2. 检材处理	✓一次检材量	✓二次检材量	□其它消耗 ✓封口		检验人：
		全血量 叔丁醇量	全血量 叔丁醇量	全血量 硅胶		
		500 μl 500 μl	500 μl 100 μl	100 μl 铝盖		2019年 06 月 15 日
		设备：100 μl 移液器（编号：XX-Y-XXX）；1000 μl 移液器；编号：XX-Y-XXX）				
	3. 自动顶空器加热	设备：HS-9A 自动顶空器（编号：XX-Y-XXX）	条件参数： 加热箱温度 70 度，定量管温度 80 度，传输管温度 90 度。平衡时间 10 分钟，加压时间 20 秒，充样时间 20 秒，定量平衡时间 5 秒，进样时间 1 分钟，清扫时间 50 秒。			复核人： XXX 2019年 06 月 15 日
	4. 检验定量	设备： GC9890A 型气相色谱仪 （编号：XX-Y-XXX）	条件参数：色谱柱箱温度 70 度 检测器温度 230 度 检测器进样室温度 150 度 载气 0.9；清扫 5.0；吹尾 6.0；氢气 5.0 空气 7.5；氮气 0.5 信号：38.0 辅助气的纯度：N₂≥99.999%；H₂≥99.99%；空气：无水、无油（经过脱水、脱烃处理）			
	5. 数据	电脑（编号：XX-Y-012），启动 SD-2020 色谱工作软件接收气相色谱仪数据 D:\思达色谱\Data\2019年\06月15日A-乙醇检测 014 图谱：结果：见打印图谱 D:\思达色谱\Data\2019年\06月15日A-乙醇检测 015 图谱：结果：见打印图谱				备注： 检测完成 送还送检人保存

保存	剩余检材保存 冷藏于 2 号冰箱己检区 （编号：XX-Y-XXX）	冰箱条件参数： 温度 5℃-10℃ 冰箱温度 6 ℃	检材剩余量约：4.0 ml	送保存人： XXX 2019年 06 月 15 日 15 时 00 分

备注：

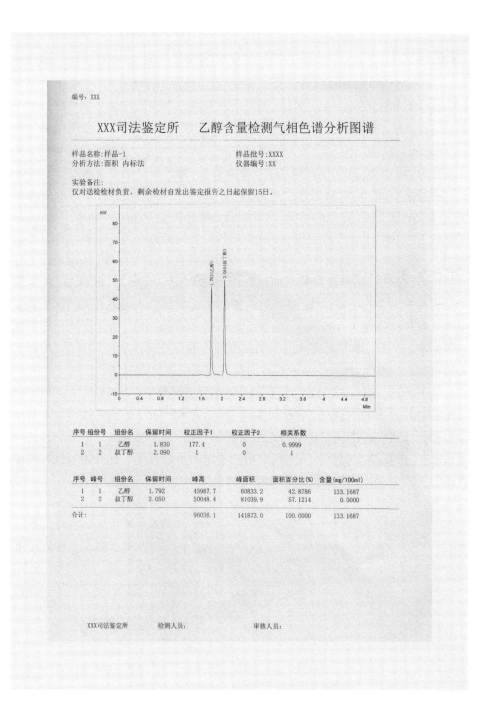

余图及记录略。

【专家点评】

参加实验室19AB0249分组属于H组,该组样品1和样品2的中位值分别为1.21 mg/mL和0.36 mg/mL。样品1的第一次和第二次测定结果分别1.33 mg/mL和1.34 mg/mL,平均值为1.34 mg/mL,样品2的第一次和第二次测定结果分别0.39 mg/mL和0.40 mg/mL,平均值为0.40 mg/mL。样品1和样品2的稳健Z比分数分别为2.08和2.01,绝对值均大于2小于3。综合评价结果为通过。

实验室19AB0249采用顶空进样气相色谱-内标法定量检测血液中乙醇含量,建立校正曲线时,分别取不同浓度的乙醇标准液10 μL、蒸馏水490 μL、内标物叔丁醇100 μL置于样品瓶内,封盖,混匀,上机检测。因乙醇属于挥发性毒物,加入蒸馏水步骤的引入容易使乙醇在样品处理过程中挥发,从而使添加样品的检测值偏小,虽然最终校正曲线r = 0.99991,但最终样品1和样品2的检测结果均高于该组相应中位值,这可能与校准曲线配制引入误差有关。该实验室阳性对照样品浓度为0.80 mg/mL,测定结果为0.81 mg/mL,并未反映出标准曲线的偏离,建议采用与标准曲线不同来源的乙醇标准品作为质控样品,可以真实地反映出校准曲线的状态,对校准曲线的适用性进行有效评估。

综上所述,实验室19AB0249获得通过的评价结果,主要的原因在于校准曲线配制过程引入较大误差,导致该实验室样品1和样品2的检测数值与H组中位值相比偏高。建议该鉴定机构加强培训和实践,提高鉴定人员的分析理论和操作水平,并提高实验室各级人员对司法鉴定的重视程度。此外建议该实验室在鉴定实践中,采用国家标准、行业标准对血液中乙醇含量进行鉴定。

点评人:严　慧　副研究员
刘　伟　主任法医师

[例4]　19AB0179结果反馈表（专家组评价结果：不通过）

CNAS 能力验证计划 CNAS SF0002

血液中乙醇含量测定能力验证计划
结果反馈表

参加编号：19AB0179

样品收到日期：2019.6.13　　　　　样品测定日期：2019.6.18

样品外观描述：包装完整，无破损，血样良好！

采用的检测方法：
　　☑ 顶空气相色谱法　　☐ 其它：＿＿＿＿＿＿＿＿＿＿

定量方法采用：
　　☐ 内标法　　　　☑ 外标法

最低检出限：0.1mg/mL

检测方法的简单描述：采用气相色谱仪氢火焰检测器，用顶空进样器，
　　　　　　　　　　外标法。

样品测定结果：　单位：☐mg/mL　☑mg/100mL

平行样测定	样品1	样品2
第一份	43.24	182.93
第二份	44.69	184.37
平均值	43.965	183.65

检测记录及图谱：（附页）
对整个检测过程的描述：见附页。＿＿＿＿＿＿＿＿＿＿＿＿
＿＿＿＿＿＿＿＿＿＿＿＿＿＿＿＿＿＿＿＿＿＿＿＿＿＿
＿＿＿＿＿＿＿＿＿＿＿＿＿＿＿＿＿＿＿＿＿＿＿＿＿＿
＿＿＿＿＿＿＿＿＿＿＿＿＿＿＿＿＿＿＿＿＿＿＿＿＿＿
＿＿＿＿＿＿＿＿＿＿＿＿＿＿＿＿＿＿＿＿＿＿＿＿＿＿

注：此表可添加附页，应在 **2019** 年 **6** 月 **18** 日前寄送至实施机构（以邮戳为准）

编号：SJR-Q07-2017-PT　　　　　实施日期：2018-1-2　　　　　第 5 页 共 7 页

检测过程

标样配制：

1. 用电子天平称量 99.9% 的无水乙醇定容到 100ml 纯水中.

四个浓度分别为
- 1#   1012.50mg/100ml
- 2#   2021.50mg/100ml
- 3#   3993.02mg/100ml
- 4#   5961.05mg/100ml

2. 取4个20ml顶空瓶分别加入0.49ml纯净水. 分别加入以上4个浓度的溶液10ul. 迅速用压盖钳密封。

此时四个瓶中浓度分别为：

- 1号瓶：20.25mg/100ml
- 2号瓶：40.43mg/100ml
- 3号瓶：79.86mg/100ml
- 4号瓶：119.22mg/100ml

二. 样品配制

取4个20ml顶空瓶. 标记为 样品1. 样品1-2. 样品2. 样品2-2.

每个瓶中加0.5ml血样. 迅速用压盖钳密封.

三. 气相色谱仪条件：

检测器：FID.

色谱柱：φ3×2m GDX-102

汽化室：160℃   检测室：160℃   柱室：100℃   载气：高纯氮气.

四. 顶空进器条件：   载气：高纯氮气.

加压/吹扫：净化空气.

近样间箱温度：80℃　　　　等待时间：6秒

样品瓶加热温度：70℃　　　加压时间 1分

管线温度：150℃　　　　　平衡时间 1分

　　　　　　　　　　　　　进样时间：6秒

　　　　　　　　　　　　　等待反吹：6秒

　　　　　　　　　　　　　反吹时间：3分

样品瓶加热及平衡时间　30分钟．

色谱仪及顶空进样器 先于标样及样品配制．提前稳定．

四个浓度的标样 分别进一针．求标校曲线．

　　　　　　　　　　　　相关系数 R=0.9991

两份样品分别取2并各进一针．分别求出含量．

求平均值．

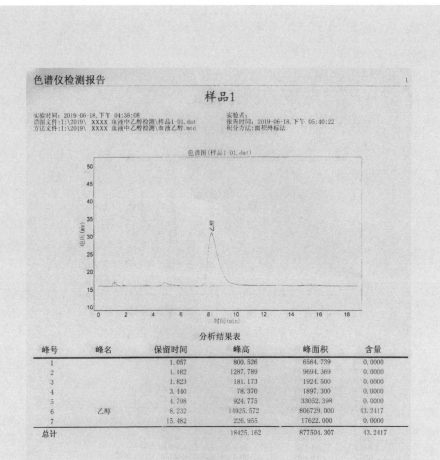

色谱仪检测报告   1

样品1

实验时间：2019-06-18，下午 04:38:08   实验者：
谱图文件：I:\2019\ XXXX 血液中乙醇检测\样品1-01.dat   报告时间：2019-06-18，下午 05:40:22
方法文件：I:\2019\ XXXX 血液中乙醇检测\血液乙醇.mtd   积分方法：面积外标法

分析结果表

峰号	峰名	保留时间	峰高	峰面积	含量
1		1.057	800.526	6584.739	0.0000
2		1.182	1287.789	9694.369	0.0000
3		1.823	181.173	1924.500	0.0000
4		3.440	78.370	1897.300	0.0000
5		4.798	924.775	33052.398	0.0000
6	乙醇	8.232	14925.572	806729.000	13.2417
7		15.482	226.955	17622.000	0.0000
总计			18425.162	877504.307	43.2417

色谱仪检测报告

样品1-2

实验时间：2019-06-18，下午 06:20:52　　　　实验者：
谱图文件：I:\2019\　XXXX 血液中乙醇检测\样品1-02.dat　　　报告时间：2019-06-18，下午 06:27:18
方法文件：I:\2019\　XXXX 血液中乙醇检测\血液乙醇.mtd　　　积分方法：面积外标法

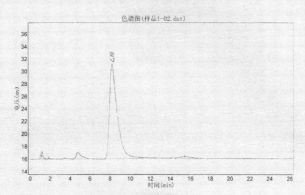

色谱图(样品1-02.dat)

分析结果表

峰号	峰名	保留时间	峰高	峰面积	含量
1		1.040	721.151	5894.024	0.0000
2		1.165	1230.877	9519.179	0.0000
3		1.807	161.922	1681.900	0.0000
4		3.440	72.380	1440.900	0.0000
5		4.782	1051.026	37401.398	0.0000
6	乙醇	8.198	15051.224	830944.813	44.6882
7		15.415	265.491	20876.801	0.0000
8		26.648	15.340	729.512	0.0000
9		28.248	8.642	165.432	0.0000
10		29.048	4.500	224.700	0.0000
11		36.115	8.081	661.600	0.0000
总计			18590.631	909540.258	44.6882

色谱仪检测报告   1

标样119.22mg/100ml谱图

实验时间: 2019-06-18, 下午 03:15:26   实验者:
谱图文件:I:\2019\ XXXX 血液中乙醇检测\标120-01.dat   报告时间: 2019-06-18, 下午 05:54:14
方法文件:I:\2019\ XXXX 血液中乙醇检测\血液乙醇.mtd   积分方法:面积外标法

色谱图 (标120-01.dat)

分析结果表

峰号	峰名	保留时间	峰高	峰面积	含量
1		1.032	742.077	6140.400	0.0000
2		1.148	1251.154	9415.200	0.0000
3		1.798	185.020	2008.300	0.0000
4	乙醇	8.123	38036.289	2077531.500	119.1540
总计			40214.540	2095095.400	119.1540

【专家点评】

　　参加实验室19AB0179分组属于A组，该组样品1和样品2的中位值分别为0.35 mg/mL和1.29 mg/mL。样品1的第一次和第二次测定结果分别0.43 mg/mL和0.45 mg/mL，平均值为0.44 mg/mL，样品2的第一次和第二次测定结果分别1.83 mg/mL和1.84 mg/mL，平均值为1.84 mg/mL。样品1和样品2的稳健Z比分数分别为4.48和9.11，绝对值均大于等于3。综合评价结果为不通过。

　　实验室19AB0179配制阳性对照样品时，往顶空瓶中分别加入0.49 mL纯净水和10 μL乙醇标准溶液，此操作对乙醇标准溶液进行二次稀释，因乙醇为挥发性物质，实验步骤越多，乙醇的损耗越大，引入测定误差较大。该实验室采用顶空进样气相色谱－外标法定量检测血液中乙醇含量，外标法操作简单、计算方便，但对仪器的重现性和操作条件的稳定性要求很高，否则会影响实验结果。采用峰面积进行计算时，对色谱峰分离度有一定要求，对重叠峰难以准确地测量峰面积。实验室19AB0179所提交的血液样品气相色谱图中乙醇的色谱峰展宽且拖尾，出峰时间将近2分钟，直接影响到定量结果的准确性。而内标法是样品和内标混合在一起注入色谱柱，抵消了上样体积，乃至流动相、检测器的影响，测定的结果较为准确。本次能力验证中，497家实验室中采用内标法定量的有492家实验室，采用外标法定量的仅有5家实验室，采用内标法的比例高达99.0 %。采用内标法的实验室满意比例为85.2 %，不通过比例为4.7 %；而采用外标法的实验室的满意比例则为40.0 %，不通过比例为60.0 %。虽然由于采用外标法的实验室家数偏少，数据会有所偏离，但仍可以说明采用内标法定量的检测结果明显优于外标法，建议采用实验室采用内标法对血液中乙醇含量进行测定。。

　　综上所述，实验室17AB0179获得不通过的评价结果，主要的原因在于采用外标法准确度差，同时又在样品前处理中引入二次稀释步骤，导致该实验室样品1和样品2的检测数值与A组中位值相比明显偏高。另外从结果反馈表中能看出该机构鉴定人员有效数字保留过多，建议该鉴定机构加强培训和实践，提高鉴定人员的分析理论和操作水平，并提高实验室各级人员对司法鉴定的重视程度。

点评人：严　慧　副研究员
刘　伟　主任法医师

《血液中常见毒物的定性定量分析（CNAS SF0003）》鉴定文书评析

【项目简介】

法医毒物鉴定的主要任务是对各类案（事）件中可能涉及的毒药物进行分析鉴定，通过对生物检材的定性定量分析来确定是否存在毒物以及评价毒物的中毒程度或对死亡的影响程度。血液中常见毒物的定性定量分析是法医毒物化学鉴定领域中一个重要的测定项目。毒物分析结果解释的核心问题之一是生物检材中毒物浓度的准确性，血液中毒物的浓度直接关系到毒物对于中毒或死亡的作用程度，因此毒物定量分析的准确性至关重要。建立血液中常见毒物的定性定量分析体系，是毒物鉴定实验室的基本任务。

近年来，随着我国司法体制改革的推进和发展，一大批机构/实验室开始从事血液中常见毒物的定性定量分析鉴定工作，但对于血液中常见毒物的定性定量分析鉴定能力，目前尚缺乏有效的评价方法，亦缺乏进行比较、监督、规范的有效手段和途径，不利于司法鉴定管理部门为司法实践活动提供科学、规范、准确、严肃的服务及自身职能的发挥。因此，本次能力验证活动的目的，就是要探索适合在各机构/实验室之间进行血液中常见毒物的定性定量分析鉴定能力考察和评价的科学、客观的方法和途径，并成为规范鉴定活动、提高鉴定能力的方法，从而有助于不同鉴定机构对同一问题的鉴定获得基本一致的结论，保障司法鉴定结论的一致性和可比性。本能力验证活动结果将作为认证认可、行业监督管理以及机构的质量控制和持续改进的重要依据。

【方案设计】

CNAS SF0003《血液中常见毒物的定性定量分析》能力验证项目提供了

1个盲测样品(共约10 mL,分装在2管中),该待测样品是具有一定阿普唑仑浓度的血液样品。要求对待测样品进行常见毒物的定性(目标物范围为甲基苯丙胺、氯胺酮、地西泮、艾司唑仑、咪达唑仑、阿普唑仑、苯巴比妥、氯氮平)、定量分析(对检出的毒物定量)。考察要素包括样品处理、检测方法、标准样品对照、最低检出限,定性、定量方法和原始记录图谱。评价主要以定性、定量结果为主,并参考其他考察要素。

本次能力验证计划的样品制备均按计划方案的要求进行,空白样品为全血,经GC/MS和LC/MS/MS检测,不含甲基苯丙胺、氯胺酮、地西泮、艾司唑仑、咪达唑仑、阿普唑仑、苯巴比妥、氯氮平等常见毒物成分。空白血液中添加阿普唑仑,血液中阿普唑仑的配制质量浓度为0.48 µg/mL。样品的均匀性和稳定性检验报告显示其均匀性和稳定性良好,从而确保本次计划实施过程中出现的差异不是由于样品的原因所致。待测样品放在定制的泡沫塑料盒了内,盒子内放置冰袋,同时泡沫塑料有隔热作用,以保证样品在运输途中温度不会过高。外面再用有气垫保护内层的气垫膜包装袋包装,双重保证样品在运输途中不致损坏。发送方式为特快专递,保证所有样品均在3天之内送达各参加实验室。

作业指南要求各参加实验室应首先核对所收到的书面材料和待测定样品。建议各实验室采用目前在用的检测方法来分析待测定样品,定性检测目标物范围仅限定于作业指南中指定的甲基苯丙胺、氯胺酮、地西泮、艾司唑仑、咪达唑仑、阿普唑仑、苯巴比妥和氯氮平8种常见毒物成分。定量要求对检出毒物进行测定,结果以µg/mL为单位,保留小数点后两位。在结果报告中应简单描述检测方法和仪器条件,并同时返回原始检测记录和相关图谱。

本次能力验证计划结果评价采用定性、定量结果分别评价,然后综合评价。

定性结果评价为检出目标物,未出现假阳性者,结果为"满意结果";未检出目标物,或检出目标物且出现假阳性者,评价结果为"不满意结果"。

定量结果评价采用稳健统计的方法,以各参加实验室的中位值作为指定值,标准化四分位距(NIQR)为变动性度量值(目标标准偏差),计算出各参加实验室的稳健Z比分数,结合稳健Z比分数结果进行评价。稳健Z比分数的评价标准如下:

$$|Z| \leqslant 2 \qquad 满意结果$$
$$2 < |Z| < 3 \qquad 有问题结果$$
$$|Z| \geqslant 3 \qquad 不满意结果$$

　　涉及的统计量有结果数、中位值、标准化四分位距(NIQR)、稳健的变异系数(CV)、最小值、最大值和极差等,各统计量的意义及相关计算方法参见 CNAS – GL002 – 2018《能力验证结果的统计处理和能力评价指南》。

　　综合评价为定性、定量结果均为"满意结果",则综合评价结果为"满意";定性结果为"满意结果"、定量结果为"有问题结果",则综合评价结果为"通过";定性、定量结果中有一个及以上为"不满意结果",则综合评价结果为"不通过"。

【结果评析】

［例1］　19AC0079结果反馈表（专家组评价结果：满意）

CNAS 能力验证计划 CNAS SF0003

血液中常见毒物的定性定量分析能力验证计划
结果反馈表

参加编号：**19AC0079**

样品收到日期：__2019 年 6 月 13 日__　样品测定日期：__2019 年 6 月 15 日 至 21 日__

样品外观描述：　__血液两管，约 10mL，密封良好。__

采用的检测方法：__血液经液液萃取后，经 LC-MS/MS 和 GC-MS 分析。__

最低检出限：（含 8 种目标物，可附页列表）　见附表 1 和表 2

样品处理方法、检测方法的简单描述：__分别取待检血液与空白血液、添加对照品的血液，同时提取__
__平行操作，调节 pH 值后，加入内标，有机溶剂提取，气相色谱-质谱联用法检测苯巴比妥；液相色__
__谱质谱联用法检测甲基苯丙胺、氯胺酮、地西泮、阿普唑仑、艾司唑仑、咪达唑仑和氯氮平。__

定量方法采用：

　　√ 内标法　　　　　□ 外标法

检测原始记录和相关图谱：（包括筛选质量控制、空白对照、添加对照、工作曲线、检出限等）见
附页

样品测定结果：

定性分析：检出的成分请在相应方框内打钩。

甲基苯丙胺□	氯胺酮□	地西泮□	艾司唑仑□
咪达唑仑□	阿普唑仑√	苯巴比妥□	氯氮平□

定量分析：若检出以下 4 种成分，需定量，将定量结果填写在相应位置。

甲基苯丙胺（**μg/mL**）

艾司唑仑（**μg/mL**）

咪达唑仑（**μg/mL**）

阿普唑仑（0.49μg/mL）

对整个检测过程的描述：

参照方法：

《血液、尿液中 238 种毒（药）物的检测液相色谱-串联质谱法》（SF/Z JD 0107005-2016）

《血液和尿液中 108 种毒（药）物的气相色谱-质谱检验方法》（SF/Z JD0107014-2015）

检验过程描述见附页。

注：此表可添加附页，应在 __2019 年 6 月 21 日__ 前寄送到实施机构（以邮戳为准）

编号：SJR-Q07-2017-PT　　　　实施日期：2018-1-2　　　　第 5 页 共 23 页

CNAS 能力验证计划 CNAS SF0003
附：检测记录和图谱

一、血液中甲基苯丙胺、氯胺酮、地西泮、阿普唑仑、艾司唑仑、咪达唑仑和氯氮平的检测

参照《血液、尿液中 238 种毒（药）物的检测液相色谱-串联质谱法》（SF/Z JD0107005-2016）对血液样品中甲基苯丙胺、氯胺酮、地西泮、阿普唑仑、艾司唑仑、咪达唑仑和氯氮平进行检测。

氯胺酮、地西泮、氯氮平和内标地西泮-d5 的对照品溶液为市售甲醇溶液，甲基苯丙胺、阿普唑仑、艾司唑仑、咪达唑仑对照品溶液为本次能力验证司鉴所提供，试验中所用其他浓度的工作溶液均从对照品溶液用甲醇稀释得到，4℃冰箱保存。

1. 样品前处理

1.1 待测样品

取待测血液 1mL，加入 20μL 地西泮-d5 内标工作液（20μg/mL），加入 2mL pH9.2 硼酸缓冲液后用 3.5mL 乙醚提取，混旋，离心。上清液于 60℃水浴中挥干，残留物中加入 100μL 流动相复溶，取 10μL 注入 LC-MS/MS 分析。

1.2 空白样品

取空白血液 1mL，按上述操作与待测样品平行提取和分析。

1.3 添加样品

取空白血液 1mL，添加甲基苯丙胺、氯胺酮、地西泮、阿普唑仑、艾司唑仑、咪达唑仑和氯氮平对照品工作溶液，按上述操作与待测样品平行提取和分析。

2 仪器检测条件

Agilent 6460 液相色谱-串联质谱仪（LC-MS/MS），配有电喷雾离子源（ESI）

色谱柱为 Restek Allure PFP Propyl（2.1mm×100mm，5μm）液相色谱柱，柱温 30℃；流动相 A 为乙腈，B 为 20mmol/L 乙酸铵和 0.1%甲酸缓冲液（70：30），流速：200μL/min；，进样量：10μL。离子源为 ESI，正离子模式，多反应监测（MRM），离子喷雾电压为 5500V。

分别吸取待测样品、空白样品和添加样品提取液，按上述仪器条件进样分析，7 种毒（药）物及 1 种内标的定性离子对、保留时间、优化的碰撞能量（CE）及方法的最低检出限等参数见**表1**。

3 定性分析

选取 7 种毒（药）物和 1 种内标的两对定性离子对，分别对空白样品、添加样品和待测样品中检出的色谱峰进行分析，将待测样品中可疑色谱峰与添加样品中相应对照品的色谱峰保留时间、离子对和离子对的相对丰度比进行比较（见附图 1-1 至 1-25）。

3.1 保留时间：从待测血液样品中检出 2 个色谱峰，保留时间分别为 **1.891min 和 2.228min**，与添加血液中的阿普唑仑和地西泮-d5 的色谱峰保留时间（**1.898min 和 2.235min**）比较，相对误差在±2.5%

CNAS 能力验证计划 CNAS SF0003

内。

3.2 离子对及其相对丰度比：待测血液样品保留时间为 1.891min 色谱峰对应的质谱图中，出现所选择的阿普唑仑的两个定性离子对（**309.1/274.2 和 309.1/281.1**），离子对相对丰度比（**274.1/281.1**）为 **40.27%**。添加血液中阿普唑仑对照品的离子对相对丰度比为 **41.69%**，相对误差在最大允许相对误差范围内。

3.3 定性结果：待测血液中检出阿普唑仑，未检出甲基苯丙胺、氯胺酮、地西泮、艾司唑仑、咪达唑仑和氯氮平。

3.4 结果评价：

3.4.1 阳性结果评价：从待测血液中检出阿普唑仑和内标物地西泮-d5，空白血液仅检出地西泮-d5，阳性结果可靠。

3.4.2 阴性结果评价：从待测血液中检出内标物地西泮-d5，未检出甲基苯丙胺、氯胺酮、地西泮、艾司唑仑、咪达唑仑和氯氮平，阴性结果可靠。

4. 定量分析

根据待测血液样品中阿普唑仑的浓度情况，用空白血液添加一系列浓度的阿普唑仑对照品溶液和内标地西-d5，采用内标法，以二者的定量离子对峰面积之比进行定量测定。定量方法采用工作曲线法见**附图 1-26**。

4.1 工作曲线法：

采用工作曲线法时待测血液样品中毒（药）物的浓度应在工作曲线的线性范围内。配制系列浓度的阿普唑仑血液质控样品依次为：0.05 μg/mL、0.1μg/mL、0.15μg/m、0.2μg/mL、0.4μg/m、0.8μg/m，添加 20μL 浓度为 20μg/mL 内标地西泮-d5，按上述"**1.1**"进行样品处理，按上述"**2**"条件进行测定，以毒（药）物和内标定量离子对峰面积比为纵坐标，血液中毒（药）物浓度为横坐标绘制工作曲线，用工作曲线对待测血液样品中毒（药）物浓度进行定量。

4.2 工作曲线方程：（**见图 1-26**）

4.3 定量结果：待测血液中检出阿普唑仑的含量为 **0.49μg/mL**。

4.4 定量结果评价：平行试验中两份检血中阿普唑仑含量分别为：**0.50μg/mL** 和 **0.48μg/mL**，双样相对相差为 **4%**，在误差允许范围内，因此取二者平均值为：**0.49μg/mL**。

二、血液中苯巴比妥的检测

参照《血液和尿液中 108 种毒（药）物的气相色谱-质谱检验方法》（SF/Z JD0107014-2015）对血液样品中苯巴比妥进行检测。

苯巴比妥和内标烯丙异丙巴比妥的对照品溶液为市售甲醇溶液，试验中所用其他浓度的工作溶液均从对照品溶液用甲醇稀释得到，4℃冰箱保存。

CNAS 能力验证计划 CNAS SF0003

1. 样品前处理

1.1 待测样品

取待测血液 1mL 置于 10mL 离心管中，加入 100μg/mL 的烯丙异丙巴妥内标工作液 10μL，加 1mol/L HCl 溶液使呈酸性（pH3-4），用乙醚 3.5mL 涡旋混合提取约 2min，离心使之分层，转移乙醚层，于约 60℃水浴中挥干，残留物加 100μL 甲醇复溶，待测。

1.2 空白样品

取空白血液 1mL，按 1.1 项下方法处理，与待测血液平行提取操作。

1.3 添加样品

取空白血液 1mL，添加苯巴比妥对照品工作溶液和烯丙异丙巴妥内标工作液，按 1.1 项下方法处理，与待测血液平行提取操作。

2. 仪器检测

安捷伦 Agilent 气相色谱-质谱联用仪（GC-MS/MS）

色谱柱为 DB-5MS 毛细管柱（30m×0.25mm×0.25μm）；柱温：100℃保持 1.5min，以 25℃/min 程序升温至 280℃保持 15min；载气：氦气（纯度≥99.999%），流速 1mL/min；EI 源，电压 70eV；进样口温度 250℃，离子源温度 230℃，接口温度 280℃；进样量 1μL；全扫描模式，质量范围 m/z 40-500。

分别吸取待测血液、空白血液和添加血液的提取液，按上述仪器条件进样分析，苯巴比妥和烯丙异丙巴妥的 GC-MS 分析参数、方法的最低检出限见表 2。

3. 定性分析

分别对空白血液、添加血液和待测血液的 TIC 图中出现的色谱峰进行分析，再用所添加的 1 种毒（药）物及内标的特征碎片离子逐个进行抽得到其 EIC 图。根据待测样品中出现的色谱峰保留时间、特征碎片离子及离子相对丰度比进行定性分析（见图 2-1 至 2-11）

4. 定性结果

从添加血液中检出 2 个色谱峰，保留时间为分别为 **6.668min 和 8.233min**，根据特征碎片离子及离子相对丰度比可知依次为内标烯丙异丙巴妥和苯巴比妥。

从待测血液中检出 1 个色谱峰，保留时间为分别为 **6.668min**，与添加血液中的烯丙异丙巴妥的色谱峰保留时间 **6.668min** 一致。

5. 结果评价

从待测血液中仅检出内标物烯丙异丙巴妥，未检出苯巴比妥，阴性结果可靠。

CNAS 能力验证计划 CNAS SF0003

附表

表 1　7 种毒药物和 1 个内标的 LC-MS/MS 分析参数

表 2　苯巴比妥和内标烯丙异丙巴比妥的 GC-MS 分析参数

附图

一、血液中 7 种毒（药）物的 LC-MS/MS 检测图谱

图 1-1　空白血液的 TIC 图

图 1-2　空白血液中内标地西泮-d5 的 MRM 图

图 1-3　空白血液中内标地西泮-d5 的质谱图

图 1-4　添加血液中 7 种毒药物及 1 内标的 TIC 色谱图

图 1-5　添加血液中内标地西泮-d5 的 MRM 色谱图

图 1-6　添加血液中内标地西泮-d5 的质谱图

图 1-7　添加血液中艾司唑仑的 MRM 色谱图

图 1-8　添加血液中艾司唑仑的质谱图

图 1-9　添加血液中阿普唑仑的 MRM 色谱图

图 1-10　添加血液中阿普唑仑的质谱图

图 1-11　添加血液中地西泮的 MRM 色谱图

图 1-12　添加血液中地西泮的质谱图

图 1-13　添加血液中咪达唑仑的 MRM 色谱图

图 1-14　添加血液中咪达唑仑的质谱图

图 1-15　添加血液中氯胺酮的 MRM 色谱图

图 1-16　添加血液中氯胺酮的质谱图

图 1-17　添加血液中甲基苯丙胺的 MRM 色谱图

图 1-18　添加血液中甲基苯丙胺的质谱图

图 1-19　添加血液中氯氮平的 MRM 色谱图

图 1-20　添加血液中氯氮平的质谱图

图 1-21　待测血液的 TIC 色谱图

图 1-22　待测血液中内标地西泮-d5 的 MRM 色谱图

图 1-23　待测血液中内标地西泮-d5 的质谱图

图 1-24　待测血液中阿普唑仑的 MRM 色谱图

图 1-25　待测血液中阿普唑仑的质谱图

图 1-26　阿普唑仑定量工作曲线

二、血液中苯巴比妥的 GC-MS 检测图谱

图 2-1　空白血液的 TIC 图

图 2-2　空白血液中内标烯丙异丙巴比妥的 EIC 图

图 2-3　空白血液中内标烯丙异丙巴比妥的质谱图

图 2-4　添加血液的 TIC 图

图 2-5　添加血液中苯巴比妥的 EIC 图

图 2-6　添加血液中苯巴比妥的质谱图

图 2-7　添加血液中内标烯丙异丙巴比妥的 EIC 图

图 2-8　待测血液中内标烯丙异丙巴比妥的质谱图

图 2-9　待测血液的 TIC 图

图 2-10　待测血液中内标烯丙异丙巴比妥的 EIC 图

图 2-11　待测血液中内标烯丙异丙巴比妥的质谱图

CNAS 能力验证计划 CNAS SF0003
一、血液中 7 种毒（药）物的 LC-MS/MS 检测图谱

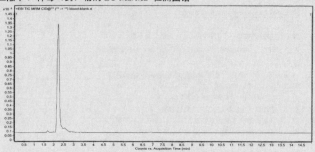

图 1-1 空白血液的 TIC 图

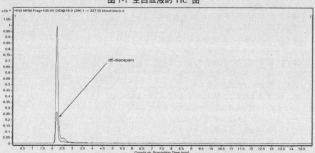

图 1-2 空白血液中内标地西泮-d5 的 MRM 图

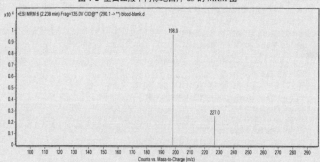

图 1-3 空白血液中内标地西泮-d5 的质谱图

CNAS 能力验证计划 CNAS SF0003

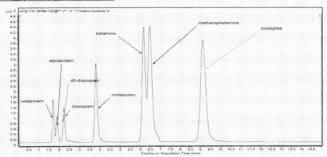

图 1-4 添加血液中 7 种毒药物及 1 种内标的 TIC 色谱图

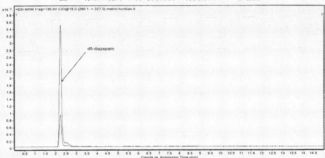

图 1-5 添加血液中内标地西泮-d5 的 MRM 色谱图

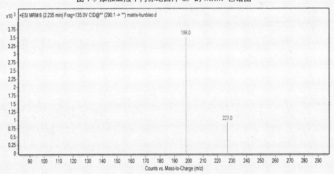

图 1-6 添加血液中内标地西泮-d5 的质谱图

CNAS 能力验证计划 CNAS SF0003

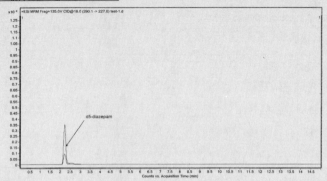

图 1-22 待测血液中内标地西泮-d5 的 MRM 色谱图

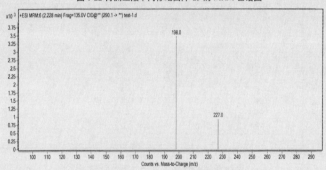

图 1-23 待测血液中内标地西泮-d5 的质谱图

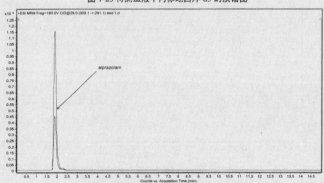

图 1-24 待测血液中阿普唑仑的 MRM 色谱图

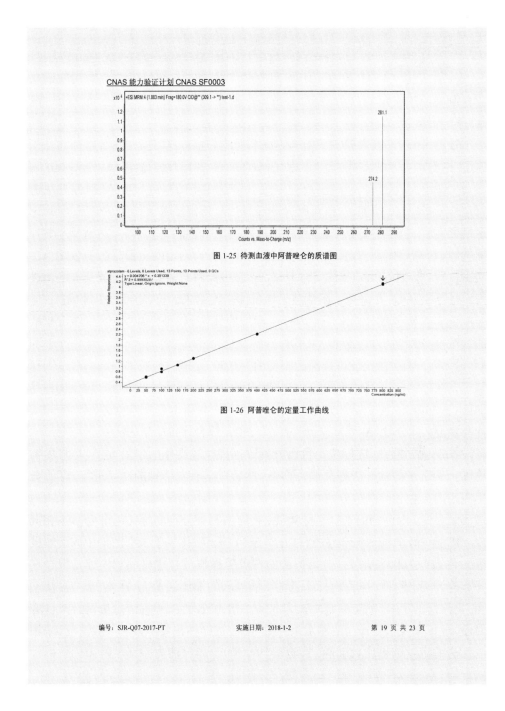

图 1-25 待测血液中阿普唑仑的质谱图

图 1-26 阿普唑仑的定量工作曲线

余图及记录略。

【专家点评】

参加实验室19AC0079采用气相色谱－质谱法及液相色谱－串联质谱法对盲测样品进行定性分析,定量分析采用液相色谱－串联质谱法,取得了"满意"的评价结果。

检测过程中,该实验室采用部颁技术规范《血液、尿液中238种毒药物的检测 液相色谱－串联质谱法》(SF/Z JD0107005－2016)和《血液和尿液中108种毒(药)物的气相色谱－质谱检验方法》(SF/Z JD0107014－2015)两种方法进行定性分析,样品处理、空白对照、标准品对照、检出限等质量控制得当,所附记录谱图完整,包括实验原始记录、空白血液、添加样品和待测样品图谱及定量标准曲线,清晰地体现了鉴定机构对血液中常见毒物的定性定量分析项目的整个测试过程。定性结果检出阿普唑仑成分,通过保留时间和离子对及其丰度比进行定性结果判断,并进行了阳性结果评价和阴性结果评价,定性结果准确。

该实验室定量分析采用了内标－标准曲线法,以地西泮－d5为内标,校准曲线浓度分别为0.05 μg/mL、0.1 μg/mL、0.15 μg/mL、0.2 μg/mL、0.4 μg/mL和0.8 μg/mL。本次能力验证样品的中位值为0.50 μg/mL,该校准曲线浓度范围涵盖了本次能力验证的样品浓度,有效地确保了定量结果的准确性。该机构样品的第1次和第2次测定结果分别为0.50 μg/mL和0.48 μg/mL,平均值为0.49 μg/mL;样品稳健Z比分数为－0.11,其绝对值小于2。综合评价结果为满意。

在定量分析中,内标法是色谱分析中一种比较准确的定量方法,是将内标物加到一定量的被分析样品混合物中,然后对含有内标物的样品进行分析,分别测定内标物和待测组分的峰面积,按公式即可求出被测组分的含量。采用内标法定量时,内标物的选择十分重要,它应当和被分析的样品组分有基本相同或尽可能一致的物理化学性质(如化学结构、极性、挥发度及在溶剂中的溶解度等)、色谱行为和响应特征。内标法的特点是操作过程中样品和内标是混合在一起前处理、进样、分析,内标法抵消了前处理的操作误差、上样体积,乃至流动相、检测器的影响,测定的结果较为准确。相比较而言,外标法定量,操作、计算简便,但标样及未知样品的测定条件要一致,进样体积要准确。一般情况,采用内标法的定量结果比较准确,实验室19AC0079本次能力验证就是采用了内标法定量。

　　综上,实验室19AC0079本次能力验证结果准确,表明该实验室具备较好的血液中常见毒物的定性、定量分析的能力。

点评人: 施　妍　副研究员

刘　伟　主任法医师

[例2]　19AC0112结果反馈表(专家组评价结果：不通过)

CNAS 能力验证计划 CNAS SF0003

血液中常见毒物的定性定量分析能力验证计划
结果反馈表

参加编号：19AC0112

样品收到日期：　2019 年 6 月 14 日　　　　样品测定日期：　2019 年 6 月 15 日

样品外观描述：玻璃试管密封包装血液 2 管，包装完好，标示清晰，每份样品约 5mL。

采用的检测方法：司法鉴定技术规范 SF/Z　JD0107014-2015《血液和尿液中 108 种毒（药）物的气相色谱—质谱检验方法》。

最低检出限：甲基苯丙胺、氯胺酮、苯巴比妥、地西泮、咪达唑仑、氯氮平、艾司唑仑、阿普唑仑均为 0.001mg/mL。

定量方法采用：

　　□ 内标法　　　　　☑ 外标法

检测原始记录和相关图谱：(附页)

样品测定结果：

定性分析：检出的成分请在相应方框内打钩。

甲基苯丙胺□	氯胺酮□	地西泮□	艾司唑仑□
咪达唑仑□	阿普唑仑☑	苯巴比妥□	氯氮平□

定量分析：若检出以下 4 种成分，需定量，将定量结果填写在相应位置。

甲基苯丙胺（μg/mL）

艾司唑仑（μg/mL）

咪达唑仑（μg/mL）

阿普唑仑（μg/mL）

对整个检测过程的描述：

　　取待测血液 2mL 置于 10mL 离心管中，加入 0.2mg/mL 由 SKF525A 和希丙异丙巴比

CNAS 能力验证计划 CNAS SF0003

妥混合内标工作液 10ul，加入 1mol/L HCL 溶液使之呈酸性（PH3-4），用乙醚 3mL 旋涡混合约 2min，离心使之分层，转移出乙醚提取液于 10mL 试管中，检材中再加 10%NaOH 溶液，使检材呈（PH11-12），用乙醚 3mL 提取残留，旋涡混合提取 2min，离心使之分层，转移乙醚层，合并乙醚提取液，于约 60℃水浴中挥发至近干，残留物加 30ul 甲醇溶液复溶后经 GC-MS 检测，进行初筛；经乙醚在碱条件下提取，甲醇溶解后经 GC-MS 检测进行确证。

定量分析：

移取血液样品 2.0mL，用 1mol/L 氢氧化钠溶液调制 PH9.0；经乙酸乙酯 5mL×2 提取，振荡 10min、离心（8000/min），分离有机相，合并于尖底玻璃试管中，40℃下快速浓缩至干，甲醇 100ul 定容，供仪器分析。

检测记录及图谱：（包括筛选质量控制、空白对照、添加对照、检出限等）（附页）

血液中常见毒物的定性定量分析能力验证检验记录

案件名称	CNAS 能力验证计划 CNAS SF0003	参加编号	19AC0112
		检材名称	血液
检测依据	SF/Z JD0107014-2015	内标物对照品标准溶液	0.2mg/ml SKF$_{525A}$ 和希丙异丙巴比妥混合内标工作液
	公安部物证鉴定中心 IFSC 03-03-07-2011	对照品标准溶液	0.1 mg/ml 阿普唑仑标准工作液
温度	26℃	湿度	70%
检材描述	玻璃试管密封包装血液 2 管，包装完好，标示清晰，每份样品约 5mL。		
试剂	（a）乙醚、甲醇； （b）盐酸：用水配制成 1moL/L 盐酸溶液； （c）氢氧化钠：用水配制成 10%氢氧化钠溶液 （d）对照品标准溶液的制备：分别精密称取检测目标物对照品适量，用甲醇配制成 1mg/ml 的对照品储备液，试验中所用其他浓度的标准溶液均从上述储备溶液稀释而得； （e）内标物对照品标准溶液配制：精密称取 SKF$_{525A}$ 和烯丙异丙巴比妥对照品适量，用甲醇配制成 1mg/ml 的混合内标储备液。		

CNAS 能力验证计划 CNAS SF0003

仪器 材料	(a) 气相色谱-质谱仪：配有电子轰击源（EI） (b) 分析天平：感量 0.1mg (c) 旋涡混合器　　　(d) 离心机 (e) 恒温水浴锅　　　(f) 移液器
设备名称	气相色谱-质谱联用仪（7890B-5977B GC-MSD）
仪器条件	色谱柱：DB-5MS 毛细管柱(30m×0.25mm×0.25um) 色谱柱温程：100℃保持 1.5min，以 25℃/min 程序升温 　　　　　至 280℃保持 15min 载气　　： 氢气，纯度≧99.999% 流速　　： 1mL/min　　　　　进样量 ： 1uL 进样口温度：250℃　　　　　EI 源电压：70eV 离子源温度：230℃　　　　　四极杆温度：150℃ 接口温度 ：280℃ 采用全扫描模式，质量范围 m/z 50-500
设备名称	气相色谱仪
仪器条件	色谱柱：DB-5MS 毛细管柱(30m×0.25mm×0.25um) 色谱柱温程：100℃保持 1.5min，以 25℃/min 程序升温 　　　　　至 280℃保持 15min 载气　　： 氢气　　　　　检测器 ： FID 检测器温度：300℃　　　　　进样口温度：280℃ 流速　　： 1mL/min　　　　分流比 ： 10:1
质量控制	空白样品：取空白血液 2ml 加入 0.2mg/ml 混合内标工作液 10ul，经乙 　　　　　醚在中、酸、碱条件下提取，甲醇复溶后 GC-MS 检测； 添加样品：取空白血液 2ml 添加 0.1 mg/ml 待测目标物工作液 10ul 和 　　　　　0.2mg/ml 混合内标工作液 10ul，经乙醚在中、酸、碱条件 　　　　　下提取，甲醇复溶后 GC-MS 检测； 最低检出限：分别配制 0.01/0.005/0.002/0.001mg/ml 标准溶液，在 　　　　　上诉仪器条件下，分别进样 1ul，以质谱图中特征离子峰 　　　　　和噪音信号比大于 3 时能检出目标物的最小浓度确定仪器 　　　　　检出限。

CNAS 能力验证计划 CNAS SF0003

检验过程：
（1）定性分析

　　①前处理：
　　取待测血液 2mL 置于离心管中，加入 0.2mg/mL 由 SKF525A 和希丙异丙巴比妥混合内标工作液 10ul，加入 1mol/L HCL 溶液使之呈酸性（PH3-4），用乙醚 3mL 旋涡混合约 2min，离心使之分层，转移出乙醚提取液于 10mL 试管中，检材中再加 10%NaOH 溶液，使检材呈（PH11-12），用乙醚 3mL 提取残留液，旋涡混合提取 2min，离心使之分层，转移乙醚层，合并乙醚提取液，于约 60℃ 水浴中挥发至近干，残留物加 30ul 甲醇溶液复溶后经 GC-MS 检测，进行初筛

　　②结果判查：
　　在出峰保留时间 15.056min 出现质荷比（m/z）86、99、167 的特征离子峰，为内标物 SKF525A，在出峰保留时间 10.284min 出现质荷比（m/z）167、195、153 的特征离子峰，为内标烯丙异丙巴比妥，在出峰保留时间 19.672min 出现质荷比（m/z）204、279、308 的特征离子峰，经检索为阿普唑仑。

（2）定量分析
　　根据《生物样品中地西泮、艾司唑仑、阿普唑仑、三唑仑的气相色谱检验方法》(IFSC 03-03-07-2011) 进行确证

　　①样品制备：
　　移取血液样品 2.0mL，用 1mol/L 氢氧化钠溶液调制 PH9.0；经乙酸乙酯 5mL ×2 提取，振荡 10min，离心（8000/min），分离有机相，合并于尖底玻璃试管中，40℃ 下快速浓缩至干，甲醇 100ul 定容，供仪器分析。
　　②记录：
　　经气相色谱仪检测，记录 2 份平行操作的样品目标物峰面积及 0.1mg/ml 对照品峰面积

CNAS 能力验证计划 CNAS SF0003

计算：

　　根据样品中阿普唑仑及 0.1mg/ml 对照品面积值，按（1）式计算出样品中的物质含量

$$W = \frac{A样 \times M质 \times V质}{A质 \times M样 \times V质} \quad \cdots\cdots\cdots\cdots\cdots (1)$$

式中

A样——单位质量样品中标准物质含量（g/mL）；

A样——样品中目标物平均峰面积；

A质——质控样品中目标物平均峰面积；

M质——质控样品中标准物质添加量（ug）；

M样——样品量[g(mL)]；

V质——质控样品的定容体积（mL）；

V样——样品的定容体积（mL）。

检测结果记录：（mg/ml）

	样品
第一次测定	0.0014
第二次测定	0.0015
平均值	0.0015

②相对相差

　　记录两份案件样品含量，按式（2）计算相对相差：

$$RD = \frac{|X_1 - X_2|}{X} \times 100\% \quad \cdots\cdots\cdots\cdots\cdots (2)$$

	样品 1（mg/mL）
本次实验相对相差%	6.89%

备注：			
检验人	×××	复核人	×××
日期	2019.6.20	日期	2019.6.20

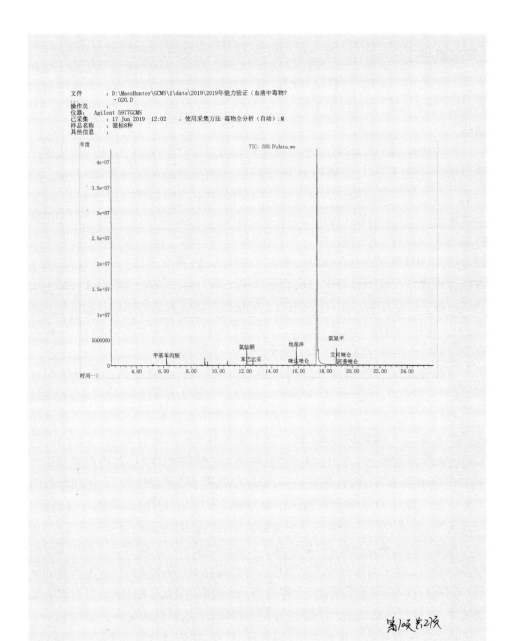

余图及记录略。

【专家点评】

参加机构19AC0112采用气相色谱 – 质谱法对盲测样品进行定性定量分析,定性结果准确,定量结果不准确,且测定过程存在较多问题,评价结果为"不通过"。

参加机构19AC0112在结果反馈表中勾选了定性结果,但是未明确反馈定量结果。检测过程中,该机构采用部颁技术规范《血液和尿液中108种毒(药)物的气相色谱 – 质谱检验方法》(SF/Z JD0107014 – 2015)进行定性分析,公安部物证鉴定中心《生物样品中地西泮、艾司唑仑、阿普唑仑、三唑仑的气相色谱检验方法》(IFSC 03 – 03 – 07 – 2011)进行定量分析。GC – MS联用可看作两种方法,其中MS属于A类方法,GC属于B类方法,符合定性鉴定的要求,因此方法选择恰当。检测过程中的实验记录和谱图不全,看不出空白对照、标准品添加对照等质量控制过程,未提供能力验证样品定性的质谱图以及定量相关图谱,且方法检出限的确定未通过空白基质中添加一定浓度的标准品获得,而是直接以标准品进样获得,对方法检出限的定义掌握欠妥。

该机构定量分析采用了外标 – 单点法,待测样品经前处理后进气相分析,同时直接以0.1mg/mL阿普唑仑标准品进行峰面积的比对分析定量,未做空白基质的添加样品对照,定量过程中采用的单点质量浓度远远超过待测样品的实际浓度。该机构样品的第1次和第2次测定结果分别为1.4 μg/mL和1.5 μg/mL,平均值为1.5 μg/mL;样品稳健Z比分数为11.11,其绝对值大于等于3,定量结果为"不满意结果"。综合评价结果为"不通过"。上述问题表明鉴定人员未能全面了解和掌握法医毒物鉴定中样品前处理、检测方法选择、结果判断、质量控制等诸多环节中关键技术以及能力验证的要求。

在法医毒物鉴定领域,多数情况下并不清楚检材中是否含有毒(药)物,何种毒(药)物,属于对未知物进行分析。当涉及血、尿等生物检材中未知物的分析,有关前处理的要求就更高,合理选择分离提取、净化方法,保证目标物的提取效果,并选择合适的检测手段进行筛选和确证,才能得到准确、可靠的结果。由于筛选要探索和指明检验方向,因此针对目标物的筛选方法要足够灵敏,以确保目标物的检出,避免假阴性结果的出现,在进行筛选分析中,应注意同时进行质控样品分析,通常以加空白对照控制样,排除在分析过程中未引入污染而造成假阳性,假阳性对照控制样,保证方法可行,排除阴性干扰。一般添加接近方法检出限浓度的质控样,证明方法的检出能力。而确证方法则应比筛选方法更专一、更灵敏,避免假阳性和假阴性结果的出现。对于实际样品的定量分析,若采用标准曲线法定量,待测样品中目标物的质量浓度(质量分数)应在工作曲线的线性范围内;若采用单点法定量,配制单点质量浓度(质量分数)的添加样品时,待测样品中目标物质量浓度(质量分数)应在该质量浓度(质量分数)的±50%内。

综上,参加机构19AC0112的鉴定人对血液中常见毒物的定性定量分析技术有一定的了解,但定性定量过程、质量控制、检测记录等方面存在较多问题,评价结果为不通过。建议该鉴定机构进一步加强血液中常见毒物的检测技术规范和标准的学习,加强实验室内部的质量控制和人员培训,提高鉴定机构的检测能力。

点评人:施　妍　副研究员
刘　伟　主任法医师

《毛发中滥用物质的定性分析(CNAS SF0004/CNCA – 19 – A17)》鉴定文书评析

【项目简介】

与血液、尿液等生物检材相比,毛发具有易获取、易保存、目标物稳定、检出时限长、能反映用药史等优点,毛发分析可提供吸毒者滥用毒品的证据。毛发中滥用物质的定性分析,是近年来法医毒物鉴定实验室渐次开展最多的检测项目,特别是2017年4月1日开始实施的《吸毒成瘾认定办法》中规定,可以将毛发中检出毒品作为吸毒者吸毒成瘾的认定条件,因此,越来越多的机构/实验室开展了毛发中毒品检测项目,为公安执法提供技术支持。由于毛发中药物含量较低、药物与基质结合牢固不易释放、检测方法要有较高灵敏度等,使得毛发中滥用物质的定性分析的鉴定项目难度较大,不仅要求鉴定人员需要具有一定的法医毒物分析鉴定理论和实践,而且对设备、方法、质量控制都有更高的要求。本次能力验证计划是国内法医毒物鉴定领域毛发中滥用物质的定性分析项目的第二次实施,同时列为国家认证认可监督管理委员会(简称"国家认监委")组织的国家级检验检测能力验证 A 类项目,旨在了解和客观地评价司法鉴定机构在毛发中滥用物质的定性分析方面的技术能力和水平,为机构/实验室提供科学、规范、有效的质量评价手段和途径,同时也可作为认证认可、行业监督管理以及机构的质量控制和持续改进的重要依据。

【方案设计】

本次能力验证项目《毛发中滥用物质的定性分析(CNAS SF0004/CNCA – 19 – A17)》的方案和样品,由项目专家组根据目前我国司法鉴定实践中毛发中常见滥用物质的分析情况和相关法律法规要求设计并制作,目的在于通过对参加实验室的结果反馈内容的梳理及汇总，了解实验室对法医毒物鉴定毛发中常见滥用物质的筛选和确证的基本理论、检验方法、检验过程、结果判断等方面的理解与掌握，从而对实验室的"毛发中滥用物质的定性分析"的检测能力作出科学评价。本次能力验证项目的检测目标物限定为7种滥用物质，包括吗啡、单乙酰吗啡、甲基苯丙胺、苯丙胺、氯胺酮、可卡因、苯甲酰爱康宁，这也是目前在司法鉴定实践中针对毛发中滥用物质检测中较为关注的目标物。本次能力验证计划设计了A、B、C三组测试样品，根据实验室编号随机发放。A组毛发样品是在空白毛发中添加吗啡和单乙酰吗啡两种目标物，质量分数分别为3.60 ng/mg、2.14 ng/mg；B组毛发样品是在空白毛发中添加甲基苯丙胺和氯胺酮两种目标物，质量分数分别为3.18 ng/mg、7.25 ng/mg；C组毛发样品是在空白毛发中添加可卡因和苯甲酰爱康宁两种目标物，质量分数分别为6.10 ng/mg、0.28 ng/mg。制备样品的均匀性和稳定性检验报告显示其均匀性和稳定性良好，能满足能力验证样品的要求。本项目向各参加实验室发送1管待测样品（样品量约200 mg）。

　　通过对"毛发中滥用物质的定性分析"能力验证项目可以反映各参加实验室对毛发中常见滥用物质进行筛选和确证的日常鉴定水平。本次能力验证限用色谱－质谱联用仪器分析方法，且所用分析方法的灵敏度要满足公安部《涉毒人员毛发样本检测规范》中毛发中毒品检测含量阈值的规定。各参加实验室检验完成后提交《毛发中滥用物质的定性分析能力验证计划结果反馈表》以及检测原始记录和相关图谱等。结果评价采取专家评议和评分的方法。内容包括检测方法、样品处理、筛选质量控制、原始记录、空白对照图谱、添加对照图谱、质量控制图谱、检出限和定性结果9个方面。满分100分，若参加实验室总分80~100分，则评价结果为"满意"；总分60~79分，则评价结果为"通过"；总分0~59分，则评价结果为"不通过"。

【结果评析】

[例1] 19AD0007结果反馈表(专家组评价结果: 满意)

CNCA 能力验证计划 CNAS SF0004/CNCA-19-A17

毛发中滥用物质的定性分析能力验证计划

结果反馈表

参加编号: **19AD0007**

样品收到日期: 2019.6.5   样品测定日期: 2019.6.13

样品外观描述: 黑色碎发, 长度约2~3mm, 共192.7 mg, 装于透明 5mL 塑料管中。

请完整填写下列表格:

目标物	样品处理方法	检测方法	最低检出限（ng/mg）
吗啡	毛发样品经冷冻研磨后,以甲醇超声法进行提取。同步处理空白毛发样品及添加样品（阳性对照）,添加样品中加入7 种毒品及代谢物的混合标准溶液。	依据司法鉴定技术规范 SF/Z JD0107025-2018《毛发中15 种毒品及代谢物的液相色谱-串联质谱检验方法》,以正离子模式,多反应监测（MRM）进行LC-MS/MS 分析。每种毒品及代谢物以两对母离子/子离子特征离子对进行定性筛选。	0.0039
单乙酰吗啡			0.0028
甲基苯丙胺			0.0020
苯丙胺			0.0005
氯胺酮			0.0007
可卡因			0.0007
苯甲酰爱康宁			0.0014

样品定性结果（样品中是否含有本次能力验证所指的滥用物质,是哪几种）:

从 CNAS SF0004/CNCA-19-A17(19AD0007)样品中检出可卡因和苯甲酰爱康宁两种

滥用物质。

检测原始记录和相关图谱: （包括空白对照、添加对照、阴性结果质量控制、检出限等内容）（附页）

附页包括: 原始记录1 页;空白对照3 页;添加对照3 页;阴性结果质量控制1 页;

CNAS SF0004/CNC A-19-A17 (19AD0007) 样品检出图谱2 页;检出限7 页;共计17

页。

对各类目标物检测过程的描述: _____

1.样品处理: _____

1.1 待检样品: _____

CNCA 能力验证计划 CNAS SF0004/CNCA-19-A17

将待检毛发样品置于冷冻研磨仪中，研磨 2min，呈灰白色粉末状。称取毛发粉末 2 份，质量分别为：20.7mg，20.4mg，分别加入 1.0mL 内标甲氧那明标准工作溶液（甲氧那明浓度 1ng/mL），冰浴超声 30min，离心，取上清液，N₂ 吹干，残余物中加入 100μL 甲醇复溶，进 LC-MS/MS 分析。

1.2 空白样品：

称取研磨好的空白毛发样品粉末 20.0mg，加入 1.0mL 内标甲氧那明标准工作溶液（甲氧那明浓度 1ng/mL），然后同待检样品相同步骤处理。

1.3 添加样品：

称取研磨好的空白毛发样品粉末 20.0mg，添加 50μL 7 种滥用物质的混合标准溶液（吗啡、单乙酰吗啡、甲基苯丙胺、苯丙胺、氯胺酮浓度为：80ng/mL，可卡因浓度为：2μg/mL，苯甲酰爱康宁浓度为：200ng/mL），并加入 1.0mL 内标甲氧那明标准工作溶液（甲氧那明浓度 1ng/mL），然后待检件样品相同步骤处理。

2. 样品检测：

依据司法鉴定技术规范 SF/Z JD0107025-2018 《毛发中 15 种毒品及代谢物的液相色谱-串联质谱检验方法》，以正离子模式，多反应监测（MRM）进行 LC-MS/MS 分析。每种滥用物质以 2 对母离子/子离子特征离子对进行检测。

3. 定性结果分析：

3.1 阴性质量控制：

空白样品中只出现内标甲氧那明的两对特征离子对，未出现 7 种滥用物质的特征离子对，说明阴性对照结果可靠。

3.2 阳性结果评价：

添加样品中内标甲氧那明及 7 种滥用物质均出现相应的两对母离子/子离子特征离子对，说明阳性对照结果可靠。然后对比待检样品与添加样品中毒品及代谢物的保留时间、两对特征离子对以及该离子对的相对丰度比，如果与添加样品相比，保留时间相对误差在±2.5%之内，两对特征离子对相吻合，并且离子对的相对丰度比符合技术规范中

CNCA 能力验证计划 CNAS SF0004/CNCA-19-A17

误差的要求，则认为检出该毒品及/或代谢物。

4. 样品检测结果：

从 CNAS SF0004/CNCA-19-A17(19AD0007)样品中检出可卡因和苯甲酰爱康宁两种

滥用物质。

注：此表可添加附页，应在 **2019 年 6 月 14 日**前寄送至实施机构（以邮戳为准）

液质联用原始记录-定性分析

样品名称	毛发		样品编号	(SF 20192039) 19AD0007		检验项目		毒（药）物	
执行标准	SF/Z JD0107025-2018		环境温度 (℃)	21		环境湿度(%)		70	
仪器型号	API 4000Qtrap		离子源	■ ESI	□ APCI	检测方式		（MRM	

名称	母离子	子离子	喷雾电压 (IS)	离子源温度T	DP值	CE值	CUR	GS1	GS2
苯丙胺	136.2	119.1 91.1	5500	500℃	40	20 24	25	70	60
甲基苯丙胺	150.1	119.1 91.1	5500	500℃	40	16 26	25	70	60
6-单乙酰吗啡	328.1	211.3 165.3	5500	500℃	65	36 50	25	70	60
吗啡	286.1	201.2 165.3	5500	500℃	65	35 50	25	70	60
氯胺酮	238.1	179.1 125.1	5500	500℃	65	25 36	25	70	60
可卡因	304.1	182.2 150.2	5500	500℃	80	29 35	25	70	60
苯甲酰爱康宁	290.2	168.1 105.1	5500	500℃	45	25 28	25	70	60

色谱柱	Allure PFP Propyl (100mm×2.1mm×5μm)		流动相		乙腈/流动相缓冲液（20mmol/L 乙酸铵 +0.1%甲酸的水溶液）	
柱温(℃)	40	柱压(Mpa)	5.7	流速(μL/min)	0.4	进样量(μL)	10.0

样品处理方法	毛发样品置于冷冻研磨仪中研磨 2min。称取毛发粉末 20mg，加入 1ng/mL 内标甲氧那明溶液 1mL，超声提取 30min，12000rpm 离心 5min，取上清，氮气吹干，残留物用 100μl 甲醇溶解，12000rpm 离心 10min，上 LC-MS-MS 分析。

检验项目	是否检出	检验项目	是否检出	检验项目	是否检出	检验项目	是否检出	检验项目	是否检出
苯丙胺	✕	氯胺酮	✕						
甲基苯丙胺	✕	可卡因	✓						
6-单乙酰吗啡	✕	苯甲酰爱康宁	✓						
吗啡	✕								

备注	检出划"√"，未检出划"✕"；对照品、样品谱图见附图。

检测人	罗养志		校核人	和丽	
日期	2019 年 6 月 13 日		日期	2019 年 6 月 13 日	

2019.6.13

■ XIC of +MRM (17 pairs): 136.100/119.100 Da ID: benbingan from Sample 13 (control) of 20190613-NLYZ.wiff (Turbo Spray)

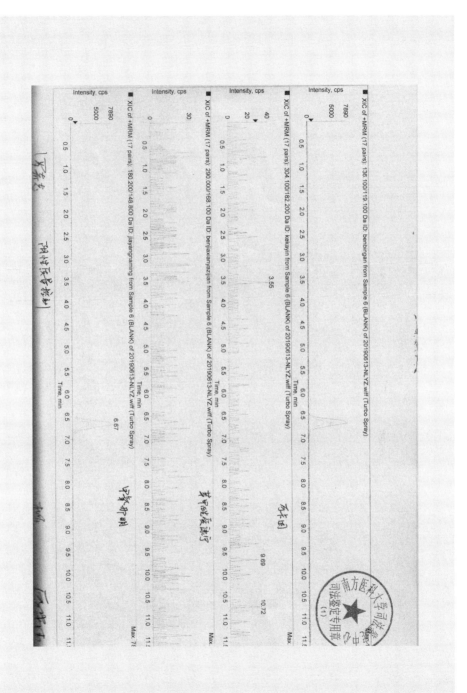

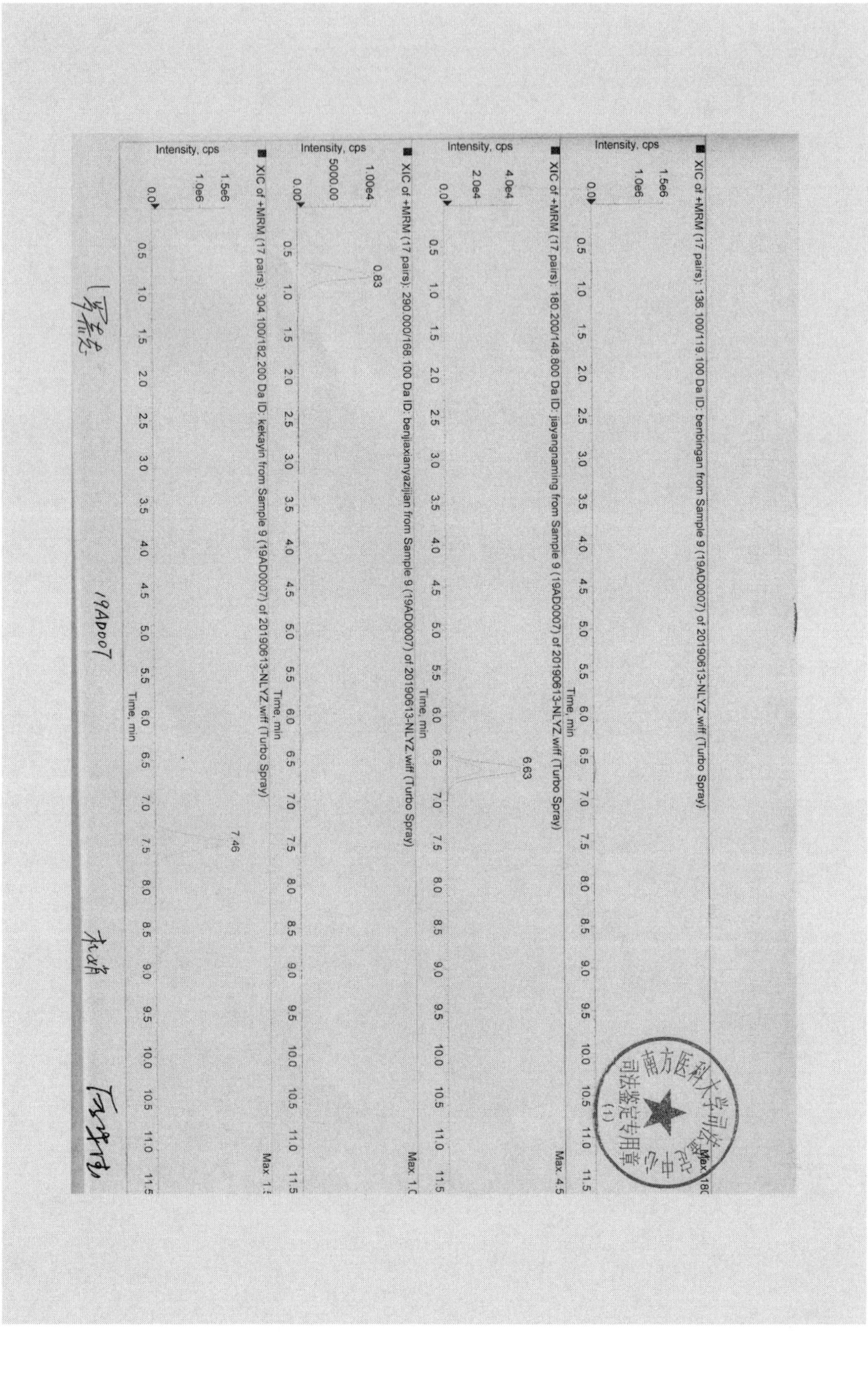
XIC of +MRM (17 pairs): 136.100/119.100 Da ID: benbingan from Sample 9 (19AD0007) of 20190613-NLYZ.wiff (Turbo Spray)
XIC of +MRM (17 pairs): 180.200/148.800 Da ID: jiayangnaming from Sample 9 (19AD0007) of 20190613-NLYZ.wiff (Turbo Spray)
6.63
XIC of +MRM (17 pairs): 290.000/168.100 Da ID: benjiaxianyazijian from Sample 9 (19AD0007) of 20190613-NLYZ.wiff (Turbo Spray)
0.83
XIC of +MRM (17 pairs): 304.100/182.200 Da ID: kekayin from Sample 9 (19AD0007) of 20190613-NLYZ.wiff (Turbo Spray)
7.46
Intensity, cps
Time, min
19AD0007
南方医科大学司法鉴定中心
司法鉴定专用章
(1)

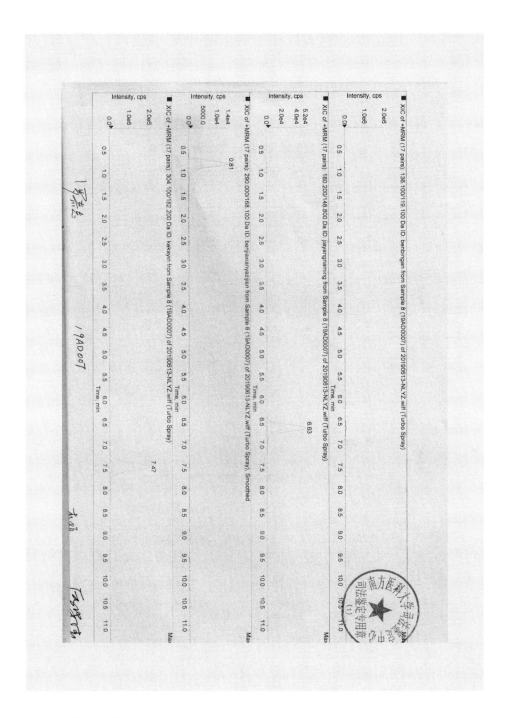

余图及记录略。

[例2]　19AD0158结果反馈表（专家组评价结果：满意）

CNCA 能力验证计划 CNAS SF0004/CNCA-19-A17

毛发中滥用物质的定性分析能力验证计划
结果反馈表

参加编号：**19AD0158**

样品收到日期：**2019 年 6 月 5 日**　　样品测定日期：**2019 年 6 月 10 日**

样品外观描述：**黑色剪碎毛发一管，密封完好无损，约 200mg 左右**

请完整填写下列表格：

目标物	样品处理方法	检测方法	最低检出限（ng/mg）
吗啡	取测试样品约 40mg 置冷冻研磨仪中粉碎，呈粉末状，称取毛发粉末 20mg，加入甲醇配制的内标工作液（地西泮-d5，1ng/mL）1.0mL，冰浴超声 30min，12000r/min 离心 5 分钟，取上清液，于 60℃水浴空气流下吹干。残留物用 100uL 甲醇复溶，5ul 进样分析。同时进行空白样品、阴性质控样品、检出限添加样品和 5 倍检出限添加样品实验。	毛发中15 种毒品及代谢物的液相色谱-串联质谱检验方法SFZ JD0107025-2018	0.2
单乙酰吗啡			0.2
甲基苯丙胺			0.2
苯丙胺			0.2
氯胺酮			0.2
可卡因			0.5
苯甲酰爱康宁			0.05

样品定性结果（样品中是否含有本次能力验证所指的滥用物质，是哪几种）：

检出吗啡和单乙酰吗啡，未检出其他物质。

检测原始记录和相关图谱：　　（包括空白对照、添加对照、阴性结果质量控制、检出限等内容）（附页）

对各类目标物检测过程的描述：**取测试样品约 40mg 置冷冻研磨仪中粉碎，呈粉末状，称取毛发粉末 20mg，加入 1.0ML 内标地西泮-d5 标准工作液（地西泮-d5 1ng/ml），冰浴超声 30min，12000r/min 离心 5 分钟，取上清液，于 60℃水浴空气流下吹干。残留物用 100uL 甲醇复溶，5ul 进样分析。同时进行空白样品，阴性质控样品，检出限空白添加样品和 5 倍检出限空白添加样品实验。**

注：此表可添加附页，应在 2019 年 6 月 14 日前寄送至实施机构（以邮戳为准）

编号：SJR-Q07-2017-PT　　　　实施日期：2018-1-2　　　　第 6 页 共 8 页

手写: 参加能力验证编号:19AD0158

检测记录表

收样时间	2019 6月5日	检测时间	2019年6月10日

能力验证项目：
　　本次能力验证定性分析范围仅限定于本作业指南中的滥用物质，包括**吗啡、单乙酰吗啡、甲基苯丙胺、苯丙胺、氯胺酮、可卡因、苯甲酰爱康宁**。

检材处理：
1、外观：　黑色剪碎毛发一管，密封完好无损，约200mg左右

2、提取操作步骤
　　取测试样品约40mg置冷冻研磨仪中粉碎，呈粉末状，称取毛发粉末20mg，加入甲醇配制的内标工作液（地西泮-d5，1ng/mL）1.0mL，冰浴超声30min，12000r/min离心5分钟，取上清液，于60℃水浴空气流下吹干。残留物加100uL甲醇复溶，5ul进样分析。同时进行空白样品、阴性质控样品、检出限添加样品和5倍检出限添加样品实验。

仪器操作条件：
1、Waters-AB4000液相质谱联用仪参考条件
　　色谱柱：Allure PFP Prppyl (100mmX2.1mmx5um)；
　　柱温：室温；
　　流动相：V(B:乙腈) : (A:缓冲液) 0~1min，80%B；1~4min，80%~95%B；4.0~8.0min，95%B；8.0~8.1min，95%~80%B；8.1~14min，80%B。

　　流速：350uL/min；
　　进样量：5uL；
　　扫描方式：正离子扫描（ESI+）；
　　检测方式：多反应监测（MRM）。
　　离子喷雾电压：5500；
　　离子源温度：500℃。
　　单乙酰吗啡、吗啡、可待因、苯丙胺、甲基苯丙胺、氯胺酮、可卡因、苯甲酰爱康宁和内标（地西泮-d5）的定性离子对、定量离子对、去簇电压（DP）、碰撞能量（CE）和色谱峰保留时间见表1。

表1

化合物名称	定量离子对	定性离子对	保留时间(min)	DP(V)	CE(eV)
单乙酰吗啡	328.1/165.0	328.1/211.0	3.51	49	46 / 35
吗啡	286.0/201.2	286.0/164.9	2.56	82	36 / 54
苯丙胺	136.1/119.0	136.1/91.0	9.18	22	14 / 40
甲基苯丙胺	150.2/119.1	150.2/91.4	9.58	42	30 / 16

氯胺酮	238.0/179.0	238.0/124.9	3.17	50	39 / 26
可卡因	304.1/182.0	304.1/150.0	10.88	60	28 / 35
苯甲酰爱康宁	290.2/168.3	290.2/105.1	0.94	70	26 / 43
内标（地西泮-d5）	290.2/198.1	290.2/154.2	1.06	100	42 / 38

测定结果：

	化合物 \ 保留时间（min）	地西泮-d5	氯胺酮	吗啡	单乙酰吗啡
检测数据	空白样品	／	／	／	／
	阴性质控样品	1.06	／	／	／
	检出限添加样品	1.06	3.7	2.56	3.50
	5倍检出限添加样品	1.06	3.7	2.56	3.50
	待测样品	1.06	／	2.56	3.50
定性结果	检出吗啡 和单乙酰吗啡，其他未检出				
备注					

	化合物 \ 保留时间（min）	苯丙胺	甲基苯丙胺	可待因	苯甲酰爱康宁
检测数据	空白样品	／	／	／	／
	阴性质控样品	／	／	／	／
	检出限添加样品	9.18	9.58	10.88	0.94
	5倍检出限添加样品	9.18	9.58	10.88	0.94
	待测样品	／	／	／	／
定性结果	检出吗啡 和单乙酰吗啡，其他物质未检出				
备注					

本次验证结论：　检出吗啡和乙酰吗啡，其他物质未检出。

第2页 共2页

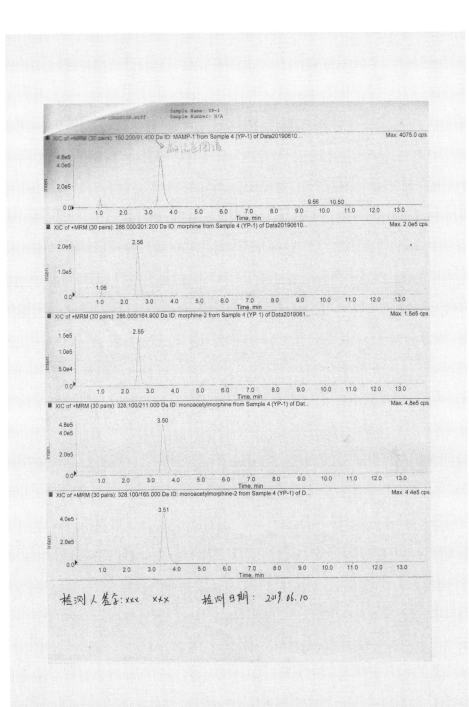

检测人签字：×××　×××　　检测日期：2019.06.10

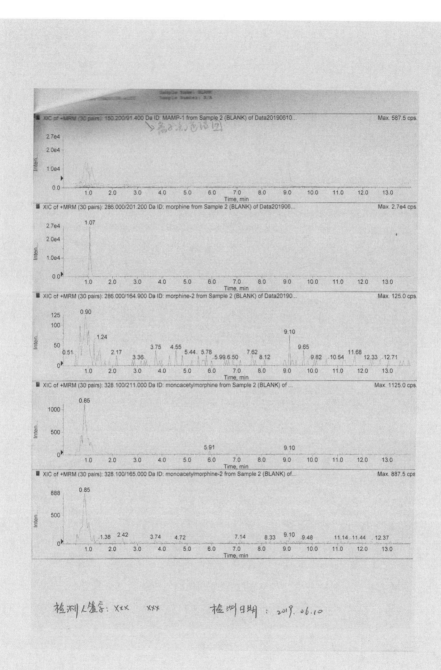

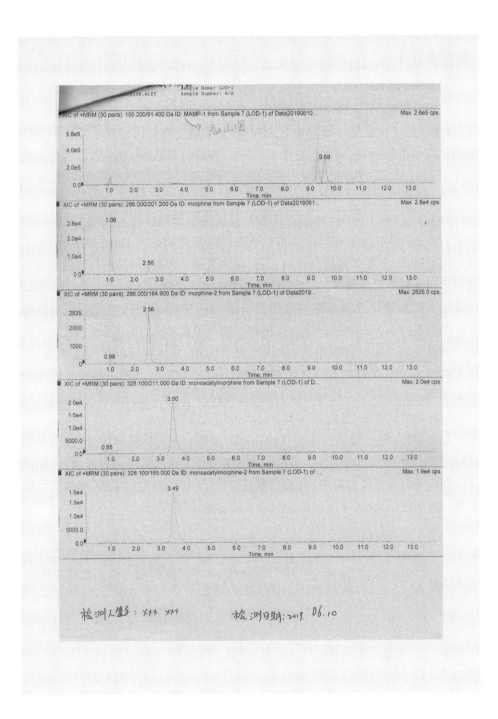

余图及记录略。

【专家点评】

编号为19AD0007的实验室分组为C组，在能力验证毛发样品中检出可卡因和苯甲酰爱康宁，未检出甲基苯丙胺、苯丙胺、氯胺酮、吗啡和单乙酰吗啡，得到"满意"的评价结果。编号为19AD0158的实验室在能力验证毛发样品中检出吗啡和单乙酰吗啡，未检出甲基苯丙胺、苯丙胺、氯胺酮、可卡因和苯甲酰爱康宁，得到"满意"的评价结果。它们的结果准确、所用检测方法恰当、记录完整、所附图谱齐全、结果判断规范。

19AD0007和19AD0158实验室都是依据司法部部颁技术规范《毛发中15种毒品及其代谢物的液相色谱 – 串联质谱检验方法》(SF/Z JD0107025 – 2018)，以正离子模式，多反应监测（MRM）进行液相色谱 – 串联质谱分析，每种滥用物质或代谢物以两对母离子/子离子特征离子对进行检测。

毛发样品碎化处理是毛发检测的关键，由于药物在进入毛发后包埋在毛发的角质蛋白中，必须先将其释放，使目标物成游离状态，再用适当方式进行提取。通常是将毛发剪碎或磨碎，来增大其表面积，最大限度地释放滥用物质。以上两个实验室在对毛发碎化处理上均采用了《毛发中15种毒品及其代谢物的液相色谱 – 串联质谱检验方法》所载冷冻研磨法，该方法在进行前处理时可提高目标物的回收率，且能有效避免研磨过程的过热问题。

在质量控制上，以上两实验室均在对待检样品进行检验的同时，进行了阴性对照、阳性对照试验，阴性试验即以空白毛发作为检验对象进行的试验，阳性试验即以空白头发添加对照品（检出限量级）作为检验对象的试验，在排除了假阳性和假阴性结果后，才能得出检出或未检出的最终结论。

点评人：严　慧　副研究员

刘　伟　主任法医师

[例3]　19AD0109结果反馈表(专家组评价结果：通过)

CNCA 能力验证计划 CNAS SF0004/CNCA-19-A17

毛发中滥用物质的定性分析能力验证计划

结果反馈表

参加编号：**19AD0109**

样品收到日期：　**2019 年 6 月 6 日**　　　样品测定日期：　**2019 年 6 月 6 日**

样品外观描述：样品外部由物证袋装，密封完好，黑色、碎末状毛发，用标注为"毛发中滥用物质样品"的 4ml 离心管盛装。

请完整填写下列表格：

目标物	样品处理方法	检测方法	最低检出限（ng/mg）
吗啡	酸水解，液液提取	GC/MS	2
单乙酰吗啡	酸水解，液液提取	GC/MS	2
甲基苯丙胺	碱水解，液液提取	GC/MS	2
苯丙胺	碱水解，液液提取	GC/MS	2
氯胺酮	碱水解，液液提取	GC/MS	1
可卡因	酸水解，液液提取	GC/MS	1
苯甲酰爱康宁	酸水解，液液提取	GC/MS	1

样品定性结果（样品中是否含有本次能力验证所指的滥用物质，是哪几种）：

检出吗啡成分，未检出其它物质。

检测原始记录和相关图谱：　　（包括空白对照、添加对照、阴性结果质量控制、检出限等内容）（附页）

对各类目标物检测过程的描述：　　（1）吗啡类：称取待测样品 50mg 于试管中，加 1ml 0.1mol

/L 盐酸溶液 45℃水解过夜，取出后用 10%N₃OH 溶液调至 PH9.0～9.2，加入 1ml 硼砂缓冲液，用

氯仿：异丙醇（9:1）3ml 提取，混旋、离心，转有机层至另一离心管中。60℃水浴中空气流下吹

干。残留物中加入 BSTFA（25 µl）、乙腈（25 µl），混匀，微波炉（500W），衍生化 3min，冷却

后取 1 µl 进 GC/MS 分析。

（2）苯丙胺类及氯胺酮：称取待测样品 50mg 于试管中，加 1ml 10%N₃OH 溶液，80℃水浴水解 5～

10min，取出冷却，加 3ml 乙醚提取，涡旋混合，离心，转移有机层至另一试管中，约 60℃水浴中

CNCA 能力验证计划 CNAS SF0004/CNCA-19-A17

挥干，残留物用 50μl 甲醇复溶，取 1μl 进 GC/MS 分析。

（3）可卡因类：称取待测样品 50mg 于试管中，加 1ml 0.1mol/L 盐酸溶液 45℃水解过夜，取出

用 1ml 0.1mol/L NₐOH 溶液调至 PH9.0～9.2，加入 1ml 硼砂缓冲液，用 5 mlL 氯仿：异丙醇：正庚

烷（50:17:33）混合提取，离心，转移有机层至另一试管中空气吹干，残留物中加入 BSTFA（25μl）、

乙腈（25μl），混匀，微波炉（500W），衍生化 3min，冷却后取 1μl 进 GC/MS 分析。

（4）同时按上述方法用空白毛发空白对照、溶剂空白、空白添加对照试验。

注：此表可添加附页，应在 2019 年 6 月 14 日前寄送至实施机构（以邮戳为准）

新 疆 XXXXXX 鉴 定 中 心
法医毒物检验原始记录（三）

共 18 页第 1 页

报告编号	2019 能力验证毛发样品	样品名称	毛发
样品编号	2019NLYZ-1	检验项目	毒品成分检验
交接日期	6.6	检验方法	☑ SF/Z JD0107014—2015 ☑ SF/Z JD0107004—2016 ☑ SF/Z JD0107006—2010
环境温度	20℃	环境湿度	44%

样品检验过程：

1. 样品状态描述：（1）容器：真空玻璃管装　☑塑料管装　□物证袋装；

　　　　　　　　（2）状态：□黄色毛发　☑黑色头发；

　　　　　　　　（3）密闭：☑密封完好

2. 仪器检验过程

☑（1）吗啡类：取待测毛发样本 50mg 置于 10ml 离心管中，加入 0.1mol/L HCl 溶液 1ml，45℃ 水浴 18h，然后用 0.1mol/L NaOH 调节 PH 到 9.0-9.2，加入氯仿：异丙醇（v：v=9:1）3ml，涡旋震荡摇匀，5000r 离心 5min，然后分离有机相，重复提取一次，合并有机相，60℃ 水浴吹干。残留物加入乙腈 20ul，BSTFA25ul，微波炉（中高火）衍生化 3.0min，冷却后取 1ul 进行 GC-MS 分析。

☑（2）苯丙胺类及氯胺酮：称取待测样品 50mg 于试管中，加 1ml 10%NaOH 溶液，80℃水浴水解 5～10min，取出冷却，加 3ml 乙醚提取，涡旋混合，离心，转移有机层至另一试管中，约 60℃水浴中挥干，残留物用 50μl 甲醇复溶，取 1μl 进 GC/MS 分析。

☑（3）可卡因类：称取待测样品 50mg 于试管中，加入 1ml 0.1mol/L 盐酸溶液 45℃水解过夜，取出用 1ml 0.1mol/L NaOH 溶液调至 PH9.0～9.2，加入 1ml 硼砂缓冲液，用 3 mlL 氯仿：异丙醇：正庚烷（50:17:33）混合提取，离心，转移有机层至另一试管中空气吹干，残留物中加入 BSTFA（25μl），乙腈（25μl），混匀，微波炉（500W），衍生化 3min，冷却后取 1μl 进 GC/MS 分析。

☑ 3. 添加对照：取空白毛发 50mg，添加待测样品中出现的可疑毒（药）品对照品，按（1）（2）（3）进行操作和分析；

☑ 4. 空白对照：取空白毛发 50mg，按（1）（2）（3）进行操作和分析。

☑ 5. 溶剂空白：甲醇溶液取 1μl 进 GC/MS 分析。

检验仪器条件:

(1) 美国 PE-Clarus500 GC/MS (唯一性标识: XJZX/YQ-A-04);

(2) 色谱柱: Elite-5MS 30m×0.25mm×0.25μm 毛细管柱;

(3) 柱温: 初始温度 100℃保持 1.5min, 以 25℃/min 程序升温至 280℃保持 15min; 进样口温度: 250℃, 质谱条件: 传输线 280℃, 离子源 230℃, 质量范围 50~500。

(4) 载气: 高纯氦 1mL/min。

标准使用液配制时间:

对照品标准溶液配制时间: 2019 年 1 月 2 日 (冷冻保存 12 个月)。

检验结果:

<table>
<tr><td rowspan="4">GC/MS
结果</td><td rowspan="2">检 材</td><td>组分名</td><td>保留时间
(min)</td><td>特征离子</td><td>组分名</td><td>保留时间
(min)</td><td>特征离子</td></tr>
<tr><td>吗啡</td><td>10.28</td><td>429.236.414</td><td>／</td><td>／</td><td>／</td></tr>
<tr><td rowspan="2">添加
对照
品</td><td colspan="7">吗啡</td></tr>
<tr><td>保留时间
(min)</td><td>10.30</td><td>保留时间
(min)</td><td>／</td><td>保留时间
(min)</td><td></td></tr>
<tr><td></td><td>特征离子</td><td>429.236.44</td><td>特征离子</td><td>／</td><td>特征离子</td><td>／</td></tr>
<tr><td colspan="2">空白
对照</td><td colspan="6">未检出组分成分</td></tr>
</table>

结果表述: 检出吗啡成分, 未检出其他成分。

| 检验人 | 张翠屏 张江春 | 检验日期 | 2019.06.13 | 审核人 | 斯琴图雅 | 日期 | 6.13 |

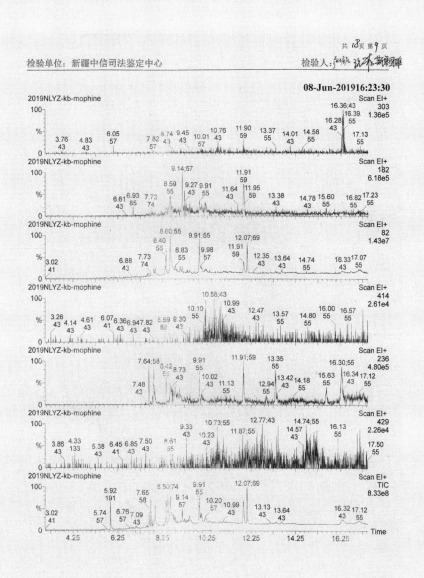

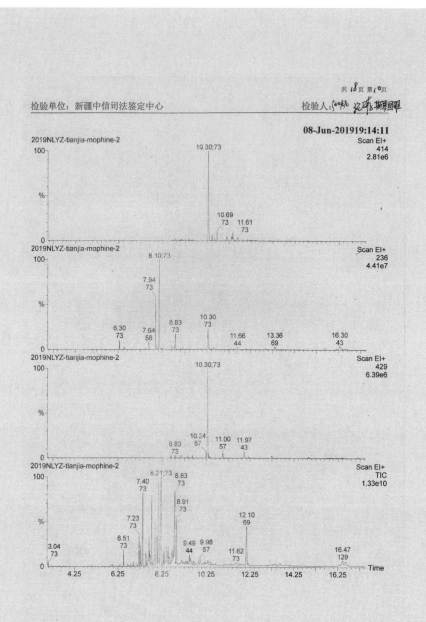

共 18 页 第 1 页

检验单位：新疆中信司法鉴定中心　　　　　　检验人：

, 08-Jun-2019 + 19:14:11

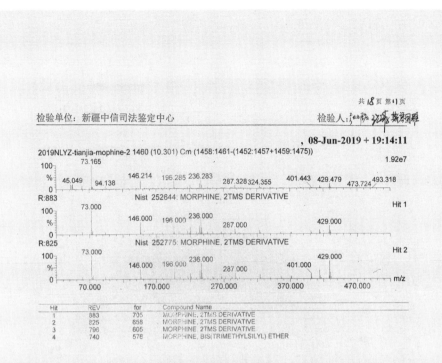

2019NLYZ-tianjia-mophine-2 1460 (10.301) Cm (1458:1461-(1452:1457+1459:1475))　　　　　　1.92e7

Hit	REV	for	Compound Name
1	883	705	MORPHINE, 2TMS DERIVATIVE
2	825	658	MORPHINE, 2TMS DERIVATIVE
3	796	605	MORPHINE, 2TMS DERIVATIVE
4	740	578	MORPHINE, BIS(TRIMETHYLSILYL) ETHER

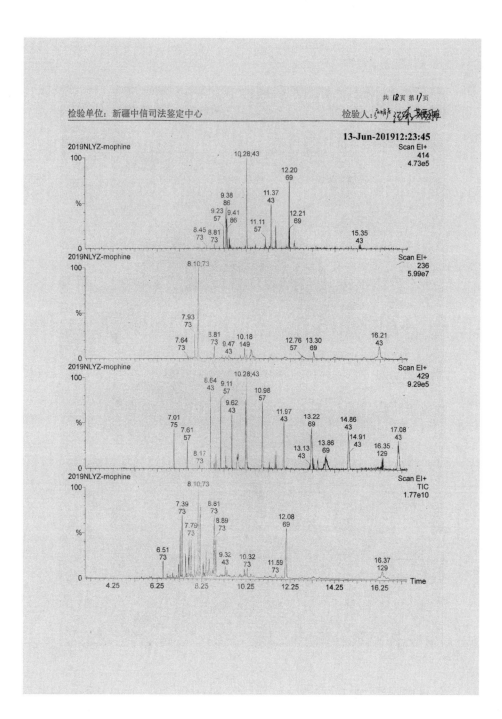

余图及记录略。

【专家点评】

在本次能力验证项目中,编号为19AD0109的实验室分组为B组,在能力验证毛发样品中检出吗啡,但未检出单乙酰吗啡,出现假阴性结果,综合评价为"通过"。

该实验室采用气相色谱 - 质谱联用法对毛发中7种常见滥用物质及代谢物进行分析。从样品处理上看,将7种目标物分成3类:吗啡类,采用酸水解后在弱碱条件下用氯仿:异丙醇(9:1)提取随后衍生化;苯丙胺类及氯胺酮,采用碱水解后在强碱条件下用乙醚提取;可卡因类,采用酸水解后在弱碱条件下用氯仿:异丙醇(9:1)提取随后衍生化,然后采用GC - MS检测。衍生化技术是为了改善被分析物质的气相色谱行为、提高检测灵敏度的方法,通常用于GC - MS方法,用LC - MS/MS方法则不需要对样品进行衍生化,可以直接检测。

从该实验室的原始记录及图谱上可以看出该机构进行添加试验中,缺少单乙酰吗啡的添加记录图谱。推测可能因为缺少单乙酰吗啡的标准对照品,导致该机构未对能力验证样品中单乙酰吗啡进行检测,造成本次能力验证的假阴性结果。建议参加实验室能运用国家或行业标准方法进行检测,并使用在有效期内、可溯源的标准品作对照。本次能力验证仅限用色谱 - 质谱联用仪器分析方法,只要所用分析方法的灵敏度满足要求即可使用,但在司法鉴定实践中推荐采用行业标准、技术规范进行毛发中滥用物质的分析。

从该实验室的检测结果上看,实验室人员对检验过程的质量控制理解不够深刻,使得结果的准确性、可靠性难以得到保障,表明该实验室鉴定人员对该鉴定项目的方法、操作及结果判定等基本技能较为缺乏,尚不具备对此类滥用物质的检测能力。实验室还需加强对鉴定人员基本技能的培训。

点评人:严　慧　副研究员
　　　　刘　伟　主任法医师

［例4］   19AD0156结果反馈表（专家组评价结果：不通过）

CNCA 能力验证计划 CNAS SF0004/CNCA-19-A17

毛发中滥用物质的定性分析能力验证计划
结果反馈表

参加编号：**19AD0156**

样品收到日期：**2019.6.5**   样品测定日期：**2019.6.6-6.13**

样品外观描述：塑料包装袋内有一份待测毛发样品（约300mg，装于离心管中）

请完整填写下列表格：

目标物	样品处理方法	检测方法	最低检出限（ng/mg）
吗啡	粉碎、提取、浓缩、上机	SF/Z JD0107025—2018	0.2
单乙酰吗啡	粉碎、提取、浓缩、上机	SF/Z JD0107025—2018	0.2
甲基苯丙胺	粉碎、提取、浓缩、上机	SF/Z JD0107025—2018	0.2
苯丙胺	粉碎、提取、浓缩、上机	SF/Z JD0107025—2018	0.2
氯胺酮	粉碎、提取、浓缩、上机	SF/Z JD0107025—2018	0.2
可卡因	粉碎、提取、浓缩、上机	SF/Z JD0107025—2018	0.5
苯甲酰爱康宁	粉碎、提取、浓缩、上机	SF/Z JD0107025—2018	0.05

样品定性结果（样品中是否含有本次能力验证所指的滥用物质，是哪几种）：

含有本次能力验证所指的滥用物质，为苯丙胺、甲基苯丙胺。

检测原始记录和相关图谱：见附件（包括空白对照、添加对照、阴性结果质量控制、检出限等内容）（附页）

对各类目标物检测过程的描述：
1、阳性添加对照样品的制备
取空白毛发三份各20mg，分别添加不同浓度的吗啡、单乙酰吗啡、甲基苯丙胺、苯丙胺、氯胺酮、可卡因、苯甲酰爱康宁标准溶液。
2、样品处理：
将空白头发、阳性添加、能力验证样品按以下方法进行前处理：
将毛发洗净置冷冻研磨仪中粉碎，呈粉末状，称取毛发粉末20mg，冰浴超声30min，离心，移取上清60℃水浴空气流下吹干。残留物用100μL甲醇复溶，供仪器LCMS分析。
3、检测结果判定：
同步分析空白样品、阳性添加及能力验证样品，空白样品无目标物检出，阳性添加对照应检出各目标物，以排除假阳性及假阴性结果。能力验证样品检出物保留时间与阳性添加对照的保留时间相对误差小于2%，所选子离子同时出现，且离子相对丰度比与阳性添加对照的离子相对丰度比不超过误差范围，判定样品中存在该目标物。

注：此表可添加附页，应在 **2019年 6月 14日**前寄送至实施机构（以邮戳为准）

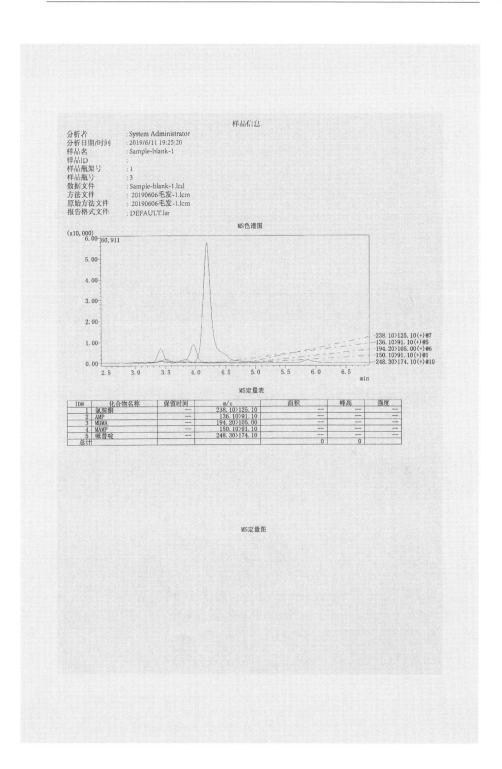

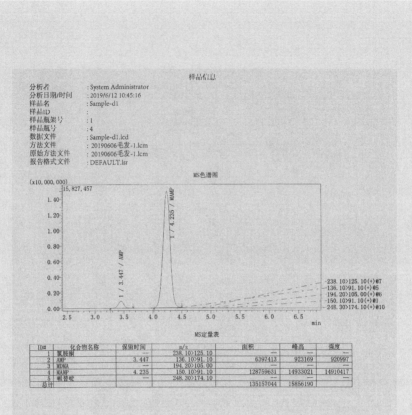

样品信息

分析者　　　　　: System Administrator
分析日期/时间　: 2019/6/12 10:45:16
样品名　　　　　: Sample-d1
样品ID　　　　　:
样品瓶架号　　　: 1
样品瓶号　　　　: 4
数据文件　　　　: Sample-d1.lcd
方法文件　　　　: 20190606毛发-1.lcm
原始方法文件　　: 20190606毛发-1.lcm
报告格式文件　　: DEFAULT.lsr

MS色谱图

MS定量表

ID#	化合物名称	保留时间	m/z	面积	峰高	强度
1	氯胺酮	—	238.10>125.10	—	—	—
2	AMP	3.447	136.10>91.10	6397413	923169	920997
3	MDMA	—	194.20>105.00	—	—	—
4	MAMP	4.235	150.10>91.10	128759631	14933021	14910417
5	眠替啶	—	248.30>174.10	—	—	—
总计				135157044	15856190	

MS定量图

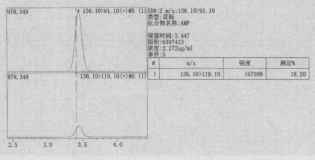

#	m/z	强度	测定%
1	136.10>119.10	167598	18.20

ID#:2 m/z:136.10>91.10
类型:目标
化合物名称:AMP

保留时间:3.447
面积:6397413
浓度:2.272ug/ml
事件:5

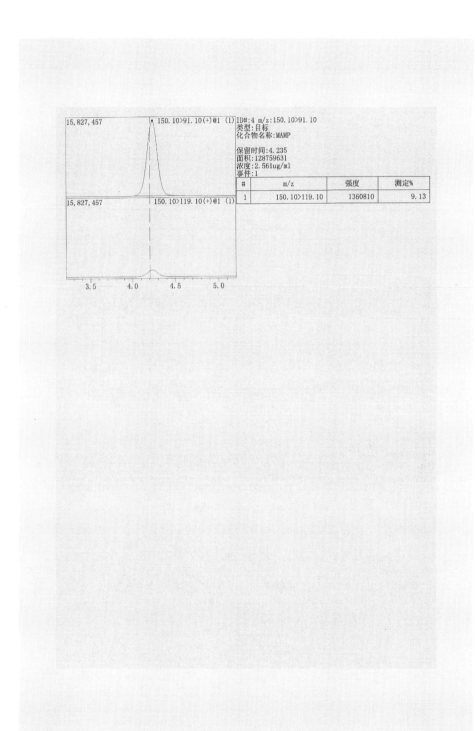

#	m/z	强度	测定%
1	150.10>119.10	1360810	9.13

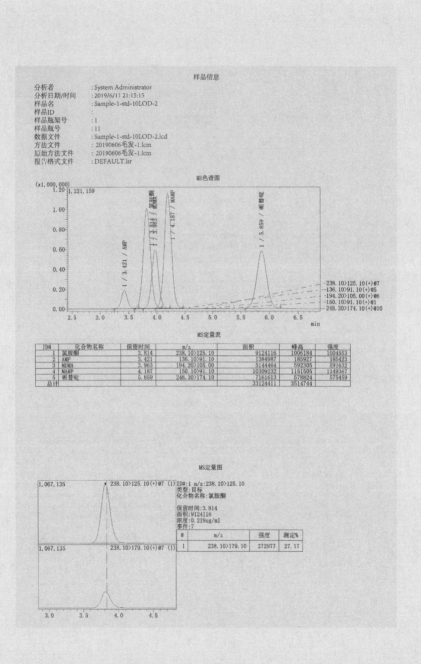

样品信息

分析者	: System Administrator
分析日期/时间	: 2019/6/11 21:15:15
样品名	: Sample-1-std-10LOD-2
样品ID	:
样品瓶架号	: I
样品瓶号	: 11
数据文件	: Sample-1-std-10LOD-2.lcd
方法文件	: 20190606毛发-1.lcm
原始方法文件	: 20190606毛发-1.lcm
报告格式文件	: DEFAULT.lsr

MS色谱图

MS定量表

ID#	化合物名称	保留时间	m/z	面积	峰高	强度
1	氯胺酮	3.814	238.10>125.10	9124116	1006184	1004553
2	AMP	3.421	136.10>91.10	1384987	185927	185423
3	MDMA	3.963	194.20>105.00	5144464	592305	591632
4	MAMP	4.187	150.10>91.10	10309232	1151505	1149367
5	氯普唑	5.859	248.30>174.10	7161613	578824	575459
总计				33124411	3514744	

MS定量图

ID#:1 m/z:238.10>125.10
类型:目标
化合物名称:氯胺酮

保留时间:3.814
面积:9124116
浓度:0.219ug/ml
事件:7

#	m/z	强度	测定%
1	238.10>179.10	272977	27.17

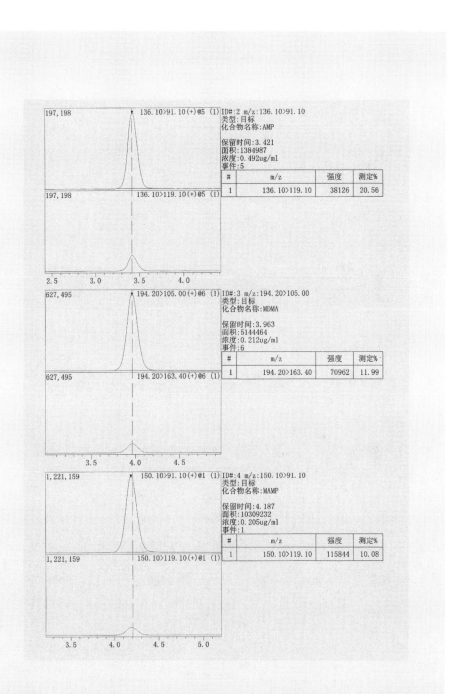

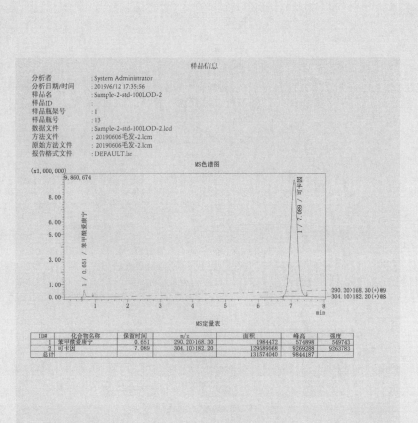

样品信息

分析者   : System Administrator
分析日期/时间   : 2019/6/12 17:35:56
样品名   : Sample-2-std-100LOD-2
样品ID   :
样品瓶架号   : I
样品瓶号   : 13
数据文件   : Sample-2-std-100LOD-2.lcd
方法文件   : 20190606毛发-2.lcm
原始方法文件   : 20190606毛发-2.lcm
报告格式文件   : DEFAULT.lsr

MS色谱图

MS定量表

ID#	化合物名称	保留时间	m/z	面积	峰高	强度
1	苯甲酰爱康宁	0.651	290.20>168.30	1984472	574898	549743
2	可卡因	7.089	304.10>182.20	129589568	9269288	9263783
总计				131574040	9844187	

MS定量图

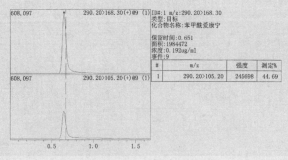

ID#:1 m/z:290.20>168.30
类型:目标
化合物名称:苯甲酰爱康宁

保留时间:0.651
面积:1984472
浓度:0.192ug/ml
事件:9

#	m/z	强度	测定%
1	290.20>105.20	245698	44.69

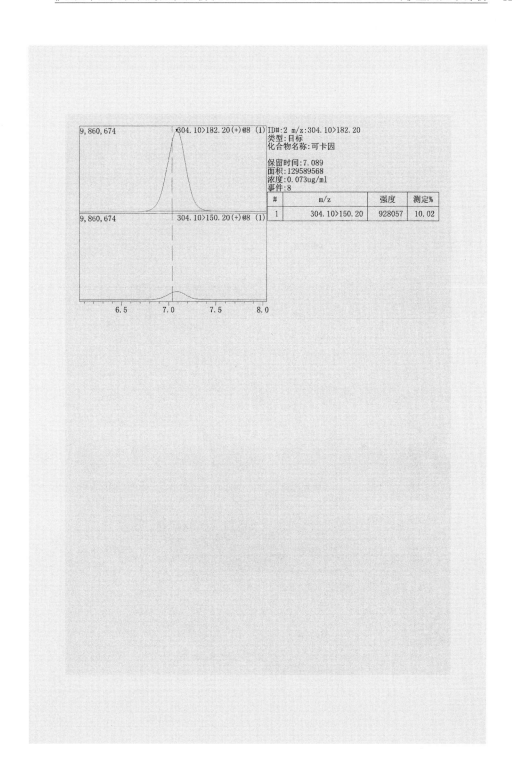

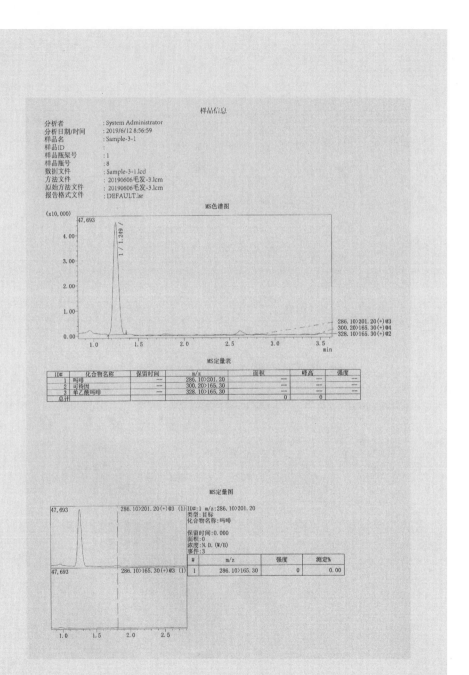

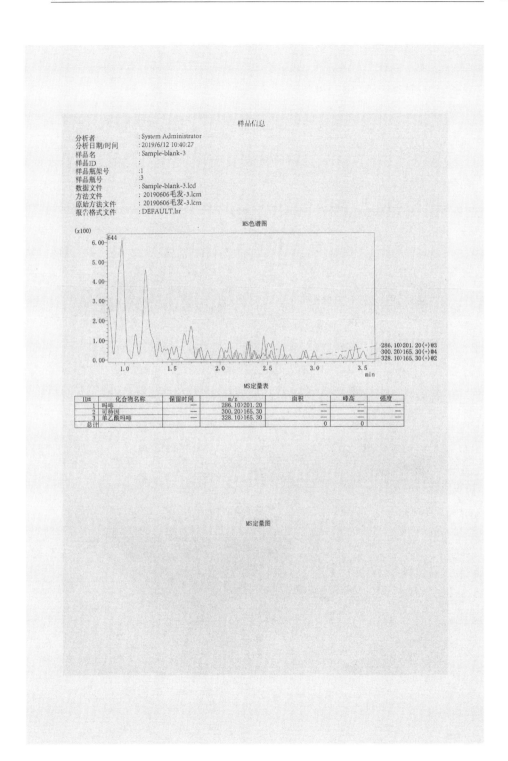

样品信息

分析者　　　　: System Administrator
分析日期/时间　: 2019/6/12 10:40:27
样品名　　　　: Sample-blank-3
样品ID　　　　:
样品瓶架号　　:1
样品瓶号　　　:3
数据文件　　　: Sample-blank-3.lcd
方法文件　　　: 20190606毛发-3.lcm
原始方法文件　: 20190606毛发-3.lcm
报告格式文件　: DEFAULT.lsr

MS色谱图

ID#	化合物名称	保留时间	m/z	面积	峰高	强度
1	吗啡	—	286.10>201.20	—	—	—
2	可待因	—	300.20>165.30	—	—	—
3	单乙酰吗啡	—	328.10>165.30	—	—	—
总计				0	0	

MS定量图

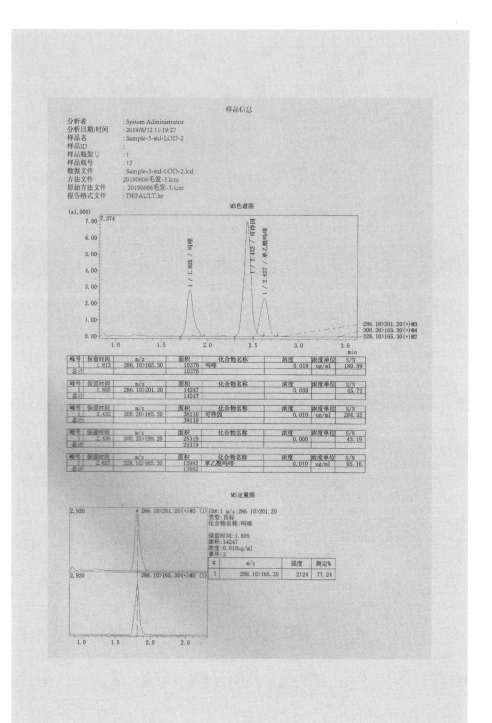

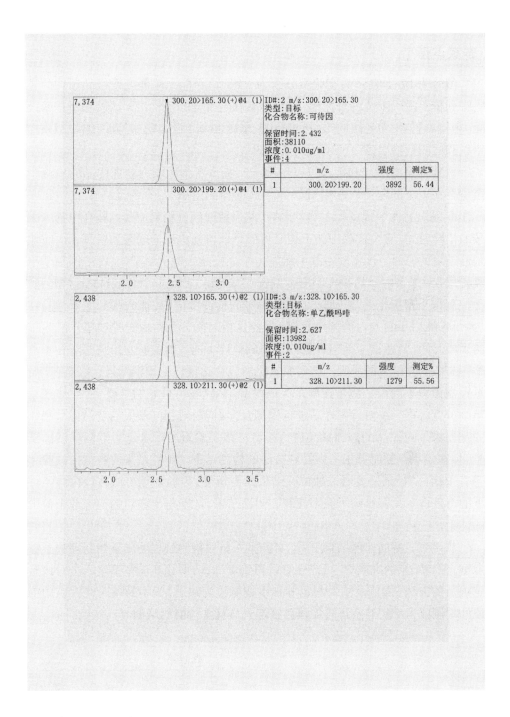

余图及记录略。

【专家点评】

编号为19AD0156的实验室分组为A组,该组能力验证毛发样品添加的是吗啡和单乙酰吗啡两种目标物,该实验室在毛发样品中检出苯丙胺和甲基苯丙胺,未检出吗啡、单乙酰吗啡、可氯胺酮、卡因和苯甲酰爱康宁,同时出现假阳性错误和假阴性错误,综合评价为"不通过"。

从其提交的图谱和记录可以看出该实验室在本次能力验证样品的检测中至少存在以下问题:甲基苯丙胺、苯丙胺的检测图谱中,空白样品在3.5 min和4.2 min左右有两个强度较大的色谱峰,此保留时间分别对应苯丙胺和甲基苯丙胺的出峰时间,空白样品中的干扰峰可能是该机构出现苯丙胺和甲基苯丙胺假阳性结果的原因。该实验室并未从能力验证样品中检出氯胺酮、可卡因和苯甲酰爱康宁,跟空白样品在相应出峰位置(3.8 min、7.1 min、0.7 min)无干扰、阴性控制得当密切相关。吗啡、单乙酰吗啡的检测图谱中,能力验证毛发样品在1.8 min和2.6 min左右有两个色谱峰,此保留时间分别对应吗啡和单乙酰吗啡的出峰时间,对色谱–质谱数据的不正确解读可能是该实验室出现吗啡和单乙酰吗啡假阴性结果的原因。该实验室之所以会出现以上错误结果,关键在于质量控制做得不到位。质量控制是保证检测结果准确、可靠的重要手段,体现在整个分析过程。在对待测样品进行检测时,须同时对相同基质的空白样品和相同基质添加对照品的添加样品进行检测。该实验室虽然进行了空白和添加试验,但在结果判断时并未考虑控制样品的检测结果。阳性结果要看空白试验是否有干扰,阴性结果要看添加试验结果是否正确,以验证该方法在该检验条件下的有效性。只有排除了假阳性和假阴性结果,才能得出最后的检出或未检出的结论。

从该实验室的检测结果上看,实验室人员对检验过程的质量控制理解不够深刻,使得结果的准确性、可靠性难以得到保障,表明该实验室鉴定人员对该鉴定项目的方法、操作及结果判定等基本技能较为缺乏,尚不具备对此类滥用物质的检测能力。实验室还需加强对鉴定人员基本技能的培训。

点评人:严　慧　副研究员

刘　伟　主任法医师

《个体识别（血斑和唾液斑）（CNAS SF0005）》鉴定文书评析

【项目简介】

　　法医物证学作为服务于司法实践的应用学科，是司法鉴定中不可或缺的重要部分，在司法实践活动中发挥着极其重要的作用。在法医物证学鉴定中，个体识别鉴定是法医物证学鉴定人必备的基本能力之一。个体识别是应用生命科学理论知识和技术，通过检测分析人类的遗传学标记，判断现场检材的来源个体。近年来，随着我国司法体制改革的推进和发展，一大批机构/实验室开始从事法医物证学鉴定工作，社会上对个体识别鉴定委托的数量也逐年递增。本次能力验证的目的就是旨在对各实验室的个体识别鉴定能力进行科学、客观的考察和评价，以有利于进一步规范鉴定活动、提高鉴定能力，从而使不同鉴定机构间对同一问题的鉴定获得一致的结论，保持司法鉴定结论的一致性和可比性。

【方案设计】

　　本次个体识别鉴定能力验证计划是由项目专家组根据个体识别鉴定实践中的常见情况，模拟了一例个体识别鉴定案例的材料并制作成考核样品。本次能力验证的考点有三个方面，一个是考察参加者有没有法医血清学检验的概念，是否对可疑血斑先进行预实验和确证实验；其次考察参加者对唾液斑检材的DNA提取能力；最后是考察参加者对常用STR基因座上off－ladder等位基因的判读能力以及检测过程（程序与报告）、鉴定文书和鉴定意见表述的规范程度。

　　本次能力验证计划提供的样品为两份，分别是现场发现的可疑血斑（A）和嫌疑人的唾液斑（B），要求先检验现场发现的可疑血斑是否为人血斑，若为人血斑, 进一步对A、B两份检材进行STR分型和比对, 明确该斑迹是否为嫌疑人所留。要求参加者采用日常检测方法对待检样品进行检验并提交"检测结果报告表""似然率值报告表"、完整的鉴定文书及相关原始记录。

【结果评析】

［例1］19BA0020结果反馈表（专家组评价结果：满意）

CNAS 能力验证计划 CNAS SF0005

个体识别（血斑与唾液斑）能力验证计划

检验结果报告表

参加编号：**19BA0020**

检测系统	A（现场发现的可疑血斑）	B（嫌疑人唾液斑）
D2S1338	21-25	19-24
D3S1358	15-16	16-16
D5S818	11-11	11-11
D6S1043	12-18	9-19
D7S820	11-12	10-12
D8S1179	12-13	10-16
D12S391	21-22	15-22
D13S317	8-8	9-13
D16S539	11-11	11-12
D18S51	13-14	13-21
D19S433	14-15	13-14
D21S11	30-31.2	33.2-33.2
CSF1PO	10-12	11-12
FGA	23-23	22-25
THO1	9-9	8-9
TPOX	8-11	8-8
Penta D	13-15	9-13
Penta E	17-19	12-20
vWA	17-17	17-20

**注：若使用的试剂盒除了以上基因座外，还包括其他基因座，请
自行补充结果。**

XXX 审核

CNAS 能力验证计划 CNAS SF0005

个体识别（血斑与唾液斑）能力验证计划

似然率报告表

参加编号：　**19BA0020**

检测系统	基因型随机匹配概率
D2S1338	0.0000
D3S1358	0.0000
D5S818	0.1038
D6S1043	0.0000
D7S820	0.0000
D8S1179	0.0000
D12S391	0.0000
D13S317	0.0000
D16S539	0.0000
D18S51	0.0000
D19S433	0.0000
D21S11	0.0000
CSF1PO	0.0000
FGA	0.0000
THO1	0.0000
TPOX	0.0000
Penta D	0.0000
Penta E	0.0000
vWA	0.0000

似然率（LR）　　0.0000

注：若使用的试剂盒除了以上基因座外，还包括其他基因座，请自行补充结果。

XXX 审核

编号：SJR-Q07-2017-PT　　　　实施日期：2018-1-2　　　　第7页　共11页

CNAS 能力验证计划 CNAS SF0005

个体识别（血斑与唾液斑）能力验证计划

附表 39 个 STR 基因座的等位基因分布频率

D3S1358		vWA		FGA		D8S1179		D21S11	
11	0.0005	13	0.0020	16	0.0002	8	0.0016	23.2	0.0002
12	0.0014	14	0.2567	17	0.0016	9	0.0011	24.2	0.0002
13	0.0014	15	0.0303	18	0.0181	10	0.1054	27	0.0036
14	0.0473	16	0.1644	19	0.0445	11	0.0936	27.2	0.0002
15	0.3453	17	0.2361	20	0.0458	12	0.1287	28	0.0554
16	0.3277	18	0.1947	21	0.1072	13	0.2221	28.2	0.0054
17	0.2062	19	0.0948	21.2	0.0032	14	0.1852	29	0.2571
18	0.0636	20	0.0192	22	0.1866	15	0.1712	29.2	0.0023
19	0.0061	21	0.0018	22.2	0.0038	16	0.0737	30	0.2794
20	0.0005			23	0.2237	17	0.0149	30.2	0.0109
				23.2	0.0102	18	0.0025	31	0.0995
				24	0.1894			31.2	0.0769
				24.2	0.0084			32	0.0285
				25	0.0970			32.2	0.1246
				25.2	0.0034			33	0.0045
				26	0.0425			33.2	0.0443
				26.2	0.0014			34	0.0018
				27	0.0102			34.2	0.0038
				27.2	0.0009			35	0.0005
				28	0.0009			35.2	0.0009
				28.2	0.0005				
				29	0.0005				

D18S51		D5S818		D13S317		D7S820		D16S539	
7	0.0002	7	0.0213	7	0.0014	7	0.0020	5	0.0002
9	0.0007	8	0.0036	8	0.2874	8	0.1382	6	0.0007
9.2	0.0002	9	0.0669	9	0.1318	9	0.0629	8	0.0070
10	0.0027	10	0.1915	10	0.1432	10	0.1635	9	0.2840
11	0.0032	11	0.3222	11	0.2368	11	0.3471	10	0.1278
12	0.0351	12	0.2406	12	0.1592	12	0.2453	11	0.2585
13	0.1904	13	0.1421	13	0.0341	13	0.0351	12	0.2058
14	0.2160	14	0.0109	14	0.0061	14	0.0054	13	0.1015
15	0.1712	15	0.0007			15	0.0005	14	0.0140
16	0.1312	17	0.0002					15	0.0005
17	0.0710								
18	0.0455								
19	0.0466								
20	0.0318								
21	0.0215								
22	0.0181								
23	0.0090								
24	0.0045								
25	0.0007								
26	0.0002								
27	0.0002								

CNAS 能力验证计划 CNAS SF0005

THO1		TPOX		CSF1PO		D2S1338		D19S433	
6	0.0993	6	0.0007	6	0.0002	16	0.0094	11	0.0063
7	0.2664	7	0.0007	7	0.0029	17	0.0469	12	0.0313
8	0.0511	8	0.5136	8	0.0020	18	0.1438	12.2	0.0063
9	0.5215	9	0.1300	9	0.0513	19	0.1969	13	0.2313
9.3	0.0326	10	0.0289	10	0.2433	20	0.1219	13.2	0.0372
10	0.0280	11	0.2987	11	0.2491	21	0.0063	14	0.2469
11	0.0011	12	0.0265	12	0.3686	22	0.0531	14.2	0.1531
		13	0.0007	13	0.0719	23	0.2031	15	0.0594
		14	0.0002	14	0.0100	24	0.1718	15.2	0.1656
				15	0.0007	25	0.0406	16	0.0063
						26	0.0031	16.2	0.0563
						28	0.0031		

Penta D		Penta E		D12S391		D6S1043		D19S253	
6	0.0032	5	0.0053	15	0.0156	10	0.0286	7	0.1696
7	0.0242	7	0.0021	16	0.0078	11	0.1094	8	0.0345
8	0.0691	8	0.0043	17	0.0885	12	0.1406	9	0.0022
9	0.3647	9	0.0139	18	0.1901	13	0.1328	10	0.0206
10	0.1263	10	0.0544	19	0.2292	14	0.1641	11	0.1586
11	0.1232	11	0.1948	20	0.1927	15	0.0026	12	0.3311
12	0.1328	12	0.1177	21	0.1250	16	0.0052	13	0.2070
13	0.1012	13	0.0674	22	0.1016	17	0.0495	14	0.0624
14	0.0433	14	0.0851	23	0.0286	18	0.1719	15	0.0140
15	0.0072	15	0.0752	24	0.0078	19	0.1511		
16	0.0010	16	0.0693	25	0.0105	20	0.0260		
21	0.0012	17	0.0581	26	0.0026	21	0.0182		
22	0.0014	18	0.0772						
25	0.0012	19	0.0533						
		20	0.0489						
		21	0.0285						
		22	0.0168						
		23	0.0169						
		24	0.0058						
		25	0.0025						
		30	0.0025						

D6S477		D22GATA198B05		D15S659		D8S1132		D3S3045	
10	0.0103	14	0.0066	8	0.0051	16	0.0140	9	0.3774
11	0.0051	15	0.0184	9	0.0015	17	0.1028	10	0.0228
11.2	0.0015	16	0.0925	10	0.0059	18	0.2070	11	0.0308
12	0.0690	17	0.1557	11	0.1571	19	0.2137	12	0.1358
13	0.2078	18	0.0675	12	0.2173	20	0.1549	13	0.2070
14	0.1931	19	0.0778	13	0.1043	21	0.1424	14	0.1681
15	0.3025	20	0.0991	14	0.0360	22	0.1021	15	0.0529
16	0.1615	21	0.2930	15	0.1762	23	0.0485	16	0.0051
17	0.0374	22	0.1659	16	0.1667	24	0.0147		
18	0.0073	23	0.0184	17	0.1035				
19	0.0044	24	0.0051	18	0.0242				
				19	0.0022				

CNAS 能力验证计划 CNAS SF0005

D14S608		D17S1290		D3S1744		D2S441		D18S535	
6	0.0646	10	0.0411	13	0.0186	9	0.0007	8	0.0308
7	0.1931	11	0.0477	14	0.0899	9.3	0.0022	9	0.1858
8	0.0250	12	0.0044	15	0.0940	10	0.2504	10	0.0419
9	0.1322	13	0.0103	16	0.0981	10.3	0.0132	11	0.0184
10	0.2394	14	0.0198	17	0.3471	11	0.3414	12	0.0808
11	0.1909	15	0.2115	18	0.2076	11.3	0.0455	12.2	0.0110
12	0.1131	16	0.3040	19	0.1023	12	0.1711	13	0.1997
13	0.0367	17	0.1689	20	0.0372	12.3	0.0066	13.2	0.0007
14	0.0051	18	0.1167	21	0.0052	13	0.0316	14	0.2915
		19	0.0565			13.3	0.0029	15	0.1322
		20	0.0117			14	0.1138	16	0.0073
		21	0.0073			15	0.0184		
						16	0.0022		

D13S325		D7S1517		D10S1435		D11S2368		D4S2366	
16	0.0044	15	0.0041	8	0.0308	15	0.0022	8	0.0010
17	0.0044	16	0.0031	10	0.0433	16	0.0330	9	0.2882
18	0.0389	17	0.0072	11	0.1557	17	0.1329	9.2	0.0010
19	0.2548	18	0.0145	12	0.3789	18	0.1182	10	0.0537
20	0.2651	19	0.0630	13	0.2386	19	0.1791	10.2	0.0010
21	0.2129	20	0.1260	14	0.1322	20	0.1960	11	0.3543
22	0.1468	21	0.1415	15	0.0176	21	0.2093	11.2	0.0010
23	0.0448	22	0.1457	16	0.0029	22	0.0756	12	0.1240
24	0.0213	22.2	0.0010			23	0.0433	13	0.0950
25	0.0051	23	0.1467			24	0.0103	14	0.0620
27	0.0015	24	0.0981					15	0.0186
		25	0.1715						
		26	0.0486						
		27	0.0186						
		28	0.0103						

D1S1656		D7S3048		D10S1248		D5S2500	
10	0.0073	16	0.0022	8	0.0007	9	0.0041
11	0.0609	17	0.0044	10	0.0007	10	0.0103
12	0.0617	18	0.0932	11	0.0066	11	0.2727
13	0.1050	19	0.0712	12	0.0756	12	0.1570
14	0.0786	20	0.1872	13	0.3796	13	0.0579
14.3	0.0044	21	0.1204	14	0.2093	14	0.0816
15	0.2812	22	0.0903	15	0.2137	15	0.3140
15.3	0.0132	23	0.1571	16	0.0969	16	0.0857
16	0.2107	24	0.1564	17	0.0169	17	0.0155
16.3	0.0125	25	0.0881			18	0.0010
17	0.0727	26	0.0257				
17.3	0.0470	27	0.0037				
18	0.0132						
18.3	0.0286						
19.3	0.0029						

鉴定受理或协议书（合同）评审表

表单编号：SDSJ-JL-06-01　　　　　　　　　　　　　　No.FB(19)-XXX

项目名称	个体识别	鉴定合同或协议书编号	
评审类型	☑一般鉴定业务□ 重新鉴定业务□ 复杂、疑难的鉴定业务 □ 医疗纠纷鉴定业务□其他		

鉴定委托简况：

　　　　　明确该血斑是否为人血斑、是否为嫌疑人所留。

案件接收员：　×××　　　2019.6.13

<table>
<tr><td colspan="2" align="center">案件评审人或技术负责人意见</td></tr>
<tr><td colspan="2">评审意见：

 同意受理

评审人或技术负责人签字：　×××

　　　　　　　　　　　　　　　　　2019年 6月13日</td></tr>
<tr><td colspan="2" align="center">负责人意见</td></tr>
<tr><td colspan="2">意见内容：
　☑ 同意受理，并由　　**XXX** 、**XXX**　　负责此案件鉴定。

　□ 不同意受理。

签　字：　　×××　　　　　　　　　20 19年 6月13日</td></tr>
<tr><td>备注</td><td></td></tr>
</table>

　　　　　　　　　　　　　　　　　　　　　　　　　XXX审核

_____司法鉴定中心

法医物证学司法鉴定委托(协议)书

表单编号: SDSJ-JL-06-07　　　　　　　　　　　　No. FB19- XXX

委 托 方	司法鉴定科学研究院物证室收发			送检人	XXX	
委托日期	2019 年 06 月 13 日			联系电话	XXXXXXXXXX	

个体关系鉴定

是否属于重新鉴定:

检验检材	姓名	性别	年龄	称谓	检材/数量
	样品A	/	/	/	可疑血斑
	身份证(护照或出生证)号码				
	姓名	性别	年龄	称谓	检材/数量
	样品B				唾液斑
	身份证(护照或出生证)号码				
	姓名	性别	年龄	称谓	检材/数量
	身份证(护照或出生证)号码				
	姓名	性别	年龄	称谓	检材/数量
	身份证(护照或出生证)号码				

□ 是, 上次鉴定结论:_____
☑ 否。

鉴定用途:
□ 户口类　　　　　　□ 家庭纠纷类
□ 领养类　　　　　　□ 公证类
□ 诉讼类　　　　　　□ 事故处理类
☑ 其他 能力验证

报告发送
□ 自取 (凭身份证、合同副本等有效凭证领取
报告书)
约定取件人:_____
☑ 邮寄 邮编:_____
地址与收件人:_____
_____

委托事项:
□ 有无人血痕　　　□ 有无精斑　　　□ 是否同卵双生
□ 亲子关系鉴定　　□ 亲缘关系鉴定　☑ 个体识别
□ 其他
明确送检血斑是否为人血斑, 是否为嫌疑人所留.

鉴定须知:
单亲鉴定中另一方监护人是否知情:
被鉴定人是否有输血/骨髓移植手术史:
□ 是　☑ 否
是否怀疑孩子可能为近亲属所生:
□ 是　□ 否

约定事项:
1、鉴定工作按照_____司法鉴定中心鉴定规范和行业技术标准进行。
2、委托方应如实提供案件情况和检验材料。因提供虚假情况或不真实材料而产生的后果,由委托方负责;鉴定机构仅对送检样本和(或)材料负责。
3、接受委托后,经审查,有下列情形之一的,鉴定方有权终止合同的履行:(1)出现不可抗力致使鉴定无法继续进行的;(2)确需补充鉴定材料而无法补充的;(3)出现自身难以解决的技术问题的。
4、☑ 复核留样保存3个月　□ 送检样品过少,无复核留样　□ 送检余样返回。
5、□ 委托方申请鉴定人回避,申请回避鉴定人:_____
6、鉴定工作从合同鉴定之日起 15 个工作日完成,需补充鉴定材料或遇疑难问题等确需延长鉴定时限的,由双方另行商定。
7、鉴定收费: XXXX 元 (大写: X仟 X佰 X拾 X元整)　☑ 标准　□ 协议
8、委托方对鉴定结果存有异议的,可在收到鉴定文书之日起十五天内提出。

备注:

委托单位(人):_____ XXX _____(签字或盖章)　受理机构鉴定人:_____ XXX _____(签字或盖章)

2019年 6月 13日　　　　　　　　　　　　　2019年 6 月 13 日

第一联 (白色 鉴定机构保存)　　第二联 (黄色 委托方保存)

XXX审核.

XXXX 司法鉴定中心

法医物证样品流转单

表单编号：SDSJ-JL-25-15　　　　　　　　　　　　　　No. FB（19）-XXX

样品名称		可疑血斑		嫌疑人唾液斑					
样品编号		19-XXX-1		19-XXX-2					
包　装		物证袋		物证袋					
分　类		检测样	复核样	检测样	复核样	检测样	复核样	检测样	复核样
数　量		0.5cm²	无	0.5cm²	无				
送样	送样人	××		×××					
	日　期	2019.6.13		2019.6.13					
取样	取样人	××× ××		××× ×××					
	取样量	0.1cm²		0.1cm²					
	日　期	2019.6.18		2019.6.18					
	取样人	××× ××		××× ×××					
	取样量	0.1cm²		0.1cm²					
	日　期	2019.6.25		2019.6.25					
	取样人								
	取样量								
	日　期								
余样处理	余样量	约0.3cm²		约0.3cm²					
	送换人	×××		×××					
	接收人	×××		×××					
	日　期	2019.6.28		2019.6.28					

备注：

XXX 审核.

种属鉴定原始记录表

表单编号：SDSJ-ZY-FB03-JL-01   No.FB(19)-XXX

检测项目		种属鉴定	
样品编号	19-XXX-1	样品类型	FTA 卡
温　度	26 ℃	湿　度	35%

样品处理：

1 剪取适量可疑血斑检材，放入 2ml 离心管中，加入 500ul 纯水；

2 将离心管置于振荡器上振荡，浸泡约 30min；

3 将离心管置于高速离心机上，13000r/min 离心 5min；

4 离心后将上清液移入另一 2ml 离心管中；

5 取 100ul 上清液滴加到人血红蛋白金标检验试剂条加样区，静置 5min 后观察。

测定结果：

检测线： 紫红色☑   无紫红色□
质控线： 紫红色☑   无紫红色□

检材中☑有/□无 人血存在

备注：

测试人	XXX XXX	日期	2019. 6. 18

XXX审核

XXXX 司法鉴定中心

DNA 提取记录表

表单编号：SDSJ-ZY-FB05-JL-01   No. FB(19)-XXX

鉴定编号	XX 司鉴中心[2019]物鉴字第 XXX 号	温湿度	26 ℃/ 35 %
提 取 人	XXX XXX	提取日期	2019.6.18 / 2019.6.25
检材名称、编号及提取方法	可疑血斑 19-XXX-1→方法 A 提取 嫌疑人唾液斑 19-XXX-2→方法 A 提取		

DNA 提取选择方法

方法 A（血斑/唾液斑的提取）：

  剪取 0.3x0.3cm 斑痕+500ul ddH2O，室温浸泡 15min，振荡、离心 10000rpm 3min，弃上清，重复此步骤 + 200ul 5%Chelex100 悬液（+□陈旧斑加 2ul PK 10mg/ml），56℃水浴 35-730min：轻微振荡，沸水浴 8min，振荡 10s，离心 10000rpm 3min，上清备用。

方法 B（血液/唾液的提取）：

  吸取 4ul 液体+500ul ddH2O，室温浸泡 15min，振荡，离心 10000rpm 3min，弃上清，重复此步骤 +200ul 5%Chelex100 悬液，56℃水浴 35-730min：轻微振荡后，沸水浴 8min，振荡 10s，离心 10000rpm 3min，上清备用。

方法 C（毛发（带毛囊）的提取）：

  剪取毛根部分 3mm，用 ddH2O 清洗后+ 200ul 5%Chelex100 悬液+3ul PK 10mg/ml，56℃水浴 3-6h；轻微振荡后，沸水浴 8min，振荡 10s，离心 10000rpm 3min，上清备用。

方法 D（精液(斑)的提取）：

  吸取 4ul 液体或剪取 0.4x0.4cm 斑痕+500ul ddH2O，室温浸泡 15min，振荡、离心 10000rpm 3min，弃上清，+200ul 5%Chelex100 悬液+3ul PK 10mg/ml+3ul DTT 1mol/L，56℃水浴 3-6h；轻微振荡后，沸水浴 8min，振荡离心 10000rpm 3min，上清备用。

方法 E（羊水的提取）：

  吸取 500ul 液体，振荡、离心 10000rpm 3min 弃上清+500ul ddH2O，振荡、离心 10000rpm 3min 弃上清+200ul 5%Chelex100 悬液+3ul PK 10mg/ml，56℃水浴 3-6h；轻微振荡后，沸水浴 8min，振荡离心 10000rpm 3min，上清备用。

方法 F（软组织的提取）：

  剪取 0.1x0.1 x0.1cm+500ul ddH2O，室温浸泡 15min，振荡弃去液体 + 200ul 5%Chelex100 悬液+3ul PK 10mg/ml，56℃水浴 3-6h；轻微振荡后，沸水浴 8min，振荡离心 10000rpm 3min，上清备用。

备 注	
	XXX 审核、

XXXX 司法鉴定中心
DNA 扩增及上样检测记录表

表单编号：SDSJ-ZY-FB05-JL-02　　　　　　　　No.　**FB(19)-XXX**

鉴定编号	XX 司鉴中心[2019] 物鉴字第 XXX 号				
操作人	XXX　　XXX		操作时间	2019.6.18 / 2019.6.25	
扩增试剂盒	☑ AGCU EX20　　□ AGCU X19　　□ AGCU Y24 □ AGCU 21+1　　□ SiFaSTR™ 23plex　　□ 其它＿＿＿				
扩增体系	☑ 10ul　　□ 15ul　　□ 其它＿＿　是否直扩 □是 ☑否				
扩增仪	☑ Eppendorf MasterCycler PCR 仪　　□ 其它＿＿＿＿＿＿				
扩增程序	☑ AGCU EX20　　□ AGCU X19　　□ AGCU Y24 □ AGCU 21+1　　□ SiFaSTR™ 23plex　　□ 其它＿＿				

序号	样品名称	Primer (ul)	Buffer (ul)	TaqE (ul)	H_2O (ul)	模板 (ul)
1	19-XXX-1	2	4	0.4	3.5	0.5
2	19-XXX-2	2	4	0.4	3.5	0.5
3	19-XXX-1	2	4	0.4	3.5	0.5
4	19-XXX-2	2	4	0.4	3.5	0.5

每个样品

产物(ul) / 甲酰胺(ul)/ 内标(ul)		内　标	
☑ 0.5 / 9.8 / 0.2	LIZ 500	√	LIZ 600
□ 1.0 / 10 / 0.5	ORG 500		其　它

电泳分离仪器	☑ ABI3500　□ ABI3130　□ 其它
毛细管阵列	☑ 36cm　□ 50cm
胶　　液	☑ POP4　□ POP6　□ POP7
电泳类别	☑ STR　□ 其它

备注	

XXX审核

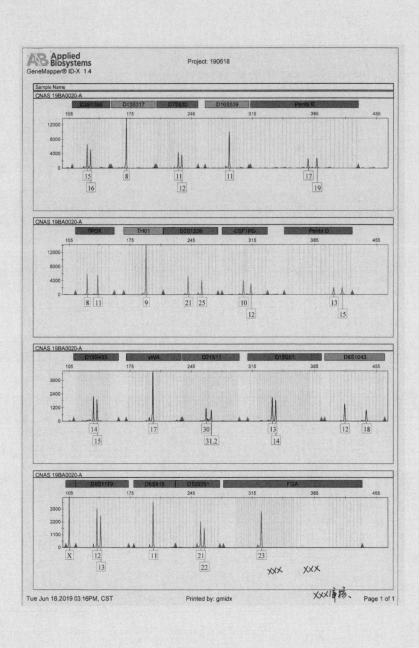

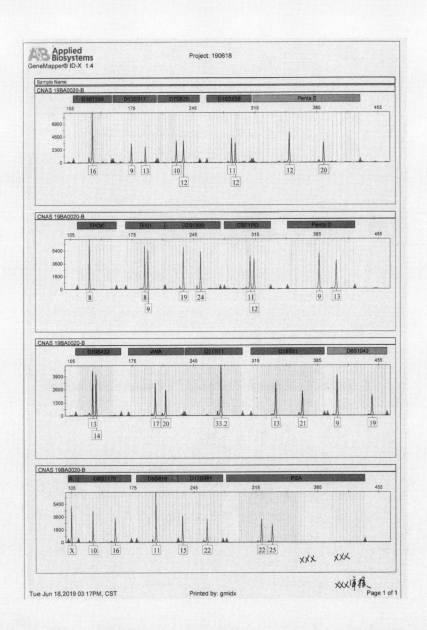

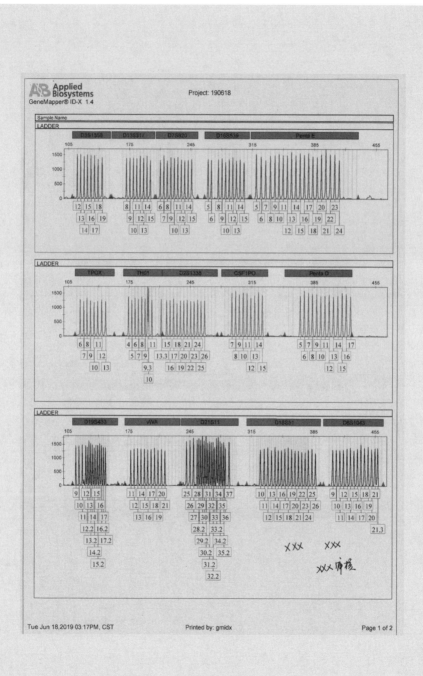

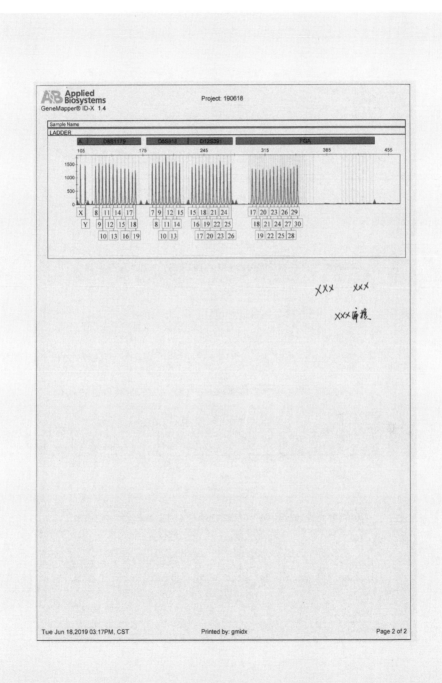

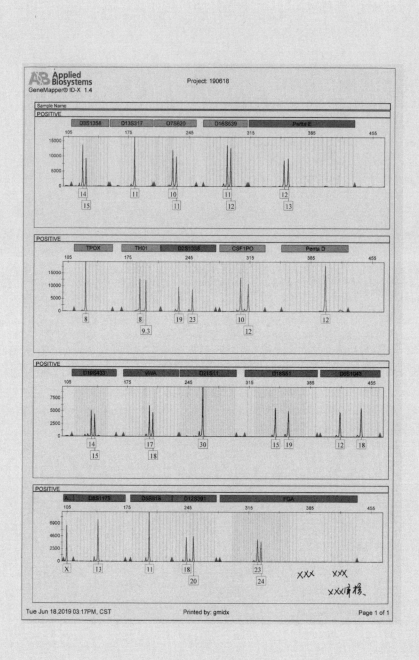

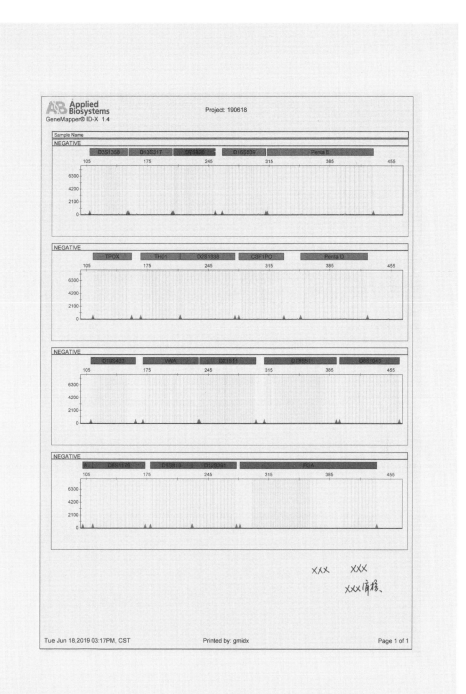

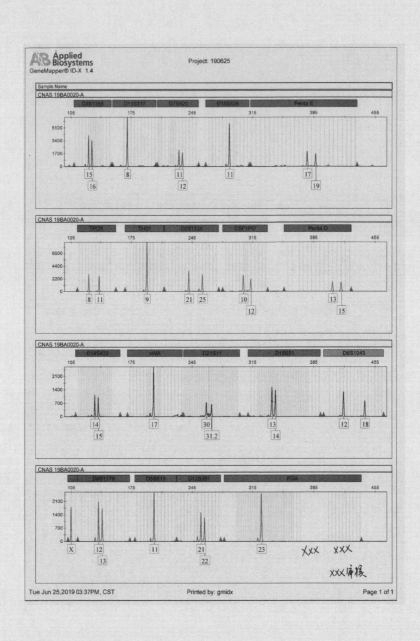

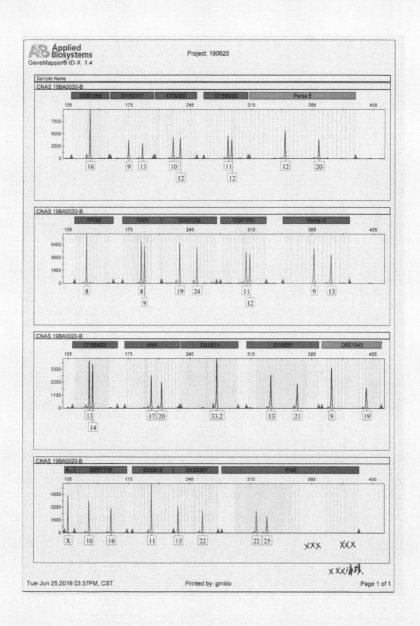

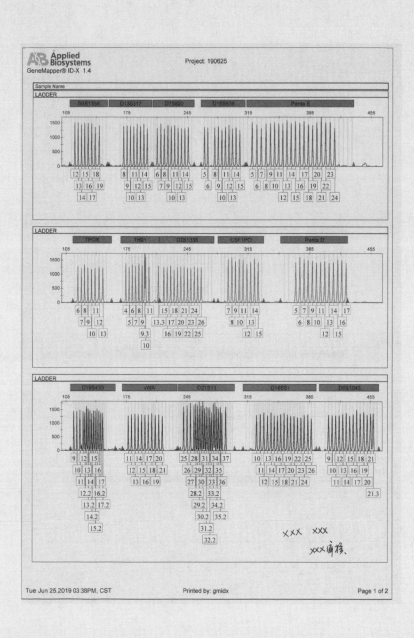

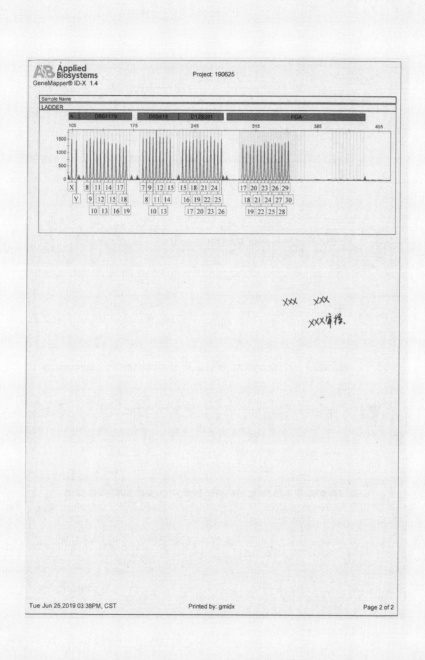

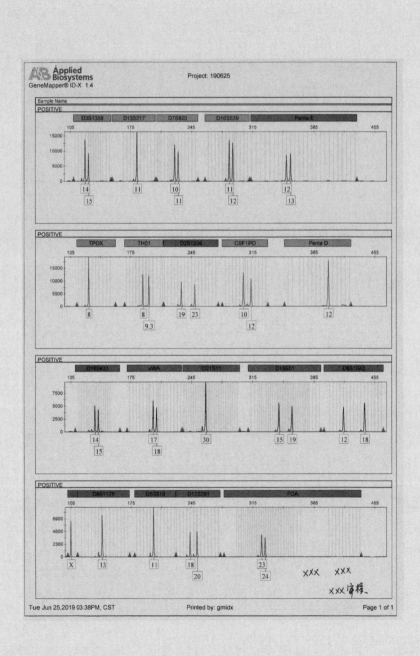

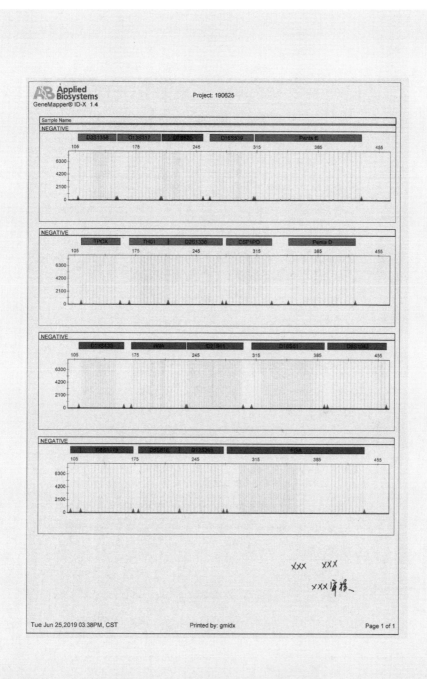

XXXX 司法鉴定中心法医物证鉴定意见书

XX 司鉴中心 [2019] 物鉴字第 XXX 号

一、基本情况

委托方：司法鉴定科学研究院质量管理处

委托鉴定事项：明确送检可疑血斑是否为人血斑、是否为嫌疑人所留

受理日期：2019 年 6 月 13 日

鉴定材料：现场发现的可疑血斑（样品 A）约 0.5cm^2

嫌疑人的唾液斑（样品 B）约 0.5cm^2

鉴定日期：2019 年 6 月 13 日至 2019 年 6 月 28 日

鉴定地点：XXXX 司法鉴定中心法医物证鉴定室

二、检案摘要

据委托方介绍：某地发生一起杀人案。在侦察过程中，警方在受害人现场发现一处可疑血斑。办案人员分别提取了现场发现的可疑血斑（样品 A）和嫌疑人的唾液斑（样品 B）。为了明确该血斑是否为人血斑、以及是否为嫌疑人所留，委托方要求我中心法医物证实验室进行检验。

三、检验过程

1、可疑血斑种属鉴定的检验过程

按照《人血红蛋白检测金标试剂条法》（GA 765-2008）中血痕检验方法，采用抗人血红蛋白金标试剂条对现场提取的可疑血斑进行种属鉴定，并设立阴、阳性及空白对照。

2、STR 基因分型的检验

按照《法庭科学 DNA 实验室检验规范》（GA/T 383-2014）附录 A 及《个

XXX审核　　1

体识别技术规范》（SF/Z JD0105012-2018）中的 Chelex 法对上述样本抽提

DNA，采用 AGCU Expressmarker 20 荧光检测试剂（无锡中德美联生物技

术有限公司）进行复合 PCR 扩增，用 Applied Biosystems 3500 遗传分析仪

（美国 ABI 公司）进行毛细管电泳和基因型分析，并设立阴、阳性对照。

四、检验结果

1、抗人血红蛋白金标试剂条检验送检可疑血斑结果见下表：

检材名称	检测结果
已知人血斑（阳性对照）	阳性
样品 A（送检可疑血斑）	阳性
送检检材上无斑迹部位（空白对照）	阴性
已知不含人血斑检材（阴性对照）	阴性

2、基因分型结果

19-STR 基因座基因分型结果表

STR 基因座	样品 A	样品 B
D3S1358	15-16	16-16
D13S317	8-8	9-13
D7S820	11-12	10-12
D16S539	11-11	11-12
Penta E	17-19	12-20
TPOX	8-11	8-8
TH01	9-9	8-9
D2S1338	21-25	19-24
CSF1PO	10-12	11-12
Penta D	13-15	9-13
D19S433	14-15	13-14

XXX审核

2

vWA	17-17	17-20
D21S11	30-31.2	33.2-33.2
D18S51	13-14	13-21
D6S1043	12-18	9-19
D8S1179	12-13	10-16
D5S818	11-11	11-11
D12S391	21-22	15-22
FGA	23-23	22-25

五、分析说明

1、采用抗人血红蛋白金标试剂条验对现场提取的可疑血斑进行种属鉴定，检验结果呈阳性，说明送检的可疑血斑（样品 A）为人血斑。

2、累积个人识别机率计算结果显示：本检测系统的累积个人识别机率达 $1-5.5937\times10^{-23}$。上述 19 个 STR 基因座检测结果显示，除 D5S818 基因座外，其余基因座样品 A 和样品 B 的 DNA 分型结果均不一致。

六、鉴定意见

1、现场提取的可疑血斑（样品 A）是人血斑。

2、依据 DNA 分型结果，排除现场提取的可疑血斑（样品 A）与嫌疑人唾液斑（样品 B）来自同一个体。

司法鉴定人：主任法医师　XXX

《司法鉴定人执业证》证号：XXXXXXXX

司法鉴定人：主检法医师　XXX

《司法鉴定人执业证》证号：XXXXXXXX

XXX审核

3

授权签字人：主任法医师　XXX

《司法鉴定人执业证》证号：XXXXXXXX

二〇一九年七月一日

注：送检检材及种属实验结果照片见附件。

XXX审核

4

附件

1、送检检材照片

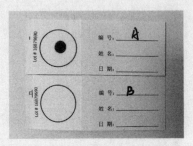

送检样品 A 及样品 B

2、种属实验结果照片

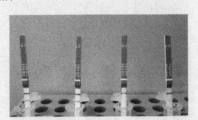

阳性对照   样品 A   空白对照   阴性对照

XXX审核

XXXX 司法鉴定中心

检验/鉴定流程与鉴定文书发文稿

表单编号：SDSJ-JL-25-08　　　　　　　　　　　No. FB19- XXX

受理登记：能力验证

　　　　　个体识别　　　　　　　XXX　　2019年 6 月 13 日

检验/鉴定：

　　　　XXX　　　　XXX　　2019年 6 月18日 ~ 2019年 6月25日

拟稿：

　　　　　　　　　　　　　XXX　　2019年 6 月 26 日

复核：

　　　　　　　　　　XXX　　2019 年 6 月 27 日

校对：

　　　　　　　　　　XXX　　2019 年 6 月 28 日

签发（授权签字人）：　　　　是否加盖 CNAS 章　　　是 □　否 ☑

　　　　　　　　　　XXX　　2019 年 7 月 1 日

备注：

　　　　　　　　　　　　　（鉴定书共印　　份）

　　　　　　　　　　XXX 审核

[例2]　19BA0007结果反馈表(专家组评价结果:不通过)

XXXX 法医临床司法鉴定所

司法鉴定意见书

XX 司鉴所[2019]物鉴字第 20190005 号

一、基本情况

委托人:警方

委托鉴定事项:鉴定可疑血斑 AA 是否为嫌疑人 BB 所留血斑。

受理日期:2019 年 6 月 17 日

鉴定材料:AA 血斑与 BB 唾液斑

鉴定地点:XXXX 法医临床司法鉴定所

鉴定对象:AA、BB

二、基本案情

鉴定可疑血斑 AA 是否为嫌疑人 BB 所留血斑。

三、资料摘要

被鉴定人	性别	称谓	身份证件号码/出生日期	样品类型	样本编号
AA	未知	可疑血斑	XXXXX	血斑	2019-物鉴 20190005-1
BB	未知	嫌疑人唾液斑	XXXXX	唾液斑	2019-物鉴 20190005-2

四、鉴定过程

1、检材处理和检验方法

按照中华人民共和国公共安全行业标准 GA/T383-2014《法庭科学 DNA 实验室检验规范》,采用 Microreader™ 21 Direct ID System 试剂进行复合 PCR 扩增,用 ABI-3100XL 型号遗传分析仪(美国 ABI 公司)进行毛细血管电泳和基因型分析。

2、检验结果

STR 基因座	AA（可疑血斑）		BB（嫌疑人唾液斑）		基因型随机匹配概率
D19S433	14	15	13	14	0
D5S818	11	11	11	11	0.1038
D21S11	30	31.2	33.2	33.2	0
D18S51	13	14	13	21	0
D6S1043	12	18	9	19	0
AMEL	X	X	X	X	0
D3S1358	15	16	16	16	0
D13S317	8	8	9	13	0
D7S820	11	12	10	12	0
D16S539	11	11	11	12	0
CSF1PO	10	12	11	12	0
Penta D	13	15	9	13	0
D2S441	9.1	15	11	14	0
vWA	17	17	17	20	0
D8S1179	12	13	10	16	0
TPOX	8	11	8	8	0
Penta E	17	19	12	20	0
TH01	9	9	8	9	0
D12S391	21	22	15	22	0
D2S1338	21	25	19	24	0
FGA	23	23	22	25	0

备注：该 19 个 STR 基因座为 Microreader™ 21 Direct ID System 试剂盒所涵盖的全部 STR 基因座。

五、分析说明

D19S433 等 19 个 STR 基因座均为人类的遗传学标记,遵循孟德尔遗传定律,联合应用可进行亲权鉴定。综上述检验结果表明,D5S818 基因座 AA 与 BB 相符,除 D5S818 基因座外的其他基因座均不相符,经计算,19 个 STR 基因座的似然率为 0,排除 BB 嫌疑人。

六、鉴定意见

依据现有资料和 DNA 分析结果,排除 BB 嫌疑人。

司法鉴定人签名或盖章：XXX

《司法鉴定人执业证》证号：XXX

司法鉴定人签名或盖章：XXX

《司法鉴定人执业证》证号：XXX

XXXX 法医临床司法鉴定所

二〇一九年六月二十四日

注：1. 被鉴定人及相关证件的电子照片见附件。

2. 本鉴定人意见书仅限开具医学出生证明、公安机关办理户籍使用。

[例3]　19BA0037结果反馈表（专家组评价结果：不通过）

CNAS 能力验证计划 CNAS SF0005

19BA0037

个体识别（血斑与唾液斑）能力验证计划

检验结果报告表

参加编号：**CNAS SF0005**

检测系统	A （现场发现的可疑血斑）	B （嫌疑人唾液斑）
D2S1338	21, 25	19, 24
D3S1358	15, 16	16, 16
D5S818	11, 11	11, 11
D6S1043	12, 18	9, 20.3
D7S820	10, 12	10, 12
D8S1179	12, 13	10, 16
D12S391	21, 22	15, 22
D13S317	8, 8	9, 13
D16S539	11, 11	11, 12
D18S51	13, 14	8, 13
D19S433	14, 15	13, 14
D21S11	30, 31.2	33.2, 33.2
CSF1PO	10, 12	11, 12
FGA	23, 23	22, 25
THO1	9, 9	8, 9
TPOX	8, 11	8, 8
Penta D	13, 15	9, 13
Penta E	17, 19	12, 20
vWA	17, 17	17, 20
D2S441	9.1, 15	11, 14
AMEL	X, X	X, X

注：若使用的试剂盒除了以上基因座外，还包括其他基因座，请自行补充结果。

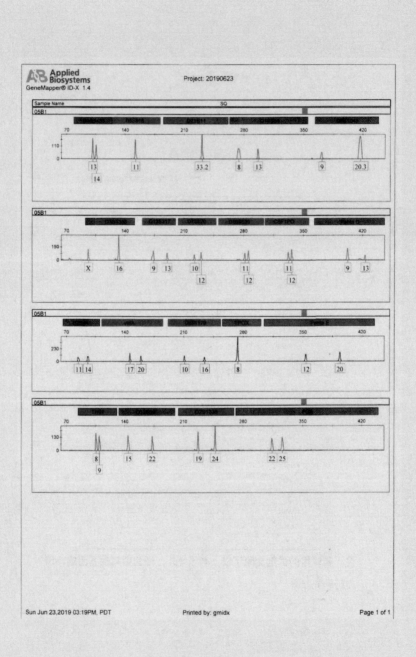

[例4]　19BA0042结果反馈表（专家组评价结果：不通过）

参加编号：19BA0042

×××司法鉴定所
司法鉴定意见书

XXX 司鉴[2019]物鉴字（XX）号

一、基本情况

委 托 方：XXX。

委托事项：明确可疑血斑（样品A）是否为人血、是否为嫌疑人（样品B）所留。

受理日期：2019年6月XX日。

鉴定材料：1、现场发现的可疑血斑（样品A）FTA卡一份，标记为样品0005-A；2、嫌疑人的唾液斑（样品B）FTA卡一份，标记为样品0005-B。

二、基本案情

某地发生一起杀人案。在侦查过程中，警方在受害现场发现一处可疑血斑。为了明确该血斑是否为人血斑、以及是否为嫌疑人所留，警方要求法医物证实验室进行检验。

三、鉴定过程

鉴定日期：2019年6月XX日。

鉴定地点：×××司法鉴定所法医物证DNA实验室。

1、检验过程

按照GA 765-2008《人血红蛋白检测金标试剂条法》金标试剂条法分别对样品0005-A进行抗人血红蛋白试验。

按照GA/T383-2014《法庭科学DNA实验室检验规范》中的聚苯乙烯二乙烯基苯树脂法提取DNA，采用HuaxiaTM Platinum试剂盒（上海立菲生物技术有限公司）对样品0005-A、样品0005-B进行复合扩增。用AB3130xl型基因分析仪进行电泳检测分析。

2、检验结果

（1）金标抗人血红蛋白试验结果：样品0005-A为阳性。

（2）Huaxia™ Platinum试剂盒分型结果如下：

参加编号：19BA0042

检测系统	0005-A （现场发现的可疑血斑）	0005-B （嫌疑人唾液斑）
D2S1338	21, 25	19, 24
D3S1358	15, 16	16, 16
D5S818	11, 11	11, 11
D6S1043	12, 18	9, 19
D7S820	11, 12	10, 12
D8S1179	12, 13	10, 16
D12S391	21, 22	15, 22
D13S317	8, 8	9, 13
D16S539	11, 11	11, 12
D18S51	13, 14	13, 21
D19S433	14, 15	13, 14
D21S11	30, 31.2	33.2, 33.2
CSF1PO	10, 12	11, 12
FGA	23, 23	22, 25
THO1	9, 9	8, 9
TPOX	8, 11	8, 8
Penta D	13, 15	9, 13
Penta E	17, 19	12, 20
vWA	17, 17	17, 20
Amelogenin	X	X
D2S441	11, 14	9.1, 15
D22S1045	11, 15	15, 16
D10S1248	13, 15	14, 14
D1S1656	16, 18.3	13, 16

参加编号：19BA0042

四、分析说明

1、根据人血红蛋白检测金标试剂条法检验结果，确证样品 0005-A 的可疑血斑是人血斑。

2、根据本次能力验证提供的 19 个常染色体 STR 基因座的个体识别能力和本所使用的商品化试剂盒增加的 4 个常染色体基因座的个体识别能力，按照《个体识别技术规范（SF/Z J0105012-2018）》的相关公式计算 23 个基因座的累积个体识别能力 TDP 值为 1- 2.1001×10⁻²⁷，联合使用可满足识别群体中不同个体的能力要求。

3、根据 23 个常染色体 STR 基因座的分型结果，样品 0005-A（现场发现的可疑血斑）、样品 0005-B（嫌疑人的唾液斑）之间有 21 个基因分型不一致，排除两者来自同一个体。

五、鉴定意见

1、现场发现的可疑血斑是人血斑。

2、依据检验和分析结果，排除"现场发现的可疑血斑"和"嫌疑人的唾液斑"来自同一个体。

六、附件

附件 1、检材情况记录及照片一页。

附件 2、样本预试验、确证实验和 DNA 提取记录表一页。

附件 3、DNA 扩增记录表一页。

附件 4、电泳上样分析记录表一页。

附件 5、DNA 分型图谱三页。

附件 6、检验结果报告表一页。

附件 7、TDP 值计算记录表一页。

附件 8、司法鉴定许可证复印件。

附件 9、司法鉴定人执业证复印件。

司法鉴定人签名：XXX

《司鉴定人执业证》证号 XXXXXXXXXXXX

参加编号：19BA0042

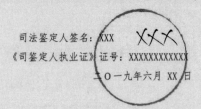

司法鉴定人签名：XXX XXX

《司鉴定人执业证》证号：XXXXXXXXXXXX

二〇一九年六月 XX 日

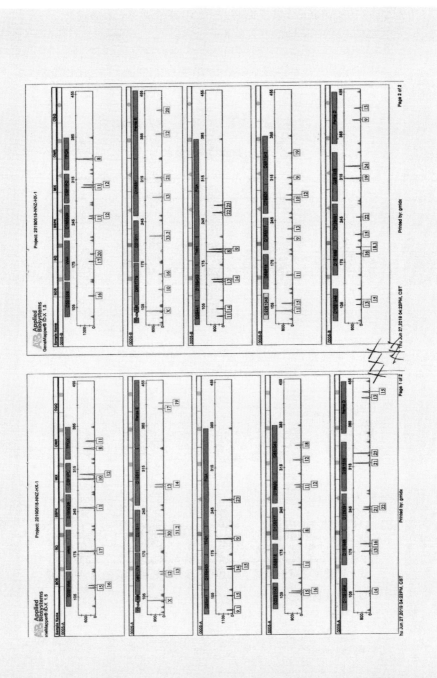

[例5]　19BA0064结果反馈表（专家组评价结果：不通过）

CNAS 能力验证计划 CNAS SF0005

个体识别（血斑与唾液斑）能力验证计划

检验结果报告表

参加编号：**19BA0064**

检测系统	A （现场发现的可疑血斑）	B （嫌疑人唾液斑）
D2S1338	21/25	22/25
D3S1358	15/16	17/18
D5S818	11	12
D6S1043	12/18	12/20
D7S820	11/12	8/11
D8S1179	12/13	14/15
D12S391	21/22	18/23
D13S317	8	9/11
D16S539	11	9/13
D18S51	13/14	16/18
D19S433	14/15	13/14
D21S11	30/31.2	29/31.2
CSF1PO	10/12	12
FGA	23	20/23
THO1	9	6/9.3
TPOX	8/11	11
Penta D	13/15	12/13
Penta E	17/19	7/14
vWA	17	16/19
D1S1656	13/16	12/13
Amelogenin	X/X	X/Y

注：若使用的试剂盒除了以上基因座外，还包括其他基因座，请自行补充结果。

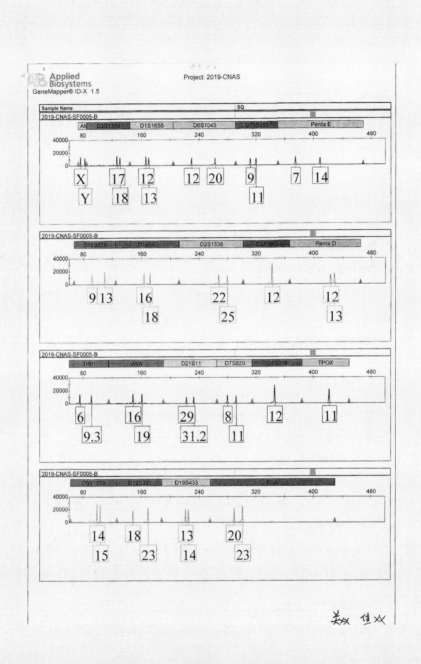

[例6]   19BA0090结果反馈表(专家组评价结果：不通过)

19BA0090 ———————————————   共 4 页 第 1 页

○○○○司法鉴定中心 DNA 检测报告

XX[2019]物鉴字第 ZX129 号

一、基本情况

委 托 人：中国司法鉴定科学研究院

委托鉴定事项：同一认定

委托日期：2019 年 X 月 X 日

鉴定材料：标记为 A 的现场发现的可疑血斑（FTA 卡）、标记为 B 嫌疑人的唾液斑（FTA 卡）

鉴定日期：2019 年 X 月 X 日至 2019 年 X 月 Y 日

鉴定地点：○○○○司法鉴定中心

二、检案摘要

2019 年 X 月 X 日，中国司法鉴定科学研究院委托本中心对血样 A 与唾液斑 B 进行是否为同一个人进行同一认定。

三、检验过程

（一）检材处理和检验方法：

1、根据 SF/Z JD0105001-2010《亲权鉴定技术规范》对当事人的血样（或口腔拭子）进行 DNA 检测。

2、用 chelex-100 法抽提上述检材 DNA，用 Goldeneye™（20A）试剂进行复合 PCR 扩增，扩增产物在 3100 遗传分析仪上进行检测、分析 STR 基因座的基因分型。

（二）检验结果：_____

STR 基因座	A	B

19BA0090 共 4 页 第 2 页

D19S433	14, 15	13, 14
D5S818	11, 11	11, 11
D21S11	30, 31.2	33.2, 33.2
D18S51	13, 14	13, 21
D6S1043	12, 18	9, 19
D3S1358	15, 16	16, 16
D13S317	8, 8	9, 13
D7S820	11, 12	10, 12
D16S539	11, 11	11, 12
CSF1PO	10, 12	11, 12
Penta D	13, 15	9, 13
vWA	17, 17	17, 20
D8S1179	12, 13	10, 16
TPOX	8, 11	8, 8
Penta E	17, 19	12, 20
TH01	9, 9	8, 9
D12S391	21, 22	15, 22
D2S1338	21, 25	19, 24
FGA	23, 23	22, 25
Amelogenin	X	X

四、分析说明

D19S433、D5S818、D21S11、D18S51、D6S1043、D3S1358、D13S317、D7S820、D16S539、CSF1PO、Penta D、vWA、D8S1179、TPOX、Penta E、TH01、D12S391、D2S1338、FGA 等基因座均为人类的遗传标记，具有人类种属特异性和组织同一性，联合应用可以进行同一认定，其累积个体识别机率值为 $1-5.5937\times10^{-23}$。

本案中,送检的血样 A 的 STR 分型与唾液斑 B 的 19 个系统 STR 分型结果不相同,排除血样 A 与唾液斑 B 来自同一个人。

五、鉴定意见

依据 DNA 分析结果,在排除同卵多胞胎和其他外源性干扰的前提下,排除血样 A 与唾液斑 B 来自同一个人。

附件:血样 A、唾液斑 B 的照片

司法鉴定人:XXX1

《司法鉴定人执业证》证号:xxxxxxxxxx1

司法鉴定人:XXX2

《司法鉴定人执业证》证号:xxxxxxxxxx2

二〇一九年 X 月 Y 日

附注:本鉴定仅对中国司法鉴定科学研究院送检的血样 A 与唾液斑 B 负责。

［例7］　19BA0144结果反馈表(专家组评价结果：不通过)

XXXX 司法鉴定中心法医物证鉴定意见书

XX 司鉴（2019）物 证 字 第 19BA0144 号

一、基本情况

委托单位：司法鉴定科学研究院。

送 检 人：李锦明。

委托日期：2019 年 6 月 7 日。

受理日期：2019 年 6 月 14 日。

委托事项：个体识别（可疑血斑与唾液斑）。

鉴定检材：

检材名称	检材编号	情况描述
1 号检材	CNAS SF0005 A	现场发现的可疑血斑（FTA 卡）
2 号检材	CNAS SF0005 B	嫌疑人的唾液斑（FTA 卡）

鉴定日期：2019 年 6 月 18 日-2019 年 6 月 20 日。

鉴定地点：XXXX 司法鉴定中心，法医物证实验室。

二、简要摘要

据委托方介绍：某地发生一起杀人案。在侦察过程中，警方在受害人现场发现一处可疑血斑。为了明确该血斑是否为人血斑、以及是否为嫌疑人所留，警方要求法医物证实验室进行检验。

三、检验经过

　　（一）使用标准

　　1. 中华人民共和国公共安全行业标准《人血红蛋白检测金标试剂条法》GA765-2008。

　　2. 中华人民共和国公共安全行业标准《法庭科学 DNA 实验室检验规范》GA/T383-2014。

　　3. 中华人民共和国公共安全行业标准《人类 DNA 荧光标记 STR 分型结果的分析及应用》GA/T1163-2014。

　　（二）前期检验

　　1. 预试验及确证试验

　　① 根据 GA/T383-2014 标准，取 1 号检材适量，进行联苯胺预试验。

②根据 GA/T765-2008 标准，取 1 号检材适量，按照《抗人血红蛋白（FOB）金标检验试剂条确证人血斑作业指导书》（XXXX-FW(04)-ZDS/2017-24）进行人血斑确证试验。

2.DNA 提取：根据 GA/T383-2014 标准，按照《Chelex-100 法提取 DNA 作业指导书》（XXXX-FW(04)-ZDS/2017-28）提取 1 号检材和 2 号检材的 DNA。

3.STR 多态性检验：根据 GA/T 383-2014 标准，取 1 号检材和 2 号检材 DNA 适量，使用基点 20A 试剂盒进行 PCR 复合扩增，扩增产物用 ABI-3100 型（16 通道）DNA 序列分析仪电泳分离和激光扫描分析，得到上述检材的基因分型。

四、检验结果

1.人血斑预试验（联苯胺）及确证试验（抗人血红蛋白金标检验试剂条）结果：1 号检材呈阳性，见附图。

2.STR 多态性检验结果：

序号	1	2	3	4	5	6	7	8	9	10
位点	D19S433	D5S818	D21S11	D18S51	D6S1043	D3S1358	D13S317	D7S820	D16S539	CSF1PO
A 可疑血斑	13/14	11	33.2	13/21	9/19	16	9/13	10/12	11/12	11/12
B 唾液斑	14/15	11	30/31.2	13/14	12/18	15/16	8	11/12	11	10/12

序号	11	12	13	14	15	16	17	18	19	20
位点	Penta D	AMEL	vWA	D8S1179	TPOX	Penta E	TH01	D12S391	D2S1338	FGA
A 可疑血斑	9/13	X	17/20	10/16	8	12/20	8/9	15/22	19/24	22/25
B 唾液斑	13/15	X	17	12/13	8/11	17/19	9	21/22	21/25	23

五、论证分析

1. D19S433、D5S818、D21S11、D18S51、D6S1043、D3S1358、D13S317、D7S820、D16S539、CSF1PO、PentaD、vWA、D8S1179、TPOX、PentaE、

TH01、D12S391、D2S1338、FGA 等 19 个常染色体 STR 基因座均是人类遗传标记，具有人类种属特异性和组织同一性，联合应用可以进行同一认定。根据本次能力验证计划提供的常染色体 STR 基因座的个体识别能力，计算本检测系统的累积个体识别机率值为 $1-5.5937 \times 10^{-23}$。

2. 根据人血白蛋白金标试剂条检验结果分析，现场发现的可疑血斑（1 号检材）呈阳性反应，提示其为人血斑。

3. 根据对 D19S433 等 19 个常染色体 STR 检验结果分析，现场发现的可疑血斑（1 号检材）的 STR 分型与嫌疑人的唾液斑（2 号检材）的 STR 分型不同。

六、鉴定意见

1. 受害人现场发现的可疑血斑为人血斑。

2. 依据 DNA 检测结果，排除现场的血斑来源于嫌疑人。

七、落款

国家司法鉴定人： XXX

执业证号：XXXXXXXXXXXX

国家司法鉴定人： XXX

执业证号：XXXXXXXXXXXX

授权签字人

国家司法鉴定人： XXX

执业证号：XXXXXXXXXXXX

二0一九年X月X日

附件：1. 检材照片 2 张。

2. 预试验、确证试验照片 2 张。

［例8］　19BA0146结果反馈表（专家组评价结果：不通过）

×　×
（物检）检测报告
×　×

检测地点			
委托方	司法鉴定科学研究院		
到样日期	20190613	报告编号	WJ2019-0626001
检测时间	20190626	检测类别	委托
检测环境	温度：25.8℃　湿度：17%		
检测项目	个体识别能力验证		
检测仪器	AppliedBiosystems 3130XL　2720 普通 PCR 仪		
检测方法	按照 SF/Z JD0105012-2018《个体识别技术规范》，依据 DNA 分型结果，对样本是否来自同一个体做出判断。		
样品说明	<table><tr><td colspan="2">样品信息</td></tr><tr><td>样品</td><td>情况描述</td></tr><tr><td>A</td><td>现场发现的可疑血斑（FTA 卡）</td></tr><tr><td>B</td><td>嫌疑人的唾液斑（FTA 卡）</td></tr></table>		
案（事）件情况说明	某地发生一起杀人案。在侦察过程中，警方在受害人现场发现一处可疑血斑。为了明确该血斑是否为人血斑、以及是否为嫌疑人所留，警方要求法医物证实验室进行检验。		
检测过程	1.配置所需要的 PCR 扩增试剂。 2.剪直径 1.2mm 的 DNA 血斑卡和唾液斑置于配置好的 PCR 扩增试剂中。 3.用 2720 普通 PCR 仪进行扩增。 4.上机检测，出图谱。 5.依据 DNA 分型结果，若结果不一致，则排除两者来自同一个体，若结果一致，需计算似然率（LR）。 6.图谱见附件		

（物检）检测报告

检 测 结 论	根据检验结果分析可知，在 2? 个遗传标记位点上，SF0005-I 与 SF0005-II 之间存 在 19 个遗传标记位点不相符，依据 SF/Z JD0105012-2018《个体识别技术规范》， 排除样品 A 和样品 B 来自同一个体。 现场发现的可疑血斑不是嫌疑人遗留。
备 注	

CNAS 能力验证计划 CNAS SF0005

个体识别（血斑与唾液斑）能力验证计划

检验结果报告表

参加编号：**19BA0146**

检测系统	A （现场发现的可疑血斑）	B （嫌疑人唾液斑）
D2S1338	21,25	19,24
D3S1358	15,16	16,16
D5S818	11,11	11,11
D6S1043	12,18	9,19
D7S820	11,12	10,12
D8S1179	12,13	10,16
D12S391	21,22	15,22
D13S317	8,8	9,13
D16S539	11,11	11,12
D18S51	13,14	13,21
D19S433	14,15	13,14
D21S11	30,31.2	33.2,33.2
CSF1PO	10,12	11,12
FGA	23,23	22,25
THO1	9,9	8,9
TPOX	8,11	8,8
Penta D	13,15	9,13
Penta E	17,19	12,20
vWA	17,17	17,20
D2S441	9,15	11,14
AMEL	X,X	X,X

注：若使用的试剂盒除了以上基因座外，还包括其他基因座，请自行补充结果。

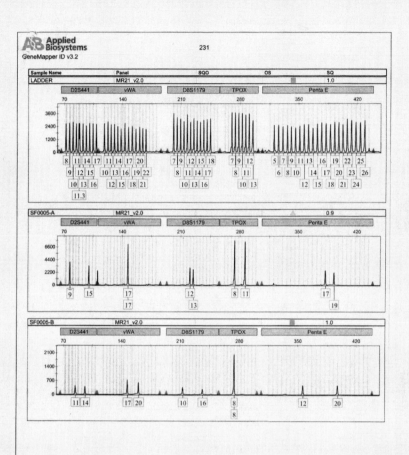

［例9］　19BA0186结果反馈表（专家组评价结果：不通过）

<u>CNAS 能力验证计划 CNAS SF0005</u>

个体识别（血斑与唾液斑）能力验证计划

检验结果报告表

参加编号：19BA0186

检测系统	A （现场发现的可疑血斑）	B （嫌疑人唾液斑）
D2S1338	21,25	19,24
D3S1358	15,16	16,16
D5S818	11,11	11,11
D6S1043	12,18	9,19
D7S820	11,12	10,12
D8S1179	12,13	10,16
D12S391	21,22	15,22
D13S317	8,8	9,13
D16S539	11,11	11,12
D18S51	13,14	13,21
D19S433	14,15	13,14
D21S11	30,31.2	33.2,33.2
CSF1PO	10,12	11,12
FGA	23,23	22,25
THO1	9,9	8,9
TPOX	8,11	8,8
Penta D	9,11	9,13
Penta E	17,19	12,20
vWA	17,17	17,20
D2S441	9.1,15	11,14
AMEL	X,X	X,X

注：若使用的试剂盒除了以上基因座外，还包括其他基因座，请
自行补充结果。

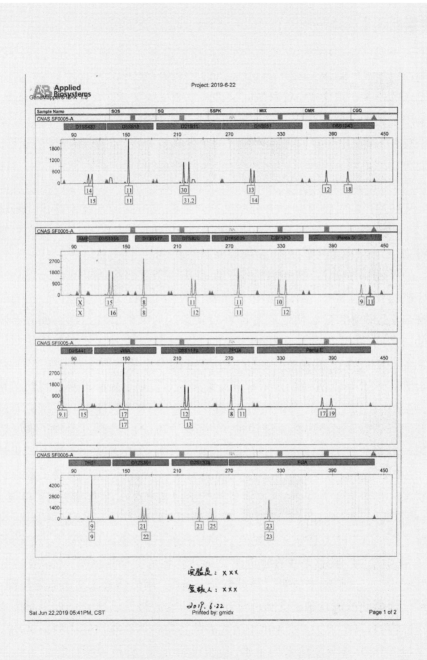

【专家点评】

本次能力验证项目中,共有235家机构报名参加,在规定日期内,有233家机构返回结果。满意210家,占90％;通过21家,占5％;不通过11家,占5％。从采用的检测手段来看,所有返回结果的实验室均采用了荧光检测的方法,未见采用银染方法的实验室。从所使用的关键设备遗传分析仪来看,233家实验室中有208家使用着目前国际上通用的至少具备分辨五色荧光技术的机型,其中有55家使用了最新的具备六色荧光标记技术的3500型遗传分析仪;有185家使用了3100/3130型遗传分析仪,有25家使用着已经停产的310型遗传分析仪。从所使用的关键试剂STR分型试剂盒来看,有188家实验室使用一种试剂盒,其余为两种以上试剂盒。从检测的STR基因座数来看,有143家实验室最多检测15个STR基因座,约占参加实验室的60％。

编号为19BA0020的鉴定机构是众多获得满意评价结果的代表之一。该鉴定机构在对样品的STR分型中注意到了off－ladder现象并进行了正确的处理和命名,详细的记录使评阅者能够看到鉴定人如何解决off－ladder等位基因的命名问题,反映出鉴定机构对off－ladder等位基因命名能力的掌握。从反馈的原始技术记录来看,19BA0020鉴定机构均最大限度地反映出了整个鉴定活动中的"人、机、料、法、环、测"等要素。提供了反映检验过程的细致记录,包括血斑确证试验、基因组DNA提取方法、STR基因座复合扩增检测试剂以及遗传分析检测设备等关键信息,在血清学和DNA检验过程均正确设置了阴阳性对照。就个体识别鉴定而言,对现场检材的描述以及照相固定非常必要。19BA0020的鉴定机构对现场检材进行了拍照固定,客观呈现了鉴定材料的状态。在鉴定文书方面,该鉴定机构的鉴定文书在格式上均涵盖了标题、编号、基本情况、鉴定目的、检验过程、检材处理和检验方法、检验结果、分析说明和鉴定意见等《司法鉴定文书规范》中要求的全部要素,在内容上也准确反映出了相关信息。鉴定文书的分析说明部分能够基于检测结果,围绕鉴定目的展开论述。以试验结果证明可疑斑痕为人血斑;用似然率来支持原告假设,客观科学地表明证据价值;自然过渡到最后的鉴定意见。这一分析说明模式是值得推荐的。总之,以19BA0020为代表的鉴定机构在本次能力验证活动中血清学检验和DNA分型结果均正确、检验过程完整、分析说明抓住了重点且报告书的格式用语规范、内容恰当、层次分明,证明了其对于个体识别鉴定能力的良好把握。

参与本次能力验证计划评价的233家机构中，228家机构（97%）得出了正确的DNA分型结果，5家（3%）在D2S1338、D3S1358、D5S818等基因座发生分型错误，有4家出现了分型结果报告错误。不通过的原因主要体现两个方面：一是对STR基因座中出现的稀有等位基因判读能力不足，对off-ladder等位基因判读采取了错误的处理方式，第一种错误方式是对于STR基因座的off-ladder等位基因，以"?"表示，但鉴定人并不对这一稀有等位基因进行后续分析和判读，在所提交的"检验结果报告表"和"鉴定文书"中也均以"?"表示；第二种错误方式是虽然在样品的STR分型中注意到了STR基因座的off-ladder等位基因，并且进行了标记，但是仅仅以电泳显示的片段大小来判读该稀有基因。事实上，在电泳过程中，PCR扩增片段的大小会受到温度、湿度、离子浓度及POP分离胶和毛细管等多种因素的影响，在不同的电泳过程中显示的片段大小可能不同，实验室应该按照等位基因的命名规则对该稀有基因进行判读。二是在其他基因座上出现了分型错误。

编号为19BA0007的机构鉴定意见书分析说明极不规范，本计划是个体识别不是亲权鉴定且分析说明和鉴定意见未围绕血清学检验结果和DNA检验结果展开论述，原始技术记录过于简单。19BA0037的机构样品B在D6S1043基因座分型结果错误。19BA0042的机构样品A和样品B在D2S441、D22S1045、D10S1248和D1S1656基因座的分型结果报告错误。19BA0064的机构样品B在D2S1338、D3S1358、D5S818等多个基因座的分型结果错误。19BA0090鉴定意见书引用了作废亲子鉴定标准SF/Z JD0105001-2010且检验过程未进行血清学检验。19BA0144机构鉴定意见书中样品A与样品B多个基因座分型结果报告错误。19BA0146机构样品A在D2S441基因座的分型结果错误。19BA0186机构样品A在Penta D基因座的分型结果错误。

此外，本次能力验证还在其他方面反映出了一些普遍存在的问题，在可疑血斑的血清学试验方面，本次考核样中包含一个可疑血斑样本，需要通过血清学检验方法证实其为人血斑。233家实验室中，210家（90%）进行了确证试验，但有23家（10%）没有意识到血清学试验的必要性和重要性。在提交反映检测过程的原始记录方面，有126家参加机构（53.6%）不够理想，主要存在如下问题：将原始记录与实验室的作业指导书等同；血清学检验无记录；阳性与阴性对照的结果无记录；样品交接、DNA提取、扩增体系配制、仪器使用和试剂批号等方面的记录不完整或者完全没有记录；检验过程无复核记录。

综上所述，以上获得了不满意评价结果的机构，主要的原因在于以上机构的鉴定人STR分型能力和结果判读能力不足,反映出鉴定机构非常有必要在法医STR分型能力上需要进一步提高,建议加强这方面的学习和锻炼。

点评人:李成涛　研究员

侯一平　教　授

《个体识别（血斑和精斑）（CNAS SF0006）》鉴定文书评析

【项目简介】

  法医物证学作为服务于司法实践的应用学科，是司法鉴定中不可或缺的重要部分，在司法实践活动中发挥着极其重要的作用。在法医物证学鉴定中，个体识别鉴定是法医物证学鉴定人必备的基本能力之一。个体识别是应用生命科学理论知识和技术，通过检测分析人类的遗传学标记，判断现场检材的来源个体。近年来，随着我国司法体制改革的推进和发展，一大批机构/实验室开始从事法医物证学鉴定工作，社会上对个体识别鉴定委托的数量也逐年递增。本次能力验证的目的就是旨在对各实验室的个体识别鉴定能力进行科学、客观的考察和评价，以有利于进一步规范鉴定活动、提高鉴定能力，从而使不同鉴定机构间对同一问题的鉴定获得一致的结论，保持司法鉴定结论的一致性和可比性。

【方案设计】

  本次能力验证计划旨在重点了解和客观评价司法鉴定机构在个体识别鉴定中的检测结果、检测过程、报告书及基本概念的理解四部分的技术能力和水平，重点考察各实验室对精斑检材的血清学检验意识、对精斑检材的DNA提取能力、常用STR基因座上off-ladder等位基因的判读能力、鉴定文书和鉴定意见表述的规范程度，从而达到规范鉴定活动、提高鉴定能力的效果，以利于不同鉴定机构间对同一问题的鉴定获得基本一致的意见，保持司法鉴定意见的一致性和可比性。同时，本次能力验证计划也为参加机构提供了一个评估和证明其出具数据可靠性的客观手段，是参加机构相应技术能力的有效证明。它不仅可以作为CNAS、行政管理部门判定参加机构相应技术能力的依据，而且可以作为实验室通过外部措施对实验室内部质量控制程序的补充,从而提高实验室的测试水平。

本次能力验证计划提供的样品为两份,分别是嫌疑人血样(A)和现场床单上的可疑精斑(B),要求先检验现场发现的可疑精斑是否为精斑,若为精斑,进一步对A、B两份检材进行STR分型和比对,明确该斑迹是否为嫌疑人所留。要求参加者采用日常检测方法对待检样品进行检验并提交"检测结果报告表""似然率值报告表"、完整的鉴定文书及相关原始记录。

【结果评析】

　　［例1］　19BB0022结果反馈表(专家组评价结果：满意)

个体识别（血斑与精斑）能力验证计划

检验结果报告表

参加编号：19BB0022

检测系统	A （血斑）	B （可疑精斑）
D2S1338	20, 23	20, 23
D3S1358	14, 16	14, 16
D5S818	10	10
D6S1043	11, 12	11, 12
D7S820	11, 12	11, 12
D8S1179	13	13
D12S391	17, 19	17, 19
D13S317	8, 11	8, 11
D16S539	9, 11	9, 11
D18S51	13, 15	13, 15
D19S433	14, 14.2	14, 14.2
D21S11	30, 31.2	30, 31.2
CSF1PO	11, 12	11, 12
FGA	21, 22	21, 22
THO1	6, 7	6, 7
TPOX	8, 11	8, 11
Penta D	10, 11	10, 11
Penta E	11, 22	11, 22
vWA	16, 17	16, 17
D2S441	9.1, 11	9.1, 11
D22S1045	16, 17	16, 17
D1S1656	16, 17.3	16, 17.3
D10S1248	15, 16	15, 16
Y indel	1	1
Amelogenin	X, Y	X, Y

*检测系统为华夏™白金 PCR 扩增试剂盒。

检验人：×××　　复核人：×××

编号：SJR-Q07-2017-PT　　　　实施日期：2018-1-2　　　　第1页　共1页

DNA 检验分型图谱目录

案件物证号：2019CNASSF0006

检测体系	序号	样本名称	样本描述
华夏 ™ 白金 PCR 扩增试剂盒	1	Ladder-HXBJ	等位基因分型标准物
	2	007	阳性对照，DNA 标准品
	3	Water	阴性对照，灭菌超纯水
	4	2019CNASSF0006A	嫌疑人血样（FTA 卡）
	5	2019CNASSF0006B	现场床单上的可疑精斑（白布）

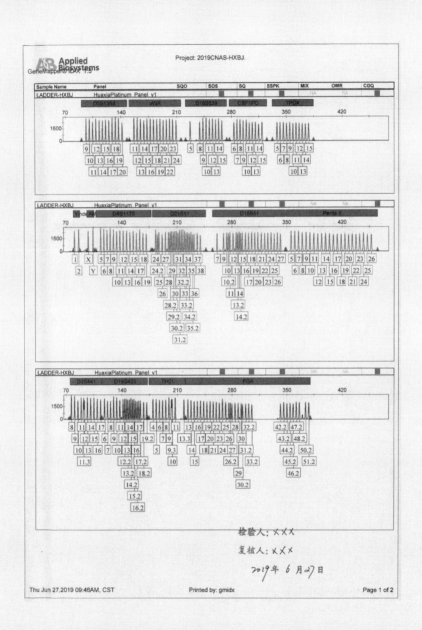

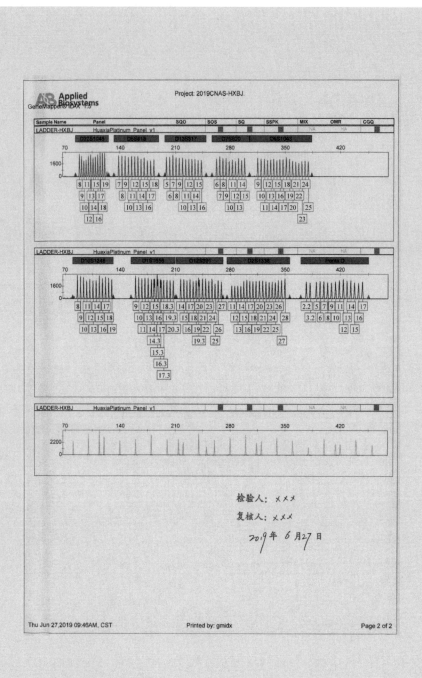

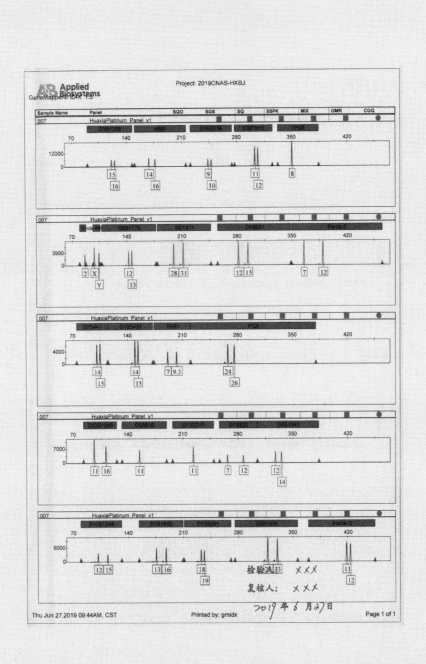

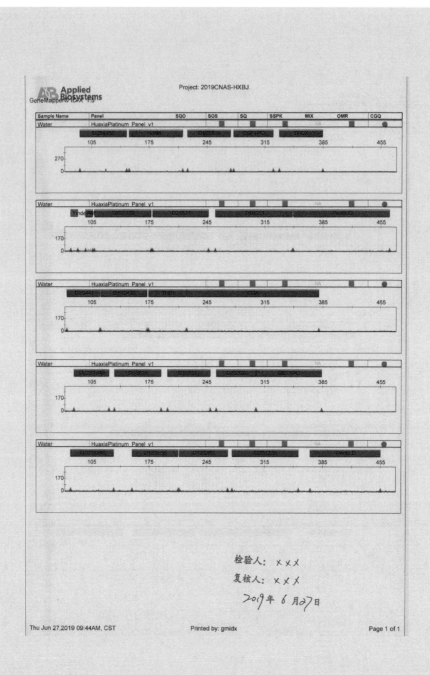

检验人：ｘｘｘ

复核人：ｘｘｘ

2019年 6月27日

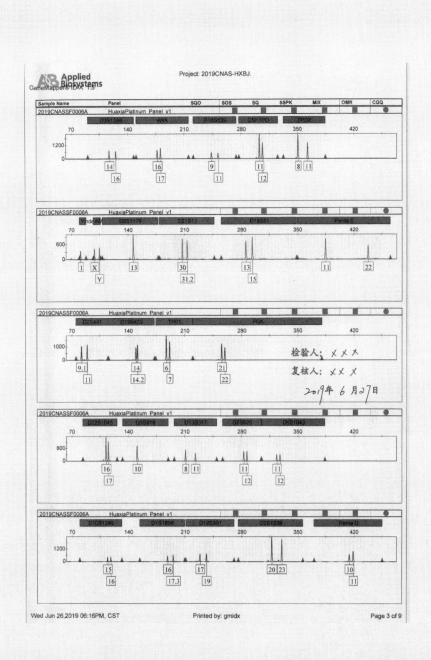

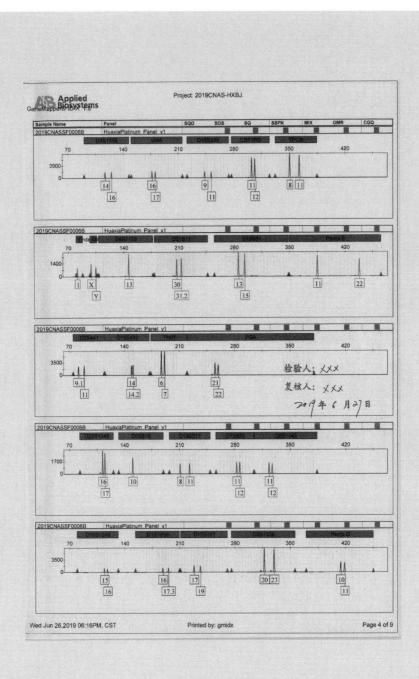

CNAS 能力验证计划 CNAS SF0006

个体识别（血斑与精斑）能力验证计划

似然率报告表

参加编号：19BB0022

检测系统	基因型随机匹配概率 计算公式	基因型随机匹配概率 （PM）	似然率 （LR=1/PM）
D2S1338	$2P_{20}P_{23}$	0.0495	20.2020
D3S1358	$2P_{14}P_{16}$	0.0310	32.2581
D5S818	$P_{10}P_{10}$	0.0367	27.2480
D6S1043	$2P_{11}P_{12}$	0.0308	32.4675
D7S820	$2P_{11}P_{12}$	0.1703	5.8720
D8S1179	$P_{13}P_{13}$	0.0493	20.2840
D12S391	$2P_{17}P_{19}$	0.0406	24.6305
D13S317	$2P_{8}P_{11}$	0.1361	7.3475
D16S539	$2P_{9}P_{11}$	0.1468	6.8120
D18S51	$2P_{13}P_{15}$	0.0652	15.3374
D19S433	$2P_{14}P_{14.2}$	0.0756	13.2275
D21S11	$2P_{30}P_{31.2}$	0.0430	23.2558
CSF1PO	$2P_{11}P_{12}$	0.1836	5.4466
FGA	$2P_{21}P_{22}$	0.0400	25.0000
THO1	$2P_{6}P_{7}$	0.0529	18.9036
TPOX	$2P_{8}P_{11}$	0.3068	3.2595
Penta D	$2P_{10}P_{11}$	0.0311	32.1543
Penta E	$2P_{11}P_{22}$	0.0065	153.8462
vWA	$2P_{16}P_{17}$	0.0776	12.8866
D2S441	$2P_{9.1}P_{11}$	0.0005	2000.0000
D22S1045	$2P_{16}P_{17}$	0.0929	10.7643
D1S1656	$2P_{16}P_{17.3}$	0.0198	50.5051
D10S1248	$2P_{15}P_{16}$	0.0414	24.1546
累积匹配概率（CPM）		$CMP = PM_1 * PM_2 * PM_3 * … * PM_k = 1.7165 \times 10^{-31}$	
似然率（LR）		$LR = 1/CPM = 5.8259 \times 10^{30}$	

注：1. D22S1045 基因座群体数据来源于文献《中国 28 个省/区汉族人群 41 个 STR 基因座多态性数据分析》（吴微微等. 中国法医学杂志, 2016, 31(1): 27-32）. 等位基因 16 和 17 的频率分别为 0.2398 和 0.1938. 2. 其他 STR 基因座群体数据来源于《CNAS SF0006 个体识别（血斑与唾液斑）能力验证计划作业指南》.

计算人：×××　　　　复核人：×××

编号：SJR-Q07-2017-PT　　　　实施日期：2018-1-2　　　　第1页 共1页

19BB0022

司法鉴定意见书

司法鉴定许可证号：××××××××

19BB0022 法医物证鉴定意见书

法鉴中心 [xxxx] 物鉴字 2019CNASSF0006 号

一、基本情况

委托方： 司法鉴定科学研究院

送检人： 李锦明

委托鉴定事项： 个体识别（种属试验和 STR 分型）

受理日期： 2019 年 6 月 14 日

检验日期： 2019 年 6 月 14 日—2019 年 6 月 28 日

检验地点： 本中心法医物证鉴定室

鉴定材料：

序号	检材名称	检材编号	检材描述
1	一号检材	2019CNASSF0006A	嫌疑人血样（FTA 卡）一张
2	二号检材	2019CNASSF0006B	有可疑精斑的现场床单（白布）一小块

二、案情摘要

某地发生一起强奸杀人案。要求检验现场白色床单上的可疑精斑是否为人精斑、是否为嫌疑人所留。

三、检验过程

1. 按照《人精液 PSA 检测金标试剂条法 GA 766—2008》，取二号检材适量进行人血痕确证试验。

2. 按照《法庭科学 DNA 实验室检验规范 GA/T 383—2014》提取上述检材的 DNA。

3. 按照《个体识别技术规范 SF/Z JD0105012—2018》，取检材 DNA

适量,采用华夏白金 PCR 扩增试剂盒进行 STR 基因座复合扩增,扩增产物用 ABI3500xL 遗传分析仪进行电泳分离和基因分型。

4. 按照《个体识别技术规范 SF/Z JD0105012—2018》计算累积个体识别能力(TDP)和似然率(LR),判断两个检材是否来自同一个体。

四、检验结果

1. 人精斑确证试验(人精斑金标试剂条检验):

二号检材呈阳性反应。

2. DNA 分型:

基因座	2019CNASSF0006A	2019CNASSF0006B	似然率(LR)*
D2S1338	20, 23	20, 23	20.2020
D3S1358	14, 16	14, 16	32.2581
D5S818	10	10	27.2480
D6S1043	11, 12	11, 12	32.4675
D7S820	11, 12	11, 12	5.8720
D8S1179	13	13	20.2840
D12S391	17, 19	17, 19	24.6305
D13S317	8, 11	8, 11	7.3475
D16S539	9, 11	9, 11	6.8120
D18S51	13, 15	13, 15	15.3374
D19S433	14, 14.2	14, 14.2	13.2275
D21S11	30, 31.2	30, 31.2	23.2558
CSF1PO	11, 12	11, 12	5.4466
FGA	21, 22	21, 22	25.0000
TH01	6, 7	6, 7	18.9036
TPOX	8, 11	8, 11	3.2595
Penta D	10, 11	10, 11	32.1543
Penta E	11, 22	11, 22	153.8462
vWA	16, 17	16, 17	12.8866
D2S441	9.1, 11	9.1, 11	2000.0000

基因座	2019CNASSF0006A	2019CNASSF0006B	似然率（LR）*
D22S1045	16, 17	16, 17	11.9760
D1S1656	16, 17.3	16, 17.3	50.5051
D10S1248	15, 16	15, 16	24.1546
Y indel	1	1	
Amelogenin	X, Y	X, Y	
			5.8259×10^{30}

注*：

1. D22S1045 基因座群体数据来源于文献《中国 28 个省/区汉族人群 41 个 STR 基因座多态性数据分析》（中国法医学杂志，2016，31(1)：27-32）。

2. 其它 STR 基因座群体数据来源于《CNAS SF0006 个体识别（血斑与精斑）能力验证计划作业指南》。

五、分析说明

1. 根据人精斑金标试剂条检验结果分析，现场可疑精斑（二号检材）呈阳性反应，提示有人精斑。

2. 本检验所用 D2S1338 等 23 个常染色体 STR 基因座均是人类遗传标记，具有人类种属特异性和组织同一性，联合应用可以进行个体识别。根据文献《中国 28 个省/区汉族人群 41 个 STR 基因座多态性数据分析》（中国法医学杂志，2016，31(1)：27-32）提供的 D22S1045 基因座群体数据和《CNAS SF0006 个体识别（血斑与精斑）能力验证计划作业指南》提供的其它 22 个 STR 基因座群体数据，计算本检测系统中 23 个常染色体 STR 基因座的累积个体识别能力（TDP）为（$1-1.7083 \times 10^{-27}$）。

4. 根据 D2S1338 等常染色体 STR 基因座检验结果分析，嫌疑人血样（一号检材）与现场可疑精斑（二号检材）的基因型完全一致。综合 23 个常染色体 STR 基因座计算似然率（LR）为 5.8259×10^{30}，支持二者来源于同一个体。

六、鉴定意见

根据检验结果,现场床单上的斑迹系人精斑;支持该精斑来源于嫌疑人,LR 值为 5.8259×10^{30}。

鉴　定　人:司法鉴定人　×××

司法鉴定人执业证号:×××

司法鉴定　×××

司法鉴定人执业证号:×××

授权签字人:司法鉴定人　×××

司法鉴定人执业证号:×××

二〇一九年六月二十八日

附件:送验检材的照片(共一页,一张照片)。

法鉴中心 [xxxx] 物鉴字2019CNASSF0006号

附件： 送验的二份检材的照片，共一页，一张照片。

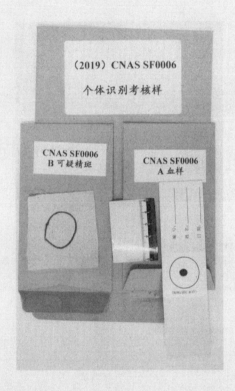

鉴定相关材料和检验记录

案件物证号：2019CNASSF0006

序号	名称
1	司法鉴定委托书
2	个体识别检材采集单
3	检材描述记录表
4	实验室内部检材交接记录
5	确证试验记录
6	DNA 分型检验记录
7	累积个体识别力 (TDP) 计算表
8	个体识别 LR 值计算表
9	物证检材处置登记表
10	法医物证鉴定流程记录表

司法鉴定委托书

鉴定机构：×××鉴定中心　表格编号：×××-JL-(W)-3-2016　物鉴字第 2019CNAS SF0006 号

委托人/ 委托方	司法鉴定科学研究院/李锦明	联系电话	021-52351397
联系地址	上海市光复西路 1347 号	是否重新鉴定	□是　☑否
鉴定事项	个体识别：明确该斑迹是否为人精斑、是否为嫌疑人所留。		
鉴定用途	□个人了解　□办事公证　□诉讼　□调解　□仲裁　☑案件侦查　□其他；		
基本案情	某地发生一起强奸杀人案，女性受害人死亡，在侦察过程中，警方在受害人现场床单上发现可疑精斑。为了明确该斑迹是否为人精斑、是否为嫌疑人所留，警方要求法医物证实验室进行检验。		
被鉴定人 或检材	1. 嫌疑人血样（FTA 卡）； 2. 现场白色床单上的可疑精斑。		
收　费	**收费项目：** □二联体亲子鉴定＿＿＿人　　　　□三联体亲子鉴定＿＿＿人　　□亲缘关系鉴定＿＿＿人 ☑个体识别 DNA 检验 2 样本　　　□移植监测＿＿＿样本 ☑精斑、血痕确证和种属检验 1 样本 出诊：□市内　□省内　□省外＿＿＿人； 出庭：□市内　□省内　□省外＿＿＿人 　　　□其他＿＿＿ **鉴定室负责人签名（有其他收费时）：** CNAS 能力验证，免收费。××× **备注：** 1. 本机构统一收取司法鉴定费用并出具合法票据。 2. 本机构向委托方结算代其支付的相关费用时，向委托人提供代其支付的费用清单及合法票据的，委托人可以不予支付。 3. 司法鉴定不得私自向委托人收取任何费用。需要预收或者垫支费用的，应当事前与委托人协商一致，并由双方签字确认。 4. 出诊、出庭作证时所需的交通费、住宿费和误工补贴由申请出诊、出庭方支付。 **预计收费 ￥ 0.0000 元，人民币大写　零 万 零　仟 零佰零拾 零 元整**		
收费方式	□委托时在鉴定机构缴费　□转账　　□预付　□后收　☑其他（请注明）：		
鉴定风险 提　示	1. 鉴定意见属于专家专业性意见，是否被采信取决于办案机关的审查和判断，鉴定人和鉴定机构无权干涉。 2. 由于鉴定材料或客观条件限制，并非所有鉴定都能得出明确的鉴定意见。不管能否得出鉴定结果或鉴定意见，鉴定费用一律不退。 3. 鉴定活动遵循独立、客观、公正的原则，只对鉴定材料负责，不会考虑是否有利于任何一方当事人。不管对委托方利与不利，鉴定费用一律不退。		

其他约定事项：

1. 单位、机构或团体委托鉴定的必须提供有效证明或介绍信，否则作为私人委托。
2. 委托方应如实提供案件情况和鉴定材料。因提供虚假情况或不真实材料而产生的后果，由委托方负责。
3. 委托方要求＿＿＿＿＿＿＿＿鉴定人回避。回避理由：＿＿＿＿＿＿＿＿＿＿＿。
4. 委托方要求鉴定方外出提取检材时，鉴定方：①不对死者身份或组织来源作任何证明或确认；②提取的检材不保证能有检验结果或鉴定意见。
5. 委托方同意检材在鉴定过程中有一定的损耗，甚至全部耗完。
6. 鉴定方按照本鉴定机构制定的有关技术规范进行鉴定。
7. 鉴定时限：本委托书生效之日起＿＿2019年7月1日＿＿前完成鉴定。遇复杂、疑难、特殊的技术问题，或者检验过程确需较长时间的，延长30个工作日；需要补充或者重新提取鉴定材料的，延长30个工作日。鉴定过程中补充或者重新提取鉴定材料所需的时间，不计入鉴定时限。
8. 对与案（事）件相关的鉴定前、鉴定中、鉴定后和鉴定结果或鉴定意见的任何问题，鉴定方只负责向委托方解释或联络。
9. 对送检样品，鉴定方：①对检材的真实来源不作任何证明或确认；②不保证一定能得出检验结果或鉴定意见；③鉴定后剩余的送检样品在鉴定报告发出2周内由委托方取回；不取回剩余检材的，鉴定方在鉴定完成后保存30天，逾期不再保存。
10. 鉴定意见可能为：肯定、支持、排除、不排除、倾向性意见或无法作出鉴定意见等。
11. 要求单亲案鉴定的，委托方保证："争议父亲"不是孩子的祖父、叔伯等近亲属，"争议母亲"不是孩子的外祖母、姑姨等近亲属。

其他约定/变更事项	
鉴定文书发送方式	□由＿＿＿＿＿＿＿＿＿＿自取（凭领取人的身份证和本委托书领取） □邮寄：收件人姓名：＿李锦明＿ 联系电话：021-52351397 地址：上海市光复西路1347号司法鉴定科学研究院
委托方（机构）/送检人/承办人 （签名或盖章）××× 2018年6月14日	接受委托的鉴定机构 （签名或盖章）　　19BB0022 接案章 2019年6月14日
司法鉴定机构	机构名称：×××鉴定中心　许可证号：×××××× 地　址：×××路×××号　邮　编：××× ××× 联系电话：××× ×××（咨询报告查询）××××××（投诉与建议）××××××
备注	

个体识别检材采集单

表格编号：XXXXX-JL-（W）-2-2011

19BB0022 法鉴中心物鉴字 2019CNASSF0006 号

鉴定事项	☑个体识别（DNA分型）　□有无人血迹　☑有无人精斑　□其他			
案情与事由	某地发生一起强奸杀人案、女性受害人死亡。在侦察过程中，警方在受害人现场床单上发现可疑精斑。为了明确该斑迹是否为人精斑、是否为嫌疑人所留，警方委托本法医物证实验室进行检验。			
检材序号	检材描述	检材类型		检材编号
一号检材	嫌疑人血样	FTA 卡一张		2019CNASSF0006A
二号检材	有可疑精斑的现场床单	白色布料一小块，约 5.5cm×5.5cm，中间有一直径约 2.0cm 黑圈		2019CNASSF0006B
委托人或被鉴定人签名	受理人　×××　　×××	样本采集人　×××校对人　×××	照相人　×××	样本接收人
李锦锦	日期 2019 年 6 月 14 日	时间　14时　40 分	时间　14时　50　分	日期 2019 年 6 月 14 日
日期 2019 年 6 月 14 日				

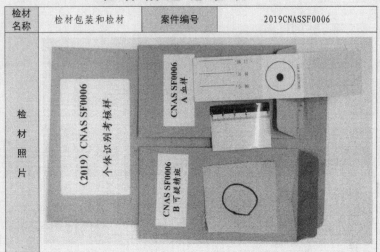

检 材 描 述 记 录 表

检材名称	检材包装和检材	案件编号	2019CNASSF0006

检材照片

检材描述

（颜色、形状、大小、特殊标识等）

　　顺丰快递的信封一个，内有：

　　1.一张光盘：标识有"2019 年度能力验证计划项目 CNAS SF0006；参加编号：19BB0022；项目名称：个体识别（血斑与精斑）"。

　　2.一个牛皮纸大信封：标识有"（2019）CNAS SF0006 个体识别考核样"。

　　3. 牛皮纸大信封内有两个小信封：一个小信封标有"CNAS SF0006 血样 A"，一个小信封标有"CNAS SF0006 可疑精斑 B"。

　　4. 标有"CNAS SF0006 血样 A"的小信封内有 FTA 一张，上有制作的血痕，圆形，直径约 0.6cm；标有"CNAS SF0006 可疑精斑 B"的小信封内有5.5cm×5.5cm 白布单一块，中间有一直径约 2.0cm 黑色圆圈。

拍摄人：×××　　　　　　　　　　拍摄时间：2019 年 6 月 14 日

法医物证实验室内部检材交接记录

19BB0022 物鉴字 2019CNASSF0006 号

物证号	转出处	移交人签名	接收处	接收人签名	日期/时间	备注
2019CNASSF0006A	物证保存室	XXX	检案室	XXX	2019. 6. 14	检案取材用
2019CNASSF0006B	物证保存室	XXX	检案室	XXX	2019. 6. 14	检案取材用
2019CNASSF0006A	检案室	XXX	物证保存室	XXX	2019. 6. 16	已完成取材
2019CNASSF0006B	检案室	XXX	物证保存室	XXX	2019. 6. 16	已完成取材

本案物证检材要求保存期限: 3 个月。

□本案物证检材于____年____月____日以(□邮寄、□委托人自取)方式退回委托方。经手人:_____

□本案物证检材于____年____月____日交给×市无害化环保处理中心销毁。经手人:_____

确证试验记录

表格编号：XXXX-JL-（W）-12-2011

被测检材编号：　2019CNASSF0006B

试验内容：人精斑确证试验

检测方法：人前列腺特异性抗原金标试剂条试验

检材用量：　约 4mm^2

浸　泡　液：　200μl 纯水

浸泡条件：室温 1.5h

试剂批号：2019 年 01-2020 年 01　　　　是否已作有效性验证：☑是，□否

反应时间：＿＿5＿＿min

检测结果：

	质控线	检测线
阴性对照（人唾液斑）	+	−
阳性对照（人精斑）	+	+
2019CNASSF0006-B	+	+

注：1. 检测操作过程按照《人前列腺特异性抗原（PSA）金标检验试剂条确证人
　　　精斑作业指导书》（XXXX-XX-W-12-2019）进行。

　　2. 附试验结果照片。

检验人：×××　复核人：×××　　　　　2019 年 6 月 17 日

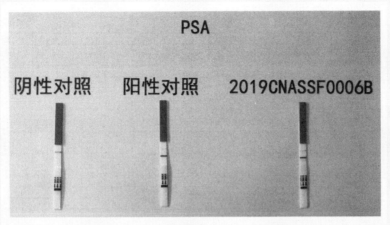

图 1　2019CNASSF0006B 检材人精液 PSA 检测金标试剂条试验结果

检验人：×××

复核人：×××

日　期：2019 年 6 月 17 日

表格编号：××××-JL-(W)-8-2019　　**DNA提取记录表**　　编号：2019CNASSF0006-HXB1

一、样本信息

序号	样品编号	序号	样品编号	序号	样品编号	序号	样品编号
1	-	25		49		73	
2	-	26		50		74	
3	2019CNASSF0006A	27		51		75	
4	2019CNASSF0006B	28		52		76	
5		29		53		77	
6		30		54		78	
7		31		55		79	
8		32		56		80	
9		33		57		81	
10		34		58		82	
11		35		59		83	
12		36		60		84	
13		37		61		85	
14		38		62		86	
15		39		63		87	
16		40		64		88	
17		41		65		89	
18		42		66		90	
19		43		67		91	
20		44		68		92	
21		45		69		93	
22		46		70		94	
23		47		71		95	
24		48		72		96	

二、实验相关记录

检材类型	☑ 血液（痕）　□ 唾液（斑）　☑ 精液（斑）　□ 组织/器官　□ 羊水　□ 其他：		
提取方法	☑ Chelex-100法　□ DNA IQ法　□ 其他 按照　　××××-××-W-14-2019　　进行操作		
试剂批号	20181225		
仪器设备	加样枪	10μL（☑ L21380G）100μL（☑ P15430G）1000μL（☑ 4469928）	
	离心机	☑ 2009	
	加热器	☑ 2056	
	PCR仪	☑ 2057	
	振荡器	☑ 2065	
模板存放	冰箱　☑ 2007		

提取者：××× 　　复核人：××× 　　日期：2019年6月17日

模板转出人：××× 　　模板接收人：××× 　　日期：2019年6月17日

表格编号：××××-JL-(W)-13-2019　　**DNA扩增记录表**　　编号：<u>2019CNASSF0006-HXB1</u>

一、样本信息

编号	1	2	3	4	5	6
A	007					
B	water					
C	2019CNASSF0006A					
D	2019CNASSF0006B					
E						
F						
G						
H						

编号	7	8	9	10	11	12
A						
B						
C						
D						
E						
F						
G						
H						

二、实验相关记录

电泳试剂盒	☐ PowerPlex®16　☐ STR-Typer10　☐ Sinofiler　☐ miniFiler　☑ Huaxia™ Platinum PCR Amplification Kit ☐ PowerPlex®Y　☐ YFiler　☐ Argus X-12　☐ 其他 按照　××××-××-W-52-2019　进行操作
试剂批号	扩增试剂盒　1703007
体系配制	见附页"体系配制计算表"
仪器设备	加样枪　10μL (☑ L21593G)　100μL (☑ P15313G)　1000μL (☑ M24506G) 离心机　☑ 2048　☑ 2013 振荡器　☑ 2066 PCR仪　☐ ABI 9700-2014　☐ PTC-100-2012　☐ ABI 9700-2047　☑ Veriti PCR仪　☐ 其他
PCR产物存放	冰箱 ☑ 2050　☐ 2016

扩增人：×××　　复核人：×××　　日期：2019年6月18日

产物转出人：×××　　产物接收人：×××　　日期：2019年6月18日

附：体系配制计算表

1 Huaxia™ Platinum PCR Amplification Kit

组分	体积(μl)	样本数	小计(μl)
Master Mix	4	5	20
Primer Mix	4	5	20
去离子水	1	5	5
模板DNA	1	-	-
反应总体积	10	-	-

表格编号：××××-JL-(W)-14-2019　　**DNA电泳记录表**　　　　编号：2019CNASSF0006-HXBJ

一、样本信息

序号	样品编号	序号	样品编号	序号	样品编号	序号	样品编号
1	007	25		49		73	
2	water	26		50		74	
3	2019CNASSF0006A	27		51		75	
4	2019CNASSF0006B	28		52		76	
5	Ladder-HXBJ	29		53		77	
6		30		54		78	
7		31		55		79	
8		32		56		80	
9		33		57		81	
10		34		58		82	
11		35		59		83	
12		36		60		84	
13		37		61		85	
14		38		62		86	
15		39		63		87	
16		40		64		88	
17		41		65		89	
18		42		66		90	
19		43		67		91	
20		44		68		92	
21		45		69		93	
22		46		70		94	
23		47		71		95	
24		48		72		96	

室温：　23℃

Plate ：2019CNAS- HXBJ

备注：

二、实验相关记录

电泳试剂盒	□ PowerPlex®16　□ STR-Typer10　□ Sinofiler　□ miniFiler　☑ Huaxia™ Platinum PCR Amplification Kit
	□ PowerPlex®Y　□ YFiler　□ Argus X-12　□ 其他
	按照　×××-××-W-52-2019　进行操作

试剂批号	甲酰胺	1803362
	内标	1703007
	Ladder	1703007
	POP4凝胶	1803142
	Anode Buffer	1804498
	Cathode Buffer	1805190

仪器设备	遗传分析仪	☑ ABI 3500XL　□ ABI 3100
	毛细管SN号（36cm）	☑ M316G1500
	加样枪	10μL（☑ L21200G）100μL（☑ P15316G）1000μL（□ Q25466G）
	离心机	☑ 2018
	恒温冰浴仪	☑ 2049
	微型平板离心机	☑ 2046

| PCR产物存放 | 冰箱 ☑ 2019 |

检测人：×××　　复核人：×××　　日期：2019年6月18日

表格编号：××××-JL-(W)-15-2019　　**DNA基因分型记录表**　　编号：2019CNASSF0006-HXBJ

一、样本信息

序号	样本编号	内标		处理意见					备注
		正确	有错	实验完成	重提模板	重新扩增	重新电泳		
1	007	∨		✓					
2	water	∨		✓					
3	2019CNASSF0006A	∨		✓					
4	2019CNASSF0006B	∨		✓					
5	Ladder-HXBJ	∨		✓					
6									
7									
8									
9									
10									
11									
12									
13									
14									
15									
16									
17									
18									
19									
20									
21									
22									
23									
24									
25									
26									
27									
28									
29									
30									
31									
32									
33									
34									
35									

序号	样本编号	内标		处理意见				备注
		正确	有错	实验完成	重提模板	重新扩增	重新电泳	
36								
37								
38								
39								
40								
41								
42								
43								
44								
45								
46								
47								
48								

注：（2）、（3）、（4）…（n）代表第2、3、4…n次检验。

二、实验相关记录

Software	☑ GeneMapper ID-X　　☐ GeneMapper ID V3.0
Analysis Methods	☐ PowerPlex®16　☐ STR-Typer10　☐ Sinofiler　☐ miniFiler　☑ HUAXIABAIJIN ☐ PowerPlex®Y　☐ YFiler　☐ Argus X-12　☐ 其他
Size Standard	☐ ILS600　☐ STRtyper(80-500)-2　☐ GS500(-250)LIZ　☑ GS600_LIZ_(60-460)
Control DNA	☐ 9947A　☑ 007　☐ K-562　☐ XX28
Project	: 2019CNAS- HXBJ

评判人1：XXX　　　评判人2：XXX　　　日期：2019年6月18日

STR分型结果记录表

表格编号：XXXX-XX-(W)-16-2019

案件物证号：　　　2019CNASSF0006　　　　　　　　电泳日期：　　　2019年6月18日

样本编号	D3S1358	vWA	D16S539	CSF1PO	TPOX	Yindel	Amel
2019CNASSF0006A	14,16	16,17	9,11	11,12	8,11	1	X,Y
2019CNASSF0006B	14,16	16,17	9,11	11,12	8,11	1	X,Y

样本编号	D8S1179	D21S11	D18S51	Penta E	D2S441	D19S433	TH01
2019CNASSF0006A	13	30,31.2	13,15	11,22	9.1,11	14,14.2	6,7
2019CNASSF0006B	13	30,31.2	13,15	11,22	9.1,11	14,14.2	6,7

样本编号	FGA	D22S1045	D5S818	D13S317	D7S820	D6S1043	D10S1248
2019CNASSF0006A	21,22	16,17	10	8,11	11,12	11,12	15,16
2019CNASSF0006B	21,22	16,17	10	8,11	11,12	11,12	15,16

样本编号	D1S1656	D12S391	D2S1338	Penta D
2019CNASSF0006A	16,17.3	17,19	20,23	10,11
2019CNASSF0006B	16,17.3	17,19	20,23	10,11

备注：_____

记录人：ＸＸＸ　　　　　2019年6月18日

处置意见：
☑实验完成，可制作检测报告
□阴性、或阳性对照有错，□无结果，□结果不清晰，□结果存在疑问，下列样本需重新从（□
取样□提取DNA□扩增□电泳□GeneMapper ID分析）开始进行再次检测：_____
_____。

□检测的基因座数目不够，需加测其它基因座或试剂盒：_____。
□其它：_____。

记录人：ＸＸＸ　　2019年6月18日　　　　复核人：ＸＸＸ 2019年6月18日

累积个体识别力（TDP）计算表

表格编号：XXXX-JL-（W）-20-2011
案件编号：2019CNASSF0006

基因座	个体识别力（DP）	（1-DP）
D3S1358	0.8766	0.1234
vWA	0.9321	0.0679
FGA	0.9614	0.0386
D8S1179	0.9574	0.0426
D18S51	0.9642	0.0358
D21S11	0.9452	0.0548
D5S818	0.9144	0.0856
D13S317	0.9282	0.0718
D16S539	0.9190	0.0810
TH01	0.8236	0.1764
TPOX	0.8017	0.1983
CSF1PO	0.8852	0.1148
D7S820	0.912	0.0880
D2S1338	0.9554	0.0446
D19S433	0.943	0.057
D6S1043	0.9656	0.0344
D12S391	0.9510	0.0490
Penta D	0.9202	0.0798
Penta E	0.9656	0.0344
D1S1656	0.9591	0.0409
D2S441	0.9172	0.0828
D10S1248	0.9009	0.0991
D22S1045	0.9090	0.0910
TDP=1-∏(1-DP)=1-1.7083×10^{-27}		

注：D22S1045 基因座群体数据来源于文献《中国 28 个省/区汉族人群 41 个 STR 基因座多态性数据分析》(吴微微，刘冰，郝宏蕾，等. 中国法医学杂志, 2016, 31(1): 27-32)；其它 STR 基因座群体数据来源于《CNAS SF0006 个体识别（血斑与精斑）能力验证计划作业指南》。

计算人：×××　　　　复核人：×××　　　　日期：2019 年 6 月 18 日

个体识别LR值计算表

表格编号：XXXX-JL-（W）-19-2011
案件物证号：2019CNASSF0006
案件类型：个体识别
群体资料：《个体识别（血斑与精斑）能力验证计划作业指南》(CNASSF0006)提供

样本编号	2018CNASZ0182 A	2018CNASZ0182 B	符合情况	P1	P2	PM	LR
基因座	分型	分型					
D3S1358	14, 16	14, 16		0.0473	0.3277	0.0310	32.2576
vWA	16, 17	16, 17		0.1644	0.2361	0.0776	12.8817
D16S539	9, 11	9, 11		0.284	0.2585	0.1468	6.8107
CSF1PO	11, 12	11, 12		0.2491	0.3686	0.1836	5.4455
TPOX	8, 11	8, 11		0.5136	0.2987	0.3068	3.2592
D8S1179	13	13		0.2221		0.0493	20.2723
D21S11	30, 31.2	30, 31.2		0.2794	0.0769	0.0430	23.2711
D18S51	13, 15	13, 15		0.1904	0.1712	0.0652	15.3391
Penta E	11, 22	11, 22		0.1948	0.0168	0.0065	152.7819
D2S441	9.1, 11	9.1, 11		0.0007	0.3414	0.0005	2092.2253
D19S433	14, 14.2	14, 14.2		0.2469	0.1531	0.0756	13.2274
TH01	6, 7	6, 7		0.0993	0.2664	0.0529	18.9011
FGA	21, 22	21, 22		0.1072	0.1866	0.0400	24.9956
D22S1045	16, 17	16, 17		0.2398	0.1938	0.0929	10.7643
D5S818	10	10		0.1915		0.0367	27.2686
D13S317	8, 11	8, 11		0.2874	0.2368	0.1361	7.3469
D7S820	11, 12	11, 12		0.3471	0.2453	0.1703	5.8724
D6S1043	11, 12	11, 12		0.1094	0.1406	0.0308	32.5063
D10S1248	15, 16	15, 16		0.2137	0.0969	0.0414	24.1458
D1S1656	16, 17.3	16, 17.3		0.2107	0.047	0.0198	50.4903
D12S391	17, 19	17, 19		0.0885	0.2292	0.0406	24.6924
D2S1338	20, 23	20, 23		0.1219	0.2031	0.0495	20.1956
Penta D	10, 11	10, 11		0.1263	0.1232	0.0311	32.1333
似然率（LR）	5.8259E+30						

备注：　1. "符合情况"一栏指两样本基因型不一致则标记"*"，一致则无需标记。
2. D22S1045基因座群体数据来源于文献《中国28个省/区汉族人群41个STR基因座多态性数据分析》（吴微微等.中国法医学杂志，2016，31(1)：27-32）。等位基因16和17的频率分别为0.2398和0.1938。其它STR基因座群体数据来源于《CNAS SF0006个体识别（血斑与唾液斑）能力验证计划作业指南》。

处置意见：
处理意见：　☑实验完成，可制作检测报告。
　　　　　　□ 其他

计算人：　×××　　　　2019年6月28日
复核人：　×××　　　　2019年6月28日

物证检材处置登记表

表格编号：XXXX-JL-（W）-21-2011

序号	检材名称	检材编号	数量	留样日期	期限	处理方式	处理人/日期
1	嫌疑人血样（FTA卡）	2019CNASF0006A	1	2019.6.28	3个月	待交市无害化处理中心处理	
2	有可疑精斑的现场床单	2019CNASF0006B	1	2019.6.28	3个月		

XXXX 法医鉴定中心

法医物证鉴定流程记录表

表格编号：XXX-22-2019　　　　　　物鉴字第 2019CNASSF0006 号

程序	时间	经手人
受理 / 采样	2019 年 6 月 14 日	XXX，XXX
检　验	2019 年 6 月 14 日 至 2019 年 6 月 28 日	XXX，XXX
第一鉴定人	2019 年 6 月 28 日	XXX
打　印	2019 年 6 月 28 日	XXX
第二鉴定人	2019 年 6 月 28 日	XXX
授权签字人	2019 年 6 月 30 日	审核意见（"✓"表示是，"✕"表示否）： ☑ 鉴定方案是否合理，鉴定方法是否适宜。 ☑ 鉴定过程是否符合技术方法和作业指导书的要求。 ☑ 鉴定记录、数据和结果报告是否准确、一致、完整。 ☑ 鉴定意见表述是否准确。 ☑ 鉴定结论是否回答鉴定要求。 签发意见：☑ 同意　　☐ 不同意 认可标识：☑ 不加盖　☐ 加盖 　　　　　　　　　　签名：XXX
报告发放	2019 年 7 月 1 日	XXX
归　档	2019 年 7 月 1 日	XXX
备　注		（如有鉴定干预及其他特殊情形需在备注中记录）

[例2] 19BB0001结果反馈表(专家组评价结果:不通过)

法医物证检材接收单

案件编号: XX 司鉴[2019]物鉴字第 CNAS-SF0006 号

	名称	检材实验室编号	数量	类型
送检材料	嫌疑人血样	WJ19000601	1cm²	FTA 卡
	现场床单上的可疑精斑	WJ19000602	1cm²	/

送检人	XXX	送检日期	2019.6.14
接收人	XXX	接收日期	2019.6.14

	编号	数量	描述
返还检材情况	WJ19000601	0.5cm²	检毕
	WJ19000602	0.5cm²	检毕

返还人	XXX	返还日期	2019.6.30
接收人	XXX	接收日期	2019.6.30

备注	/

法医物证检材确证试验记录

检测方法：□联苯胺试验　□人血红蛋白检测金标试剂条法　☑人精液 PSA 检测金标试剂条法

参照标准：
□《人血红蛋白检测金标试剂条法》（GA 765-2008）　☑《人精液 PSA 检测金标试剂条法》（GA 766-2008）

批号	HS18060003	有效期	2020.5.9
检材名称	现场发现的可疑血斑（检材实验室编号：WJ19000602）		

检测结果及照片：

	现场发现的可疑精斑	阳性对照	阴性对照	空白对照
结果	阳性	阳性	阴性	阴性

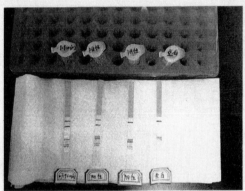

图 1　XX 司鉴 [2019] 物鉴字第 CNAS-SF0006 号案件
WJ19000602 样本的人精液 PSA 检测金标试剂条试验结果

检验人：XXX　复核人：XXX　　　　　检验及拍摄日期：2019.6.17

法 医 物 证 检 验 记 录 表

提取记录

					检验人：XXX,XXX		时间：2019.6.17	
编号	数量	提取方法		其他试剂			仪器设备	
		Chelex法		DTT	PK	离心机	恒温设备	
WJ19000701	0.5cm²	200		-	2	1010200003	1010200016	
WJ19000702	0.5cm²	200		-	2	1010200003	1010200016	
WJ19000703	0.5cm²	200		-	2	1010200003	1010200016	

扩增记录 / 电泳记录

扩增试剂盒	□20A, □MR19XD, □MR21D, □MR23sp, □MRYPPD, ☑PP21, □MR29YD	扩增体系	10μL		温度	24℃	湿度	40%
扩增仪	☑1010100006-1 □1010100006-2	扩增程序	□20A, □MR19XD, □MR21D, □MR23sp, □MRYPPD, ☑PP21, □MR29YD		上样体系	产/甲/内		1/8.5/0.5
					测序仪		1698-020	
					上样表名称		20190626-PP21	

编号	ddH₂O	Buffer	primer	DNA	样本孔道号	备注
WJ19000701	5	2	2	1	A02	
WJ19000702	5	2	2	1	B02	
WJ19000703	5	2	2	1	C02	
F312	5	2	2	1	F02	
DW	5	2	2	1	G02	
Ladder	-	-	-	-	H02	

检验人：XXX,XXX 时间：2019.6.23

检验人：XXX,XXX 时间：2019.6.23

检验用试剂批号及有效期

Chelex批号	20180910	有效期	2020.10	DTT批号	CB233155	有效期	2020.11
PK批号	127M4008V	有效期	2020.11	扩增批号	0000288800	有效期	2020.1
内标批号	0000280526	有效期	2020.1	甲酰胺批号	1808577	有效期	2020.10
Ladder批号	0000278629	有效期	2020.1			有效期	

注：①Chelex法即聚苯乙烯二乙烯基苯树脂法。②扩增批号即扩增试剂盒批号。③扩增参数按照各试剂盒说明书设置。④产/甲/内即扩增产物/甲酰胺/内标。⑤以上体积单位均为μL。

[例3]　19BB0069结果反馈表(专家组评价结果：不通过)

×××司法鉴定所
法医物证鉴定意见书

参加编号：19BB0020

XXX司法鉴所[2019]物鉴字第SF0006号

一、基本情况

委托单位： 司法鉴定科学研究院

受理日期： 2019 年 06 月 20 日

鉴定材料： 嫌疑人血样"样品 A"、现场床单上的可疑精斑"样品 B"

鉴定要求： 对嫌疑人血样"样品 A"与现场床单上的可疑精斑"样品 B"

作 DNA 检验，明确该斑迹是否为人精斑，是否为嫌疑人所留。

鉴定日期： 2019 年 06 月 25 日

鉴定地点： XXX 司法鉴定所

二、检案摘要

某地发生一起强奸杀人案，女性受害人死亡。在侦察过程中，警方在受害人现场床单上发现可疑精斑。为了明确该斑迹是否为人精斑、是否为嫌疑人所留，现委托我鉴定所法医物证实验室进行检验。

三、检验过程

（一）预试验及确证试验：

1、B 号样经人类精斑试剂条检测，结果为阳性。

取少量样品 B 现场床单上的可疑精斑溶解液，按 GA765-2008 标准方法进行精斑试剂条检测，结果为阳性，为人精斑。

（二）DNA 检验：

1、按照《GA/T383—2014》中 Chelex-100 法提取上述 SF0006 A，SF0006 B 检材的DNA。

2、取检材 DNA 适量，使用 Microreader 21 进行 10μL 体系 PCR 扩增（操作步骤按试剂盒说明），并设立阴性及阳性对照。

3、扩增产物应用 ABI31301x1 型基因分析仪进行电泳分离，用 Gene Mapper ID-X 基因座分型软件对电泳数据进行分析，得到上述检材的基因分型。

4、检验结果：

检测基因座	样品 A 嫌疑人血样（SF0006 A）	样品 B 现场床单上的可疑精斑（SF0006 B）	随机匹配概率
D19S433	14, 14. 2	14, 14. 2	0. 0756
D5S818	10, 10	10, 10	0. 0367
D21S11	30, 31. 2	30, 31. 2	0. 0430
D18S51	13, 15	13, 15	0. 0652
D6S1043	11, 12	11, 12	0. 0308
Amel	X, Y	X, Y	——
D3S1358	14, 16	14, 16	0. 0310
D13S317	8, 11	8, 11	0. 1361
D7S820	11, 12	11, 12	0. 1703
D16S539	9, 11	9, 11	0. 1468
CSF1PO	11, 12	11, 12	0. 1836
Penta D	10, 11	10, 11	0. 0311
D2S441	9. 1, 11	9. 1, 11	0. 0005
vWA	16, 17	16, 17	0. 0776
D8S1179	13, 13	13, 13	0. 0493
TPOX	8, 11	8, 11	0. 3068
Penta E	11, 22	11, 22	0. 0065
THO1	6, 7	6, 7	0. 0529
D12S391	17, 19	17, 19	0. 0406
D2S1338	20, 23	20, 23	0. 0495
FGA	21, 22	21, 22	0. 0400
似然率（LR）： 4.2722×10^{26}			

检测基因座	样品 A 嫌疑人血样（SF0006 A）	样品 B 现场床单上的可疑精斑（SF0006 B）
DYS393	12	12
DYS570	18	18
DYS19	15	15
DYS392	12	12
DYS549	13	13
Y GATA H4	12	12
DYF387S1	35-39	35-39
DYS460	10	10
DYS458	18	18
DYS481	22	22
DYS635	20	20
DYS448	19	19
DYS533	11	11
DYS627	20	20
DYS456	15	15
DYS389I	12	12
DYS390	23	23
DYS389II	28	28
DYS438	10	10
DYS576	19	19
DYS449	33	33
DYS391	10	10
DYS439	12	12
DYS437	14	14
DYS385a/b	12-17	12-17
DYS643	11	11
DYS518	35	35

四、分析说明

经人精斑确证试验，现场床单上的可疑斑迹呈阳性反应，提示其含有人精液成分。

D19S433、D5S818、D21S11、D18S51、D6S1043、D3S1358、D13S317、D7S820、D16S539、CSF1PO、Penta D、D2S441、vWA、D8S1179、TPOX、Penta E、TH01、D12S391、D2S1338、FGA 等基因座均是人类遗传标记，具有人类种属特异性和组织同一性，联合应用可以进行同一认定。其累积个体识别率达 0.99999 以上，似然率（LR）为 4.2722×10^{26}。嫌疑人血样"样品 A"与现场床单上的可疑精斑"样品 B"在 21 个 STR 基因座位点中分型一致。

29 个 Y-STR 基因座位为人类 Y 染色体遗传标记，呈父系遗传，同一个体不同组织的 Y-STR 分型结果相同；同一父系不同男性个体的 Y-STR 单倍型一致。经对上述 Y-STR 基因座进行检测，精斑的分型与嫌疑人血样的分型相同。

五、鉴定意见

1、现场床单上的可疑斑迹为人精斑。

2、依据 DNA 检验结果，现场床单上的精斑来源于嫌疑人。

六、落款

司法鉴定人签名：

《司法鉴定人执业证》证号：xxxxxxxx

司法鉴定人签名：

《司法鉴定人执业证》证号：xxxxxxxx

授权签字人签名：

《司法鉴定人执业证》证号：xxxxxxxx

二〇一九年六月二十八日

附件：

1、 附被鉴定人及检材照片各壹张

2、 司法鉴定许可证复印件壹份（证号：XXXXXXXXX）

［例4］　19BB0088结果反馈表（专家组评价结果：不通过）

CNAS 能力验证计划 CNAS SF0006

个体识别（血斑与精斑）能力验证计划

似然率报告表

参加编号：**19BB0088**

检测系统	基因型随机匹配概率
D2S1338	23.8750
D3S1358	7.3995
D5S818	14.6245
D6S1043	6724.0452
D7S820	8.8104
D8S1179	15.7698
D12S391	337.2044
D13S317	26.4918
D16S539	12.3983
D18S51	21.4335
D19S433	50.8304
D21S11	25.2896
CSF1PO	18.8663
FGA	11.8011
THO1	3.6770
TPOX	3.7910
Penta D	54.4584
Penta E	135.3660
vWA	11.8479

似然率（**LR**）　199758052159157000000000000000

注：若使用的试剂盒除了以上基因座外，还包括其他基因座，请自行补充结果。

编号：SJR-Q07-2017-PT　　　　实施日期：2018-1-2　　　　第7页　共11页

［例5］　19BB0110结果反馈表（专家组评价结果：不通过）

CNAS 能力验证计划 CNAS SF0006

个体识别（血斑与精斑）能力验证计划

似然率报告表

参加编号：**19BB0110**

检测系统	基因型随机匹配概率
D2S1338	2pq=2×0.1219×0.1718=0.0419
D3S1358	2pq=2×0.3277×0.2062=0.1351
D5S818	2pq=2×0.2406×0.1421=0.0684
D6S1043	2pq=2×0.0286×0.0026=0.0001
D7S820	2pq=2×0.1635×0.3471=0.1135
D8S1179	2pq=2×0.1852×0.1712=0.0634
D12S391	2pq=2×0.1901×0.0078=0.0030
D13S317	2pq=2×0.1318×0.1432=0.0377
D16S539	2pq=2×0.2840×0.2840=0.1613 ●
D18S51	2pq=2×0.2160×0.2160=0.0933 ●
D19S433	2pq=2×0.0594×0.1656=0.0197
D21S11	2pq=2×0.2571×0.0769=0.0395
CSF1PO	2pq=2×0.3686×0.0719=0.0530
FGA	2pq=2×0.2237×0.1894=0.0847
THO1	2pq=2×0.5215×0.5215=0.5439 ●
TPOX	2pq=2×0.5136×0.5136=0.5276 ●
Penta D	2pq=2×0.0691×0.1328=0.0184
Penta E	2pq=2×0.0693×0.0533=0.0074
vWA	2pq=2×0.2567×0.1644=0.0844

$$P(X)=P_1×P_2×P_3×…P_i$$
$$=0.0419×0.1351×0.0684×…0.0844$$
$$=5.4630×10^{-27}$$

似然率（LR）　　$LR=1/P(X)=1/5.4630×10^{-27}=1.8305×10^{26}$

注：若使用的试剂盒除了以上基因座外，还包括其他基因座，请自行补充结果。

编号：SJR-Q07-2017-PT　　　　实施日期：2018-1-2　　　　第7页 共11页

［例6］　19BB0112结果反馈表（专家组评价结果：不通过）

个体识别鉴定意见书

XXX 物鉴字 2019CNASSF 第 0006 号

参加编号：19BB0112

一、基本情况

委托人：司法鉴定科学研究院

委托日期：2019 年 6 月 13 日

受理日期：2019 年 6 月 13 日

案情摘要：某地发生一起强奸杀人案，女性受害人死亡。在侦察过程中，警方在受害人现场床单上发现可疑精斑。

检材和样本：

1、检材：现场床单上的可疑精斑，标记为 SF0006B 号检材。

2、样本：嫌疑人血样（FTA 卡），标记为 SF0006A 号检材。

鉴定要求：对上述检材进行 DNA 检验及同一认定。

二、检验过程

1、人精斑确证试验：按行标 GA 766-2008 标准，取 B 检材适量，按照《人精液 PSA 检测金标检验试剂条法》进行抗人精检测试剂条试验。

2、根据 SF/Z JD0102012-2018《司法鉴定技术规范 个体识别技术规范》之规定进行检验，采用康为世纪 CWE2100 血片 DNA 提取试剂盒（货号：CW2549）提取各检材 DNA，经 Qubit 3 型荧光定量仪（Thermo Scientific）检测提取的各检材 DNA 质量，采用 SifaSTR™ 23 plex DNA 身份鉴定系统（提取），经 PCR 复合扩增 STR 基因座；扩增产物经 ABI-3130XL 型 DNA 序列分

I

析仪电

1

泳分离和激光扫描分析，得到上述检材的 STR 分型结果。

　　注：SifaSTR™ 23 plex DNA 身份鉴定系统（提取）包含的基因座：D2S1338、D3S1358、D5S818、D6S1043、D7S820、D8S1179、D12S391、D13S317、D16S539、D18S51、D19S433、D21S11、CSF1PO、FGA、TH01、TPOX、PentaD、PentaE、vWA、D10S1248、D1S1656、Indel、Amel。

三、检验结果

　　1、人精斑确证试验：SF0006B 号检材呈阳性。

　　2、DNA 分型结果

检测系统	SF0006A	SF0006B
D2S1338	20/23	20/23
D3S1358	14/16	14/16
D5S818	10	10
D6S1043	11/12	11/12
D7S820	11/12	11/12
D8S1179	13	13
D12S391	17/19	17/19
D13S317	8/11	8/11
D16S539	9/11	9/11
D18S51	13/15	13/15
D19S433	14/14.2	14/14.2
D21S11	30/31.2	30/31.2
CSF1PO	11/12	11/12
FGA	21/22	21/22
TH01	6/7	6/7
TPOX	8/11	8/11
Penta D	10/11	10/11
Penta E	11/22	11/22
vWA	16/17	16/17
D10S1248	15/16	15/16
D1S1656	16/17.3	16/17.3
Amel	X/Y	X/Y
Indel	1	1

四、分析说明

1、人精斑确证试验，现场可疑精斑（B 检材）呈阳性反应，为人精。

2、在 STR 多态性检验中，D2S1338、D3S1358、D5S818、D6S1043、D7S820、D8S1179、D12S391、D13S317、D16S539、D18S51、D19S433、D21S11、CSF1PO、FGA、TH01、TPOX、PentaD、PentaE、vWA、D10S1248、D1S1656 等基因座均是人类的遗传标记，联合应用可以进行同一认定，根据《个体识别（血斑与唾液斑）能力验证计划作业指南》所提供的群体数据资料，计算本检测系统中包括 21 个常染色体 STR 基因座的积累个体识别能力（TDP）为 $(1-2.1881 \times 10^{-24})$。

在本案中，可疑的精斑（B 检材）与嫌疑人血斑（A 检材）的 DNA 的上述 23 个基因的基因型完全相同，采用附表 39 个 STR 基因座的等位基因分布频率计算似然率为 2.5881×10^{26}。

五、鉴定意见

根据检验结果，现场床单上的可疑精斑为人精斑。在排除同卵双生的前提下，现场床单上的可疑精斑为嫌疑人所留。

司法鉴定人 XXX   （签名）

《司法鉴定人执业号》证号：XXXXXXXX

司法鉴定人 XXX   （签名）

《司法鉴定人执业号》证号：XXXXXXXX

授权签字人 XXX   （签名）

《司法鉴定人执业号》证号：XXXXXXXX

二〇一九年六月二十八号

注：送检检材的照片见附件（共一页，两张照片）

DNA 分型检测原始记录表

表单编号：XXXX

检测依据：GA765-2008金标试剂条法

人血红蛋白检测（种属鉴定）	
样品来源	XXX 物鉴字2019CNASSF 第0006号~第____号+第_____号　　　其他：
提取方法	☑金标试纸条法：见作业指导书　　　□免提取　　　□其它：
使用仪器	振荡器（XX）离心机（XX）移液器（XX，XX，XX，XX）
DNA 试剂配置	
试剂盒	☑SifaSTRTM 23 plex DNA 身份鉴定系统（提取），批号：　　　,□21+1,批号： □其他：
扩增体系	☑10uL　□12.5uL　□25uL　　　□其他：
体系配置	2×PCR反应预混液 V：5uL 5×23 plex 引物混合液：2uL 去离子水：2uL 提取 DNA 或 Control DNA：1uL
使用仪器	振荡器（XX）离心机（XX）移液器（XX，XX，XX，XX）
DNA 扩增	
扩增程序	见作业指导书
使用仪器	扩增仪（XXXX），离心机（XXXX） 其他：
DNA 产物分析	
使用仪器	3130 遗传分析仪（XXX），移液器（XXX） 其他：
原始记录	2019.　　　及 DNA 分型图谱　　　　　　。

实验结果：
　　Ladder　　　　　　　分型是否正确：□是（图谱见附件）□否
　　阳性对照　　　　　　分型是否正确：□是（图谱见附件）□否
　　阴性对照　　　　　　分型是否正确：□是（图谱见附件）□否

备注：	
检验人：	复核人：

[例7]　19BB0129结果反馈表(专家组评价结果:不通过)

个体识别(血斑与精斑)能力验证计划

检验结果报告表

所用STR试剂盒名称:　Identifiler® Plus PCR Kit

所用遗传分析仪型号:　ABI3500　机器序列号:　24150-191

参加编号: 19BB0129

检测系统	SF0006 A	SF0006 B
D2S1338	20, 23	20, 23
D3S1358	14, 16	14, 16
D5S818	10, 10	10, 10
D7S820	11, 12	11, 12
D8S1179	13, 13	13, 13
D13S317	8, 11	8, 11
D16S539	9, 11	9, 11
D18S51	13, 15	13, 15
D19S433	14, 14.2	14, 14.2
D21S11	30, 31.2	30, 31.2
CSF1PO	11, 12	11, 12
FGA	21, 22	21, 22
THO1	6, 7	6, 7
TPOX	8, 11	8, 11
vWA	16, 17	16, 17
Amel	X,Y	X,Y

制表人:ХХХ

审批人:ХХХ

个体识别（血斑与精斑）能力验证计划

似然率报告表

参加编号：**19BB0129**

检测系统	基因型随机匹配概率
D2S1338	
D3S1358	
D5S818	
D6S1043	
D7S820	
D8S1179	
D12S391	
D13S317	
D16S539	
D18S51	
D19S433	
D21S11	
CSF1PO	
FGA	
THO1	
TPOX	
Penta D	
Penta E	
vWA	

因 "2019CNAS SF0006A" 与 2019CNAS SF0006B"分型结果不一致，
不计算似然率。

似然率（LR）

注：若使用的试剂盒除了以上基因座外，还包括其他基因座，
须自行补充结果。

制表人：××× 　
审核人：×××

[例8]　19BB0157结果反馈表（专家组评价结果：不通过）

XXXXXX 司法鉴定所
司法鉴定意见书

XXXXXX [2019]物鉴字第 2019 CNAS SF0006 号

一、基本情况

委 托 人： 司法部司法鉴定科学技术研究院

委托事项： 1、确认受害人现场发现的可疑斑迹是否为人精斑；

2、若1为人精斑，确认是否为嫌疑人所留。

委托日期： 2019 年 6 月 17 日

鉴定材料： 样本 A，嫌疑人的血斑（放置于标记有"CNAS　SF0006A 血样"字样的检材包装袋中，包装袋封口完好，FTA 卡，见附件）；

样本 B，现场床单上的可疑精斑（放置于标记有"CNAS SF0005B 可疑精斑"字样的检材包装袋中，包装袋封口完好，布片，见附件）。

鉴定日期： 2019 年 6 月 27 日至 2019 年 6 月 29 日

鉴定地点： XXXX 司法鉴定所

二、基本案情

　　某地发生一起强奸杀人案，女性受害人死亡。在侦察过程中，警方在受害人现场床单上发现可疑精斑。为了明确该斑迹是否为人精斑、是否为嫌疑人所留，警方要求法医物证实验室进行检验。

三、资料摘要

被鉴定人	出生日期	身份证件号码	样本编号
样本 A	未提供	未提供	2019 CNAS SF0006-A
样本 B	未提供	未提供	2019 CNAS SF0006-B

四、鉴定过程

(一)人血检验

利用人血红蛋白检测金标试剂条对样本 A(现场发现的可疑血斑)进行检测。剪取样本 A(现场发现的可疑血斑)上的斑迹合适大小置于 1.5ml 离心管内,加入 1ml 超纯水,静置 30min 后,震荡,混匀后离心,取上清液至另一干净的 1.5ml 离心管内,插入人血红蛋白检测金标试剂条,5min 后取出试纸条,观察结果。检验时,设置已知人血的阳性对照、纯水的阴性对照和斑迹的空白对照。

(二)DNA 检验

参照《法庭科学 DNA 实验室检验规范》(GA/T383-2014)、《亲权鉴定技术规范》(SF/Z JD0105001-2016)、《法庭科学 DNA 亲子鉴定规范》(GA/T965-2011)有关规定,采用 Chelex-100 提取基因组 DNA 作为 PCR 反应的模板,采用 Microreader™21ID System 检测系统进行复合 PCR 扩增,用 ABI-3130 型号遗传分析仪进行毛细管电泳和 STR 基因型分析。检测以下基因座:D19S433、D5S818、D21S11、D18S51、D6S1043、D3S1358、D13S317、D7S820、D16S539、CSF1PO、PentaD、D2S441、vWA、D8S1179、TPOX、PentaE、TH01、D12S391、D2S1338、FGA(共 20 个 STR 基因座)和 Amelogenin 基因座。

检材 STR 基因座和 Amelogenin 基因座的基因分型结果(实验中阴性及阳性对照结果均正确)如下:

基因座	样本 A	样本 B
D19S433	15, 15.2	15, 15.2
D5S818	12, 13	12, 13
D21S11	29, 31.2	29, 31.2
D18S51	14, 14	14, 14

D6S1043	10，15	10，15
D3S1358	16，17	16，17
D13S317	9，10	9，10
D7S820	10，11	10，11
D16S539	9，9	9，9
CSF1PO	12，13	12，13
PentaD	8，12	8，12
D2S441	12，14	12，14
vWA	14，16	14，16
D8S1179	14，15	14，15
TPOX	8，8	8，8
PentaE	16，19	16，19
TH01	9，9	9，9
D12S391	18，24	18，24
D2S1338	20，24	20，24
FGA	23，24	23，24
AMEL	X，Y	X，Y

五、分析说明

1、剪取样本 B（现场发现的可疑精斑）上的斑迹合适大小置于 1.5ml 离心管内，加入 0.5ml 超纯水，静置 30min 后，震荡，混匀后涂片镜捡，镜下可见精子。

根据上述检验结果，"2019 CNAS SF0005-B"镜下可见精子，可以判断现场发现的可疑斑迹为精斑。

2、本次鉴定检测了 20 个常染色体 STR、1 个性别遗传标记，累积个体识别率达 0.999999 以上，可以满足个体识别的工作任务要求。

在使用现场检材与某人样本进行个体识别比对时，如果检材与样本在被检出的每个基因座上的分型均相同，称之为检材与样本的分型匹配。否则，称之为不匹配。如果现场检材的 DNA 分型与某人样本不匹配，该检材不是样本所代表的个体所留；如果现场检材与某人样本分型匹配，则不能排除检材系样本所代表的个体所留，需要通过统计学处理以评价这一证据支持现场检材与某人样本来源于同一个体的强度，进而得出鉴定意见。

观察上述 DNA 检验结果，"2019 CNAS SF0006-A"（嫌疑人的血斑）与"2019 CNAS SF0006-B"（现场床单上的可疑精斑）的 DNA 分型匹配，故现场的精斑是嫌疑人所留。

六、鉴定意见

送检样本 B（现场床单上的可疑精斑）是精斑，该精斑是嫌疑人所留。

司法鉴定人：XXX

《司法鉴定人执业证》证号：XXXXXXXXXXXX

司法鉴定人：XXX

《司法鉴定人执业证》证号：XXXXXXXXXXXX

授权签字人：XXX

《司法鉴定人执业证》证号：XXXXXXXXXXXX

二〇一九年六月三十日

[例9] 19BB0169结果反馈表(专家组评价结果：不通过)

XXX 司法医学鉴定中心
司法鉴定意见书

XXX[2019]物证鉴字第 005 号

一、基本情况

委 托 人：司鉴所

委 托 事 项：某地发生一起强奸杀人案，女性受害人死亡。在侦察过程中，警方在受害人现场床单上发现可疑精斑。为了明确该斑迹是否为人精斑、是否为嫌疑人所留，警方要求法医物证实验室进行检验。

受 理 日 期：2019 年 6 月 16 日

鉴 定 检 材： 送检嫌疑人 XXX 的血斑（FTA 卡），检材编号：2019-CNAS-SF0006-A；送检现场发现的可疑精斑，检材编号：2019-CNAS-SF0006-B。

二、被鉴定人情况

三、检验过程

1.精斑确证实验：按照中华人民共和国公共安全行业标准 GA 766-2008《人精液 PSA 检测 金标试剂条法》进行精斑确认实验。

2.DNA 分型：按行标 GA/T383-2014 中 Chelex-100 法提取上述检材 DNA，采用 AGCU Expressmarker 22 试剂盒对上述检材 DNA 进行 STR 基因座复合扩增，扩增产物经 ABI-3500 型基因分析仪分型检测，结果如下：

四、检验结果

检测系统	A （血斑）	B （可疑精斑）
D2S1338	20/24	20/24
D3S1358	16/17	16/17
D5S818	12/13	12/13
D6S1043	10/15	10/15
D7S820	10/11	10/11
D8S1179	14/15	14/15
D12S391	18/24	18/24
D13S317	9/10	9/10
D16S539	9	9
D18S51	14	14
D19S433	15/15.2	15/15.2
D21S11	29/31.2	29/31.2
CSF1PO	12/13	12/13
FGA	23/24	23/24
THO1	9	9
TPOX	8	8
Penta D	8/12	8/12
Penta E	16/19	16/19
vWA	14/16	14/16
D2S441	12/14	12/14
D10S1248	16	16

五、分析说明

1.经精斑确证实验，送检现场发现的可疑血斑呈阳性反应，提示其为人血斑。

2.D19S433、D5S818、D21S11、D18S51、D6S1043、D3S1358、D13S317、D7S820等STR基因座均是人类遗传标记，遵循孟德尔遗传规律，联合应用进行个人识别，其累计个人识别率达到0.99999以上。DNA检验结果表明，送检现场发现的可疑精斑与嫌疑人XXX的的基因型相同，经计算，似然率为$7.9947×10^{30}$。

六、鉴定意见

1.送检现场发现的可疑精斑为人精液斑。

2.送检现场发现的可疑精斑是嫌疑人XXX所留。

司法鉴定人签名：

《司法鉴定人执业证》证号：

司法鉴定人签名：

《司法鉴定人执业证》证号：

授权签字人：

《司法鉴定人执业证》证号：

二〇一九年六月二十六日

附注：

[例10] 19BB0180结果反馈表（专家组评价结果：不通过）

XXXXXX 司法鉴定中心
个体识别鉴定意见书

编号：19BB0180

一、基本情况

委托单位：XXXX

委托鉴定事项：个体识别

受理日期：XXXX 年 XX 月 XX 日

鉴定材料：送检嫌疑人 XXX 的血斑（FTA 卡），检材编号：
2019-CNAS-SF0006-A；送检现场发现的可疑精斑，检材
编号：2019-CNAS-SF0006-B。

检验日期：XXXX 年 XX 月 XX 日

二、简要案情：

某地发生一起强奸杀人案，女性受害人死亡。在侦察过程中，警方在受害人现场床单上发现可疑精斑。为了明确该斑迹是否为人精斑、是否为嫌疑人所留，警方要求法医物证实验室进行检验。

三、检验过程：

1.精斑确证实验：按照中华人民共和国公共安全行业标准 GA 766-2008《人精液 PSA 检测 金标试剂条法》进行精斑确认实验。

2.DNA 分型：按行标 GA/T383-2014 中 Chelex-100 法提取上述检材 DNA，采用 AGCU Expressmarker 22 试剂盒对上述检材 DNA 进行 STR 基因座复合扩增，扩增产物经 ABI-3130 型基因分析仪分型检测，

1

结果如下：

基因座	基 因 型	
	2019-CNAS-SF0006-A	2019-CNAS-SF0006-B
D3S1358	16/17	16/17
D13S317	9/10	9/10
D7S820	10/11	10/11
D16S539	9	9
PentaE	16/19	16/19
D2S441	12/14	12/14
TPOX	8	8
TH01	9	9
D2S1338	20/24	20/24
CSF1PO	12/13	12/13
PentaD	8/12	8/12
D10S1248	16	16
D19S433	15/15.2	15/15.2
vWA	14/16	14/16
D21S11	29/31.2	29/31.2
D18S51	14	14
D6S1043	10/15	10/15
AMEL	X/Y	X/Y
D8S1179	14/15	14/15
D5S818	12/13	12/13
D12S391	18/24	18/24
FGA	23/24	23/24

四、分析说明：

    1.经精斑确证实验，送检现场发现的可疑血斑呈阳性反应，提示其为人血斑。

    2.D19S433、D5S818、D21S11、D18S51、D6S1043、D3S1358、D13S317、D7S820等STR基因座均是人类遗传标记，遵循孟德尔遗传规律，联合应用进行个人识别，其累计个人识别率达到0.99999以上。DNA检验结果表明，送检现场发现的可疑精斑与嫌疑人XXX的的基因型相同，经计算，似然率为7.9947×10^{30}。

五、鉴定意见：

    1.送检现场发现的可疑精斑为人精液斑。

    2.送检现场发现的可疑精斑是嫌疑人XXX所留。

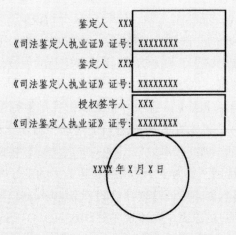

鉴定人　XXX

《司法鉴定人执业证》证号：XXXXXXXX

鉴定人　XXX

《司法鉴定人执业证》证号：XXXXXXXX

授权签字人　XXX

《司法鉴定人执业证》证号：XXXXXXXX

XXXX年X月X日

【专家点评】

本次能力验证项目中,共有186家参加机构中有185家实验室返回结果,占总数的99.5%;1家实验室未返回结果,占总数的0.5%。185家参与评价机构中,满意156家,占84.0%;通过19家,占10%;不通过10家,占6%。从采用的DNA检测方法来看,所有返回结果的实验室均采用了荧光检测的方法,未见采用银染方法的实验室。从所使用的关键设备遗传分析仪来看,185家实验室中有145家使用着目前国际上通用的至少具备分辨五色荧光技术的机型,其中有22家使用了最新的具备六色荧光标记技术的3500型遗传分析仪;有151家使用了3100/3130型遗传分析仪,有12家使用着已经停产的310型遗传分析仪。

编号为19BB0020的鉴定机构是众多获得满意评价结果的代表之一。从反馈的原始技术记录来看,该鉴定机构均最大限度地反映出了整个鉴定活动中的"人、机、料、法、环、测"等要素。提供了反映检验过程的细致记录,包括精斑确证试验、基因组DNA提取方法、STR基因座复合扩增检测试剂以及遗传分析检测设备等关键信息,在血清学和DNA检验过程均正确设置了阴阳性对照。就个体识别鉴定而言,对现场检材的描述以及照相固定非常必要。该鉴定机构对现场检材进行了拍照固定,客观呈现了鉴定材料的状态。在鉴定文书方面,该鉴定机构的鉴定文书在格式上均涵盖了标题、编号、基本情况、鉴定目的、检验过程、检材处理和检验方法、检验结果、分析说明和鉴定意见等《司法鉴定文书规范》中要求的全部要素,在内容上也准确反映出了相关信息。鉴定文书的分析说明部分能够基于检测结果,围绕鉴定目的展开论述。以试验结果证明可疑斑痕为人精斑;用似然率来支持原告假设,客观科学地表明证据价值;自然过渡到最后的鉴定意见。这一分析说明模式是值得推荐的。总之,以19BB0020为代表的鉴定机构在本次能力验证活动中血清学检验和DNA分型结果均正确、检验过程完整、分析说明抓住了重点且报告书的格式用语规范、内容恰当、层次分明,证明了其对于个体识别鉴定能力的良好把握。

参与本次能力验证计划评价的185家机构中,全部得出了正确的DNA分型结果。不通过的原因主要体现在对D16S539、D18S51、TH01、D21S11等STR基因座的随机匹配概率计算出现整体性错误,反映出没有掌握法医物证学的基本理论和概念。此外,未见血清学和DNA检验过程设置阴阳性对照,鉴定意见书分析说明未围绕系统效能、似然率、血清学检验结果展开论述,不能有效支撑鉴定意见也是典型错误的表现。

　　19BB0001机构检验结果正确，但确证试验记录中检材名称错写为可疑血斑且提供的法医物证检验记录表中样品数量、编号与实际不符。19BB0020机构错误使用了血斑检验标准GA765－2008检验精斑。19BB0069机构鉴定意见书检案摘要中出现了亲子鉴定信息，与委托要求无关；除图谱外未提供其他原始技术记录，不能有效支撑鉴定意见。19BB0088机构似然率报告表中D2S1338、D3S1358、D5S818等19个STR基因座的随机匹配概率计算错误。19BB0110机构D16S539、D18S51、TH01、TPOX基因座的随机匹配概率计算错误。19BB0112机构血清学检验原始记录显示为人血红蛋白检测，检测依据为GA765－2008，本计划血清学检验对象是可疑精斑。19BB0129机构似然率报告表中两个样品分型结果不一致与实际情况相反。19BB0157机构鉴定意见书引用了作废标准SF/Z JD 0105001－2016和亲子鉴定标准GA/T965－2011且分析说明未论述似然率。19BB0169机构鉴定意见书分析说明精斑确证实验结果为人血，除图谱外未提供其他原始技术记录，不能有效支撑鉴定意见。19BB0180机构鉴定意见书分析说明精斑确证实验结果为人血斑不能有效支撑鉴定意见。

　　本次能力验证在鉴定意见书的用语方面也存在较多问题，仍存在往年出现过的等位基因与基因型概念混淆、非父排除率与个体识别能力概念混淆的现象，应该引起重视。特别强调的是，在个体识别鉴定中，系统效能是累计个体识别能力，在亲权鉴定中则是累计非父排除率。

　　此外，本次能力验证还在其他方面反映出了一些普遍存在的问题，在可疑精斑的血清学试验方面，本次考核样中包含一个可疑精斑，185家实验室中，160家（86％）进行了确证试验，但有15家（8％）没有意识到血清学试验的必要性和重要性。在提交反映检测过程的原始记录方面，有101家参加机构（55％）不够理想，主要存在如下问题：将原始记录与实验室的作业指导书等同；血清学检验无记录；阳性与阴性对照的结果无记录；样品交接、DNA提取、扩增体系配制、仪器使用和试剂批号等方面的记录不完整或者完全没有记录；检验过程无复核记录。

　　综上所述，以上获得了不满意评价结果的机构，主要的原因在于以上机构的鉴定人STR分型能力和结果判读能力不足，反映出鉴定机构非常有必要在法医STR分型能力上需要进一步提高，建议加强这方面的学习和锻炼。

点评人：李成涛　研究员

侯一平　教　授

《三联体亲权鉴定(血斑)(CNAS SF0007)》鉴定文书评析

【项目简介】

　　法医物证学作为服务于司法实践的应用学科,是司法实践中不可或缺的重要部分,在司法实践活动中发挥着极其重要的作用。在法医物证学鉴定中,亲权鉴定是法医物证学鉴定人必备的基本能力之一,它是指应用遗传学理论知识和技术,通过检测分析人类的遗传学标记,判断个体之间的亲缘关系。本次能力验证的目的就是旨在对各实验室的亲权鉴定能力进行科学、客观的考察和评价,以有利于进一步规范鉴定活动、提高鉴定能力,从而使不同鉴定机构间对同一问题的鉴定获得一致的结论,保持司法鉴定结论的一致性和可比性。

【方案设计】

　　本次DNA亲权鉴定能力验证项目是由项目专家组根据亲权鉴定实践中的常见情况,采用了一例二联体亲权鉴定案例的材料制作考核样品,该案例属法医物证学的常见案件,特别之处在于vWA基因座上出现了不符合遗传规律的情形,这也是亲权鉴定实践中常见现象之一,也是本次亲权鉴定能力验证的考点之一。此外,本次能力验证也考察参加者对常用STR基因座的检测能力、检测过程(程序与报告)以及鉴定文书和鉴定意见表述的规范程度。

　　本次能力验证计划提供的样品为三份制备在FTA卡上的血斑材料,要求参加者采用日常检测方法对待检样品进行检验并提交"检测结果报告表""亲权指数值报告表"、完整的鉴定文书及相关原始记录。

【结果评析】

[例1] 19BC0250结果反馈表(专家组评价结果:满意)

三联体亲权鉴定(血斑)

(2019) CNAS SF0007

参加编号: 19BC0250

目　　录

三联体亲权鉴定（血斑）能力验证计划

检验结果报告表

参加编号：**19BC0250**

检测系统	I （孩子生母）	II （孩子）	III （被检父）
D2S1338	18,24	24,27	20,27
D3S1358	15,15	15,16	16,17
D5S818	11,12	10,12	10,10
D6S1043	12,18	12,14	14,14
D7S820	11,12	11,12	8,11
D8S1179	12,13	12,14	12,14
D12S391	19,20	19,20	18,19
D13S317	10,11	8,11	8,12
D16S539	11,12	10,12	10,11
D18S51	14,15	14,15	14,15
D19S433	13,15.2	13,13	13,15
D21S11	31,32.2	31.2,32.2	30,31.2
CSF1PO	10,12	10,12	12,12
FGA	24,24.2	21,24	21,22
THO1	7,7	7,7	7,7
TPOX	10,11	8,11	8,8
Penta D	9,9	9,13	11,13
Penta E	15,17	17,18	5,18
vWA	15,16	16,18	14,19

CNAS 能力验证计划 CNAS SF0007

三联体亲权鉴定（血斑）能力验证计划

亲权指数值报告表

参加编号：**19BC0250**

检测系统	亲权指数（PI 值）
D2S1338	161.2903
D3S1358	1.5258
D5S818	5.2219
D6S1043	6.0938
D7S820	0.8440
D8S1179	2.6998
D12S391	1.1851
D13S317	1.7397
D16S539	3.9124
D18S51	2.5826
D19S433	2.1617
D21S11	6.5020
CSF1PO	1.6343
FGA	4.6642
THO1	3.7538
TPOX	1.9470
Penta D	4.9407
Penta E	6.4767
vWA	0.0026
累积亲权指数（CPI 值）	242317562.7370

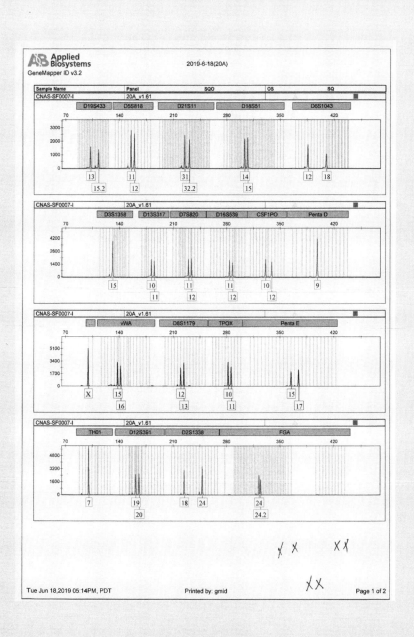

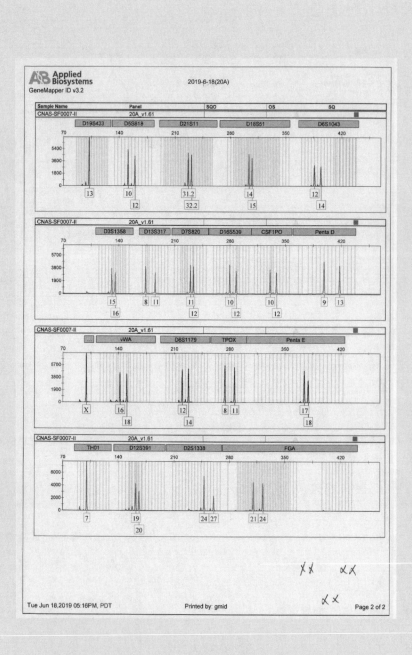

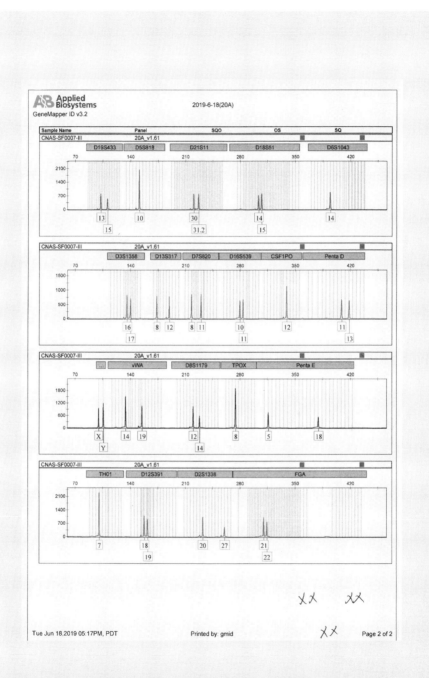

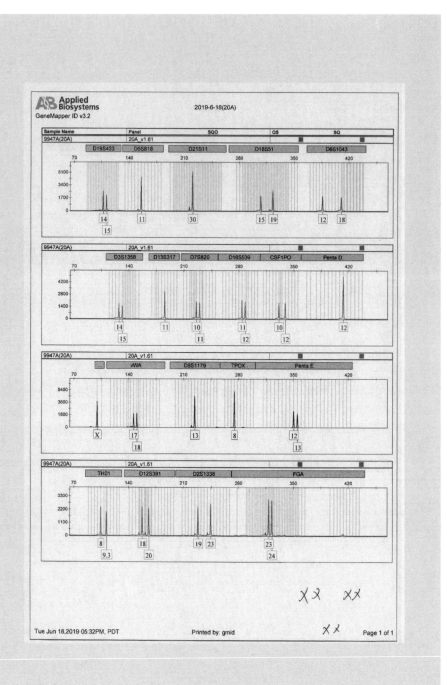

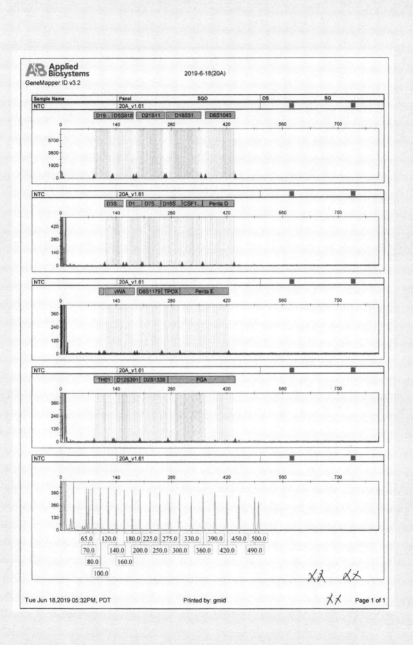

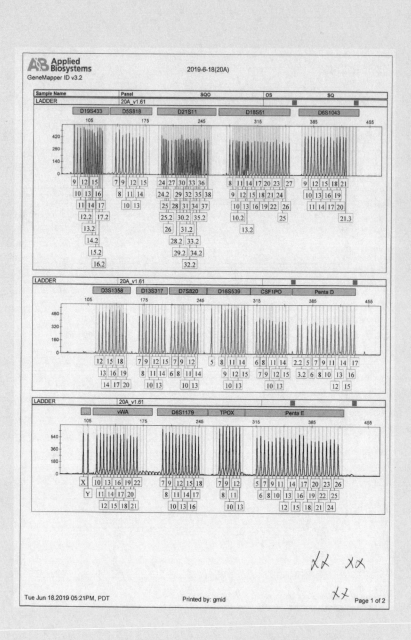

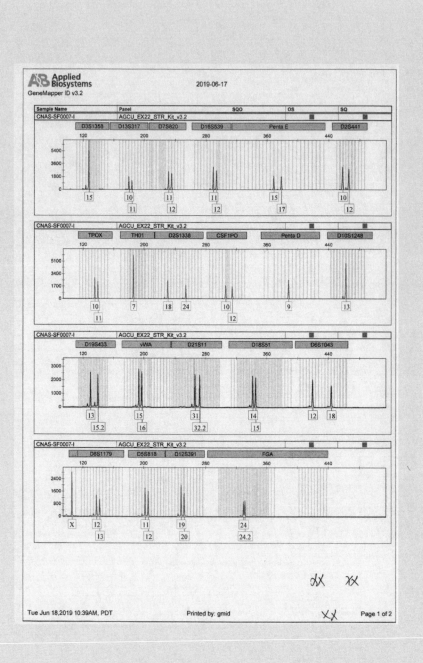

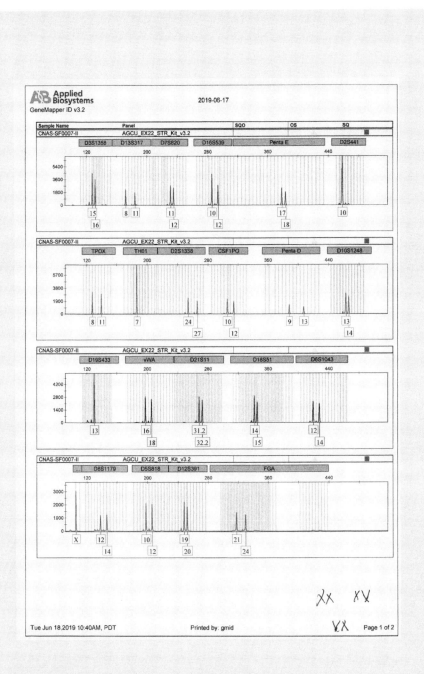

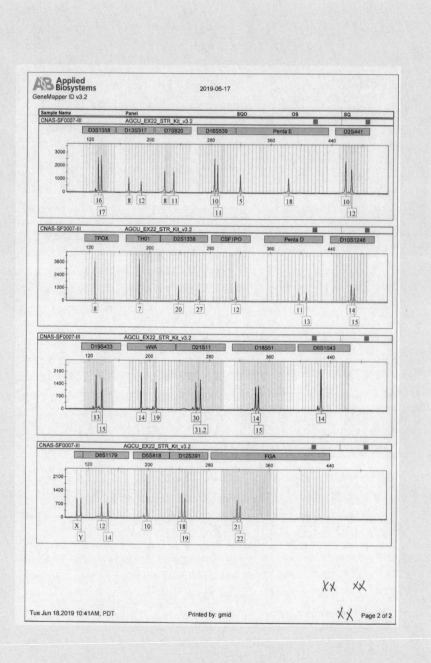

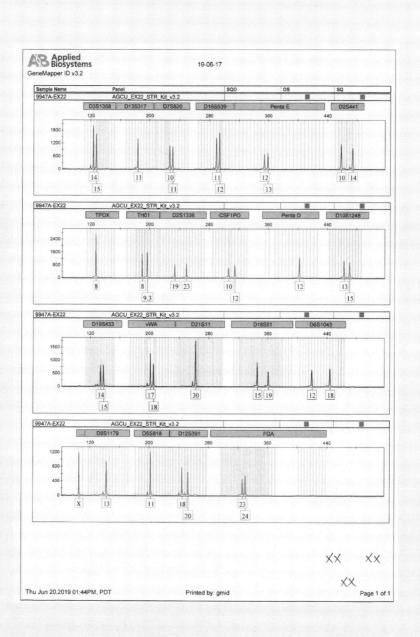

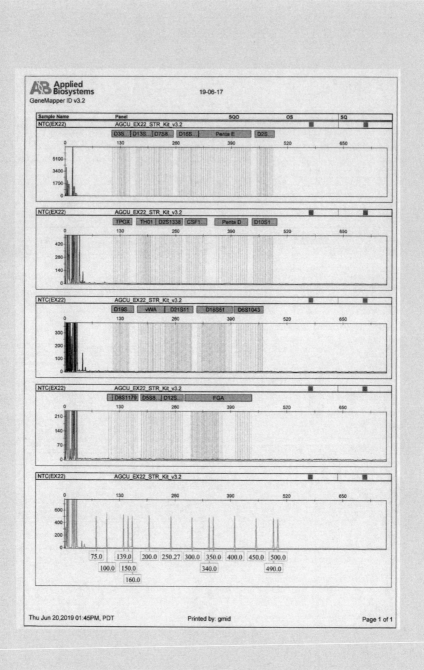

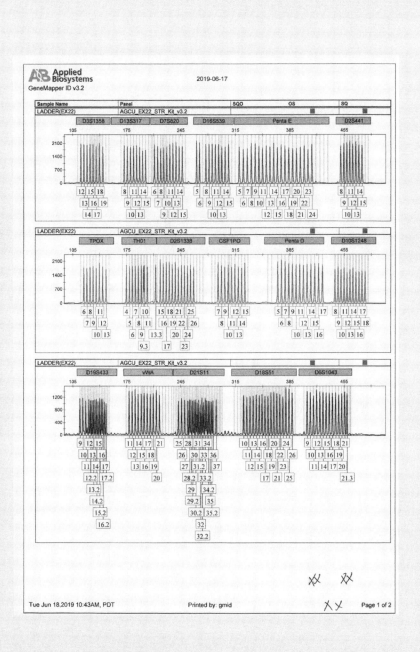

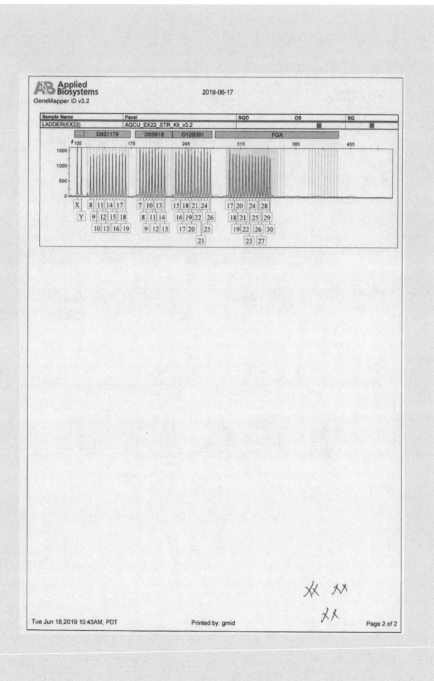

鉴定检验相关记录表格

XX 司法鉴定中心　　　　　　　　　　　　　　　　　　　　　　共 2 页　第 1 页

XX 司法鉴定中心
法医物证鉴定委托书

编号：XX 司鉴中心[2019]物鉴字第 CNAS SF0007 号

委托人	司法鉴定科学研究院	联系人（电话）	李锦明 021-52351397
委托日期	2019 年 6 月 13 日	承办人	/
联系地址	上海市光复西路 1347 号		

司法鉴定 机 构	机构名称：XX 司法鉴定中心　　　　　　　许可证号：000000000 地　　址：XXXXXXXXXX　　　　　　　邮　编：000000 联 系 人：XXX　　　　　　　　　　　　联系电话：0000-00000000

委 托 鉴定事项	委托事项：□ 父、母与孩子关系鉴定；　☑ 父与孩子关系鉴定； 　　　　　□ 母与孩子关系鉴定；　　　□ 祖孙关系鉴定； 　　　　　□ 全同胞关系鉴定；　　　　□ 其它 委托声明：□ 近期接受过输血或骨髓、器官移植或放化疗　☑ 被检母亲为孩子生母 　　　　　□ 被鉴定父母与被怀疑父母存在近亲血缘关系可能（如怀疑被鉴人的 　　　　　　父、兄、叔等是孩子生父） 　　　　　☑ 孩子母亲对此鉴定知情同意

鉴定适用标准	鉴定标准和规范： ☑《亲权鉴定技术规范》GB/T 37223-2018 ☑《法庭科学 DNA 亲子鉴定规范》GA/T 965-2011 ☑《法庭科学 DNA 实验室检验规范》GA/T 383—2014 ☑《人类 DNA 荧光标记 STR 分型结果的分析及应用》GA/T 1163—2014 □ 其它：

是否属于 重新鉴定	是否重新鉴定：☑ 否　　　□是　　原鉴定机构鉴定意见：＿＿＿＿＿＿＿＿

鉴定用途	☑ 了解亲子关系　　□办理出生证、入户口　　□移民　　□公证 □诉讼　　　　□其它：＿＿＿＿＿＿＿＿＿＿＿

与鉴定有关 的基本案情	对＿＿＿被检父（样品 Ⅲ）＿＿＿与＿＿＿孩子（样品 Ⅱ）＿＿＿之间 ☑ 有无亲生血缘关系、　□ 是否来源于同一个体、　□ 是否来源于同一父系、 □ 是否为全同胞关系、　□ 其它：＿＿＿＿＿＿＿＿＿＿＿进行鉴定。

鉴定材料	鉴定检材：详见《法医物证委托材料收领单》 委托人与被鉴定人资料： 　　☑ 身份证复印件　　　□户口簿复印件　　□出生医学证明复印件 　　□护照复印件　　　　□其它：＿＿＿＿＿＿＿＿＿＿＿

XXSJ/QR-PF-607-2018　　　　　实施日期：2019 年 4 月 1 日　　　　版本号：第一版第 4 次修订

XX 司鉴中心[2019]物鉴字第 CNAS SF0007 号　　　　　　　共 2 页　第 | 页

XX 司法鉴定中心
司法鉴定告知书（法医物证）

【2019】物鉴字第 CNAS SF0007 号

1. 鉴定由委托人自愿申请，被鉴定人或监护代理人均自愿接受鉴定。委托人委托司法鉴定，应提供真实、完整、充分、符合鉴定要求的鉴定材料，并提供案件有关情况。因委托人或当事人提供虚假信息、隐瞒真实情况或提供不实材料产生的不良后果，司法鉴定机构和司法鉴定人概不负责。

2. 司法鉴定机构和司法鉴定人按照客观、独立、公正、科学的原则进行鉴定，委托人、当事人不得要求或暗示司法鉴定机构或司法鉴定人按其意图或者特定目的提供鉴定意见。

3. 由于受到鉴定材料的限制以及其他客观条件的制约，司法鉴定机构和司法鉴定人有时无法得出明确的鉴定意见。

4. 单亲亲子鉴定（二联体亲子鉴定），是指对被检测男子（或女子）与孩子的亲子关系鉴定。单亲亲子鉴定由于只能获取单亲的遗传信息，相对完整的双亲亲子鉴定(父-母-子 三联体亲子鉴定)而言，检验结果分析较困难，有可能出现不能明确鉴定意见的情况。

5. 单亲鉴定案例中，被鉴定人为未成年人，父母双方若未同时到场，在场一方应告知未到场的另一方，使其知情同意；如未尽到告知义务，所引起的家庭、社会、法律等后果，由委托人承担，鉴定方不承担任何责任。

6. 因鉴定工作的需要，可能会耗尽鉴定材料或者造成不可逆的损坏。

7. 如果存在涉及鉴定活动的民族习俗等有关禁忌，请在鉴定工作开始前告知司法鉴定人。

8. 因鉴定工作的需要，有下列情形的，需要委托人或者当事人近亲属、监护人到场见证并签名。现场见证时，不得影响鉴定工作的独立性，不得干扰鉴定工作正常开展。未经司法鉴定机构和司法鉴定人同意，不得拍照、摄像或者录音。

    1) 需要对无民事行为能力人或者限制民事行为能力人进行身体检查

    2) 需要对被鉴定人进行法医精神病鉴定

    3) 需要到现场提取鉴定材料

    4) 需要进行尸体解剖

9. 因鉴定工作的需要，委托人或者当事人获悉国家秘密、商业秘密或者个人隐私的，应当保密。

10. 鉴定意见属于专业意见，是否成为定案根据，由办案机关经审查判断后作出决定，司法鉴定机构和司法鉴定人无权干涉。

XXSJ/ QR-PF-2810 -2017　　　　实施日期：2017 年 3 月 1 日　　　　版本号：第一版第 2 次修订

XX 司法鉴定中心   共 1 页   第 1 页

XX 司法鉴定中心
法医物证鉴定受理审批表

鉴定受理机构：XX 司法鉴定中心（许可证号：000000000） **编号：** 2019 物鉴 CNAS SF0007 号

委托方	司法鉴定科学研究院	联系电话	021-52351397

委托事项：

☑ 亲子鉴定

（ □父、母与孩子关系鉴定   ☑父与孩子关系鉴定   □母与孩子关系鉴定   □其它   ）

□个体识别

□其它

鉴定目的：

☑ 了解亲缘关系   □办理出生证、报户   □移民   □领养   □公正   □认亲   □其它

是否属于重新/二次鉴定：☑ 否；□是，原鉴定单位及鉴定意见：

提交的鉴定材料：

详见《法医物证鉴定材料收领单》

是否申请鉴定人回避：☑ 否；□是，要求回避的鉴定人姓名：＿＿＿＿＿＿＿＿＿

机构初审人意见：

☑ 一般鉴定   □ 疑难鉴定

☑ 1. 同意受理

         拟收鉴定费：XX 元

□ 2. 补充鉴定材料后再行受理

□ 3. 不予受理   原因说明：

                                    初审人：XX   2019年 6 月 13 日

机构负责人审批意见：

         同意受理

                                    审批人：XX   2019年 6 月 13 日

XXSJ/QR-PF-605 -2016

XX 司法鉴定中心   共 1 页 第 1 页

XX 司法鉴定中心
法医物证鉴定材料收领单

鉴定受理机构：XX 司法鉴定中心（许可证号：000000000） 编号：2019 物鉴字第 CNAS SF0007 号

委托方	司法鉴定科学研究院	联系电话	021-52351397

提交的鉴定材料：

1. 鉴定资料
1）被鉴定人情况

被鉴定人姓名	性别	称谓	出生日期	证件名称	证件号码
样品 I	女	孩子生母	××	××	××
样品 II	/	孩子	××	××	××
样品 III	男	被检父	××	××	××

2）委托人与被鉴定人证件（核对原件）：
☑身份证复印件 □户口簿复印件 □出生证明复印件 □护照复印件 □港澳通行证复印件

3）其它：

2. 检材：

被鉴定人编号	被鉴定人姓名及指纹（按右手拇指印，1岁以下按右脚拇指印）	检材类型及标本量	检材来源	采样/送检日期	采样人/送检人
2019-CNAS SF0007-1	样品 I	□外周血 2ml □末梢血 0.1ml 其它：血斑 8mm×8mm	□采样 ☑送检	2019-6-13	李锦明
2019-CNAS SF0007-2	样品 II	□外周血 2ml □末梢血 0.1ml 其它：血斑 8mm×8mm	□采样 ☑送检	2019-6-13	李锦明
2019-CNAS SF0007-3	样品 III	□外周血 2ml □末梢血 0.1ml 其它：血斑 8mm×8mm	□采样 ☑送检	2019-6-13	李锦明
2018- -4		□外周血 2ml □末梢血 0.1ml 其它：	□采样 □送检		
2018- -5		□外周血 2ml □末梢血 0.1ml 其它：	□采样 □送检		

3. 被鉴定人合影：□已拍 ☑未拍

特殊说明：

　　自送检材质量由委托人负责，若因检材质量问题导致检测失败，由委托人承担责任，如需重新检测，则新增的费用也由委托人承担。委托人或委托方代表签名后表示知情同意。

委托人或委托方代表（签名）：李锦明

XX 司法鉴定中心

第 1 页 共 1 页

受理案例情况登记表

委托单位（个人）	委托合同号	委托事项	受理日期	送检材料及数量	受理人	备注
甲诉鸿发机支材料案	E-2019-CWA8 51-007	眼镜被拖支乙谷材改写打义	2019-6-13	改写字材料、孙6、枪支乙谷材各约8mm²	XX	

XXSJ/QR-PF-2804-2014

累积非父排除概率（CPE）计算表

基因座	非父排除率	1-PE
D3S1358	0.4806	0.5194
vWA	0.6092	0.3908
FGA	0.7068	0.2932
D8S1179	0.6882	0.3118
D18S51	0.7184	0.2816
D21S11	0.6502	0.3498
D5S818	0.5671	0.4329
D13S317	0.6000	0.4000
D16S539	0.5749	0.4251
TH01	0.4046	0.5954
TPOX	0.3701	0.6299
CSF1PO	0.5001	0.4999
D7S820	0.5576	0.4424
D2S1338	0.6950	0.3050
D19S433	0.6554	0.3446
D6S1043	0.7310	0.2690
D12S391	0.6790	0.3210
Penta D	0.5907	0.4093
Penta E	0.7325	0.2675

19 个 STR 基因座累积非父排除概率 CPE=1-1.1089×10^{-8}

计算人：XX　XX　　　　日期：2019-6-17

复核人：XX　　　　　　日期：2019-6-17

XX 司法鉴定中心

共 1 页 第 1 页

实验室试剂配制登记表

编号	试剂名称	体积	配制人员	配制时间	过期时间	备注
1	chelex-100	20mL	XX	2019-6-17	2019-6-17	
2	HiDi	1mL	XX	2019-6-17	/	
3	chelex-100	20mL	XX	2019-6-18	2019-6-18	

XXSJ/QR-E-14-2014

XX 司法鉴定中心　　　　　　　　　　　　　　　　　　　　第 1 页 共 2 页

亲子鉴定样本采集、流转、保存及实验记录

<table>
<tr><td rowspan="4">标本采集</td><td>样本编号</td><td>姓名</td><td>称谓</td><td>采样时间</td><td>样本类型及量</td><td>采样人/接收人</td><td colspan="2">存放地点</td></tr>
<tr><td>2019-CNAS SF0007-1</td><td>样品 I</td><td>孩子生母</td><td>2019-X-X</td><td>血斑 8mm×8mm</td><td>XX</td><td colspan="2">冰箱(XXSJ-B-072)</td></tr>
<tr><td>2019-CNAS SF0007-2</td><td>样品 II</td><td>孩子</td><td>2019-X-X</td><td>血斑 8mm×8mm</td><td>XX</td><td colspan="2">冰箱(XXSJ-B-072)</td></tr>
<tr><td>2019-CNAS SF0007-3</td><td>样品 III</td><td>被检父</td><td>2019-X-X</td><td>血斑 8mm×8mm</td><td>XX</td><td colspan="2">冰箱(XXSJ-B-072)</td></tr>
</table>

<table>
<tr><td rowspan="2">标本流转</td><td rowspan="2">样本编号</td><td colspan="3">取样 1</td><td colspan="3">取样 2</td><td colspan="3">取样 3</td></tr>
<tr><td>时间</td><td>取样量</td><td>取样人</td><td>时间</td><td>取样量</td><td>取样人</td><td>时间</td><td>取样量</td><td>取样人</td></tr>
<tr><td></td><td>2019-CNAS SF0007-1</td><td>2019-6-17</td><td>2mm×2mm</td><td>XX</td><td>2019-6-18</td><td>2mm×2mm</td><td>XX</td><td></td><td></td><td></td></tr>
<tr><td></td><td>2019-CNAS SF0007-2</td><td>2019-6-17</td><td>2mm×2mm</td><td>XX</td><td>2019-6-18</td><td>2mm×2mm</td><td>XX</td><td></td><td></td><td></td></tr>
<tr><td></td><td>2019-CNAS SF0007-3</td><td>2019-6-17</td><td>2mm×2mm</td><td>XX</td><td>2019-6-18</td><td>2mm×2mm</td><td>XX</td><td></td><td></td><td></td></tr>
</table>

<table>
<tr><td rowspan="2">标本保存</td><td rowspan="2">样本编号</td><td colspan="4">余样保存</td><td colspan="3">DNA 模板保存</td></tr>
<tr><td>余样量</td><td>时间</td><td>地点</td><td>操作人</td><td>时间</td><td>地点</td><td>操作人</td></tr>
<tr><td></td><td>2019-CNAS SF0007-1</td><td>约2mm×2mm</td><td>2019-6-18</td><td>冰箱(XXSJ-B-072)</td><td>XX</td><td>2019-6-18</td><td>冰箱(XXSJ-B-072)</td><td>XX</td></tr>
<tr><td></td><td>2019-CNAS SF0007-2</td><td>约2mm×2mm</td><td>2019-6-18</td><td>冰箱(XXSJ-B-072)</td><td>XX</td><td>2019-6-18</td><td>冰箱(XXSJ-B-072)</td><td>XX</td></tr>
<tr><td></td><td>2019-CNAS SF0007-3</td><td>约2mm×2mm</td><td>2019-6-18</td><td>冰箱(XXSJ-B-072)</td><td>XX</td><td>2019-6-18</td><td>冰箱(XXSJ-B-072)</td><td>XX</td></tr>
</table>

检验时间：2019-6-17／2019-6-18　　　　实　验　记　录

实验前准备：室温℃：　试剂配制区 23.0　　提取区 23.5　　PCR 扩增区 24.0　　DNA 检测区 23.0

　　　　　　湿度%RH：　试剂配制区 35　　提取区 38　　PCR 扩增区 34　　DNA 检测区 45

☑实验室台面清洁、消毒　　☑所用仪器在有效校准期内　　☑所用试剂在有效期内

<table>
<tr><td rowspan="1">DNA 提取</td><td>

1. 按 DNA 法医物证实验标准操作程序（XXSJ/XX-E-01-2018）提取样本 DNA

☑ 从血样检材中提取 DNA：（检测标本：样品 I、II、III　　　　　　　　）

1）在 1.5ml Eppendorf 管中加入 1 mL 纯水，加入 1-3μL EDTA 抗凝全血或 3-9mm² 血斑，室温下间歇震荡 0.5 h，15000 rpm 离心 5min，去上清液。

2）加入 200μL 10%（即 100mg/ml）Chelex 溶液(100-200 目)，在恒温混匀仪上 56℃充分震荡 0.5 hr。

3）100℃ 煮沸 8min，振荡 5-10s，15，000r/min 离心 5min，于 4℃暂存。

□ 从精斑、唾液斑或口腔拭子检材中提取 DNA：（检测标本：　　　　　　　　　　）

1）取 3mm² 检材（烟蒂外层纸剪取 10mm×3mm），剪碎后放入 1.5mLEppendorf 管中。

2）加入 1ml 纯水，室温放置 0.5 h，10，000-15，000r/min 离心 5min，弃上清，在沉淀中加入 200μL 10% Chelex 溶液和 10μL 10 mg/ml 蛋白酶 K，在恒温混匀仪上 56℃充分震荡 2hr。

3）100℃ 煮沸 8min，高速振荡 5-10s，10，000-15，000r/min 离心 5min，于 4℃ 暂存。

□ 从带毛囊毛发检材/组织检材中提取 DNA：（检测标本：　　　　　　　　　　　）

1）剪取 3-5根毛发毛囊部分，放入 1.5mLEppendorf管中，用纯水清洗毛发1-2次。或取约1-3mm³大小的组织块（从组织块中心取材），剪碎后放入 1.5mLEppendorf 管中。

2）加入 200μL 10% Chelex 100 及 20μL10mg/ml 蛋白酶 K，在恒温混匀仪上 56℃充分震荡 6-8h。

3）100℃ 煮沸 8min，高速振荡 5-10s，15，000r/min 离心 5min，于 4℃暂存。

2. 用紫外分光光度计测试样品 DNA 浓度并将样品 DNA 浓度稀释约为 0.05-0.125μg/ml 后待用。

</td></tr>
</table>

操作人：XX　XX　复核人：XX

XXSJ/QR-E-04-2015

XX 司法鉴定中心　　　　　　　　　　　　　　　　　　　　　　　第 2 页 共 2 页

亲子鉴定样本采集、流转、保存及实验记录

☐ AGCU EX21+1:	☑ Goldeneye20A:	☑ AGCU EX22:
（批号：　　　）	（批号：7OATl3Ol　）	（批号：l8ll09l　）
H₂O　　　1.7μL	H₂O　　　2.8μL	H₂O　　　1.6μL
Reaction Mix　4μL	Reaction Mix　4μL	Reaction Mix　4μL
Primer　　2μl	Primer　　2μL	Primer　　2μL
Taq Gold　0.3μL	Taq Gold　0.2μL	Taq Gold　0.4μL
DNA 模板　2μL	DNA 模板　1μL	DNA 模板　2μL

PCR 扩增

1. 将加有 PCR Master Mix 和 DNA 模板或阳性/阴性对照的 PCR 反应管震荡混匀 5 秒钟，瞬时离心。
2. 按 ABI 9700PCR 仪标准操作规程（XXSJ/-F1-02-2014）在 ABI 9700 PCR 扩增仪上扩增。

☐ 扩增程序（AGCU Expressmarker21+1）:run "AGCU Expressmarker21+1"

　95 ℃ 2 min → （94℃ 30 sec → 60℃ 1min→65℃ 90 sec）× 30 cycle →60℃ 60 min→ 4℃ soak.

☑ 扩增程序（Goldeneye20A）:run "Goldeneye20A"

　95 ℃ 5 min → （94℃ 30 sec → 60℃ 1min→70℃ 1 min）× 30 cycle→60℃ 60 min→ 4℃ soak.

☑ 扩增程序（AGCU Expressmarker22）:run "AGCU Expressmarker22"

　95 ℃ 2 min → （94℃ 30 sec → 60℃ 1min→72℃ 1 min）× 10 cycle→（90℃ 30 sec → 58℃ 1min →72℃ 1 min）× 20 cycle →72℃ 10 min→ 4℃ soak.

产物 电泳

1. 在96孔反应板中加入Hi-Di 甲酰胺10μL、500 SIZ/ILS500 分子量标记0.3μL及PCR 产物 /Ladder 1.0μL，震荡混匀5秒钟，瞬时离心，于95 ℃ 变性3min，然后迅速冰冷3min，准备上机电泳。
2. 按 ABI 3130/3130XL 遗传分析仪标准操作程序(XXSJ/XX-F1-01-2015)在 ABI3130/3130XL 基因分析仪上电泳。

实验后： ☑ 清洁、消毒实验台面、地面、仪器
　　　　　☑ 处理实验废弃物

基因型 分析

仪器：3130XL
阳性对照/质控是否在控：☑是　☐否
阴性对照是否在控：☑是　☐否
检测结果与数据库比对：☑未匹配　☐匹配
保存文件夹：2019-6-17 / 2019-6-18
情况说明：

基因型分析结果：见基因型图谱

结论： ☑ 支持亲权关系　　☐ 排除亲权关系　　☐ 不排除亲权关系

备注：

　　　　　　　　　　　　　　　　　操作人：XX　 XX　复核人：　XX

XXSJ/QR-E-04-2015

XX司法鉴定中心 亲权指数分析结果表

XX司鉴中心[2019]物鉴字第 CNAS SF0007 号

基因座	被检父	孩子	孩子生母	频率(p)	频率(q)	计算表达式	父权指数(PI)
D19S433	13/15	13/13	13/15.2	0.2313	0.2313	[(1/2)/0.2313]	2.1617
D5S818	10/10	10/12	11/12	0.1915	0.2406	[1/0.1915]	5.2219
D21S11	30/31.2	31.2/32.2	31/32.2	0.0769	0.1246	[(1/2)/0.0769]	6.5020
D18S51	14/15	14/15	14/15	0.216	0.1712	[1/(0.216+0.1712)]	2.5826
D6S1043	14/14	12/14	12/18	0.1406	0.1641	[1/0.1641]	6.0938
D3S1358	16/17	15/16	15/15	0.3453	0.3277	[(1/2)/0.3277]	1.5258
D13S317	8/12	8/11	10/11	0.2874	0.2368	[(1/2)/0.2874]	1.7397
D7S820	8/11	11/12	11/12	0.3471	0.2453	[(1/2)/(0.3471+0.2453)]	0.8440
D16S539	10/11	10/12	11/12	0.1278	0.2058	[(1/2)/0.1278]	3.9124
CSF1PO	12/12	10/12	10/12	0.2433	0.3686	[1/(0.2433+0.3686)]	1.6343
Penta D	11/13	9/13	9/9	0.3647	0.1012	(1/4×0.1012)	4.9407
vWA	14/19	16/18	15/16	0.1644	0.1947	u/(4×0.1947)	0.0026
D8S1179	12/14	12/14	12/13	0.1287	0.1852	[(1/2)/0.1852]	2.6998
TPOX	8/8	8/11	10/11	0.5136	0.2987	[1/0.5136]	1.9470
Penta E	5/18	17/18	15/17	0.0581	0.0772	[(1/2)/0.0772]	6.4767
TH01	7/7	7/7	7/7	0.2664	0.2664	[1/0.2664]	3.7538
D12S391	18/19	19/20	19/20	0.2292	0.1927	[(1/2)/(0.2292+0.1927)]	1.1851
D2S1338	20/27	24/27	18/24	0.1718	0.0031	[(1/2)/0.0031]	161.2903
FGA	21/22	21/24	24/24.2	0.1072	0.1894	[(1/2)/0.1072]	4.6642

父权指数(PI值)	24217562.7370
父权概率(W/RCP)	>99.9999%

VWA突变评述见下页

计算人：XX　XX

复核人：XX　XX

基因座	孩子生母	孩子	被检父
vWA	15, 16	16, 18	14, 19

PI=x/y

x=母亲提供"16"的频率×被检父提供"19"→"18"的频率

母亲提供"16"的频率= 1/2

被检父提供"19"→"18"的频率= $p \times \mu \times 1/2 \times (1/10)^{1-1}$ = $\mu p/2$

被检父为杂合子，p = 1/2

本案例 x=μ/8

$\quad$ y=1/2×P_{18}

PI=μ/（4×P_{18}）=0.002/(4×0.1947)=0.0026

XX 司法鉴定中心
DNA 分型检测仪器使用记录

区域	仪器名称	仪器编号	运行记录	备注
试剂配制区	☑超净工作台	XXSJ-B-062	☑正常 □异常	
	☑冰箱	XXSJ-B-071	☑正常 □异常	
	☑移液器	XXSJ-B-42/46/50/56/60	☑正常 □异常	
	☑小型离心机	XXSJ-B-077	☑正常 □异常	
	☑电子分析天平	XXSJ-A-40	☑正常 □异常	
	☑超纯水系统	XXSJ-B-083	☑正常 □异常	
	□其它			
DNA提取区	☑冰箱	XXSJ-B-72	☑正常 □异常	
	☑移液器	XXSJ-B-43/47/41/53/57	☑正常 □异常	
	☑离心机（高速冷冻）	XXSJ-B-079	☑正常 □异常	
	☑离心机（高速）	XXSJ-B-080	☑正常 □异常	
	☑生物安全柜	XXSJ-B-064/084	☑正常 □异常	
	☑漩涡震荡仪	XXSJ-B-067	☑正常 □异常	
	☑恒温金属浴	XXSJ-B-066	☑正常 □异常	
	☑恒温混匀仪	XXSJ-B-070	☑正常 □异常	
	☑电磁炉	XXSJ-B-081	☑正常 □异常	
	☑超净工作台	XXSJ-B-061	☑正常 □异常	
DNA扩增区	☑超净工作台	XXSJ-B-063	☑正常 □异常	
	☑冰箱	XXSJ-B-073	☑正常 □异常	
	☑移液器	XXSJ-B-44/48/51/54/58	☑正常 □异常	
	☑扩增仪	XXSJ-B-086	☑正常 □异常	
	☑漩涡震荡仪	XXSJ-B-068	☑正常 □异常	
	☑小型离心机	XXSJ-B-076	☑正常 □异常	
	□其它			
产物分析区	☑3130XL 基因测序仪	XXSJ-B-085	☑正常 □异常	
	☑恒温金属浴	XXSJ-B-065	☑正常 □异常	
	☑小型离心机	XXSJ-B-075	☑正常 □异常	
	☑板式离心机	XXSJ-B-078	☑正常 □异常	
	☑移液器	XXSJ-B-45/49/52/55/59	☑正常 □异常	
	☑冰箱	XXSJ-B-074	☑正常 □异常	
	□其它			

使用人：XX　XX　　　　　　　　　使用日期：2019-6-17

XX 司法鉴定中心
DNA 分型检测仪器使用记录

区域	仪器名称	仪器编号	运行记录	备注
试剂配制区	☑ 超净工作台	XXSJ-B-062	☑正常 □异常	
	☑ 冰箱	XXSJ-B-071	☑正常 □异常	
	☑ 移液器	XXSJ-B-42/46/50/56/60	☑正常 □异常	
	☑ 小型离心机	XXSJ-B-077	☑正常 □异常	
	☑ 电子分析天平	XXSJ-A-40	☑正常 □异常	
	☑ 超纯水系统	XXSJ-B-083	☑正常 □异常	
	□ 其它			
DNA提取区	☑ 冰箱	XXSJ-B-72	☑正常 □异常	
	☑ 移液器	XXSJ-B-43/47/41/53/57	☑正常 □异常	
	☑ 离心机（高速冷冻）	XXSJ-B-079	☑正常 □异常	
	☑ 离心机（高速）	XXSJ-B-080	☑正常 □异常	
	☑ 生物安全柜	XXSJ-B-064/084	☑正常 □异常	
	☑ 漩涡震荡仪	XXSJ-B-067	☑正常 □异常	
	☑ 恒温金属浴	XXSJ-B-066	☑正常 □异常	
	☑ 恒温混匀仪	XXSJ-B-070	☑正常 □异常	
	☑ 电磁炉	XXSJ-B-081	☑正常 □异常	
	☑ 超净工作台	XXSJ-B-061	☑正常 □异常	
DNA扩增区	☑ 超净工作台	XXSJ-B-063	☑正常 □异常	
	☑ 冰箱	XXSJ-B-073	☑正常 □异常	
	☑ 移液器	XXSJ-B-44/48/51/54/58	☑正常 □异常	
	☑ 扩增仪	XXSJ-B-086	☑正常 □异常	
	☑ 漩涡震荡仪	XXSJ-B-068	☑正常 □异常	
	☑ 小型离心机	XXSJ-B-076	☑正常 □异常	
	□ 其它			
产物分析区	☑ 3130XL 基因测序仪	XXSJ-B-085	☑正常 □异常	
	☑ 恒温金属浴	XXSJ-B-065	☑正常 □异常	
	☑ 小型离心机	XXSJ-B-075	☑正常 □异常	
	☑ 板式离心机	XXSJ- B-078	☑正常 □异常	
	☑ 移液器	XXSJ-B-45/49/52/55/59	☑正常 □异常	
	☑ 冰箱	XXSJ-B-074	☑正常 □异常	
	□ 其它			

使用人：XX　XX　　　　　　使用日期：2019-6-18

XXSJ/QR-E-19-2015

XX 司法鉴定中心　　　　　　　　　　　　　　　　　　第 页 共 页

XX 司法鉴定中心
DNA 分型检测控制记录

DNA 提取					
样品编号					提取方法
2019-CNAS SF0007-I					☑chelex 法
2019-CNAS SF0007-II					（见作业指导书）
2019-CNAS SF0007-III					☐其它

检验人：XX　XX	检验日期：2019-6-17

DNA 扩增		
试剂盒及批号 ☑EX22 181109	☐Goldeneye20A	☐其它
扩增程序：见作业指导书	扩增体系 ☑ 10ul	☐其它

体系配制：
Mix：4×10＝40 ul　　　dd H₂O：1.6×10＝16 ul
primer：2×10＝20 ul　　DNA：2 ul
Taq酶：0.4×10＝4 ul

扩增仪器 ☑ 9700 扩增仪	☐其它
检验人：XX　XX	检验日期：2019-6-17

PCR 产物上样												
	1	2	3	4	5	6	7	8	9	10	11	12
A	CNAS SF0007-I											
B	CNAS SF0007-II											
C	CNAS SF0007-III											
D	9947A											
E	NTC											
F												
G												
H	Ladder											

遗传分析仪型号：☑3130XL	☐3130	☐其它
样本表名称（Plate Name）：2019-6-17		
Ladder：	分型是否正确：☑是	☐否
阳性对照品：	分型是否正确：☑是（图谱见附表）	☐否
阴性对照：	是否正确：☑是	☐否
检验人：XX　XX	检验日期：2019-6-17	

备注：经核实，遗传分析仪中样本表与上表内容一致。

XX 司法鉴定中心
DNA 分型检测控制记录

DNA 提取				
样品编号				提取方法
2019-CNAS S7007-I				☑chelex 法
2019-CNAS S7007-II				（见作业指导书）
2019-CNAS S7007-III				
				☐其它

检验人：XX　XX　　　　　检验日期：2019-6-18

DNA 扩增

试剂盒及批号 ☐EX22　　　☑Goldeneye20A　20AT1301　　☐其它

扩增程序：见作业指导书　　　扩增体系 ☑ 10ul　　　☐其它

体系配制	buffer: 4×10＝40ul　　　　ddH₂o: 2.8×10＝28ul
	primer: 2×10＝20ul　　　　DNA: 1ul
	Taq酶: 0.2×10＝2ul

扩增仪器　☑ 9700 扩增仪　　　　　☐其它

检验人：XX　XX　　　　　检验日期：2019-6-18

PCR 产物上样											
	1	2	3	4	5	6	7	8	9	10	11	12
A			CNAS S7007-I									
B			CNAS S7007-II									
C			CNAS S7007-III									
D			9947A									
E			NTC									
F												
G												
H				Ladder								

遗传分析仪型号：☑3130XL　　　　☐3130　　　　☐其它

样本表名称（Plate Name）：2019-6-18

Ladder:	分型是否正确：☑是	☐否
阳性对照品：	分型是否正确：☑是（图谱见附表）	☐否
阴性对照：	是否正确：☑是	☐否

检验人：XX　XX　　　　　检验日期：2019-6-18

备注：经核实，遗传分析仪中样本表与上表内容一致。

XXSJ/QR-E-18-2015

XX司法鉴定中心

共 1 页　第 1 页

实验室废弃物交接记录

检验鉴定室名称	交接日期	废弃物名称	移交人签字	处理接受单位名称	接受人签字	备注
法医物证	2019-6-17	风险	XX	XXXX	XX	
法医物证	2019-6-18	风险	XX	XXXX	XX	

XXSJ/QR-E-20-2016

XX 司法鉴定中心 　　　　　　　　　　　　　　　　第 1 页 共 1 页

检 材／样 本 处 理 登 记 表　　NO:

序号	检材/样本名称	检材/样本编号	数量	留样日期	期限	处理方式	处理人/日期
1	血斑	2019-CNAS ST0007-I、II、III	3	2019 6-25	6个月	按"废物处理规定统一处置.	XX 2019、X、X
2							
3							
4							
5							
6							
7							
8							
9							
10							
11							
12							
13							
14							
15							
16							
17							
18							
19							
20							
21							

XXSJ/QR-PF-2402-2014

XX 司法鉴定中心司法鉴定意见书

鉴定机构代码：19BC0250

声　明

1.司法鉴定实行鉴定人负责制度。司法鉴定机构和司法鉴定人按照法律法规和规章的规定的要求,采用相关技术标准和技术规范,依法独立、客观、公正地进行鉴定并出具鉴定意见,不受任何组织和个人的非法干预。

2.委托方应向本机构提供真实、完整、充分的鉴定材料,并对鉴定材料的真实性与合法性负责。提供虚假鉴定材料导致鉴定意见错误的,本机构不承担任何责任。

3.受鉴定材料、鉴定时间等客观条件的限制,本鉴定意见仅对本次委托方提供的鉴定材料负责。

4.鉴定意见属于第三方专业性意见,使用司法鉴定意见书,应当保证其完整性和严肃性,仅供办案机关等相关方参考,其是否被采信取决于相关方的审查和判断。

5.依据司法部《司法鉴定程序通则》第四十一条之规定,本机构在必要时,可以对书写错误的鉴定文书作补正说明;补正说明是本鉴定文书的组成部分。

6.当事人认为本机构和鉴定人在执业活动中有违法违规行为,并能提出有关事实和理由的,可以根据司法部《司法鉴定执业活动投诉处理办法》规定,向本机构反映(电话:00000000),或向XX市司法局投诉(电话:00000000)。

7.鉴定意见属于鉴定人的专业意见。当事人仅对鉴定意见有异议,不属投诉受理范围。可通过向法院申请鉴定人出庭作证,或者通过申请补正、补充鉴定、重新鉴定等法定途径解决。司法行政部门不得撤销司法鉴定文书。

8.司法鉴定意见书是否作为定案或者认定事实的根据,取决于办案机关的审查判断,司法鉴定机构和司法鉴定人无权干涉。

地址:XX市XX路XX号(邮政编码:000000)
联系电话/传真:0000-00000000
网址:http://www.xxxxxx.com

XX 司法鉴定中心
亲子鉴定意见书

XX 司鉴中心[2019]物鉴字第 CNAS SF0007 号

一、基本情况

委托人： 司法鉴定科学研究院

委托鉴定事项： 对被检父与孩子之间有无亲生血缘关系的鉴定

委托日期： 2019 年 6 月 13 日

受理日期： 2019 年 6 月 13 日

鉴定材料： 样品Ⅰ（孩子生母）、样品Ⅱ（孩子）、样品Ⅲ（被检父）血
　　　　　　斑各一份，均由司法鉴定科学研究院提供

鉴定地点： XXXX 司法鉴定中心亲子鉴定实验室

在场人员： XX、XX、XX

被鉴定人： 被检父、孩子生母、孩子

二、基本案情

　　某男（被检父）怀疑自己的孩子为妻子（孩子生母）与另一男性所生，提出亲权鉴定的要求，以明确自己是否为孩子的生父。

被鉴定人资料

被鉴定人	性别	称谓	出生日期	证件名称	证件号码	样本编号
样品Ⅰ	女	孩子生母	/	/	/	2019-CNAS SF0007-1
样品Ⅱ	/	孩子	/	/	/	2019-CNAS SF0007-2
样品Ⅲ	男	被检父	/	/	/	2019-CNAS SF0007-3

三、资料摘要

　　无

四、鉴定过程

1、检材处理和检验方法

按照中华人民共和国公共安全行业标准 GA/T383-2014 附录 A 中的 Chelex 法抽提 DNA，采用 Goldeneye™ DNA ID System 20A（基点认知技术有限公司）、AGCU Expressmarker 22 荧光检测试剂盒（无锡中德美联生物技术有限公司）进行复合 PCR 扩增，用 3130XL 型号遗传分析仪（美国 Applied Biosystems 公司）进行毛细管电泳和基因型分析。

2、检验结果

检测基因座	样品Ⅰ （孩子生母）	样品Ⅱ （孩子）	样品Ⅲ （被检父）	PI 值
D19S433	13,15.2	13,13	13,15	2.1617
D5S818	11,12	10,12	10,10	5.2219
D21S11	31,32.2	31.2,32.2	30,31.2	6.5020
D18S51	14,15	14,15	14,15	2.5826
D6S1043	12,18	12,14	14,14	6.0938
D3S1358	15,15	15,16	16,17	1.5258
D13S317	10,11	8,11	8,12	1.7397
D7S820	11,12	11,12	8,11	0.8440
D16S539	11,12	10,12	10,11	3.9124
CSF1PO	10,12	10,12	12,12	1.6343
Penta D	9,9	9,13	11,13	4.9407
* vWA	15,16	16,18	14,19	0.0026
D8S1179	12,13	12,14	12,14	2.6998
TPOX	10,11	8,11	8,8	1.9470
Penta E	15,17	17,18	5,18	6.4767
TH01	7,7	7,7	7,7	3.7538
D12S391	19,20	19,20	18,19	1.1851
D2S1338	18,24	24,27	20,27	161.2903
FGA	24,24.2	21,24	21,22	4.6642
CPI		24217562.7370		
亲权概率（假定前概率为 0.5）		>99.9999%		

2

五、分析说明

　　D19S433 等 19 个 STR 基因座均为人类的遗传标记，遵循孟德尔遗传定律，联合应用可进行亲权鉴定，其累积非父排除概率大于 0.9999。上述检验结果表明，除 vWA 基因座外，被检父均能提供给孩子必需的等位基因。在 vWA 基因座，孩子生母的基因型为"15,16"，孩子的基因型为"16,18"，被检父的基因型为"14,19"，被检父不能提供给孩子必需的等位基因 18，不符合遗传规律。按照 GB/T 37223-2018《亲权鉴定技术规范》和 GA/T965-2011《法庭科学 DNA 亲子鉴定规范》中不符合遗传规律情形时亲权指数的计算方法，vWA 基因座的亲权指数为 0.0026。综上 19 个 STR 基因座的累积亲权指数为 24217562.7370。

六、鉴定意见

　　依据现有资料和 DNA 分析结果，支持被检父为孩子的生物学父亲。

七、附件

　　附件 1：被鉴定人检材电子照片

　　　　司法鉴定人签名：XX　　XX
　　　　《司法鉴定人执业证》证号：XXXXXXXXXXXX

　　　　司法鉴定人签名：XX　　XX
　　　　《司法鉴定人执业证》证号：XXXXXXXXXXXX

　　　　授权签字人签名：XX　　XX
　　　　《司法鉴定人执业证》证号：XXXXXXXXXXXX

鉴定专用章
XX 司法鉴定中心
二〇一九年六月二十日

3

XX 司鉴中心[2019]物鉴字第 CNAS SF0007 号   共 5 页 第 4 页

附件 1：被鉴定人检材照片

XX 司法鉴定中心 [2019] 物鉴字第 CNAS SF0007 号 　　　　　　第 1 页 共 1 页

司法鉴定文书、检材送达回证

收件人 （委托人）	李锦明		送达 方式	自取	
				邮寄	√
送达文书、 检材名称 及数量	鉴定 意见书	XX 司法鉴定中 心 [2019] 物鉴 第 CNAS SF0007 号	函		
	检 材 / 样 本	XX司法鉴定文书 1 份 发票 X 张			
	其它				
送达人签名	X X		送达 时间	2019.7.X	
收件人签名	X X		收件 时间	2019.7.X	
备 注	1. 送达文书、检材/样本核对无误后，请签名并将此件寄回或传真至本中心。 　　邮寄地址：xxxxxxx 2. 电话（传真）：xxxxxx				

此证一式两份，一份作为存根

XX/QR-PF-3202-2014

XX 司鉴中心［2019］物鉴字第 CNAS SF0007 号　　　　　　　　　共 1 页　第 1 页

发 文 稿 纸

文号：XX 司鉴中心【2019】物鉴字第 CNAS SF0007 号		共发（X）份
第一鉴定人 （签名或盖章） X X	第三鉴定人 （签名或盖章）	
第二鉴定人 （签名或盖章） X X	第四鉴定人 （签名或盖章）	
授权签字人 （签名或盖章) X X	签发人 （签名或盖章） X X	
拟稿人 (签名或盖章) X X	打印人 (签名或盖章) X X	
标题：XX 司法鉴定中心亲子鉴定意见书		
主送：　李锦明		
抄报：　　／		
抄送：　　／		
附件：　　／		
密级：　　／	缓慢程度：　　／	

XXSJ/QR-PF-3203-2015

[例2]　19BC0033结果反馈表（专家组评价结果：不通过）

ＸＸＸＸ司法鉴定所

法医物证司法鉴定意见书

19BC0033（2019）物鉴字第 CNAS SF0007 号

一、基本情况

委托单位：司法鉴定科学研究院

委托事项：被检父是否为孩子的生物学父亲。

受理日期：2019 年 6 月 13 日

鉴定地点：XXXX 司法鉴定所

委托日期：2019 年 6 月 13 日

鉴定时间：2019 年 6 月 13 日～2019 年 6 月 25 日

鉴定材料：

1 号检材：孩子生母血样 FTA 卡，放置于标记有"CNAS SF0007 孩子生母Ⅰ"字样的检材包装袋中，为 FTA 卡，卡中心血斑为褐色圆形，面积约 0.7 cm²，包装袋封口完好，后附照片。（样品编号：CNAS SF0007-Ⅰ）。

2 号检材：孩子血样 FTA 卡，放置于标记有"CNAS SF0007 孩子Ⅱ"字样的检材包装袋中，为 FTA 卡，卡中心血斑为褐色圆形，面积约 0.5 cm²，包装袋封口完好，后附照片。（样品编号：CNAS SF0007-Ⅱ）。

3 号检材：被检父血样 FTA 卡，放置于标记有"CNAS SF0007 被检父Ⅲ"字样的检材包装袋中，卡中心血斑为褐色圆形，面积约 0.4 cm²，包装袋封口完好，后附照片。（样品编号：CNAS SF0007

-Ⅲ）。

二、检案摘要

某男（被检父）怀疑自家的孩子为妻子（孩子生母）与另一男性所生，提出亲权鉴定要求，以明确自己是否为孩子生父。

三、被鉴定人情况

被鉴定人	称谓	出生日期	身份证号码	样本编号
孩子生母	母亲	XXXXXXXX	XXXXXXXXX	CNAS SF0007-Ⅰ
孩子	孩子	XXXXXXXX	XXXXXXXXX	CNAS SF0007-Ⅱ
被检父	疑父	XXXXXXXX	XXXXXXXXX	CNAS SF0007-Ⅲ

四、检验过程

1. 检材处理和检验方法：

按照中华人民共和国公共安全行业标准 GA/T 383 2014 附录 A.2 中的 Chelex 法提取 1、2、3 号检材的 DNA，使用 PowerPlex®21 System 人类荧光标记 STR 复合扩增检测试剂（Promega 公司）进行复合扩增 STR 基因座。用 ABI3100 遗传分析仪（ABI 公司）进行毛细管电泳和基因型分析，经 GeneMapper ID v3.2 软件分析，得到上述检材的基因分型。

2. 检验结果

STR 基因座	CNAS SF0007-I	CNAS SF0007-II	CNAS SF0007-III	PI 值
Amel	X	X	X,Y	
D3S1358	15	15,16	16,17	1.5258
D1S1656	15,16	15,16.1	15,16.1	172.4138
D6S1043	12,18	12,14	14	6.0938
D13S317	10,11	8,11	8,12	1.7397
Penta E	15,17	17,18	5,18	6.4767
D16S539	11,12	10,12	10,11	3.9124
D18S51	14,15	14,15	14,15	2.5826
D2S1338	18,24	24,27	20,27	161.2903
CSF1PO	10,12	10,12	12	1.6343
Penta D	9	9,13	11,13	4.9407
TH01	7	7	7	3.7538
vWA	15,16	16,18	14,19	0.0026
D21S11	31,32.2	31.2,32.2	30,31.2	6.5020
D7S820	11,12	11,12	8,11	0.8440
D5S818	11,12	10,12	10	5.2219
TPOX	10,11	8,11	8	1.9470
D8S1179	12,13	12,14	12,14	2.6998
D12S391	19,20	19,20	18,19	1.1851
D19S433	13,15.2	13	13,15	2.1617
FGA	24,24.2	21,24	21,22	4.6642
累积亲权指数（CPI 值）=4.1754×10^9				

五、分析说明

1、D3S1358 等 20 个 STR 基因座均为人类遗传标记，遵循孟德尔遗传规律，联合应用可进行亲权鉴定，其累积非父排除概率大于 0.999999。

2、综上检验结果分析，除 vWA 基因座外，被检父和生母均能提供给孩子必需的等位基因。在 vWA 基因座，孩子的基因型为"15,16"，生母的基因分型为"16,18"，被检父的基因型为"14,19"。孩子的基因型"15"未能从生母及被检父的基因型中找到来源，考虑发生突变来源于被检父，不符合孟德尔遗传规律。按照《亲权鉴定技术规范》（GB/T 37223-2018）中三联体不符合遗传规律的亲权指数计算方法，计算该基因座的亲权指数为 0.0026。按照《亲权鉴定（血斑）能力验证计划作业要求》提供的各个 STR 基因座的等位基因频率，综上 20 个 STR 基因座的累积亲权指数为 4.1754×10^{9}（注：大于 10000）。

六、鉴定意见

依据现有资料及 DNA 分析结果，支持被检父为孩子的生物学父亲。

司法鉴定人： XXX XXX （签字盖章）

《司法鉴定人执业证》证号：XXXXXXXXXX

司法鉴定人： XXX XXX （签字盖章）

《司法鉴定人执业证》证号：XXXXXXXXXX

授权签字人： XXX XXX （签字盖章）

《司法鉴定人执业证》证号：XXXXXXXXXX

二〇一九年六月二十五日

附件： 1. 本所拍摄检材照片

2. 司法鉴定许可证、司法鉴定人执业资格证复印件

[例3]　19BC0044结果反馈表(专家组评价结果：不通过)

XXXXXXXX 司法鉴定中心司法鉴定意见书

XXXXXXXX 司法鉴定中心[2019]法物鉴 SF0007 号

一、基本情况

委 托 人：被检父Ⅲ

委托事项：对被检父Ⅲ与孩子Ⅱ之间有无亲生血缘关系的鉴定

委托日期：2019 年 XX 月 XX 日

受理日期：2019 年 XX 月 XX 日

鉴定材料

被鉴定人	性别	称谓	出生日期	身份证件号码	样本类型	样本编号
被检父Ⅲ	男	父	xxxx.xx.xx	xxxxxxxxxxxxxxxxxx	血斑	2019CNAS SF0007-Ⅲ
孩子生母Ⅰ	女	母	xxxx.xx.xx	xxxxxxxxxxxxxxxxxx	血斑	2019CNAS SF0007-Ⅰ
孩子Ⅱ	女	子	xxxx.xx.xx	xxxxxxxxxxxxxxxxxx	血斑	2019CNAS SF0007-Ⅱ

二、资料摘要

某男（被检父Ⅲ）怀疑自己的孩子为妻子（孩子生母Ⅰ）与另一男性所生，提出亲权鉴定的要求，被检父Ⅲ需要明确被检父Ⅲ是否为孩子Ⅱ的生父。

三、鉴定过程

1、检材处理和检验方法

按照中华人民共和国公共安全行业标准 《法庭科学 DNA 实验室检验规范》（GA/T383-2014）、《法庭科学 DNA 亲子鉴定规范》（GA/T965-2011）和《亲权鉴定技术规范》（GB/T37223-2018）中chelex 法提取上述检材的 DNA，采用 PowerPlex 21 系统（普洛麦格）进行复合 PCR 扩增，用 ABI3500DX 型号遗传分析仪（美国 AB 公司）进行毛细管电泳和基因型分析。

2、检验结果

地址：　　　　　　　　　邮编：　　　　　　联系电话：

STR 基因座分型结果表

STR 基因座	孩子生母: 孩子生母 I		孩子: 孩子 II		被检父: 被检父 III	
AMEL	X	X	X	X	X	Y
D3S1358	15	15	15	16	16	17
D1S1656	15	16	15	16.1	15	16.1
D6S1043	12	18	12	14	14	14
D13S317	10	11	8	11	8	12
Penta E	15	17	17	18	5	18
D16S539	11	12	10	12	10	11
D18S51	14	15	14	15	14	15
D2S1338	18	24	24	27	20	27
CSF1PO	10	12	10	12	12	12
Penta D	9	9	9	13	11	13
TH01	7	7	7	7	7	7
vWA	15	16	16	18	14	19
D21S11	31	32.2	31.2	32.2	30	31.2
D7S820	11	12	11	12	8	11
D5S818	11	12	10	12	10	10
TPOX	10	11	8	11	8	8
D8S1179	12	13	12	14	12	14
D12S391	19	20	19	20	18	19
D19S433	13	15.2	13	13	13	15
FGA	24	24.2	21	24	21	22

四、分析说明

TH01 等所检测 STR 基因座均为人类的多态性遗传学标记，遵循孟德尔遗传定律，联合应用可进行亲权鉴定，其累积非父排除概率大于 0.9999。上述检验结果表明，除 vWA 基因座外，被检父III均能提供给孩子必需的等位基因。在 vWA 基因座，孩子II的基因型为"16,18"，被检父III的基因型为"14,19"，被检父III不能提供给孩子II必需的等位基因"16，18"，不符合遗传规律。按照 GB/T37223 -2018《亲权鉴定技术规范》中不符合遗传规律情形时亲权指数的计算方法，vWA 基因座的亲权指数为 0.0026 。综上 STR 基因座的累积亲权指数为 4124277232.5572（注：大于 10000）。

五、鉴定意见

依据现有资料和 DNA 分析结果，在排除同卵多胞胎、近亲属、遗传疾病和外源干扰的前提下，支持被检父Ⅲ为孩子Ⅱ的生物学父亲。

鉴定人：XXXX

《司法鉴定人执业证》证号：XXXXXXXXXXXX

鉴定人：XXXX

《司法鉴定人执业证》证号：XXXXXXXXXXXX

鉴定人:XXXX

《司法鉴定人执业证》证号：XXXXXXXXXXXX

二〇一九年 XX 月 XX 日

地址： 邮编： 联系电话：

［例4］　19BC0129结果反馈表（专家组评价结果：不通过）

CNAS 能力验证计划　CNAS SF0007

三联体亲权鉴定（血斑）能力验证计划
亲权指数值报告表

参加编号：19BC0129

检测系统	亲权指数（PI 值）
D2S1338	$PI = 1/2r_{37} = 1/2 \times 0.0027 = 185.1852$　　✗
D3S1358	$PI = 1/2q_{16} = 1/2 \times 0.3277 = 1.5258$
D5S818	$PI = 1/r_{10} = 1/0.1915 = 5.2219$
D6S1043	$PI = 1/r_{14} = 1/0.1641 = 6.0938$
D7S820	$PI = 1/2(p_{11} + q_{12}) = 1/2(0.3471 + 0.2453) = 0.8440$
D8S1179	$PI = 1/2r_{14} = 1/2 \times 0.1852 = 2.6998$
D12S391	$PI = 1/2(p_4 + q_{20}) = 1/2(0.2292 + 0.1927) = 1.1851$
D13S317	$PI = 1/2r_8 = 1/2 \times 0.2874 = 1.7397$
D16S539	$PI = 1/2r_{10} = 1/2 \times 0.1278 = 3.9124$
D18S51	$PI = 1/(p_{14} + q_{15}) = 1/(0.2160 + 0.1712) = 2.5826$
D19S433	$PI = 1/2q_{13} = 1/2 \times 0.2313 = 2.1617$
D21S11	$PI = 1/2r_{31.2} = 1/2 \times 0.0769 = 6.5020$
CSF1PO	$PI = 1/(p_{10} + q_{12}) = 1/(0.2433 + 0.3686) = 1.6343$
FGA	$PI = 1/2r_{21} = 1/2 \times 0.1072 = 4.6642$
THO1	$PI = 1/r_7 = 1/0.2664 = 3.7538$
TPOX	$PI = 1/r_8 = 1/0.5136 = 1.9470$
Penta D	$PI = 1/2q_{13} = 1/2 \times 0.1012 = 4.9407$
Penta E	$PI = 1/2r_{18} = 1/2 \times 0.0772 = 6.4767$
vWA	$PI = 11/4p_{18} = 0.002/4 \times 0.1947 = 0.0026$
D1S1656	$PI = 1/2r_{16.3} = 1/2 \times 0.0029 = 172.4138$

累积亲权指数（CPI 值）$= 4.7353 \times 10^9$

注：若使用的试剂盒除了以上基因座外，还包括其他基因座，请自行补充结果。

编号：SJR-Q07-2017-PT　　　实施日期：2018-1-2　　　第 7 页　共 11 页

yyy　2019.6.28　　　×××　2019.06.28

XXXX 司法鉴定中心司法鉴定意见书

XXXX 司鉴[2019]法物鉴字第 19BC0129 号

一、基本情况

委 托 人：被检父、孩子生母

委托事项：对被检父与孩子之间有无亲生血缘关系的检验

委托日期：2019 年 X 月 X 日

受理日期：2019 年 X 月 X 日

鉴定材料：孩子生母、孩子与被检父血样

二、被鉴定人概况

被鉴定人	性别	称谓	出生日期	身份证号码	样本编号
孩子生母	女	母	xxxx 年 xx 月 xx 日	无	I
孩 子	女	孩子	xxxx 年 xx 月 xx 日	无	II
被 检 父	男	父	xxxx 年 xx 月 xx 日	无	III

三、检验过程

1、检材处理和检验方法

按照中华人民共和国公共安全行业标准 GA/T383-2014 处理检材，采用 21Plex 荧光检测试剂盒（江苏苏博生物医学科技南京有限公司）进行复合 PCR 扩增，用 3100 遗传分析仪（ABI 公司）进行毛细管电泳和基因型分析。

2、检验结果

STR 基因座	孩子生母	孩子	被检父	亲权指数
D2S1338	18,24	24,27	20,27	185.1852
D3S1358	15,15	15,16	16,17	1.5258
D5S818	11,12	10,12	10,10	5.2219
D6S1043	12,18	12,14	14,14	6.0938

D7S820	11, 12	11, 12	8, 11	0.8440
D8S1179	12, 13	12, 14	12, 14	2.6998
D12S391	19, 20	19, 20	18, 19	1.1851
D13S317	10, 11	8, 11	8, 12	1.7397
D16S539	11, 12	10, 12	10, 11	3.9124
D18S51	14, 15	14, 15	14, 15	2.5826
D19S433	13, 15. 2	13, 13	13, 15	2.1617
D21S11	31, 32. 2	31. 2, 32. 1	30, 31. 2	6.5020
CSF1PO	10, 12	10, 12	12, 12	1.6343
FGA	24, 24. 2	21, 24 32.2	21, 22	4.6642
TH01	7, 7	7, 7	7, 7	3.7538
TPOX	10, 11	8, 11	8, 8	1.9470
Penta D	9, 9	9, 13	11, 13	4.9407
Penta E	15, 17	17, 18	5, 18	6.4767
vWA	15, 16	16, 18	14, 19	0.0026
D1S1656	15, 16	15, 16. 1	15, 16. 1	172.4138

四、分析说明

分析上述 D2S1338 等 19 个 STR 基因座均为人类的遗传标记,遵循孟德尔遗传定律,联合应用可进行亲权鉴定,其累积非父排除概率大于 0.9999.上述检验结果表明,除 vWA 基因座外,被检父均能提供给孩子必需的等位基因。在 vWA 基因座孩子生母的基因型为"15.16",孩子基因型为"16.18",被检父的基因型为"14.19",被检父不能提供给孩子必须的等位基因 18,不符合遗传规律。按照 GA/T965-2011《法庭科学 DNA 亲子鉴定规范》和《亲权鉴定技术规范》(SF/Z JD0105001-2016)中不符合遗传规律情形时亲权指数计算方法,vWA 基因座的亲权指数为 0.0026,判综上 20 个 STR 基因座基因座的累积亲权指数为 4.7353×10^9(注:大于 10000)。

五、鉴定意见

依据现有资料和 DNA 分析结果，支持被检父是孩子的生物学父

亲。

六、附件

相关材料及照片

司法鉴定人：✗✗✗

《司法鉴定人执业证》证号：XXXXXXXXXX

司法鉴定人：✗✗✗

《司法鉴定人执业证》证号：XXXXXXXXXX

二○一九年六月二十八日

［例5］　19BC0154结果反馈表（专家组评价结果：不通过）

XXXX 司法鉴定所鉴定意见书

钢印

XXXX 司法鉴定所[2019]物鉴第 53 号

一、基本情况

委 托 人：司法鉴定科学研究院

委托事项：亲权鉴定能力验证（三联体血斑）

委托日期：2019 年 06 月 14 日

受理日期：2019 年 06 月 14 日

鉴定材料：被检父(CNAS SF0007-Ⅲ)、孩子生母(CNAS SF0007-Ⅰ)与
孩子(CNAS SF0007-Ⅱ)血斑

鉴定日期：2019 年 06 月 15 日

鉴定地点：XX 省 XX 市 XX 路 XXXXXXXXX 楼 XX 层

二、被鉴定人概况

被鉴定人	性别	称谓	出生日期	证件类型	证件号码	样本编号
被检父	男	父	XXXX.XX.XX	身份证	XXXXXXXXXXXXXXXXX	2019-53-1
孩子生母	女	母	XXXX.XX.XX	身份证	XXXXXXXXXXXXXXXXX	2019-53-2
孩子	男	子	XXXX.XX.XX	身份证	XXXXXXXXXXXXXXXXX	2019-53-3

三、检案摘要

某男（被检父）怀疑自己的孩子为妻子（孩子生母）与另一男性所生，
提出亲权鉴定的要求，以明确自己是否为孩子的生父。

四、检验过程

1、检材处理和检验方法

按照中华人民共和国公共安全行业标准 GA/T383-2014 附录 A 中的 FTA

卡法抽提 DNA,采用 AGCU Expressmarker 22 试剂盒(中德美联生物技术有限公司)进行复合 PCR 扩增,扩增产物采用 ABI3500 基因分析仪（美国 Thermo Fisher Scientific 公司）进行毛细管电泳和 STR 基因型分析。

2、检验结果

STR 基因座	被检父 2019-53-1	孩子 2019-53-3	孩子生母 2019-53-2	PI
D2S1338	20, 27	24, 27	18, 24	161.2903
D3S1358	16, 17	15, 16	15, 15	1.5258
D5S818	10, 10	10, 12	11, 12	5.2219
D6S1043	14, 14	12, 14	12, 18	6.0938
D7S820	8, 11	11, 12	11, 12	0.8440
D8S1179	12, 14	12, 14	12, 13	2.6998
D12S391	18, 19	19, 20	19, 20	1.1851
D13S317	8, 12	8, 11	10, 11	1.7397
D16S539	10, 11	10, 12	11, 12	3.9124
D18S51	14, 15	14, 15	14, 15	2.5826
D19S433	13, 15	13, 13	13, 15.2	2.1617
D21S11	30, 31.2	31.2, 32.2	31, 32.2	6.5020
CSF1PO	12, 12	10, 12	10, 12	1.6343
FGA	21, 22	21, 24	24, 24.2	4.6642
TH01	7, 7	7, 7	7, 7	3.7538
TPOX	8, 8	8, 11	10, 11	1.9470
Penta D	11, 13	9, 13	9, 9	4.9407
Penta E	5, 18	17, 18	15, 17	6.4767
vWA	14, 19	16, 18	15, 16	0.0026
D2S441	10, 12	10, 10	10, 12	1.9968
D10S1248	14, 15	13, 14	13, 13	2.3889
CPI	1.1552E+08			

五、分析说明

《亲权鉴定技术规范》(GB/T 37223-2018)规定应用于亲权鉴定的检测系统其累计非亲排除率应达到 0.9999 以上。本鉴定所检测系统采用

D3S1358、D13S317 等 21 个常染色体基因座，均为人类遗传学标记，遵循孟德尔遗传定律，其累计非亲排除概率大于 0.9999，可联合应用于亲权鉴定。

鉴定结果显示，检材 2019-53-1（被检父）在除 vWA 基因座外的 20 个基因座基因型均能提供给检材 2019-53-3（孩子）必需的等位基因，检测结果符合孟德尔遗传规律，在 vWA 基因座，被检父的基因型为"14，19"，孩子生母的基因型为"15，16"，孩子的基因型为"16，18"，被检父不能提供给孩子必需的等位基因 18，不符合遗传规律，按照 GB/T 37223-2018《亲权鉴定技术规范》中不符合遗传规律情形时亲权指数的计算方法，D3S1358 基因座的亲权指数为 0.0026。根据《三联体亲权鉴定（血斑）能力验证计划作业指南 CNAS SF0007》提供的等位基因频率，综上 21 个基因座的累积亲权指数（CPI）为 1.1552E+08。

六、鉴定意见

依据现有资料与 DNA 分析结果，在排除同卵多胞胎、近亲及外源性干扰的前提下：支持被检父是孩子的生物学父亲。

司法鉴定人：

XXX(主检法医师　司法鉴定人执业证：XXXXXXXXXXX)

XXX(主检法医师　司法鉴定人执业证：XXXXXXXXXXX)

授权签字人：

XXX(主任法医师　司法鉴定人执业证：XXXXXXXXXXX)

XXXX 司法鉴定所司法鉴定专用章

二〇一九年六月十七日

注：被鉴定人及司法鉴定人相关证件电子照片见附件

[例6]　19BC0347结果反馈表（专家组评价结果：不通过）

XXXX 司法鉴定中心
鉴定意见书

XX 司法鉴定中心[2019] 物鉴字第 XX 号

一、基本情况

委托人：司法鉴定科学研究院

委托事项：对被检父与孩子之间有无亲生血缘关系的鉴定

委托日期：2019-6-24

受理日期：2019-6-24

鉴定日期：2019-6-24 至 2019-6-28

鉴定材料：孩子生母（CNAS SF0007-Ⅰ）、孩子（CNAS SF0007-Ⅱ）与被检父（CNAS SF0007-Ⅲ）的血样

二、被鉴定人情况

被鉴定人	性别	称谓	出生日期	身份证件号码	样本编号
孩子生母	女	母	XXXX	XXXXXXX	2019-SF-7-1
孩子	-	子	XXXX	XXXXXXX	2019-SF-7-2
被检父	男	男	XXXX	XXXXXXX	2019-SF-7-3

三、检验过程

1.检材处理和检验方法

按照中华人民共和国公共安全行业标准 GA/T383-2014 附录 A 中的 Chelex 法抽提 DNA，采用 PowerPlex®21 人类荧光标记 STR 复合扩增检测试剂（普洛麦格北京生物技术有限公司）进行复合 PCR 扩增，采用 ABI-3500XL 型号遗传分析仪（美国赛默飞公司）进行毛细

管电泳和基因型分析。

2、检验结果

检测系统	I（孩子生母）	II（孩子）	III（被检父）	亲权指数（PI值）
D2S1338	18/24	24/27	20/27	161.2903
D3S1358	15	15/16	16/17	1.5258
D5S818	11/12	10/12	10	5.2219
D6S1043	12/18	12/14	14	6.0938
D7S820	11/12	11/12	8/11	0.8440
D8S1179	12/13	12/14	12/14	2.6998
D12S391	19/20	19/20	18/19	1.1851
D13S317	10/11	8/11	8/12	1.7397
D16S539	11/12	10/12	10/11	3.9124
D18S51	14/15	14/15	14/15	2.5826
D19S433	13/15.2	13	13/15	2.1617
D21S11	31/32.2	31.2/32.2	30/31.2	6.5020
CSF1PO	10/12	10/12	12	2.7130
FGA	24/24.2	21/24	21/22	4.6642
THO1	7	7	7	3.7538
TPOX	10/11	8/11	8	1.9470
Penta D	9	9/13	11/13	4.9407
Penta E	15/17	17/18	5/18	6.4767
vWA	15/16	16/18	14/19	0.0026
D1S1656	15/16	15/-	15/-	172.4138
Amel	X	X	X/Y	

注：1、D2S1338 基因座上检出基因型"27"，在能力验证计划基因分布频率中未找到对应基因频率，按稀有等位基因处理，取该基因座最小的等位基因频率；

2、vWA 为不符合遗传规律基因座，按照父源突变进行计算；

3、D1S1656 基因座上检出"OL"，按稀有等位基因处理，取该基因座最小的等位基因频率

四、分析说明

　　D3S1358 等 20 个 STR 基因座均为人类的遗传标记，遵循孟德尔遗传定律，联合应用可进行亲权鉴定，其累积非父排除率大于 0.9999。上述检验结果表明，除 vWA 基因座外，被检父均能提供给孩子必需的等位基因。在 vWA 基因座上，孩子生母的基因型为 "15,16"，孩子的基因型为 "16,18"，被检父的基因型为 "14,19"，不符合遗传规律。按照 GA/T965-2011《法庭科学 DNA 亲子鉴定规范》和 SF/ZJD0105001-2015《亲权鉴定技术规范》中不符合遗传规律情形时亲权指数的计算方法，vWA 基因座的亲权指数为 0.0026。综上 20 个 STR 基因座的累积亲权指数为 6.9314×10^9

　　五、鉴定意见

　　依据现有资料和 DNA 分析结果，支持被检父为孩子的生物学父亲。

　　　　　　　　鉴 定 人：主任法医师　XXX　（签名、盖章）

《司法鉴定人执业证》证号：XXXXXX

　　　　　　　　　　　主检法医师　XXX　（签名、盖章）

《司法鉴定人执业证》证号：XXXXXX

授权签字人：主任法医师　XXX　（签名、盖章）

《司法鉴定人执业证》证号：XXXXXX

　　　　　　　　二〇一九年六月二十八日

注：被鉴定人及相关证件电子照片见附件。

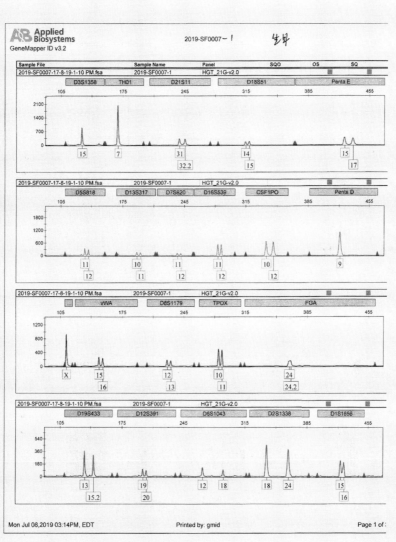

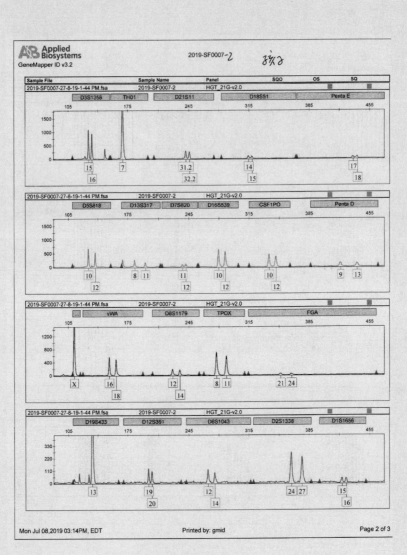

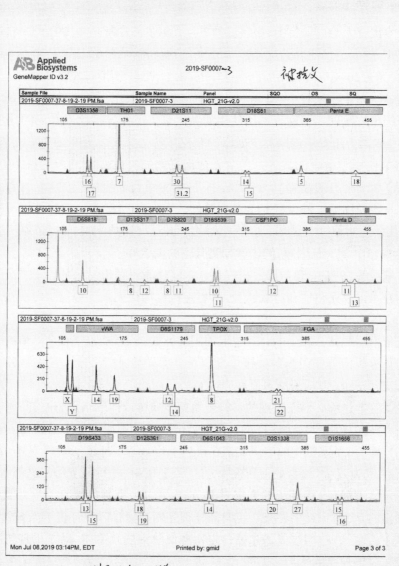

【专家点评】

本次能力验证项目中,报名参加单位共408家,来自全国29个省、自治区和直辖市,在规定日期内,返回结果402家,未返回结果者6家。402家参与评价机构中,满意264家,占65.7%;通过71家,占17.7%;不通过67家,占16.6%。从采用的检测手段来看,所有返回结果的实验室均采用了荧光检测的方法,未见采用银染方法的实验室。从所使用的关键设备遗传分析仪来看,402家实验室中有386家使用着目前国际上通用的至少具备分辨五色荧光技术的机型,其中有85家使用了最新的具备六色荧光标记技术的3500型遗传分析仪;有348家使用了3100/3130型遗传分析仪,有28家使用着已经停产的310型遗传分析仪。从所使用的关键试剂STR分型试剂盒来看,有182家实验室使用一种试剂盒,其余为两种以上试剂盒。从检测的STR基因座数来看,有184家实验室最多检测15个STR基因座,约占参加实验室的45.8%。

编号为19BC0250的鉴定机构是众多获得满意评价结果的代表之一。从反馈的技术记录完整性和有效性看,该鉴定机构均最大限度地反映出了整个鉴定活动中的"人、机、料、法、环、测"等要素,准确地描述了检验材料的状态、数量以及依附的载体,基因组DNA提取采用的方法,STR基因座复合扩增的试剂以及遗传分析检测的设备等关键信息。对全部样品进行了唯一性编号并设置了内部流转记录,包括阳性对照和阴性对照在内的全部样品检测记录完整,客观呈现了鉴定过程。对于出现的不符合孟德尔遗传规律的情形,也进行了客观的分析并按照正确的方法计算了不符合孟德尔遗传规律情形下的PI值。在鉴定文书方面,该鉴定机构的鉴定文书在格式上均涵盖了标题、编号、基本情况、鉴定目的、检验过程、检材处理和检验方法、检验结果、分析说明和鉴定意见等《司法鉴定文书规范》中要求的全部要素,在内容上也准确反映出了相关信息。值得指出的是,鉴定文书在分析说明部分首先用非父排除率评价了系统效能;其次基于检测结果,围绕孟德尔遗传定律和似然率展开论述,对于出现的不符合孟德尔遗传规律的情形,也进行了客观的分析,说明了检测结果表明的证据价值,自然过渡到最后的鉴定意见部分。这一分析说明的模式是值得推荐的。总之,以上鉴定机构在本次能力验证活动中DNA分型结果正确,PI值计算正确,检验过程完整、分析说明抓住了重点且报告书的格式用语规范,证明了其对于亲权鉴定能力的良好把握。

本次67家评价为"不通过"的机构中,有的是鉴定意见书中未对出现STR

基因座不符合遗传规律的现象加以分析,有的是描述错误;有的是出现了样本分型错误;有的是在鉴定意见书中出现了数据转移错误;有的是多个STR基因座出现了亲权指数计算错误;有的是对被检孩子生父基因的描述不正确;有的是报告书描述的STR试剂盒等,反映出这些鉴定机构的能力尚有待提高。编号为19BC0033、19BC0044、19BC0129、19BC0154、19BC0347、19BC0408等鉴定文书被专家认为存在较多问题,结果评价为不通过。19BC0033机构鉴定意见书分析说明部分对于孩子和生母vWA基因座的分型结果描述错误。19BC0044机构鉴定意见书分析说明部分对于被检孩子生父基因的描述不正确且vWA基因座的PI值与亲权指数值报告表不一致。19BC0129机构鉴定意见书中孩子在D21S11基因座的分型结果报告错误,D2S1338基因座PI值计算错误且引用了作废标准。19BC0154机构鉴定意见书分析说明部分对于vWA基因座不符合遗传规律的情况描述错误。19BC0347机构样本II和III在D1S1656基因座上分型错误,CSF1PO基因座PI值计算错误且鉴定意见书引用了不存在的标准。19BC0408机构孩子和被检父在D1S1656基因座上分型错误。

本次能力验证计划的模拟案例中,除vWA基因座外,孩子的生父基因均可在被检父找到来源,符合孟德尔遗传定律。在vWA基因座,孩子生母的基因型为"15, 16",孩子的基因型为"16, 18",被检父的基因型为"14, 19",被检父不能提供给孩子必需的等位基因"18"。按照GB/T 37223 – 2018《亲权鉴定技术规范》中不符合遗传规律情形时亲权指数的计算方法,基于STR逐步突变模型,计算vWA基因座的亲权指数为0.0026。

关于不符合遗传规律的描述有以下几种典型错误方式:① 对基因座不符合遗传规律的现象视而不见;② 对基因座不符合遗传规律的现象前后矛盾;③ 对基因座不符合遗传规律的现象表达随意;④ 对被检孩子的生父基因描述错误。

关于标准引用,存在以下几种典型错误:① 引用了作废标准。GA/T383 – 2002、SF/Z JD0105001 – 2010和SF/Z JD0105001 – 2016三个标准分别于2014年、2016年和2019年作废,但是还是有相当多的机构引用,反映出没有及时跟踪方法的变化。② 引用不存在标准。引用的标准GA/T383 – 2016并不存在,应该是GA/T383 – 2014,类似的现象还有SF/Z JD0105001 – 2015、SF/Z JD0105001 – 2017。③ 鉴定书中出现同一标准的两个版本。报告书中引用的亲权鉴定技术规范版本号前后不一致,如SF/Z JD0105001 – 2010、SF/Z JD0105001 – 2016。④ 引用标准名称不对。⑤ 标准的颁布单位描述错误。

关于亲权指数计算的典型错误有如下几种方式:① 三联体当作二联体鉴

定；② PI值计算公式错误；③ 未按照作业指南给定的频率计算PI值。

关于数据转移的错误也有如下几种典型方式：① 亲权指数值报告表转移错误；② 鉴定意见书或检验结果报告标准中基因座分型数据转移错误。

关于原始技术记录支撑鉴定意见，存在以下典型错误：① 鉴定意见书描述的STR试剂盒与分型图谱不一致；② 鉴定意见书中样品的分型数据与分型图谱不对应；③ 缺乏必要的原始技术记录或者原始记录极其简单；④ 阳性对照或样品分型图谱的特异性、均衡性不足以支撑报告书中的分型结果。

此外，还有一些机构虽然总体评价尚可，但在鉴定意见书专业术语的表述上还有待进一步规范，如"综合亲权指数""亲子关系指数""被检父累计亲权指数""外援干扰"等应该避免出现。

综上所述，以上评价结果为不满意或存在较多问题的机构，主要原因在于出现了分型错误、计算错误、缺乏对不符合孟德尔遗传规律情形时的处理能力等。反映出鉴定机构参加本次能力验证的鉴定人亲权鉴定的能力需要进一步提高，建议加强这方面的学习和锻炼。

点评人：李成涛　研究员

侯一平　教　授

《二联体亲权鉴定（血斑）（CNAS SF0008）》鉴定文书评析

【项目简介】

　　法医物证学作为服务于司法实践的应用学科，是司法实践中不可或缺的重要部分，在司法实践活动中发挥着极其重要的作用。在法医物证学鉴定中，亲权鉴定是法医物证学鉴定人必备的基本能力之一，它是指应用遗传学理论知识和技术，通过检测分析人类的遗传学标记，判断个体之间的亲缘关系。本次能力验证的目的就是旨在对各实验室的亲权鉴定能力进行科学、客观的考察和评价，以有利于进一步规范鉴定活动、提高鉴定能力，从而使不同鉴定机构间对同一问题的鉴定获得一致的结论，保持司法鉴定结论的一致性和可比性。

【方案设计】

　　本次DNA亲权鉴定能力验证项目是由项目专家组根据亲权鉴定实践中的常见情况，采用了一例二联体亲权鉴定案例的材料制作考核样品，该案例属法医物证学的常见案件，特别之处在于个别基因座上出现了稀有等位基因的情形，这也是亲权鉴定实践中常见现象之一，也是本次亲权鉴定能力验证的考点之一。此外，本次能力验证也考察参加者对常用STR基因座的检测能力、检测过程（程序与报告）以及鉴定文书和鉴定意见表述的规范程度。

　　本次能力验证计划提供的样品为二份制备在FTA卡上的血斑材料，要求参加者采用日常检测方法对待检样品进行检验并提交"检测结果报告表""亲权指数值报告表"、完整的鉴定文书及相关原始记录。

【结果评析】

　[例1]　19BD0147结果反馈表(专家组评价结果：满意)

7

19BD0147 司法鉴定所司法鉴定委托书

收案编号：＿＿＿＿＿CNAS SF0008＿＿＿＿＿

委托人	司法鉴定科学研究院	联系人	李锦明
联系地址	/	联系电话	021-52351397
委托日期	2019 年 6 月 14 日	送检人	顺丰速运邮寄收到

司法鉴定 机　构	机构名称：19BD0147		许可证号：×××××××××
	地　址：××××××		邮　编：××××××
	联系人：×××		联系电话：×××××××××

委托鉴定事项 及　用　途	CNAS SF0008 能力验证
委托鉴定 要　求	亲权关系鉴定
是否属于 重新鉴定	否
检案摘要	某男（被检父）怀疑自己的孩子为妻子（孩子生母）与另一男性所生，提出亲权鉴定的要求，以明确自己是否为孩子的生父。
鉴定材料 目录和数量	检材：（序号，名称，数量，状态，类型） 孩子（Ⅰ）的血斑样品（FTA 卡） 被检父（Ⅱ）的血斑样品（FTA 卡） 鉴定资料： 　　　　　　　　　　　　/

鉴定费用 及收取方式	□ 按照司法鉴定收费标准对委托鉴定事项分项目进行收费，预计收费： 　　总计　　　/　　元，人民币大写　　　/　　　元整。其中， 　　　　　鉴定 项目　　　　　　　　　　　　/　　元 　　　　　　　　项目　　　　　　　　　　　　/　　元 　　　　　　　　项目　　　　　　　　　　　　/　　元 　　　　　　　　项目　　　　　　　　　　　　/　　元 □ 按照疑难复杂和重大社会影响的鉴定案件进行收费，预计收费：总计　　　　　　元， 　人民币大写　　　　　　　　　　元整。具体情形： □ 由省级或省级以上相关部门委托的案件 □ 需组织三名或三名以上相关领域专家共同参与的案件 □ 案件引起社会普遍关注，并经省级或省级以上电台、电视台报道的 □ 案件争议时间长，案发时间超过 5 年（含五年）的案件 □ 经与委托人协商，共同认定为疑难、复杂和有重大社会影响的其他案件
鉴定文书 发送方式	□ 自取 ☑ 邮寄　　地址： □ 其他方式（注明）

8

协议事项：
1. 鉴定机构应当严格依照有关技术规范保管和使用鉴定材料。鉴定委托人同意或者认可： ☐ 因鉴定需要耗尽检材； ☐ 因鉴定需要可能损坏检材； ☐ 鉴定完成后无法完整退还检材； ☐ 检材留样保存 3 个月。 2. 鉴定时限：从协议签订之日起 10 个工作日完成。 ☐ 遇复杂、疑难、特殊的技术问题，或者检验过程确需较长时间的，延长＿个工作日； 3. 特殊情形鉴定： ☐ 需要对女性作妇科检查； ☐ 需要对未成年人的身体进行检查； ☐ 需要对被鉴定人进行法医精神病鉴定； ☐ 需要到现场提取检材； ☐ 需要进行尸体解剖。 4. ☐ 需要补充或者重新提取鉴定材料的，延长＿个工作日。 ☐ 委托人要求鉴定人回避。被要求回避的鉴定人姓名＿＿＿＿＿。 5. 鉴定过程中如需变更协议书内容，由协议双方协议确定。

其他约定事项	/
协议变更 事　　项	/
鉴定风险 提　示	1. 鉴定意见属于专家专业性意见，其是否被采信取决于办案机关的审查和判断，鉴定人和鉴定机构无权干涉； 2. 由于鉴定材料或者客观条件限制，并非所有鉴定都能得出明确的鉴定意见； 3. 鉴定活动遵循独立、客观、公正的原则，因此，鉴定意见可能对委托人有利，也可能不利。
委托人　（机构） （签名或者盖章） 略 2019 年 6 月 14 日	接受委托的鉴定机构 （签名、盖章） 石× 陈× 2019 年 6 月 14 日
备注：	/

9

生 物 检 材 检 验 流 转 登 记 单

日 期	检材名称	检验项目	签名	结果及日期
2019-6-14	孩子（Ⅰ）血样	照相	石× 陈×	照片于 2019-06-14 返回
2019-6-14	被检父（Ⅱ）血样	照相		
2019-6-14	孩子（Ⅰ）血样	常染色体检验	石× 陈×	图谱于 2019-06-17 返回
2019-6-14	被检父（Ⅱ）血样	常染色体检验		
2019-6-14	孩子（Ⅰ）血样	X-STR 染色体检验	石× 陈×	图谱于 2019-06-17 返回
2019-6-14	被检父（Ⅱ）血样	X-STR 染色体检验		

/0

检 材 描 述 记 录 表

检材名称	检材包装	相关案件编号	CNAS SF0008
检材照片			
检材描述	（颜色、形状、大小、特殊标识等） 顺丰速运大号文件封，内有牛皮信封包装的样本和一张光盘		

拍摄人：石X　陈X　　拍摄时间：2019-06-14

11

检 材 描 述 记 录 表

检材名称	检材包装	相关案件编号	CNAS SF0008
检材照片	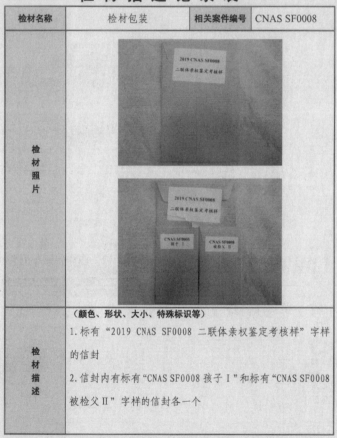		
检材描述	**（颜色、形状、大小、特殊标识等）** 1. 标有"2019 CNAS SF0008 二联体亲权鉴定考核样"字样的信封 2. 信封内有标有"CNAS SF0008 孩子 I"和标有"CNAS SF0008 被检父 II"字样的信封各一个		

拍摄人： 陈×　拍摄时间：2019-06-14

12

检 材 描 述 记 录 表

检材名称	孩子	相关案件编号	CNAS SF0008

检材照片	 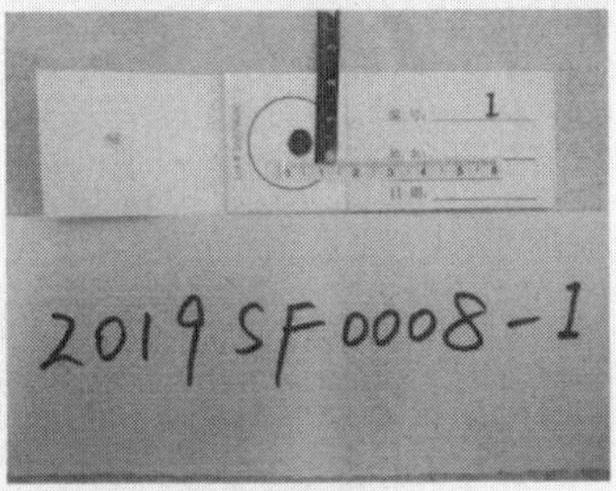

检材描述	（颜色、形状、大小、特殊标识等） 标有"CNAS SF0008 孩子Ⅰ"字样的牛皮信封，内有 FTA 卡一张，上有 0.7cm×0.7cm 血斑一处。

拍摄人：　　　陈×　　拍摄时间：2019-06-14

13

检 材 描 述 记 录 表

检材名称	被检父	相关案件编号	CNAS SF0008

检材照片	 
检材描述	（颜色、形状、大小、特殊标识等） 标有"CNAS SF0008 被检父Ⅱ"字样的牛皮信封，内有 FTA 卡一张，上有 0.7cm×0.7cm 血斑一处。

拍摄人： 签名 拍摄时间：2019-06-14

14

DNA 提 取 记 录 表

提取人	石x 燕x		提取时间	2019-06-14	工作站提取板号	2019-06-14-P P21-1	
样 品 名 称	提取方法	样 品 名 称	提取方法	样 品 名 称		提取方法	
2019SF0008-I	E、F						
2019SF0008-II	E、F						
IQ 试剂盒批号：0000192508							

A.Chelex 提取　　B. 有机法提取　　C.EZ1 提取　　D.B-3000 工作站提取

E.B-NX 工作站提取　　F.磁珠提取　　G.其它

样品名称（精斑）

一次消化	TES（ul）	
	SDS（ul）	
	P.K（ul）	

消化温度：37℃　　恒温水浴仪 2 号　　消化时间：

结果	涂片镜检	其中 _____ 检见精子；
		其中 _____ 未检见精子。

精子消化

精子提取方法	A.Chelex 提取　B. 有机法提取　C.EZ1 提取　D.纯化胶 E.其它
精子提取时间	

刘xx

15

DNA 扩 增 及 上 样 记 录 表

操作人	石X	陈X	操作时间	2019-06-14

扩增试剂盒 AGCU_21+1、PP21、AGCU_Y24、Goldeneye 20A、AGCU_X12、其它

扩增体系	10μl	12.5μl	20μl	25μl	50μl

扩增仪	9700-1	9700-4	9700-5

扩增程序号　pp21　号　　批号：0000339211

组份（μl） 检材名称	Primer	Buffer	TagE	模板	H₂O	MgCl₂	dNTP
2800M	2.0	2.0		1.0	5.0		
yin	2.0	2.0		0.0	6.0		
2019SF0008-I	2.0	2.0		1.0	5.0		
2019SF0008-Ⅱ	2.0	2.0		1.0	5.0		

（10μl体系本实验室已通过确认）

（DNA扩增程序按试剂盒扩增作业指导书操作）

每个样品		95℃变性3分钟

产物 / 甲酰胺 / 内标	内标	
1.0μl / 8.0μl / 1.0μl	Orange500	SIZ500
/1810588/		9700-1
0.8μl / 12μl / 1.0μl	LIZ500	ILS500
		0000331474
电泳分离仪器	3130XL-8	3130XL-9
分离胶	POP4 批号：1902198 POP6	
上样表名称	2019-06-14-pp21-1	

刘XX

16

电 泳 分 离 记 录 单

电泳时间	2019 年 6 月 14 日			操作人		石X 滕X	
胶液	POP4	POP6	POP7	毛细管		36cm	50cm
电泳类别	STR	测序	其它	仪器名称	3100	3130XL-8	3130XL-9
上样表名称	2019-06-14-pp21-1						

	样品名		样品名		样品名		样品名
A1	Ladder	A4		A7		A10	
B1	2800M	B4		B7		B10	
C1	yin	C4		C7		C10	
D1		D4		D7		D10	
E1		E4		E7		E10	
F1		F4		F7		F10	
G1		G4		G7		G10	
H1		H4		H7		H10	
A2		A5		A8		A11	2019SF0008-I
B2		B5		B8		B11	2019SF0008-II
C2		C5		C8		C11	
D2		D5		D8		D11	
E2		E5		E8		E11	
F2		F5		F8		F11	
G2		G5		G8		G11	
H2		H5		H8		H11	
A3		A6		A9		A12	
B3		B6		B9		B12	
C3		C6		C9		C12	
D3		D6		D9		D12	
E3		E6		E9		E12	
F3		F6		F9		F12	
G3		G6		G9		G12	
H3		H6		H9		H12	

刘XX

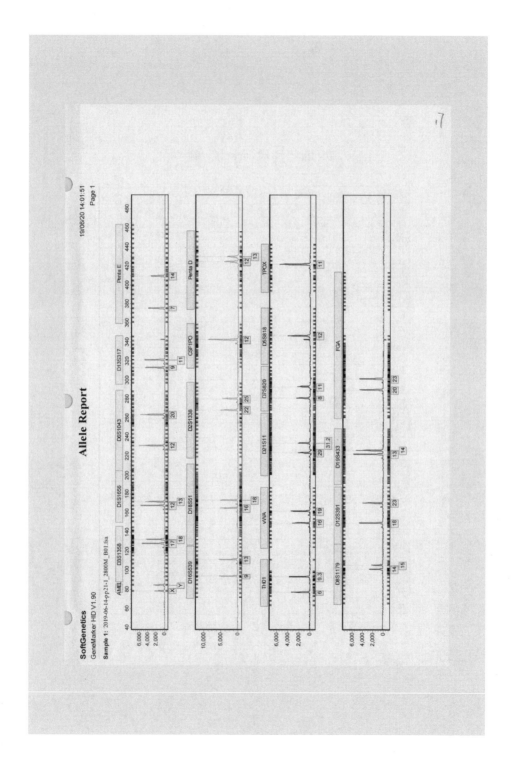

18

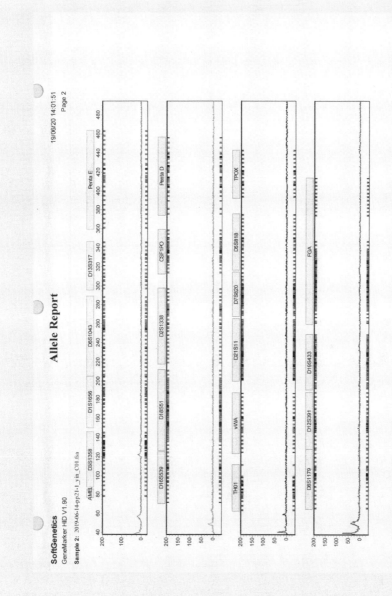

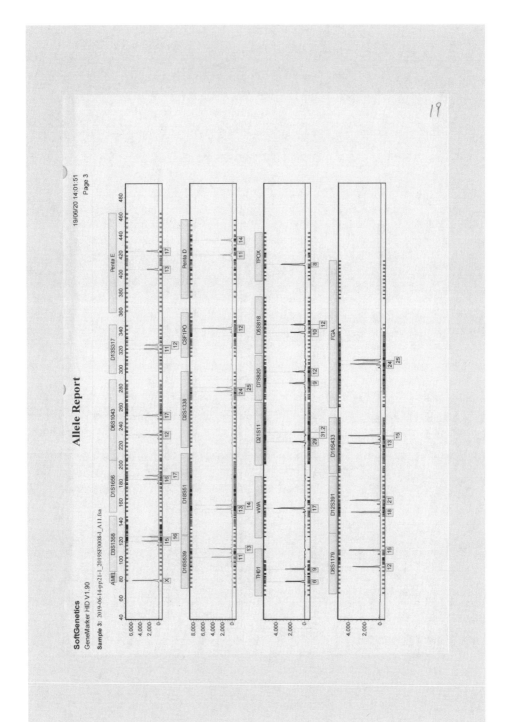

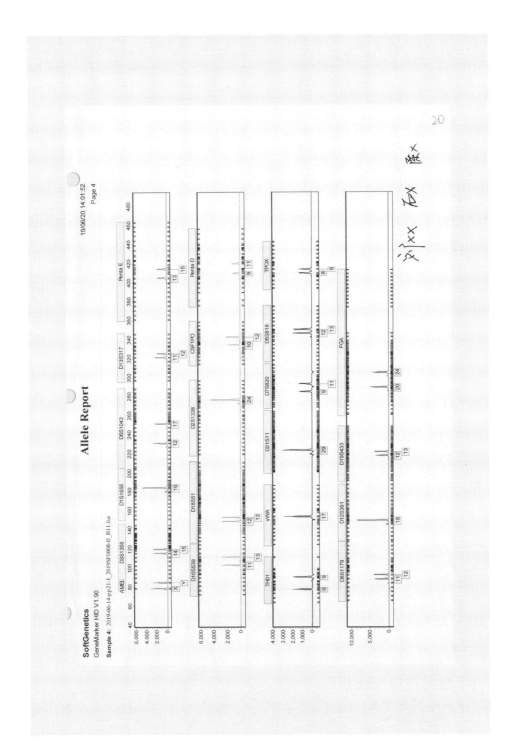

21

DNA 扩 增 及 上 样 记 录 表

操作人	汤x 陈x		操作时间	2019-06-17				

扩增试剂盒 AGCU_21+1、PP21、AGCU_Y24、Goldeneye 17X、AGCU_X12、其它

扩增体系	10μl	12.5μl	20μl	25μl	50μl

扩增仪	9700-1	9700-4	9700-5

扩增程序号	17X	号	批号：17XPH601

组份（μl） 检材名称	Primer	Buffer	Enhancer	模板	H₂O	MgCl₂	dNTP
9948	2.0	2.0	1.0	1.0	4.0		
yin	2.0	2.0	1.0	0.0	5.0		
2019SF0008-I	2.0	2.0	1.0	1.0	4.0		
2019SF0008-II	2.0	2.0	1.0	1.0	4.0		

（10μl 体系本实验室已通过确认）

（DNA 扩增程序按试剂盒扩增作业指导书操作）

每个样品			95℃变性 3 分钟

产物 / 甲酰胺 / 内标	内标		
1.0μl / 8.0μl / 1.0μl	Orange500	SIZ500	
/1810588/	17XPH601		9700-1
0.8μl / 12μl / 1.0μl	LIZ500	ILS500	

电泳分离仪器	3130XL-8	3130XL-9
分离胶	POP4	批号：1902198 POP6
上样表名称	2019-06-17-17X	

汤xx

22

电 泳 分 离 记 录 单

电泳时间	2019 年　6 月　17 日		操作人	石X　陈X	
胶液	POP4　POP6　POP7		毛细管	36cm　50cm	
电泳类别	STR　测序　其它		仪器名称	3100　3130XL-8　3130XL-9	
上样表名称	2019-06-17-17X				

	样品名		样品名		样品名		样品名
A1		A4		A7	Ladder	A10	
B1		B4		B7	9948	B10	
C1		C4		C7	yin	C10	
D1		D4		D7		D10	
E1		E4		E7		E10	
F1		F4		F7		F10	
G1		G4		G7	2019SF0008-I	G10	
H1		H4		H7	2019SF0008-II	H10	
A2		A5		A8		A11	
B2		B5		B8		B11	
C2		C5		C8		C11	
D2		D5		D8		D11	
E2		E5		E8		E11	
F2		F5		F8		F11	
G2		G5		G8		G11	
H2		H5		H8		H11	
A3		A6		A9		A12	
B3		B6		B9		B12	
C3		C6		C9		C12	
D3		D6		D9		D12	
E3		E6		E9		E12	
F3		F6		F9		F12	
G3		G6		G9		G12	
H3		H6		H9		H12	

刘XX

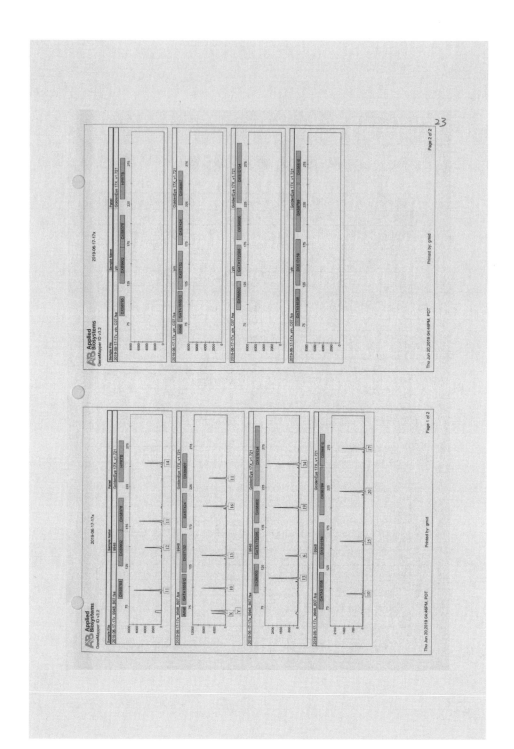

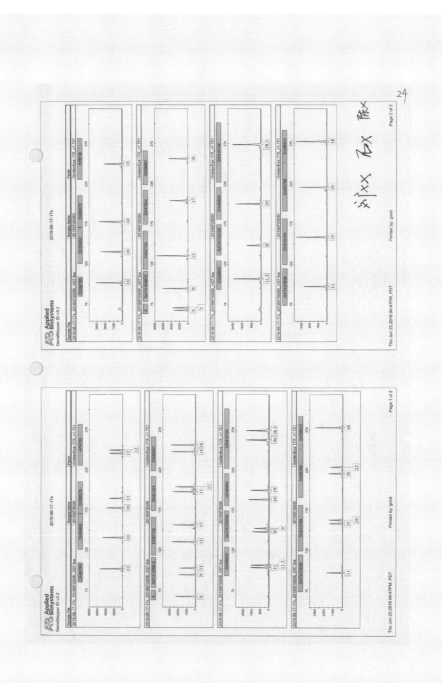

25

CNAS 亲权鉴定能力验证
系统效能计算表

基因座	非父排除率
D3S1358	0.3127
vWA	0.4262
FGA	0.5576
D8S1179	0.5177
D18S51	0.5563
D21S211	0.4649
D5S818	0.3815
D13S317	0.4273
D16S539	0.3954
TH01	0.2438
TPOX	0.2092
CSF1PO	0.3155
D7S820	0.3844
D2S1338	0.5651
D19S433	0.4664
D6S1043	0.5819
D12S391	0.5143
Penta D	0.4632
Penta E	0.7153

累积非父排除率： $CPE = 1 - (1-0.3127) \times (1-0.4262) \times (1-0.5576) \times (1-0.5177) \times$
$(1-0.5563) \times (1-0.4649) \times (1-0.3815) \times (1-0.4273) \times$
$(1-0.3954) \times (1-0.2438) \times (1-0.2092) \times (1-0.3155) \times$
$(1-0.3844) \times (1-0.5651) \times (1-0.4664) \times (1-0.5819) \times$
$(1-0.5143) \times (1-0.4632) \times (1-0.7153)$
$= 1 - 7.76475 \times 10^{-6}$
$= 0.999992235$

注：STR基因座非父排除数据来自 CNAS 亲权鉴定能力验证作业指导书。

二联体亲权鉴定（血斑）能力验证计划

检验结果报告表

参加编号：**19BD0147**

检测系统	I （孩子）	II （被检父）
D2S1338	24, 25	24
D3S1358	15, 16	14, 15
D5S818	10, 12	12, 13
D6S1043	12, 17	12, 17
D7S820	9, 12	9, 11
D8S1179	12, 16	11, 12
D12S391	18, 21	18
D13S317	11, 12	11, 12
D16S539	11, 13	11, 13
D18S51	13, 14	12, 13
D19S433	13, 15	12, 13
D21S11	29, 31.2	29
CSF1PO	12	10, 12
FGA	24, 25	20, 24
THO1	6, 9	6, 9
TPOX	8	8, 9
Penta D	11, 14	9, 11
Penta E	13, 17	13, 15
vWA	17	17
D1S1656	16, 17	16
AMEL	X	X, Y

注：若使用的试剂盒除了以上基因座外，还包括其他基因座，请自行补充结果。

二联体亲权鉴定（血斑）能力验证计划

X-STR 检验结果报告表

参加编号：**19BD0147**

检测系统	I （孩子）	II （被检父）
DXS6795	13	13
DXS9902	10	10
DXS8378	10, 13	10
TPRTB	12, 13	13
GATA165B12	9, 11	9
DXS7132	12, 17	12
DXS7424	15, 17	17
DXS6807	14, 16	16
DXS6803	11, 11.3	11.3
GATA172D05	8, 9	8
DXS6800	16, 19	19
DXS10134	36, 38.3	38.3
GATA31E08	11	11
DXS10159	25, 26	25
DXS6789	20, 22	20
DXS6810	18	18
AMEL	X	X, Y

注：若使用的试剂盒除了以上基因座外，还包括其他基因座，请自行补充结果。

编号：SJR-Q07-2017-PT　　　　实施日期：2018-1-2　　　　第 7 页　共 13 页

28

CNAS 能力验证计划　CNAS SF0008

二联体亲权鉴定（血斑）能力验证计划
亲权指数值报告表

参加编号：**19BD0147**

检测系统	亲权指数（PI 值）
D2S1338	$1/2q_{17}=1/(2\times0.1718)=2.9104$
D3S1358	$1/4q_{15}=1/(4\times0.3453)=0.7240$
D5S818	$1/4q_{11}=1/(4\times0.2406)=1.0391$
D6S1043	$(p_{12}+q_{17})/(4p_{12}q_{17})=(0.1406+0.0495)/(4\times0.1406\times0.0495)=6.8286$
D7S820	$1/4q_{11}=1/(4\times0.0629)=3.9746$
D8S1179	$1/4q_{13}=1/(4\times0.1287)=1.9425$
D12S391	$1/2q_{12}=1/(2\times0.1901)=2.6302$
D13S317	$(p_{11}+q_{12})/(4p_{11}q_{12})=(0.2368+0.1592)/(4\times0.2368\times0.1592)=2.6261$
D16S539	$(p_{11}+q_{13})/(4p_{11}q_{13})=(0.2585+0.1015)/(4\times0.2585\times0.1015)=3.4302$
D18S51	$1/4q_{15}=1/(4\times0.1904)=1.3130$
D19S433	$1/4q_{13}=1/(4\times0.2313)=1.0808$
D21S11	$1/2q_{29}=1/(2\times0.2571)=1.9448$
CSF1PO	$1/2q_{11}=1/(2\times0.3686)=1.3565$
FGA	$1/4q_{24}=1/(4\times0.1894)=1.3200$
THO1	$(p_8+q_9)/(4p_8q_9)=(0.0993+0.5215)/(4\times0.0993\times0.5215)=2.9970$
TPOX	$1/2q_8=1/(2\times0.5136)=0.9735$
Penta D	$1/4q_{11}=1/(4\times0.1232)=2.0292$
Penta E	$1/4q_{12}=1/(4\times0.0674)=3.7092$
vWA	$1/q_{17}=1/0.2361=4.2355$
D1S1656	$1/2q_{18}=1/(2\times0.2107)=2.3730$

累积亲权指数 （CPI 值）	$CPI=2.9104\times0.7240\times1.0391\times6.8286\times3.9746\times$ $1.9425\times2.6302\times2.6261\times3.4302\times1.3130\times1.0808\times1.9448$ $\times1.3565\times1.3200\times2.9970\times0.9735\times$ $2.0292\times3.7092\times4.2355\times2.3730=2.9831\times10^6$

注：若使用的试剂盒除了以上基因座外，还包括其他基因座，请自行补充结果。

编号：SJR-Q07-2017-PT　　　　实施日期：2018-1-2　　　　第 8 页　共 13 页

CNAS 能力验证计划 CNAS SF0008

二联体亲权鉴定（血斑）能力验证计划

似然率报告表

参加编号：**19BD0147**

检测系统	似然率（LR 值）
DXS6795	$1/p_{13}=1/0.4474=2.2351$
DXS9902	$1/p_{10}=1/0.4558=2.1939$
DXS8378	$1/2p_{10}=1/(2\times0.5715)=0.8749$
HPRTB	$1/2p_{13}=1/(2\times0.4064)=1.2303$
GATA165B12	$1/2p_{9}=1/(2\times0.2319)=2.1561$
DXS7132	$1/2p_{12}=1/(2\times0.0862)=5.8005$
DXS7424	$1/2p_{17}=1/(2\times0.0810)=6.1728$
DXS6807	$1/2p_{16}=1/(2\times0.0237)=21.0970$
DXS6803	$1/2p_{11.2}=1/(2\times0.1030)=4.8544$
GATA172D05	$1/2p_{8}=1/(2\times0.1514)=3.3025$
DXS6800	$1/2p_{19}=1/(2\times0.1025)=4.8780$
DXS10134	$1/2p_{38.3}=1/(2\times0.0200)=25.0000$
GATA31E08	$1/p_{13}=1/0.3444=2.9036$
DXS10159	$1/2p_{25}=1/(2\times0.2755)=1.8149$
DXS6789	$1/2p_{20}=1/(2\times0.2277)=2.1959$
DXS6810	$1/p_{18}=1/0.5473=1.8272$

累积似然率（CLR 值）	$CLR=2.2351\times2.1939\times0.8749\times1.2303\times2.1561\times5.8005\times6.1728\times21.0970\times4.8544\times3.3025\times4.8780\times25.0000\times2.9036\times1.8149\times2.1959\times1.8272=3.5536\times10^{8}$

注：若使用的试剂盒除了以上基因座外，还包括其他基因座，请自行补充结果。
注：X-STR 群调数据来自《Genetic polymorphisms and mutation rates of 16 X-STRs in a Han Chinese population of Beijing and application examples in second-degree kinship cases》

编号：SJR-Q07-2017-PT　　　　实施日期：2018-1-2　　　　第9页 共13页

二联体亲权鉴定（血斑）能力验证计划

附表　39 个 STR 基因座的等位基因分布频率

D3S1358		vWA		FGA		D8S1179		D21S11	
11	0.0005	13	0.0020	16	0.0002	8	0.0016	23.2	0.0002
12	0.0014	14	0.2567	17	0.0016	9	0.0011	24.2	0.0002
13	0.0014	15	0.0303	18	0.0181	10	0.1054	27	0.0036
14	0.0473	16	0.1644	19	0.0445	11	0.0936	27.2	0.0002
15	0.3453	17	0.2361	20	0.0458	12	0.1287	28	0.0554
16	0.3277	18	0.1947	21	0.1072	13	0.2221	28.2	0.0054
17	0.2062	19	0.0948	21.2	0.0032	14	0.1852	29	0.2571
18	0.0636	20	0.0192	22	0.1866	15	0.1712	29.2	0.0023
19	0.0061	21	0.0018	22.2	0.0038	16	0.0737	30	0.2794
20	0.0005			23	0.2237	17	0.0149	30.2	0.0109
				23.2	0.0102	18	0.0025	31	0.0995
				24	0.1894			31.2	0.0769
				24.2	0.0084			32	0.0285
				25	0.0970			32.2	0.1246
				25.2	0.0034			33	0.0045
				26	0.0425			33.2	0.0443
				26.2	0.0014			34	0.0018
				27	0.0102			34.2	0.0038
				27.2	0.0009			35	0.0005
				28	0.0009			35.2	0.0009
				28.2	0.0005				
				29	0.0005				

D18S51		D5S818		D13S317		D7S820		D16S539	
7	0.0002	8	0.0036	7	0.0014	7	0.0020	5	0.0002
9	0.0007	9	0.0669	8	0.2874	8	0.1382	6	0.0007
9.2	0.0002	10	0.1915	9	0.1318	9	0.0629	8	0.0070
10	0.0027	11	0.3222	10	0.1432	10	0.1635	9	0.2840
11	0.0032	12	0.2406	11	0.2368	11	0.3471	10	0.1278
12	0.0351	13	0.1421	12	0.1592	12	0.2453	11	0.2585
13	0.1904	14	0.0109	13	0.0341	13	0.0351	12	0.2058
14	0.2160	15	0.0007	14	0.0061	14	0.0054	13	0.1015
15	0.1712	17	0.0002			15	0.0005	14	0.0140
16	0.1312							15	0.0005
17	0.0710								
18	0.0455	7	0.0213						
19	0.0466								
20	0.0318								
21	0.0215								
22	0.0181								
23	0.0090								
24	0.0045								
25	0.0007								
26	0.0002								
27	0.0002								

31

CNAS 能力验证计划 CNAS SF0008

THO1		TPOX		CSF1PO		D2S1338		D19S433	
6	0.0993	6	0.0007	6	0.0002	16	0.0094	11	0.0063
7	0.2664	7	0.0007	7	0.0029	17	0.0469	12	0.0313
8	0.0511	8	0.5136	8	0.0020	18	0.1438	12.2	0.0063
9	0.5215	9	0.1300	9	0.0513	19	0.1969	13	0.2313
9.3	0.0326	10	0.0289	10	0.2433	20	0.1219	13.2	0.0372
10	0.0280	11	0.2987	11	0.2491	21	0.0063	14	0.2469
11	0.0011	12	0.0265	12	0.3686	22	0.0531	14.2	0.1531
		13	0.0007	13	0.0719	23	0.2031	15	0.0594
		14	0.0002	14	0.0100	24	0.1718	15.2	0.1656
				15	0.0007	25	0.0406	16	0.0063
						26	0.0031	16.2	0.0563
						28	0.0031		

Penta D		Penta E		D12S391		D6S1043		D19S253	
6	0.0032	5	0.0053	15	0.0156	10	0.0286	7	0.1696
7	0.0242	7	0.0021	16	0.0078	11	0.1094	8	0.0345
8	0.0691	8	0.0043	17	0.0885	12	0.1406	9	0.0022
9	0.3647	9	0.0139	18	0.1901	13	0.1328	10	0.0206
10	0.1263	10	0.0544	19	0.2292	14	0.1641	11	0.1586
11	0.1232	11	0.1948	20	0.1927	16	0.0052	12	0.3311
12	0.1328	12	0.1177	21	0.1250	17	0.0495	13	0.2070
13	0.1012	13	0.0674	22	0.1016	18	0.1719	14	0.0624
14	0.0433	14	0.0851	23	0.0286	19	0.1511	15	0.0140
15	0.0072	15	0.0752	24	0.0078	20	0.0260		
16	0.0010	16	0.0693	25	0.0105	21	0.0182		
21	0.0012	18	0.0772	26	0.0026				
22	0.0014	19	0.0533						
25	0.0012	20	0.0489						
		21	0.0285						
		22	0.0168						
		23	0.0169						
		24	0.0058						
		25	0.0025						
		30	0.0025						

D6S477		D22GATA198B05		D15S659		D8S1132		D3S3045	
10	0.0103	14	0.0066	8	0.0051	16	0.0140	9	0.3774
11	0.0051	15	0.0184	9	0.0015	17	0.1028	10	0.0228
11.2	0.0015	16	0.0925	10	0.0059	18	0.2070	11	0.0308
12	0.0690	17	0.1557	11	0.1571	19	0.2137	12	0.1358
13	0.2078	18	0.0675	12	0.2173	20	0.1549	13	0.2070
14	0.1931	19	0.0778	13	0.1043	21	0.1424	14	0.1681
15	0.3025	20	0.0991	14	0.0360	22	0.1021	15	0.0529
16	0.1615	21	0.2930	15	0.1762	23	0.0485	16	0.0051
17	0.0374	22	0.1659	16	0.1667	24	0.0147		
18	0.0073	23	0.0184	17	0.1035				
19	0.0044	24	0.0051	18	0.0242				
				19	0.0022				

32

CNAS 能力验证计划 CNAS SF0008

D14S608		D17S1290		D3S1744		D2S441		D18S535	
6	0.0646	10	0.0411	13	0.0186	9	0.0007	8	0.0308
7	0.1931	11	0.0477	14	0.0899	9.3	0.0022	9	0.1858
8	0.0250	12	0.0044	15	0.0940	10	0.2504	10	0.0419
9	0.1322	13	0.0103	16	0.0981	10.3	0.0132	11	0.0184
10	0.2394	14	0.0198	17	0.3471	11	0.3414	12	0.0808
11	0.1909	15	0.2115	18	0.2076	11.3	0.0455	12.2	0.0110
12	0.1131	16	0.3040	19	0.1023	12	0.1711	13	0.1997
13	0.0367	17	0.1689	20	0.0372	12.3	0.0066	13.2	0.0007
14	0.0051	18	0.1167	21	0.0052	13	0.0316	14	0.2915
		19	0.0565			13.3	0.0029	15	0.1322
		20	0.0117			14	0.1138	16	0.0073
		21	0.0073			15	0.0184		
						16	0.0022		

D13S325		D7S1517		D10S1435		D11S2368		D4S2366	
16	0.0044	15	0.0041	8	0.0308	15	0.0022	8	0.0010
17	0.0044	16	0.0031	10	0.0433	16	0.0330	9	0.2882
18	0.0389	17	0.0072	11	0.1557	17	0.1329	9.2	0.0010
19	0.2548	18	0.0145	12	0.3789	18	0.1182	10	0.0537
20	0.2651	19	0.0630	13	0.2386	19	0.1791	10.2	0.0010
21	0.2129	20	0.1260	14	0.1322	20	0.1960	11	0.3543
22	0.1468	21	0.1415	15	0.0176	21	0.2093	11.2	0.0010
23	0.0448	22.2	0.0010	16	0.0029	22	0.0756	12	0.1240
24	0.0213	23	0.1467			23	0.0433	13	0.0950
25	0.0051	24	0.0981			24	0.0103	14	0.0620
27	0.0015	25	0.1715					15	0.0186
		26	0.0486						
		27	0.0186						
		28	0.0103						

D1S1656		D7S3048		D10S1248		D5S2500	
10	0.0073	16	0.0022	8	0.0007	9	0.0041
11	0.0609	17	0.0044	10	0.0007	10	0.0103
12	0.0617	18	0.0932	11	0.0066	11	0.2727
13	0.1050	19	0.0712	12	0.0756	12	0.1570
14	0.0786	20	0.1872	13	0.3796	13	0.0579
14.3	0.0044	21	0.1204	14	0.2093	14	0.0816
15	0.2812	22	0.0903	15	0.2137	15	0.3140
15.3	0.0132	23	0.1571	16	0.0969	16	0.0857
16	0.2107	24	0.1564	17	0.0169	17	0.0155
16.3	0.0125	25	0.0881			18	0.0010
17	0.0727	26	0.0257				
17.3	0.0470	27	0.0037				
18	0.0132						
18.3	0.0286						
19.3	0.0029						

第 1 页共 4 页

参加编号：19BD0147

法 医 物 证 鉴 定 意 见 书

×××[2019]法物鉴字第 CNAS SF0008 号

2019.6.21

一、基本情况：

委托单位：司法鉴定科学研究院

委 托 人：李锦明

委托时间：2019 年 6 月 14 日

检材和样本：

检材名称	检材编号
孩子（Ⅰ）的血斑样品（FTA 卡）	2019SF0008-Ⅰ
被检父（Ⅱ）的血斑样品（FTA 卡）	2019SF0008-Ⅱ

鉴定要求：被检父是否为孩子的生物学父亲。

鉴定地点：×××司法鉴定所

二、基本案情：

据委托材料介绍：某男(被检父)怀疑自己的孩子为妻子（孩子生母）与另一男性所生，提出亲权鉴定的要求，以明确自己是否为孩子的生物学父亲。

三、鉴定过程：

检验自 2019 年 6 月 14 日开始。

（一）DNA 检验

本项检验按 GA/T383-2014《法庭科学 DNA 实验室检验规范》行标中方法进行。

34

　　用 DNA IQ 法提取上述二份血斑 DNA；使用 PowerPlex®21 和 Goldeneye 17X 系统，分别经 PCR 方法复合扩增多个 STR 基因座；用 AB-3130XL 序列分析仪分别进行基因分析，得到常染色体与 X 染色体的基因分型。常染色体分型结果按 GB/T37223-2018《亲权鉴定技术规范》国标中方法计算亲权指数。X 染色体分型结果按 SF/Z JD0105006—2018《法医物证鉴定 X-STR 检验规范》行标中方法计算似然率。

（二）鉴定结果：（常染色体与 X 染色体 STR 分型结果）

检材　分型　基因座	Amelo	D3S1358	D1S1656	D6S1043	D13S317	Penta E	D16S539	D18S51
孩子（I）的血样	X	15, 16	16, 17	12, 17	11, 12	13, 17	11, 13	13, 14
PI 值	-- --	0.7240	2.3730	6.8286	2.6261	3.7092	3.4302	1.3130
被检父（II）的血样	X, Y	14, 15	16	12, 17	11, 12	13, 15	11, 13	12, 13

检材　分型　基因座	D2S1338	CSF1PO	Penta D	TH01	vWA	D21S11	D7S820	D5S818
孩子（I）的血样	24, 25	12	11, 14	6, 9	17	29, 31.2	9, 12	10, 12
PI 值	2.9104	1.3565	2.0292	2.9970	4.2355	1.9448	3.9746	1.0391
被检父（II）的血样	24	10, 12	9, 11	6, 9	17	29	9, 11	12, 13

检材　分型　基因座	TPOX	D8S1179	D12S391	D19S433	FGA			
孩子（I）的血样	8	12, 16	18, 21	13, 15	24, 25	-- --		
PI 值	0.9735	1.9425	2.6302	1.0808	1.3200			
被检父（II）的血样	8, 9	11, 12	18	12, 13	20, 24			

检材　分型　基因座	DXS6795	DXS9902	DXS8378	HPRTB	GATA165B12	DXS7132	DXS7424	DXS6807
孩子（I）的血样	13	10	10, 13	12, 13	9, 11	12, 17	15, 17	14, 16
LR 值	2.2351	2.1939	0.8749	1.2303	2.1561	5.8005	6.1728	21.0970
被检父（II）的血样	13	10	10	13	9	12	17	16

检材　分型　基因座	DXS6803	GATA172D05	DXS6800	DXS10134	GATA31E08	DXS10159	DXS6789	DXS6810

单位名称：19BD0147　　　　　　电话：×××
地　　址：×××　　　　　　　　邮编：×××

孩子（Ⅰ）的血样	11, 11.3	8, 9	16, 19	36, 38.3	11	25, 26	20, 22	18
LR 值	4.8544	3.3025	4.8780	25.0000	2.9036	1.8149	2.1959	1.8272
被检父（Ⅱ）的血样	11.3	8	19	38.3	11	25	20	18

四、分析说明：

（一）常染色体

D3S1358、D1S1656、D6S1043、D13S317、Penta E、D16S539、D18S51、D2S1338、CSF1PO、Penta D、THO1、vWA、D21S11、D7S820、D5S818、TPOX、D8S1179、D12S391、D19S433、FGA 等基因座均是人类遗传标记，遵循孟德尔遗传规律，联合应用可进行亲缘关系鉴定，（除因未提供 D1S1656 基因座的非父排除率外）其二联体累积非父排除率为 0.999992235。

在上述基因座中，孩子（Ⅰ）血样留有者的每个基因座中的两个等位基因其中一个均可在被检父（Ⅱ）血样留有者的基因型中找到来源。根据上述 STR 分型结果，按本次能力验证所提供的群体调查数据统计分析得到信息，被检父（Ⅱ）血样留有者为孩子（Ⅰ）血样留有者生物学父亲的父权指数为 $2.9831×10^6$。

（二）性染色体

DXS6795、DXS9902、DXS8378、HPRTB、GATA165B12、DXS7132、DXS7424、DXS6807、DXS6803、GATA172D05、DXS6800、DXS10134、GATA31E08、DXS10159、DXS6789、DXS6810 等基因座均是人类 X 染色体上遗传标记。女性 X-STR 分型分别来自父母双方的一个等位基因；男性 X-STR 分型仅有的一个等位基因来自母亲 X-STR 基因座的两个等位基因之一。

在上述 X-STR 分型结果中，孩子（Ⅰ）血样留有者每一个基因座均有一个等位基因能从被检父（Ⅱ）血样留有者的 X-STR 分型结果中找到来源。根据上述 X-STR 分型结果，按《Genetic polymorphisms and mutation rates

单位名称：19BD0147　　　　　电话：×××
地　址：×××　　　　　　　　邮编：×××

of 16 X-STRs in a Han Chinese population of Beijing and application examples in second-degree kinship cases》中群体调查数据统计分析得到信息，累计似然率为 3.5536×10^{8}。

五、鉴定意见：

在排除外源干扰的前提下，综合分析上述常染色体与 X 染色体基因座的分型结果，支持被检父（Ⅱ）血样留有者是孩子（Ⅰ）血样留有者的生物学父亲。

鉴定人：主任法医师　刘××

《司法鉴定人执业证》证号：×××

鉴定人：主检法医师　陈×

《司法鉴定人执业证》证号：×××

鉴定人：主检法医师　石×

《司法鉴定人执业证》证号：×××

二〇一九年六月二十一日

附注：1. 本鉴定仅对送检检材负责。

2. 本鉴定书未经书面批准，不得复制。

单位名称：19BD0147　　　　电话：×××

地　址：×××　　　　　　邮编：×××

参加编号:19BD0147

法 医 物 证 鉴 定 意 见 书

×××[2019]法物鉴字第 CNAS SF0008 号

一、基本情况:

委托单位:司法鉴定科学研究院

委 托 人:李锦明

委托时间:2019 年 6 月 14 日

检材和样本:

检材名称	检材编号
孩子(Ⅰ)的血斑样品(FTA 卡)	2019SF0008-Ⅰ
被检父(Ⅱ)的血斑样品(FTA 卡)	2019SF0008-Ⅱ

鉴定要求:被检父是否为孩子的生物学父亲。

鉴定地点:×××司法鉴定所

二、基本案情:

据委托材料介绍:某男(被检父)怀疑自己的孩子为妻子(孩子生母)与另一男性所生,提出亲权鉴定的要求,以明确自己是否为孩子的生物学父亲。

三、鉴定过程:

检验自 2019 年 6 月 14 日开始。

(一)DNA 检验

本项检验按 GA/T383-2014《法庭科学 DNA 实验室检验规范》行标中方法进行。

单位名称:19BD0147   电话:×××
地　　址:×××   邮编:×××

38

用 DNA IQ 法提取上述二份血斑 DNA；使用 PowerPlex®21 和 Goldeneye 17X 系统，分别经 PCR 方法复合扩增多个 STR 基因座；用 AB-3130XL 序列分析仪分别进行基因分析，得到常染色体与 X 染色体的基因分型。常染色体分型结果按 GB/T37223-2018《亲权鉴定技术规范》国标中方法计算亲权指数。X 染色体分型结果按 SF/Z JD0105006—2018《法医物证鉴定 X-STR 检验规范》行标中方法计算似然率。

（二）鉴定结果： （常染色体与 X 染色体 STR 分型结果）

基因座 分型 检材	Amelo	D3S1358	D1S1656	D6S1043	D13S317	Penta E	D16S539	D18S51
孩子（I）的血样	X	15, 16	16, 17	12, 17	11, 12	13, 17	11, 13	13, 14
PI 值	— —	0.7240	2.3730	6.8286	2.6261	3.7092	3.4302	1.3130
被检父（II）的血样	X, Y	14, 15	16	12, 17	11, 12	13, 15	11, 13	12, 13

基因座 分型 检材	D2S1338	CSF1PO	Penta D	TH01	vWA	D21S11	D7S820	D5S818
孩子（I）的血样	24, 25	12	11, 14	6, 9	17	29, 31.2	9, 12	10, 12
PI 值	2.9104	1.3565	2.0292	2.9970	4.2355	1.9448	3.9746	1.0391
被检父（II）的血样	24	10, 12	9, 11	6, 9	17	29	9, 11	12, 13

基因座 分型 检材	TPOX	D8S1179	D12S391	D19S433	FGA	— —	— —	— —
孩子（I）的血样	8	12, 16	18, 21	13, 15	24, 25			
PI 值	0.9735	1.9425	2.6302	1.0808	1.3200			
被检父（II）的血样	8, 9	11, 12	18	12, 13	20, 24			

基因座 分型 检材	DXS6795	DXS9902	DXS8378	HPRTB	GATA165B12	DXS7132	DXS7424	DXS6807
孩子（I）的血样	13	10	10, 13	12, 13	9, 11	12, 17	15, 17	14, 16
LR 值	2.2351	2.1939	0.8749	1.2303	2.1561	5.8005	6.1728	21.0970
被检父（II）的血样	13	10	10	13	9	12	17	16

基因座 分型 检材	DXS6803	GATA172D05	DXS6800	DXS10134	GATA31E08	DXS10159	DXS6789	DXS6810

单位名称：19BD0147　　　　　　电话：×××

地　址：×××　　　　　　　　邮编：×××

39

孩子（Ⅰ）的血样	11、11.3	8、9	16、19	36、38.3	11	25、26	20、22	18
LR 值	4.8544	3.3025	4.8780	25.0000	2.9036	1.8149	2.1959	1.8272
被检父（Ⅱ）的血样	11.3	8	19	38.3	11	25	20	18

四、分析说明：

（一）常染色体

D3S1358、D1S1656、D6S1043、D13S317、Penta E、D16S539、D18S51、D2S1338、CSF1PO、Penta D、TH01、vWA、D21S11、D7S820、D5S818、TPOX、D8S1179、D12S391、D19S433、FGA 等基因座均是人类遗传标记，遵循孟德尔遗传规律，联合应用可进行亲缘关系鉴定，（除因未提供 D1S1656 基因座的非父排除率外）其二联体累积非父排除率为 0.999992235。

在上述基因座中，孩子（Ⅰ）血样留有者的每个基因座中的两个等位基因其中一个均可在被检父（Ⅱ）血样留有者的基因型中找到来源。根据上述 STR 分型结果，按本次能力验证所提供的群体调查数据统计分析得到信息，被检父（Ⅱ）血样留有者为孩子（Ⅰ）血样留有者生物学父亲的父权指数为 2.9831×10^6。

（二）性染色体

DXS6795、DXS9902、DXS8378、HPRTB、GATA165B12、DXS7132、DXS7424、DXS6807、DXS6803、GATA172D05、DXS6800、DXS10134、GATA31E08、DXS10159、DXS6789、DXS6810 等基因座均是人类 X 染色体上遗传标记。女性 X-STR 分型分别来自父母双方的一个等位基因；男性 X-STR 分型仅有的一个等位基因来自母亲 X-STR 基因座的两个等位基因之一。

在上述 X-STR 分型结果中，孩子（Ⅰ）血样留有者每一个基因座均有一个等位基因能从被检父（Ⅱ）血样留有者的 X-STR 分型结果中找到来源。根据上述 X-STR 分型结果，按《Genetic polymorphisms and mutation rates

单位名称：19BD0147　　　　电话：×××

地　址：×××　　　　　　邮编：×××

of 16 X-STRs in a Han Chinese population of Beijing and application examples in second-degree kinship cases》中群体调查数据统计分析得到信息，累计似然率为 3.5536×10^8。

五、鉴定意见：

在排除外源干扰的前提下，综合分析上述常染色体与 X 染色体基因座的分型结果，支持被检父（Ⅱ）血样留有者是孩子（Ⅰ）血样留有者的生物学父亲。

鉴定人：主任法医师 刘××

《司法鉴定人执业证》证号：×××

鉴定人：主检法医师 陈×

《司法鉴定人执业证》证号：×××

鉴定人：主检法医师 石×

《司法鉴定人执业证》证号：×××

二〇一九年六月二十一日

附注：1. 本鉴定仅对送检检材负责。

2. 本鉴定书未经书面批准，不得复制。

单位名称：19BD0147　　　　　电话：×××

地　址：×××　　　　　　　　邮编：×××

41

检验鉴定文书发文签单

鉴定书编号：CNAS SF0008

今取走＿＿＿＿／＿＿＿鉴定书＿／＿份，该鉴定书已经本人核对无误。

领取者姓名：＿＿＿＿／＿＿＿＿

领取者单位：＿＿＿＿／＿＿＿＿

证件号码：＿＿＿＿／＿＿＿＿

联系方式：＿＿＿＿／＿＿＿＿

领取日期：＿＿＿＿／＿＿＿＿

请注明鉴定书领取者与被鉴定人（案件）关系（在相应位置划 V）

（1）办案人员（　／　）　　　　（2）本　人（　／　）

（3）亲　　属（　／　）　　　　（4）同　事（　／　）

（5）友　　人（　／　）　　　　（6）其　他（　／　）

2009 年 8 月 1 日制

［例2］　19BD0001结果反馈表(专家组评价结果：不通过)

***************司法鉴定所

司法鉴定意见书

****司鉴所[2019]物证鉴字第 19BD0001 号

一、基本情况

委托人：司法鉴定科学研究院

委托鉴定事项：对孩子是否与被检父之间存在亲生血缘关系进行鉴定

受理日期：2019 年 6 月 13 日

鉴定检材：

1、被检父血斑（编号：2019-Pa-19BD0001F）

2、孩子血斑（编号：2019-Pa-19BD0001S）

鉴定日期：2019 年 6 月 20 日

鉴定地点：******************司法鉴定所法医物证实验室

被鉴定人：被检父（假设父）、孩子（孩子）

二、检案摘要：

司法鉴定科学研究院提出亲权鉴定的要求，以明确孩子是否为被检父的亲生女。

三、检验过程

1.　检验依据：按照中华人民共和国司法部颁布的《亲权鉴定技术规范》（SF/Z JD0105001-2016)对委托方司法鉴定科学研究院提供的检材进行检验。

2.　STR 扩增：取 2019-Pa-19BD0001F、2019-Pa-19BD0001S 号检材的适量 DNA，按照中华人民共和国司法部颁布的《亲权鉴定技术规范》（SF/ZJD0105001-2016）要求，选用宁波海尔施基因科技有限公司 STRtyper-21G 身份鉴定系统试剂盒复合扩增 STR 基因座、扩增体系设立阳性和阴性对照。

4. 扩增产物电泳和分型：应用 ABI3130 型遗传分析仪进行电泳分离，应用 GeneMapper 分析软件进行分析，得到 STR 分型结果。

四、检验结果

1、STRtyper-21G 身份鉴定系统检测结果

基因座	STRtyper-21G 检测结果	
	2019-Pa-19BD0001F （被检父）	2019-Pa-19BD0001S （孩子）
D2S1338	24,25	24,24
D3S1358	15,16	14,15
D5S818	10,12	12,13
D6S1043	12,17	12,17
D7S820	9,12	9,11
D8S1179	12,16	11,12
D12S391	18,21	18,18
D13S317	11,12	11,12
D16S539	11,13	11,13
D18S51	13,14	12,13
D19S433	13,15	12,13
D21S11	29,31.2	29,29
CSF1PO	12,12	10,12
FGA	24,25	20,24
THO1	6,9	6,9
TPOX	8,8	8,9
Penta D	11,14	9,11
Penta E	13,17	13,15
vWA	17,17	17,17
AMEL	X, Y	X, X

2、亲权指数值报告表

亲权指数值	
基因座	假设父与孩子 亲权指数（PI 值）
D2S1338	2.910360885
D3S1358	0.724008109
D5S818	1.039068994
D6S1043	6.828598934
D7S820	3.974562798
D8S1179	1.942501943
D12S391	2.630194634
D13S317	2.626095002
D16S539	3.430172176
D18S51	1.313025210
D19S433	1.080847384
D21S11	0.514200000
CSF1PO	1.356483993
FGA	1.319957761
THO1	2.997009749
TPOX	0.973520249
Penta D	2.029220779
Penta E	3.709198813
vWA	4.235493435
累积亲权指数（CPI 值）	1257065.7062

五、分析说明

1. 根据中华人民共和国司法部颁布的《亲权鉴定技术规范》（SF/Z JD0105001-2016）所描述的方法计算本检测系统的累计非父排除率（CPE）为 0.9999 以上。

2. 依据检验结果分析，假设父（2019-Pa-19BD0001 F 号检材）与孩子（2019-Pa-19BD0001S 号检材）之间的基因遗传不违反孟德尔遗传规律。根据中华人民共和国司法部颁布的《亲权鉴定技术规范》（SF/Z JD0105001-2016）中提供的各 STR 基因座等位基因分布频率，进行亲权指数（PI 值）和累积亲权指数（CPI 值）计算，得到假设父与孩子之间累积亲权指数为 1257065.7062（CPI≥10000），表示假设父是孩子生物学父亲的可能性为随机男子是孩子生物学父亲的可能性的 1257065.7062 倍，在排除双胞胎和近亲的前提下，支持被检父与孩子之间存在亲生血缘关系。

六、鉴定意见

依据 DNA 检验及分析结果，支持被检父与孩子之间存在亲生血缘关系。

司　法　鉴　定　人：******

《司法鉴定人执业证》证号：***********

司　法　鉴　定　人：******

《司法鉴定人执业证》证号：***********

授　权　签　字　人：******

《司法鉴定人执业证》证号：***********

二零一九年六月二十日

二联体亲权鉴定（血斑）能力验证计划
检验结果报告表

参加编号：**19BD0001**

检测系统	I （孩子）	II （被检父）
D2S1338	24,25	24,24
D3S1358	15,16	14,15
D5S818	10,12	12,13
D6S1043	12,17	12,17
D7S820	9,12	9,11
D8S1179	12,16	11,12
D12S391	18,21	18,18
D13S317	11,12	11,12
D16S539	11,13	11,13
D18S51	13,14	12,13
D19S433	13,15	12,13
D21S11	29,31.2	29,29
CSF1PO	12,12	10,12
FGA	24,25	20,24
THO1	6,9	6,9
TPOX	8,8	8,9
Penta D	11,14	9,11
Penta E	13,17	13,15
vWA	17,17	17,17

二联体亲权鉴定（血斑）能力验证计划
亲权指数值报告表

参加编号：**19BD0001**

检测系统	亲权指数（PI 值）
D2S1338	2.910360885
D3S1358	0.724008109
D5S818	1.039068994
D6S1043	6.828598934
D7S820	3.974562798
D8S1179	1.942501943
D12S391	2.630194634
D13S317	2.626095002
D16S539	3.430172176
D18S51	1.313025210
D19S433	1.080847384
D21S11	0.514200000
CSF1PO	1.356483993
FGA	1.319957761
THO1	2.997009749
TPOX	0.973520249
Penta D	2.029220779
Penta E	3.709198813
vWA	4.235493435
累积亲权指数（CPI 值）	1257065.7062

[例3] 19BD0005结果反馈表(专家组评价结果:不通过)

参加编号:19BD0005

XXXXXX 司法鉴定所司法鉴定意见书

XXX 司鉴所[2019]物鉴字第 XXX 号

一、基本情况

委 托 人:司法鉴定科学研究院

委托事项:对"被检父"与"孩子"两血样来源者之间是否存在

亲子关系进行鉴定

委托日期:2019 年 6 月 13 日

受理日期:2019 年 6 月 13 日

检验地点:XXXXXX 司法鉴定所

二、被鉴定人概况

被鉴定人	检材类型	检材大小	样本编号
孩子	血样	血痕约为 0.5cm² 类圆形	2019-CNAS-SF0008-I
被检父	血样	血痕约为 0.6cm² 类圆形	2019-CNAS-SF0008-II

三、检验过程

1、检材处理和检验方法

按照《法庭科学 DNA 实验室检验规范》(GA/T 383-2014)、《法庭科学 DNA 亲子鉴定规范》(GA/T 965-2011)、《亲权鉴定技术规范》(GB/T 37223-2018)之规定进行检验,采用荧光标记 STR 复合扩增试剂盒 AGCU Expressmarker 22(中德美联公司)进行复合 PCR,用 ABI3130 遗传分析仪(AB 公司)进行毛细管电泳和基因分型。

2、检验结果

STR 基因座	孩子	被检父
D3S1358	15,16	14,15
D13S317	11,12	11,12
D7S820	9,12	9,11
D16S539	11,13	11,13
PentaE	13,17	13,15
D2S441	11,15	11,12
TPOX	8,8	8,9
TH01	6,9	6,9
D2S1338	24,25	24,24
CSF1PO	12,12	10,12
PentaD	11,14	9,11
D10S1248	8,12	12,15
D19S433	13,15	12,13
vWA	17,17	17,17
D21S11	29,31.2	29,29
D18S51	13,14	12,13
D6S1043	12,17	12,17
D8S1179	12,16	11,12
D5S818	10,12	12,13
D12S391	18,21	18,18
FGA	24,25	20,24
Amel	XX	XY

四、分析说明

1.D3S1358 等 21 个 STR 基因座均为人类的遗传学标记，遵循孟德尔遗传定律，联合应用可进行亲权鉴定，其累积非父排除率达 0.9999 以上，对照准确。

2.根据检验结果分析，按照行业公认标准，在排除遗传变异、同

地址：xxxxxxxxxx（邮编：2xxxx）联系电话：xxxxx

卵多胞胎、近亲和外源干扰（如造血干细胞移植）等前提条件下，上述21个STR基因座显示："孩子"的等位基因可从"被检父"的基因型中找到来源，经计算，累积亲权指数大于10000，从遗传学角度支持"被检父"与"孩子"之间存在生物学亲子关系。

五、鉴定意见

支持送检"被检父"血样来源者为"孩子"血样来源者的生物学父亲。

司法鉴定人：　　　Ｘ　Ｘ　Ｘ

（执业证号：ＸＸＸＸＸＸＸＸＸＸＸＸＸ）

Ｘ　Ｘ　Ｘ

（执业证号：ＸＸＸＸＸＸＸＸＸＸＸＸＸ）

授权签字人：　　　Ｘ　Ｘ　Ｘ

（执业证号：ＸＸＸＸＸＸＸＸＸＸＸＸＸ）

二〇一九年六月二十七日

注：被鉴定人电子照片见附件。

[例4]   19BD0038结果反馈表（专家组评价结果：不通过）

参加编号：19BD0038

XXXX 司法鉴定中心
法医物证司法检验意见书

XX 司鉴物鉴字[2019]第 XX 号

一、 基本情况

委 托 方：司法鉴定科学研究院

委托事项：被检父是否为孩子的生物学父亲

委托日期： 2019 年 6 月 26 日

鉴定材料：孩子及被检父的血痕（委托方提供）

被鉴定人：

姓 名	性别	证件类型	证件号	样品编号
孩子	-	未提供	-	WZ201906-000XX-Ⅰ
被检父	男	未提供	-	WZ201906-000XX-Ⅱ

二、 检案摘要

　　某男（被检父）怀疑自己的孩子为妻子与另一男性所生，提出亲权鉴定的要求，以明确自己是否为孩子的生父。

三、 检验过程

（一）检验规范

　　检材按照《法庭科学 DNA 实验室检验规范（GA/T383-2014）》、《亲权鉴定技术规范（GB/T 37223-2018）》进行检测。

（二）检验步骤

　　1、扩增：使用 Goldeneye™ DNA 身份鉴定系统 20A 人类荧光标记 STR 复合扩增检测试剂进行复合 PCR 进行扩增；扩增体系 10μl。

　　2、毛细管电泳：使用 3130 型基因分析仪(AB)进行毛细管电泳和基因型分析。

（三）检验结果

基因座名称	孩子 (WZ201906-000XX-Ⅰ)		被检父 (WZ201906-000XX-Ⅱ)	
D19S433	13	15	12	13
D5S818	10	12	12	13
D21S11	29	31.32	29	29
D18S51	13	14	12	13
D6S1043	12	17	12	17
D3S1358	15	16	14	15
D13S17	11	12	11	11
D7S820	9	12	9	11
D16S539	11	13	11	13
CSF1PO	12	12	10	12
Penta D	11	14	9	11
vWA	17	17	17	17
D8S1179	12	16	11	12
TPOX	8	8	8	9
Penta E	13	17	13	15
TH01	6	9	6	9
D12S391	18	21	18	18
D2S1338	24	25	24	24
FGA	24	25	20	24
Amelogein	X	X	X	Y

四、分析说明

　　根据孟德尔遗传定律，亲代各自将一半的遗传信息传给子代；以上 20 个基因座的检验结果显示，样本 WZ201906-000XX- II 具备成为样本 WZ201906-000XX- I 生物学父亲的遗传学条件；两者之间亲权关系概率达 99.99%以上；故支持被检父为孩子的生物学父亲。

五、鉴定意见

　　支持被检父为孩子的生物学父亲。

六、落款

　　司法鉴定人签名或者盖章：

　　《司法鉴定人执业证》证号：360619001004

　　司法鉴定人签名或者盖章：

　　《司法鉴定人执业证》证号：360619001002

二〇一九年六月二十六日

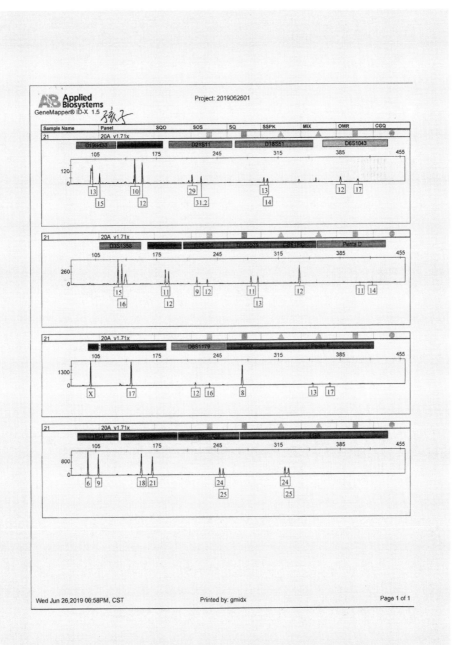

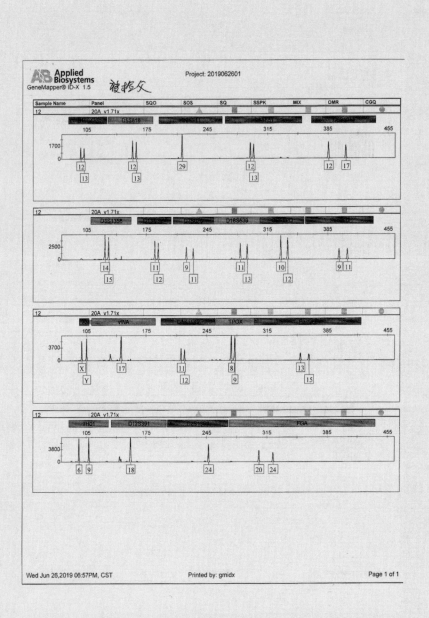

［例5］　19BD0057结果反馈表（专家组评价结果：不通过）

二联体亲权鉴定（血斑）能力验证计划
亲权指数值报告表

参加编号：19BD0057

检测系统	亲权指数（PI 值）
D2S1338	1.3200
D3S1358	2.9104
D5S818	2.6302
D6S1043	0.9735
D7S820	1.3565
D8S1179	6.8286
D12S391	2.0292
D13S317	2.6261
D16S539	3.4302
D18S51	3.9746
D19S433	2.9970
D21S11	1.9425
CSF1PO	1.9948
FGA	1.0391
THO1	1.3130
TPOX	1.0808
Penta D	3.7092
Penta E	4.2355
vWA	0.7240
D2S441	0.7323
D22S1045	1.0425
D10I248	3.3069
D1S1656	2.3730
累积亲权指数（CPI 值）	7.530942×10^6

计算人：XXX　XXX

2019 年 6 月 XX 日

［例6］　19BD0058结果反馈表（专家组评价结果：不通过）

XXXXXX 司法鉴定所

司法鉴定意见书

XXXXXX[2019]物鉴字第 2019 CNAS SF0008 号

一、基本情况

委 托 方：司法鉴定科学技术研究院

委托事项：鉴定亲子关系

委托日期：2019 年 6 月 20 日

受理日期：2019 年 6 月 20 日

鉴定材料：被检父的血样与孩子的血样

二、被鉴定人概况

被鉴定人	性别	称谓	出生日期	身份证号码	样本编号
被检父	男	父亲	/	/	2019 CNAS SF0008-II
孩子	/	/	/	/	2019 CNAS SF0008-I

三、检验过程

1. 检材处理和检验方法

2. 参照《法庭科学 DNA 实验室检验规范》（GA/T383-2014）、《亲权鉴定技术规范》(SF/Z JD0105001-2016)、《法庭科学 DNA 亲子鉴定规范》(GA/T965-2011) 有关规定，采用磁珠法提取基因组 DNA 作为 PCR 反应的模板，采用 Microreader™21ID System 检测系统（苏州阅微基因技术有限公司）进行复合 PCR 扩增，最后采用 ABI-3500（AB 公司，美国）基因分析仪进行毛细管电泳和 STR 基因型分析。检测以下基因座：D19S433、D5S818、D21S11、D18S51、D6S1043、D3S1358、D13S317、D7S820、D16S539、CSF1PO、PentaD、D2S441、vWA、D8S1179、TPOX、PentaE、TH01、D12S391、D2S1338、FGA（共 20 个 STR 基因座）和 Amelogenin 基因座。

3. **检验结果**

DNA 分型结果和 PI 值计算如下表：

基因座	被检父	孩子	
D19S433	12 , 13	13 , 15	1.0808
D5S818	12 , 13	10 , 12	1.0391
D21S11	29 , 29	29 , 31.2	1.9448
D18S51	12 , 13	13 , 14	1.3130
D6S1043	12 , 17	12 , 17	6.8286
D3S1358	14 , 15	15 , 16	0.7240
D13S317	11 , 12	11 , 12	2.6261
D7S820	9 , 11	9 , 12	3.9746
D16S539	11 , 13	11 , 13	3.4302
CSF1PO	10 , 12	12 , 12	1.3565
PentaD	9 , 11	11 , 14	2.0292
D2S441	11 , 12	11 , 15	0.7323
vWA	17 , 17	17 , 17	4.2355
D8S1179	11 , 12	12 , 16	1.9425
TPOX	8 , 9	8 , 8	0.9735
PentaE	13 , 15	13 , 17	3.7092
TH01	6 , 9	6 , 9	2.9970
D12S391	18 , 18	18 , 21	2.6302
D2S1338	24 , 24	24 , 25	2.9104
FGA	20 , 24	24 , 25	1.3200
AMEL	X , Y	X , X	

四、分析说明

D19S433 等 20 个 STR 基因座均为人类遗传标记，遵循孟德尔遗传定律，联合应用可进行亲权鉴定，其累积非父排除概率大于 0.9999。综上检验结果分析，孩子的等位基因可从被检父的基因型中找到来源。经计算，累积亲权指数（CPI）

为 920522.6320（大于 10000） 。

五、鉴定意见

依据现有资料和 DNA 分析结果，在排除同卵多胞胎、近亲及外源干扰的前提下，支持被检父是孩子的生物学父亲。

司法鉴定人：xxx

《司法鉴定人执业证》证号：xxxxxx

司法鉴定人：xxx

《司法鉴定人执业证》证号：xxxxxx

授权签字人：xxx

《司法鉴定人执业证》证号：xxxxxx

XXXXXXX 鉴定所

二〇一九年六月二十一日

[例7]　19BD0129结果反馈表(专家组评价结果：不通过)

参加编号：19BD0127

XX 司法鉴定中心

法医物证鉴定意见书

XX 司法鉴定中心[2019]物鉴字第 XX 号

一、基本情况

委托人：司法鉴定科学研究院

送 检 人：×××，×××

委托鉴定事项：被检父是否为孩子的生物学父亲

委托日期：2019 年 6 月 13 日

受理日期：2019 年 6 月 13 日

鉴定材料：

样品Ⅰ：标有"CNAS SF0008 孩子Ⅰ"字样的纸质物证袋内 FTA 卡 1 张，上有 0.7cm×0.7cm 类圆形暗红色斑迹。编号为：2019CNASSF0008Ⅰ。

样品Ⅱ：标有"CNAS SF0008 被检父Ⅱ"字样的纸质物证袋内 FTA 卡 1 张，上有 0.8cm×0.8cm 类圆形暗红色斑迹。编号为：2019CNASSF0008Ⅱ。

鉴定日期：2019 年 6 月 13 日至 2019 年 6 月 25 日

鉴定地点：XX 司法鉴定中心法医物证鉴定室

二、检案摘要

据委托方介绍：某男（被检父）怀疑自己的孩子为妻子与另一男性所生，提出亲权鉴定的要求，以明确自己是否为孩子的生父。故委托我中心对被鉴定孩子与被检父之间有无亲生血缘关系进行鉴定。

三、检验过程

1.检材处理和检验方法

第 1 页 共 4 页

按《法庭科学 DNA 实验室检验规范》（GA/T 383-2014）中 Chelex-100 法提取 DNA，用 AGCU EX22 荧光标记 STR 复合扩增检测试剂盒（无锡中德美联生物技术有限公司）进行复合 PCR 扩增，用 ABI 3500 遗传分析仪对扩增产物进行毛细管电泳和基因型分析，检测过程中同时设阳性对照和阴性对照，按《人类 DNA 荧光标记 STR 分型结果的分析及应用》（GA/T1163-2014）进行 STR 分型分析。按《亲权鉴定技术规范》（GB/T 37223-2018）中相关要求进行结果评判。

2.检验结果

检测系统	2019CNASSF0008 I （孩子）	2019CNASSF0008 II （被检父）	亲权指数 （PI）
D3S1358	15,15	15,16	0.7240
D13S317	10,11	8,11	2.6261
D7S820	11,12	11,12	3.9746
D16S539	11,12	10,12	3.4302
Penta E	15,17	17,18	3.7092
D2S441	10,12	10,10	0.7323
TPOX	10,11	8,11	0.9735
TH01	7,7	7,7	2.9970
D2S1338	18,24	24,27	2.9104
CSF1PO	10,12	10,12	1.3565
Penta D	9,9	9,13	2.0292
D10S1248	13,13	13,14	3.3069
D19S433	13,15.2	13,13	1.0808
vWA	15,16	16,18	4.2355
D21S11	31,32.2	31.2,32.2	1.9448
D18S51	14,15	14,15	1.3130
D6S1043	12,18	12,14	6.8286
D8S1179	12,13	12,14	1.9425
D5S818	11,12	10,12	1.0391
D12S391	19,20	19,20	2.6302
FGA	24,24.2	21,24	1.3200
Amel	X,X	X,X	

四、分析说明

1.根据孟德尔遗传定律,孩子的遗传基因必须分别来源于其生物学父母双方。上述 D2S1338 等 21 个常染色体 STR 基因座均为人类遗传标记，遵循孟德尔遗传规律，联合应用可以进行亲权鉴定。根据本次《二联体亲权鉴定（血斑）能力验证计划作业指南》所提供的各个 STR 基因座的非父排除率，计算本次检测系统的累积非父排除率（CPE）大于 0.9999。

2. 综上检验结果分析，孩子的所有 STR 基因座等位基因可从被检父的基因型中找到来源。根据上述 STR 分型结果，按本次《二联体亲权鉴定（血斑）能力验证计划作业指南》所提供的等位基因频率，计算被检父为孩子生物学父亲的亲权指数为 3.0442×10^6，从遗传学角度支持被检父与孩子之间存在生物学亲子关系的假设。

五、鉴定意见

依据现有资料和 DNA 分析结果，在排除同卵双/多胞胎、近亲及外源干扰的前提下，支持被检父（样品Ⅱ）是孩子（样品Ⅰ）的生物学父亲。

司法鉴定人：ＸＸＸ　　（签名）

《司法鉴定人执业证》证号：ＸＸＸＸＸＸＸＸＸＸＸＸ

司法鉴定人：ＸＸＸ　　（签名）

《司法鉴定人执业证》证号：ＸＸＸＸＸＸＸＸＸＸＸＸ

授权签字人：ＸＸＸ　　（签名）

《司法鉴定人执业证》证号：ＸＸＸＸＸＸＸＸＸＸＸＸ

二○一九年六月二十五日

附：孩子、被检父的血样照片

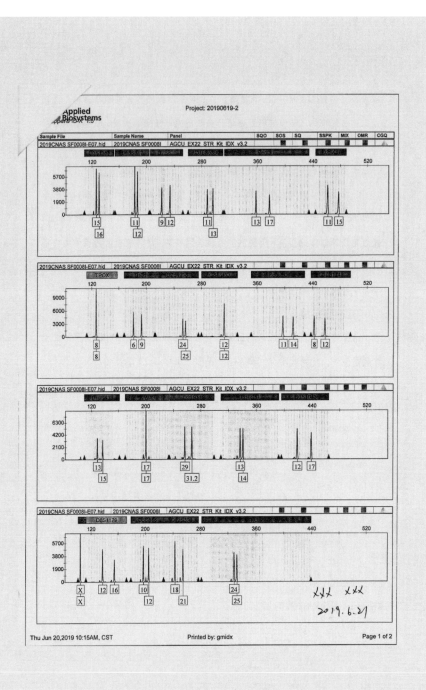

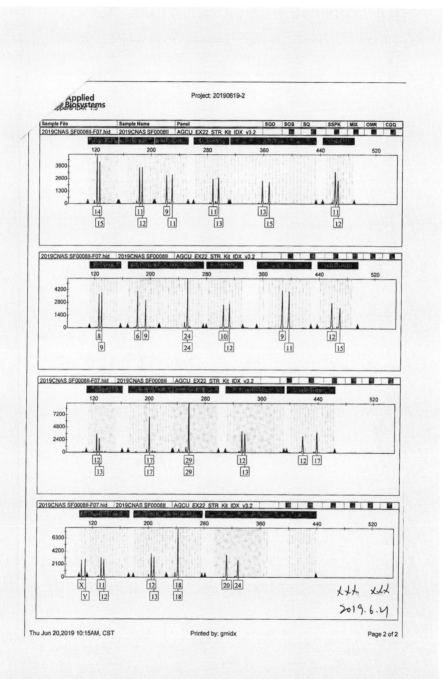

[例8] 19BD0139结果反馈表(专家组评价结果:不通过)

CNAS 能力验证计划 CNAS SF0008

二联体亲权鉴定(血斑)能力验证计划

亲权指数值报告表

参加编号: **19BD0139**

检测系统	亲权指数(PI值)
D3S1358	0.7240
TH01	2.9970
D21S11	1.9448
D18S51	1.3130
Penta E	3.7092
D5S818	1.0391
D13S317	2.6261
D7S820	3.9746
D16S539	3.4302
CSF1PO	1.3565
Penta D	2.0292
vWA	4.2355
D8S1179	1.9425
TPOX	0.9735
FGA	1.3200
D19S433	1.0809
D12S391	2.6302
D6S1043	6.8286
D2S1338	2.9104
D1S1656	2.3332
累积亲权指数(CPI值)	按能力验证作业指南 20 个 STR 基因座计算 CPI=0.7240*2.9970*1.9448*1.3130*3.7092*1.0391*2.6261*3.9746*3.4302*1.3565*2.0292*4.2355*1.9425*0.9735*1.3200*1.0809*2.6302*6.8286*2.9104*2.3332=2.9330*10^6

注: 若使用的试剂盒除了以上基因座外,还包括其他基因座,请自行补充结果。

CNAS 能力验证计划 CNAS SF0008

XXXXXXXXXX司法鉴定所鉴定意见书

XX司鉴所[2019]物鉴字第　　XX　号

一、基本情况

委　托　人: 司法部司法鉴定科学技术研究所

委托事项: 亲权鉴定能力验证(血斑)

委托日期: 2019 年 06 月 15 日

受理日期: 2019 年 06 月 15 日

鉴定日期: 2019 年 06 月 24 日

鉴定材料: 被检父(2019CNAS SF0008-Ⅱ)与孩子(2019CNAS SF0008-Ⅰ)
的血样。

二、被鉴定人概况

被鉴定人	性别	称谓	出生日期	身份证/出生证号码	样本编号
孩子	男	子	xxxx.xx.xx	xxxxxxxxxxxxxxxxxx	2019-0139-1
被检父	男	父	xxxx.xx.xx	xxxxxxxxxxxxxxxxxx	2019-0139-2

三、简案摘要

　　某男(被检父)怀疑自己的孩子为妻子与另一男性所生,提出亲权鉴定的要求,以明确自己是否为孩子的生父。

四、检验过程

　　1、检材处理和检验方法

　　按照中华人民共和国公共安全行业标准GA/T383-2014抽提DNA,采用人类STRtyper-21G扩增荧光检测试剂盒(宁波海尔施基因科技有限公司)进行复合PCR扩增,用3130x1型全自动遗传分析仪(Applied Biosystems)进行毛细管电泳和基因型分析。

CNAS 能力验证计划 CNAS SF0008

五、分析说明

　　D19S433 等 20 个 STR 基因座均为人类的遗传学标记，遵循孟德尔遗传定律，联合应用可进行亲权鉴定，其累积非父排除概率大于 0.9999。（根据《二联体亲权鉴定（血斑）能力验证计划作业指南 2019CNASSF0008》提供的 20 个 STR 基因座的非父排除率和 D2S441、D10S1248 的等位基因频率数据，计算 20 个 STR 基因座的非父排除率为 0.999999659.

　　综上检验结果分析，孩子的等位基因可从被检父的基因型中找到来源。经计算，累计亲权指数为 2933035.99300294＞10000。

六、鉴定意见

　　依据现有资料和 DNA 分析结果，支持被检父为孩子的生物学父亲。

鉴定人：主检法医师 XXX（签名、盖章）

《司法鉴定人执业证》证号：XXX

主检法医师 XXX（签名、盖章）

《司法鉴定人执业证》证号：XXX

授权签字人：主任法医师 XXX（签名、盖章）

《司法鉴定人执业证》证号：XXX

（XXXX司法鉴定所司法鉴定专用章）

二〇一九 年 六 月 二十四 日

[例9] 19BD0161结果反馈表(专家组评价结果：不通过)

第1页 共4页

××司法鉴定所

亲权鉴定意见书

(参加编号：19BD0161)

×××[2019]物鉴字第×××号

一、基本情况

委托方：司法鉴定科学研究院

委托事项：对被检父和孩子之间有无亲生血缘关系的鉴定

委托日期：2019 年 6 月 7 日

受理日期：2019 年 6 月 14 日

鉴定材料：孩子与被检父血样

二、被鉴定人概况

被鉴定人	性别	称谓	出生日期	身份证件号码	样本编号
孩子	女	女儿	XXXX-XX-XX	XXXXXXXXXXXXXXXXXX	2019-SF0008-Ⅰ
被检父	男	父亲	XXXX-XX-XX	XXXXXXXXXXXXXXXXXX	2019-SF0008-Ⅱ

三、检验过程

1、检材处理和检验方法

按照中华人民共和国公共安全行业标准 GA/T383-2014 附录 A 中的 Chelex 法抽提 DNA，采用 Goldeneye DNA 身份鉴定系统 20A 人类荧光标记 STR 复合扩增检测试剂（基点认知技术有限公司）进行复合 PCR

1

扩增，用 ABI 3500xL 型号遗传分析仪（赛默飞世尔科技有限公司）进行毛细管电泳和基因型分析。

2. 检验结果

STR 基因座	孩子	被检父	亲权指数
D2S1338	24,25	20,27	0.0006
D3S1358	15,16	16,17	0.7629
D5S818	10,12	10,10	2.6110
D6S1043	12,17	14,14	0.0004
D7S820	9,12	8,11	0.0050
D8S1179	12,16	12,14	1.9425
D12S391	18,21	18,19	1.3151
D13S317	11,12	8,12	1.5704
D16S539	11,13	10,11	0.9671
D18S51	13,14	14,15	1.1574
D19S433	13,15	13,15	5.2896
D21S11	29,31.2	30,31.2	3.2510
CSF1PO	12,12	12,12	2.7130
FGA	24,25	21,22	0.0001
TH01	6,9	7,7	0.0050
TPOX	8,8	8,8	1.9470
Penta D	11,14	11,13	2.0292
Penta E	13,17	5,18	0.0043
vWA	17,17	14,19	0.0002
AMEL	X,X	X,Y	/

四、分析说明

　　D19S433 等 19 个 STR 基因座均为人类的遗传学标记，遵循孟德尔遗传定律，联合应用可进行亲权鉴定，其累积非父排除概率大于 0.9999。

综上检验结果分析，孩子在 D2S1338、D6S1043 和 D7S820 等基因座的等位基因不能从被检父的基因型中找到来源，经计算，累积亲权指数为 1.0919×10^{-18}。

五、鉴定意见

依据现有资料和DNA分析结果，排除被检父为孩子的生物学父亲。

鉴定人：ＸＸＸ

司法鉴定人执业证号：×××

鉴定人：ＸＸＸ

司法鉴定人执业证号：×××

授权签字人：ＸＸＸ

司法鉴定人执业证号：×××

二〇一九年六月二十日

（司法鉴定机构司法鉴定专用章）

3

[例10]　19BD0188结果反馈表(专家组评价结果:不通过)

参加编号:19BD0188

法医物证鉴定意见书

××司鉴中心[2019]物鉴字第×××号

一、基本情况

委托单位:司法部司法鉴定科学研究所

委 托 人:李锦明

委托时间:2019年6月20日

受理时间:2018年6月21日

在场人员:XX,XX

检材情况:

　　标本提供的样品有3份,分别为孩子生母-样本A的血样、孩子-样本B的血样、被检父-样本C的血样,来源于亲权鉴定案例中的三个个体(见下表):

样品信息

被鉴定人	性别	称谓	出生日期	身份证号码	样品编号	样品类型
孩子	未注明	孩子	未注明	未注明	I	血样(滤纸)
被检父	男	拟父	未注明	未注明	II	血样(滤纸)

鉴定要求:被检父II是否为孩子I的生物学父亲。

鉴定地点:XX

案情摘要与鉴定要求:

　　某男(被检父II)怀疑自家的孩子为妻子与另一男性所生,提出亲权鉴定的要求,以明确自己是否为孩子的生父。

二、检验过程:

地址:×××××××　(邮政编码:××××××)　联系电话:××××××

1、检材处理和检验方法

本项检验主要由本机构××、××承担。检验自 2019 年 6 月 21 号开始。本项检验按 GA/T383-2014 中标准方法和《亲权鉴定技术规范》（SF/Z JD0105001-2018）有关规定，采用打孔提取基因组 DNA 作为 PCR 反应的模板，使用 AGCU EX22 人类荧光标记 STR 复合检测试剂（中德美联公司）系统，经 PCR 方法复合扩增多个 STR 基因座，用 ABI-3500DX 序列分析仪进行电泳，使用 Genemap IDX1.3V 进行分析，得到基因分型。

2、检测结果

STR 基因座	I（孩子）		II（被检父）		PI 值
D3S1358	15	16	14	15	0.7240
D13S317	11	12	11	12	2.6261
D7S820	9	12	9	11	3.9746
D16S539	11	13	11	13	3.4302
Penta E	13	17	13	15	3.7092
*D2S441	11	15	11	12	0.7323
TPOX	8		8	9	0.9735
TH01	6	9	6	9	2.9970
D2S1338	24	25	24		2.9104
CSF1PO	12		10	12	1.3565
Penta D	11	14	9	11	2.0292
*D10S1248	8	12	12	15	3.3069
D19S433	13	15	12	13	1.0808
vWA	17		17		4.2355
D21S11	29	31.2	29		1.9448
D18S51	13	14	12	13	1.3130
D6S1043	12	17	12	17	6.8286
D8S1179	12	16	11	12	1.9425
D5S818	10	12	12	13	1.0391
D12S391	18	21	18		2.6302
FGA	24	25	20	24	1.3200
CPI		3.0441×10⁶			
*RCP		99.99996715%			

$CPI = 3.0441 \times 10^{6}$

* D2S441 和 D10S1248 基因座等位基因座来源于中德美联 AGCU EXPRESS 22 试剂盒。
* 此处的 RCP 值是先验概率为 50%时取得的值。

地址：×××××××　（邮政编码：××××××　）　联系电话：××××××

2019司法鉴定能力验证鉴定文书评析

三、分析说明：

D8S1179 等 21 个常染色体等位基因座均是人类的遗传标记，遵循孟德尔遗传定律，联合应用上述系统可进行亲缘关系检验，其累积单亲非父排除概率大于 0.999992235。

在上述结果中，孩子的基因座的等位基因皆可以在孩子生母的基因型和嫌疑父基因型中找到来源。符合孟德尔遗传规律。按照《亲权鉴定技术规范》SF/Z JD0105010-2018 规则实施。

根据上述 STR 分型结果，按本次能力验证所提供的群体调查数据统计分析得到信息和生产商提供的群体数据，被检父 II 为孩子 I 生物学父亲的可能性是与该孩子 I 无关的其它人的 3.0441×10^6 倍。在前验概率为 0.5 的情况下，其父权相对概率 RCP $\geqq$ 99.99996715%。

地址：××××××　（邮政编码：××××××　）　联系电话：××××××

四、鉴定意见：

依据现有资料和 DNA 分析结果，在排除近亲，外源干扰和嵌合体的前提下，支持被检父Ⅱ是孩子Ⅰ生物学父亲。

鉴定人：×××

《司法鉴定人执业证》证号：×××××

鉴定人：××ד

《司法鉴定人执业证》证号：×××××

授权签字人：×××

《司法鉴定人执业证》证号：××××ד

×ד年×月 ×号

附：送检材料相关照片

送检检材包装完好

孩子Ⅰ、被检父Ⅱ的血样照片

注：　1、本鉴定人仅对送检检材负责。

2、本实验室不负责涉案检材的保存。

3、本鉴定书未经书面批准，不得复制。

地址：×××××× （邮政编码：××××× ）　联系电话：×××××

［例11］ 19BD0279结果反馈表（专家组评价结果：不通过）

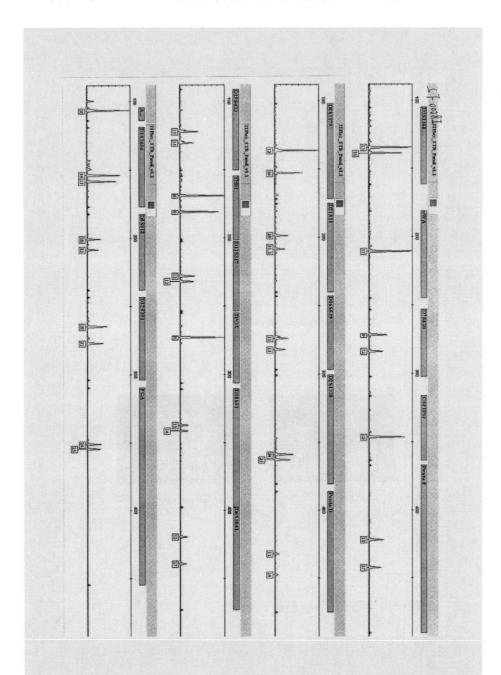

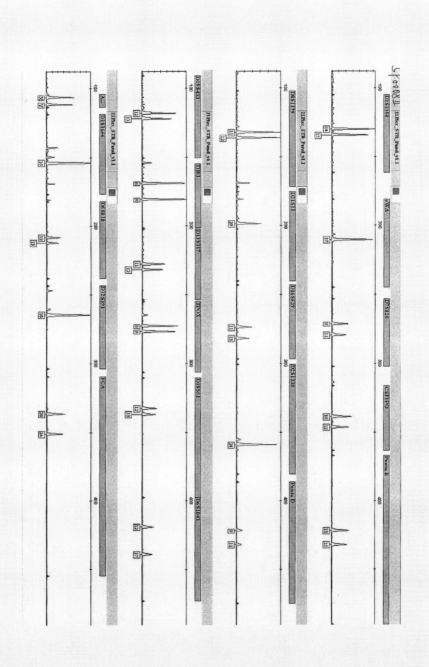

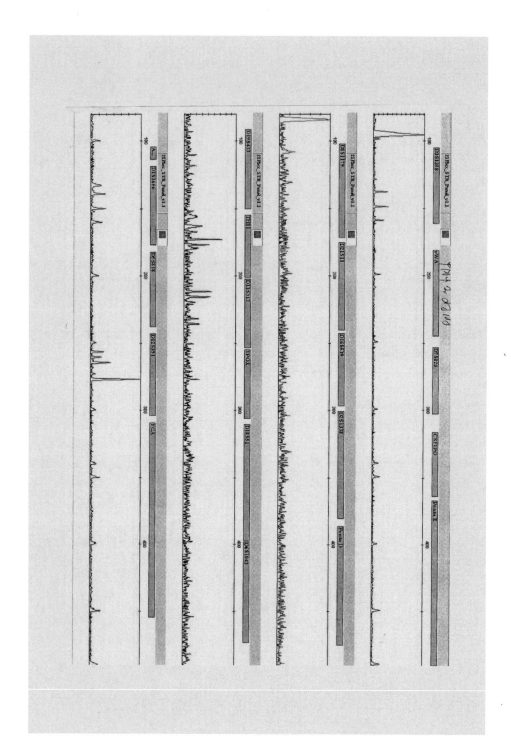

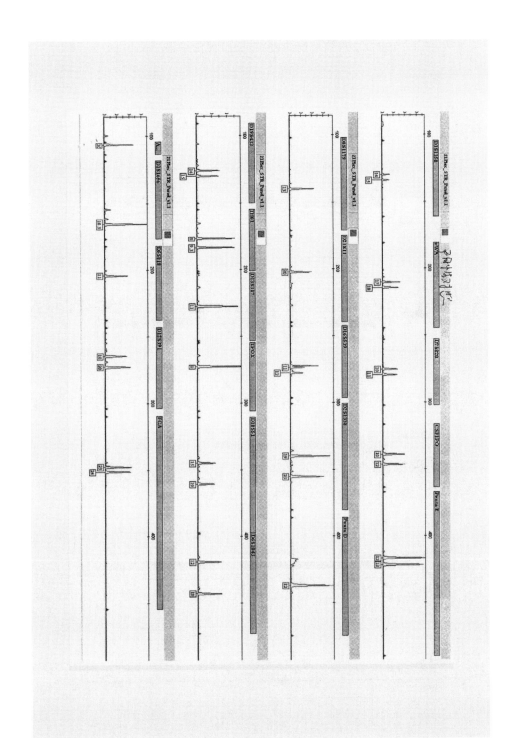

［例12］　19BD0298结果反馈表（专家组评价结果：不通过）

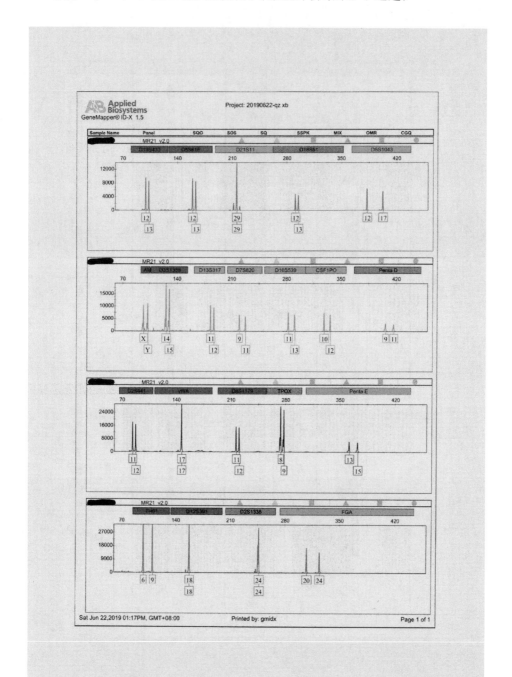

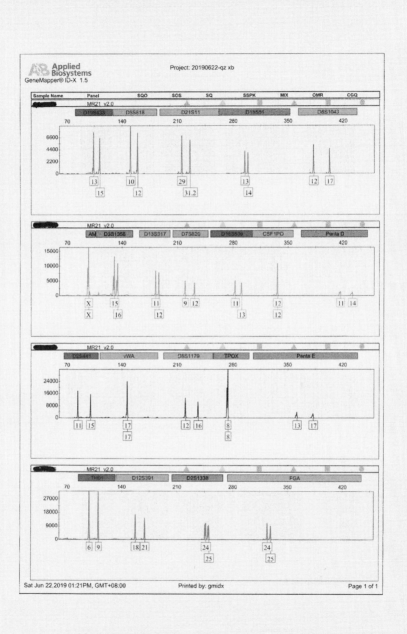

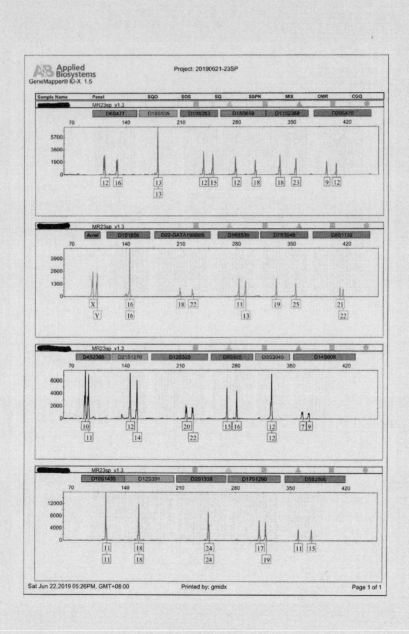

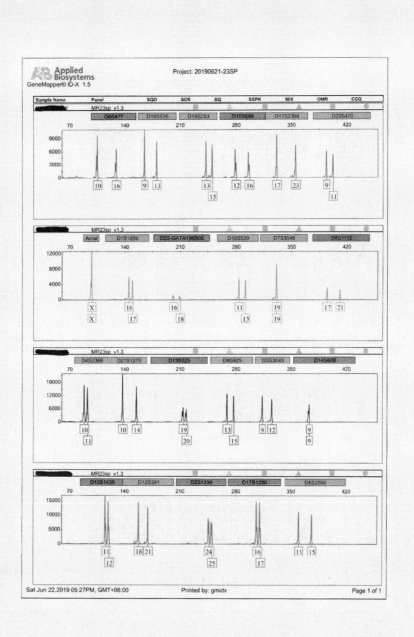

XXXXXXXXXXXXXXXXXXX 司法鉴定所

亲权鉴定材料收领单

表格编号：XXXX   编号：XXXX

委托单位（人）		司法部司法鉴定科学技术研究所			联系人		XXX
委托日期		2019. 6. 11			联系电话		XXX
联系地址		XXXX					

	被检测人	性别	出生年月	民族	籍贯	证件	证件号码
被鉴定人情况	被检父 (CNAS 2019 SF0008-II)	男	XXXX	X	XXX	XXX	XXXX
	孩子 CNAS 2019 SF0008-I	一	XXXX	人	XXX	XXX	XXXX

案情摘要	(CNAS 2019 SF0008：某男（被检父）怀疑自家的孩子为妻子（孩子生母）与另一男性所生，提出亲权鉴定的要求，以明确配是否为孩子的生父。

	被检验人	检材	编号	指纹及签名
鉴定材料	被检父 CNAS 2019 SF0008-II	血样	CNAS 2019 SF0008-II	XXX
	孩子 CNAS 2019 SF0008-I	血样	CNAS 2019 SF0008-I	XXX.

处理意见	CNAS 2019 SF0008：二联体亲权鉴定

照片：	有 □ 无 ☑		受理人 XXX	日期：2019-06-11
采样人 XXX	日期：XXX		收领人 XXX	日期：2019-06-11

备注：CNAS 能力验证项目 2019 CNAS SF0008：二联体亲权鉴定（血斑） 勘物编号 19BD0298

XXXXXXX 司法鉴定所

法医物证检验流程记录

表格编号：XXXX　　　　XXXXXXX 司鉴所 [2019] 物鉴字第 2019009 号

委托方	司法部司法鉴定科学技术研究所	联系电话	XXX	委托日期	2019.6.11
要求鉴定原因	亲权鉴定能力验证		鉴定事项	亲权鉴定	
被 检 验 者	姓名	假母女	拟子		
	样品编号	CNAS2019 SF0008-II	CNAS2019 SF0008-I		
	指 纹	XX	XX		
照相者	XXX		照相校对者	XXX	
送检样 品描述	二份样品均为信封密封包装，样品状态完好。				
被检人数	2		采/送样时间	2019.6.11	
采（接）样者	XXX		采样校对	XXX	
样品送实验室	XXX		接受样品	XXX	
检验者	XXX		检验校对者	XXX	
报告打印	XXX		打印核对	XXX	
签发人	XXX				
发报告日期	2019.6.11		签收签名	XXX	
余样处理	保存于取材室2号冰箱2号抽屉 -20℃				

XXXXXXXXXXXXXXXXXXXX 司法鉴定所

试验记录

表格编号：　XXX

记录编号	CNAS 2019 SF008
家系编号	XXX
处理意见	☑无； □加做试剂盒； □重新提取 DNA； □重新扩增； □PCR 产物重新电泳； □其他； 签名：XXX　　　　日期：2019-06-11
PCR 产物销毁	销毁人：XXX　　　　日期：2019-06-15

XXXXXXXXXXXXXXXXXXXX 司法鉴定所

DNA 提取记录表

表格编号：XXXX　　　　　　　　　　编号：XXXX

实验前：☑打开通风设备；　☑实验台面清洁（水或75%酒精擦拭）；

冰箱温度：☑正常（允许范围：冷藏 4~8℃；冷冻-16~-20℃）；□异常　　℃

样品表：☑空白对照：超纯水

样品编号	样品类型	提取方法	样品编号	样品类型	提取方法	样品编号	样品类型	提取方法
CNAS2019 SF0008-Ⅱ	血样（FTA卡）	A						
CNAS 2019 SF0008-Ⅰ	血样（FTA卡）	A						

核酸提取方法：☑A.　FTA卡系统　□B.　QIACEN DNA IQTM 系统　□ C.　Chelex-100

□D.　其它

仪器设备使用：超净工作台：☑正常　□异常；　　振荡器：☑正常　□异常；

　　　　　　　离心机：☑正常　□异常；　　水浴锅温度：　　℃

　　恒温干燥箱温度：　　℃；干式恒温仪温度：　　℃

实验后：☑按程序清洁实验台面、地面及仪器设备，并进行紫外照射 60 分钟以上。

　　　☑按程序处理实验废弃物。

　　　□中间产物 DNA 模板存放处：冰箱编号_____，存放温度：4~8℃。

备注：

操作人：XXX　　　复核人：XXX　　　日期：2019 - 06 -11.

XXXXXXXXXXXXXXXXXXX 司法鉴定所

PCR 试剂配制记录表

表格编号：X X X　　　　　　　　编号：X X X

实验前：☑打开通风设备；　☑实验台面清洁（水或75%酒精擦拭）；

冰箱温度：☑正常（允许范围：冷藏4~8℃；冷冻-16~-20℃）；□异常　　℃

PCR 试剂来源：☑MicroreaderTM 21 Direct ID System 试剂盒　　试剂批号：
21D40F180828S40P20

　　　　　　□AGCU 亲子鉴定 EX22 试剂盒　　　　试剂批号：

　　　　　　□Goldeneye™ 25A 试剂盒　　　　　试剂批号：

　　　　　　☑MicroreaderTM 19X Direct ID System 试剂盒　　试剂批号：
19XD20F180725S20P13

　　　　　　☑MicroreaderTM 29Y Direct ID System 试剂盒　　试剂批号：
29YD22F180828S23P13

　　　　　　□MicroreaderTM 23SP ID 试剂盒　　　试剂批号：

　　　　　　□AGCU 亲子鉴定 EX21+1 试剂盒　　　试剂批号：

　　　　　　□其他：　　　　　　　　　　　试剂批号：

□按照需要检验项目的标本、质控品、空白对照的数量，预计要准备的每种试剂量：

PCR 反应液组成	（10）uL 体系	n	总量	质控品（管）
纯水	3.6	6	21.6	2.6
Buffer	4.0		24	4.0
Primer Pair Mix	2.0		12	2.0
DNA 聚合酶（5U/uL）	0.4		2.4	0.4

仪器设备使用：超净工作台：☑正常　　□异常；

　　　　　　振荡器：☑正常　　□异常；

　　　　　　离心机：☑正常　　□异常；

实验后：☑按程序清洁实验台面、地面及仪器设备，并进行紫外照射60分钟以上。
☑按程序处理实验废弃物。

备注：

操作人：XXX　　　复核人：XXX　　　日期：2019-06-12

XXXXXXXXXXXXXXXXXXXX 司法鉴定所

PCR 反应记录表

表格编号：XXX　　　　　　　　　　　编号：XXX

实验前：

实验室温度：☑正常（允许范围：20~30℃）；　　□异常　　　℃；

相对湿度：☑正常（允许范围：<80%）；　　　□异常　　　%。

扩增仪操作：

扩增仪：　☑ABI9700；　　　　　　　□其他：

开机自检及运行：　　☑正常　　　　　□不正常；

☑程序名称：　　Microread 1

□反应参数：

	℃	min	s	cycles
Stage 1	95	2		
Stage 2	94		30	
	60	1		10
	72	1		
Stage 3	90		30	
	58	1		20
	72	1		
Stage 4	72	10		
	4	∞		

实验后：☑按程序清洁实验室并进行紫外照射 60 分钟以上。

　　　　☑按程序处理实验废弃物。

　　　　☑PCR 产物直接进行后续电泳。

　　　　□中间产物 DNA 模板存放处：冰箱编号＿＿＿＿＿＿＿，存放温度：4~8℃。

备注：

操作人：XXX　　　　　复核人：XXX　　　　　日期：2019-06-12.

[例13]   19BD0320结果反馈表（专家组评价结果：不通过）

| 19BD0320 | 能力验证计划 | 2019 CNAS SF0008 |

19BD0320 司法鉴定中心
司法鉴定意见书

19BD0320[2019]法物鉴字第 CNAS SF0008 号

一、基本情况

委托人方：司法鉴定科学研究院

送检人：李锦明

委托鉴定事项：二联体亲权鉴定（STR分型）

受理日期：2018年06月14日

检验日期：2018年06月17日———2018年06月20日

检验地点：19BD0320法医物证鉴定室

鉴定材料：

检材名称	检材编号	检材描述
一号检材	CNAS SF0007 Ⅰ	孩子血斑一份（FTA卡）
二号检材	CNAS SF0007 Ⅱ	被检父血斑一份（FTA卡）

上述三份检材均由司法鉴定科学研究院于2018年06月14日邮寄至我司法鉴定中心。送检检材包装完好，标有"2019 CNAS SF0007 三联体亲缘鉴定考核样"字样（检材情况请详见附件）。

二、基本案情

某男（被检父）怀疑自己的孩子为妻子与另一男性所生，提出亲权鉴定的要求，以明确自己是否为孩子的生父。

2019 年 06 月 14 日，受司法鉴定科学研究院的委托，我中心对送检的标有"2019 CNAS SF0008 二联体亲缘鉴定考核样"字样案件中的被检父（CNAS SF0008 Ⅱ）和孩子（CNAS SF0008 Ⅰ）之间有无亲子关系进行鉴定。

三、检验过程

1、依据 GA/T 383-2014《法庭科学 DNA 实验室检验规范》，按照《Chelex-100 法提取 DNA 作业指导书》(XXXX-ZD-22.3-2018) 提取一号检材（2019 CNAS SF0008 Ⅰ）、二号检材（2019 CNAS SF0008 Ⅰ）的 DNA。

2、一号检材（2019 CNAS SF0008 Ⅰ）、二号检材（2019 CNAS SF0008 Ⅰ）按照《PowerPlex® 21 试剂盒作业指导书》(XXXX-ZD-22.6-2018) 对 D3S1358、D1S1656、D6S1043、D13S317、Penta E、D16S539、D18S51、D2S1338、CSF1PO、Penta D、TH01、vWA、D21S11、D7S820、D5S818、TPOX、D8S1179、D12S391、D19S433、FGA 和 Amelogenin 共二十一个基因座进行 PCR 复合扩增，同时设立灭菌纯水为阴性对照样本，2800M 为阳性对照样本。用 ABI3130XL 自动遗传分析仪对 PCR 复合扩增产物进行电泳分离，用 ABI 的 GeneMapper®ID-X1.5 软件对电泳分离的各 DNA 片段进行基因分型。

3、一号检材（2019 CNAS SF0008 Ⅰ）、二号检材（2019 CNAS SF0008 Ⅰ）用 Goldeneye® 22NC 试剂盒（Goldeneye 公司）对 D4S2366、D6S477、GATA198B05、D15S659、D8S1132、D3S1358、D3S3045、D14S608、D17S

406 2019司法鉴定能力验证鉴定文书评析

19BD0320   能力验证计划   2019 CNAS SF0008

1290、D3S1744、D2S441、D18S535、D13S325、D7S1517、D10S1435、D11S
2368、D19S253、D1S1656、D7S3048、D10S1248、D5S2500、和Amelogenin
共二十二个基因座进行PCR复合扩增，同时设立灭菌纯水为阴性对照样本，
yang为阳性对照样本。用ABI3130自动遗传分析仪对PCR复合扩增产物进
行电泳分离，用ABI的GeneMapper®ID-X1.5软件对电泳分离的各DNA片段
进行基因分型。

四、检验结果：

一号检材（2019 CNAS SF0008 Ⅰ）、二号检材（2019 CNAS SF0008 Ⅱ）
用PowerPlex®21试剂盒、GoldenEye® 22NC试剂盒分别进行PCR复合扩增
时，阴性对照未检出特异性扩增产物，阳性对照基因分型正确，两份检材
均得到特异性扩增产物，基因分型结果如下：

检验结果报告表

基因座	一号检材 （2019 CNAS SF0008 Ⅰ）	二号检材 （2019 CNAS SF0008 Ⅱ）
D3S1358	15/16	14/15
D1S1656	16/17	16
D6S1043	12/17	12/17
D13S317	11/12	11/12
Penta E	13/17	13/15
D16S539	11/13	11/13
D18S51	13/14	12/13
D2S1338	24/25	24
CSF1PO	12	10/12
Penta D	11/14	9/11

基因座	一号检材 （2019 CNAS SF0008 Ⅰ）	二号检材 （2019 CNAS SF0008 Ⅱ）
TH01	6/9	6/9
vWA	17	17
D21S11	29/31.2	29
D7S820	9/12	9/11
D5S818	10/12	12/13
TPOX	8	8/9
D8S1179	12/16	11/12
D12S391	18/21	18
D19S433	13/15	12/13
FGA	24/25	20/24
D4S2366	10/11	10/11
D6S477	10/16	12/16
GATA198B05	16/18	18/22
D15S659	12/16	12/18
D8S1132	17/21	21/22
D3S3045	9/12	12
D14S608	9	7/9
D17S1290	16/17	17/19
D3S1744	16/19	16/20
D2S441	11/15	11/12
D18S535	9/13	13
D13S325	19/20	20/22
D7S1517	22/24	17/24
D10S1435	11/12	11
D11S2368	17/23	18/23
D19S253	13/15	12/15
D7S3048	19	19/25

19BD0320　能力验证计划　2019 CNAS SF0008

基因座	一号检材 （2019 CNAS SF0008 Ⅰ）	二号检材 （2019 CNAS SF0008 Ⅱ）
D10S1248	8/12	12/15
D5S2500	11/15	11/15
Amelogenin	X	X, Y

（表头：19BD0320　　能力验证计划　　2019 CNAS SF0008）

五、分析说明

本案检测系统采用 PowerPlex® 21 试剂盒和 GoldenEye® 22NC 试剂盒，试剂盒中 D3S1358 等三十九个常染色体 STR 基因座均为人类遗传标记，遵循孟德尔遗传定律联合应用可以进行亲权鉴定。根据《亲权鉴定(血斑)能力验证计划作业指南》所提供的各个 STR 基因座的非父排除率，计算 PowerPlex® 21 试剂盒的累积非父排除率（CPE）为 0.99999999664。

根据孟德尔遗传定律，孩子的全部遗传基因分别来源于其亲生父母双方，如果被检父母亲均能提供所有必需的遗传基因给孩子，则不能排除他们之间存在亲子关系。分析上述所有常染色体STR基因座的检测结果，被检父均能提供给孩子必需的等位基因。

根据上述STR分型结果，按照《亲权鉴定(血斑)能力验证计划作业指南》所提供的各个STR基因座的等位基因频率，计算各个STR基因座的亲权指数值（请详见亲权指数值计算表），然后计算累积亲权指数（CPI）为 5.6453×10^{14}，在假定父权前概率为0.5时，父权相对机会（RCP）为99.9999%。

依据GB/T 37223-2018《亲权鉴定技术规范》，对上述三十九个常染色体分析表明，支持所检血痕Ⅰ的所属个体与所检血痕Ⅱ的所属个体之间存在亲生血缘关系。

六、鉴定意见

根据现有的技术和条件，对检测结果的分析表明：排除双胞胎及近亲属的前提下，依据 DNA 检验结果，支持被检父是孩子的生物学父亲。

司法鉴定人签名　　　XXX

《司法鉴定人执业证》证号：XXXXXXXXXXXX

司法鉴定人签名　　　XXX

《司法鉴定人执业证》证号：XXXXXXXXXXXX

授权签字人签名　　　XXX

《司法鉴定人执业证》证号：XXXXXXXXXXXX

二〇一九年六月二十七日

备注：　1、此报告仅对此次所检样本负责；

　　　　2、剩余检材本中心保管时限为 3 个月；

　　　　3、本鉴定书复制无效。

[例14] 19BD0375结果反馈表（专家组评价结果：不通过）

CNAS 能力验证计划 CNAS SF0008

二联体亲权鉴定（血斑）能力验证计划

亲权指数值报告表

参加编号：**19BD0375**

检测系统		亲权指数（PI值）
D19S433	$1/(4p_{13})$	1.0808
D5S818	$1/(4p_{12})$	1.0391
D21S11	$1/(2p_{29})$	1.9448
D18S51	$1/(4p_{14})$	1.3130
D6S1043	$(p_{12}+q_{17})/(4p_{12}q_{17})$	6.8286
D3S1358	$1/(4p_{16})$	0.7240
D13S317	$(p_{11}+q_{12})/(4p_{11}q_{12})$	2.6261
D7S820	$1/(4p_9)$	3.9746
D16S539	$(p_{11}+q_{12})/(4p_{11}q_{12})$	3.4302
CSF1PO	$1/(2p_{12})$	1.3565
Penta D	$1/(4p_{11})$	2.0292
D2S441	$1/(4p_{11})$	0.7323
vWA	$1/p_{17}$	4.2355
D8S1179	$1/(4p_{12})$	1.9425
TPOX	$1/(2p_8)$	0.9735
Penta E	$1/(4p_{13})$	3.7092
TH01	$(p_6+q_9)/(4p_6q_9)$	0.9970
D12S391	$1/(2p_{19})$	2.6302
D2S1338	$1/(2p_{24})$	2.9104
FGA	$1/(4p_{24})$	1.3200

累积亲权指数（CPI值）	$1.0808 \times 1.0391 \times 1.9448 \times 1.3130$ $\times 6.8286 \times 0.7240 \times 2.6261 \times 3.9746$ $\times 3.4302 \times 1.3565 \times 2.0292 \times 0.7323$ $\times 4.2355 \times 1.9425 \times 0.9735 \times 3.7092$ $\times 0.9970 \times 2.6302 \times 2.9104 \times 1.3200$	3.0624×10^5

注：若使用的试剂盒除了以上基因座外，还包括其他基因座，请自行补充结果。

编号：SJR-Q07-2017-PT   实施日期：2018-1-2   第7页 共11页

×××中心

司法鉴定意见书

XX[2019]物鉴字第 SF08 号

一、基本情况（参加编号：19BD0375）

委托方：司法鉴定科学研究院

送检人：李锦明

委托日期：2019 年 6 月 20 日

受理时间：2019 年 6 月 20 日

委托鉴定要求：亲权鉴定

检验地点：本中心法医物证鉴定室

鉴定材料：

1. 孩子血样，身份信息：无，检材编号：2019-JC-SF08I

2. 被检父血样，身份信息：无，检材编号：2019-JC-SF08II

二、基本案情

某男（被检父）怀疑自己的孩子为妻子与另一男性所生，提出亲权鉴定的要求，以明确自己是否为孩子的生父。

三、鉴定过程

依据《亲权鉴定技术规范》GB/T 37223-2018、《法庭科学 DNA 实验室检验规范》(GA/T 383-2014) 进行检验，采用 Microreader™ 21 Direct ID System 试剂盒荧光标记 STR 复合扩增试剂盒进行 PCR 复合扩增，扩增产物应用 3130XL 型 DNA 序列分析仪电泳分离和激光扫描分析，得到上述检材的 STR 基因座分型及性别基因座 AMEL 分型。

四、鉴定结果

检测系统	I（孩子）		II（被检父）		亲权指数（PI 值）
D19S433	13	, 15	12	, 13	1.0808

检测系统	I (孩子)		II (被检父)		亲权指数（PI值）
D5S818	10	, 12	12	, 13	1.0391
D21S11	29	, 31.2	29	, 29	1.9448
D18S51	13	, 14	12	, 13	1.3130
D6S1043	12	, 17	12	, 17	6.8286
AMEL	X	, X	X	, Y	
D3S1358	15	, 16	14	, 15	0.7240
D13S317	11	, 12	11	, 12	2.6261
D7S820	9	, 12	9	, 11	3.9746
D16S539	11	, 13	11	, 13	3.4302
CSF1PO	12	, 12	10	, 12	1.3565
Penta D	11	, 14	9	, 11	2.0292
D2S441	11	, 15	11	, 12	0.7323
vWA	17	, 17	17	, 17	4.2355
D8S1179	12	, 16	11	, 12	1.9425
TPOX	8	, 8	8	, 9	0.9735
Penta E	13	, 17	13	, 15	3.7092
TH01	6	, 9	6	, 9	0.9970
D12S391	18	, 21	18	, 18	2.6302
D2S1338	24	, 25	24	, 24	2.9104
FGA	24	, 25	20	, 24	1.3200
累积亲权指数（CPI值）			3.0624×10^5		

五、分析说明

D19S433 等 STR 基因座是人类的遗传标记，遵循孟德尔遗传定律，联合应用可进行亲子关系鉴定。根据《二联体亲权鉴定（血斑）能力验证计划作业指南》所提供的各个 STR 基因座的非父排除率及《中国法医学杂志-中国多地区汉族人群 41 个 STR 基因座遗传多态性调查》中所提供的 D2S441 的非父排除率，计算本检测系统的累积非父排除率（CPE）为 0.999995。

在上述常染色体 STR 基因分型结果中，孩子在每个基因座的一个等位基因可在孩子生母的基因型中找到来源，生父基因可在被检父的基因型中找到来源。依据《亲权鉴定技术规范》GB/T 37223-2018，按《二联体亲权鉴定（血斑）能力验证计划作业指南》所提供的各个 STR 基因座的等位基因频率，计算亲权指数为 3.0624×10^5。

五、鉴定意见

根据检验结果，支持被检父为孩子的生物学父亲。

鉴定人：　XX

《司法鉴定人执业证》证号：XXXX

鉴定人：　XX

《司法鉴定人执业证》证号：XXXX

授权签字人：　XX

《司法鉴定人执业证》证号：XXXX

二〇一九年六月二十七日

【专家点评】

本次能力验证项目中,报名参加单位共377家,来自全国28个省、自治区和直辖市,在规定日期内,返回结果374家,未返回结果者3家。374家参与评价机构中,满意273家,占72.9%;通过38家,占10.1%;不通过63家,占17.0%。从采用的检测手段来看,所有返回结果的实验室均采用了荧光检测的方法,未见采用银染方法的实验室。从所使用的关键设备遗传分析仪来看,374家实验室中有326家使用着目前国际上通用的至少具备分辨五色荧光技术的机型,其中有86家使用了最新的具备六色荧光标记技术的3500型遗传分析仪;有268家使用了3100/3130型遗传分析仪,有20家使用着已经停产的310型遗传分析仪。从所使用的关键试剂STR分型试剂盒来看,有192家实验室使用一种试剂盒,其余为两种以上试剂盒。从检测的STR基因座数来看,有174家实验室最多检测15个STR基因座,约占参加实验室的46.5%。

编号为19BD0147的鉴定机构是众多获得满意评价结果的代表之一。从反馈的技术记录完整性和有效性看,该鉴定机构均最大限度地反映出了整个鉴定活动中的"人、机、料、法、环、测"等要素,准确地描述了检验材料的状态、数量以及依附的载体,基因组DNA提取采用的方法,STR基因座复合扩增的试剂以及遗传分析检测的设备等关键信息。对全部样品进行了唯一性编号并设置了内部流转记录,包括阳性对照和阴性对照在内的全部样品检测记录完整,客观呈现了鉴定过程。对于出现的不符合孟德尔遗传规律的情形,也进行了客观的分析并按照正确的方法计算了不符合孟德尔遗传规律情形下的PI值。在鉴定文书方面,该鉴定机构的鉴定文书在格式上均涵盖了标题、编号、基本情况、鉴定目的、检验过程、检材处理和检验方法、检验结果、分析说明和鉴定意见等《司法鉴定文书规范》中要求的全部要素,在内容上也准确反映出了相关信息。值得指出的是,鉴定文书在分析说明部分首先用非父排除率评价了系统效能;其次基于检测结果,围绕孟德尔遗传定律和似然率展开论述,对于出现的不符合孟德尔遗传规律的情形,也进行了客观的分析,说明了检测结果表明的证据价值,自然过渡到最后的鉴定意见部分。这一分析说明的模式是值得推荐的。总之,以上鉴定机构在本次能力验证活动中DNA分型结果正确,PI值计算正确,检验过程完整、分析说明抓住了重点且报告书的格式用语规范,证明了其对于亲权鉴定能力的良好把握。

本次63家评价为"不通过"的机构中,有的是鉴定意见书中未对出现STR

基因座不符合遗传规律的现象加以分析,有的是描述错误;有的是出现了样本分型错误;有的是在鉴定意见书中出现了数据转移错误;有的是多个STR基因座出现了亲权指数计算错误;有的是对被检孩子生父基因的描述不正确;有的是报告书描述的STR试剂盒等等,反映出这些鉴定机构的能力尚有待提高。编号为19BD0001、19BD0005、19BD0038、19BD0057、19BD0127、19BD0129等鉴定文书被专家认为存在较多问题,结果评价为不通过。19BD0001机构D21S11基因座PI值计算错误且鉴定意见书引用了作废标准SF/Z JD0105001 – 2016。19BD0005机构错误引用了三联体亲子鉴定标准GA/T – 965 – 2011。19BD0038机构未提供图谱之外的原始技术记录不能有效支撑鉴定意见且分型图谱上样本编号与鉴定意见书中的样本编号不一致。19BD0057机构D2S1338、D3S1358、D5S818、D6S1043等多个STR基因座的PI值计算错误。19BD0127机构鉴定意见书中所有STR基因座的分型结果均报告错误。19BD0129机构D2S1338、D3S1358、D5S818等多个基因座的PI值计算错误。

关于不符合遗传规律的描述有以下几种典型错误方式:① 对基因座不符合遗传规律的现象视而不见;② 对基因座不符合遗传规律的现象前后矛盾;③ 对基因座不符合遗传规律的现象表达随意;④ 对被检孩子的生父基因描述错误。

关于标准引用,存在以下几种典型错误:① 引用了作废标准。GA/T383 – 2002、SF/Z JD0105001 – 2010和SF/Z JD0105001 – 2016三个标准分别于2014年、2016年和2019年作废,但是还是有相当多的机构引用,反映出没有及时跟踪方法的变化。② 引用不存在标准。引用的标准GA/T383 – 2016并不存在,应该是GA/T383 – 2014,类似的现象还有SF/Z JD0105001 – 2015、SF/Z JD0105001 – 2017。③ 鉴定书中出现同一标准的两个版本。报告书中引用的亲权鉴定技术规范版本号前后不一致,如SF/Z JD0105001 – 2010、SF/Z JD0105001 – 2016。④ 引用标准名称不对。⑤ 标准的颁布单位描述错误。

关于亲权指数计算的典型错误有如下几种方式:① 三联体当作二联体鉴定;② PI值计算公式错误;③ 未按照作业指南给定的频率计算PI值。

关于数据转移的错误也有如下几种典型方式:① 亲权指数值报告表转移错误;② 鉴定意见书或检验结果报告标准中基因座分型数据转移错误。

关于原始技术记录支撑鉴定意见,存在以下典型错误:① 鉴定意见书描述的STR试剂盒与分型图谱不一致;② 鉴定意见书中样品的分型数据与分型图谱不对应;③ 缺乏必要的原始技术记录或者原始记录极其简单;④ 阳性对照或样品分型图谱的特异性、均衡性不足以支撑报告书中的分型结果。

此外，还有一些机构虽然总体评价尚可，但在鉴定意见书专业术语的表述上还有待进一步规范，如"综合亲权指数""亲子关系指数""被检父累计亲权指数""外援干扰"等应该避免出现。

综上所述，以上评价结果为不满意或存在较多问题的机构，主要原因在于出现了分型错误、计算错误、缺乏对不符合孟德尔遗传规律情形时的处理能力等。反映出鉴定机构参加本次能力验证的鉴定人亲权鉴定的能力需要进一步提高，建议加强这方面的学习和锻炼。

点评人：李成涛　研究员

侯一平　教　授

《X染色体STR检测（血斑）（CNAS SF0009）》 鉴定文书评析

【项目简介】

    法医物证学作为服务于司法实践的应用学科，是司法实践中不可或缺的重要部分，在司法实践活动中发挥着极其重要的作用。在法医物证学鉴定中，X染色体STR检测是法医物证学鉴定人必备的基本能力之一。本次能力验证的目的就是旨在对各实验室的X染色体STR检测能力进行科学、客观的考察和评价，以有利于进一步规范鉴定活动、提高鉴定能力，从而使不同鉴定机构间对同一问题的鉴定获得一致的结论，保持司法鉴定结论的一致性和可比性。

【方案设计】

    本次能力验证计划是由项目专家组根据法医物证鉴定实践中的常见情况，模拟了一例鉴定案例的材料制作成考核样品。本次能力验证的考点有两个方面，一个是考察参加者对血斑的X-STR检测能力；一个是考察参加者对X-STR基因座上off-ladder等位基因的判读能力。

    本次能力验证计划提供的样品为一份保存在FTA卡上的血斑（A），要求检验血斑的X-STR。要求参加者采用日常检测方法对待检样品进行检验并提交"检测结果报告表"、完整的鉴定文书及相关原始记录。

【结果评析】

[例1] 19BE0011结果反馈表（专家组评价结果：）

CNAS 能力验证计划 CNAS SF0009

X 染色体 STR 检测（血斑）能力验证计划

检验结果报告表

参加编号：**19BE0011**

X-STR 基因座	现场血斑分型结果
DXS8378	10，13
DXS7423	15
DXS10148	25.1，28.1
DXS10159	25，26
DXS10134	36，38.3
DXS7424	15，17
DXS10164	8，12
DXS10162	16，17
DXS7132	12，17
DXS10079	20，21
DXS6789	20，22
DXS101	25
DXS10103	19
DXS10101	31，32.2
HPRTB	12，13
DXS6809	31
DXS10075	17，17.2
DXS10074	16，18
DXS10135	21，22

检测人：XXX

复核人：XXX

编号：SJR-Q07-2017-PT   实施日期：2018-1-2   第1页 共1页

2

XXXXX 司法鉴定所
司法鉴定意见书

司法鉴定许可证号：XXXXXXXXX

参加编号：19BE0011

3

声　明

1. 司法鉴定机构和司法鉴定人根据法律、法规和规章的规定，按照鉴定的科学规律和技术操作规范，依法独立、客观、公正进行鉴定并出具鉴定意见，不受任何个人或者组织的非法干预。

2. 司法鉴定意见书是否作为定案或者认定事实的根据，取决于办案机关的审查判断，司法鉴定机构和司法鉴定人无权干涉。

3. 使用司法鉴定意见书，应当保持其完整性和严肃性。

4. 鉴定意见属于鉴定人的专业意见。当事人对鉴定意见有异议，应当通过庭审质证或者申请重新鉴定、补充鉴定等方式解决。

地　　址：XX省XX市XX区XX路XX号

联系电话：XXXXXX

4

XXX 司法鉴定所司法鉴定意见书

XXX[2019]物鉴字第003951号

一、基本情况

委 托 方：司法鉴定科学研究院

委托鉴定事项：对犯罪现场一处血斑进行 X 染色体 STR 检测，

留存数据

委托日期：2019 年 06 月 14 日

受理日期：2019 年 06 月 14 日

鉴定检材：CNAS SF0009 A 血斑

鉴定地点：XXX 司法鉴定所

二、被鉴定人概况

被鉴定人	性别	称谓	身份证件号码	检材编号	检材来源
CNAS SF0009 A 血斑	/	被检检材	/	2019WJ003951-X1	送检

三、基本案情

某地发生一起杀人案，在侦查过程中，警方在犯罪现场发现一

处血斑。鉴于目前无嫌疑人，警方要求法医物证实验室对血斑进行

X-STR 检验，留存数据。

四、检验过程

1、检材处理和检验方法

按照中华人民共和国公共安全行业标准《法庭科学 DNA 实验室

检验规范》(GA/T383-2014)提取上述检材的 DNA，采用 AGCU X19

系统人类荧光标记 STR 复合扩增试剂（中德美联公司）进行复合
PCR 扩增，用 ABI 3730XL 遗传分析仪（AB 公司）进行毛细管电泳和
基因型分析。依据《法医物证鉴定 X-STR 检验规范》（SF/Z
JD0105006——2008）对检测结果进行分析并得出结论。

　　2、检验结果

基因座	被检检材 2019WJ003951-X1
DXS10101	31　32.2
DXS6809	31
DXS10135	21　22
DXS10134	36　38.3
DXS8378	10　13
DXS7423	15
DXS6789	20　22
DXS10148	25.1　28.1
DXS10079	20　21
DXS10074	16　18
DXS7424	15　17
HPRTB	12　13
DXS10103	19
DXS10075	17　17.2
DXS101	25
DXS10162	16　17
DXS10164	8　12
DXS10159	25　26
DXS7132	12　17

6

XXX 司法鉴定所　　　　　　　　　　　正文共三页第三页

五、分析说明

DXS10101 等 19 个 X-STR 基因座均为人类 X 染色体遗传标记，具有伴性遗传等特征，联合应用可进行同胞关系、亲子关系及个体识别等辅助鉴定。依据《法医物证鉴定 X-STR 检验规范》（SF/Z JD0105006——2008）检测和分析，犯罪现场发现的血斑（CNAS SF0009 A）在 19 个 X-STR 基因座得到有效的分型结果。

六、鉴定意见

检犯罪现场发现的血斑（CNAS SF0009 A）在 19 个 X-STR 基因座得到有效的分型结果（详见检验结果），可留存用于嫌疑人排查。

鉴定人：法医师 XXX　　XXX

《司法鉴定人执业证》证号：XXX

鉴定人：法医师 XXX　　XXX

《司法鉴定人执业证》证号：XXX

授权签字人：主检法医师 XXX　　XXX

《司法鉴定人执业证》证号：XXX

XXX 鉴定所

二〇一九年六月二十五日

附注：1、检材及相关照片见附件。

　　　2、本鉴定意见仅对该次送检检材采样区域内检材负责。

　　　3、如对鉴定意见有异议，请与鉴定所联系。

XXXXX司法鉴定所

XXXX.XX.XX 发布　XXXX.XX.XX 生效　XXXX 7

XXX司法鉴定所司法鉴定委托书

（法医物证鉴定专业）

案例编号：XX鉴[2019　]物鉴字第[003951　]号

委托方/送检人	司法鉴定科学研究院				联系电话	021-52351397	
是否加急	☑不加急	□24 小时加急	□3 个工作日加急		是否属于重新鉴定	☑否	□是
医史	被鉴定人是否存在输血、骨髓移植或试管婴儿等情况				☑否	□是	
委托鉴定事项	□亲子鉴定　□个体识别　□父系亲缘　□全同胞亲缘　□DNA 存档　☑其它 X染色体STR检测						
鉴定用途	□了解　□报户　□公证　　刑侦　　□诉讼　□交通事故处理　☑其它 能力验证						
基本案情	□见法院/公安局委托书、聘书　　☑其他：详见能力验证作业指南						
检材类型	A.血卡血痕；B.其他血痕；C.口腔拭子；D.带毛囊的毛发；E.肌肉组织；F.其他（手动填写）						
检材来源	1.本所工作人员采集、2.委托送检、3.其他						
称谓	姓名	性别	出生日期	证件类型及编号	检材编号	检材类型	检材来源
被检检材一	CNAS SP0009A血斑				2019WJ003951-X1 A	2	
文书材料	□身份证明文件复印件 ＿＿/＿份；□取样证明材料 ＿/＿份；☑检材证明材料 4 份；☑其他：作业指南及光盘						
鉴定标准	《法庭科学 DNA 实验室检验规范》（GA/T 383-2014）、《法医物证鉴定X-STR检验规范》（SF/Z JD0105006——2008）等						
预计费用	鉴定收费：＿＿＿＿＿元，其它费用：＿＿＿＿＿元。						
	收费标准：《四川省发改委 四川省司法厅关于规范司法鉴定服务收费管理的通知》（川发改价格[2017]211 号）						
鉴定文书 发送方式	□自取报告　　□上门送达　　□委托收取						
	☑邮寄，邮寄地址：上海市光复西路1347号						
备注	/						

机构名称：XXXX司法鉴定所　　　统一社会信用代码：XXXXXXXXXXXXXXXX
电话：XXXXXXX　　　　　　　　传真：XXXXXXXX
地址：XXXXXXXXXXX　　　　　　邮编：XXXXXX

XXXXX司法鉴定所

约定事项：

1. 鉴定工作按照司法部《司法鉴定程序通则》和国家或行业有关技术标准或本机构的技术规范进行。

2. 委托方应如实提供案件情况和检验材料，提供虚假情况或不真实材料而产生的后果，由委托方负责。

3. 接受委托后，经审查，有下列情形之一的，鉴定人有权终止协议书的履行：（1）出现不可抗力致使鉴定无法继续进行的；（2）确需补充鉴定材料而无法补充的；（3）发现自身难以解决的技术问题的。

4. ☑复核留样保存 3 个月　　□送检样品过少，无复核留样　　□送检余样返回

5. □委托方申请鉴定人回避，申请回避鉴定人姓名　＿＿／＿＿。

6. 鉴定时限：从委托生效之日起 ＿10＿ 个工作日内完成。需补充鉴定材料或遇疑难问题等确需延长鉴定时限的，由双方另行商定。

鉴定风险提示：

1. 鉴定意见属于专家专业性意见，其是否被采信取决于办案机关的审查和判断，鉴定人和鉴定机构无权干涉；

2. 由于受鉴定材料或者其他因素限制，并非所有的鉴定都能得出明确的鉴定意见；

3. 鉴定活动遵循依法独立、客观、公正的原则，只对鉴定材料和案件事实负责，不会考虑是否有利于任何一方当事人。

司法鉴定告知书： 为了维护委托人的合法权益，现将司法鉴定中可能存在和出现的风险告知如下：

1. 委托鉴定事项不当的风险。司法鉴定人严格依法对委托人（鉴定申请人）委托的鉴定事项进行鉴定，无权对委托鉴定事项进行修改或者补充。委托鉴定事项是否恰当、是否与案件待证事实之间存在关联性，并因此影响鉴定结果、给委托人（鉴定申请人）带来不利后果，由委托人（鉴定申请人）负责。

2. 对自行委托鉴定提出异议的风险。一方当事人自行委托司法鉴定机构进行的鉴定，另一方当事人可能提出异议并申请重新鉴定，如果该异议具有合法依据或者合理理由，可能会得到办案机关的支持。

3. 鉴定材料不具备鉴定条件的风险。司法鉴定依法对委托人（鉴定申请人）提供的鉴定材料进行鉴定，鉴定材料是否合法、真实、完整、充分直接影响鉴定结果。因此鉴定材料的真实性、合法性、技术适用以及因此带来的法律后果，由委托人（鉴定申请人）负责。

4. 鉴定不能的风险。司法鉴定是司法鉴定人运用科学技术或者专门知识，通过对鉴定对象（鉴定材料等）进行检验、鉴别和判断，对专门性问题提供鉴定意见的活动。受科学技术发展水平、鉴定对象的客观情况和司法鉴定人的知识、经验、技能限制，可能存在不能得出明确的鉴定意见或鉴定意见不能客观反映案件事实情况的风险。

5. 鉴定意见不被采信的风险。鉴定意见属于司法鉴定人的专业性意见，能否被采信取决于办案机关的审查和判断，司法鉴定人和司法鉴定机构无权干涉。

6. 鉴定申请人为对己不利的鉴定意见承担鉴定费用的风险。司法鉴定收费遵循公开公平、诚实信用、平等有偿和委托人付费的原则，至于鉴定费用最终由哪一方当事人承担，属于另外一个法律关系，由办案机关根据办案结果决定。因此，可能存在鉴定申请人为对己不利的鉴定意见承担鉴定费用的风险。

采样人：	／	见证人：	／
我已经认真仔细阅读并同意约定事项、风险提示和司法鉴定告知书的全部条款。 **委托方（签名或者盖章）：XXX** 2019年06 月 14日		**接受委托的鉴定机构（签名、盖章）：XXX** 2019年06 月 14 日	

机构名称：XXXX司法鉴定所　　　　统一社会信用代码：XXXXXXXXXXXXXXXX
电话：XXXXXXXX　　　　　　　　　传真：XXXXXXXX
地址：XXXXXXXXXX　　　　　　　　邮编：XXXXXX

9

检材接收记录

委托方	司法鉴定科学研究院		
检材来源	□鉴定所自取　☑委托方送检		
案例编号	XXX[2019]物鉴字第 003951 号	接收时间	2019-06-14
检材情况	标记为"CNAS SF0009 A 血斑"字样的信封内，是一张附有现场发现的血斑的 FTA 卡，实验室编号为：2019WJ003951-X1		
签名确认栏	委托方签名： XXX X 年　X 月　X 日	接检人签名： XXX 2019 年 06 月 14 日	复核人签名： XXX 2019 年 06 月 14 日
备注	检材照片附后 顺丰，快递单号为 232422411153		

注：若为快递寄送，在备注处填写快递公司名称和快递单号

l_D

接收检材拍照记录

案例号:	XXX[2019]物鉴字第[003951]号
检材照片	
检材描述	顺丰快递信封,内含: 1.一套牛皮信封,标识有"2019 CNAS SF0009 X染色体 STR 检验(血斑)"字样; 2.一张光碟,标识有"2019 年度能力验证计划项目 CNAS SF0009;参加编号:19BE0011;项目名称:X 染色体 STR 检验(血斑)"字样。

拍摄人: XXX	拍摄时间: 2019.06.14

接收检材拍照记录

案例号：	XXX[2019]物鉴字第[003951]号
检材照片	
检材描述	标有"2019 CNAS SF0009 X 染色体 STR 检测考核样"字样的信封； 信封内有标有"CNAS SF0009 A 血斑"字样的信封一个
拍摄人： XXX	拍摄时间：2019.06.14

12

记录编号：XXXXX   记录类型：XXXX

接收检材拍照记录

案例号：	XXX[2019]物鉴字第[003951]号
检材照片	
检材描述	标有"CNAS SF0009 A 血斑"字样信封内为 FTA 卡一张，上有直径约为 1.0cm 的圆形可疑血痕斑迹一处，装入本所检材收集信封，检材编号：**2019WJ003951-X1**。

拍摄人： XXX   拍摄时间：2019.06.14

XXX司法鉴定所

案例检材登记台账

序号	检材编号	案例编号	检材类型	接案人	检材是否符合要求	实验室收样人	交接日期	备注
1	2019物J003951-X1	XX[2019]物鉴字第[0003951]号	血瓶	XXX	√是□否：	XXX	2019/6/20 9:13:30	CNAS SF0009 A

填表说明：1. 案例检材交接时发现检材不符合鉴定要求时，需在"检材是否符合要求"处勾选"否"，并说明不符合具体指标，并将处理方式写进"备注"项；2. "接收人确认"为检收至实验室的接收人。3. 该表单适用于法医物证及毒物专业室。

1/1

XXX司法鉴定所　　　　　　　　　　　　　　　　　　　　　　　14

样本内部流转及实验记录表

样本接收及DNA提取

收样（转出人）：XX	日期：	6/20/2019	检测（接收）人 XX	日期：	6/20/2019
样本保存地点：	预检室&样本储存室 I		样本DNA提取地点：	DNA提取室	
实验批次编号：	20190624-5D		实验日期：	6/20/2019	
使用仪器编号：恒温金属浴（XX-011-012/XXX-011-013）、离心机（XX-013-010/XXX-013-011）					
检测依据：GA/T 383-2014 《法庭科学DNA实验室检验规范》等					

实验序号	检材编号	检材名称	检材类型	DNA提取方式
L1	20190620-4A-ladder（AGCU X19）-01			
N1	20190620-4A-DNAQC-01			
P1	20190620-4A-9947A-01			
k1	2019WJ003951-X1	CNAS SF0009 A血痕		Chelex

PCR扩增

试剂盒类型	AGCU X19	阳性对照	9947A
试剂盒批号	1609061	阳性对照编号	1609061
PCR仪器编号	XX-012-013	阴性对照	超纯水
按照作业指导书XXX/SOP-WZ-3004或试剂盒说明书的要求，选取相应扩增程序进行扩增			

PCR扩增步骤

实验序号	k1	P1	N1	L1					
PCR反应孔位	D08	C08	B08	A08					

PCR产物电泳

内标类型及编号	AGCUMarker size500　1609061
测序仪设备编号	XXX-012-025　　　　Ladder编号　　　　1609061
按照作业指导书XXX/SOP-WZ-3005或试剂盒说明书的要求进行变性	

反应板对应样本图示

实验序号	k1	P1	N1	L1					
PCR反应孔位	D08	C08	B08	A08					

实验小结

■ L、N、P正常，P的STR分型数据与试剂盒所附阳控图谱数据一致，检测图谱满足要求。

□ 结果异常，异常情况：

余样回收

转出人：	XXX	日期：	6/20/2019	接收人：	XXX	日期：	6/20/2019
转出处：	法医物证实验室		余样存放处：	余样储存柜（编号：501E05）	
实验员：XXX			复核人：XXX		
日期：2019-06-20			日期：2019-06-20		

XXXXXXX

XXXXX 司法鉴定所　　　　　XXXX.XX.XX 发布 XXXX.XX.XX 生效

DNA 分型结果记录表

实验批次：20190624-5D　　　　实验时间：2019-06-24

样本名称		阴性对照	阳性对照		CNAS SF0009 A		不符合情况
	编号	N	P		2019WJ003953-X1		
蓝色	DXS8378	N/A	10	11	10	13	/
	DXS7423	N/A	14	15	15		/
	DXS10148	N/A	22.1	23.1	25.1	28.1	/
	DXS10159	N/A	24	25	25	26	/
	DXS10134	N/A	35	36	36	38.3	/
绿色	DXS7424	N/A	14	16	15	17	/
	DXS10164	N/A	10		8	12	/
	DXS10162	N/A	19		16	17	/
	DXS7132	N/A	12		12	17	/
	DXS10079	N/A	20	23	20	21	/
	DXS6789	N/A	21	22	20	22	/
黑色	DXS101	N/A	24	26	25		/
	DXS10103	N/A	17		19		/
	DXS10101	N/A	30	31	31	32.2	/
	HPRTB	N/A	14		12	13	/
	DXS6809	N/A	31	34	31		/
红色	DXS10075	N/A	17	18	17	17.2	/
	DXS10074	N/A	16	19	16	18	/
	DXS10135	N/A	21.1	27	21	22	/

质控分析	阴阳性质控：☑正常 □异常，原因：_____ 系统质控：☑正常 □异常，原因：_____ 质控结论：☑通过 □不通过，原因：_____
结论	/
实验员	XXX	复核人	XXX
日期	2019-06-24	日期	2019-06-24

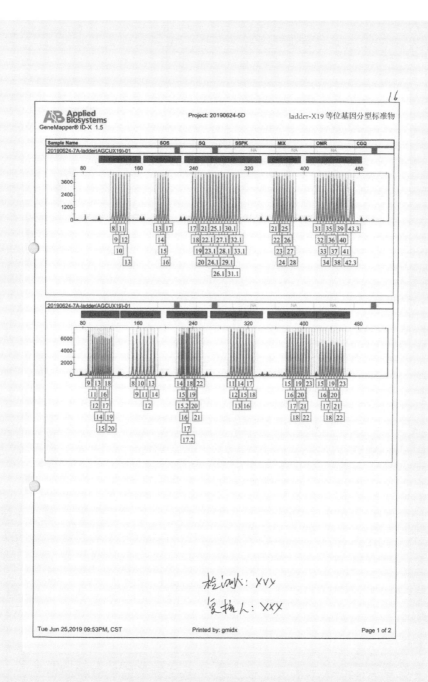

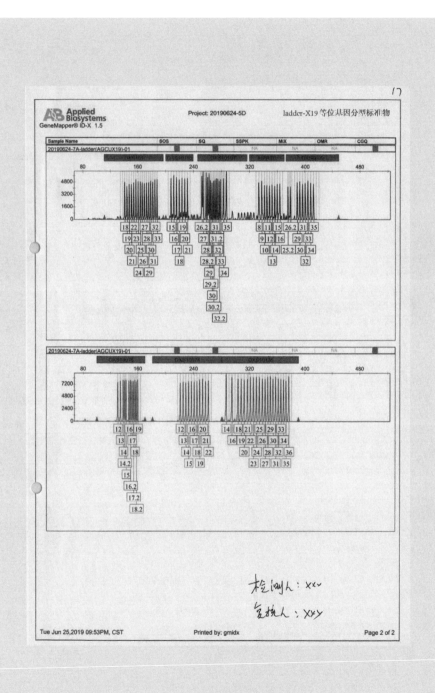

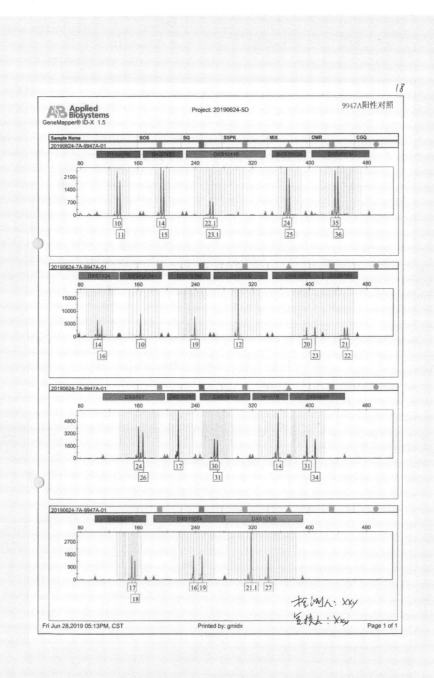

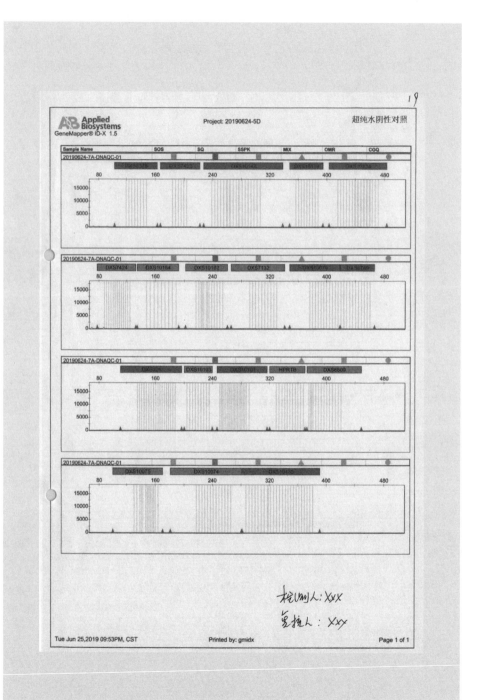

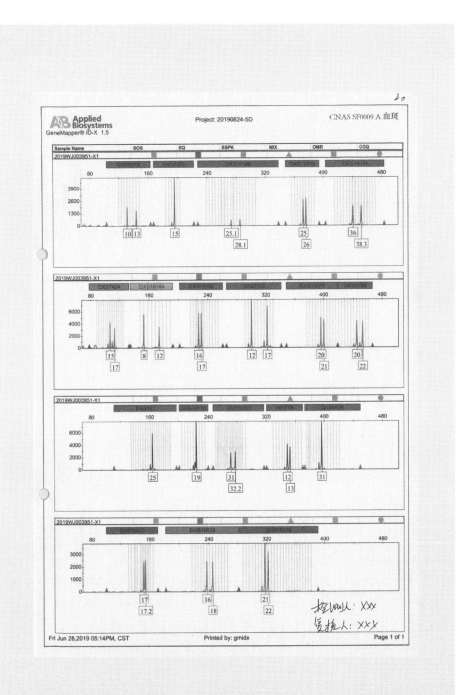

XXXXX 司法鉴定所　　　　　　　　　　　　　　　XXXXXXXX
　　　　　　　　　　　　　　　XXXX.XX.XX 发布　XXXX.XX.XX 生效

检材处理表

编号：20XX　年第　XX　号

序号	检材编号	检材类型			数量	接样日期	保存期限	备注
1	2019WJ003951-X1	☑血痕	□口腔拭子	□	1	2019-06-14	2020-06-14	CNAS SF0009 A
		□血痕	□口腔拭子	□				
		□血痕	□口腔拭子	□				
		□血痕	□口腔拭子	□				
		□血痕	□口腔拭子	□				
		□血痕	□口腔拭子	□				
		□血痕	□口腔拭子	□				
		□血痕	□口腔拭子	□				
		□血痕	□口腔拭子	□				
		□血痕	□口腔拭子	□				
		□血痕	□口腔拭子	□				
		□血痕	□口腔拭子	□				
		□血痕	□口腔拭子	□				
		□血痕	□口腔拭子	□				
		□血痕	□口腔拭子	□				
		□血痕	□口腔拭子	□				
		□血痕	□口腔拭子	□				
		□血痕	□口腔拭子	□				
		□血痕	□口腔拭子	□				
		□血痕	□口腔拭子	□				
		□血痕	□口腔拭子	□				
		□血痕	□口腔拭子	□				
		□血痕	□口腔拭子	□				
		□血痕	□口腔拭子	□				
		□血痕	□口腔拭子	□				
		□血痕	□口腔拭子	□				

编制：XXX　　（样品管理员）　日期：XXX　　　　　批准：XXX　　（技术负责人）　日期：XXX
实施：XXX　　　（处理人）　　日期：XXX　　　　　监督：XXX（质量监督员）　日期：XXX

1 / 1

2.

XXXXX鉴定所　　　　　　　　　　XXXXX
　　　　　　　　　　　　　XXXX.XX.XX 发布 XXXX.XX.XX 生效

司法鉴定案例流转及报告审批表（法医物证专业）

案例编号	XX 鉴[2019]物鉴字第[003951]号

案例资料

委托书：■司法鉴定委托书 □法院鉴定委托书 □公安局交通管理局检验（测）、鉴定委托书 □公安局鉴定聘请书
　　　　■其他：光盘（内含作业指南）
身份证明材料：□身份证复印件（　） □户口簿复印件（　） □港澳台通行证 （　）
　　　　　　　 □护照（　） □机动车驾驶证 （　） □户籍信息（　） □出生医学证明 （　）
取样及检材证明材料：□委托承诺函
　　　　　　　　　　 □现场取样照片（　） ■检材照片（3）
其他：□委托方资质（　） □残疾证明（　） □贫困证明（　）

案例检材

■检材数量（1） □检材名称 □待测关系 □检材编号 □包装完好 □结果时间 □存在问题：

备注：/

接案人：XXX	接案日期：2019.06.14

资料复核：□齐全无异常 □存在问题：
检材复核：☑检材数量（2） □检材名称 □待测关系 □检材编号 □包装完好 □结果时间 □存在问题：
备注：/

	复核人：XXX	日期：2019.06.14

检材的流转详见《案例检材交接表》、《案例检材登记台账》、《法医物证鉴定接检异常记录表》及《检材处理表》
案例资料的流转详见《司法案例资料交接流转表》

■符合要求，已完成鉴定文书编制 □不符合要求：
□其它说明：

	初审司法鉴定人：XXX	日期：2019.06.25

■符合要求 □不符合要求：

备注：

	二审司法鉴定人：XXX	日期：2019.06.25

■鉴定主体合法； ■鉴定程序规范； ■鉴定方法科学； ■检验记录完整； ■鉴定意见准确； ■文书制作合格。

	授权签字人：XXX	日期：2019.06.25

案例卷宗归档人	XXX	归档日期	2019.06.25

1 / 1

2J

仪器设备使用记录

实验批次：20190624-5D

序号	仪器编号	仪器名称	型号或规格	校准/检定有效期	使用人	使用日期
1	XXX-007-009	离心机	Eppendorf（18孔）	（功能核查）2018.09.26-2019.09.25	XXX	2019-06-24
2	XXX-005-006	干式恒温器	MK-10	（功能核查）2018.09.26-2019.09.25	XXX	2019-06-24
3	XXX-012-031	PCR 扩增仪	AB	2018.09.17-2019.09.16	XXX	2019-06-24
4	XXX-012-025	测序分析仪	3730XL	2019.06.03-2020.06.02	XXX	2019-06-24
5	XXX-008-005	涡旋混匀仪	SCILOGEX MX-S	/	XXX	2019-06-24

[例2]　19BE0059结果反馈表（专家组评价结果：满意）

鉴定人：副主任技师　　　　XX　　XX

　　　　《司法鉴定人执业证》证号：XX

　　　　主任技师　　　　　　XX　　XX

　　　　《司法鉴定人执业证》证号：XX

二〇一九年六月二十六日

司法鉴定专用章（红印）

注：1、被鉴定人相关电子照片见附件

　　2、本报告仅对本次送检检材检验结果的准确性负责

XX 司法鉴定所检验报告书

XX 司鉴所[2019]物鉴字第 CNAS SF0009 号

司法鉴定专用章（钢印）

一、基本情况

委 托 人：司法鉴定科学研究院

委托事项：对 CNAS SF0009 A 血斑进行 X-STR 检验

委托日期：2019 年 06 月 14 日

受理日期：2019 年 06 月 14 日

鉴定材料：由司法鉴定科学研究院寄送 CNAS SF0009 A 血样一份

二、被鉴定人概况

姓名或标识	自述称谓	身份证件号码	检材编号
CNAS SF0009 A	/	未提供	SF0009-A

三、检案摘要

某地发生一起杀人案。在侦察过程中，警方在犯罪现场发现一处血斑。鉴于目前无嫌疑人，警方要求法医物证实验室对血斑进行 X-STR 检验，留存数据。

四、检验过程

1、检材处理和检验方法

按照《法医物证鉴定 X-STR 检验规范》（SF/Z JD0105006-2018）进行，

1

取直径 0.5mm 上述检材，采用 Microreader™ 19X Direct ID System（V2.0）检测试剂盒（苏州阅微基因技术有限公司）直接进行复合 PCR 扩增，用 ABI-3130 型号遗传分析仪进行毛细管电泳和基因型分析。

2、检验结果

基因座	CNAS F0009 A
DXS6795	13，13
DXS6803	11，11.3
DXS6807	14，16
DXS9907	13，14
DXS7423	15，15
AMEL	X，X
GATA172D05	8，9
DXS101	25，25
DXS9902	10，10
DXS7133	9，9
DXS6810	18，18
GATA31E08	11，11
DXS6800	16，19
DXS981	13，15
DXS10162	16，17
DXS6809	31，31
GATA165B12	9，11
DXS10079	20，21
DXS10135	21，22
HPRTB	12，13

［例3］ 19BE0140结果反馈表（专家组评价结果：不通过）

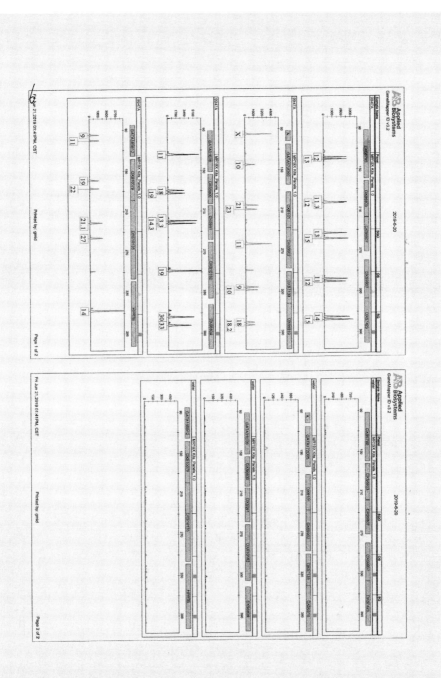

CNAS 能力验证计划 CNAS SF0009

X 染色体 STR 检测（血斑）能力验证计划

检验结果报告表

参加编号：**19BE0140**

X-STR 基因座	现场血斑分型结果
DXS6795	13
DXS6803	11，11.3
DXS6807	15，17
DXS9907	12，13
DXS7423	15
AMEL	X
GATA172D05	8，9
DXS101	22
DXS9902	10
DXS7133	9
DXS6810	18
GATA31E08	11
DXS6800	16，19
DXS981	13，15
DXS10162	16，17
DXS6809	30
GATA165B12	9，11
DXS10079	19，20
DXS10135	21，22
HPRTB	12，13

/o

×××司法鉴定所
法医物证检验鉴定意见书

钢印

×××〔2019〕鉴字第××号

一、基本情况

委托人/单位： A市公安局刑警支队

委托鉴定事项： 要求检验现场血斑是否为人血？若是人血、要求对血斑进行 X-STR 检验。

受理日期： 2019年6月19日

鉴定材料： 现场血斑：装于标记有 "CNAS SF0009 A血斑" 字样的样品袋内FTA卡上有深褐色类圆形斑迹。剪取少许编号为SF0009A号。

鉴定日期： 2019年6月20日-2019年6月21日

鉴定地点： ×××××××

被鉴定人： ×××、×××

二、检案摘要：

据介绍，某地发生一起杀人案。在侦察过程中，警方在犯罪现场发现一处血斑，鉴于目前无嫌疑人，警方要求法医物证实验室对血斑进行 X-STR 检验，留存数据。

三、检验过程

1、血痕种属检验：

取样品 SF0009A 号检材少许，按中华人民共和国公共安全行业标准 GA765—2008《人血红蛋白金标试剂条法》检验，结果为阳性（已知人血阳性，空白对照阴性）。

2、DNA 检验：

按照中华人民共和国公共安全行业标准GA/T383-2014附录A中 Chelex 法提取SF0009A号样品DNA。以Microreader™19X ID System人类荧光标记 STR

复合扩增试剂(北京阅微公司)进行复合 PCR 扩增，扩增产物用ABI-3130XL型DNA序列分析仪(美国AB公司)进行毛细管电泳和基因型分析。

3、检验结果：

现场血斑的 STR 分型结果如下：

X-STR 基因座	现场血斑分型结果
DXS6795	13
DXS6803	11，11.3
DXS6807	15，17
DXS9907	12，13
DXS7423	15
AMEL	X
GATA172D05	8，9
DXS101	22
DXS9902	10
DXS7133	9
DXS6810	18
GATA31E08	11
DXS6800	16，19
DXS981	13，15
DXS10162	16，17
DXS6809	30
GATA165B12	9，11
DXS10079	19，20
DXS10135	21，22
HPRTB	12，13

四、分析说明

1．现场血斑按中华人民共和国公共安全行业标准 GA765—2008《人血红蛋白金标试剂条法》检验，结果为阳性，提示是人血斑。

2．该血斑经 X-STR 检验，获得19 个 X-STR 基因座基因分型。

12

五、鉴定意见：

现场血斑（SF0009A号样品）是人血斑；经 X-STR 检验，获得 19 个 X-STR 基因座基因分型。

鉴 定 人： ×××　（签名或盖章）

执业证号： × × × × × ×

复 核 人： ×××　（签名或盖章）

执业证号： × × × × × ×

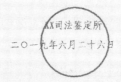

XX司法鉴定所

二〇一九年六月二十六日

注：被鉴定人及相关证件电子照片见附件。

【专家点评】

本次能力验证项目中，报名参加单位149家，在规定日期内，返回结果有145家实验室，4家实验室未返回结果。145家参与评价机构中，满意144家，占99.3%；不通过1家，占0.7%。

从采用的检测手段来看，所有返回结果的实验室均采用了荧光检测的方法，未见采用银染方法的实验室。从所使用的关键设备遗传分析仪来看，145家实验室中有118家使用着目前国际上通用的至少具备分辨五色荧光技术的机型，其中有45家使用了最新的具备六色荧光标记技术的3500型遗传分析仪；有95家使用了3100 / 3130型遗传分析仪，有5家使用着已经停产的310型遗传分析仪。从所使用的X – STR分型试剂盒来看，有68家实验室使用一种试剂盒，其余为两种以上试剂盒。

编号为19BE0011的鉴定机构是众多获得满意评价结果的代表之一。从反馈的技术记录完整性和有效性看，该鉴定机构均最大限度地反映出了整个鉴定活动中的"人、机、料、法、环、测"等要素，准确地描述了检验材料的状态、数量以及依附的载体，基因组DNA提取采用的方法，STR基因座复合扩增的试剂以及遗传分析检测的设备等关键信息。对全部样品进行了唯一性编号并设置了内部流转记录，包括阳性对照和阴性对照在内的全部样品检测记录完整，客观呈现了鉴定过程。对于出现的不符合孟德尔遗传规律的情形，也进行了客观的分析并按照正确的方法计算了不符合孟德尔遗传规律情形下的PI值。在鉴定文书方面，该鉴定机构的鉴定文书在格式上均涵盖了标题、编号、基本情况、鉴定目的、检验过程、检材处理和检验方法、检验结果、分析说明和鉴定意见等《司法鉴定文书规范》中要求的全部要素，在内容上也准确反映出了相关信息。值得指出的是，鉴定文书在分析说明部分首先用非父排除率评价了系统效能；其次基于检测结果，围绕孟德尔遗传定律和似然率展开论述，对于出现的不符合孟德尔遗传规律的情形，也进行了客观的分析，说明了检测结果表明的证据价值，自然过渡到最后的鉴定意见部分。这一分析说明的模式是值得推荐的。总之，以上鉴定机构在本次能力验证活动中DNA分型结果正确，PI值计算正确，检验过程完整、分析说明抓住了重点且报告书的格式用语规范，证明了其对于亲权鉴定能力的良好把握。

　　本次评价为"不通过"的机构仅有1家，主要原因是鉴定意见书和检验结果报告表中多个X－STR基因座分型结果转移错误，应该进一步加强复核。

点评人：李成涛　研究员

侯一平　教　授

《Y染色体STR检测（血斑）（CNAS SF0010）》鉴定文书评析

【项目简介】

法医物证学作为服务于司法实践的应用学科，是司法实践中不可或缺的重要部分，在司法实践活动中发挥着极其重要的作用。在法医物证学鉴定中，Y染色体STR检测是法医物证学鉴定人必备的基本能力之一。本次能力验证的目的就是旨在对各实验室的Y染色体STR检测能力进行科学、客观的考察和评价，以有利于进一步规范鉴定活动、提高鉴定能力，从而使不同鉴定机构间对同一问题的鉴定获得一致的结论，保持司法鉴定结论的一致性和可比性。

【方案设计】

本次能力验证计划是由项目专家组根据法医物证鉴定实践中的常见情况，模拟了一例鉴定案例的材料制作成考核样品。本次能力验证的考点有两个方面：一个是考察参加者对血斑的Y–STR检测能力；一个是考察参加者对X–STR基因座上off–ladder等位基因的判读能力。

本次能力验证计划提供的样品为一份保存在FTA卡上的血斑（A），要求检验血斑的Y–STR。要求参加者采用日常检测方法对待检样品进行检验并提交"检测结果报告表"、完整的鉴定文书及相关原始记录。

【结果评析】

　　［例1］　19BF0047结果反馈表（专家组评价结果：满意）

CNAS 能力验证计划 CNAS SF0010

Y 染色体 STR 检测（血斑）能力验证计划

检验结果报告表

A
19BF0047

参加编号：**SF0010**

Y-STR 基因座	现场血斑分型结果
DYS19	14
DYS389I	13
DYS389II	29
DYS390	24
DYS391	10
DYS392	13
DYS393	12
DYS385	13,14
DYS437	15
DYS438	11
DYS439	13
DYS448	20
DYS456	15
DYS458	19
DYS635	20
Y GATA H4	11
DYS449	33
DYS460	10
DYS481	23
DYS518	36
DYS533	11
DYS570	18
DYS576	20
DYS627	19
DYS387S1	36,37

注：若使用的试剂盒除了以上基因座外，还包括其他基因座，请

自行补充结果。

编号：SJR-Q07-2017-PT　　　　实施日期：2018-1-2　　　　第5页 共6页

XX 司法鉴定中心鉴定意见书

能力验证参加编号：SF0010

一、基本情况

委 托 人：XX

委托事项：XX 的 Y 染色体 STR 基因座分型情况

委托日期：2019 年 XX 月 XX 日

受理日期：2019 年 XX 月 XX 日

鉴定材料：XX 的血样 1 份

二、被鉴定人概况

被鉴定人	性别	出生日期	身份证件号码	样本编号
XX	未提供	未提供	未提供身份证明	SF0010Y

三、检验过程

1、检材处理和检验方法

按照中华人民共和国公共安全行业标准 GA/T383-2014 抽提 DNA，采用 Goldeneye™DNA 身份鉴定系统 27YB（北京基点认知技术有限公司）进行复合 PCR 扩增，用 3130 遗传分析仪（美国 Thermo Fisher 公司）进行毛细管电泳和基因型分析。

2、检验结果

XX 的 27 个 Y 染色体 STR 基因座分型情况如下：

基因座	XX	基因座	XX
DYS19	14	DYS458	19
DYS389I	13	DYS635	20
DYS389II	29	Y GATA H4	11
DYS390	24	DYS449	33
DYS391	10	DYS460	10
DYS392	13	DYS481	23
DYS393	12	DYS518	36
DYS385	13,14	DYS533	11
DYS437	15	DYS570	18
DYS438	11	DYS576	20
DYS439	13	DYS627	19
DYS448	20	DYS387S1	36,37
DYS456	15		

鉴定人：XXX

《司法鉴定人执业证》证号：XXXXXXXXXXX

XXX

《司法鉴定人执业证》证号：XXXXXXXXXXX

二〇一九年 XX 月 XX 日

法医物证检材流转单

检材名称		1 号检材		2 号检材		3 号检材		4 号检材	
检材编号		SF0010Y							
分类		检测样	复核样	检测样	复核样	检测样	复核样	检测样	复核样
数量		1	/						
发样	发样人	××			日期：2019 年 6 月 23 日					
	接样人	××			日期：2019 年 6 月 23 日					
取样	取样人	××								
	取样量 d=1.2mm 血片	×1	/							
	毛囊									
	其他（ ）									
	日期	2019 年 6 月 23 日								
取样	取样人									
	取样量 d=1.2mm 血片									
	毛囊									
	其他（ ）									
	日期	年 月 日								
	取样人									
	取样量 d=1.2mm 血片									
	毛囊									
	其他（ ）									
	日期	年 月 日								
余样处理	送还人	××			日期：2019 年 6 月 30 日					
	接受人	××			日期：2019 年 6 月 30 日					

备注：能力验证（血痕）检验（参加编号 SF0010）

法医物证鉴定室
DNA 分型检测过程记录表

DNA 提取		
检材来源		提取方法
检案号：[2019]物鉴字第 ＿ 至 ＿ 号 其他：能力验证（血液斑） SF0010Y		☐Chelex 法：详见作业指导书 ☑免提取 ☐其他
检验人：X X　　　X X		检验日期：2019年 6 月23日

DNA 扩增
试剂盒名称：☐Goldeneye 20A　☐Huaxia Platinum　☐Goldeneye 22NC　☑其他 Goldeneye 27Y
扩增程序：详见作业指导书　扩增体系：10 ul　扩增仪：☑ABI 9700　☐卡尤迪 CF-F9677

体系配制

样本体系：
5×预混液IV　2ul
5×引物混合物　2ul
H2O　6ul
10ul至1管 → 每管加1Y组片（d=1.2mm）SF0010Y

对照体系：
5×预混液IV　2ul×2＝4ul
5×引物混合物　2ul×2＝4ul
H2O　5ul×2＝10ul
18ul → 分至2管　9ul/管 → 每管加1ul　9948 或 H2O　(+)　(-)

检验人：X X　　　X X　　　检验日期：2019年 6 月23日

PCR 产物电泳

	1	2	3	4	5	6	7	8	9	10	11	12
A			LADDER									
B			SF0010Y									
C			+									
D			-									
E												
F												
G												
H												

遗传分析仪型号：ABI 3130

实验结果：Ladder　　分型是否正确　☑是　☐否
阳性对照　分型是否正确　☑是　☐否
阴性对照　分型是否正确　☑是　☐否

检验人：X X　　　X X　　　检验日期：2019年 6 月24日
复核人：X X　　　　　　复核日期：2019年 6 月25日

DNA 基因分型记录表

实验流水编号： 2019-CNAS-Y

序号	样本编号	内标		处理意见					备注
		正确	有错	实验完成	重新提取	重新扩增	重新电泳		
				样本信息					

样本信息

序号	样本编号	正确	有错	实验完成	重新提取	重新扩增	重新电泳	备注
1	SF0010Y	✓		✓				

实验相关记录

分析软件	☑GeneMapper ID-X □其他：_____
分析方法	□Goldeneye 20A（基点）　　□Huaxia Platinum（AB） □Goldeneye 22NC（基点）　　□Verifiler Plus（AB） ☑其他　Goldeneye 2YY（基点）
内标	☑Orange 500　□Liz 600　□其他：
Control DNA	□9947A　☑9948　□007　□其他：
评判人： XX　　XX	日期：2019年6月24日
复核人： XX	日期：2019年6月25日

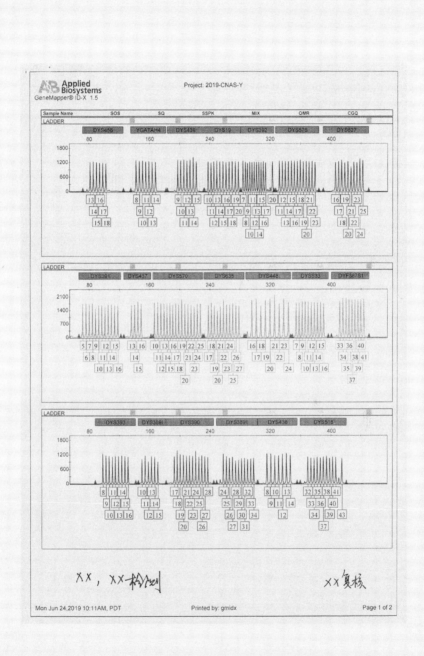

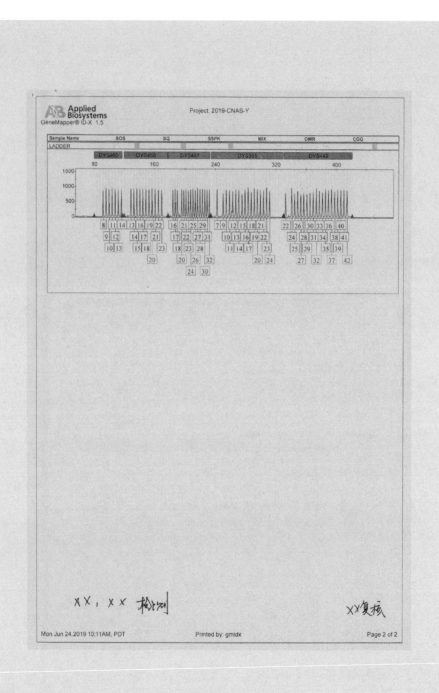

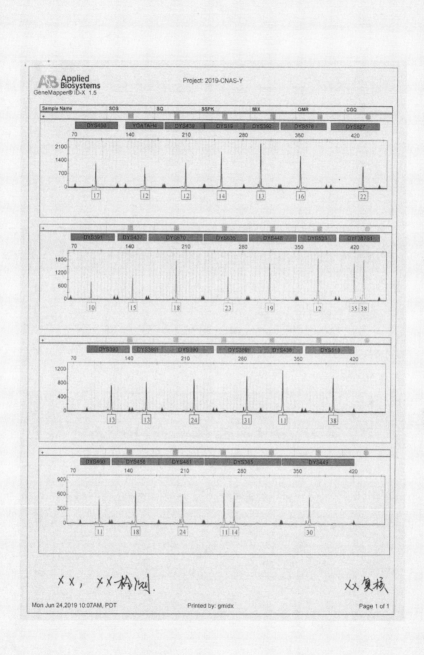

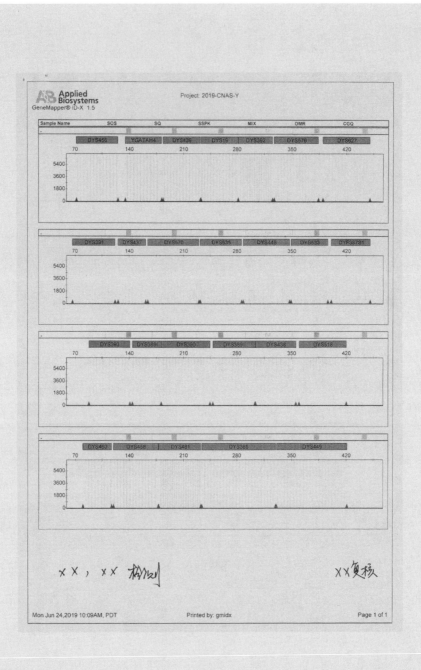

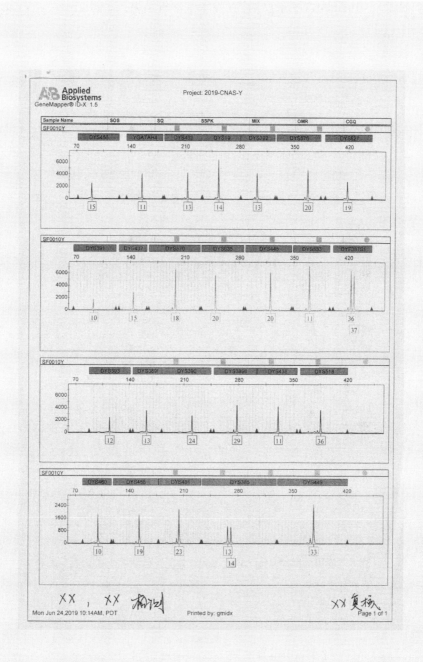

[例2]　19BF0011结果反馈表（专家组评价结果：满意）

CNAS 能力验证计划 CNAS SF0010

Y 染色体 STR 检测（血斑）能力验证计划

检验结果报告表

参加编号：**19BF0011**

Y-STR 基因座	现场血斑分型结果
DYS19	14
DYS389I	13
DYS389II	29
DYS390	24
DYS391	10
DYS392	13
DYS393	12
DYS385	13-14
DYS437	15
DYS438	11
DYS439	13
DYS448	20
DYS456	15
DYS458	19
DYS635	20
Y GATA H4	11

注：若使用的试剂盒除了以上基因座外，还包括其他基因座，请自行补充结果。

XXX审核

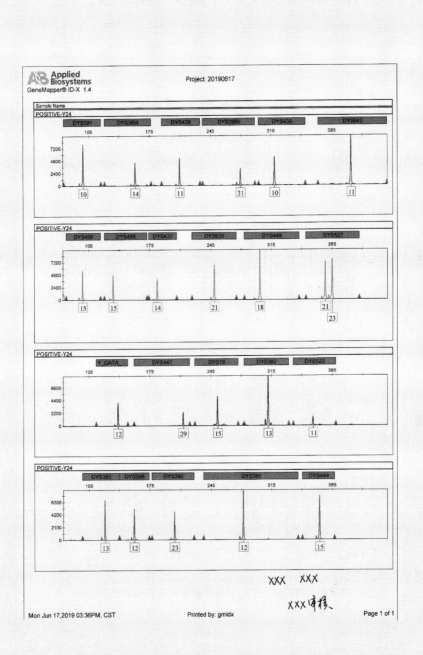

[例3] 19BF0084结果反馈表(专家组评价结果：通过)

CNAS 能力验证计划 CNAS SF0010

Y 染色体 STR 检测（血斑）能力验证计划

检验结果报告表

参加编号：**19BF0084**

Y-STR 基因座	现场血斑分型结果
DYS19	16
DYS389I	12
DYS389II	28
DYS390	24
DYS391	11
DYS392	13
DYS393	12
DYS385	14/19
DYS437	14
DYS438	10
DYS439	12
DYS448	19
DYS456	14
DYS458	17
DYS635	22
Y GATA H4	11
DYS460	11
DYS518	38
DYS449	33
DYS576	17
DYS570	21
DYS481	24
DYS627	20
DYF387S1	37/38
DYS533	12

注：若使用的试剂盒除了以上基因座外，还包括其他基因座，请自行补充结果。

编号：SJR-Q07-2017-PT   实施日期：2018-1-2   第5页 共6页

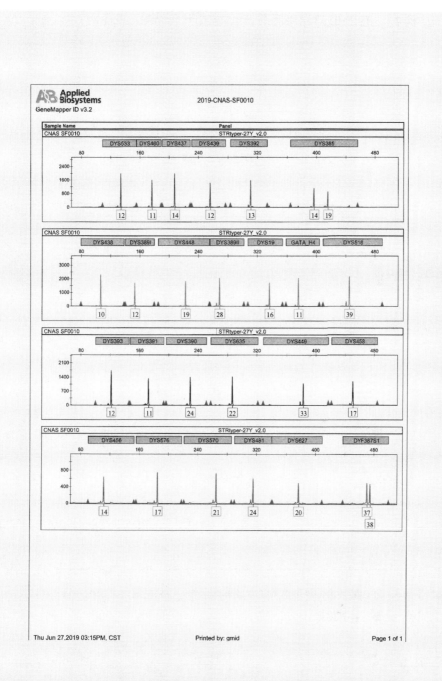

[例4]　19BF0133结果反馈表(专家组评价结果：通过)

CNAS 能力验证计划 CNAS SF0010

Y 染色体 STR 检测（血斑）能力验证计划

检验结果报告表

参加编号：**19BF0133**

Y-STR 基因座	现场血斑分型结果
DYS19	16
DYS389I	12
DYS389II	28
DYS390	24
DYS391	11
DYS392	13
DYS393	12
DYS385ab	14/19
DYS437	14
DYS438	10
DYS439	12
DYS448	19
DYS456	14
DYS458	17
DYS635	22 ✗
Y GATA H4	11
DYS570	21
DYS549	13
DYS460	11
DYS635	24 ✗
DYS533	12
DYS576	17
DYS643	9

注：**若使用的试剂盒除了以上基因座外，还包括其他基因座，请自行补充结果。** ✗✗✗

✗✗✗

编号：SJR-Q07-2017-PT　　　实施日期：2018-1-2　　　第5页　共6页

[例5] 19BF0091结果反馈表(专家组评价结果：不通过)

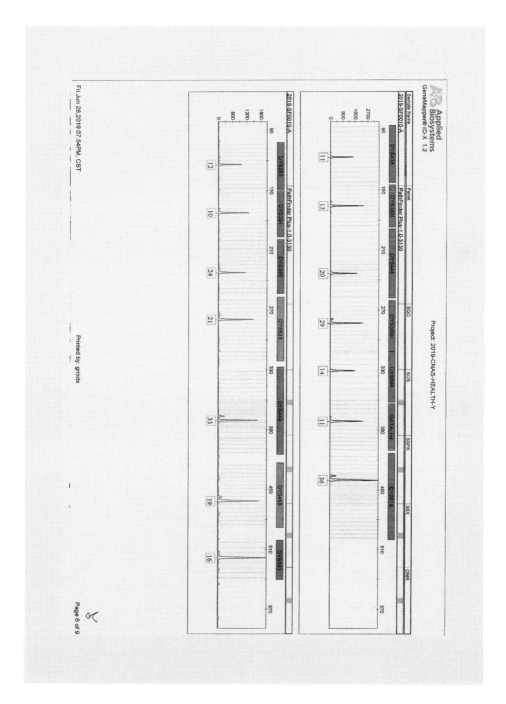

[例6]　19BF0094结果反馈表(专家组评价结果：不通过)

CNAS 能力验证计划 CNAS SF0010

Y 染色体 STR 检测（血斑）能力验证计划

检验结果报告表

参加编号：**19BF0094**

Y-STR 基因座	现场血斑分型结果
DYS19	16,16
DYS389I	12,12
DYS389II	28,28
DYS390	24,24
DYS391	11,11
DYS392	13,13
DYS393	12,12
DYS385	14,19
DYS437	14,14
DYS438	10,10
DYS439	12,12
DYS448	19,19
DYS456	14,14
DYS458	17,17
DYS635	22,22
Y GATA H4	11,11
DYS643	9,9
DYS527	21,23
DYS447	25,25
DYS522	12,12
DYS388	12,12
DYS444	13,13

注：若使用的试剂盒除了以上基因座外，还包括其他基因座，请自行补充结果。

编号：SJR-Q07-2017-PT　　　　实施日期：2018-1-2　　　　第5页　共6页

[例7] 19BF0111结果反馈表（专家组评价结果：不通过）

Y 染色体 STR 检测（血斑）能力验证计划
检验结果报告表

参加编号：19BF0111

Y-STR 基因座	现场血斑分型结果 (SF0010-A)		
DYS19	16	/	16
DYS389I	12	/	12
DYS389II	28	/	28
DYS390	24	/	24
DYS391	11	/	11
DYS392	13	/	13
DYS393	12	/	12
DYS385	14	/	19
DYS437	14	/	14
DYS438	10	/	10
DYS439	12	/	12
DYS448	19	/	19
DYS456	14	/	14
DYS458	17	/	17
DYS635	22	/	22
Y GATA H4	11	/	11
DYS481	24	/	24
DYS533	12	/	12
DYS627	20	/	20
DYS460	11	/	11
DYF387S1	37	/	38
DYS576	17	/	17
DYS518	39	/	39
DYS570	21	/	21
DYS449	33	/	33

检验人：XXXX

复核人：XXXX

【专家点评】

本次能力验证项目中,报名参加单位186家,在规定日期内,返回结果有183家,3家实验室未返回结果。183家参与评价机构中,满意172家,占93.9%;通过3家,占1.6%,不通过8家,占4.5%。从采用的检测手段来看,所有返回结果的实验室均采用了荧光检测的方法,未见采用银染方法的实验室。从所使用的关键设备遗传分析仪来看,183家实验室中有126家使用着目前国际上通用的至少具备分辨五色荧光技术的机型,其中有49家使用了最新的具备六色荧光标记技术的3500型遗传分析仪;有131家使用了3100/3130型遗传分析仪,有3家使用着已经停产的310型遗传分析仪。从所使用的Y-STR分型试剂盒来看,有77家实验室使用一种试剂盒,其余为两种以上试剂盒。

编号为19BF0047的鉴定机构是众多获得满意评价结果的代表之一。从反馈的技术记录完整性和有效性看,该鉴定机构均最大限度地反映出了整个鉴定活动中的"人、机、料、法、环、测"等要素,准确地描述了检验材料的状态、数量以及依附的载体,基因组DNA提取采用的方法,STR基因座复合扩增的试剂以及遗传分析检测的设备等关键信息。对全部样品进行了唯一性编号并设置了内部流转记录,包括阳性对照和阴性对照在内的全部样品检测记录完整,客观呈现了鉴定过程。对于出现的不符合孟德尔遗传规律的情形,也进行了客观的分析并按照正确的方法计算了不符合孟德尔遗传规律情形下的PI值。在鉴定文书方面,该鉴定机构的鉴定文书在格式上均涵盖了标题、编号、基本情况、鉴定目的、检验过程、检材处理和检验方法、检验结果、分析说明和鉴定意见等《司法鉴定文书规范》中要求的全部要素,在内容上也准确反映出了相关信息。值得指出的是,鉴定文书在分析说明部分首先用非父排除率评价了系统效能;其次基于检测结果,围绕孟德尔遗传定律和似然率展开论述,对于出现的不符合孟德尔遗传规律的情形,也进行了客观的分析,说明了检测结果表明的证据价值,自然过渡到最后的鉴定意见部分。这一分析说明的模式是值得推荐的。总之,以上鉴定机构在本次能力验证活动中DNA分型结果正确,PI值计算正确,检验过程完整、分析说明抓住了重点且报告书的格式用语规范,证明了其对于亲权鉴定能力的良好把握。

参与本次能力验证计划评价的183家机构中,182家得出了正确的DNA分型结果,但有1家出现了分型结果错误。另外7家不通过的原因主要是Y-STR分型结果表述方式不正确,忽略了Y-STR是单倍型的遗传特点。此外,还有3

家为通过，主要原因是：① 检验结果正确，但检验结果报告表中DYS518基因座分型结果报告错误；② 检验结果正确，但检验结果报告表中未按要求提供所用试剂盒的所有Y – STR分型结果；③ DYS635基因座在检验结果报告表中提供了两个不同的分型结果。

点评人：李成涛　研究员

侯一平　教　授

《法医病理学死亡原因鉴定及致伤物推断（CNAS-SF0011）》鉴定文书评析

【项目简介】

　　法医病理学是应用专业理论技术解决涉及人身伤亡专门性问题，并得出客观鉴定意见的一门实践性学科。死亡原因鉴定是其最核心内容，也是永恒不变的主题，而致伤物推断则是法医病理学鉴定的难点之一。鉴定人员需要具备扎实的专业理论功底，以及丰富的鉴定实践经验。多年来，法医病理能力验证作为鉴定机构/实验室一种有效的质量控制和持续改进的手段，对提升司法鉴定机构鉴定能力起到积极作用，也被司法行政管理部门和认证认可机构所采用。本次法医病理能力验证计划针对鉴定实践中的常见死亡原因，选取一例真实案例，经9名评审专家公议形成最终方案、评价标准及参考答案，旨在提升鉴定机构及鉴定人死亡原因鉴定及致伤物推断鉴定能力，规范同类型死亡原因鉴定程序、方法及结果表述。有助于在不同鉴定机构间对同一问题的鉴定获得共识。

【方案设计】

　　本计划以法医病理学死亡原因及检案实践为基础，内容上兼顾法医病理学诊断、分析说明、鉴定意见等各方面检验、鉴定能力，难度适中，要点齐备，各文件之间协调、统一，文件之间的逻辑关系严密，各部分评分及评价标准准确，该方案在技术上可以准确、全面地反映能力验证计划参加者在死亡原因鉴定及致伤物推断能力方面的相关信息。本次法医病理学死亡原因鉴定能力验证计划方案采用的是一实践中的真实案例，鉴定方法满足中华人民共和国公共安全行业标准《法医学尸表检验》GA/T 149 - 1996、《法医学尸体解剖》GA/T 147 - 1996、《法医病理学检材的提取、固定、包装及送检方法》GA/T 148 - 1996等法医病理学鉴定检验方法要求。作业指南、尸体检验照片、器官取材照片及组织切片扫描图片等材料均采取刻录光盘方式寄送至参加机构,样本制作符合要求。本次能力验证计划对设备无特殊要求。评审过程中,根据案件的具体情况,对法医病理学诊断、分析说明和鉴定意见部分设定相关要件,并依据其与鉴定意见的相关性赋予相应的分值和权重,专家组通过公议形式对参考答案形成一致意见。该方案系一例涉及饮酒及头部遭受外力作用引起蛛网膜下腔出血的案例,是法医病理学鉴定中的常见案例,评价标准科学客观,采取专家集体公议评价方式。评价结果有助于统一认识,并用于协调规范各鉴定机构检验、鉴定活动,并有效保证鉴定意见的科学性、准确性、公正性和权威性。

【结果评析】

[例1]　19P0030结果反馈表（专家组评价结果：满意）

CNAS 能力验证计划 CNAS SF0011

法医病理学死亡原因鉴定及致伤物推断能力验证计划

结果反馈表

参加编号：19P0030

项目名称	法医病理学死亡原因鉴定及致伤物推断
实施机构	司法鉴定科学研究院

法医病理学诊断：

1、弥漫性蛛网膜下腔出血，双侧颞叶及小脑灶性脑挫伤，灶性围管性出血，脑水肿

2、头面部软组织损伤（额部肿胀伴头皮下出血、左颞部肿胀、口唇挫伤及挫裂创）

3、心肌间质淤血，局灶性心外膜炎，灶性心肌纤维化

4、肺淤血，灶片状肺水肿，灶性肺气肿，右肺下叶灶片状出血

5、肝淤血，多发灶片状肝细胞水肿

6、脾淤血

7、肾淤血，灶性肾小球硬化

8、胰尾部灶性出血

分析说明：

（一）死亡原因分析

根据提供的案情资料、法医学尸表和尸体解剖检验结果、毒物分析结果及组织病理学检查结果，综合分析如下：

1、被鉴定人刘某颈部皮下组织及肌肉未见出血，舌骨、甲状软骨和环状软骨未见骨折，气管内未见异物，且全身体表未见电流斑及高低温损伤性改变，分析认为可排除其因机械性窒息、电击及高低温所致的死亡。

2、被鉴定人刘某血液、尿液及胃内容物中均未检出常见毒（药）物成分，分析认为可排除其因常见毒（药）物成分中毒所致的死亡。

3、被鉴定人刘某存在弥漫性蛛网膜下腔出血，可引起中枢神经系统功能障碍而死亡。联系尸检见其头面部软组织损伤（额部肿胀伴头皮下出血、左颞部肿胀、口唇挫伤及挫裂创），组织病理学检查见双侧颞叶及小脑灶性脑挫伤，且脑底动脉、蛛网膜下腔及脑实质内血管检查未见血管畸形、粥样硬化、动脉瘤等病理改变，分析认为其弥漫性蛛网膜下腔出血符合头面部外伤所致，即外伤性蛛网膜下腔出血。

4、被鉴定人刘某血液中乙醇含量为 1.76mg/mL，已达中毒血浓度（1mg/mL），未达致死血浓度（4~5mg/mL），法医学检查见双侧睑球结膜充血、双手指甲床重度发绀、喉头水肿、全身多器官呈淤血、水肿等表现，上述改变符合乙醇中毒的特点。乙醇作用于人体，可造成血压升高、血管扩张及通透性增加等，在死亡过程中起辅助作用。

综上所述，被鉴定人刘某系在乙醇中毒的基础上，因头面部损伤引起外伤性蛛网膜下腔出血致中枢神经系统功能障碍而死亡。

（二）致伤物推断

根据法医学尸表和尸体解剖检验，被鉴定人额部正中见 4cm×4cm 头皮肿胀，其下见 3.7cm×3.5cm 头皮下出血，左颞部上方见 5cm×4cm 皮肤肿胀，上、下唇黏膜挫伤，上唇左侧见一浅表挫裂创，同时组织病理学检查见双侧颞叶及小脑灶性脑挫伤。上述

CNAS 能力验证计划 CNAS SF0011

损伤部位均未见明显表皮擦伤，呈外轻内重的特点，且损伤集中于左侧头面部，联系衣着检查见羽绒服背侧散在片状黑色泥灰印痕，分析认为其头面部损伤符合具有较软接触面的钝性物体作用所致，徒手伤可以形成，口唇挫伤及挫裂创符合骨质衬垫作用所致。

鉴定意见：

1、被鉴定人刘某系在乙醇中毒的基础上，因头面部损伤引起外伤性蛛网膜下腔出血致中枢神经系统功能障碍而死亡。

2、被鉴定人头面部损伤符合具有较软接触面的钝性物体作用所致，徒手伤可以形成。

注：　此表可添加附页，应在 2019 年 7 月 5 日前寄送至实施机构。

［例2］　19P0053结果反馈表（专家组成员评价表结果：满意）

法医病理学死亡原因鉴定及致伤物推断能力验证计划
结果反馈表

参加编号：19P0053

项目名称	法医病理学死亡原因鉴定及致伤物推断
实施机构	司法鉴定科学研究院

法医病理学诊断：

1.大、小脑及脑干广泛性蛛网膜下腔出血（急性）；脑水肿，围管状出血；

2.右顶叶脑蛛网膜下腔血管轻度畸形（血管数目增多，丛状排成，部分管壁厚薄不均）；

3.双侧大脑中动脉硬化（管壁内膜轻度增厚）；

4.额部正中头皮下出血；

5.左额部上方挫伤（皮肤肿胀）；

6.上唇左侧浅表挫裂创；上、下唇粘膜挫伤；

7.右肺下叶局灶性出血；

8.左心室前壁及右心室后壁轻度脂肪组织浸润；

9.肾淤血，个别肾小球纤维化；

10.心、肝、脾、胰、肾上腺及胃等：淤血；

11.急性乙醇中毒（血液中乙醇含量为1.76mg/ml）；

12.头皮多处陈旧性疤痕；

13.右肘窝皮肤陈旧性疤痕；左膝部内下方、右大腿下段外侧皮肤擦伤（脱痂痕；结痂痕）。

14.左手腕桡侧注射针痕；

分析说明:

经认真审阅能力验证组织单位提供的尸体检验照片 54 张、器官取材照片 7 张及组织切片扫描图像 48 张,根据医学各科及法医学专业教科书的基本理论及基本知识,结合临床病历资料,对死者刘某(男、39 岁)的死亡原因及致伤物进行鉴定、推断。

一、致伤物推断

1.死者刘某头面部检见多处皮肤软组织损伤:额部正中圆形头皮下出血(头皮肿胀 4cm×4cm,相应部位类圆形头皮下出血 3.7cm×3.5cm);左额部上方挫伤(皮肤肿胀);上唇左侧浅表挫裂创;上、下唇粘膜挫伤。相应部位颅骨、颧骨未见骨折;上、下唇有损伤,但牙齿未见松动、断裂及脱落。

上述损伤符合较软钝性物体多次作用所致,各损伤处皮肤均未见明显工具损伤痕迹,结合案情分析(遭多人致伤),其损伤特征符合徒手伤(如手拳击打)。

2.死者头皮(左侧额顶部、左侧颞顶部、顶枕部、右顶部、右枕部头皮)及右肘窝皮肤见多处条状陈旧性疤痕,因损伤形态特征不明显,且损伤距今较长时间,故难于准确推断致伤物,可能系锐器损伤及手术后遗留瘢痕。

死者左膝部内下方脱痂痕及右大腿下段外侧皮肤结痂痕提示左膝部及右大腿近期曾发生皮肤局灶性擦伤(或挫擦伤),符合钝物作用所致。损伤形成距离本次损伤时间前一周左右。

左腕部见 1 个注射针孔,符合抢救时的医源性注射针孔。

二、死因分析

1.损伤及病理改变

根据法医系统解剖及组织学检验图片所见,死者刘某头面部(额部正中、左额部及上、下唇)检见多处皮肤软组织损伤;大、小脑及脑干广泛性蛛网膜下腔出血(红细胞形态清晰,提示为急性)。

2.蛛网膜下腔出血成因分析

本例蛛网膜下腔出血的特征是分布广泛,呈全脑弥漫性蛛网下腔出血,大脑基底部出血不多,未见明显血凝块;结合案情分析,死者生前额部正中、左额部及口腔颌面部曾遭受钝性外力作用后当即昏迷,约一个小时迅速死亡。其发生发展过程符合头面部遭受到外力作用可引起头部突然后仰或旋转,导致脑小动脉、静脉撕裂出血引起广泛性蛛网膜下腔出血。

本案除检见右顶叶脑蛛网膜下腔血管轻度畸形外,未发现死者患有明显动静脉畸形、动脉瘤、动脉硬化等常引起自发性蛛网膜下腔出血的病理学改变;也未发现明显脑挫伤征象。

3.存在急性酒精中毒

解剖见死者胃内有大量食糜(为未消化食糜,可见面条、菜叶、肉糜等物质),并可嗅及酒味;死者血液中检出乙醇(含量为 1.76mg/ml,即 176mg/dl),提示死者生前曾饮酒。据刘良主编的《法医毒理学》第 5 版第 68 页记载:乙醇中毒血浓度为 100mg/dl,致死血浓度为 400-500mg/dl。故该死者血液中乙醇含量已达中毒血浓度,但未达致死血浓度,故可排除因急性乙醇中毒致死的可能。

酗酒是脑出血的危险因素。乙醇中毒后,血浆皮质醇肾素加压素等升高及肾上腺素能神经活动加强,造成血压升高,易致小动静脉破裂出血。乙醇中毒后可因神经体液调节紊乱等多种机制导致脑血管功能异常,增加脑血管在外力作用下发生破裂出血的危险性。

4.根据系统法医学检验所见,未发现死者患有致死性器质性疾病,故可排除死者因器质性疾病死亡。

5.根据毒物分析结果，所送死者血液、尿液和胃内容物中均未检出常见毒（药）物成分，故可排除上述常见毒（药）物中毒死亡。

综上所述，结合案情（死亡过程迅速，头面部外伤与死者昏迷、心跳、呼吸骤停在时间上存在关联）及排除法（未见致死性疾病及常见毒药物中毒，血液乙醇含量未达致死血浓度）分析，刘某符合在乙醇中毒的基础上，因头面部遭受到钝性外力作用（如手拳击打）引起头部突然后仰或旋转，导致脑细小动脉、静脉撕裂出血而致急性弥漫性蛛网膜下腔出血，中枢神经系统功能障碍死亡。其中头面部钝性外力作用是死亡的发生起主要作用（主要死因）；乙醇中毒对死亡的发生起促进作用（辅助死因）。

鉴定意见：

1.刘某符合在乙醇中毒的基础上，因头面部遭受到钝性外力作用导致广泛性蛛网膜下腔出血、急性中枢神经系统功能障碍而死亡。其中头面部钝性外力作用是死亡的主要因素（主要死因）；乙醇中毒对死亡的发生起促进作用（辅助死因）。

2.刘某头面部损伤特征符合徒手伤（如手拳击打）所致。

［例3］　19P0278结果反馈表（专家组成员评价表结果：通过）

CNAS 能力验证计划 CNAS SF0011

法医病理学死亡原因鉴定及致伤物推断能力验证计划

结果反馈表

参加编号：19P0278

项目名称	法医病理学死亡原因鉴定及致伤物推断
实施机构	司法鉴定科学研究院

法医病理学诊断：

一、颅脑损伤

1.脑弥漫性蛛网膜下腔出血；

2.小脑、延髓局部蛛网膜下腔出血；

3.大脑右颞叶局灶挫伤并出血；

4.基底动脉、左右颈内动脉外膜下局部出血，左大脑中动脉管壁厚薄不均；

5.脑桥局部水肿伴局部血管周出血；

二、急性乙醇中毒，血液中乙醇含量为 1.76mg/mL；

三、右肺下叶局部挫伤；

四、心室壁脂肪浸润；

五、软组织多处损伤；

1.额部正中 3.7cm×3.5cm 头皮下出血，

2.左额部上方 5cm×4cm 皮肤肿胀，

3.上、下唇黏膜挫伤，上唇左侧浅表挫裂伤；

六、肝脏、脾脏、肾脏、肾上腺、胰腺、胃多器官淤血性改变。

CNAS 能力验证计划 CNAS SF0011

分析说明：

死亡原因分析：

一、颈部皮下组织及肌肉未见出血，舌骨、甲状软骨和环状软骨未见骨折，气管内未见异物；可排除机械性窒息死亡。

二、1.血液中乙醇含量为 1.76mg/mL，达到了乙醇中毒浓度标准，但是低于公认的 3.5-4mg/mL 致死浓度。2.尿液和胃内容物中均未检出常见毒（药）物成分。

死者可排除单纯由常见毒物引起的中毒性死亡。

三、案情简介及病史资料摘要：某年 12 月 7 日 12:00 许，某市公安局派出所接警，其辖区内一男子非正常死亡，经查，该男子系刘某，39 岁，因琐事与人发生纠纷，遭多人致伤后昏迷不醒，送医院抢救无效死亡。据某市院前"120"急救病历摘要。12-7 10:50 病史：头面部伤后昏迷。体检：昏迷不醒，头面部挫伤，双侧瞳孔散大。初步诊断：脑挫伤致昏迷。据某市中医医院门诊病历摘要：12-7 11:20，现病史：被人打伤致心跳、呼吸骤停半小时余。"120"急诊送入院。查体：BP 0，HR 0，SPO2 0，无意识，瞳孔散大，d=5mm，对光反射消失，头面部多处血肿、青紫，余查体欠配合，颈动脉未触及。辅检：心电图一直线。12-17 11:55，积极抢救半小时后，患者无生命体征，瞳孔散大，d=5mm，对光反射消失，劲动脉未触及，心电图一直线，与家属交待病情后，停止抢救。

案情显示，死者生前遭多人致伤后昏迷不醒，入院时，已无呼吸脉搏血压等生命体征，抢救半小时无效后死亡。

四、尸表检验及尸体解剖检验：死者口腔及右侧鼻腔见血迹，额部正中见 4cm×4cm 头皮肿胀，对应头皮肿胀区见 3.7cm×3.5cm 头皮下出血。左颞部上方见 5cm×4cm 皮肤肿胀，上、下唇黏膜挫伤，上唇左侧见一浅表挫裂伤。牙齿未见松动、断裂及脱落。颅骨未见骨折；硬脑膜外及硬脑膜下未见血肿形成。胸壁皮下组织及肌肉未见出血，胸骨及两侧肋骨未见骨折，胸腔内未见异常积液。腹壁皮下组织及肌肉未见出血。

根据尸表检验及尸体解剖检验，死者外伤较轻。

五、病理组织学检验：脑弥漫性蛛网膜下腔出血；脑水肿；脑桥、延髓局部水肿伴脑桥实质内局部血管周出血；大脑右颞叶局部挫伤并出血。右肺下叶局部实质内出血，心室壁脂肪组织浸润，肝脏、脾脏、肾脏、肾上腺、胰腺、胃未见致死性病变。

综合案情病史、尸体解剖及病理组织学检验，死者的直接死亡原因为脑弥漫性蛛网膜下腔出血。但是较轻的头部外伤，不能完全解释脑弥漫性蛛网膜下腔出血。所以，死者体内血液中乙醇含量为 1.76mg/mL（达到急性乙醇中毒标准）这一情况，就需

CNAS 能力验证计划　CNAS SF0011

要充分加以考虑。

乙醇中毒后较轻外伤导致的脑弥漫性蛛网膜下腔出血，在文献及实际工作中，均可见到。乙醇中毒是得到公认的蛛网膜下腔出血的一种高危因素，对脑血管影响主要有 1.加快心率，升高血压；2.扩张脑血管；3.抑制脑血管收缩；4.抑制凝血酶活性；5.影响运动协调性；6.酗酒者更易激惹。乙醇中毒后，脑血管和凝血系统均处于一种正常和异常之间的临界状态，轻微外力作用甚至无外力作用即可引起蛛网膜下腔出血。

综合以上判断：死因为急性乙醇中毒使脑血管处于非正常的临界状态下，头部外伤引起弥漫性蛛网膜下腔出血、脑内出血，脑疝致中枢神经功能障碍、呼吸循环衰竭死亡。

致伤物分析：

死者口腔及右侧鼻腔见血迹，额部正中见 4cm×4cm 头皮肿胀，对应头皮肿胀区见 3.7cm×3.5cm 头皮下出血。左颞部上方见 5cm×4cm 皮肤肿胀，上、下唇黏膜挫伤，上唇左侧见一浅表挫裂伤。符合钝性外力作用形成特点，致伤物为钝性物体。

鉴定意见：

1、被鉴定人刘某的死亡原因为急性乙醇中毒使脑血管处于非正常的临界状态下，头部外伤引起弥漫性蛛网膜下腔出血、脑内出血，脑疝致中枢神经功能障碍、呼吸循环衰竭死亡。

2、本次外伤的致伤物为钝性物体。

[例4] 19P0006结果反馈表（专家组成员评价表结果：不通过）

CNAS 能力验证计划 CNAS SF0011

法医病理学死亡原因鉴定及致伤物推断能力验证计划

结果反馈表

参加编号：19P0006

项目名称	法医病理学死亡原因鉴定及致伤物推断
实施机构	司法鉴定科学研究院

法医病理学诊断：

1. 额部头皮下出血、血肿。

2. 大脑中动脉血管畸形，血管管壁厚薄不均匀，局部肌层变薄伴动脉瘤形成。

3. 广泛性蛛网膜下腔出血，脑实质出血，脑水肿，侧脑室出血伴小脑扁桃体疝。

4. 右肺内血管壁厚薄不均匀，局部肌层变薄，右肺下叶肺挫伤，右肺下叶肺膜下出血，双侧肺淤血，肺水肿伴肺气肿，肺大泡形成。

5. 心肌小灶性陈旧性瘢痕，心肌脂肪浸润。

6. 肾间质血管扩张充血、淤血，肾近曲小管上皮细胞水肿，肾小球玻璃样变性（偶见）。

7. 脾脏淤血。

8. 肝细胞水肿，气球样变。

9. 肾上腺皮质空泡变性。

10. 上、下唇黏膜挫伤，上唇左侧粘膜挫裂创。

11. 喉头水肿。

12. 右侧肺膜与胸壁粘连。

CNAS 能力验证计划　CNAS SF0011

分析说明：

死亡原因分析说明：

1. 根据案情经过显示：死者生前因琐事与人发生纠纷，遭多人致伤后昏迷不醒。法医学检验显示：死者额部正中对应头皮肿胀区见 3.7cm×3.5cm 头皮下出血。法医病理学检验显示：①脑动脉粥样硬化，大脑中动脉管壁结构不规则，血管腔粗细不一，血管壁中膜厚薄不一，局部肌层变薄，伴动脉瘤形成，血管周围检见出血。②广泛性蛛网膜下腔出血，脑实质出血，侧脑室出血伴小脑扁桃体疝。上述结果表明死者生前脑动脉血管畸形伴动脉瘤形成，动脉瘤可自发性或在外力作用下发生破裂出血，此次与人发生纠纷，受钝性外力打击致脑动脉瘤破裂形成蛛网膜下腔出血、脑实质出血、脑室内出血伴小脑扁桃体疝形成，小脑扁桃体疝可致脑干受压造成循环呼吸衰竭死亡。

2. 法医学检验：死者胸部无明显外伤，可见右侧胸膜与胸壁粘连。法医病理学检验显示：右肺内血管壁厚薄不均匀，局部肌层变薄，右肺下叶肺挫伤，右肺下叶肺膜下出血，双侧肺淤血，肺水肿伴肺气肿，肺大泡形成。其中右侧胸膜与胸壁粘连，右肺内血管壁厚薄不均匀，局部肌层变薄，该病变在任何造成胸腔内压力剧烈变化的情况下，发生破裂出血，此次与人发生纠纷，受钝性外力打击造成右肺下叶肺挫伤，右肺下叶肺膜下出血，双侧肺淤血，肺水肿，肺气肿，肺大泡形成，可造成呼吸衰竭，同时上述病变可造成机体乏氧，可进一步加重脑水肿造成颅内高压致脑疝形成。

3. 根据法医病理学检验显示：心肌小灶性陈旧性瘢痕，心肌脂肪浸润。上述病变可在机体剧烈活动需氧量急剧增加时引发急性心力衰竭死亡，结合案情，可以构成辅助性死亡原因。

4. 根据法医病理学检验显示：死者喉头水肿，气管腔内未检见异物，病理检验未发现窒息的病理改变，故不考虑机械性窒息发生的可能。

5. 根据法医病理学检验显示：①肾间质血管扩张充血、淤血，肾近曲小管上皮细胞水肿，肾小球玻璃样变性（偶见）；②脾脏淤血；③肝细胞水肿，气球样变；④肾上腺皮质空泡变性。上述结果符合循环呼吸功能衰竭的病理学改变。

6. 毒物分析结果显示可排除因酒精中毒及其他常见毒物中毒死亡。

综上所述，死者生前大脑中动脉区血管存在动脉血管畸形，动脉瘤形成，右侧肺膜与胸壁粘连，右肺内血管壁厚薄不均匀，局部肌层变薄，因受钝性外力打击致脑动脉瘤破裂致广泛蛛网膜下腔出血、脑实质出血，脑室内出血伴小脑扁桃体疝形成以及肺挫伤肺膜下出血造成循环呼吸衰竭死亡。死者心肌小灶性陈旧性瘢痕，心肌脂肪浸润，在受到打击后可诱发急性心力衰竭死亡，可以构成辅助性死亡原因。

致伤物分析：

法医学检验显示：死者额部正中对应头皮肿胀区见 3.7cm×3.5cm 头皮下出血，上、下唇黏膜挫伤，上唇左侧粘膜见挫裂创（可由钝性物击打，牙齿反作用造成），上述损伤符合生前受钝性外力作用致伤特点，致伤物表面相对光滑，也可为手拳所致。

CNAS 能力验证计划 CNAS SF0011

鉴定意见:

　　死因: 死者生前大脑中动脉区血管存在动脉血管畸形,动脉瘤形成,右侧肺膜与胸壁粘连,右肺内血管壁厚薄不均匀,局部肌层变薄,因受钝性外力打击致脑动脉瘤破裂致蛛网膜下腔出血、脑实质出血,脑室内出血伴小脑扁桃体疝以及肺挫伤肺膜下出血造成循环呼吸衰竭死亡。死者心肌小灶性陈旧性瘢痕,心肌脂肪浸润,在受到打击后可诱发急性心力衰竭死亡,可以构成辅助性死亡原因。

　　致伤物: 致伤物为表面光滑的钝性物体或手拳。

注: 此表可添加附页,应在 **2019 年 7 月 5 日**前寄送至实施机构。

［例5］　19P0034结果反馈表（专家组成员评价表结果：不通过）

法医病理学死亡原因鉴定及致伤物推断
能力验证计划结果反馈表

参加编号：19P0034

一、法医病理学诊断：

（一）．脑底动脉环先天性动脉瘤。

1.左大脑后动脉动脉瘤破裂；

2.左颈内动脉、左大脑中动脉、左大脑前动脉动脉瘤形成；

3.蛛网膜下腔广泛出血；

4.脑水肿。

（二）．心肌脂肪浸润。

（三）．头面部多处挫裂伤。

1.额部正中头皮肿胀伴头皮下血肿，左颞部上方皮肤肿胀；

2.上、下唇粘膜挫伤伴左上唇粘膜浅表挫裂伤。

（四）．头皮多处陈旧性瘢痕，右肘窝陈旧性瘢痕。

（五）．其他：双肺、双肾、肝脏、脾脏淤血性改变。

二、分析说明：

（一）．死亡原因：

1.根据尸体检验及病理组织学检查，XX头面部多处挫裂伤，颅骨未见骨折，颅内见蛛网膜下腔广泛出血，未检见脑挫伤、挫裂伤，镜下见左颈内动脉、左大脑中动脉、左大脑前动脉内膜与中膜不同程度分离、动脉瘤形成，左大脑后动脉动脉管壁内膜至外膜全层断裂。

死者死亡过程迅速，根据上述检验情况说明，蛛网膜下腔出血应为其死亡的直接死因。

死者头部损伤轻微，而蛛网膜下腔出血量大，分布广泛，外伤与颅内出血严重程度不成比例；镜下检见脑血管动脉瘤病变严重，左大脑后动脉动脉瘤破裂，分析其蛛网膜下腔出血应为脑动脉瘤破裂所致，故脑动脉瘤应为其死亡的根本死因。

死者头部损伤轻微，其损伤程度本身不足以致死，但可以诱发死者脑动脉瘤破裂，故头部外伤应为死亡诱因。

2. 根据毒物化验，死者血液中乙醇含量176mmg/mL。酒精具有直接扩张血管、间接增加血管内血液充盈度、抑制凝血机制的作用，导致死者容易发生动脉瘤破裂出血的危害结果，故醉酒应为死者死亡的诱因。

3. 根据尸体检验，未检见机械性窒息征象，毒化未检出常规药毒物，可以排除死者系因机械性窒息和常规毒物中毒死亡。

综上所述，XX 系左大脑后动脉动脉瘤破裂、蛛网膜下腔广泛出血死亡，醉酒及头面部轻微外伤为死亡诱因。

（二）、致伤物推断：

1. XX 额前部、左颞部皮肤软组织肿胀，左上睑外侧结膜片状淤血，口唇粘膜淤血伴浅表挫裂伤，不伴整齐的皮肤创，损伤特征符合钝器类物体作用形成。

2. XX 额面部肿胀区未见表皮剥脱，额部头皮下出血未见颅骨骨折，反映该钝器物体质地不坚硬、表面不粗糙。符合徒手伤特征，伤处遭受徒手作用（如拳头、掌击或遭头部撞击）均可以形成。

三、鉴定意见

1. 死亡原因：XX 系左大脑后动脉动脉瘤破裂、蛛网膜下腔广泛出血死亡，醉酒及头面部轻微外伤为死亡诱因。

2. 致伤物：XX 额面部所受损伤符合钝器类物体作用所致（如拳头、掌击或遭头部撞击）。

【专家点评】

2019年度法医病理能力验证选择的案例难度适中，但具有很好的典型和示范特色。

1、考查要点

本次能力验证考查的核心是蛛网膜下腔出血的成因问题。具体的鉴别要点有三个，即伤病关系分析、脑血管畸形诊断和酒精中毒的死因构成。

伤病关系分析，本质上是分析人体损伤在伤病共存时的死因构成问题。在法医学实践中，比较容易判断的情况是：人体损伤严重，构成根本死因；或者人体损伤轻微，仅为死亡诱因。较为棘手的情况是：当人体损伤较轻，似乎不足以致死，但又没有发现其他根本死因存在。根据笔者的实践体会和总结，人体损伤轻但可构成根本死因的情况大致有三种：一是特殊的损伤机理，比如拳击下颌或掌掴面颊，导致头颅发生猛烈旋转，从而引起颅内血管受牵拉破裂；二是特殊的人体条件，比如当脑血管处于一种特定的生理或病理状态时，较轻外力即可引发血管破裂；三是特殊的死亡机理，比如扼颈或捂压口鼻，损伤本身并不严重，但却可引起呼吸和循环受阻而窒息。本例有明确外伤史，死亡又发生在外伤后，尸体检验也发现了外伤，但外伤似乎较轻。这个时候，就要审视是否存在上述特殊的情况。显然，本例似乎存在上述第一、二种特殊情况的可能性。

笔者一直认为，任何疾病的诊断，或者准确地说大多数疾病的诊断，都应该是临床和病理信息综合的结果，其中临床信息主要包括症状体征观察和实验室检测，病理信息主要包括肉眼和镜下检验。所以，从这个意义上来说，凭借单一的尸体检验，即单一的病理信息，你可以诊断"冠状动脉粥样硬化"，也可以诊断"陈旧性心肌梗死"，但就是不能诊断冠心病。因为，冠状动脉粥样硬化并不一定会发展成冠心病，心肌梗死也可以是心肌病、心肌炎等发作的结果，并不必然归属冠心病。在法医学实践中，似乎有一种的普遍现象，就是忽视肉眼（检验）而依赖镜下（检验）。根据笔者的体会，绝大多数疾病或病变的诊断，主要应该依据肉眼检验，镜下检验只是一种辅助手段。仅仅依赖镜下检验的诊断，不仅不完整，而且很危险。且不说心肌肥厚、心腔扩张、瓣膜增厚等指标，即便是冠状动脉粥样硬化及其阻塞程度、陈旧性心肌梗死等，肉眼检验完全可以做出诊断。应该不难理解，肉眼检验是整体，而镜下检验只是局部。回到本例，不少人仅仅依据镜下脑血管的形态，做出"脑血管畸形"的诊断，显然属于"一叶障目"。组织学切片反映的是组织的一个层截面，当截面并不与组织呈垂直状态时,血管壁的厚度和血管的数量都有可能发生形态上的变化。所以,当你无法甄别镜下的变化是本身病变还是切片操作所致时,诊断错误的风险就显而易见了。

本例尸体心血酒精检验浓度为1.76 mg/mL,即176 mg/100mL,按照一般规律,已经达到中度酒精中毒的程度。这一征象在死因分析中的价值,或者说在死因构成中的归属,是本次能力验证的一个考点,也是一大特色。法医经典教科书把死因构成分为五种,即根本死因、直接死因、辅助死因、联合死因和死亡诱因。本例头部外力是根本死因,蛛网膜下腔出血是直接死因。根据多量文献报道,酒精中毒会对脑血管和循环产生明显影响,主要表现在扩张血管、增加血管内血液充盈度和抑制凝血机制等方面。本例可以把酒精中毒作为死因构成中的"条件因素(辅助死因)",乙醇中毒在头部较轻外力与脑血管破裂出血的因果关系之间,建立了一座契合关联的桥梁。

2、分析思路

死因鉴定,尤其涉及损伤问题的,通常的分析思路,首先是直接死因的确定,其次是根本死因的确定,最后是其他构成因素的确定。本例认定直接死因应该不难,蛛网膜下腔出血很明确,也没有其他竞争的因素存在。而导致直接死因发生的因素,即根本死因,从法医病理学公认的角度而言,只有外伤性和病理性两种。因此逻辑上就成了二选一,即非外伤性即病理性。据此,两类主要死因构成的基本分析思路应该是很清晰的。

分析思路清晰,不等于分析方法简单。既然是二选一,不少人就喜欢采用排除法,即排除了病理性,就可认定外伤性,反之亦然。首先应该说,逻辑上这样的方法肯定是成立的,但是,方法成立不等于方法唯一。排除法最大的弊端,或者说最苛刻的要求,就是要排除彻底。而要彻底排除,是需要很多条件的。而在法医学实践中,经常碰到的却是条件不完善的情况,所以,笔者一直以为,排除法从来就不应该是优选的方法。二选一尚且如此,多因素就更不用说了。

在死因鉴定中,笔者一直努力建立一种归纳提炼依据,从而正面诊断的方法,也就是依据诊断标准的方法。而这诊断标准,如果教科书上有,就可以直接引用;如果教科书上没有,就自己建立。比较遗憾的是,目前我们的法医学教科书,是鲜见明确死因诊断标准的。回到本例,笔者归纳外伤性蛛网膜下腔出血的诊断标准应该包括:① 头部有明确的外伤史;② 头部外伤有相当的严重程度;③ 头部外伤后立即出现脑神经症状和体征;④ 存在局灶性脑挫伤;⑤ 脑血管破裂处没有明显的病变;⑥ 存在弥漫性蛛网膜下腔出血;⑦ 没有发现其他致命性因素存在。应该特别强调,在实践中所有七项指标都完美出现的是极少数,所以我们不可能只当所有的指标都出现时才做出诊断。只有到了这个时候,需要我们具体情况具体分析,自己权衡取舍了。

　　回到本例,对照"诊断标准",很容易发现,七项指标中,② 不符,⑤ 缺乏。虽然"头部外伤有相当的严重程度"在本例显得较轻,但在酒精中毒的特定条件下得到"弥补";虽然缺乏"脑血管破裂处没有明显的病变"的依据,但一则脑血管破裂处检出率本来就不高,二则检验其他多个部位的脑血管并没有发现病变。如此概括,本例在存在酒精中毒的特定条件下,诊断外伤性蛛网膜下腔出血的依据已经相当充分了。

点评人：闵建雄　主任法医师

张建华　主任法医师

《法医临床学伤残程度鉴定（CNAS SF0012）》鉴定文书评析

【项目简介】

  法医临床致残等级（人体损伤致残等级）鉴定是法医临床学鉴定的重要内容，属于CNAS规定的司法鉴定机构能力认可项目。致残等级鉴定结果对于案件的审判及赔偿额度的确定具有重要作用。本年度能力验证计划提供的致残等级鉴定案例，是法医临床学鉴定实践中常见的中等难度的案例，主要考察法医临床鉴定机构鉴定人对腓骨小头骨折伴腓总神经损伤、足趾开放性损伤后伤残的鉴定能力。本年度能力验证计划对于了解鉴定机构的鉴定人员关于神经损伤及足趾功能障碍的判断能力，正确理解适用两院三部发布并自2017年1月1日起实施的《人体损伤致残程度分级》相关条款评定致残等级，对于各鉴定机构今后在类似案件的鉴定中正确理解、掌握运用上述标准的相关具体条款具有现实指导意义。根据能力验证结果，有助于协助法医临床司法鉴定机构及司法鉴定管理部门识别鉴定中存在的问题并持续改进，帮助参加机构提高法医临床致残等级鉴定的能力和水平。

【方案设计】

  本能力验证项目是法医鉴定实践中遇到的实际案例，经项目专家组集体评议、完善后确定作为能力验证计划提供，并将鉴定材料提供给参加能力验证的机构。本次能力验证计划提供的鉴定材料主要包括司法鉴定委托书（包括案情介绍）、受伤后病史材料、影像资料片、法医临床检验记录等，均为电子文档（word文档和图片）。要求参加机构按照能力验证作业指南的规定，制作一份鉴定文书中的阅片所见、阅肌电图报告、分析说明及鉴定意见四部分内容。

　　本案例中,被鉴定人系中年女性,驾驶电动自行车途中与机动车发生交通事故受伤,致左腓骨小头骨折伴腓总神经损伤及左足开放性损伤等。临床先后予行左足开放性伤口扩创、骨折固定＋血管神经肌腱修复＋护创器覆盖创面术和左足外伤术后创面扩创、趾伸功能重建及游离皮瓣修复创面取皮植皮术,同时左膝予以石膏托外固定等治疗,遗留"左下肢无力、麻木"及左膝关节、踝关节、足趾关节部分功能障碍等临床表现。

　　本项目技术要点及难点主要在于:① 通过阅伤后影像学资料明确左腓骨小头骨折、左足第1趾近节及远节趾骨骨折为其原发伤,通过阅复查摄片明确左足第1趾趾骨骨折后遗留趾间关节结构紊乱和关节面的破坏;② 通过阅读肌电图报告,得出左腓骨头下腓总神经部分损伤的正确诊断,并依照《人体损伤致残程度分级》关于周围神经损伤遗留相应肌群肌力下降的条款评定十级残疾;③ 用正确的方法计算、评定足趾功能障碍程度,并依照《人体损伤致残程度分级》关于足趾功能障碍的条款评定十级残疾;④ 关于踝关节功能障碍须注意在缺乏原发骨关节损伤的情况下,应考虑与周围神经损伤有关,不应单独评残。

　　本项目考察要点为:① 对提供的影像资料及肌电图报告进行正确地阅读,影像学所见描述全面,表达规范,诊断正确;② 对原发性损伤正确诊断,明确致残等级鉴定的依据,包括原发伤、与原发伤有直接联系的后遗症,能正确理解并援引鉴定标准和相关的具体条款评定致残等级;③ 分析说明应做到层次清晰,理由充分,重点突出,具有逻辑性;④ 鉴定意见结论准确,应与项目专家组公议结果(以及参加本次能力验证活动的大多数机构的主流意见)一致,且语言简练,表述严谨、完整、准确。

　　本次能力验证计划方案的设计、鉴定材料的制作以及能力验证结果评价的程序和方法均经过该项目能力验证专家组的充分论证和确认,同时符合CNAS的有关规定。

　　"检测结果报告表"、完整的鉴定文书及相关原始记录。

【结果评析】

[例1] 19CA0105结果反馈表（专家组评价结果：满意）

2019年度法医临床学伤残程度鉴定能力验证计划

结果反馈报告

【参加编号】19CA0105

一、阅片所见：

1. 陈纪韵2018年1月5日左膝关节正侧位X线片1张（号XXX）：影像学所见：左腓骨小头骨皮质毛糙，左髌骨、股骨下端、胫骨平台皮质光整，关节间隙等称。影像学诊断：左腓骨小头骨折。

2. 陈纪韵2018年1月5日左足正斜位X线片1张（号XXX）：影像学所见：左足第1趾近、远节趾骨皮质不连续，余所见骨皮质光整。影像学诊断：左足第1趾近、远节趾骨骨折。

3. 陈纪韵2018年1月10日左膝关节CT片1张（号XXX）：影像学所见：左腓骨小头骨皮质不连续，局部见线状透亮影，左髌骨及股骨、胫骨骨质结构完整。影像学诊断：左腓骨小头骨折。

4. 陈纪韵2018年1月16日左足正斜位X线片1张（号XXX）：影像学所见：左足第1、2趾骨见金属内固定影，第1趾近、远节趾骨皮质不光整，余所见骨质结构尚正常。影像学诊断：左足第1、2趾骨内固定术后改变。

5. 陈纪韵2018年7月10日左足正位X线片1张（号XXX）：影像学所见：左足第1、2趾骨见线状透亮影，边缘清晰，第1趾趾间关节、第2趾近节趾间关节间隙变窄。影像学诊断：左足第 1、2 趾骨内固定取出术后改变，第 1 趾趾间关节、第 2 趾近节趾间关节间隙狭窄。

二、阅肌电图检查报告

2019 年 1 月 10 日肌电图报告单：

EMG：左腓总神经支配肌（胫前肌、腓骨长肌、伸拇长肌、趾短伸肌）仍可见自发电位，轻收缩时左腓总神经支配肌 MUP 时限宽大，主动募集反应减弱。NCV：左腓骨头下腓总神经 MNCV 减慢，其远端肌 CMAP 波幅降低，腓浅神经感觉电位波幅较对侧下降。根据以上肌电图表现得出结论：左腓骨小头下方腓总神经不完全性损伤。

三、分析说明

根据提供诊疗资料，被鉴定人陈纪韵 2018 年 1 月 5 日因车祸受伤后住院，临床行左足开放性伤口扩创、骨折固定+血管神经肌腱修复+护创器覆盖创面术、左膝石膏托外固定、左足外伤术后创面扩创、趾神经功能重建及游离皮瓣修复创面取皮植皮术、左足克氏针拔出术等治疗。术中见左足第 1 趾间关节囊缺失，趾间关节外露，趾短伸肌自止点处严重缺失，关节两端骨质缺损外露，第 2 趾趾间关节囊缺失、骨质缺损外露、伸肌腱损伤等。临床诊断：左腓骨小头骨折，左足开放性伤伴血管神经肌腱损伤，左足趾多发骨折，左足甲床损伤。目前治疗终结，结合体格检查，目前遗留左膝被动活动受限，左小腿外侧及左足背针刺觉减退，左踝主动活动受限（背屈肌力 4 级、跖屈肌力 5⁻），左足第 1 趾背侧 3cm×5cm 植皮后瘢痕（跨越第 1 趾间关节）、左足第 1、2 趾活动受限。

1、关于腓总神经损伤

根据提供鉴定材料被鉴定人陈纪韵左腓总神经不完全性损伤具有原发性损伤基础（左腓骨小头骨折）。2019 年 1 月 10 日（受伤一年后）肌电图检查提示左腓总神经不完全损伤，结合本所体格检查，左足背屈肌力 4 级，左腓总神经不完全损伤遗留左足背屈功能部分障碍。依照《人体损伤致残程度分级》第 5.10.1　6）条及 6 附则 6.7条之规定，左腓总神经不完全性损伤，遗留左踝关节背屈肌力 4 级符合十级伤残。根据提供资料，被鉴定人陈纪韵左腓总神经不完全性损伤及其后遗症，为本次交通事故引起，原因力 100%。

2、关于足损伤

根据临床诊断、手术记录、影像资料，被鉴定人车祸致左足第 1 趾近、远节趾骨骨折，第 1 趾间关节囊缺失，趾间关节外露，趾短伸肌自止点处严重缺失，关节两端骨质缺损外露，第 1 趾足背皮肤缺损（遗留左足第 1 趾背侧 3cm×5cm 植皮后瘢痕。依照《人体损伤致残程度分级》适用指南足趾关节活动功能仅考虑拇趾的趾间关节屈曲、跖趾关节背伸以及其余第 2-5 趾的跖趾关节背伸。根据双足第 1 趾关节被动运动活动度测量，左足拇趾功能丧失百分比的计算为[（20-0）/20]×40%+[（40-15)/40]×60%=77.5%,根据本标准第 5.10.6　16）条之规定，左足第 1 趾功能丧失 77.5%，达 75%以上符合十级伤残。左足第 1 趾功能丧失由左足第 1 趾骨折、关节囊损伤及左足第 1 趾背侧植皮后瘢痕共同引起，且为本次交通事故导致，原因力 100%。

3、关于左膝、左踝损伤

　　左膝功能丧失（140-120）/140=14.3%，依照《人体损伤致残程度分级》第5.10.6　11）条之规定，未达25%，不构成伤残等级。左踝关节无骨性损伤基础，其后遗症被动运动活动度无明显受限，主动活动受限仅系左腓总神经损伤引起，不适宜采用附录C.7.6查表法直接计算左踝功能丧失程度。

四、鉴定意见

　　被鉴定人陈纪韵交通伤致左腓总神经不完全性损伤，遗留左踝关节背屈肌力4级符合《人体损伤致残程度分级》十级伤残；左足第1趾近、远节趾骨骨折，伸肌腱及关节附属物损伤，遗留左足第1趾功能丧失77.5%，达75%以上符合《人体损伤致残程度分级》十级伤残。

【专家点评】

一、关于阅片及肌电图检查

本次计划(2019 – CNAS Z0186)要求参与的司法鉴定机构能准确、完整地利用病历资料所反映的原发性损伤、临床表现等客观信息,能正确阅读送检的影像学资料,根据阅片结果准确认定左腓骨小头骨折、左足第1趾近节及远节趾骨骨折等原发损伤,以及左足第1趾趾间关节后遗严重畸形愈合。同时根据肌电图的描述,准确认定左腓骨头下腓总神经部分损伤的后果。

司法鉴定人对影像资料进行归类整理,正确阅读影像学资料的实质性信息,做出明确的影像学诊断是其应当掌握的基本业务技能。鉴定意见书中的阅片所见应准确记录影像学资料上的基本信息,包括:摄片日期(必要时还应指出具体的摄片时间)、摄片部位、摄片类型(如X线片、CT片、MRI片等)、特殊成像技术(如CT图像重组等)、摄片编号、摄片数量和摄片单位(如医疗单位)等,进而对所摄片上反映的具体内容进行仔细阅读。

本例(19CA0105)文书对影像资料的基本信息记录完整,其阅片所见描述全面、详细,对左腓骨小头骨折、左足第1趾近节及远节趾骨骨折的原发损伤诊断正确,对左足第1趾趾间关节间隙狭窄也做出了明确的诊断。同时,根据原发损伤,结合肌电图的描述,本例(19CA0105)文书也对于肌电图报告在定位(左腓骨头下)和定性(腓总神经部分损伤)两方面均做出了正确的诊断,实属难得。

二、关于分析说明

分析说明是一份鉴定文书中最为关键的组成部分,应该针对本次委托事项,根据提供的案情中明确的受伤事实和缘由,受伤后就诊病史中反映的临床表现、临床诊断、手术记录等资料,结合法医学检验所见(包括阅片所见),综合所有已知信息,进行分析、推导,环环相扣,形成证据链。分析说明是形成正确鉴定意见的理由陈述及重要依据,应层次清晰、理由充分、逻辑性强。

本案例原发损伤由左腓骨小头骨折并腓总神经损伤和左足开放性损伤两个部分组成,要求依照《人体损伤致残程度分级》标准进行致残等级鉴定。

1. 左腓骨小头骨折并腓总神经损伤

本例被鉴定人陈纪韵伤后当日临床查体见"左膝肿胀及压痛,左膝活动受限,左小腿外侧麻木感",左膝X线片及CT片提示左腓骨小头骨折发生,临床予以左膝石膏外固定等治疗;伤后4周余的临床病史记载,出现"左小腿及左足麻木、无力"等神经损伤临床表现;伤后2月余及4月余均行肌电图检查,结合近期临床神经肌电图检查结果,其左腓骨头下腓总神经部分损伤可以明确。由于陈纪韵的左膝部原发损伤(左腓骨小头骨折)部位与腓总神经在解剖走行上紧密毗邻,且该部位腓总神经的走行非常表浅,该处遭受暴力作用容易引起腓总神经损伤,故其具备左腓骨小头骨折引起腓总神经损伤的基础,与交通伤之间也存在直接因果关系。

本例法医临床检查见其左膝关节活动部分受限,但尚未达到《人体损伤致残程度分级》5.10.6.11所规定的膝关节功能丧失25%以上,不构成伤残;陈纪韵同时存在左踝关节主动活动部分受限,主动背伸肌力减退(肌力4级),结合前述左腓骨头下腓总神经部分损伤明确,其左侧踝关节主动背伸肌力减退(肌力4级)符合四肢重要神经损伤、遗留相应肌群肌力4级以下的后遗症,依照《人体损伤致残程度分级》5.10.1.6之规定,构成十级残疾。此外,本案陈纪韵不具备左踝关节骨关节损伤的基础,其左踝关节被动运动活动度无明显受限,故不宜采用查表法或计算关节活动度法,就左踝关节主动活动障碍进行伤残评定。

本例(19CA0105)文书准确判断了左膝关节活动受限未达致残等级,对左踝关节活动受限不宜依据查表法计算左踝关节功能丧失程度的理由进行了正确说明,同时对左腓总神经损伤遗留左侧踝关节主动背伸肌力减退(肌力4级)的后遗症也正确引用了相关条款评定十级残疾。

2. 左足开放性损伤

本例被鉴定人陈纪韵伤后当日临床查体见"左足第1趾自甲根至近侧足背可见一大小约2.5 cm × 6 cm缺损创面,创面污染严重,有大量黑色泥沙样物质残留,创缘周围组织挫伤严重,可见白色腱性组织残端及骨质缺损外露,创面活动性出血,触痛阳性,第1趾趾甲体劈裂,甲床挫伤严重,左足第1趾远端皮肤张力、皮温低。左足第2趾自甲根至趾根可见一大小约1.5 cm × 3 cm缺损创面,创面污染严重,有大量黑色泥沙样物质残留,创缘周围组织挫伤严重,可见白色腱性组织残端及骨质缺损外露,创面活动性出血,触痛阳性",左足X线片提示左足第1趾近节及远节趾骨骨折,急诊行左足开放性伤口扩创、骨折固定＋血管神经肌腱修复＋护创器覆盖创面术,术中探查见左足第1趾趾间关节囊缺失,趾间关节外露,趾短伸肌自止点处严重缺失,关节两端骨质缺损外露,左足第2趾趾间关节囊缺失,趾间关节外露,趾短伸肌自止点处严重缺失,关节两端骨质缺损外露,用两枚克氏针分别贯穿固定左足第1、2趾;伤后1周余又行左足外伤术后创面扩创、趾伸功能重建及游离皮瓣修复创面取皮植皮术;伤后2月余拔除左足克氏针。

本例陈纪韵左足第1趾近节、远节趾骨骨折及左足局部血管神经肌腱、关节损伤明确,具备左足第1趾活动受限的损伤基础,与交通伤之间存在直接因果关系。法医临床检查见其左足拇趾趾间关节跖屈活动完全受限、跖趾关节背伸活动部分受限($40\% +25/40 \times 60\% = 77.5\%$),相当于左足拇趾功能丧失75%以上。依照《人体损伤致残程度分级》5.10.6.16之规定,上述损伤后遗留左足拇趾功能障碍的后遗症已构成十级残疾。

本例(19CA0105)文书明确了左足原发损伤,对原发损伤和足趾功能障碍后遗症之间的因果关系进行了说明,同时对于足趾损伤者计算功能丧失程度的方法亦予以了说明,列举了计算过程,并就左足拇趾功能丧失75%以上的后遗症正确引用了相关条款评定十级残疾。

纵观本例文书的分析说明部分,做到了层次清晰,理由充分,逻辑性强,值得借鉴和学习,只是对于左腓骨小头骨折引起腓总神经损伤因果关系的分析略显不够充分,从原发损伤及腓总神经走行等方面进一步说明因果关系则更为全面。

在对所有参评鉴定文书进行评阅时,我们综合考虑了全国各地对标准条文理解、掌握确实存在一定差异的实际情况,对最终分析说明中引用的条款及鉴定意见虽然与专家组公议结果不尽一致,但是分析说明的理由较为充分,逻辑性及条理性均好的鉴定予以适当的加分,弥补其鉴定意见的不足,并未唯鉴定意见而论,最终的评定等级是综合评价的结果。

3. 关于鉴定意见

鉴定意见是鉴定文书的结论部分,是鉴定过程中经过层层推理、详细论述所得出的结果,应该用简明扼要、严谨准确的语言加以表述。同时,鉴定意见应该紧扣委托事项,内容上应该包括被鉴定人的姓名、案由(如交通伤、他人殴打、工作中受伤等)、原发性损伤、后遗症(包括致残等级)及因果关系类型进行。

本例(19CA0105)文书的鉴定意见与专家公议结果一致,表述基本符合规范,对原发损伤及后遗症均进行了准确的表述,但显得过于赘述,此外,在鉴定意见中一般也不必专门说明所适用的鉴定标准。

点评人:沈寒坚　副主任法医师

张玲莉　教　授

《法医临床学损伤程度鉴定（CNAS SF0013）》鉴定文书评析

【项目简介】

2019年度法医临床人体损伤程度鉴定能力验证项目采用了一例鉴定实践中的常见案例,并在该案例的基础上针对鉴定中时常会遇到的难点问题进行了适当的调整和完善,旨在考察参与机构和鉴定人对此类案件的实际鉴定能力。

本项目提供的案例为一个外伤致曾有陈旧性损伤的被鉴定人手部发生软组织与骨性结构多发损伤,需要对其由本次损伤造成的手部瘢痕形成、手部结构缺损及手功能障碍程度分别进行评价,特别要求说明评价依据与过程,在正确作出上述评价的基础上,按照两院三部发布并自2014年1月1日开始实施的《人体损伤程度鉴定标准》进行人体损伤程度的法医临床鉴定。

本计划案例涉及了上述多方面的专门性问题,具有一定的技术难度,但同时又都是实践中需要经常面对的,有助于全面考察司法鉴定机构对此类案件的综合分析与形成鉴定意见的能力。因此可以认为,2019年度的法医临床人体损伤程度鉴定能力验证项目继续重点关注司法鉴定机构与司法鉴定人的“实战”能力,有助于推动参与机构乃至行业中在部分专门性问题的认识上形成一致意见,并能够更好地为实验室认可、资质认定及行业管理提供有参考价值的能力评价依据。

【方案设计】

本项目计划方案是一例被鉴定人“被他人用技工钳夹伤左手手指”的人体损伤程度鉴定案例。该例造成的伤情包括:① 左手中指、环指、小指多发性皮肤软组织挫裂创,经治疗后遗皮肤瘢痕形成,其中中指末端因部分指节缺失致皮肤与骨缺损而行"V－Y皮瓣修复术",最终形成了环状(或块状)皮肤瘢痕,其余瘢痕均为创伤所致线条状瘢痕;② 左手中指末节骨性缺损,经残指修整后遗留末节指节与指骨部分缺损,检验结果中既给出了体表测量的残指指节与健侧相应指节的长度,同时给出了双手对照的手部正位X线片以供测量、比对双侧相应指节骨性结构,确定伤侧指节的缺损程度;③ 左手中指、环指软组织肌腱损伤导致该中指残指远侧指间关节、环指远侧指间关节活动部分受限,其中环指远侧指间关节主动与被动活动度相差较大。除上述伤情以外,被鉴定人既往曾有左手示指损伤史,造成示指皮肤瘢痕形成与末节指骨陈旧性骨折后改变,也需要参与机构能够加以鉴别。

　　本年度能力验证项目的作业要求延续去年的做法,要求参与机构按照文书规范的相应规定,反馈《鉴定意见书》中的"分析说明"与"鉴定意见"部分,但同时特别强调需在"附注"中详细说明伤侧手指瘢痕和手功能障碍程度的评定依据与过程。

　　评价过程中对"分析说明"部分的审查,主要关注参与机构对所提供的包括案情、病史资料、医学影像学资料在内的全部鉴定材料的审核、把握与综合应用、分析能力,要求能够紧密围绕委托鉴定事项,做出既有针对性、全面、充分而又清晰、简洁的阐述与论证,说明形成鉴定意见的理论依据、逻辑思维过程与适用鉴定标准条款的理由。

　　对"鉴定意见"部分的审查,主要关注参与机构针对委托鉴定事项形成鉴定意见的总结、提炼的能力,同时,还应注意鉴定意见表述的规范性、完整性,以及清晰与简洁程度,应避免赘述。

　　对"附注"部分的审查,主要关注对皮肤瘢痕长度与手功能障碍程度的评价,特别是参与机构对不同性质瘢痕、对中指指节缺损、对环指功能障碍程度的具体评定过程,包括采用的依据、数据转移、计算方法和结果及其相应的说明。

　　在对反馈结果进行整体评价的过程中,评价人会适当关注参与机构对鉴定文书制作的总体把握能力,包括专业术语使用的规范性和准确性,文字表述的流畅、清晰程度。

【结果评析】

　　［例1］　19CB0448结果反馈表(专家组评价结果：满意)

2019年法医临床学损伤程度鉴定

能力验证计划结果反馈报告

　　　　　　　　　　　　　　　　　　　【参加编号】：19CB0448

分析说明

　　根据委托方提供的鉴定材料，结合本所鉴定人检验所见，综合分析说明如下：

　　一、损伤及后遗症分析：

　　1. 左示指：根据病史(左示指远节略显肿胀，左示指既往有外伤史)、X片动态阅片(左示指中远节骨质部分缺如，两断端骨质硬化，远侧指间关节畸形，系陈旧性损伤)。提示被鉴定人韩煜勤左示指的损伤疤痕及功能障碍系陈旧性损伤，与本次外伤无因果关系。

　　2. 左中指：根据外伤史(技工钳夹伤左手指)、病史(左中指远节皮肤软组织缺损，部分指甲及甲床缺失，创面污染、出血并见指骨外露，活动明显受限)、X片(左中指远节指骨骨折伴部分软组织缺损)，结合手术记录及法医临床检验所见，提示其左中指损伤(远节部分缺失、软组织挫裂伤)后遗末节部分缺失、损伤瘢痕形成及远侧指间关节功能障碍系本次外伤所致，与本次外伤存在直接因果关系。

　　3. 左环指：根据外伤史、急诊病史(左环指中节及末节肿胀，伴有活动受限)、手术记录(左环指远侧指间关节处皮肤挫裂伤深及屈指肌腱，肌腱挫伤)、3月后门诊病史(左手指感觉麻木)、肌电图(左侧尺神经手部感觉支部分损伤)，结合法医临床检验(左环指指体瘢痕形成及皮肤针刺觉明显减退、左环指远节指间关节功能障碍)，提示其左环指损伤(软组织挫裂伤、屈指肌腱损伤、左侧尺神经手部感觉支部分损伤)后遗瘢痕形成、皮肤感觉减退及远节指间关节功能障碍系本次外伤所致，与本次外伤存在直接因果关系。

　　4. 左小指：根据外伤史、急诊病史(左小指远节肿胀，见多发不规则短小皮肤裂伤），结合法医临床检验（左小指指体损伤瘢痕形成），提示其左小指损伤（软组织挫裂伤）后遗瘢痕形成系本次外伤所致，与本次外伤存在直接因果关系。

二、损伤程度鉴定：

1、肢体皮肤瘢痕长度：被鉴定人左中指末节部分皮肤软组织缺损，行清创+V-Y 皮瓣修复术，皮瓣修复后遗小块状增生性瘢痕形成。比照条形瘢痕计算瘢痕长度，应以最长径作为参考，故左中指末节软组织缺损的创口长度应按块状瘢痕的最长径 1.7cm 计算。结合结合法医临床检验，经计算左中、环、小指损伤瘢痕长度累计达 12.9cm（未达 15.0cm）。根据《人体损伤程度鉴定标准》5.10.5b 之规定，构成轻微伤。

2、手功能

（1）手活动功能：

左中指功能丧失程度按左中指指节部分缺失的功能丧失确定。结合法医临床检验及阅片（右中指远节指节长度为 17mm、左中指远节指节残留长度为 11mm），经计算其左中指功能丧失为 2.82%。

左环指功能丧失程度分析：

①左环指肌电图示左侧尺神经感觉支部分损伤，因尺神经感觉支损伤只对手部感觉功能存在影响，不对活动功能产生影响。

②左环指指间关节处创口瘢痕如增生明显可致关节功能障碍，如无明显增生致皮肤肌肉痉挛，一般不会影响关节活动功能。本案中未明确远侧指间关节处的瘢痕有无增生，且指体存在的只是轻度增生瘢痕，一般不会形成关节功能障碍。

③左环指远节指节关节屈指肌腱损伤可致远侧指间关节功能障碍。本案中，被鉴定人左环指远侧指间关节屈肌腱损伤明确，可致远侧指间关节功能障碍。

综上所述，左环指远侧指间关节功能障碍系本次关节处屈指肌腱损伤所致。根据法医学临床检验规范，对于肌腱、周围神经损伤所致的关节功能障碍，应测量关节的主动活动度。结合法医临床检验，经计算其左环指功能丧失为 2.0%.

（2）手感觉功能：

本案中，已明确手感觉功能部分丧失（左环指中远节针刺觉明显减退）系本次外伤致左尺神经手部感觉支损伤所致。虽然肌电图提示左环指 SNAP 波幅较健侧降低 50% 以上，但还是无法明确左手感觉功能丧失程度。即使按照左环指中远节感觉功能完全丧失，叠加左中指及左环指活动功能丧失程度，也不能达到手功能丧失 16%（轻伤一级）的程度。在不影响结论的前提下，本案对左环指的感觉功能不予考虑，直接以关节活动功能评定伤残等级。

综上所述，被鉴定人韩煜勤本次外伤致左手功能丧失 4.82%（4% 以上）。根据《人体损伤程度鉴定标准》5.10.4a 之规定，构成轻伤二级。

鉴定意见

被鉴定人韩煜勤被他人用技工钳夹伤左手指，致左中指离断伤，左环指肌腱损伤等，遗留左手功能丧失累计达一手功能的 4% 以上构成轻伤二级。

附注（鉴定过程的说明）：

1. 左手瘢痕

手指	瘢痕计算	结果（cm）
左中指	1.7cm+0.9cm+0.8cm+0.6cm	4.0cm
左环指	2.1cm+1.3cm+1.1cm+0.7cm+0.5cm	5.7cm
左小指	1.2cm+0.9cm+1.1cm	3.2cm
合　计		12.9cm

2. 左手指功能丧失

手指	功能丧失	计算过程	计算结果
中指	缺损	$(17mm-11mm)/17mm \times 8\%=2.82\%$	2.82%
	功能丧失	$(70°-60°)/70° \times 8\%=1.14\%$	
环指	功能丧失	$(70°-35°)/70° \times 4\%=2\%$	2%
合　计			4.82%

当同时存在远节缺失和远侧指间关节功能丧失时，不能累加，只能取其中较重的一种计算。

【专家点评】

一、关于鉴定过程的说明

纵观19CB0448号反馈结果报告中的附注,按"瘢痕"与"功能丧失"分别列表说明,简洁明了,具有可取性。从评定过程来看,该机构关注到了本年度方案预设的所有考点,思考全面,方法得当,结果准确,值得肯定。以下根据各考核要点,逐一对鉴定过程中的评定方法和结果进行点评。

1. 关于左示指瘢痕与指骨陈旧性改变

19CB0448号反馈结果关注到能力验证方案作业指南"病历资料"中有"左示指既往有外伤史"的记载,结合影像学资料缺乏动态变化,病历中未见新鲜创口描述等信息,综合判定本次外伤与其左示指瘢痕和末节指节异常改变之间"无因果关系",在伤情评定中正确排除左示指的影响,依据明确,方法准确、可靠。

本年度绝大多数参与机构在这一问题上均能够作出正确判断,但仍有极少数参与机构将左示指瘢痕长度和示指末节缺失(短缩)程度一并作为本次外伤所致的损害后果,影响了结果判断。分析其原因,主要是对鉴定资料的把握不够全面,直接关注鉴定过程中的检验结果,形成了先入为主的鉴定思路,需要改进。

2. 关于左中指末节缺损程度的测量与评定

本例作业指南在"鉴定过程"中的"体格检查"部分给出了左手中指末节部分缺失后体表测量的情况,即左手中指末节残指长度为 1.1 cm,相应右手中指末节长度为 2.4 cm,按此计算其缺失程度为 54.2 %,按《人体损伤程度鉴定标准》附录 C.7.1 "手缺失和丧失功能的计算"规定的中指末节占一手功能 8 %计,此指节缺失相当于左手功能丧失 4.3 %。与此同时,作业指南还给出了"鉴定时"双手对照的X线图片,据此测量可以获悉左中指末节指骨骨性缺损的情形,据19CB0448号反馈结果报告中的说明,其实际采用的是X线测量骨性缺损的方法,显示左手中指末节残余指骨长度 11 mm,相应右手中指末节指骨长度 17 mm(具体测量结果在不同参与机构有一定差异),按该测量结果计算,左中指末节缺损程度为 35.3 %,相当于左手功能丧失 2.8 %。

那么,按现有标准,究竟应当测量体表的残余指节的长度,还是应当测量X线残余指骨的长度呢?本年度反馈报告中,约 40 %的参与机构直接采用了"体格检查"给出的体表测量数据,但这种做法并不妥当。在《人体损伤程度鉴定标准》发布实施时,人民公安出版社出版的《释义》与法律出版社出版的《适用指南》在相关章节均明确指出,在手指离断或缺失时,"对于离断平面的确认,除依据原始病历的记载，还要拍摄X线片确定离断平面的具体位置"。上述两部专著分别是公安与司法行政系统在《人体损伤程度鉴定标准》宣贯培训时的指定教材，具有相当的权威性。由此乐见，按现有标准鉴定时，应依据X线测量的指骨骨性长度作为确定缺损程度的依据，19CB0448的评定方法与结果是正确的，其他方法则值得商榷。

3. 关于手指瘢痕的测量与评定

本例作业指南在"鉴定过程"中的"体格检查"部分给出了左手中指、环指、小指瘢痕长度的测量结果，包括上述3个手指的线条状瘢痕的长度，还包括中指末端的块状瘢痕的周长和最长径。在全部反馈结果报告中，除少数未能清晰显示计算过程和具体结果数据以外，大致可以分为三种结果：① 超过50%的参与机构将中指块状瘢痕的最长径折算为线条状瘢痕的长度，在计算线条状瘢痕长度时一并予以累加，据此认定线条状瘢痕总长度为12.9 cm，即单条瘢痕长度超过1 cm，未达10 cm，累计瘢痕长度超过1.5 cm，未达15 cm，故未达《人体损伤程度鉴定标准》轻伤二级条款的规定，应属轻微伤范畴；② 将近40%的参与机构将中指块状瘢痕的周径视为条状瘢痕的长度，据此累加计算后认定线条状瘢痕总长度为15.1 cm，认为达到了《人体损伤程度鉴定标准》5.9.4l或5.11.3b等条款的规定，评定其手部瘢痕形成构成轻伤二级；③ 不足10%的参与机构认为，块状瘢痕与线条状瘢痕分属不同性质的瘢痕，应分别评定，故块状瘢痕应计算其面积，而线条状瘢痕应计算其长度，本例块状瘢痕面积与线条状瘢痕累计长度（11.2 cm）均不足《人体损伤程度鉴定标准》轻伤二级相应条款的规定，均仅属轻微伤的范畴。

显然，19CB0448反馈报告是采用了上述第一种做法，且与专家公议结果完全一致。其理由是：① 块状或条状瘢痕虽然分属不同的性质，但在人体损伤程度鉴定时，应注意相互折算，如以条状瘢痕为主的，可以将块状瘢痕的长径视为其长度，反之，以块状瘢痕为主的，可以测量条状瘢痕的长度和宽度而计算其面积。这是因为条状瘢痕与块状瘢痕之间其实并没有截然的界线，虽然有不少学者、鉴定人提出可以将一定宽度以下的视为线条状瘢痕，将超过一定宽度的一律视为块状瘢痕，但是显然不具有操作性，也远未获得广泛认同；② 块状瘢痕的周径不宜作为条状瘢痕的长度，显然也与上述原因相仿。在条状瘢痕，因其有一定的宽度，其实一定也会有相应的周径，那么如何规定何时可以测量周径，何时只能测量其长度呢？采用此种操作方法必然极易引起混乱，不是适宜实际操作的方法；③ 也有人认为本案的"块状瘢痕"并不具典型意义，而是清创缝合做皮瓣推移形成的,瘢痕中央为正常皮肤,故瘢痕测量时应计算其周长而非长径。笔者认为,此种说法显然也缺乏足够的依据。在鉴定实践中,我们经常遇到的植皮瘢痕,其实质与本案情形相仿,但并不会使用按周径进行测量、评定的方法。

　　体表瘢痕的测量与评定在鉴定实践中非常常见,统一操作方法具有相当的必要性,本项目提供的案例集中了常见的实际情况,具有代表性,有助于法医临床行业对该问题认识的统一。

　　4.关于左中指残指活动受限的评定

　　本例作业指南"体格检查"中给出了左手中指因末节部分缺失及肌腱损伤所导致的远侧指间关节活动受限的测量结果。在全部反馈结果报告中,除少数未能清晰显示计算过程与评定结果的以外,大致可以分为三种情形:① 约60%的参与机构认为因远侧指节并不完整,已经评定了远节指骨的缺失程度,且远侧指间关节功能丧失程度显然低于指节部分缺失对手指功能的影响程度,故不应重复计算、评定;② 超过20%的参与机构认为缺失与活动受限这两种均属于手功能丧失的情形,不能忽略不计,故按简单相加的方法进行了评定;③ 约10%的参与机构认为缺失与活动受限虽均属功能障碍的情形,但两者不宜简单相加,应在先计算缺失的中指末节功能的前提下,再计算残余末节远侧指间关节活动受限相当于一手功能的比例,而不是直接将两种情形的结果简单相加。

　　19CB0448反馈报告显然采用了上述第一种方法,与专家公议结果一致。笔者认为,这种方法相对比较科学、合理,理由为:评价肢体(手指)功能丧失程度的前提是肢体(手指)虽然完整,但因为存在足以引起功能障碍的结构性损伤,导致了相应的功能障碍。正所谓"皮之不存,毛将焉附",若组成关节的结构已经不完整,此时再去仔细测量残余的关节是否还有意义? 就如本案,因左手中指末节部分缺失,构成远侧指间关节的结构已经不再完整,实际上已经失去了评定功能的基础。如果一定要采用第二种方法,就极可能形成缺失与功能障碍累加计算最终使结果超过该指节"法定"功能比例的情况,违反标准的"本意",故不具有合理性。第三种方法貌似具有一定的合理性,但同样不具有操作性,特别是残余指节长度不足时,将造成测量关节活动度的极大困难。

　　实际鉴定中,同一肢体或者手指的缺失与功能丧失经常同时存在,如何合理、客观、准确地测量评定,统一整个行业的认识和操作,具有迫切性与必要性,本方案的实施对此将起到积极的作用。

5. 关于左环指功能丧失程度的评定

按照本例作业指南"体格检查"给出的左手环指因肌腱损伤引起的活动受限情况，其远侧指间关节主动运动活动度与被动运动活动度明显不同，究竟应该采用何种数据进行评定，值得关注。在能够清晰反映评定过程的大多数反馈报告中存在着泾渭分明的两种操作：① 接近45%的参与机构采用了主动运动活动度作为评定依据，即左环指远侧指间关节功能丧失为50%，按《人体损伤程度鉴定标准》相应条款之规定，相当于左环指功能丧失2%；② 不到40%的参与机构采用了被动运动活动度作为评定依据，即左环指远侧指间关节活动受限相当于左手功能丧失0.8%。

19CB0448号反馈报告显然采用了上述第一种方法，与专家公议结果一致。笔者认为，在SF/Z JD0103003-2011《法医临床检验规范》4.10.7关于肢体关节功能评定的规定中明确指出，对于肌腱损伤的关节功能评定，应测量其主动运动的活动度。笔者认为，这一规定是符合实际情况的，因为在肌腱损伤的被鉴定人，其主要功能障碍是主动运动受限，如伸指肌腱损伤引起的"锤状指"，此时其虽仍可被动运动，但该活动度在实际生活中并无意义。

6. 关于左手部感觉功能的评定

本例作业指南的"体格检查"检见，被鉴定人"左环指远节及中节皮肤针刺觉明显减退"。约30%的参与机构按照《人体损伤程度鉴定标准》附录C.7.2"手感觉丧失功能的计算"，认为应按"指节功能丧失程度的50%"进行折算，但这种做法显然是错误的，不符合标准的本意。因为本案所检见的仅为"感觉减退"而非"感觉丧失"，且本案的感觉减退主要可能与手指多发性皮肤软组织损伤所伴随的末梢皮神经损伤有关，而未见周围神经损伤引起的确切证据。因此，19CB0448反馈报告对手部感觉功能减退不予评定的做法是正确的，既与标准原意符合，也与本次60%以上的参与机构观点一致。

二、关于"分析说明"与"鉴定意见"

19CB0448号反馈报告的分析说明及鉴定意见与专家公议一致，因此其评价结果为满意。当然，在结果评价中，除了注意到结果的准确性以外，评价人还会注意到鉴定报告的其他细节，具体地说主要包括分析说明与鉴定意见的表述。以下就从这些具体的环节对本例反馈报告进行评析。

1. 关于"分析说明"

按照文书规范以及行业内的共识，《鉴定意见书》的"分析说明"应依据提供的鉴定材料，首先，对原发性损伤进行必要的认定，如本案的手部多发性软组织损伤、左中指骨损伤、左手指肌腱损伤等；其次，应对并发症和后遗症进行必要的认定，如本案的左手部多发性瘢痕形成、左中指末节部分缺失和左手指活动受限；再次，应对鉴定时机进行确认，如本案对功能的评定应在手指功能基本稳定的情况下方可进行检验、评定；最后，应对损伤的伤情（包括原发伤、后遗症）进行准确地定性、定量评定，特别是要注意始终应针对标准的规定。完美的"分析说明"在论证过程中应体现论证的充分性、逻辑的有效性、层次条理的清晰性，同时还应注意论证过程尽可能清晰、明确、简约、规范。

就1919CB0448号反馈报告而言，其"分析说明"部分在总体上乃至在具体的评定方面均做到了准确无误，层次条理清晰，用语简约、规范，当然也存在着一定的值得商榷之处。如：① 本例反馈报告"分析说明"部分在一开始就采用了分不同手指分别评定的做法，虽然层次感清晰了，但不能反映鉴定的逻辑过程，不完全符合科学证据对"逻辑有效性"的要求；② 未清晰说明符合鉴定时机的要求，特别对于功能障碍的评定，可能会给读者留下遐想的空间。

2. 关于"鉴定意见"

"鉴定意见"是整份鉴定意见书的结论部分，是鉴定和论证过程的高度总结和凝练。笔者认为，鉴定意见应该符合完整、规范、清晰、简约的"八字真言"。"完整"，是指鉴定意见应该是完整的判断，包含了被鉴定人因何原因遭受何种原发性损伤、形成何种并发症、后遗症（即伤情、残情）及其对应鉴定标准的评定结果等，当然不是每一条鉴定意见都必须包括上述全部要素，但基本不外乎如此；"规范"，一方面是指用语要符合医学、法医学规范的要求，另一方面要紧紧贴合所采用的技术标准的表述；"清晰"是指表述应明确、无歧义；"简约"是指语言表达应尽可能简洁明了，如能达到"增无可增、删无可删"的境地，就是最好的了。

19CB0448号反馈报告的鉴定意见表述为："被鉴定人韩煜勤被他人用技工钳夹伤左手指，致左中指离断伤，左手环指肌腱损伤等，遗留左手功能丧失累计达到一手功能的4％以上构成轻伤二级"。总体上做到了清晰、规范，但既然详细表述了具体的损伤，其未按"由表及里"的顺序述及原发性皮肤软组织损伤，稍显不够完整，且文字稍显啰嗦，全文稍显冗长，故仍有一定的提高与改进空间。

点评人：夏文涛　研究员

王晓明　主任法医师

《法医临床学听觉功能评定（CNAS SF0014）》
鉴定文书评析

【项目简介】

本年度法医临床学听觉功能评定能力验证项目沿袭了历年来此类考核项目的主要特点，针对司法鉴定实践中经常遇见的一些实际问题，利用真实案例进行项目方案策划，要求实验室/鉴定机构及其鉴定人运用现代临床医学、听力学及法医学的理论与技术，依据行业技术标准GA/T 914－2010《听力障碍的法医学评定》等，对人体损伤后的听觉功能进行检验、分析和评定，并作出鉴定意见，这也是是法医临床学鉴定的重要内容之一。

本次能力验证活动的目的就是要探索一种适合在各司法鉴定机构之间进行法医学听觉功能评定考察和评价的科学、客观的方法和途径，并使之成为规范鉴定活动、提高鉴定能力的方式，进而提升各类鉴定机构在对此例鉴定事项出具格式规范、鉴定意见准确的鉴定文书，保障鉴定意见的一致性和准确性。根据能力验证结果，协助法医临床鉴定机构及司法鉴定管理部门了解法医临床学听觉功能评定中存在的问题并持续改进，帮助参加机构提高法医临床学中涉及听觉功能评定的能力和水平。

【方案设计】

在人体损伤程度鉴定、人体损伤致残等级鉴定，以及是否为聋哑人等涉及法医学听觉功能评定的鉴定中，需要对听觉功能进行准确评定，目前仍是司法鉴定实践中重要的专业项目之一，也是技术难点之一。本次法医学听觉功能评定能力验证计划仍以一例实际的听觉功能损伤程度鉴定案例为基础，对案例中被鉴定人姓名和具体案情等都已进行必要的处理。方案设计充分兼顾了在司法鉴定实践中经常出现问题的普遍性、鉴定人对所涉专业问题认识的基本一致性、技术难度的适中性、类似案例鉴定意见对司法裁判的重要性等方面，并注重鉴定材料的真实性、完整性与鉴定结果的唯一性，形成计划方案的初稿。经项目专家组集体评议、完善后确定作为能力验证计划项目，并将鉴定材料提供给参加能力验证的机构。本次能力验证计划提供的鉴定材料主要包括司法鉴定委托书（包括案情介绍）、受伤后病史材料、听力学检查结果、法医临床检验记录等，均为电子文档（word文档和图片）。要求参加机构按照能力验证作业指导书规定，按照委托要求完成一份法医临床学听觉功能（人体损伤程度）评定的司法鉴定意见书。

本次法医学听觉功能评定能力验证要求依据《听力障碍的法医学评定》（GA/T914－2010），对提供的听觉功能检验结果图进行摘录、解读，正确评估听觉功能；并要求分析说明应明确原发性损伤及与原发性损伤有关的并发症、后遗症的诊断，对鉴定意见进行必要、充分论证，论述条理清晰，层次分明；理由充分，有逻辑性；最后依照《人体损伤程度鉴定标准》评定损伤程度，要求正确理解标准，准确适用条款。

本次能力验证计划方案的设计、鉴定材料的制作以及能力验证结果评价的程序和方法均经过该项目能力验证专家组的充分论证和确认，同时符合CNAS的有关规定。

【结果评析】

[例1]　19CC0063结果反馈表(专家组评价结果：满意)

XX 司法鉴定中心司法鉴定意见书

【参加编号】19CC0063

一、　基本情况

委 托 方：XX 县公安局

委托事项：损伤程度鉴定

受理日期：2019 年 6 月 20 日

鉴定材料：1、委托书 1 份

2、病史资料复印件 1 份

3、CT 片 8 张，MRI 片 2 张

鉴定日期：2019 年 6 月 20 日

鉴定地点：XX 司法鉴定中心

被鉴定人：王国庆　男　出生日期：1970 年 3 月 28 日

二、　基本案情

据委托方介绍，2017 年 10 月 9 日，王国庆与他人发生纠纷、扭打，并被甩倒在地致头部受伤。

为正确处理案件，委托方委托本中心对王国庆的损伤程度（包括左耳听觉功能）进行法医学鉴定。

三、　资料摘要

1、2017 年 10 月 9 日至 11 月 29 日某医院住院病历等资料摘录：

主诉：被打致伤头面部伴头痛、左耳道流血 1 小时余。

查体：神志清楚，痛苦貌，呼吸平稳，查体配合。头颅外观无畸形，左枕部可触及头皮肿胀，触压痛 (+)，双侧瞳孔等大等圆，直径约 3.0mm，光反射灵敏。左侧外耳道可见不凝血性液体流出。颈软，无抵抗。心肺腹部未见明显异常。四肢肌力 5 级，肌张力正常，生理反射正常引出，病理征未引

出。

入院后予以止血、抗炎、消肿、止痛、改善脑细胞代谢等对症治疗。患者入院后即诉左耳听力下降。2017 年 10 月 11 日请耳鼻喉科会诊，检查见左侧外耳道较多血迹，未见活动性出血及流液。颞骨 CT 检查提示左侧颞骨骨折，左侧乳突气房内积液（积血）。2017 年 10 月 23 日纯音测听：右耳言语频率（500Hz、1000Hz、2000Hz、4000Hz）气导听阈分别为：35dB、30dB、30dB、35dB，均值 32.5dB；左耳气导言语频率各频率最大输出（120dB）无反应。2017 年 10 月 30 日脑干听觉诱发电位：右耳 V 波反应阈为 20dB，90dB 引出的 V 波潜伏期 6.11 秒，I-V 波间期 3.77 秒；左耳 V 波反应阈为 85dB，90dB 引出的 V 波潜伏期 6.87 秒，I-V 波间期 4.05 秒；右侧各波波形分化较好，各波潜伏期、波幅均在正常范围；左耳各波波形分化差，各波潜伏期延长，波幅降低。11 月 27 日复查颞骨 CT 示：左侧颞骨骨折，左侧乳突气房内积液（积血）较前吸收。

出院诊断：急性颅脑损伤，脑挫伤，左侧颞骨骨折，左耳感音神经性聋。

出院时情况：仍诉有头晕、左耳听力下降。请耳鼻喉科会诊，检查见：左侧外耳道较多陈旧性血痂，未见新鲜活动性出血及流液。

2、2018 年 3 月 9 日某医院复查听性脑干听觉诱发电位：右耳 V 波反应阈为 20dB，80dB 引出的 V 波潜伏期 5.37 秒，I-V 波间期 3.73 秒；左耳 V 波反应阈为 90dB，90dB 引出的 V 波潜伏期 5.23 秒，左耳各波波形分化差，波幅降低。

四、鉴定过程

（一）检验方法

按照《法医临床检验规范》（SF/Z JD0103003-2011）、《听力障碍的法医学评定》（GA/T914-2010 ）、《法医临床影像学检验实施规范》（SF/Z JD0103006-2014)、《声学 听阈与年龄关系的统计分布》(GB/T 7582-2004/ISO 7029:2000）对被鉴定人进行体格检查、听觉功能检查及评定，并对影像学资料进行阅片。

（二）体格检查

神清，步入检查室，对答切题，查体合作。诉左耳听不到，耳鸣。头颅外观无畸形，额纹对称。双侧眼睑瞬闭可，双侧鼻唇沟对称，鼓腮无漏气，伸舌居中，四肢肌力 5 级，肌张力正常，皮肤触痛觉存在。双侧乳突无压痛，双侧耳廓无畸形，双侧外耳道畅，未见流液，双侧鼓膜完整，光锥可见，标志可。

（三）听觉功能检查

1、纯音测听：右耳言语频率（500Hz、1000Hz、2000Hz、4000Hz）气导听阈分别为：0dB、0dB、0dB、15dB，均值3.8dB；左耳言语频率气导听阈：各频率最大输出（115-120dB）无反应。

2、声导抗：右耳鼓室图呈 A 型，右外道容积 1.75；左耳鼓室图呈 Ad 型，左耳外耳道容积 1.50。右耳同侧声反射均引出，对侧 500 级 4000Hz 声反射未引出；左耳同侧 500Hz 及对侧各频率声反射未引出。

3、耳声发射：右耳各频率均引出，左耳各频率均未引出。

4、听性脑干反应：右耳反应阈为 40dB nHL，校准后的听阈为 15dB HL；左耳 100 dB nHL（相当于 85 dB HL）刺激未引出波形。

5、40Hz 听觉相关电位：右耳言语频率（500Hz、1000Hz、2000Hz、4000Hz）反应阈分别为：20dB nHL、20dB nHL、20dB nHL、20dB nHL，均值为 20dB nHL，校准后听阈为 5dB HL；左耳分别为：80dB nHL、100dB nHL、95dB nHL、105dB nHL，上述阈值经年龄（48 岁，各频率修正年龄修正值分别为 2dB、2dB、3dB、8dB）修正后的均值为 91.25dB nHL，校准后的听阈为 76.25dB HL。

（四）阅片所见

2017 年 10 月 9 日某医院摄颅脑 CT 片（片号 XXX）3 张，示：枕部及左侧颞部头皮软组织肿胀，双侧大脑半球对称，颅内未见明显异常密度影，脑室系统大小、形态未见明显异常，中线结构居中，脑沟、裂大小、形态正常，双侧乳突气化型，左侧颞骨可见低密度线影，左侧乳突部分气房内透亮度减低，右侧乳突气房内透亮度好。提示左侧颞骨骨折，左侧乳突气房内积液（积血）。

2017 年 10 月 12 日某医院摄颞骨 CT 片（片号 XXX）1 张，示：双侧乳突气房发育良好，双侧鼓室、乳突窦未见明显异常，双侧听小骨及内听道未见明显异常，左侧颞骨见低密度骨折线影，边界清晰，骨折线累及部分乳突气房，其内见低密度影，透亮度减低，右侧乳突气房内透亮度好。提示左侧颞骨骨折，左侧乳突气房内积液（积血）。

2017 年 11 月 27 日某医院摄颞骨 CT 片（片号 XXX）1 张，示：双侧乳突气房发育良好，双侧鼓室、乳突窦未见明显异常，双侧听小骨及内听道未见明显异常，左侧颞骨见低密度骨折线影，边界清晰，骨折线累及部分乳突气房，与前片比较，左侧乳突气房内透亮度减低明显好转，右侧乳突气房内透亮度好。提示左侧颞骨骨折后，左侧乳突气房内积液（积血）大部分吸收。

2018 年 5 月 3 日某医院摄内听道 MRI 片（片号 XXX）2 张，示：双侧内听道对称，未见扩大，内听道未见明显异常信号；双侧耳蜗、前庭及半规管显示对称，未见明显异常信号。

2018 年 5 月 3 日某鉴定中心摄颞骨 CT 片（片号 XXX）1 张，示：双侧乳突气房发育良好，双侧鼓室、乳突窦未见明显异常，双侧听小骨及内听道未见明显异常，左侧颞骨见低密度骨折线影，边界模糊，骨折线累及部分乳突气房，双侧乳突气房内透亮度好。提示左侧颞骨骨折后，左侧乳突气房内积液已吸收。

五、分析说明

根据案情、病史资料及检查结果，综合分析如下：

2017 年 10 月 9 日，被鉴定人王国庆因与他人发生扭打，被甩倒在地致头部受伤，伤后诊断为急性颅脑损伤，脑挫伤，左侧颞骨骨折及左耳感音神经性聋。本次鉴定距其损伤已近 7 个月，已达到鉴定时机。

1、关于头部原发损伤

根据案情介绍，被鉴定人王国庆头部外伤史明确，根据当日病历记载，其伤后左枕部及颞部头皮肿胀、左侧外耳道有血性液体流出，说明其头部确遭外力作用，案情所述"甩倒在地"可形成上述头部外伤。经审阅其损伤后的头部影像学资料，其伤后颅内未见新鲜出血征象，临床查体亦未见脑内出血相关的神经系统阳性体征，故"脑挫伤"的临床诊断依据不足，不宜据此评定损伤程度。王国庆左侧颞骨骨折具有新鲜损伤的特征（左耳出血、左侧乳突窦气房损伤早期积液，此后逐渐吸收），其左侧颞骨骨折符合本次外伤所致。另外，王国庆伤后影像学检查其因颅底骨折致听神经损伤的依据不足；损伤当日左耳出血未行相关生化检查，因颅底骨折致脑脊液漏依据不足。参照《人体损伤程度鉴定标准》第 5.1.4d）条之规定，本次外伤致王国庆左侧颞骨骨折构成轻伤二级。

2、关于听觉功能障碍

被鉴定人王国庆外伤后即出现左耳出血的表现，就诊过程中出现左耳听觉功能障碍，故其左耳听觉功能障碍在时间上与本次外伤存在延续性、部位上与本次外伤相吻合；伤后影像学亦证实其左侧颞骨新鲜骨折，具有导致左耳听觉功能障碍的损伤基础，结合本中心耳声发射检见其左耳各频率均未引出，说明其内耳毛细胞功能可能受到一定程度损害，且左耳鼓室图呈 Ad 型，说明其鼓膜或中耳在损伤当时亦有损害。而经过行双耳内听道 MRI、双侧颞骨薄层 CT 检查，未见其内耳及中耳存在先天异常或疾病，且目前没有证据证明王国庆本次外伤前存在左耳听觉功能障碍。故分析认为其左耳听觉功能障碍与本次外伤之间存在因果关系。

经复习王国庆损伤后的临床资料，其左耳主观听力学检查结果提示左耳极重度听觉功能障碍（115dB～120dB 均无反应），但反映高频听觉功能的客观听觉功能检查结果（脑干听觉诱发电位）则提示其左耳高频听觉功能障碍，反应阈为 85dB～90dB，未达到极重度听觉功能障碍（＞91dB）的程度。本次鉴定时本中心经行客观性、具有频率特异性的听觉诱发电位检查（40Hz 听觉诱发电位），其左耳言语频率（500Hz、1000Hz、2000Hz、4000Hz）反应阈经年龄修正和校准后，计算其听阈为 76.25dB HL，证实其左耳听觉功能障碍未达到极重度的程度。参照《人体损伤程度鉴定标准》第 5.3.4c）条之规定，本次外伤致王国庆左耳听觉功能障碍（≥41dB HL）构成轻伤二级。

六、 鉴定意见

被鉴定人王国庆遭他人外力作用致左颧骨骨折、左耳听觉功能障碍，均构成轻伤（二级）。

七、 附件

被鉴定人王国庆的图片（略）

XX 司法鉴定中心

鉴定人：XX

《司法鉴定人执业证》证号：

鉴定人：XX

《司法鉴定人执业证》证号：

授权签字人：XX

《司法鉴定人执业证》证号：

二〇一九年七月四日

【专家点评】

一、关于听觉功能检验结果图的摘录、解读和听觉功能评估

临床常见的听力检验资料包括纯音测听图，声导抗、耳声发射、听性脑干诱发电位（ABR）、40 Hz听觉相关电位（40 HZ AERP）及听性稳态反应（ASSR）等。对听觉功能检验结果的正确解读、各类听力学检查结果的评价，以及对听阈的客观准确评估，是听觉功能障碍鉴定及鉴定人的基本能力。

本次计划作业指南要求依据《听力障碍的法医学评定》（GA/T914－2010）标准，对提供的听觉功能检验结果报告进行摘录、解读，并正确评估听觉功能。原则是主、客观方法综合运用，并以客观听力学检查为主，相互印证，并且通过提供的听觉功能检验结果取得500 Hz、1000 Hz、2000 Hz、4000 Hz（言语频率）等4个频率的反应阈值，计算4个频率的平均听阈值作为听阈。此外，该技术标准还规定，各实验室应建立不同项目的听觉诱发电位反应阈值与纯音听阈级之间相关性的基础数据，取得各反应阈值与纯音气导听阈级之间的修正值（校正因子），根据此修正值对所测试的听觉诱发电位反应阈值进行修正。经修正后的反应阈值等效为该频率的听阈级。本计划中听觉功能检验结果给出了被鉴定人临床听觉功能检验结果以及本次法医学听觉功能检验结果，如纯音测听图，声导抗、耳声发射、听性脑干诱发电位、40 Hz听觉相关电位。司法鉴定机构及其鉴定人应能够在上述主、客观听力检验结果中进行选择，综合评估出准确听阈。

19CC0063结果反馈报告能够对听觉功能检验结果报告完整摘录、规范书写，解读的文字表述准确，条理清晰，重点突出。在评估左耳听力障碍程度时选择了有频率特异性的40Hz听觉相关电位言语频率（500 Hz、1000 Hz、2000 Hz、4000 Hz）的反应阈进行评价结果，对反应阈进行校正、年龄修正、计算均值，听阈评估方法正确、结果准确，与专家公议结果一致，值得学习和借鉴。不足之处：在评估左耳听力障碍程度时，应先对40 Hz听觉相关电位4个频率的反应阈分别进行实验室校正，然后再分别进行年龄修正，最后计算4个频率的均值作为听阈值则更为规范。

二、关于分析说明和鉴定意见

本例鉴定分析中首先对原发性损伤诊断明确，并对原发性损伤与左耳听力

障碍的因果关系分析判断正确,论证充分、条理清晰,适用标准条款正确,鉴定意见与专家公议结果一致,值得学习和借鉴。

点评人:邓振华　教　授

杨小萍　主任法医师

《法医临床学视觉功能评定（CNAS SF0015）》 鉴定文书评析

【项目简介】

2019年度法医临床视觉功能障碍鉴定能力验证项目采用了一例实际鉴定案例，并在该案例的基础上针对鉴定中的常见难点问题进行了适当的调整和完善。

本项目提供的案例为一个存在陈旧性眼底损伤的被鉴定人因外伤致眼部钝挫伤，需要对其由本次外伤造成的人体损伤程度进行评价，特别要求对提供的眼底照片及OCT进行解读，在正确解读图片的基础上，按照两院三部发布并自2014年1月1日开始实施的《人体损伤程度鉴定标准》进行人体损伤程度的鉴定。

本计划案例涉及了眼底照片及OCT等专业图片的阅读并据此作出损伤程度判定等专门性问题，具有一定的技术难度，但是在鉴定实践中又确实需要经常面对，有助于全面考察司法鉴定机构对此类案件的综合分析与形成鉴定意见的能力。因此可以认为，2019年度的项目继续重点关注司法鉴定机构与司法鉴定人的"实战"能力，有助于推动参加机构对部分专门性问题充分注意，并能够更好地为实验室认可、资质认定及行业管理提供有价值的能力评价依据。

【方案设计】

本项目计划方案是一例被鉴定人"遭他人拳击致伤眼部"的损伤程度鉴定案例。该方案相关的考核要点包括：① 眼部结构损伤的判定；② 眼部结构异常的新鲜与陈旧的判定；③ 视力障碍的判定。

本年度能力验证项目的作业要求延续去年的做法，采用问答的方式，要求对提供的图片进行解读，参与机构按照文书规范的相应规定，反馈《鉴定意见书》中的"分析说明"与"鉴定意见"部分,但图片阅读是后续正确的分析说明与鉴定意见的基础。

评价过程中对"分析说明"部分的审查,主要关注参与机构对所提供的包括案情、病史资料、图片资料在内的全部鉴定材料的审核、把握与综合应用、分析能力,要求能够紧密围绕委托鉴定事项,做出既有针对性、全面、充分而又清晰、简洁的阐述与论证,说明形成鉴定意见的理论依据、逻辑思维过程与鉴定标准条款依据。

对"鉴定意见"部分的审查,主要关注参与机构针对委托鉴定事项形成鉴定意见的总结、提炼的能力,同时,还应注意鉴定意见表述的规范性、完整性以及清晰与简洁程度,应避免赘述。

在对反馈结果进行整体评价的过程中,评价人会适当关注参与机构对鉴定文书制作的总体把握能力,包括专业术语使用的规范性和准确性,文字表述的流畅、清晰、简洁程度。

【结果评析】

[例1]　19CD0252结果反馈表（专家组评价结果：满意）

2019 年法医临床学视觉功能评定

能力验证计划结果反馈报告

【参加编号】19CD0252

问题一

2018 年 5 月 22 日东海人民医院眼底照片：右眼血管未见异常，右眼视乳头界清，视网膜在位，黄斑中心凹反光消失，可见黄斑裂孔，大小约 1/2PD，孔区内见白色颗粒点环状排列，黄斑颞侧视网膜下可见不规则条索状瘢痕，后极部可见视网膜下膜，周围未见明显网脱。认定意见：右眼黄斑裂孔；白色点状物考虑是炎性的渗出及小的脉络膜神经上皮细胞损伤所致，黄斑区颞侧脉络膜撕裂。

2018 年 5 月 22 日东海人民医院后节 OCT：右眼视网膜内界膜反射光滑，黄斑中心凹形态可见，椭圆体带全层断裂，无明显牵拉，缺失边缘神经上皮增厚，层间可见不规则囊腔，孔缘囊样水肿及脱离，厚薄不均匀，可见内部的水肿。认定意见：右眼黄斑裂孔，椭圆体带全层断裂，孔缘囊样水肿及脱离。

2019 年 5 月 15 日眼底镜检查：右眼血管未见异常，右眼视乳头界清，视网膜在位，黄斑中心凹反光消失，黄斑裂孔已封闭，局部可见明显瘢痕形成，黄斑颞侧视网膜下可见不规则条索状瘢痕。认定意见：右眼黄斑裂孔已闭合，黄斑颞侧脉络膜撕裂较前未见明显改变。

2019 年 5 月 15 日 OCT-1 检查：右眼视网膜内界膜反射光滑，椭圆体带（感光细胞层）结构不清，中心凹神经上皮层变薄，黄斑中心凹形态可见。认定意见：右眼黄斑区已封闭，椭圆体带未修复。

2019 年 5 月 15 日 OCT-1 检查：右眼视神经纤维层厚度在正常范围内，双眼视神经纤维层厚度对称，无明显增厚。

问题二

根据案情、现有鉴定材料及检测所见，综合分析认为：

1、关于原发性损伤：

2018 年 5 月 20 日被鉴定人黎俊因纠纷被人拳击致伤右眼部。根据送检材料，被鉴定人伤后当天病历记载右眼睑青紫肿胀，睁眼困难，球结膜充血，角膜上皮划伤，前房 Tyn(+)，房水血性混浊，瞳孔缘撕裂，虹膜震颤等症状，CT 提示右眼软组织增厚。被鉴定人外伤史明确，上述损伤均与本次外伤直接存在因果关系。伤后经药物保守治疗后，2018 年 12 月 8 日入院后行右眼玻切+内界膜剥离+视网膜光凝术等治疗后，目前法医临床检查右眼眼压正常，右眼瞳孔缘断裂，黄斑裂孔封闭，椭圆体带结构不清，右眼晶状体半脱位，虹膜震颤，现在临床体征已基本稳定，可视为治疗终结。

1）根据送检材料，被鉴定人黎俊右眼被拳击伤后右眼睑青紫肿胀，诊断为右眼球挫伤，CT 示右眼睑软组织增厚，参照两院三部发布并自 2014 年 1 月 1 日起实施的《人体损伤程度鉴定标准》第 5.2.5e 条之规定，被鉴定人黎俊右眼挫伤属轻微伤。

2）根据送检材料，眼外伤后当天即出现右眼房水血性混浊，下方可见 1mm 积血；其后经药物保守治疗，未行相应的手术治疗。目前法医学查体前房未见积血，双眼眼压正常，Tyn（-）。故参照《人体损伤程度鉴定标准》之相关规定，右眼前房出血未达损伤程度。

3）正常情况下，晶状体由悬韧带悬挂于瞳孔区正后方。外伤性晶体脱位中，眼外伤是晶体脱位最常见的原因。根据送检材料，伤后当天诊断为右眼瞳孔缘撕裂、前房 Tyn(+)、虹膜震颤、右眼晶体半脱位等，经本所法医临床学检验所见，右眼瞳孔形状欠圆，直径 3mm×4mm，瞳孔缘 4、11 断裂，并伴有前房深浅不一，虹膜震颤，散瞳后未见晶状体赤道部，说明晶状体处于半脱位。故晶体半脱位与本次外伤存在直接因果关系。参照《人体损伤程度鉴定标准》5.4.4a）条之规定，被鉴定人伤后右眼晶状体半脱位构成轻伤二级。

4）在生理组织结构上，由于黄斑中心凹无 Müller 纤维和神经节细胞等原因，致使该处视网膜较薄；同时视网膜的内界膜与玻璃体的牵拉强度在中央小凹处最强。因此，黄斑的中心容易发生黄斑裂孔。外伤性黄斑裂孔是由于眼球突然受到外力冲击，致球体瞬间变形、前后径压缩等作用，向赤道部扩张，造成玻璃体急性牵拉，黄斑中心凹组织瞬间被撕裂，然后逐渐扩大成类圆形的过程。钝性外力可直接引起视网膜的挫伤出血，组织坏死、继而萎缩；也可以造成网膜挫伤后视网膜的外屏障功能破坏，出现细胞外水肿，继发性囊样黄斑水肿引起黄斑裂孔。裂孔形成多在外伤后 2-4

周。

外伤性黄斑裂孔多为黄斑中心凹组织瞬间被撕裂，然后逐渐扩大成圆形的过程。伤时仅发现黄斑色暗，伤后三天可见大小约1/2PD裂孔，而外伤性黄斑裂孔形成多在外伤后2-4周，不符合外伤性黄斑损伤形成的时间机制规律特征；而伤后三天OCT中可见椭圆体带全层断裂，无明显牵拉，不符合外伤性黄斑损伤后由于玻璃体等牵拉形成裂孔的生理学特征；伤后三天右眼孔缘可见囊性水肿及脱离，亦不符合外伤性黄斑损伤的病理生理学特征；右眼裂孔颞侧可见条索状瘢痕沉着物，且伤后一年前后均无明显变化，亦不符合外伤性黄斑损伤的病理生理学发展规律特征，多考虑为伤前已存在自身眼底损伤。综上，此例黄斑裂孔损伤临床表现及临床检查结果，与外伤性黄斑损伤的发生发展规律不符。而伤时仅发现黄斑色暗，伤后仅三天OCT可见孔缘囊样水肿及脱离，厚薄不均匀，可见内部的水肿，此为黄斑囊样水肿变性的表现；以及颞侧不规则条索状瘢痕一年前后均无明显变化，证实眼底在伤前已存在自身损伤因素。故难以认定右眼黄斑裂孔与本次外伤是否存在因果关系。故参照《人体损伤程度鉴定标准》4.3伤病关系处理原则，认为被鉴定人右眼黄斑裂孔不宜评定损伤程度。

2、关于视功能障碍：

黄斑区位于视网膜中央，是视力最敏感区，负责视觉和色觉的视锥细胞就分布于该区域，因此任何累及黄斑部的病变都会引起中心视力的明显下降。

根据目前送检材料及检查，证实黄斑裂孔已愈合，椭圆体带结构不清，中心凹神经上皮层变薄；且视觉电生理亦证实右眼黄斑区感光细胞层受损；其右眼远视力基本符合黄斑裂孔导致的结果及治疗预后，黄斑全层裂孔者视力下降更为明显。经本所检见其右眼视力0.03；左眼1.0；被鉴定人除黄斑裂孔外其他原发性损伤对视功能影响较小，不足以引起目前被鉴定人视功能障碍严重程度的情况，参照《人体损伤程度鉴定标准》4.1鉴定原则及4.3伤病关系处理原则，视功能障碍不宜评定损伤程度。

问题三

被鉴定人黎俊被人拳击致右眼损伤，伤后右眼晶状体半脱位构成轻伤二级。

【专家点评】

一、关于"检验过程"的说明

对图片报告的解读是本次能力验证计划中重要的检验内容。纵观19CD0252号反馈结果,该参与机构关注到了本年度方案预设的所有考点,思考全面,描述充分,方法得当,结果准确,值得肯定。以下根据各考核要点,逐一对鉴定过程中的评定方法与结果进行说明。

1. 关于图片阅读

19CD0252号反馈结果关注到能力验证方案作业指南图片资料中的细节,能对提供的图片报告进行全面、准确的解读,在描述时层次清晰,既有对图片的客观描写,又有鉴定人对图片反映情况的"认定意见",也即提出的图片报告"印象诊断"。

与往年相比,本年度多数参与机构在阅读图片报告时均能够做到按照描述和提出诊断意见的步骤展开,但仍有部分参与机构在此部分直接根据图片报告提出诊断意见,或者仅有对图片的描述,但缺乏结论性意见,影响了后续分析说明部分围绕图片报告展开阐述,至少在逻辑层次上形成瑕疵。

2. 关于本次外伤与黄斑裂孔、视力障碍之间因果关系的判定

关于黄斑裂孔新鲜还是陈旧的判定,主要基于对图片的正确阅读。有大约半数的机构判定为黄斑裂孔属陈旧,据此即可认定本次外伤与黄斑裂孔以及视力下降之间不存在因果关系,而依据晶状体半脱位评定损伤程度。另有部分认为本次外伤与黄斑裂孔之间存在直接因果关系,依据视力障碍评定损伤程度。

二、关于"分析说明"与"鉴定意见"

19CD0252号反馈报告的分析说明与鉴定意见与专家公议一致,因此其评价结果为满意。当然,在结果评价中,除了注意到结果的准确性以外,评价人还会注意到鉴定报告的其他细节,具体地说主要包括分析说明与鉴定意见的表述,尤其是形成鉴定意见的逻辑过程。以下就从这些具体的环节对本例反馈报告进行评析。

1. 关于"分析说明"

按照文书规范以及行业内的共识,《鉴定意见书》的"分析说明"应依据提供的鉴定材料,首先,对原发性损伤进行必要的认定,如本案的眼部软组织损伤、晶体半脱位、前房出血、外伤性虹睫炎等;其次,应对并发症与后遗症进行判定,如本案的视力下降主要由于黄斑裂孔所致,是否认定黄斑裂孔与本次外伤

的因果关系直接决定了鉴定意见的方向。完美的"分析说明"在论证过程中应体现论证的充分性、逻辑的有效性、层次条理的清晰性，同时还应注意论证过程尽可能清晰、明确、简约、规范。

就19CD0252号反馈报告而言，其"分析说明"部分在总体上乃至在具体的评定方面均做到了基本准确无误，层次条理清晰，用语简约、规范。

2.关于"鉴定意见"

"鉴定意见"是整份鉴定意见书的结论部分，是鉴定和论证过程的高度总结和凝练。笔者认为，鉴定意见应该符合完整、规范、清晰、简约的"八字真言"。"完整"，是指鉴定意见应该是完整的判断，包含了被鉴定人因何遭受何种原发性损伤、形成何种不良后果（即伤情、残情）及其对应鉴定标准的评定结果等，当然不是每一条鉴定意见都必须包括上述全部要素，但基本不外乎如此；"规范"一方面是指用语要符合医学、法医学规范的要求，另一方面要紧紧贴合所采用的技术标准的表述；"清晰"是指表述应明确、无歧义；"简约"是指语言表达应尽可能简洁明了，如能做到"增无可增、删无可删"的境地，这是最好的了。

19CD0252号反馈报告的鉴定意见表述为：被鉴定人黎俊被人拳击致右眼损伤，伤后右眼晶状体半脱位构成轻伤二级。总体上做到了清晰、精炼。

需要在此指出的是，究竟是新鲜黄斑裂孔还是陈旧性的，是本次能力验证计划反馈结果中争议比较大的焦点问题，也直接关系到鉴定意见是否可以评定为重伤。客观分析，本例判定黄斑裂孔不符合新鲜性者有相当的依据：其一是伤后病历中未能反映黄斑区视网膜损伤至裂孔形成的过程；其二是眼底未见其他挫伤、出血等急性外行改变；其三是OCT图片所反映的黄斑部病变的形态特点不具有典型的新鲜裂孔特征。从人体损伤程度鉴定原则和能力验证作业要求而言，我们仅能依据现有材料对伤情作出判定，在伤情存疑的情况下，应当遵从"疑伤从轻、疑伤从无"的原则，"就低不就高"作出损伤程度鉴定意见。这也是能力验证项目专家组多数专家的意见，也与多数反馈结果的结论相符合。

点评人：夏文涛　研究员

刘瑞珏　主任法医师

《法医临床学男性性功能鉴定（CNAS SF0016）》鉴定文书评析

【项目简介】

2019年度法医临床男性性功能鉴定能力验证项目采用了一例鉴定实践中的真实案例，并在该案例的基础上针对鉴定中的常见难点问题进行了适当的完善，旨在考察参与机构的实际鉴定能力。

本项目提供的案例为交通事故外伤致全阴茎撕脱伤后遗留广泛皮肤瘢痕形成并影响阴茎勃起功能，需要对其勃起功能障碍严重程度、阴茎瘢痕形成影响性交分别进行评价，特别要求评价实验室检验结果，在正确作出上述评价的基础上，按照两院三部发布并自2017年1月1日开始实施的《人体损伤致残程度分级》进行损伤致残等级的鉴定。

本计划案例涉及了上述多方面的专门性问题，首次关注了阴茎畸形程度的判断，具有一定的技术难度，但同时均是实践中需要面对的，有助于全面考察司法鉴定机构对此类案件的综合分析与形成鉴定意见的能力。因此可以认为，2019年度法医临床男性性功能鉴定能力验证项目继续关注司法鉴定机构与司法鉴定人的"实战"能力，旨在评估参与机构对重要实验室检验结果的分析、判定能力及对相应标准条款的适用能力，有助于推动参与机构乃至行业中在部分专门性问题的认识上形成一致意见，达到规范鉴定活动、提高鉴定能力的效果，并能够更好地为实验室认可、资质认定及行业管理提供有价值的能力评价依据。

【方案设计】

本次能力验证计划以一例阴茎撕脱伤后形成大面积皮肤瘢痕伴勃起功能障碍并影响性交的实际案例为基础，经项目专家组集体评议、充分完善后确定，案例中有关人员的姓名、委托人及其案发地点、就诊医疗单位与其他具体案情信息均已经过了必要的处理予以隐去。该案例中,被鉴定人系青年男性,已婚、已育,无高血压、糖尿病史,既往体健,无长期服用药物史,自诉外伤前阴茎勃起功能正常,有夜间及晨间勃起,外伤后阴茎瘢痕形成,勃起不坚,勃起时阴茎稍弯曲并感疼痛,性交困难。本次交通伤致骨盆骨折伴阴囊、阴茎皮肤撕脱伤等,入院时病史记载"阴茎、阴囊皮肤撕脱,撕裂至肛门上缘,睾丸外露,创面可见大量血性渗出"。临床行阴囊、阴茎皮肤清创缝合术及左侧睾丸破裂修补术等治疗。经鉴定时行相应检验,夜间勃起功能监测(NPT)结果显示其阴茎夜间自主性勃起功能轻度障碍(平均硬度大于60 %,但持续时间<10分钟)。神经电生理检查显示阴部皮层生殖体感神经诱发电位波形分化不良,阴部皮层生殖运动神经诱发电位示波形潜伏期延长,生殖骶髓反射波形分化不良,阴茎交感皮肤反应示波形潜伏期延长,提示阴部神经传导功能障碍。阴茎多普勒血流检测显示双侧阴茎海绵体动脉及背动脉血流信号未见明显异常。性激素水平检验结果示睾酮在正常范围。分析符合损伤后遗留器质性勃起障碍(轻度)。此外,体格检查见其阴茎体广泛皮肤瘢痕形成,瘢痕形态欠规整,局部瘢痕增生、部分挛缩,阴茎稍向左侧偏曲,海绵体内注射血管活性药物试验(ICI试验)显示阴茎勃起后向左侧弯曲20度。综合分析,其全阴茎体皮肤撕脱伤后,瘢痕形成,伴阴茎向左侧偏曲,但未达畸形程度,可符合损伤致阴茎皮肤瘢痕形成,严重影响性交。依照《人体损伤致残程度分级》5.8.1.9、5.8.5.8及附则6.2之规定,其损伤后遗留器质性勃起障碍(轻度)并可严重影响性交,综合评定为八级伤残。

　　本计划的作业指南要求参与机构提供一份完整的鉴定意见书,根据《男性性功能障碍法医学鉴定》《人体损伤致残程度分级》规定的检验、鉴定原则,能够对本例阴茎勃起障碍的程度及其与交通伤的因果关系、相应的致残等级进行分析、评定,不支持在没有充分论证的情况下直接得出鉴定意见。本计划的实施可以考察参与机构对NPT及诱发电位报告的阅读、分析、判断能力,对性功能致残等级鉴定基本原则的熟悉、理解、把握程度,以及对相关技术标准条款的理解与适用能力。

　　本次能力验证计划的基本要求是按照《司法鉴定程序通则》《司法鉴定文书规范》制作一份完整、规范的鉴定意见书。考察的重点是:① 对NPT和视听性刺激阴茎勃起监测(AVSS)图片报告的分析、判定结果是否正确(2018年反馈结果不是很理想);② 对阴茎勃起障碍程度的判断是否正确;③ 对损伤与勃起功能障碍之间因果关系的分析论证是否准确、充分、有据;④ 对阴茎弯曲程度及对性交影响的判断是否正确；⑤ 能否准确、全面地引用《人体损伤致残程度分级》的相关条款；⑥ 能否对损伤及其后遗症适用标准具体条款的理由展开充分、逻辑性强但又层次清晰、条理分明并且尽可能简洁、顺畅的分析论证；⑦ 能否熟练、准确地应用医学、法医学专业术语,形成要素齐备且完整、准确、文字简洁、清晰、无歧义的鉴定意见。

　　本年度能力验证结果评价中发现,大多数参与机构提出的鉴定意见与专家公议结果基本一致,说明了能力验证计划项目的设计严谨、考虑周全,无明显瑕疵,能够达到预期目的。

【结果评析】

[例1]　19CE0014结果反馈表（专家组评价结果：满意）

XX 司法鉴定中心司法鉴定意见书

【参加编号】19CE0014

一、基本情况

委　托　方：东平市人民法院

委托事项：对邹石荣损伤后性功能的伤残程度进行法医学鉴定

（依照《人体损伤致残程度分级》标准）

受理日期：2019 年 4 月 16 日

鉴定材料：1、委托书 1 份

　　　　　2、北方医科大学附属第二医院、东平市人民医院病

　　　　　　史复印件 1 份

　　　　　3、X 线片 2 张

鉴定日期：2019 年 4 月 16 日–4 月 18 日

鉴定地点：XX 司法鉴定中心

被鉴定人：邹石荣　男　出生日期：1989 年 4 月 19 日

二、基本案情

据委托书介绍，2018 年 2 月 25 日，邹石荣骑电瓶车时被一辆重型货车撞倒，拖入车底受伤。

三、资料摘要

1. 2018 年 2 月 25 日至 4 月 24 日北方医科大学附属第二医院手术记录及出院记录摘抄：

患者以"车祸外伤 9 小时"为主诉入院。查体：阴茎、阴囊皮肤撕脱，撕裂至肛门上缘，睾丸外露，创面可见大量血性渗出。骨盆及双下肢 X 线片提示：耻骨上下支骨折，右侧骶骨脱位。入院后完善相关检查，2018 年 2 月 25 日行阴囊、阴茎皮肤清创缝合术，左侧睾丸破裂修补术；2018 年 3 月 1 日再次行阴囊清创术；2018 年 3 月 15 日行右下肢创面探查清创，右大腿创面自体皮移植术，左下肢取皮术；2018 年 3 月 20 日行右大腿撕脱皮肤

探查扩创局部皮瓣 Z 字改型，右小腿取皮术，游离自体皮片移植术，左外露睾丸探查清创缝合自体皮移植术；2018 年 3 月 27 日行右大腿创面扩创自体皮移植术，右小腿取皮术，左外露睾丸局部阴囊皮瓣转移术。

出院诊断：多发性创伤，右大腿脱套伤，右下腹皮肤挫伤，右大腿皮肤缺损，阴囊、阴茎皮肤撕脱伤，耻骨上区皮肤缺损，会阴撕脱伤，左睾丸破裂，耻骨上下支骨折，耻骨联合半脱位。

2. 2018 年 8 月 26 日至 9 月 19 日北方医科大学附属第二医院出院记录摘抄：

患者以"多发创伤术后 6 个月"为主诉入院。查体：会阴部及右侧大腿腹股沟区至膝盖处前部可见陈旧手术瘢痕。入院后完善相关检查，2018 年 8 月 31 日行阴茎瘢痕粘连松解、植皮术。出院诊断：多发创伤术后，阴茎瘢痕形成。

3. 2018 年 10 月 12 日东平市人民医院门诊病史摘抄：

主诉：外伤后性交困难。查体：阴茎外观畸形，广泛皮肤瘢痕形成。诊断：性功能障碍。

四、鉴定过程

（一）检验方法

按照《法医临床检验规范》(SF/Z JD0103003-2011)、《法医临床影像学检验实施规范》(SF/Z JD0103006-2014)、《男性性功能障碍法医学鉴定》(GB/T 37237-2018)对被鉴定人邹石荣进行检验。

（二）检验结果

1. 性功能及性生活史调查

已婚，有生育史。自诉外伤前性功能正常，每周性生活 1~2 次，外伤后阴茎瘢痕形成，勃起不坚，勃起时阴茎稍弯曲伴疼痛，性交困难。无高血压、糖尿病史。既往体健，无长期服用药物史。

2. 体格检查

神清，步入检查室，对答切题，查体合作。右耻骨上方见占体表面积 0.6%的植皮区皮肤瘢痕，右大腿见占体表面积 7.0%的植皮区皮肤瘢痕，左大腿见占体表面积 5.0%的取皮区皮肤瘢痕，右小腿见占体表面积 2.0%的取皮区皮肤瘢痕，左小腿见占体表面积 1.5%的取皮区皮肤瘢痕。骨盆挤压分离试验（±）。双下肢肌力 5 级，肌张力正常，皮肤触痛觉存在。

3、男科检查

阴茎体广泛皮肤瘢痕形成，形态不规则，局部增生，部分挛缩，阴茎稍向左侧偏曲，阴囊见大片皮肤瘢痕，占阴囊面积 75%以上，尿道口干燥，左侧睾丸萎缩（容积 10mL）、质地软，右侧睾丸大小、质地正常，双侧提睾反射、肛门反射存在，阴茎皮肤瘢痕区触痛觉明显减退。

ICI 试验（海绵体内注射血管活性药物）：阴茎Ⅲ级硬度，勃起时阴茎长 11.0cm，勃起后向左侧弯曲 20 度。

（三）阅片所见

2018 年 2 月 25 日北方医科大学附属第二医院骨盆正位 X 线片 1 张（号101631482）示：左耻骨上、下支骨折，伴耻骨联合分离。

2019 年 4 月 16 日本中心 DR 摄骨盆正位 X 线片 1 张（号 12710）示：左耻骨上、下支骨折已愈合，耻骨联合面骨质致密改变，骨盆环及双侧闭孔稍不对称，提示骨盆畸形愈合。

（四）男子性功能实验室检查结果

1、2019 年 4 月 16 日神经电生理检查结果：（1）阴部皮层生殖体感神经诱发电位波形分化不良。（2）阴部皮层生殖运动神经诱发电位潜伏期延长。（3）生殖骶髓反射波形分化不良。（4）阴茎交感皮肤反应潜伏期延长。

2、2019 年 4 月 16 日彩色多功能多普勒成像系统阴茎超声检查结果：双侧阴茎海绵体动脉及阴茎背动脉血流信号正常。

3、2019 年 4 月 17 日血液生化学检测结果：血清卵泡生成素、促黄体生成素、垂体泌乳素、雌二醇、睾酮、游离睾酮、空腹血糖结果在正常范围。

4、夜间勃起功能监测仪（Rigiscan）阴茎夜间勃起功能监测（NPT）结果：2019 年 4 月 16 日至 18 日连续监测 3 晚，每晚连续 10 小时：被鉴定人有多次勃起，阴茎头部和根部周径及硬度均有改变：最大勃起硬度分别为 65%和 68%（超过 60%），持续时间<10 分钟；或持续时间>10 分钟，最大勃起硬度小于 60%（大于 40%）。意见：连续监测三晚，未监测到阴茎有效勃起，存在轻度勃起障碍。

5、2019 年 4 月 16 日视听性刺激检查（AVSS）给予视听性刺激 30 分钟，使用 Rigiscan 实时监测。监测结果：监测期间未见阴茎周径及硬度明显改变。

五、分析说明

根据案情、现有鉴定材料，结合本中心鉴定人检验所见，综合分析认为：

被鉴定人邹石荣因交通事故受伤，致右大腿脱套伤，阴囊、阴茎皮肤撕脱伤，耻骨上区皮肤缺损，会阴撕脱伤，左睾丸破裂，耻骨上下支骨折，耻骨联合半脱位等，临床先后予行阴囊、阴茎皮肤清创缝合术、左侧睾丸破裂修补术、阴囊清创术、多次取皮植皮术、左外露睾丸探查清创缝合自体皮移植术、左外露睾丸局部阴囊皮瓣转移术等治疗，伤后六个月行阴茎瘢痕粘连松解、植皮术。近期本中心复片显示左耻骨上、下支骨折已愈合，目前距离外伤已一年余，距离最后一次手术治疗已满 8 个月，符合性功能鉴定时限要求。

被鉴定人邹石荣自诉外伤后"勃起不坚，勃起时阴茎稍弯曲伴疼痛，性交困难"，就现有材料分析如下：（1）邹石荣阴囊、阴茎皮肤撕脱伤，会阴撕脱伤，左睾丸破裂，耻骨上下支骨折，耻骨联合半脱位，该损伤具有影响阴茎勃起功能的病理基础。（2）邹石荣视听性刺激检查结果阴茎周径及硬度未见明显改变，可能与其害羞、紧张、焦虑和心理防范等因素有关，本次鉴定中不宜作为依据。其夜间勃起功能监测结果显示未见阴茎有效勃起，监测数据显示最大勃起硬度超过 60%，但持续时间<10 分钟，提示存在器质性阴茎勃起轻度障碍。（3）神经电生理检查显示阴部皮层生殖体感神经诱发电位波形分化不良，阴部皮层生殖运动神经诱发电位潜伏期延长，生殖骶髓反射波形分化不良，阴茎交感皮肤反应潜伏期延长，提示存在阴部神经传导功能障碍。（4）阴茎多普勒血流检测显示双侧阴茎海绵体动脉及阴茎背动脉血流信号正常；血液生化学检测性激素及血糖正常；邹石荣有生育史，无高血压、糖尿病史、无长期服用药物史。综上分析，可排除血管性、内分泌性、药物性勃起功能障碍，被鉴定人邹石荣符合神经性勃起功能障碍诊断，属阴茎勃起轻度障碍。

　　另外，本中心体格检查见被鉴定人邻石荣阴茎体广泛皮肤瘢痕形成，形态不规则，局部增生，部分挛缩，ICI 试验证实阴茎Ⅲ级硬度，勃起时阴茎长 11.0cm，勃起后向左侧弯曲 20 度（小于 30 度），尚未达到阴茎畸形的分级标准，但影响性交行为。结合邻石荣男子性功能检测结果，认为达到严重影响性交行为的程度。

　　被鉴定人邻石荣耻骨上下支、耻骨联合多发骨折脱位及阴茎阴囊外伤致阴部神经传导功能障碍、阴茎体广泛皮肤瘢痕形成，并遗留阴茎勃起功能轻度障碍。依照《人体损伤致残程度分级》第 5.8.1.9）项、第 5.8.5.8）项及附则 6.2 项之规定，被鉴定人邻石荣骨盆及阴茎阴囊交通伤，后遗阴茎皮肤瘢痕形成严重影响性交行为、器质性勃起功能（轻度）障碍，评定为八级伤残。

　　其骨盆多发骨折畸形愈合，下腹部及双下肢多发取皮及植皮后瘢痕，依本次能力验证作业指南，不予评定伤残等级。

六、鉴定意见

　　被鉴定人邻石荣骨盆及阴茎阴囊交通伤，后遗阴茎皮肤瘢痕形成严重影响性交行为、器质性勃起功能（轻度）障碍，评定为八级伤残。

七、附件

　　被鉴定人邻石荣的图片（略）

XX 司法鉴定中心

鉴定人：XX

《司法鉴定人执业证》证号：

鉴定人：XX

《司法鉴定人执业证》证号：

授权签字人：XX

《司法鉴定人执业证》证号：

二〇一九年 月四日

【专家点评】

一、关于司法鉴定意见书形式要件的规范性

1. 文书格式审查

司法部司法鉴定管理局发布的《司法鉴定文书规范》自2017年初开始实施,本年度能力验证结果评价中遵循该规范的要求,全面审核反馈鉴定意见书外在形式的完整性、规范性。

今年大多数鉴定机构的鉴定文书符合上述司法鉴定文书规范的要求,项目齐全,格式规范,较2018年反馈情况有明显改善,但仍有5家(9.4%)参与机构在文书格式方面存在瑕疵,尤其有一家机构仅提供了一份临床诊断意见,完全不符合鉴定文书要求。19CE0014号反馈鉴定意见书在基本情况栏内符合规范要求,无明显不妥。

2. 案情及病史摘要

鉴定意见书的案情和病史摘要是对所提供的鉴定材料的整理和归纳,参加评价的机构均能做到摘要完整、简洁。

19CE0014号反馈鉴定意见书的病史资料摘要部分能够较为简洁、顺畅地反映诊疗过程,并包含鉴定所需的各种信息,符合规范的要求。

3. 鉴定过程

鉴定过程应说明检验方法,本项目的检验方法除了作业指南中已经列出的《法医临床检验规范》(SF/Z JD0103003 – 2011)以外,还应包括《男性性功能障碍法医学鉴定》(GB/T 37237 – 2018)。本次反馈情况来看,有2家机构未列出《男性性功能障碍法医学鉴定》。分析原因,可能是该两家机构在文书制作中对方法的说明不重视,需引起注意。19CE0014号反馈鉴定意见书明确列出了鉴定方法,符合规范的要求。

二、关于鉴定意见书的实质内容

1. 实验室检查结果的判断

依据本次能力验证计划作业指南的要求,应对鉴定时的检验结果进行评价,尤其是NPT、AVSS结果判断。从反馈情况来看,有17家(32.1%)参与机构存在瑕疵,其中6家(11.3%)机构AVSS结果判断错误,11家(20.7%)机构NPT结果判断存在不同程度的不足,表明大部分参与机构对此类检验的分析、判定能力已有相当提高,但部分机构缺乏对上述检验图形的分析经验,或过于依赖统计软件,对图形中关键信息(如硬度、周径、持续时间)等尚不能准确解读。随着此类检验技术的广泛应用,相应的司法鉴定培训必须及时跟进。此外,对于神经诱发电位检查结果,大部分参与机构完全照搬提供的资料,未进行分析论证,表明其对神经电生理评估经验不足。19CE0014号反馈鉴定意见书能正确评估NPT结果,对其勃起功能障碍程度作出了准确判断,正确分析神经诱发电位图形,属于反馈意见书中分析判断较好的一份,表明其掌握了男性性功能鉴定的基本能力。

2. 阴茎勃起功能障碍的分级

在男性性功能鉴定中,最重要的是对所要确定的阴茎勃起功能障碍的严重程度进行分级。在本次能力验证中,大部分机构能够根据NPT图形对阴茎勃起功能程度进行判断,但仍有部分机构存在认识方面不足,参与评价的机构中有8家(15.1%)阴茎勃起功能障碍分级错误,判断错误率较去年明显降低(2018年30.3%);有3家(5.7%)NPT及AVSS结果判断错误,阴茎勃起功能障碍结果判断依据不正确。上述情况反映出总体对实验室结果判断能力有明显提升,但部分参与机构对NPT结果及阴茎勃起功能障碍的分级判断仍存在不足。19CE0014号反馈鉴定意见书能正确评估阴茎勃起功能障碍的程度,与专家公议结果一致。

3. 阴茎广泛瘢痕形成影响性交的分析

从反馈情况来看,本次能力验证大部分机构能根据实验室检测结果分析属于轻度勃起功能障碍,但参加评价的鉴定机构中仅有8家(15.6%)机构对阴茎瘢痕伴弯曲影响性交有分析论证,大部分鉴定机构对阴茎广泛瘢痕形成影响性交分析不正确或不充分,也是导致满意率偏低的原因。表明相当一部分鉴定机构对损伤致残标准的某些特殊条款不熟悉,需要进一步加强相关培训及宣贯。19CE0014号反馈鉴定意见书能正确评估阴茎瘢痕影响性交的问题,与专家公议结果完全一致。

4. 因果关系论证

从反馈情况来看,在本次能力验证中,大部分机构能根据病史、调查记录、实验室检验结果等,对阴茎勃起功能障碍与本次外伤之间的因果关系进行分析论证,但仍有一部分鉴定机构(13家,占24.5%)缺乏系统论证。19CE0014号反馈鉴定意见书对勃起功能障碍的病因学分析论证较充分,因果关系分析判断正确,属于反馈意见书中分析判断较好的一份,与项目专家组公议结果基本一致。

5. 致残等级评定

致残等级评定结果直接关系到损害赔偿标,正确适用标准条款是关键。在本次能力验证中,由于对勃起功能障碍分级错误,参加评价的鉴定机构中有8家(15.1%)鉴定机构援引条款错误,导致结论不完全准确;也有39家(73.6%)鉴定机构对阴茎皮肤瘢痕形成影响性交分析判定不充分,援引条款有遗漏,表明对标准条款不熟悉。笔者认为,在《人体损伤致残程度分级》标准实施已达3年,仍存在此类问题,再一次说明了培训、考核的重要性。19CE0014反馈鉴定意见书对勃起功能程度判断正确,能正确适用标准条款,鉴定结果与专家公议结果一致。

6. 鉴定文书逻辑性评价

分析说明部分作为"鉴定意见"(论据)的论证过程,除了以上所说的需要提炼检测结果,还需要利用恰当的方式将他们组合起来,步步为营,做到有理有据,以体现鉴定文书的科学性、严谨性和公正性。但在参与本次能力验证的鉴定机构中有28家(52.8%)鉴定机构在分析的条理性和逻辑性方面存在不同程度欠缺,有待进一步提高鉴定文书的书写能力。从文书条理性与逻辑性角度而言,19CE0014反馈鉴定意见书在分析说明部分逻辑性、条理性较好,体现了该机构鉴定人已具备较高的分析论证能力。

点评人: 王飞翔　主任法医师
朱广友　研究员

《法医学骨龄鉴定（CNAS SF0017）》鉴定文书评析

【项目简介】

法医学骨龄鉴定是法医临床学鉴定机构/实验室的重要鉴定项目之一，法医学骨龄鉴定意见为司法审判提供重要的活体年龄证据。根据最高人民检察院2000年2月21日《关于"骨龄鉴定"能否作为确定刑事责任年龄证据使用的批复》中指出："犯罪嫌疑人不讲真实姓名、住址、年龄不明的，可以委托进行骨龄鉴定或其他科学鉴定，经审查，鉴定结论能够准确确定犯罪嫌疑人实施犯罪行为时的年龄的，可以作为判断犯罪嫌疑人年龄的证据使用"。由此可见，骨龄鉴定意见在法庭审理中具有重要意义。然而，在2019年10月1日之前，我国尚缺乏统一的法医学活体骨龄鉴定标准。之前使用较多的鉴定方法有人民卫生出版社出版的《法医人类学》（第3版）、上海科学技术文献出版社出版的《中国青少年骨龄鉴定标准图谱法》以及河北省体育科学研究所研制的《中国人手腕部骨龄发育标准 – 中华05》等。

本次能力验证计划目的是通过观察医学影像学资料（DR摄片）中我国汉族男性青少年双侧胸锁关节及双侧肩、肘、腕、髋、膝、踝关节骨骺发育程度/分级情况，考察参加机构/实验室的阅片能力、分析论证能力及鉴定能力。最终，依照现行有效的青少年骨龄鉴定方法，综合分析判断活体骨骼年龄。

【方案设计】

本次能力验证计划的基本要求是按照《司法鉴定程序通则》和《司法鉴定文书规范》制作一份完整、规范的法医临床学司法鉴定意见书。

本次能力验证计划以一名真实年龄为19.6岁（19岁7个月）的汉族男性青

少年的生活年龄为样本,以其双侧胸锁关节、肩、肘、腕、髋、膝、踝关节DR摄片为检验对象,经项目专家组评议、完善后确定,可以得出准确鉴定意见,结果可比对、可评价。

上述躯体七大关节DR正/侧位摄片的图像质量清晰、体位标准。排除标准:既往患骨关节疾病者、服用影响骨关节发育药物者以及身高、体质量超过我国正常同龄青少年者。本次法医学骨龄鉴定能力验证计划项目是根据前几年法医学骨龄鉴定能力验证评价结果所反映的该领域鉴定机构的整体情况,充分兼顾计划设计案例在实际工作中出现的经常性与普遍性、鉴定人对所涉专业问题认识的基本一致性、技术难度的适中性、类似案例鉴定意见对司法裁判的重要性等方面,并注重鉴定材料的全面性、完整性与鉴定意见的唯一性。

经项目专家组评议、完善后一致认为:该计划方案的设计、制作符合CNAS规定。该计划方案案例所提供的鉴定材料全面、完整,影像学资料清晰、可辨,能够满足法医学活体骨龄鉴定的要求;考核的年龄范围是法医学活体骨龄鉴定检案实践中较为常见的案例,在技术上具有可行性。由于2019年法医学骨龄鉴定能力验证实施期间,我国尚无统一的法医学活体骨龄鉴定标准,因此,本次能力验证计划的法医学骨龄鉴定依据或方法要求参加机构/实验室使用人民卫生出版社出版的《法医人类学》(第3版)以及上海科学技术文献出版社出版的《中国青少年骨龄鉴定标准图谱法》等著作。最后,经专家组公议决定,一致同意将其作为2019年度法医学活体骨龄鉴定的能力验证计划方案,同时确定了结果评价的基本原则与专家组公议参考答案。难度设计总体上属中等偏上。能力验证结果的评议和分析也由专家组公议完成。

本次能力验证计划的基本要求是按照《司法鉴定程序通则》和《司法鉴定文书规范》制作一份完整、规范的鉴定文书。考察的重点是:① 司法鉴定文书格式的规范性、案情的完整性;② 阅片所见中对各个骨骺发育状况能够全面、充分、准确地描述,对各个骨骺的发育分级记录准确;③ 分析说明中体现出鉴定所依据方法或标准的出处、分析论证条理清晰、层次分明、逻辑性强;④ 鉴定意见的区间值是否与专家公议结果一致,区间值是否大于3周岁,骨龄区间下限值是否小于18.5周岁或上限值是否大于22.0周岁,以及区间值是否包含样本的真实年龄等。

【结果评析】

　　[例1]　19CF0058结果反馈表（专家组评价结果：满意）

参加编号：19CF0058

XX司法鉴定中心
司法鉴定意见书

XX司鉴中心[2019]临鉴字第XX号

一、基本情况

委 托 人：东海市公安局

委托事项：对戴东俊本次摄片时的活体年龄（骨龄）进行法医学鉴定

委托日期：2019年1月16日

受理日期：2019年6月20日

鉴定材料：1.东海市公安局鉴定委托书；

　　　　　　2.东海市人民医院X线片10张（2019-1-16，片号1347）。

鉴定日期：2019年6月20日至2019年7月5日

鉴定地点：本中心法医临床鉴定室

被鉴定人：戴东俊，男性，年龄待查

二、基本案情

　　根据送鉴材料记载：2019年1月13日凌晨3时许，戴东俊涉嫌伙同他人在东海市世纪大道138号四季雅苑小区6号楼2单元201室入室盗窃。在审讯过程中，戴东俊自报出生于1999年6月26日，其父亲称戴东俊出生于2001年4月26日。戴东俊户籍资料记载其出生于1998年4月26日，汉族，男性，其公民身份证号码为：410129199804260089。为正确处理此案，东海市公安局委托某机构对戴东俊本次摄片时的活体年龄（骨龄）进行法医学鉴

定。

三、鉴定过程

（一）鉴定过程和鉴定方法

本次鉴定过程按照《法医临床检验规范》（SF/Z JD0103003-2011）及《法医学骨龄鉴定规范》（SJB-C-7-2010）对被鉴定人进行检验，按照上海科学技术文献出版社出版的《中国青少年骨龄鉴定标准图谱法》及人民卫生出版社出版的《法医人类学》（第3版）对提供的X线影像学资料进行读片，并对骨骺闭合程度进行分级。

（二）法医临床检验

被鉴定人戴东俊，神志清楚，步入检查室，检查合作。营养中等，发育可，一般情况佳。头发浓密，皮肤黝黑。口腔内牙列整齐，共萌出32枚牙齿，双侧第3磨牙均已萌出。喉结突出，胡须、腋毛较浓密。阴毛浓密，呈男性分布，外生殖器发育呈成人型。经测量：身高173.0cm，体重65.0kg。

（三）阅片所见

2019年1月16日摄双侧胸锁关节正位、双侧肩关节正位、双侧肘关节正侧位、双侧手腕关节正位、骨盆正位、双侧膝关节正位、双侧踝关节正位、双侧跟骨侧位、双侧足背正位X线片10张，参照上海科学技术文献出版社出版的《中国青少年骨龄鉴定标准图谱法》及人民卫生出版社出版的《法医人类学》（第3版）对提供的X线影像学资料进行读片，并对骨骺闭合程度进行分级：

戴东俊骨发育分级结果

部　位	分级	部　位	分级
锁骨胸骨端继发骨化中心	4	髂嵴继发骨化中心	8
肱骨近端继发骨化中心	5	坐骨继发骨化中心	4
锁骨肩峰端继发骨化中心	3	髋臼继发骨化中心	2
肩胛骨肩峰端继发骨化中心	(5)	股骨头继发骨化中心	4
肱骨内上髁继发骨化中心	(5)	大转子继发骨化中心	4
肱骨小头继发骨化中心	4	股骨远端继发骨化中心	4
桡骨头继发骨化中心	5	胫骨近端继发骨化中心	4
桡骨远端继发骨化中心	5	腓骨近端继发骨化中心	5
尺骨远端继发骨化中心	5	胫骨远端继发骨化中心	(4)
第一掌骨继发骨化中心	4	腓骨远端继发骨化中心	5
第三、五掌骨继发骨化中心	5	双侧跟骨结节继发骨化中心	4
近、中、远节指骨继发骨化中心	4	双侧距骨、趾骨骨骺	4

戴东俊于 2019 年 1 月 16 日所摄的 X 线片显示：

双侧锁骨胸骨端继发骨化中心大部分覆盖干骺端，达干骺端的 1/2 以上，骺软骨间隙宽；双侧锁骨肩峰端边缘已逐渐骨化，为不连续的致密线，形成锁骨肩峰端正常形状；肩胛骨肩峰端干骺大部分闭合，闭合的骺软骨间隙连续线状。

双侧肱骨近端干骺已完全闭合，骺线残留；骺线残痕消失，肱骨内上髁干骺全部闭合；肱骨小头干骺端全部闭合，骺线残痕消失；桡骨头干骺全部闭合，骺线消失，干骺边缘尚存狭小间隙；桡骨远端干骺全部闭合，骺线残留；茎突成形。环状关节面形成，尺骨远端茎突成形，干骺全部闭合，骺线消失。第一掌骨干骺全部闭合，骺线残留。第三、五掌骨干骺全部闭合，骺线消失。近节指骨干骺端全部闭合，骺线消失，第一掌指关节内侧籽骨轮廓清晰；中节指骨干骺端全部闭合，骺线消失；远节指骨干骺端全部闭合，骺线消失。

双侧髂嵴继发骨化中心与髂嵴已完全闭合，形成髂嵴正常解剖形态；坐骨骨化中心基本覆盖坐骨支，部分闭合；髋臼缘有连续的致密线，髋臼完全闭合，现正常形态。股骨头干骺完全闭合，骺线残留；股骨大转子干骺全部闭合，骺线消失；骺线消失，股骨远端干骺全部闭合；胫骨近端干骺完全闭合，骺线残留；腓骨近端干骺完全闭合，骺线消失。胫骨远端干骺全部闭合，骺线消失。腓骨远端干骺全部闭合，骺线消失。

双侧跟骨、跖骨及趾骨干骺全部闭合，骺线消失。

四、分析说明

据送检材料、影像学阅片及检验所见，分析说明如下：

被鉴定人戴东俊于 2019 年 1 月 16 日所摄的 X 线片显示，被鉴定人戴东俊除肩胛骨肩峰端、锁骨胸骨端及坐骨继发骨化中心，其余骨骺均闭合。肩胛骨肩峰端干骺大部分闭合，闭合的骺软骨间隙呈连续的线状；双侧锁骨胸骨端继发骨化中心大部分覆盖干骺端，达干骺端的 1/2 以上，骺软骨间隙宽且清晰，干骺尚未开始闭合；坐骨继发骨化中心基本覆盖坐骨支，与坐骨部分闭合；根据人体骨骺发育的规律及被鉴定人戴东俊骨发育分级结果，与中国汉族青少年男性标准骨发育图谱（上海科学技术文献出版社出版的《中国青少年骨龄鉴定标准图谱法》第四章）进行比较，可见被鉴定人锁骨胸骨端骨骺、肱骨近端骨骺及髂嵴骨骺发育分级结果均在 18.5 周岁以上，且坐骨骨骺发育分级结果未满 20 周岁；对比锁骨胸骨端骨发育分级结果为 4 的频数分布并结合其他部位骨骺闭合程度分级结果分析，戴东俊的骨发育分级结果接近 19 周岁。

戴东俊喉结突出，胡须、腋毛、阴毛浓密，外生殖器发育呈成人型；其男性第二性征已发育成熟且双侧第 3 磨牙均已萌出。根据戴东俊骨发育分级结果，参考身体发育指标（牙齿、腋毛、阴毛、身高及体重）综合分析，戴东俊摄片时活体骨龄为 18.5 周岁以上，尚未满 20 周岁。

五、鉴定意见

被鉴定人戴东俊的活体骨龄为：18.5 周岁以上，尚未满 20 周岁。

六、附件

被鉴定人戴东俊的影像资料。

鉴定人　　　　主任法医师　　　XXX

《司法鉴定人执业证》证号：XXXXXXXXXXXX

鉴定人　　　　主检法医师　　　XXX

《司法鉴定人执业证》证号：XXXXXXXXXXXX

二〇一八年七月四日

【专家点评】

一、关于鉴定意见书的形式要件

本年度能力验证结果评价的形式要件遵循司法部公共法律服务管理局于2017年3月1日颁布实施的《司法鉴定文书规范》的具体要求,我们全面审核反馈结果外在形式的规范性、完整性。

鉴定意见书的格式和内容不但是司法鉴定质量管理的核心要素,也是司法机关审查司法鉴定文书的重要形式要件。按照《司法鉴定文书规范》的规定,鉴定意见书应有统一格式的标题与文书编号,标题应包含司法鉴定机构的名称,不应包含鉴定项目或其他内容,文书编号应反映本例鉴定所属类别。

19CF0058号反馈结果的标题与文书编号均符合规范要求,简洁明了。鉴定文书中各个版块的格式规范、内容完整、层次清晰。此例反馈结果的格式与内容均符合《司法鉴定文书规范》的要求。

二、关于基本情况

"基本情况"是鉴定意见书的第一部分,一般应包含委托人、委托(鉴定)事项、委托日期、受理日期、鉴定材料、鉴定日期、鉴定地点、在场人员与被鉴定人等信息。除"在场人员"以外,一般不应有缺项。

19CF0058号反馈结果的"基本情况"格式规范、内容完整、简洁明了,符合《司法鉴定文书规范》要求。

三、关于基本案情

"基本案情"是对本案鉴定背景的说明,应该包含案发时间、涉案人员、案发地点以及案由等内容。但法医学活体骨龄鉴定的基本案情又有别于其他法医临床学鉴定的案情介绍。法医学活体骨龄鉴定的基本案情还应进一步摘录委托人提供的被鉴定人的户籍出生日期、自报出生日期以及旁证叙述的出生日期等内容。虽然应当包含的信息较多,但在实际制作时又应强调"基本案情"内容既要完整、简洁,又不应冗长、赘述。因此,各鉴定机构/实验室在完成鉴定文书时,须对本项目指南提供的鉴定委托书的内容进行必要的整理或删减。

19CF0058号反馈结果的"基本案情"对作业指南中"鉴定委托书"提供的案情进行了必要的整理、删减,使本部分文字较为精炼、全面、充分。

四、关于检验过程

"检验过程"一般应包含检验/鉴定方法、体格检查及阅片所见三部分内容:① 检验方法应罗列法医临床体格检查所依据的方法以及本次鉴定所使用的依据或方法；② 体格检查主要包括被鉴定人的体表外观检查以及第二性征检查等，必要时需检查并记录被鉴定人的身高、体质量；③ 阅片所见是"检验过程"乃至整个反馈结果中最重要的内容之一，这就要求各参加机构/实验室能够准确、全面、完整地对躯体七大关节中的关键骨骺和非关键骨骺的发育程度以及骨骺发育分级进行描述。

19CF0058号反馈结果中的"检验方法"内容齐全、书写规范；"体格检查"摘录精炼、完整；"阅片所见"内容规范、全面、完整，并有确切的骨龄鉴定方法的出处记录，详实地对躯体七大关节DR摄片中各个关键骨骺及非关键骨骺发育状况进行较为细致地描述。六个关键骨骺发育分级及发育状况描述的阅片结果与专家公议结果完全一致；除个别非关键骨骺（肩胛骨肩峰端、肱骨内上髁及胫骨远端骨骺）发育分级及发育状况描述的阅片结果与专家公议结果不一致，其余骨骺发育的影像学特征描述言简意赅、内容准确完整。

五、关于分析说明

"分析说明"是鉴定人根据送鉴材料和法医临床学检验结果，结合阅片所见内容，运用证据学及逻辑分析判别方法与法医临床学鉴定原则形成鉴定意见的过程，是鉴定文书最关键、最核心的部分，是鉴定文书质量的最主要的评价依据，它可以反映出参加机构/实验室的管理水平与鉴定人的技术能力。因此，法医学骨龄鉴定的"分析说明"主要是对"阅片所见"的内容进行必要的加工、凝练。通常"分析说明"所提及的骨骺发育特征或分级均是围绕着鉴定意见展开论述的。因此，"分析说明"需要论证以下内容：① 能够完整、准确分析论证与鉴定意见中"骨骼年龄"密切相关的骨骺发育状况；② 能够熟练运用人民卫生出版社出版的《法医人类学》（第3版）以及上海科学技术文献出版社出版的《中国青少年骨龄鉴定标准图谱法》比对不同年龄组标准图谱分级结果并得出准确的骨龄区间值鉴定意见；③ 分析说明应力求做到准确完整、逻辑性强、层次分明。

19CF0058号反馈结果在其分析说明中紧密围绕鉴定意见进行论证，对阅片所见内容高度凝练，做到言简意赅、层次分明、精炼完整、重点突出，准确推断出戴东俊躯体七大关节骨发育最为接近的年龄区间值。

六、关于鉴定意见

"鉴定意见"是委托人最为关注的内容，也是法庭对犯罪嫌疑人定罪量刑的重要科学依据之一。因此，鉴定意见的表述要做到言简意赅、准确完整。

19CF0058号反馈结果的"鉴定意见"表述规范、全面、完整，骨龄鉴定区间值与专家公议结果完全一致。

七、关于附件

"附件"是鉴定文书的必要补充内容,可以采用图/表形式描述。

19CF0058号反馈结果的最后一部分内容以"戴东俊的影像资料"作为附件。

点评人:王亚辉　副研究员

《医疗过错鉴定（CNAS SF0018）》鉴定文书评析

【项目简介】

2019年度法医临床医疗过错鉴定能力验证项目采用了一例司法实践中的常见案例，并在该案例的基础上针对鉴定中的常见难点问题进行了适当的完善，旨在考察参与机构的实际鉴定能力。

本项目提供的案例为一名外伤致右股骨颈骨折的被鉴定人先后进行多次内固定手术，最终进展为右股骨头坏死并行人工关节置换术，需要就经治医院对其两次住院期间的诊疗行为进行医疗过错的认定，并就医疗过错与损害后果之间因果关系、原因力大小进行分析论证，不要求形成完整鉴定意见书，仅针对引导式的问题进行反馈并说明理由。按照临床诊疗技术规范、相关领域的权威专著、临床医学（骨科学）诊疗一般原则以及医疗损害法医学鉴定的一般原则等进行反馈。

医疗损害司法鉴定的社会和司法需求迫切，鉴定技术难度相对较高，技术标准尚不如法医临床人体损伤程度鉴定、人体伤残等级鉴定那样清晰、统一，鉴定意见有时容易引起争议。因此选择适当的、结论相对明确的案例，对医疗损害鉴定中的某些关键环节开展能力验证活动（如本次拟开展的医疗过错法医学鉴定），有助于了解国内司法鉴定行业机构/实验室在医疗过错法医学鉴定领域的总体认识能力与大致技术水平，为行业管理和技术指导提供依据、信息；为司法鉴定机构提供外部质量控制手段，识别机构间存在的差异，为机构发现改进机会提供帮助，以促进机构与行业整体鉴定、管理水平的提高。因此可以认为，2019年度的项目重点关注司法鉴定机构与司法鉴定人的"实战"能力，有助于推动参加机构乃至行业中在部分专门性问题的认识上形成一致意见，并能够更好地为行业管理提供有价值的能力评价依据。

【方案设计】

本项目计划方案是一例被鉴定人外伤致右股骨颈骨折接受多次内固定手术,最终发展为右股骨头坏死并行人工关节置换术的实际鉴定案例。司法机关委托鉴定的要求是经治医院在对患者的诊疗过程中是否存在过错,如有过错,其与损害后果之间是否存在因果关系等。根据计划方案所提供的病史材料,本案患者因右股骨颈骨折入院接受治疗,第一次住院期间医院予行切开复位内固定手术,术后效果不理想,骨折畸形愈合;第二次住院期间再行翻修术,仍未达到预期目的,最终形成右股骨头缺血性坏死并不得不接受髋关节人工假体置换术。参与机构需要对两次住院期间的诊疗行为是否存在过错分别作出评定,也要明确具体的损害后果并评价过错与损害后果之间的因果关系。本项目要求以回答问题的形式进行反馈,给予参与机构一定的指引,便于反馈结果尽可能集中到焦点问题上。

经专家公议,结果评价的原则总体上要求为能够正确认定医方存在手术方式选择不理想,骨折复位不佳,内固定位置不符合规范要求,骨折术后过早负重等具体的医疗过错,评价过错与骨折畸形愈合并接受二次手术、股骨头坏死并接受人工髋关节置换术等损害后果之间的因果关系,分析论证应充分、准确,表述需清晰、简洁。

今年医疗过错鉴定能力验证项目为首次开展,本项目的作业要求明确规定参与机构应针对问题作出回答,并给予必要的分析说明论证,无需反馈完整的鉴定意见书。当然,需根据医疗损害司法鉴定和临床医学(骨科学)诊疗的一般原则以及医疗损害法医学鉴定的一般原则,结合病史病历资料、影像学资料等综合反馈。

评价过程中对"第一次住院诊疗行为分析"部分的审查,主要关注参与机构是否对股骨颈骨折后手术方式选择、手术的具体操作、术后的医嘱建议等是否作出正确的评价,能否正确指出医院在上述方面存在的过错。

对"第二次住院诊疗行为分析"部分的审查,主要关注参与机构是否对骨折畸形愈合后再次手术的操作是否作出正确的评价,能否正确指出医院在上述方面存在的过错。

对"诊疗行为与损害后果之间因果关系分析"部分的审查,主要关注参与机构在本项目作业指南指引下是否能够正确认定损害后果,是否能正确认识导致骨折畸形愈合、股骨头缺血性坏死的原因，是否能正确评价医疗过错与损害后果之间的因果关系及原因力大小。同时，还应注意因果关系及原因力大小表述的规范性、完整性以及清晰与简洁程度，并避免赘述。

在对反馈结果进行整体评价的过程中，评价人会适当关注参与机构对问题回答的总体把握能力，包括专业术语使用的规范性和准确性，文字表述的流畅、清晰、简洁程度。

【结果评析】

　　［例1］　19CG0070结果反馈表（专家组评价结果：满意）

2019年法医临床学医疗过错鉴定
能力验证计划结果反馈报告

【参加编号】19CG0070

1. 东海市人民医院第一次住院（2016年9月29日至10月8日）诊疗行为分析

　　东海市人民医院（以下简称医方）对患者林新第一次住院期间的诊疗过程中，"右股骨颈骨折"诊断明确，手术指征明确，但存在复位方式欠妥、术后未达到良好的解剖复位标准、手术操作欠规范、内固定物位置不良、术后康复指导告知不充分的过错。具体分析如下：

　　根据委托书及委托方提供的2016年9月29日（受伤当日）的X线片，患者林新因摔伤致右股骨颈骨折，骨折断端移位，属移位型骨折，医方术前诊断明确。

　　患者系52岁男性，股骨颈骨折移位，具有手术指征。股骨颈骨折手术治疗的目的是为达到解剖复位，良好稳固的内固定可以促进骨折愈合。复位方法一般首选闭合复位，若闭合复位无法达到可以接受的解剖复位时，采取关节囊切开复位。本例中，根据手术记录，医方未尝试手法闭合复位，即采取切开关节囊的操作，鉴于切开复位易造成股骨头血供再次损伤，因此认为医方复位方式欠妥当。

　　股骨颈骨折螺钉内固定的原则一般是使用多枚螺钉平行固定，以防止骨折端旋转、增加断端稳定性，促进骨折愈合。2016年10月1日（术后2天）的影像学资料显示医方置入空心钉的进针点和进针方向有误：手术原定于"品"字形置入的三枚螺钉，未能平行置入，螺钉之间存在较大夹角（大于10°）；且术后患者股骨头仍有较明显的错位，右下肢外旋畸形，提示空心钉固定失败，未达到解剖复位的预期效果。因此认为医方手术操作欠规范，存在过错。

　　股骨颈骨折术后，应根据复位、内固定的情况以及骨折愈合的程度，制定康复计划，告知患者适时随访，并根据骨折愈合的情况，判断避免负重、逐渐负重和完全负重的时间。本例中，医方在术后复查内固定位置不满意，且未达到可以接受的解剖复位的情况下，出院时医方仅要求 2 周内避免负重，术后康复指导欠规范，存在告知不全的过错，患者过早负重对股骨颈骨折的愈合不利。

2. 东海市人民医院第二次住院（2016 年 12 月 29 日至 2017 年 2 月 4 日）诊疗行为分析

林新第二次住院查体"右下肢呈屈髋、屈膝、外旋畸形，较对侧下肢短缩约 2cm"，X 线片示"右股骨颈骨折（陈旧性）颈干角变小，大粗隆上移"，医方先行胫骨结节牵引术，后行切开复位截骨内固定术，符合治疗原则。医方术后继续胫骨结节牵引的做法不符合诊疗规范。从其术后第 2 天（2017 年 1 月 4 日）及术后的 X 线片可以看出，右侧颈干角与术前比较未见明显改善，股骨颈短缩，提示医方本次切开复位仍未达到预期效果；另可见一枚内固定螺钉的钉尖部贴近股骨头的关节面，在术后 4 月（2017 年 5 月 2 日）摄片复查显示该螺钉松动，钉尖部穿出股骨头的关节面，提示手术中未尽到注意义务，选用的空心钉长短不合适，固定不牢固，违反诊疗规范。患者在术后 4 个月出现了疼痛、下肢外旋畸形等，查体情况与第二次术前比较亦未见改善，并因螺钉退钉不得不取出内固定物。综合上述认为，医方第二次治疗期间，存在术中未尽到注意义务，空心钉固定效果不佳，复位效果不良的过错。

3. 诊疗行为与损害后果之间是否存在因果关系及原因力大小的分析

患者林新摔伤致右股骨颈骨折，先后经历两次内固定术，及内固定取出术，并最终发生右侧股骨头缺血坏死，行人工全髋关节置换术的后果。

1、医方过错与患者接受第二次手术及病程延长的因果关系及原因力大小

如前所述，医方在林新第一次住院治疗期间，存在手术复位方式欠妥当，手术操作欠规范，内固定物位置不良，术后未达到良好的解剖复位标准的过错；且第一次术后康复指导告知不充分，患者过早负重。有研究表

明：手术复位质量、术后开始负重时间均是股骨颈骨折空心钉固定失败率的主要影响因素。医方的过错与患者行第二次内固定术治疗，并客观上延长病程之间存在因果关系。

考虑到股骨颈移位性骨折的愈合及复位较为复杂，建议医方的过错是患者林新接受第二次内固定治疗、病程延长后果的主要原因。

2、医方过错与患者股骨头坏死之间的因果关系及原因力大小

林新伤后经两次手术内固定，导致股骨头内血供损伤严重，且两次手术复位均不满意，复位质量不仅影响骨折愈合，而且与股骨头坏死有密切联系，特别是术后仍出现股骨头旋转的情况，影响其骨折远端血液向近端的爬行，易发生缺血性坏死；医方对林新第一次内固定手术复位方式欠妥当，采取切开关节囊的操作易造成股骨头血供损伤，并因内固定失败行第二次内固定术，再次切开关节囊，可再次影响股骨头血液供应，增加股骨头坏死的几率；医方在第一次术后康复指导告知不充分，患者过早负重，也是股骨头坏死的危险因素；第二次内固定术中一枚螺钉长短选择及操作有误，并发生退钉现象，直接损伤股骨头，而不得不于术后仅 4 个月就取出内固定物，与内固定物保留相比，内固定物取出使得股骨颈失去支撑，加重股骨头坏死的几率。综上所述，认为医方在林新两次治疗期间的过错与其发生右侧股骨头坏死之间存在因果关系。

股骨头缺血坏死的发生，其根本原因在于血供的破坏，因此原发性骨折的类型及程度决定了股骨头坏死的几率。医疗因素的干预在于尽可能恢复已被破坏的血供，为侧支循环或远端血管的爬升提供条件。但即使复位达到解剖复位标准、内固定物固定牢固，严格按照愈合情况进行康复锻炼，血运的重建仍具有较大的不确定性。本例为移位型的头颈型骨折，股骨头的血供在损伤当时就已经严重破坏，其发生坏死的概率较高，医院的过错在于使其血运重建的概率降低，故综合分析认为，医院的过错是其最终股骨头缺血坏死后果的次要原因。

【专家点评】

在我国法医学史上，医疗纠纷司法鉴定（现又称为"医疗损害司法鉴定"）一直是法医学专业的重要内容之一，尤其是当前司法行政管理的第三方社会性司法鉴定机构承担了大量的医疗纠纷司法鉴定工作，在维护医患双方的合法权益和为法庭提供客观、专业审判依据方面发挥了不可替代的作用。但随着法庭对鉴定意见专业化、规范化审查的要求越来越高，加强对医疗损害司法鉴定的业务能力教育和提高，规范医疗损害司法鉴定的技术也成为司法鉴定行业迫切的工作内容。因此，本年度能力验证首次将医疗损害司法鉴定列入考核内容，具有鲜明的亮点。

一、关于"第一次住院诊疗行为分析"的评价

从宏观方面评析，本案医院存在的过错主要在手术方式选择、骨折复位效果、内固定操作技术要求以及术后效果和出院告知四个方面进行鉴定分析说明。纵观19CG0070号反馈结果中的分析评价，鉴定人能够分别从影像学资料的客观信息、手术方式的首选要求、手术技术操作中内固定物"品"字型的要求、术后康复训练要求方面展开评价，评价简明清晰，临床诊疗方面存在问题分析无误，较好地满足了本例医疗过错的技术要求。但在鉴定评价上未能明确说明应用的技术依据和相关工作制度的要求，对技术规范性评价上仍存在一些细节上的缺陷。

1. 19CG0070号反馈结果中关于过错认定的具体技术依据阐述尚不充足。如根据《外科学》教科书、《临床诊疗指南－骨科学分册》和《成人股骨颈骨折诊疗指南》等规定，本例具有手术指征，首选闭合复位内固定手术治疗，且只有在闭合复位仍无法达到可以接受的解剖复位情形下，方实施解剖切开复位的治疗方法。

2. 19CG0070号反馈结果中对于如何正确评价骨折复位标准的阐述尚不充足。如骨折复位后通常应用X线片来评价复位的结果，股骨头的凸面与股骨颈的凹面在正常解剖情况下可以连成一条S形曲线，如果S形曲线不平滑或者中断，提示骨折复位不良；也可根据Garden指数进行对复位进行评价。本案术后复查X线片显示正位片上Garden指数约$110° \sim 120°$，上述S形曲线明显不平滑或中断，表明骨折复位不理想，存在错位以及右下肢外旋畸形，医院的手术操作存在不当之处。

二、关于"第二次住院诊疗行为分析"的评价

在宏观评价方面，医院仍存在再次骨折手术复位不佳、内固定物位置不当

的技术性失误问题。对此,19CG0070号反馈结果的分析评价如前述对第一次住院诊疗行为评价一样,评析到位,所指医院诊疗不足符合专业性评价观点。但在评价方面,仍然存在未充分引用相关技术规范和标准的细节上的缺陷。

三、关于"诊疗行为与损害后果之间因果关系"的评价

本案患者股骨颈骨折,在被告医院历经两次切开内固定复位术,最终发生股骨头缺血性坏死,以致需行人工全髋关节置换术。因此,本案涉及的医疗损害后果主要为两个方面:① 增加手术次数和延长治疗时间,增加相应治疗费用,即骨折畸形愈合并接受二次手术;② 对最终出现股骨头缺血性坏死造成一定不利影响,即股骨头坏死并接受人工髋关节置换术。

本案鉴定方面,19CG0070号反馈结果中对于医疗损害后果的评定准确,反映了鉴定人对于本案医疗行为所造成的不利结果认识、确定清晰。对于因果关系和医疗过错原因力的评析上,也体现了不同损害后果分别评价、评价程度上能够被项目组评审专家所接受。需要说明的是,医疗过错原因力大小的评定,确实是医疗过错司法鉴定中所面临的最艰难和最具争议的工作。因此,在过错原因力评定方面,尽可能将相关因素全面考量,做出可以反映鉴定人思维和评价的说明,以增加法庭审查的说明能力和可接受性。

上述两方面损害后果中,对于第一部分损害后果(即骨折畸形愈合并接受二次手术)的因果关系评价方面,19CG0070号反馈结果尚存在一些细节上的缺陷。该反馈结果中充分明确了医疗行为中的各方面过错,也简要说明了过错与骨折畸形愈合并接受二次手术之间的因果关系,且原因力大小评价为主要原因,但似乎在为什么认定为"主要原因"方面说理还不够充分,缺少一些加强原因力大小的归纳性表述,比如类似"正确规范的治疗下,此类骨折发生畸形愈合并需要接受二次手术的可能性相对较小"的表述。同时,为了体现原发损伤本身在损害后果中的参与作用,该反馈结果中也用"考虑到股骨颈移位性骨折的愈合及复位较为复杂"进行了简要概括,但"复杂"在概念上较为模糊,应当进一步明确骨折的类型,该类型骨折有一定畸形愈合的风险以及对于手术操作带来的困难等,如此可使最终因果关系及原因力大小的评价结果更令人信服。

而对于第二部分损害后果(股骨头坏死并接受人工髋关节置换术)的因果关系评价方面,19CG0070号反馈结果就显得理据充分,层次清晰,说理透彻。在充分指出过错对于股骨头坏死的影响时,也明确强调了原发损伤的严重程度并从解剖特点及病理生理学方面分析了导致股骨头坏死的主要原因。

鉴于因果关系及原因力大小的分析在遵循相关原则的基础上也存在相当

的主观性，因此经专家公议后认为若将过错对损害后果的原因力大小认定为同等作用的也可以视为正确。此外，也有专家提出损害后果多指最终的结局，本案中"骨折畸形愈合并接受二次手术"实际上是一种中间过程，可以不作为损害后果表述，故本次能力验证结果评价时虽然仍保留这一部分损害后果因果关系及原因力大小分析的评分，但占比很低，且评价时把握的原则是这部分的评分得与失不影响"满意""通过"和"不通过"等级的划分。

最后需要强调的是，医疗过错司法鉴定需要严格按照《司法鉴定程序通则》所规定的技术要求开展。对医院诊疗行为的评价之处，尽可能有明确的法律、法规、医疗卫生工作制度以及临床技术标准、诊疗规范和/专家共识的依据说明，或在核心学术刊物上被多数学术研究结果认同的共识性观点；而非一味地采用"鉴定认为""有研究指出"或者"临床经验"等笼统表述。唯其如此，在法庭质证和出庭之中，鉴定分析评价更能被法庭接受和理解，也能收到良好的鉴定证据效果，这也是今后医疗过错司法鉴定时需要注意的问题。

点评人：何颂跃　主任法医师
夏　晴　副主任法医师

《法医精神病学行为能力评定（CNAS SF0019）》鉴定文书评析

【项目简介】

刑事责任能力评定是刑事案件委托进行法医精神病学鉴定需解决的核心问题，是本专业鉴定人必备的基本能力，鉴定意见将直接关系到相关案件的正确审理，鉴定质量不但左右着鉴定意见的采纳与否，同时也直接影响着行业鉴定的公信力，甚至影响到司法公平正义的实现。虽然本专业已有相应"诊断标准""精神障碍者司法鉴定精神检查规范"和"精神障碍者刑事责任能力评定指南"，但在鉴定实践中，由于案件错综复杂及从业人员鉴定能力水平参差不齐，经常会出现对同一案件的被鉴定人，不同鉴定机构或不同鉴定人得出不同鉴定意见的情形，从而引发争议，导致司法机关难以判断、无所适从。2019年度能力验证项目《法医精神病学行为能力评定（CNAS SF0019）》即以刑事责任能力评定工作中的真实案例为蓝本，根据能力验证要求进行适当修饰和完善，形成核心要素上不存在歧义，但又具有一定干扰因素、难度较高的验证方案，旨在了解和客观评价司法鉴定机构在法医精神病学行为能力（刑事责任能力）评定方面的能力和水平，以期达到提高鉴定机构（人员）鉴定能力，从而有助于不同鉴定机构对同一问题的鉴定能获得较一致的意见，保证司法鉴定意见的一致性和可比性。

【方案设计】

本次能力验证以案例作为验证方案，选择刑事责任能力评定检案工作中难度较大的真实案例作为检材，根据能力验证要求进行稍微修改，样本内容包括本次能力验证计划的要求和说明、送检材料及精神检查等，保证样本关键内容的表述完整、条件充分，设置若干相关考核要素及一定的干扰因素，允许无关信息在样本中出现，但不影响能力验证活动的结果判断。要求参加机构根据所提供的资料进行综合分析判断，并按《ICD–10 精神与行为障碍分类》或《中国精神障碍分类与诊断标准第三版，CCMD–3》对被鉴定人作案时的精神状态进行分析判断；按《精神障碍者刑事责任能力评定指南》（SF/Z JD0104002–2016）评定其刑事责任能力状况。目的是通过能力验证活动，对参加机构的鉴定能力作出全面、客观的评价。

方案经专家组讨论确认，结果评判标准也由专家组共同制定。在结果评价时，采用分步、分类评价的方法，从要件评价、逻辑评价两个方面进行综合评价，要件评价包括精神状态的诊断、刑事责任能力评定及诊断和评定理由与最终结果的匹配程度 3 个部分。精神状态诊断包含症状认识、诊断准确性、理由阐述 3 个要素；刑事责任能力评定部分包含刑事责任能力评定结果、理由阐述、标准引用 3 个要素；由于本次能力验证难度较大，混杂因素较多，结果评价时弱化了对诊断、责任能力等级的符合性要求，而将诊断和评定理由与最终评定结果的匹配性作为一项重要的考察点。逻辑评价方面包括条理是否清楚、层次是否分明、专业用语是否规范以及重点是否突出 4 个要素。本次能力验证评判标准为百分制，按得分评定为满意、通过、不通过三档。

【结果评析】

　　［例1］　19MA0128结果反馈表（专家组评价结果：满意）

CNAS 能力验证计划 CNAS SF0019

法医精神病学行为能力评定能力验证计划

结果反馈表

参加编号：**19MA0128**

项目名称	法医精神病学行为能力评定
实施机构	司法鉴定科学研究院

　　一、分析说明

　　（一）精神状态分析：

　　1.据书证材料及鉴定调查反映：

　　（1）被鉴定人李东系48岁男性，其大约在2014年3月因"摔跤"伤致"腿摔断了，头部也摔到了，眼睛当时也受伤了"，之后"如果阴天下雨，或者像现在的梅雨季节他会头疼的"、变得"有点自卑了"、"脾气比之前更差了"，2017年7月鉴定时查头颅CT显示"额颞叶萎缩，额骨、右侧颞骨骨折"、"测得IQ为82"；提示被鉴定人曾有过脑外伤，目前脑部仍有部分病理改变、伴有过躯体不适和脾气改变的迹象等。

　　（2）被鉴定人李东从2000年开始有吸毒（冰毒），有"心瘾，不吸想睡觉"，至2010年出狱后"他还在吸毒的"，2013年1月19日警方对其甲基安非他明检测试剂检测结果呈阳性，警方也出具证明反映"李东暂未发现有其他的吸毒记录，但是不能排除其吸食了毒品却没有被查获"；其在既往的笔录中也承认"我多年以来有吸毒史的"，只是最近"没有"吸毒；本次案发后尿液及头发检测均"未检出甲基苯丙胺"；其既往因"盗窃罪"被判刑4年、"做过高利贷"、因赌博而"在外面欠了很多债了"等；提示被鉴定人存在部分不良个性表现，并有毒品使用史。

　　（3）其多次对外流露出想自杀的念头，但"他都没成功过"；在案发后讯问笔录中也称因经济困难而"我看不到未来，对人生失去了信心，所以我就想自杀了"，但"最后又犹豫了，觉得不甘心"；案发后的第一次鉴定中"量表评定未见抑郁、焦虑、躁狂症状"；同仓人员反映其除了有过一次"梦里在笑"的情况外，"表现比较正常的"；反映其曾有过与现实状况有关的抑郁情绪，本次案发后抑郁情绪已缓解。

　　（4）其从"2012年左右""开始不正常了"，表现"大手大脚的用钱"、有"想去死了的想法"，"2014年底"其"与吴兵（民警）吵架之后，李东的精神病就彻底发作了"，"说吴兵要害他，还说公安机关一直在监视他，经常说他的手机不正常，被公安机关监听了，甚至说公安机关天天跟踪他"，"说公安机关把他整的很惨"，

并且在 **2015** 年让其外甥将"举报材料"寄给公安局；公安机关反映"公安不可能对其采取跟踪、监视、监听等技侦手段，更不存在对与其有接触的人进行警告或干涉等情况的发生"；其讯问笔录也称"**2015** 年 **3** 月份的时候，公安机关对我进行了监视，当时我受不了了"，"公安机关中有人故意针对我"，"因为直到现在公安机关还是对我进行技侦控制，我实在是受不了"；提示被鉴定人的精神异常有明显起病期，以思维内容障碍为主要表现。

（**5**）其因与其姐姐存在经济矛盾，其找其姐姐拿钱时被其姐夫（被害人）"叫来派出所的辅警将赶走"，认为其和其姐姐吵架是其姐姐造成，从而对其姐夫"十分嫉恨"；提示被鉴定人对被害人的"嫉恨"存在现实因素，未发现有明显病态表现。

2. 鉴定检查发现：其意识清，对检查合作，但对吸毒情况前后回答及与既往笔录不一致（开始称"最近 **3**、**4** 年我一直未吸毒"，后来又称"我没有吸毒史"，即使多人反映其吸毒，也给予否认）。查及持续的关系被害妄想、被监视感：认为从 **2015** 年 **3-4** 月份开始民警"监听跟踪我"、"假公济私"、"打击报复"、"每到哪里都有人跟踪"、"亲人、朋友不让与你往来"，并认为是"确确实实的事"，以至于要去北京上访，症状持续时间一时称到 **2015** 年"**6** 月 **25** 日谈话，说以后没有了，恢复正常，后来有没有我也就不关心了"，现在"不清楚，没有留意。正常人过过日子"，一时称"**2015** 年 **3** 月到杀人前，（警察）一直查我，说我制毒贩毒"、"我两张卡，自己给自己发短信都收不到"，只是因为"搞不过他们"，所以以后来就不管了；因为"和公安吵，上访时，没法做生意了"，"近几年不工作了"。其认为被害人（其姐夫）的事与公安"没关系"，其对被害人的怨恨一时称"他破坏我和姐姐感情，不管钱的事"，一时又称"我存在那的钱，被他用掉了"、"实际我的东西都在（姐姐）那，农行存折 **800** 万，其他钱，给她现金，她存自己名下。还有她家房，她欠我的钱，也没还，欠我 **200** 万左右"，"他们赖皮，否则怎么会杀人，是逼急了"，"总不能恨姐姐，即便恨，也不能杀她，只能杀姐夫"；未查及其他妄想、被动体验及幻听等症状。关于抑郁情绪，其称因为"寄人篱下，生活没着落"，"只是有点苦闷"，但"没多太要紧，该吃就吃，就睡眠不大好，晚上不太想睡，也可能是白天睡多了（笑）"，持续时间"没定性，有时 **3**、**4** 天，有时候 **1**、**2** 天，我也没时间多想"，既往对外称自杀"也就是随口一说，我实际上很怕死的"，未发现有持续的情绪低落、思维迟缓、兴趣丧失等抑郁发作体验，也无兴奋、话多、夸大、活动多的躁狂体验。其在进入检查时落座后谈及其吸毒情况时情绪激动，但转为其他话题时，情绪尚平稳，情感反应

CNAS 能力验证计划 CNAS SF0019

适切，未查及病理性优势情感体验。行为尚安静，未见明显冲动、怪异行为。对自身异常体验无认识，无自知力，但对现实处境有清楚认识。

3.被鉴定人的精神状态具有以下诊断要点：（1）症状：持续存在的关系被害妄想、被监视感（病态地认为公安民警"监听跟踪我"、"假公济私"、"打击报复"、"每到哪里都有人跟踪"、"亲人、朋友不让与你往来"，并认为是"确确实实的事"，但公安机关已出具证明予否认）；（2）病程：至少2年余，本次案发期间症状较前有好转，对其情绪和行为等影响不显著，表示可以"不管了"、"也就不关心了"，但自知力不佳。（3）严重程度：症状严重时（朋友认为其）需要到医院就诊（他自己不愿意去），社会功能受此影响、有受损的情况，无自知力。（4）鉴别：①其在2014年3月有过头部外伤，之后有头痛、"脾气比以前更差"，且有器质性特点（与天气变化有关），并于2014年底逐渐出现精神症状，目前头部脑部仍有部分残留病灶，但其伤前即存在违反社会规范的不良品行，其朋友、案发后同仓均未发现有其他突出个性改变之处，且鉴定检查中其言语理解和表达良好、记忆未见明显障碍，并无器质性智能（含记忆）损害的征象，因而目前尚难以确诊与脑外伤器质性损害（含器质性精神病性障碍或器质性人格改变等）相关的精神病症；②家人及朋友均反映其2010年后有吸毒史，2013年1月19日警方查获其毒品"检测结果呈阳性（尿毒品）"，其也曾"诉吸毒后有点疑神疑鬼"，朋友也发现其在2014年开始有明显多疑表现等，因而该段时间应在其使用毒品的直接效应所能达到的合理期限之内，而在未使用毒品后多疑明显改善，如其自述2015年6月后这些多疑就不明显、对此感觉"不清楚，没有留意，正常人过过日子"等，且自述案发前未再吸食毒品、案发后尿液及头发检测也均"未检出甲基苯丙胺"与此有相符之处，提示该精神病症似具有"毒品所致精神障碍"的部分诊断要点，也不能排除毒品所致迟发性精神障碍的情形；此外，目前仅发现其存在持续的关系被害妄想、被监视感，且其妄想相对系统、内容相对固定、并有一定现实性，并不荒谬、离奇、泛化，也无其他妄想、被动体验及幻听，病症也系在与公安人员关系恶化、吸毒被抓等现实事件后出现，也较为符合"偏执性精神障碍"的症状特点，但其症状未经治疗、在与"金苏分局刘副局长""谈话"后似有所好转，这与"偏执性精神障碍"的病程特点不甚相符，故目前确诊"偏执性精神障碍"依据也不充分；如前所述的病症特点，目前诊断"精神分裂症"的依据不足。因而目前无法对其所患精神障碍明确诊断。③其虽有过抑郁情绪，但症状程度均与其现实处境相符，鉴定检查中未发现有抑郁发作及躁狂发作的体验，故诊断"抑郁障碍"等相关疾病依据不足。④被鉴定人成年后一贯具有吸毒、违法、赌博等违反社会规范行为模式，其姐姐也反映其脾气暴躁的个性特点，但因双方存在经济纠纷而可信度不高（姐姐在起初的笔录中还曾隐瞒存有被鉴定人将部分房产信息证明等），目前缺乏其他证据反映其尚具有"反社会性人格障碍"的其他特质表现，因此目前确诊特定人格障碍的依据不足。

综上，被鉴定人李东的精神状态符合《中国精神障碍分类与诊断标准第三版，CCMD-3》中"待分类的精神病性障碍"的诊断标准，2017 年 7 月 7 日案发时处于该病症的不完全缓解期。

（二）刑事责任能力分析：

1.其在讯问及精神检查中均陈述本次作案行为的主要原因如下："我因为对我姐夫张海和我姐姐王凤的嫉恨"，表示其姐姐和姐夫一起占用了他的钱和房产、"我存在那的钱，被他用掉了"，为此和姐姐吵架，且案发前曾因生活困苦想向姐姐要钱，但被害人张海"不让他见姐姐，还报警的"，故其"越来越恨他姐夫（被害人）"，认为"我现在和我姐姐(王凤)关系很僵，原因就是这个张海在从中作梗，如"前年我两次去时代花园找我姐，都是他出面叫来派出所的辅警将我赶走"、"他不让我姐见我，还叫派出所的辅警将我赶走"、"就是因为我姐夫的阻挠，导致我最终无法得到家人的帮助、所以非常恨张海"等，这些均与调查、书证等记载近年来与姐姐一家有矛盾的现实状况相符；提示被鉴定人本次作案主要系受现实因素的影响。

2.被鉴定人还表示其杀害张海，也有"我过年前后因为对人生的绝望，想要自杀"、"所以我就不计后果，想去杀死我姐夫，最大的心愿是我能把他杀死，如果成功了，我就以命抵命"，而起自杀的原因是因为"我现在落魄了，我看不到未来，对人生失去了信心"、"这两年我没有收入来源，生活上的花销，都是靠朋友救济的"、父母和姐姐又不愿对其进行经济资助、过年时不能与家人在一起等现实生活状况，鉴定检查中也未发现有持续的抑郁发作等表现，因此该消极观念系其现实生活所迫，并无病理性情绪障碍的影响，无抑郁症曲线自杀的特点；且其一贯具有不良个性特质，该极端报复情绪与该个性特点相符，对其涉案行为并未构成精神病理的影响。

3.也应看到，被鉴定人在笔录中曾表示"如果我能把张海杀了、我还能见到检察院与法院的人，我要想反映案件，我就是想出口气，说到底我想自杀，是因为直到现在公安机关还是对我进行技侦控制，我实在是受不了，今年 6 月份的时候，我还去开发区检察院做笔录的，也谈到过这个事情，我写给纪委的材料，检察院也留档的"，鉴定检查中也承认在其想杀害张海的过程中，该想法"占 10-20%，姐夫（指对姐夫的现实性嫉恨）占 80%以上"，而其认为公安机关对其进行技侦控制存在病态的推理和判断，但其却坚信不疑、还表示自己"搞不过他们"等；提示其本次涉案行为部分（小部分）系受精神病理因素的影响。

4.就被鉴定人本次涉案行为，其能清楚讲述案发经过，说明其作案时无意识障碍，其本次作案行为的对象具有明确指向性及选择性，事先准备好作案工具，过程中能适当调适自己的行为，如虽然知道其姐姐和姐夫一起占用了他的钱和房产，但"总不能恨姐姐，即便恨，也不能杀她，只能杀姐夫"，病在案发前 4 个月"预谋到今天（案发当天）"，之前"我去踩好几次点"，"前天和昨天，条件不太好，今天正好边上没人，我就动手了"，案发前"拿着事先准备好的菜刀"走到案发被害人开的诊所附近先进行观察，"当时有个垃圾车在店门口，我就没敢直接进去"，"我在小区里兜了一圈、又回过来"，待时机合适时，"迅速进入诊所内，将铁门关上，然后趁他没起来之前，砍他几刀将其杀死"，"我知道他死定了，我觉得我的目的实现了，于是便离开了"；但其案后并未逃离，而是"派出所投案自首"，这也与其前述"因为直到现在公安机关还是对我进行技侦控制，我实在是受不了"、"我能把张海杀了、我还能见到检察院与法院的人，我要想反映案件"等说法一致；提示被鉴定人虽对现实环境和自身作案行为的性质、意义和后果等多具有较好的辨认和控制能力，但也部分受到精神病症的影响，有小部分削弱。

综上所述，被鉴定人在 2017 年 7 月 7 日案发时，受现实因素及精神病理症状的双重影响，对其本次涉案行为的辨认和控制能力（小）部分削弱，符合《精神障碍者刑事责任能力评定指南》（SF/Z JD0104002--2016）中"限定刑事责任能力"的相关评定条款，评定为限定刑事责任能力。

二、鉴定意见

1. 被鉴定人李东诊断患有"待分类的精神病性障碍"，2017 年 7 月 7 日案发时处于该病症的不完全缓解期。

2. 被鉴定人王李东在 2017 年 7 月 7 日案发时，，受现实因素及精神病理症状的双重影响，对其本次涉案行为的辨认和控制能力部分削弱，评定为限定刑事责任能力。

注：此《结果反馈表》可添加附页。

［例2］　19MA0236结果反馈表（专家组评价结果：满意）

法医精神病学行为能力评定能力验证计划
结果反馈表

参加编号：19MA0236

项目名称	法医精神病学行为能力评定
实施机构	司法鉴定科学研究院

一、分析说明：

1、据送检材料及调查所悉：

被鉴定人李东，男，1969年12月16日生，汉族，离异，中专文化。从小父母离异，随母亲生活，成年后无固定职业，曾做过销售工作，后又从事炒股、放高利贷、开赌场、走私等。18岁时因盗窃罪被判处有期徒刑4年，无精神病阳性家族史。五年前曾有腿、头部、眼睛受伤史，伤后有点自卑，脾气变的更差。2000年左右起有吸食冰毒史，自2014、2015年左右始出现精神异常，认为警察把其当成"专案对象"，采用"技侦手段"对其进行监视、监听及跟踪，称因为公安机关中有人故意针对我，我斗不过只能逃避，也曾于2015年及2017年分别向公安局、纪委、检察院等纪检部门反映。材料中较多反映的是，被鉴定人与被害人之间的长期冲突和矛盾，2015年左右，被鉴定人因欠外债导致生活落魄，曾多次找姐姐、姐夫要钱被拒绝，并且为了家庭房产、经济纠纷等问题与其姐姐、姐夫关系不和，认为其"落难"时姐姐不帮他是他姐夫在从中作梗，所以对其姐夫怀恨在心。自2015年和2016年期间频繁去其姐姐家闹事，多次威胁过要和其姐夫同归于尽，期间也曾多次尝试自杀，但被鉴定人自述作案几个月前也曾尝试过自杀，但是最后又犹豫了，觉得不甘心，想到如果我能把张海杀了，我还能见到检察院与法院的人，我要想反映案件，我就是想出口气，说到底我想自杀，是因为直到现在公安机关还是对我进行技侦控制，我实在是受不了。据讯问笔录中反映，讯问其作案动机时，称："我因为对我姐夫张海和我姐姐王凤的嫉恨，我在过年前后有想要自杀，过后我打消了这个念头，我当时就决定"拉个垫背"，这样可以死得痛快一些，于是我就在过年之后策划要去杀掉我姐夫张海。""我过年前后因为对人生的绝望，想要自杀，可是尝试的时候发现自己并没有这个勇气，过后我想到人生的失败，我觉得我姐夫(张海）和姐(王凤)如果能拉我一把，我也不至于这样子，所以我就想既然自己不想活了，不如把我姐夫杀掉，自己去偿命。"2017年7月7日，被鉴定人经充分预谋，多次踩点，多日的筹划，用事先买好的刀具在其姐夫所开的诊所内，将其姐夫杀死后到公安机关自首。被羁押后，据同监人员反映，总得来说比较正常，在监室里就看看书，也不怎么参与活动的，可以正常交流，话不多。据南大司法鉴定中心鉴定书反映，测得IQ为82；量表评定未见抑郁、焦虑、躁狂症状；脑电图-地形图正常；头颅CT提示额颞叶萎缩，额骨、右侧颞骨骨折。南山市精神病院司法鉴定所鉴定意见认为，被鉴定人以往有吸食毒品经历，存在被害、被监听、被监视、被跟踪等精神病理性体验；虽其自称自己近年来没有吸食毒品，相关毒理学检测报告也提示"未检出"，但其敏感多疑，被害等病理性表现依然持续存在，因此诊断为毒品所致精神障碍，评定为完全刑事责任能力。

本次精神检查：意识清，检查合作，注意力集中，对个人一般情况能陈述清楚，思维连贯，对答切题，与审讯笔录反映内容基本一致。否认幻觉，引出被害妄想，被监听、监视及被跟踪感，称公安机关"2015年3月到杀人前，一直查我，说我制毒贩毒。""到处都针对你的监控，每到哪里都有人跟踪。""火车站派出所抓我，验我小便，10次有8次。保定、邯郸，山东，到外地公安都说我制毒等等。"当问及吸毒情况时，先是称有3、4年没有吸毒，后又予以否认。问及作案前心情状态时，称："还好，只是有点苦闷，寄人篱下，生活没着落，要知道我以前也挺风光一人。""过年时真想死，但想想不如找个垫背的。"问及为何多次扬言要自杀时，答称："也就是随口一说，我实际上很怕死的。" 交谈中情绪尚平稳，情感反应与其思维内容和所处环境基本协调，未引出明显的抑郁。当问及与姐姐及姐夫的关系时，流露出家庭间的经济纠纷及对其姐姐、姐夫的不满，称："就这几年没人帮我，我的房产证、护照、出入证都在姐姐那，项链 300 多克，手表 8 万多也在那，别人认为我活不下去，实际我的东西都在那，农行存折 800 万，其他钱，给她现金，她存自己名下。还有她家房子，她欠我钱，也没还，欠我 200 万左右。"问对其姐夫的看法及为何要杀他等，多次表示："恨他，他破坏我和姐姐感情。""他们赖皮，否则怎么会杀人，是逼急了。""若杀姐姐，社会人会说我畜生，这点原则有的，只能把气撒我姐夫头上。""我落魄了，姐姐也不愿意拉我一把。主要是姐夫落井下石，他一心想侵占我的东西。"称："还是想去报复姐夫，他害得我生活不下去。前者占 10-20%，姐夫占 80% 以上。"智能无明显异常，对自己的杀人行为性质、后果有一定的认识，不承认自己有精神方面的疾病。

2、综上所述，根据现有材料和精神检查所见，被鉴定人在案发前和案发时存在被害妄想、被监视、被跟踪感等精神病性症状，症状相对固定，对象绝限于公安机关对其的迫害、监控等。据现有材料反映，被鉴定人自 2000 年起有吸食冰毒史，出现精神症状约在 2014 年左右，其精神症状出现距吸毒的开始时间跨度较长，目前无证据证明被鉴定人近几年有吸毒行为，且本次作案当时的相关毒理学检测报告也未检出毒品成分，故无充分理由推断其精神障碍系精神活性物质引起。另从其提供的材料反映，被鉴定人案发前曾有脑外伤及反复自杀观念等，但从讯问材料及精神检查中均未见有相应认知功能损害及抑郁的临床特征。被鉴定人在案发前和案发时存在一定的被害妄想、被监视、被跟踪等精神症状，但精神检查发现被鉴定人思维逻辑未见明显障碍，情感反应与妄想内容与周围环境协调，社会功能相对完整，其症状表现不符合任何特定的精神障碍的诊断标准，属哪一类精神疾病有待进一步区分，跟据《中国精神障碍分类与诊断标准（第 3 版）》，符合"待分类的精神病性障碍"的临床特征，作案时及目前处于疾病期。

3、被鉴定人患有待分类的精神病性障碍，纵观整个作案过程，作案动机属混合动机，有大量、较明确的现实因素，但又有一定病理性因素。从书证材料反映来看，被鉴定人与被害人之间长期存在着家庭经济纠纷和矛盾，如其自2015年起因在澳门赌博输了很多钱，导致生活落魄，曾多次找其姐姐、姐夫要钱被拒绝；为了家庭房产等经济问题等与其姐姐、姐夫长期关系不和而发生冲突，并认为其"落难"时姐姐不帮他是被害人在从中作梗，所以对其怀恨在心，曾多次威胁要和被害人同归于尽等，具有明显的报复性心理动机；另从其实施危害行为的对象来看，不是精神症状所表现的妄想对象公安机关，而是与其有长期矛盾冲突的姐夫，且在让其对作案动机两者作评价时，被鉴定人答称："前者占20%，后者80%"，也佐证了被鉴定人在作案动机中，现实动机占主要原因。再则，从策划实施危害行为过程来看，被鉴定人在作案前事先预谋，计划周密，作案后具有良好的自我保护，亦反映出其作案时意识清楚，与智力因素相关的常识性的辨认和控制能力尚好。但鉴于被鉴定人患有待分类的精神病性障碍，作案时处于疾病期，存在一定被害妄想、被监视、被跟踪感等精神病性症状，其部分作案动机与精神症状有一定关联，如，据被鉴定人在讯问笔录中反映："如果能把姐夫杀了，我还能见到检察院和法院的人，我要想反映案件，我就是想出口气。"等，反映被鉴定人作案动机中具有一定病理性因素。综上所述，被鉴定人虽在本次作案时具有明显的报复行为特征，但考虑受精神病性症状的影响，对自己行为的性质、意义和后果的实质性辨认能力有所削弱。根据《精神障碍者刑事责任能力评定指南》（SF/Z JD0104002-2016）技术规范，被鉴定人对本案应评定为限定责任能力。

二、鉴定意见：

　　被鉴定人李东患有待分类的精神病性障碍，作案时及目前处于疾病期；作案时受精神病性症状影响，其实质性辨认能力削弱，对本案应评定为限定责任能力。

[例3]　19MA0126结果反馈表（专家组评价结果：不通过）

CNAS 能力验证计划　CNAS SF0019

法医精神病学行为能力评定能力验证计划
结果反馈表

参加编号：**19MA0126**

项目名称	法医精神病学行为能力评定
实施机构	司法鉴定科学研究院

一、分析说明：

1、被鉴定人李东，男，1969 年出生，其社会经历复杂，既往经历父母离异，中专毕业后因盗窃服刑 4 年，生活陋习明显，赌博、放贷、借贷、乱花钱等，人情味淡薄，1993 年结婚，1996 年离异，2000 年开始吸毒，其姐姐、外甥及朋友均在材料中反映被鉴定人有长期的吸毒史，2013 年 1 月 19 日相关毒理学检测结果为阳性，被鉴定人性格渐改变，变得敏感多疑，2012 年出现明显精神异常，主要以思维、情绪障碍为主，凭空乱说乱讲，紧张、害怕。如：认为公安的人在监视、跟踪自己，自己是公安的线人，公安欠自己工作报酬，自己有几千万的存单被姐姐保管等。辅助检查：头颅 CT 额颞叶萎缩。本次鉴定精神检查：被鉴定人意识清晰，定向正常，年貌相符，接触差，对答欠切题，思维散漫，引出被害妄想、夸大妄想及被跟踪、被监视体验，情绪不稳定，意志行为病理性增强，智能正常，自知力无。可见，被鉴定人长期吸食毒品出现慢性脑器质性损害，在此基础上伴发精神行为的异常，根据《ICD-10 精神与行为障碍分类》标准，被鉴定人符合精神活性物质（甲基苯丙胺）所致的精神障碍的诊断。

2、经鉴定被鉴定人诊断精神活性物质（甲基苯丙胺）所致的精神障碍，案发时处于疾病期，受疾病的影响，其控制能力削弱，如其所述："杀了人就可以到法院反映与公安的那些事"，但被鉴定人对整个作案过程叙述清楚，作案前有预谋、作案动机明确，知道行为的性质及该承担的后果，其辨认能力是完整的。如其所述："我走投无路都是他（被害人）造成的"、"犯罪就犯罪，该枪毙就枪毙"。根据《精神障碍者刑事责任能力判定指南》5.1.2 条款，其行为评定为限定刑事责任能力。

［例4］　19MA0224结果反馈表（专家组评价结果：不通过）

法医精神病学行为能力评定能力验证计划
结果反馈表

参加编号：**19MA0224**

项目名称	法医精神病学行为能力评定
实施机构	司法鉴定科学研究院

一、分析说明：

　　1.据卷宗提供材料，结合本次鉴定检查分析：被鉴定人李东在南山市生活，中专文化，无固定职业。1988年-1992年因盗窃罪于南山市监狱服刑，2000年开始吸毒，并于2013年1月19日吸毒被查获，尿检阳性，确系冰毒。2017年7月7日上午9时许，被鉴定人李东因对姐夫张海怀恨在心，经事先预谋，至张海所经营的私人诊所内，持菜刀对张海进行砍杀，张海当场死亡。2017年7月13日，南山市精神病院司法鉴定所对其进行司法鉴定，鉴定意见为"毒品所致精神障碍，有完全刑事责任能力"。本次案发后被鉴定人不承认既往有长期吸食毒品（冰毒）史，案发前未曾吸食冰毒，到案后尿检示："甲基苯丙胺阴性"。经本次鉴定精神检查可见，被鉴定人自行步入检查室，意识清，着囚服，戴手铐，面色苍白，体态消瘦，落座后情绪激动，检查合作。能完整叙述案件经过，思维连贯，拒绝承认既往有长期吸食毒品（冰毒）史，并因此情绪激动；案发过程中情绪稳定、思维清晰、计划完整。案发前被鉴定人有情绪不稳、紧张、恐惧、被跟踪感、被害妄想等精神症状，系在吸食冰毒后产生，自吸食毒品以来，2012年开始有情绪不稳、自杀倾向等表现，2014年底开始有被跟踪、被监听等症状，目前上述症状并无缓解，意志要求适切，智能、记忆无异常。分析认为，被鉴定人吸食毒品（兴奋剂-冰毒）十余年，案发前有明确吸食史，其精神症状的表现、发生发展等特性与滥用毒品（冰毒）密切相关，故根据《国际疾病分类第十版——精神与行为障碍（ICD-10）》，被鉴定人符合"使用精神活性物质（冰毒）所致精神和行为障碍"之诊断，案发时处于患病期未发作，目前病情并无缓解。

2.刑事责任能力的评定:经鉴定,被鉴定人李东患有使用精神活性物质(冰毒)所致精神和行为障碍,案发时处于患病期未发作。案发前未吸食冰毒,出现明显的精神病性症状,有不安全感、有被害妄想、被跟踪感。2014年被鉴定人大腿骨骨折住院,后强行出院,并于茉莉花酒店休养,其姐夫前往酒店为其治疗,治疗过程疼痛,被鉴定人认为姐夫是在故意报复,并对姐夫产生敌意,后被鉴定人多次因赌博欠债上门闹事与姐夫矛盾加深,最终杀死姐夫。其当时对作案行为的辨认和控制能力尚可,作案行为和吸食冰毒间接相关,精神障碍者刑事责任能力评定量表评分34分,在限定刑事责任能力范围内,故根据司法部《精神障碍者刑事责任能力评定指南》(SF/Z JD0104002-2016),评定其在本案中为限定刑事责任能力。

二、鉴定意见:

1.鉴定诊断:被鉴定人涉案时使用精神活性物质(冰毒)所致精神和行为障碍,案发时处于患病期未发作,目前病情尚未缓解。

2.刑事责任能力的评定:评定其在本案中为限定刑事责任能力。

【专家点评】

本年度的法医精神病行为能力评定能力验证计划,采用的是一个较疑难复杂的刑事责任能力评定案例,在设计时,特意加入了一些混杂因素,更增加了判断的难度。该案例难度主要在于:① 送检资料欠完整,鉴定调查难以充分满足鉴定所需,被鉴定人陈述反复多变,所述内容真实性存疑,难以调查核实,如对被鉴定人既往经历、经济状况、与姐姐财产纠葛、是否做过公安"线人"、与某某警察是否存在矛盾冲突以及公安机关是否对其进行"技侦监控"等关键信息掌握不全;其有吸毒史,从2000年至2017年案发十几年时间里,仅有寥寥几个证据证明其有吸食冰毒情节,但对吸食量、吸食频率、是否停吸过等具体吸食情况以及吸毒行为与其精神异常产生之间关系了解不详;有过头部外伤史,但具体受伤时间、受伤当时情况、治疗经过、后遗症等情况无法详细了解等。② 鉴于上述资料掌握不全面、不确切,影响对其精神症状的认识、精神障碍的诊断与鉴别诊断以及责任能力等级评定的准确判断。上述疑难问题我们在日常鉴定中时常会遇到,如何恰当处理尤其考验鉴定人的鉴定能力和水平,以下通过对本次能力验证中获得"满意"及"不通过"各两个结果反馈表的评析,以期能提供有益的借鉴或思考。

一、材料梳理概括方面

在鉴定实践中,经常会碰到有的鉴定资料错综复杂,真假难辨,难以核实的情况,此时如何应对,如何从中找出明确的、有用的信息对提高鉴定准确性至关重要。分析讨论部分所采用的资料,应是对鉴定意见书"资料摘要"部分的概括与总结,应采用能和鉴定调查材料或精神检查内容互相印证的、支持鉴定意见的依据或理由的资料。19MA0128、19MA0236这两份"满意"结果反馈表,以"分类"或"概述"的不同形式,在分析说明第一部分,把之后的症状认定、诊断与鉴别诊断以及刑事责任能力评定的理由和依据所需的证据资料客观、全面、准确地罗列出来,书写内容言简意赅,条理清晰,重点突出,对鉴定意见起到有力的支撑作用,也有利于委托人或相关诉讼方熟悉掌握鉴定意见书内容并接受鉴定意见,达到"以理服人"的效果。而19MA0126、19MA0224这两份"不通过"结果反馈表则对该部分资料汇总显得过于简单,不充分、不全面,势必影响其鉴定思路及对鉴定意见的准确把握。

二、精神症状认识方面

精神症状的认定经由从怀疑到否定或肯定的漫长过程。本案被鉴定人存在人格异常，早年（甚至在18岁前）即有品行问题，2014年外伤后性格改变更明显；有一定的抑郁情绪，涉案阶段仍存在，但症状与其生活处境有较大关系，精神检查中抑郁体验并不明显；存在思维内容障碍，自2015年起坚信公安机关对其采取技侦监控、监听和跟踪，认为公安监控其手机、阻止其上网、干扰其正常生活和人际交往，外出常被多地公安强制尿检，为此痛苦不堪，意欲自杀，书写材料并多次到公安、检察院上访上告。从反馈结果来看，多数机构倾向认为其确实存在前两类症状，但对其怀疑的"公安技侦"到底是合理猜疑、超价观念还是妄想意见不一致。专家公议认为，虽然被鉴定人因吸毒人员身份受到一定管制、与某民警"存在纠纷"，某些怀疑具有一定的可理解性，但其核心怀疑的"技侦监控"内容并无事实根据，或虽有也只是某些作为妄想依据的细微情节（被其过分夸大、歪曲），其不能接受事实和理性的纠正（材料反映其并无"专案对象"身份、警方等多番解释劝告无效）；同为吸毒人员的朋友钱某也不接受其"被害"信念，曾带其去精神病院就诊；且本次警方明确否认"对其采取跟踪、监视、监听等技侦手段，更不存在对与其有接触的人进行警告或干涉等情况的发生"，为此，应该认定其怀疑已达到妄想程度。

所列举的这几份结果反馈表均对该症状能识别，两份"满意"结果反馈表对症状认定理由阐述依据较充分，而两份"不通过"结果反馈表只说明发现了什么症状，但理由说明不充分，或缺乏必要的理由阐述内容。此外，19MA0126结果反馈表在症状认识方面还存在某些偏差，如据材料中被鉴定人反映自己拥有几千万财产，认定为"夸大妄想"就显得较为草率。由于本案例中被鉴定人经历及财产状况未经核实，因此并无确凿证据判定这种"夸大"完全脱离现实（夸大言词可能是说谎、吹牛等）。

三、诊断与鉴别诊断方面

本案被鉴定人的精神症状较难归因：人格问题可能系人格障碍、器质性人格改变或长期使用毒品引起；抑郁情绪与窘迫处境、思维障碍不无关系；思维障碍是原发的，还是继发于脑器质性损害或毒品所致尚难明确。为此，在疾病诊断与鉴定诊断上难度较大，也是本次能力验证主要考点之一。

19MA0126、19MA0224两份"不通过"结果反馈表，均注意到被鉴定人有明确的吸食冰毒史，持续数年后无端猜疑被公安机关跟踪、监视，存在被害妄想；忽视了其否认近2～3年有吸毒行为，案发时送检血样未检出甲基苯丙胺，毛发检测提示案发前2周内未吸食冰毒等有矛盾证据，在缺乏确切证据表明其近年仍有吸食冰毒行为，但精神症状长期存在，已超过毒品直接效应的合理期限情形下仍将疾病归因为"吸毒所致",鉴别诊断考虑不全面,致使诊断意见存在瑕疵。离谱的是,19MA0224居然在诊断时认定"案发时处于患病期未发作",相关意见极不规范,不知所云。

19MA0128、19MA0236两份"满意"结果反馈表,均对精神病性症状与吸毒关系进行了重点分析,按诊断要点完成了较详细的符合性甄别;并逐一对精神病性症状、人格异常、抑郁情绪与颅脑外伤之间关联性进行阐述,与偏执性精神障碍、抑郁障碍、人格障碍等进行鉴别诊断。在此分析论证基础上,基于一元化诊断原则,按CCMD – 3作出"待分类的精神病性障碍"诊断认定。两份结果反馈表对诊断及鉴别诊断分析较完整,理由阐述清楚,分析较透彻,逻辑严密,值得借鉴。诚然,如果能在正确认识该核心症状的前提下,兼顾考虑其人格问题、抑郁情绪等症状,按《ICD – 10精神与行为障碍分类》,诊断为"未特定的精神障碍"则更完美。

四、刑事责任能力评定方面

刑事责任能力评定重点要说明辨认能力或控制能力受精神疾病的影响程度。19MA0128、19MA0236两份"满意"结果反馈表均认为被鉴定人作案主要受现实因素影响(自述作案对姐夫的愤恨占80%),是其与姐姐存在财产纠纷,生活窘迫找姐姐要钱,受姐夫阻挠并报警驱赶,故记恨被害人,多次扬言报复,绝望下想要自杀,并产生杀死被害人做垫背想法;对作案行为有预谋、有准备,对杀人行为性质后果有较清楚认识。但被鉴定人作案时存在精神病性症状,杀人是想"能见到检察院与法院的人,想要反映案件……到现在公安机关还是对我进行技侦控制,我实在是受不了",显然,精神疾病在一定程度上也削弱其对作案行为的辨认与控制能力。相关分析层层递进,说理充分,可信性较强。

19MA0224结果反馈表虽然认定被鉴定人存在精神症状,但较武断认为"其当时对作案行为的辨认和控制能力尚可"。按其分析,本应得出具有完全刑事责任能力鉴定意见,但不知其如何推断出"其在本案中为限定刑事责任能力"。该分析阐述缺乏逻辑性,概念不清,反映出参加机构鉴定基础知识薄弱,对评定标准理解错误,刑事责任能力评定还未入门。

另一份结果反馈表(19MA0126)同样对评定标准理解掌握程度不高。其机械地认为"被鉴定人诊断精神活性物质(甲基苯丙胺)所致的精神障碍,受疾病影响,控制能力削弱,辨认能力完整,根据《精神障碍者刑事责任人能力评定指南》5.1.2条款,其行为评定为限定刑事责任能力",而未正确理解评定标准的要求。按该标准5.2.5条款,对毒品所致精神障碍者,如为非自愿摄入者才按5.1条款评定责任能力,相关非自愿情形一般仅限医源性、不知情下误服或被胁迫强制服用等,本案例肯定属于自愿吸食毒品,故在精神症状影响其辨认或控制能力时,应按5.2.5条款"不宜评定其刑事责任能力"。

综上,19MA0128、19MA0236这两份"满意"结果反馈表,对材料梳理概括得当,精神症状识别全面、诊断与鉴别诊断准确、刑事责任能力评定合理,其分析说明语句通顺,描述客观、清晰,运用专业术语、法律用语准确,条理清晰,层次分明,重点突出,内容全面,说理透彻,观点明确。而19MA0126、19MA0224"不通过"结果反馈表,在鉴定材料的驾驭能力、疾病诊断与鉴别诊断,特别是责任能力评定标准的理解、综合运用能力方面还存在明显缺陷,建议进行针对性补强。

点评人：蔡伟雄　主任法医师

汤　涛　主任法医师

《法医精神病学伤残程度鉴定（CNAS Z0020）》鉴定文书评析

【项目简介】

个体遭受来物理、化学、生物或心理等因素作用后，大脑发生功能紊乱，出现不可逆的认知、情感、意志和行为等方面的精神紊乱和缺损，及其导致的生活、工作和社会活动能力不同程度损害，即为精神方面的伤残。伤残程度鉴定是法医精神病学的鉴定内容之一，是本专业鉴定人员应熟练掌握的业务，目前国内多数法医精神病鉴定机构已开展此类业务，更有不少新设立的鉴定机构以伤残鉴定为主要业务范围。在2018年能力验证计划项目首次纳入精神伤残鉴定的基础上，2019年度能力验证项目《法医精神病学伤残程度鉴定（CNAS Z0193）》以法医精神病学鉴定工作中难度适中、鉴定条件充分的真实案例为蓝本，根据能力验证要求进行部分完善，形成具有一定干扰因素的验证方案，以此作为考察与评价点，力图了解和客观评价司法鉴定机构在法医精神病学伤残鉴定方面的能力和水平，了解其对《人体损伤致残程度分级》标准的掌握程度；有助于提高鉴定机构/人员的鉴定能力，保以证司法鉴定意见的一致性和可比性。

【方案设计】

本项目方案和材料由项目专家组根据我国法医精神病鉴定实践中常见的情况设计并制作，要求参加机构根据提供的书证材料进行分析判断，按《ICD – 10 精神与行为障碍分类》或《中国精神障碍分类与诊断标准第三版，CCMD – 3》对被鉴定人目前的精神状态进行分析判断；按《人体损伤致残程度分级》评定伤残程度并说明理由，并分别出具分析说明和鉴定意见，填写在"结果反馈表"中。结果评价时从要件评价、逻辑评价2个方面进行综合评价。要件评价包括症状认识、伤残等级、作用力3个部分，其中症状认识部分从是否包含"神经症样表现""记忆减退""智能减退""情绪/情感改变""性格改变"及"其他（可疑幻觉）"6个要素进行评价；伤残等级部分从伤残评定等级、评定理由、是否引用标准3个要素进行评价；作用力部分则从作用力大小（没有作用、轻微作用、次要作用、同等作用、主要作用、完全作用、无法判断）及理由两个方面来进行评价。在考察各部分要件符合程度的同时，还从鉴定文书的实际应用要求出发，按条理是否清楚、层次是否分明、专业用语是否规范以及重点是否突出四个方面进一步考察参加机构行文的条理性、逻辑性、规范性和准确性等。

【结果评析】

[例1] 19MB0001结果反馈表（专家组评价结果：满意）

参加编号：**19MB0001**

项目名称	法医精神病学伤残程度鉴定
实施机构	司法鉴定科学研究院

一、分析说明：

被鉴定人，男，48岁，2016年9月26日因交通事故受伤，据病史资料、鉴定调查及精神检查等，综合分析如下：

（一）精神状态诊断

1、两次住院的病史资料显示，被鉴定人于2016年9月26日被撞倒致头颅外伤，当时急诊送上海市第一人民医院，意识模糊，查头颅CT示双侧额叶、右侧颞叶及枕叶脑挫伤；右侧枕部颅板下及天幕硬膜外出血等。诊断：硬膜外血肿、脑挫裂伤。经保守治疗12天，复查头颅CT颅内情况稳定出院。出院约一个月在长海医院门诊复查MRI示右侧海马后方小片状T2高低混杂信号，余脑实质内未见异常信号影，考虑右侧海马后方亚急性血肿，后入院经造影提示为右侧大脑后动脉P2段夹层动脉瘤，予以夹层动脉载瘤动脉闭塞术，术后情况稳定住院7天出院。诊断：外伤性夹层动脉瘤、脑挫裂伤恢复期。故被鉴定人因车祸造成了确切的颅脑损伤，主要为脑挫裂伤、硬膜外血肿，经治疗恢复可；但出院约一个月后又发现外伤还导致了其右侧大脑后动脉P2段夹层动脉瘤，手术治疗后术区遗留有少许血肿。

2、被鉴定人的门诊病史显示，其于2017年9月1日因"车祸后记忆力下降1年"就诊，精神检查存在可疑幻听、近事遗忘、远事遗忘、即刻记忆障碍等，考虑为脑外伤后记忆减退；半月后再次来门诊，仍记忆差，晚上睡不好，精神检查有记忆差、可疑幻听、情绪低落，诊断为颅脑外伤所致认知功能减退，反映出被鉴定人车祸治疗出院后存在记忆减退、认知功能障碍，结合头颅CT、MRI动态变化，考虑为右侧大脑后动脉P2段外伤性夹层A瘤及A瘤手术致海马或边缘系统损伤所致。

3、鉴定调查显示，其妻子反映被鉴定人系大专文化，既往体健，平素性格温和，与人相处好，生活、工作、社会交往正常；车祸出院后其反应变得迟钝，睡眠差，脾气变坏，记忆力明显下降，同事来探望叫不出同事的名字，新近发生的事容易忘记等，到医院看后服药治疗，基本没什么效果，妻子所反映的情况与病史资料记载一致。

4、精神检查及辅助检查显示，被鉴定人意识清，问答切题，反应略显迟钝，远、近、短时记忆力均差，如记不住自己的工作年限、结婚时间；记不住昨晚吃的什么菜；短时告知的5样东西只能说出3样等。智能较差，部分常识性问题回答不准确；100-7连减结果尚正常，但计算速度较慢；理解判断力较差，成语的寓意解释不准确，如坐井观天是"看到很小的天"等，结合IQ67，MQ60，脑电图仍有轻度异常，可以认定被鉴定人存在轻度智能损害综合征。精神检查过程中情感基本适切，未发现精神病性症状，虽有少量心因性的入睡前幻觉，但不影响其社会功能。其对车祸处理不关心，对今后生活无打算，意志活动减退，社会功能受损，工作能力下降，生活能够自理。本次鉴定阅片示：①、右侧颞部（右侧大脑后动脉P2段）动脉瘤术后改变，动脉瘤夹造成金属伪影；②、右侧颞叶斑片状低密度影，考虑软化灶，余脑实质内未见异常密度影。

综上，被鉴定人车祸前一切正常，2016年9月26日因车祸致脑挫裂伤、硬膜外血肿、右侧大脑后动脉P2段外伤性夹层动脉瘤等，经手术治疗，鉴定时复查头颅CT仍有外伤术后改变及右侧颞叶脑软化灶；车祸后被鉴定人记忆力明显减退、认知功能障碍，曾两次门诊诊疗；精神检查其存在轻度智能损害综合征，意志活动减退，社会功能受损，工作能力下降，生活尚能自理，其伤后的轻度智能损害与相应部位的脑损伤存在因果关系，故其表现按照《中国精神障碍分类与诊断标准（第三版）》（CCMD-3），符合"脑外伤所致精神障碍（轻度智能损害综合征）"的诊断。

（二）伤残评定

被鉴定人伤前生活、工作、社会交往正常，伤后因轻度智能损害致工作能力下降，被调换工作岗位；在家发呆，生活疏懒，不愿做家务，但能被动扫地、擦桌子等；对外界的事不关心，生活工作无具体打算，但能出门，到小区走走，看人家打牌等，故其工作能力下降，社会功能受损，日常生活有关的活动能力中度受限，按照《人体损伤致残程度分级》标准，被鉴定人的表现符合该标准中5.9.1.1"精神障碍或者轻度智能减退，日常生活有关的活动能力中度受限"的条款，其伤残等级应评定为九级伤残。

二、鉴定意见：

（一）、鉴定诊断：脑外伤所致精神障碍（轻度智能损害综合征）；

（二）、伤残评定：被鉴定人因本次交通事故所致的精神伤残程度评定为九级伤残。

[例2]　19MB0082结果反馈表（专家组评价结果：满意）

参加编号：**19MB0082**

项目名称	法医精神病学伤残程度鉴定
实施机构	司法鉴定科学研究院

一、分析说明：

　　1、精神状态分析

　　（1）根据被鉴定人李建西车祸受伤后的病历证明材料及近亲属介绍，被鉴定人李建西既往身体健康，无高血压、糖尿病、心脏病等重大躯体疾病史。上海市第一人民医院病历资料显示被鉴定人李建西2016-9-26因被撞倒致头颅外伤到该院急诊就诊，当时行头颅CT示：双侧额叶及右侧颞叶脑挫伤，右侧枕部颅板下及天幕硬膜外出血，少许蛛网膜下腔出血可能，左侧顶枕部头皮肿胀。因病房无床急诊观察两天后于2016-9-28住神经外科，复查头颅CT示：双侧额叶及右侧颞叶、右侧枕叶脑挫伤，右侧枕部颅板下及天幕硬膜外出血，少许蛛网膜下腔出血可能，枕骨右侧份人字缝旁可疑骨折，左侧顶枕部头皮肿胀。CT结果显示左侧枕叶头皮下血肿，提示主要受力点在左侧枕叶，着地后拱形结构造成右枕人字缝可疑骨折，该骨折造成右枕叶的脑挫伤及硬膜外血肿。双侧额叶及右侧颞叶脑挫伤为对冲伤的可能性大。在颅脑损伤中，对冲伤常见于枕部着地导致额颞叶的减速性损伤，与本例情况相符。上述情况说明被鉴定人在2016-9-26车祸后即出现明确的颅脑损伤，该损伤与车祸为直接因果关系。在本次颅脑损伤随后的治疗康复过程中，被鉴定人于2016-11-9复查CT提示：右侧枕叶脑出血可能，随即检查MRA提示：右侧海马后方亚急性血肿，局部血管畸形可能。为明确局部血管畸形的性质于2016-11-21经脑血管造影检查提示：右侧大脑后动脉P2段见一夹层动脉瘤，即颅内夹层动脉瘤。颅内夹层动脉瘤是指血液通过破损的颅内动脉内膜进入血管壁，引起动脉内膜与中膜或累及外膜之间剥离，剥离的血管壁间可有血肿形成，引起动脉壁膨隆样、扩张样病理性改变，可造成病变血管狭窄、闭塞或破裂出血的一种疾病。颅内夹层动脉瘤病因尚不明确，可能与以下因素有关，即①动脉自身发育缺陷；②动脉相关性疾病；③高血压病和动脉硬化；④头颈部外伤等。根据调查材料及病历资料被鉴定人既往体健，无相应的躯体病，无高血压及动脉硬化病史，可以排除外自身原因诱发颅内夹层动脉瘤的可能；被鉴定人在2016-9-26车祸外伤后先后数次行CT检查，均未见与2016-11-9相同的影像学表现，可以排除被鉴

编号：SJR-OO7-2017-RT

定人伤前即存在颅内夹层动脉瘤的可能；且被鉴定人颅内夹层动脉瘤 MRA 定位位于右侧枕叶海马，与车祸左侧枕叶直接受力后拱形结构造成右枕叶骨折及脑挫伤、硬膜外血肿的部位吻合。另外被鉴定人 2016-11-9 就诊于上海长海医院行夹层动脉瘤载瘤动脉闭塞术，住院过程中明确诊断为：1.外伤性夹层动脉瘤；2.脑外伤（脑挫裂伤，恢复期），考虑被鉴定人的颅内夹层动脉瘤为外伤所致，是 2016-9-26 的脑外伤在恢复过程中的并发症。依据《人体损伤致残程度分级》标准，认定本次交通事故在被鉴定人李建西目前的伤情结果中起到了完全作用的因果关系。

（2）在此损伤的基础上，被鉴定人李建西曾以"车祸后记忆下降 1 年"先后两次就诊于上海市精神卫生中心，存在可疑幻听、情感不稳、近事遗忘、远事遗忘、即刻记忆障碍等症状表现，考虑脑外伤后记忆减退诊断，服用丙戊酸钠、利培酮等药物治疗，但家属反应效果不佳。同时其妻子反应被鉴定人伤后出现反应迟钝、记忆力下降、脾气变坏、容易发火等表现。韦氏成人智力测验：测试过程中配合可，智商为67，为轻度损伤；韦氏记忆测验：测试过程中配合性可，记忆商为60；脑电图检查：轻度异常脑电图。鉴定检查过程中发现被鉴定人当前存在可疑幻听（"耳朵里好像有声音，滴滴答答"；"好像还有单位同事的议论声，讲我不好"；"夜里多，说不着"；"很模糊，具体分不清是哪个，有男的、有女的"）、情绪不稳定（烦躁，会发脾气）、记忆力下降（"更主要是记性不好，昨天讲的怎么也想不起来"；记不住前一晚吃的饭菜；记不住鉴定人出示的物品）等精神活动受损的症状。整个鉴定检查过程中被鉴定人的表现与韦氏成人智力测验及韦氏记忆测验的结果基本符合。另外根据病历资料及鉴定调查，被鉴定人既往无成瘾物质及非依赖性物质接触史，可以除外精神活性物质及非依赖性物质所致精神障碍；既往无精神疾病病史，虽然存在片段可疑幻听，但并不存在其他精神病性症状，故可以除外精神分裂症。综上，依据《中国精神障碍分类与诊断标准第 3 版》（CCMD-3）标准，被鉴定人李建西上述症状符合"脑外伤所致精神障碍"的诊断。

2、伤残等级评定

被鉴定人李建西因患有器质性精神障碍，导致其记忆力下降、情绪不稳定、人格改变，社会功能受损（社会交往受限："有时看看人家打牌、下棋什么的"；"以前参加的，现在不了"；"弄不来了，记不住，容易出错，反应慢"；"工作能力下降，不能继续从事既往工作：后来领导照顾我，给调整了一个轻松点的工作"；不关心车祸的处理进展："具体不清楚。主要是老婆再跑"；对事故处理没有要求："按规定

CNAS 能力验证计划 CNAS SF0020

来，该怎么样就怎么样"）。依据《人体损伤致残程度分级》第5.9.1.1条"精神障碍或者轻度智能减退，日常生活有关的活动能力中度受限"的规定，评定为九级伤残。

二、鉴定意见：

1. 鉴定诊断：被鉴定人李建西目前诊断为脑外伤所致精神障碍。

2. 伤残等级评定：被鉴定人李建西在头颅外伤后精神伤残等级评定为九级伤残。

[例3] 19MB0088结果反馈表(专家组评价结果:满意)

结果反馈表

参加编号: **19MB0088**

项目名称	法医精神病学伤残程度鉴定
实施机构	司法鉴定科学研究院

一、分析说明:

(一)精神状态分析

1、详阅送检材料,被鉴定人李建西,男,1969年6月16日出生,大专文化,既往身体健康,无高血压、糖尿病、心脏病等重大躯体疾病史;平时性格温和,与人相处好,生活、工作、社会交往正常。

2、2016年9月26日发生交通事故受伤,行头颅CT示双侧额叶及右侧颞叶脑挫伤,右侧枕部颅板下及天幕硬膜外血肿,少许蛛网膜下腔出血可能,左侧顶枕部头皮肿胀。经治疗好转出院诊断为硬膜外血肿,脑挫伤等。住院期间出现反应迟钝,记性下降,性格改变,头昏、头痛;夜眠差等。出院后1月余因头昏、头痛明显再次入院治疗,行造影提示"右侧大脑后动脉P2段见一夹层动脉瘤",行夹层动脉瘤载瘤动脉闭塞术治疗出院后仍存在反应变得迟钝、睡眠差、半夜易醒,称有人叫他、说他不好,脾气变坏会为小事大声叫,反复无常,不能自控,会摔东西,但不打人、不骂人,记忆下降,叫不出同事的名字,近事易忘记。2017-09-01以"车祸后记忆下降1年"门诊精神检查接触对答、合作切题,可以幻听未引出思维障碍,情感不稳、情绪低落,近事遗忘、远事遗忘、即刻记忆障碍,无躯体症状,自知力完整。目前在家发呆,偶尔看电视,个人基本生活能自理,但洗脸、刷牙、洗澡等个人卫生较被动,要家人督促,生活较懒散,不愿换洗衣服,可以在小区内走走,看人家打牌,但自己不参加,对交通事故处理不关心,

CNAS 能力验证计划 CNAS SF0020

对未来生活打算也没有具体想法等。

3、2017-11-02 鉴定时精神检查：意识清晰，自步入室，反应略显迟钝，意识清晰，仪态尚整，被动接触，检查合作，能够进行简单有效的接触和言语沟通。对自己的一般情况回答正确，对工作多少年及发生交通事故的具体时间遗忘，存在顺行性遗忘，能部分回忆受伤和住院情况，能够表达自己的意思及内心体验，称头昏、头痛、烦躁，记不住事情，回答动脉瘤术后记忆差、烦躁、发脾气、急了会摔东西，骂人等，可及片段的、模糊的议论性幻听，存在记忆障碍。个人基本生活能自理，对简单计算及日常知识的提问掌握稍差。不能胜任原来的工作，记不住、急躁、照顾调整轻松的工作，因为记不住、反应慢、容易出错不能参加以前的娱乐，对交通事故处理不关心、无要求，搞不清今天来鉴定的目的，对未来生活打算没有具体想法，未见明显思维障碍，检查中情感反应被动、平淡，意志行为减退，自知力存在。

4、辅助检查：1）韦氏成人智力测验配合性可，智商为 67；2）韦氏记忆测验配合性可，记忆商为 60；3）脑电图检查提示轻度异常脑电图；4）2017-11-02 复查头颅 CT 示：右侧颞枕区见金属影，局部见团片状低密度影，颅骨未见骨折，中线结构居中。

综上，被鉴定人李建西因交通事故致硬膜外出血、脑挫伤诊断明确，伤后 1 月余诊断外伤性夹层动脉瘤，行手术治疗，经治疗后脑内存在脑器质性病理改变，现仍表现为轻度智能减退，轻度记忆力下降，性格、脾气改变明显，反应迟钝，虽无认知的异常偏离，日常生活中能去室外活动，但不能参与原来的打牌、下棋等娱乐活动，个人卫生较为被动、需督促，生活较为懒散，不愿换洗衣服；对交通事故处理不关心、无要求，对未来生活打算没有具体想法，情感反应被动、平淡，意志行为减退，不能从事原来的工作，工作与学习能力下降，社会交往能力部分受限，日常生活有关的活动能力中度受限。

对照《中国精神障碍分类与诊断标准第三版（CCMD-3）》，被鉴定人李建西符合器质性精神障碍的诊断标准。

（二）伤残等级评定

被鉴定人李建西为交通事故后脑损伤所致器质性精神障碍诊断确，表现为轻度智能减退，轻度记忆力下降，人格、脾气改变，情感被动、平淡、易激惹冲动，可及片段的、模糊的议论性幻听，存在记忆障碍，记不住、急躁、反应慢，不能从事原来的工作及娱乐活动，个人卫生较为被动、需督促，生活较懒散，意志行为减退，对未来生活无打算、不关心自己的现状，工作与学习能力下降，社会交往能力部分受限，日常生活有关的活动能力中度受限，依据《人体损伤致残程度分级》第5.9.1.1)条之规定，构成人体损伤九级伤残。

（三）因果关系

1、被鉴定人李建西于2016年9月26日发生交通事故，伤后检查示"双侧额叶及右侧颞叶脑挫伤，右侧枕部颅板下及天幕硬膜外血肿，少许蛛网膜下腔出血可能，左侧顶枕部头皮肿胀"，头部外伤明确，左侧顶枕部符合着力点损伤特点，双侧额叶及右侧颞叶脑挫伤，右侧枕部颅板下及天幕硬膜外血肿，符合撞击形成对冲伤表现。结合送检材料，本次事故可以造成上述损伤，故其脑挫伤、颅内出血等与本次交通事故存在直接因果关系。

2、颅内动脉瘤是指脑内血管异常所致的局部血管扩大、脑血管瘤样突起，闭合性或者开放性颅脑损伤是脑动脉瘤的直接原因，并以假性动脉瘤和夹层动脉瘤为多。夹层动脉瘤是由于外伤造成血管内膜损伤，血液进入内膜和弹力膜之间的间隙，将内膜从弹力膜上剥离，引起血管狭窄或者阻塞。被鉴定人李建西伤后一月余，因头昏、头痛明显于 2016-11-09 头颅 CT 示双侧大脑半球灰白质清晰，右侧枕叶可见斑片状稍高密度影，放射学诊断右侧枕叶脑出血可能；同日颅脑 T2 WI 示右侧海马后方亚急性血肿，局部血管畸形可能。行造影检查证实右侧大脑后动脉夹层动脉瘤形成，并行手术治疗。被鉴定人李建西颅脑外伤史明确，由于对冲性脑挫伤的原因，其右侧大脑后动脉存在损伤基础，因血管内膜的损伤，血流进入内膜和弹力膜之间的间隙，因血流灌注缓慢，早期摄片可能不易发现，随着血流持续的灌注，瘤体的增大，摄片可发现。被鉴定人李建西颅脑外伤后 1 月余发现右侧枕叶脑出血、右侧海马后方亚急性血肿，形成夹层动脉瘤，在脑挫裂伤病理改变演变时间上、部位上存在连续性，其夹层动脉瘤形成过程符合病理转归病程，且未见其存在高血压、动脉硬化等自身疾病。故综合分析，其夹层动脉瘤与交通事故存在直接因果关系。

3、被鉴定人李建西交通事故前无异常，事故检查示存在明确颅脑损伤改变，后出现精神障碍表现，症状的发生与颅脑损伤密切相关，持续不缓解，考虑其颅脑损伤与所患器质性精神障碍有直接因果关系。

综合分析认为：被鉴定人李建西颅脑损伤、夹层动脉瘤及目前遗留颅脑的器质性改变均与本次交通事故存在直接因果关系。其目前的精神状态（器质性精神障碍）与本次交通事故所致颅脑外伤存在直接因果关系。

二、鉴定意见：

被鉴定人李建西患有器质性精神障碍，构成人体损伤九级伤残。交通事故损伤为直接作用。

[例4]　19MB0012结果反馈表（专家组评价结果：不通过）

参加编号：**19MB0012**

项目名称	法医精神病学伤残程度鉴定
实施机构	司法鉴定科学研究院

一、分析说明：

　　根据"鉴定调查资料"，被鉴定人李建西既往身体健康，大专文化，平时性格温和，与人相处良好，生活、工作、社会交往正常。根据"自行委托推介书"、"道路交通事故责任认定书"可以判定被鉴定人系因交通事故受伤。根据"病史资料"可以判定被鉴定人因交通事故导致"脑外伤"，因为"脑外伤"而伴发情绪不稳、记忆力下降等，颅脑CT也提示有明确的"脑挫裂伤、外伤性夹层动脉瘤"等。根据鉴定精神检查、辅助检查等鉴定过程资料，鉴定当时存在明显智力下降（韦氏成人智力测验智商为67），尤其是记忆智商受损明显（韦氏记忆测验记忆商为60）。因为智力下降而导致被鉴定人在鉴定当时表现出反应迟钝，接触被动，远近记忆和瞬间记忆力明显下降，情绪不稳，幻听，判断力下降，抽象概括能力减退，计算速度缓慢，日常生活相关活动和社交活动的主动性下降。根据《中国精神障碍分类与诊断标准第三版（CCMD-3）》，被鉴定人鉴定当时精神状态诊断为"脑外伤所致精神障碍（器质性智能损害、器质性精神病性症状）"，智力处于"轻度智能减退"状态。根据鉴定调查资料提供的信息，被鉴定人的日常生活相关活动能力和社交活动有轻度下降，工作与学习能力受到轻度影响，参照《人身损害护理依赖程度评定》（GB/T 31147），被鉴定人鉴定当时存在一般医疗依赖，无护理依赖，再根据《人体损伤致残程度分级》可以判定鉴定当时被鉴定人的人体损伤致残程度为"十级"。

二、鉴定意见：

　　被鉴定人鉴定当时精神状态诊断为"脑外伤所致精神障碍（器质性智能损害）"，智力处于"轻度智能减退"状态；鉴定当时被鉴定人的人体损伤致残程度评定为"十级"。

[例5]　19MB0092结果反馈表（专家组评价结果：不通过）

参加编号：**19MB0092**

项目名称	法医精神病学伤残程度鉴定
实施机构	××××××司法鉴定中心

一、分析说明：

　　根据委托方提供资料和鉴定时检查情况，被鉴定人李建西，男，汉族，现年49岁。2016年9月26日车祸致头部及全身多处损伤，经上海市第一人民医院，上海市长海医院，上海市精神卫生中心等住院和门诊治疗，好转，治疗终结。住院诊断：硬膜外血肿，脑挫伤，外伤性夹层动脉瘤，脑外伤（恢复期），脑外伤后记忆力减退，左尺骨远端骨折，左第6.7肋骨骨折。本次法医临床检查见：头颅，五官未见明显异常，意识清晰，接触被动，反应略显迟钝，记忆力明显下降，受伤经过不能完整回忆，熟人叫不出名字，有明显的失落感，性格改变，易发脾气，骂人，有时摔东西，不能自控，诉头痛，头昏，烦躁，耳朵有声音，有同事在议论，日常生活被动，要人督促，生活方式懒散，对未来生活没有打算，行为能力有所下降，社会功能有一定损害。被鉴定人头部外伤1月余，发现夹层动脉瘤在次住院，于2016年11月21日行夹层动脑瘤载瘤动脉闭塞术，术后病情稳定，情况良好。从受伤到鉴定时，其记忆力下降，遗忘，情绪不稳，反复无常，生活被动，懒散等一系列症状都存在，说明被鉴定精神障碍的临床表现与车祸受伤有直接关系，参照夹层动脉瘤形成机理，其于现有症状无关联性。

　　被鉴定人伤前性格温和，生活，工作，社会交流均正常。伤后出现不同程度意识障碍，意识模糊，醒后不能回忆受伤经过，并出现头痛，头晕，记忆力减退，情绪不稳，自我控制能力减退，丧失进取心，理解能力和判断能力也有所下降，韦氏智力测验IQ67分，属轻度智能缺损。参照《中国精神障碍分类与诊断标准》第三版（**CCMD-3**）的相关内容，被鉴定人上述临床表现鉴定时诊断为：脑外伤所致精神障碍。

　　被鉴定人车祸伤后伴发精神障碍，反应迟钝，记忆力下降，轻度智能缺损，生活被动，懒散，社会功能受到一定损害。参照《人体损伤致伤程度分级》标准5.10.1条之规定，被鉴定人鉴定时评定为十级伤残，其左尺骨远端骨折、肋骨骨折均不构成伤残等级。

二、鉴定意见：

1、被鉴定人李建西车祸伤后存在脑外伤伴发精神障碍；

2、被鉴定人李建西头部外伤致精神障碍，轻度智能缺损评定为十级伤残。

[例6]　19MB0117结果反馈表（专家组评价结果：不通过）

参加编号：**19MB0117**

项目名称	法医精神病学伤残程度鉴定
实施机构	司法鉴定科学研究院

一、分析说明：

　　根据委托方提供的资料记载及被鉴定人妻子的反映，被鉴定人李建西有明显的脑外伤史，经住院治疗出院后记忆力减退，易发脾气，颅脑CT检查有阳性结果，车祸前一直在工作，无确切的精神疾病史。鉴定时精神检查：被鉴定人李建西被动接触尚可，主要表现为智能损伤综合征，易激惹，其日常生活及社会功能均有所受损。IQ得分为67；MQ得分60。根据《中国精神障碍分类与诊断标准第三版（CCMD-3）》，其症状符合颅脑损伤所致器质性精神障碍，轻度智能减退的诊断。

　　被鉴定人李建西因颅脑损伤所致器质性精神障碍，轻度智能减退，结合精神检查，根据《人体损伤致残程度分级》5.10.1 颅脑、脊髓及周围神经损伤："1)精神障碍或者轻度智能减退，日常生活有关的活动能力轻度受损"之规定，其精神损伤程度符合十级伤残。

二、鉴定意见：

　　被鉴定人李建西因颅脑损伤遗留器质性精神障碍，其精神伤残评定为十级。

【专家点评】

分析说明是法医精神病学鉴定意见书的重要组成部分,是反映鉴定人员能力水平的重要项目;一般由精神状态诊断、法律相关问题评定的理由及支持点的详细阐述构成,相关人员籍此可了解形成最终鉴定意见的依据。分析说明的质量直接决定鉴定意见的准确程度及最终采纳与否。

本次能力验证计划作业中,对被鉴定人目前后遗精神异常及其具体表现形式的准确认定是本次项目策划的第一个考察点,侧重考核对伪装、夸大精神症状的识别能力。本次作业,专家公议认为被鉴定人目前能确认的症状有神经症样表现、记忆及智能减退、情绪不稳、性格改变以及可疑幻听等。从此次列举的6份结果反馈来看,包括获得"未通过"在内的多数鉴定机构均能准确识别精神正常。其中,19MB0082对被鉴定人的后遗症状进行了简略适当的总结,如称被鉴定人"存在可疑幻听、情感不稳、近事遗忘、远事遗忘、即刻记忆障碍等症状表现",结合精神检查发现和心理测验结果确认轻度智能、记忆减退的存在,分析可疑幻听,并排除其他精神病性症状的存在;19MB0088如是描述被鉴定人后遗精神症状,"表现为轻度智能减退,轻度的记忆力下降,人格、脾气改变,情感被动、平淡、易激惹冲动,可及片段的议论性幻听,存在记忆障碍,记不住、急躁、反应慢"。但也有个别鉴定机构对精神症状识别不全面,未能全面总结被鉴定人后遗症状表现,如19MB0117对症状描述集中于智能减退,认定被鉴定人系轻度智能减退;尽管也简单提及被鉴定人"易激惹",但对其他后遗症状没有明确描述。

本次项目策划的第二个考察点是伤残程度的评定。在准确认定后遗精神异常的情况下,专家公议认为"在精神症状的影响下,被鉴定人日常生活有关的活动能力中度受限。根据《人体损伤致残程度分级》之5.9.1.1)条款,评定为九级伤残"。获得满意的机构都能援引指定标准,准确评定伤残等级并说明理由。但也有鉴定机构由于未能精准识别后遗精神异常,导致对伤残等级评定偏轻或偏重,如未通过的19MB0012、19MB0092、19MB0117等均评定被鉴定人构成十级伤残;令人诧异的是,今年仍然有极个别机构无视作业要求,未按作业指定标准而选用原《道路交通事故受伤人员伤残评定(GB 18667 – 2002)》进行伤残等级评定。

按《人体损伤致残程度分级》4.3条款,当损伤与原有伤、病共存时,应分析损伤与残疾后果之间的因果关系。根据损伤在残疾后果中的作用力大小确定因果关系的不同形式,可依次分别表述为:完全作用、主要作用、同等作用、次要作用、轻微作用和没有作用。本次作业,即将对作用力的分析作为第三个考察点。与2018年的作业设计不同,本次需要考察的致病因素发现时间在交通事故之后:被鉴定人2016年9月26日交通事故受伤前身体健康,伤后头颅CT示"双侧额叶及右侧颞叶脑挫伤,右侧枕部颅板下及天幕硬膜外出血,少许蛛网膜下腔出血可能"等脑实质性损害;11月9日头颅CT提示"右侧枕叶脑出血可能",头颅MRA示"右侧海马后方亚急性血肿,局部血管畸形可能",11月18日因"头部外伤1月余,发现夹层动脉瘤1周"住院手术治疗,造影提示"右侧大脑后动脉P2段见一夹层动脉瘤",出院诊断为"外伤性夹层动脉瘤、脑外伤(脑挫裂伤,恢复期)"。专家公议认为,被鉴定人夹层动脉瘤的位置与损伤部位吻合,夹层动脉瘤的形成符合脑器质性损伤后的病理改变过程(如为自发性动脉瘤多应在受伤时破裂),且无证据证明被鉴定人有再次头部外伤的情况,可以认定夹层动脉瘤为本次外伤所致;由于被鉴定人伤前无脑外伤史,无精神异常的表现,伤后存在脑器质性损伤,后逐渐出现精神症状,症状的发生与脑器质性损伤密切相关,应认定本次事故损伤在伤残等级中起完全作用。为此,对本次作业,需要鉴定机构综合评估被鉴定人"夹层动脉瘤"对其后遗精神异常的影响,即准确认识本次交通事故在伤残中的作用。但为降低作业难度,设计时特意增加了"外伤性夹层动脉瘤"的诊断。

所列举的获得满意的3家鉴定机构均对伤病(因果)关系进行论证,部分论证体现出神经科、放射科联合会诊的痕迹。如19MB0088以"因果关系"为题进行专项论证,指出"颅内动脉瘤是指脑内血管异常所致的局部血管扩大、脑血管瘤样突起,闭合性或者开放性颅脑损伤是脑动脉瘤的直接原因,并以假性动脉瘤和夹层动脉瘤为多。夹层动脉瘤是由于外伤造成血管内膜损伤,血液进入内膜和弹力膜之间的间隙,将内膜从弹力膜上剥离,引起血管狭窄或者阻塞",结合本作业具体情况详细分析,认为被鉴定人颅脑外伤史明确,由于对冲性脑挫伤的原因,其右侧大脑后动脉存在损伤基础,因血管内膜的损伤,血流进入内膜和弹力膜之间的间隙,因血流灌注缓慢,早期摄片可能不易发现,随着血流持续的灌注,瘤体的增大,摄片可发现。被鉴定人颅脑外伤后1月余发现右侧枕叶脑出血、右侧海马后方亚急性血肿,形成夹层动脉瘤,在脑挫裂伤病理改变演变时间上、部位上存在连续性,其夹层动脉瘤形成过程符合病理转归病程,且未见其存在高血压、动脉硬化等自身疾病,认定被鉴定人夹层动脉瘤与交通事故存在直接因果关系。进而指出交通事故前无异常,受伤时存在明确颅脑损伤改变,后出现精神障碍表现,症状的发生与颅脑损伤密切相关,持续不缓解,考虑其颅脑损伤与所患器质性精神障碍有直接因果关系。最后给出明确意见:被鉴定人颅脑损伤、夹层动脉瘤及目前遗留颅脑的器质性改变均与本次交通事故存在直接因果关系。其目前的精神状态(器质性精神障碍)与本次交通事故所致颅脑外伤存在直接因果关系。19MB0082也进行了类似的详细论证。其首先对颅内夹层动脉瘤及其病因进行说明,"……颅内夹层动脉瘤病因尚不明确,可能与以下因素有关,即① 动脉自身发育缺陷;② 动脉相关性疾病;③ 高血压病和动脉硬化;④ 头颈部外伤等。"然后结合案例情况进行逐一排除,"根据调查材料及病历资料被鉴定人既往体健,无相应的躯体病,无高血压及动脉硬化病史,可以排除外自身原因诱发颅内夹层动脉瘤的可能;被鉴定人在2016 – 9 – 26车祸外伤后先后数次行CT检查,均未见与2016 – 11 – 9相同的影像学表现,可以排除被鉴定人子伤前即存在颅内夹层动脉瘤的可能;且被鉴定人颅内夹层动脉瘤MRA定位位于右侧枕叶海马,与车祸左侧枕叶直接受力后拱形结构造成右枕叶骨折及脑挫伤、硬膜外血肿的部位吻合。另外被鉴定人2016 – 11 – 9就诊于上海长海医院行夹层动脉瘤动脉闭塞术,住院过程中明确诊断为'1. 外伤性夹层动脉瘤;2. 脑外伤(脑挫裂伤,恢复期)',考虑被鉴定人的颅内夹层动脉瘤为外伤所致,是2016 – 9 – 26的脑外伤在恢复过程中的并发症",并最终认定本次交通事故在被鉴定人目前的伤情结果中起完全作用。而19MB0001则只进行了简要分析,指出"被鉴定人车祸前一切正常,2016年9月26日因车祸致脑挫裂伤、硬膜外血肿、右侧大脑后动脉P2段外伤性夹层动脉瘤等,……其伤后的轻度智能损害与相应部位的脑损伤存在因果关系",相关分析虽然较前述两份简单,但也基本符合作用力分析要求,故也获得了"满意"结果评价。

对所列举的另3家机构,其获未通过结果的一个主要原因在于未对作用力进行分析评价,如19MB0012、19MB0117通篇均未对"外伤性夹层动脉瘤"这一重要测查因素进行哪怕是片言只语的分析,相关分析的缺失致使其在这一考察要件上失分严重,加之对精神症状认识与伤残等级欠准确,必然导致较差评价;而19MB0092虽然注意到"夹层动脉瘤",但错误认为"其与现有症状间无关联性";同时,其诊断是"脑外伤所致精神障碍",分析与最终鉴定意见却又是"脑外伤伴发精神障碍",因果关系认定模糊与不一致,难免获得不通过结果评价。以上说明,在进行法医精神病伤残鉴定时,要高度关注伤病问题,结合受伤经过、病史资料尤其是影像学资料,综合分析,准确评定伤病关系,明确作用力。

"鉴定意见"部分是鉴定文书的最终总结,应针对委托事由,根据分析说明进行归纳后简要、准确地作出针对性的回答。通过多年的能力验证作业，绝大多数机构均能较好地完成。如19MB0088鉴定意见简洁明了，"被鉴定人李建西患有器质性精神障碍，构成人体损伤九级伤残。交通事故损伤为直接作用"。需要说明的是，在日常鉴定工作中，当交通事故所致颅脑损伤对被鉴定人伤残程度起完全作用时，多数鉴定机构在鉴定意见部分不再专门列明因果关系，这种做法在本次能力验证活动中也同样认可，如获得"满意"的19MB0082的鉴定意见描述为"1.鉴定诊断：被鉴定人李建西目前诊断为脑外伤所致精神障碍。2.伤残等级评定：被鉴定人李建西在头颅外伤后精神伤残等级评定为九级伤残"，相关描述并不影响评分。

点评人：张钦廷　主任法医师

2019 司法鉴定能力验证
鉴定文书评析（下）

司法部公共法律服务管理局
司法鉴定科学研究院　主编

科学出版社
北京

内 容 简 介

本书评析的鉴定文书取材于2019年度33项司法鉴定领域能力验证部分鉴定机构的反馈结果，分别是"尿液中滥用物质的定性分析""血液中乙醇含量测定（限用气相色谱法）""血液中常见毒物的定性定量分析""毛发中滥用物质的定性分析""个体识别（血斑与唾液斑）""个体识别（血斑与精斑）""三联体亲权鉴定（血斑）""二联体亲权鉴定（血斑）""X染色体STR检测（血斑）""Y染色体STR检测（血斑）""法医病理学死亡原因鉴定及致伤物推断""法医临床学伤残程度鉴定""法医临床学损伤程度鉴定""法医临床学听觉功能评定""法医临床学视觉功能评定""法医临床学男性性功能鉴定""法医学骨龄鉴定""医疗过错鉴定""法医精神病学行为能力评定""法医精神病学伤残程度鉴定""道路交通事故车速鉴定""道路交通事故痕迹鉴定""笔迹鉴定""印章印文鉴定""篡改文件鉴定""朱墨时序鉴定""文件形成方式""指印鉴定""电子数据提取与分析""图像同一性鉴定""语音同一性鉴定""墨粉成分比对检验"和"塑料种类检验"能力验证项目，覆盖法医类、物证类和声像资料（含电子物证）专业。评析中选用了同一个能力验证项目中不同层次水平的鉴定文书及相关反馈结果，依据各专业的要求从鉴定方法、鉴定过程、分析论述、标准适用、结果评判、结论表述、文书规范，以及检测中内部质量控制和记录要求等方面进行点评和分析，对于司法鉴定机构提高鉴定能力和加强质量管理具有很高的指导和示范作用。

本书可供司法鉴定机构技术和管理人员、司法行政管理人员和认证认可评审员学习或参考。

图书在版编目（CIP）数据

2019司法鉴定能力验证鉴定文书评析：上下册 / 司法部公共法律服务管理局，司法鉴定科学研究院主编. — 北京：科学出版社，2020.11
  ISBN 978-7-03-066461-7

  Ⅰ.①2… Ⅱ.①司… ②司… Ⅲ.①司法鉴定–法律文书–分析 Ⅳ.①D916.13

中国版本图书馆CIP数据核字(2020)第203072号

责任编辑：谭宏宇 / 责任校对：郑金红
责任印制：黄晓鸣 / 封面设计：殷 靓

科 学 出 版 社 出版
北京东黄城根北街 16 号
邮政编码：100717
http://www.sciencep.com
上海锦佳印刷有限公司印刷
科学出版社发行　各地新华书店经销

*

2020 年 11 月第 一 版　开本：B5（720×1000）
2020 年 11 月第一次印刷　总印张：78
总字数：1 314 000
定价：390.00 元（上、下册）
（如有印装质量问题，我社负责调换）

序

　　能力验证作为判定实验室能力的主要技术手段之一，随着各方对实验室数据可靠性要求的提高，越来越受到国际实验室认可合作组织、各国认可机构、各国政府管理部门和利用实验室数据的社会各方的日益重视。同时，随着司法鉴定机构责任意识、质量意识和管理水平的不断提高，鉴定机构定期参加能力验证已成为常态化的外部质量控制手段，它可以验证本机构的鉴定数据和结果与其他鉴定机构是否一致、其不一致(差异)是在公认的允许误差范围内或是在明显的"离群"位置。能力验证也作为质量保障和促进司法鉴定机构能力建设的有效手段，在帮助鉴定机构提高鉴定能力、鉴定质量和管理水平等方面发挥着重要的作用。

　　同时，司法鉴定能力验证活动与支持司法鉴定行业监管工作全面结合，扩展了司法行政部门进行技术监管的手段，有效地加强了技术监管的力度，为司法鉴定行政监管活动提供了重要的技术支撑。

　　《2019司法鉴定能力验证鉴定文书评析》取材于33项年度能力验证计划项目中部分鉴定机构的反馈结果，选取了优秀和存在问题的典型案例，全面覆盖法医类、物证类和声像资料等司法鉴定专业。司鉴院能力验证工作委员会和项目组专家选用了同一个能力验证项目中不同层次水平的鉴定文书及相关反馈结果，并依据各专业的要求从鉴定方法和标准适用、鉴定过程、分析论述、结果评判、意见表述、文书规范，以及检测检验中内部质量控制和记录要求等方面进行全面、细致的点评和分析,具有很高的指导作用和实用价值,也为参加机构进行自我改进提供了可参考的实际范例。

司鉴院于2006年11月成为首家获CNAS认可的能力验证提供者。自2005年以来,司鉴院开展的能力验证活动在推进司法鉴定领域实验室认可和加强实验室质量控制中,发挥着重要的作用并取得了显著的成绩。能力验证技术研发和专业领域拓展已成为了司鉴院科学研究任务中的一项重要内容,自2009年,司鉴院提供的能力验证年度计划项目已全面覆盖法医类、物证类和声像资料(含电子物证、车体痕迹和车速)共12个司法鉴定专业,项目类别涉及定量、定性和解释型,其中解释型能力验证计划项目的方案设计、结果评价等技术水准已处于国际领先地位。

期望本专著的出版可以在质量控制活动中给予司法鉴定机构一定的帮助、启示和示范,并在加强质量管理和提高鉴定水平的过程中能进一步发挥能力验证的增值作用。

本书获以下课题资助

十三五国家科技支撑计划《司法鉴定能力控制技术研究与示范》

(课题编号:2016YFC0800706)

上海市法医学重点实验室

(课题编号:17DZ2273200)

上海市司法鉴定专业技术服务平台

(课题编号:19DZ2292700)

中央级科研院所基本科研业务费

(课题编号:GY2020G-1)

国家市场监督管理总局科技项目

(课题编号:2019MK139)

目　录

《道路交通事故车速鉴定（CNAS SF0021）》鉴定文书评析

【项目简介】

据公安部交通管理局统计数据，2014～2018年，全国共发生涉及人员伤亡的交通事故约100万起，平均每年约20万起。按照《中华人民共和国道路交通安全法》《道路交通事故处理程序规定》等法规要求，道路交通事故处理中涉及专业性较强的检验、鉴定，公安交通管理部门应当委托专门机构进行。道路交通事故车速鉴定是道路交通事故调查的重要内容，是公安交通管理部门进行道路交通事故处理，以及法院进行此类案件审理的关键技术依据。

车速鉴定是以还原道路交通事故涉案车辆行驶速度为目的的鉴定服务技术，运用动力学、运动学经验公式，模拟实验等方法，根据道路交通事故现场痕迹和资料视频图像，车辆行驶记录信息等，判断事故瞬间速度（如碰撞、倾覆或坠落等瞬间的速度……）使用的方法主要有基于事故形态的速度重建、基于模拟软件的速度重建、基于车载记录数据的速度重建和基于视频图像的速度重建等。

随着我国法制化进程的不断推进，人民群众法律意识和维权意识不断提高，对于道路交通事故中车辆行驶速度普遍关注，事故处理和审理工作对于车速鉴定技术和管理规范化的要求也越来越高。近年来一大批机构开始从事道路交通事故车速鉴定工作，但目前对于鉴定机构和技术人员从业能力尚缺乏有效的评价方法，也缺乏进行比较、监督、规范的有效手段和途径，不利于车速鉴定为司法实践提供科学、规范、准确的鉴定服务。

根据司法鉴定管理机关的要求，能力验证活动是司法鉴定执业管理、质量监督的重要手段，司法鉴定机构应通过参加能力验证活动证明其具有相应的技术能力,并为内部质量控制、发现问题和持续改进的重要途径。为了科学、客观地评价车速鉴定从业机构和技术人员的技术水平,持续提高本项司法鉴定服务技术水平,自2012年起司法鉴定科学技术研究所(现司法鉴定科学研究院)开始实施道路交通事故车辆行驶速度鉴定的能力验证计划,其目的就是要探索适合在各机构之间进行车速鉴定能力考察和评价的科学、客观的方法和途径,成为规范鉴定活动、提高鉴定能力的有效方法,保障司法鉴定结论的一致性和可比性。

　　基于道路交通事故形态和利用视频图像进行速度重建是车速鉴定的基本方法,也是车速鉴定案例中比较常见的两种类型。为了持续提高机构的技术水平,贴近实际鉴定工作,2019年车速鉴定能力验证样本在2018年方案的基础上,继续将以上两种方法融合在一个样本案例中,加强并巩固鉴定人对这两种基础方法的理解和应用。同时,在一定程度上保持了能力验证活动的连续性,为参加机构提供了不断改进、提高的机会。

【项目设计】

　　根据车速鉴定的技术要求和本次能力验证项目的目的,2019年车速鉴定能力验证样本的技术难度与2018年基本保持一致,将基于道路交通事故形态和视频图像进行车速鉴定这两种方法融合在同一个样本案例中进行考察。方案经由国内知名专家组成的专家组讨论确认,相关结果评判标准也由专家组共同制定。本次能力验证的样品采用模拟案件的方式,贴近于检案工作的实际情况。方案理论可靠、步骤明确、可实现方法和过程溯源,并利用多种方法校验样品中目标车辆速度,以此作为样品复核和结果评价的参考依据。返回结果要求明确,兼顾材料检验、分析计算和综合判断等要素。评价标准科学、全面,逻辑关系严密,可以客观反映参加者在车速鉴定方面的能力。同时,还从鉴定书的实际应用要求出发,考察参加机构鉴定意见书行文的条理性、逻辑性、简洁性和准确性等,不仅有助于形成对参加机构鉴定能力全面、客观的评价,而且因各考核项目、要素分值的分散,一定程度消除了个别机构仅仅靠串通结果就通过能力验证的可能性。

　　本次能力验证所提供的材料包括:能力验证计划作业指南、道路交通事故现场图、车辆参数信息及制动性能测试单、事故发生地点事发时的视频监控录像、车辆检验照片。在作业指南的任务书中以案情介绍的形式,提供了完成本次能力验证的其他必要信息;在鉴定要求中明确了鉴定对象和鉴定事项,指定了鉴定方法以及可以参考的技术标准。

【结果评析】

［例1］　19S0055结果反馈表（专家组评价结果：通过）

XXXXXXXXXXXXX

参加编号：19S0055

×××××××××××
司法鉴定意见书

×××××[2019]痕鉴字第XXX号
（钢印）

一、基本情况

委托人：×××××××××

委托鉴定事项：对某号牌跃进牌轻型普通货车事发时的行驶速度进行

检验鉴定

受理日期：2019年××月××日

鉴定材料：1.道路交通事故现场图（文件格式为"JPG"）

2.事故现场路段视频监控录像（文件格式为"MP4"）

3.某号牌跃进牌轻型普通货车车辆参数信息及其制动性能

测试单（文件格式为"JPG"）

4.某号牌跃进牌轻型普通货车车辆检验照片（文件格式为

"JPG"）

鉴定日期：2019年××月××日

鉴定地点：×××××××××

在场人员：×××、×××、×××、×××

鉴定对象：某号牌跃进牌轻型普通货车

二、检案摘要

2019年05月20日15时22分许，某号牌跃进牌轻型普通货车沿通

波路由北往南行驶至绿城路路口处时，其车身右侧与一名行人发生刮擦碰

XXXXXXXXXXXXXX

撞。事故发生时该轻型普通货车有一名驾驶人和一名乘客，未装载货物。

经办案警察调查、取证，绘制本起"道路交通事故现场图"一份，拍摄车辆检验照片若干张，提取到事发地点的监控视频一段。现委托鉴定某号牌跃进牌轻型普通货车事发时的行驶速度。

三、检验过程

（一）检验方法

根据现有鉴定材料、GA 41-2014《道路交通事故痕迹物证勘验》、GA/T 1087-2013《道路交通事故痕迹鉴定》并参照 GB/T 33195-2016《道路交通事故车辆速度鉴定》、GA/T 1133-2014《基于视频图像的车辆行驶速度技术鉴定》有关方法和公式，对委托方提供的鉴定材料进行检验，并对委托事项做出鉴定意见。

（二）检验所见

1.道路交通事故现场图（见附件1）

事故发生点为 XX 市 XX 区通波路绿城路路口，天气为晴，路面性质为干燥水泥路面。事故车辆沿通波路由北向南行驶，该路段为南北走向的双向四车道设计，路面平坦，中间有绿化带分隔。测量的基准点为事故车辆行驶方向西侧机动车及非机动车间的一根路灯杆，事故车辆左后轮轴心距离基准点4416cm、左前轮轴心距离基准点水平线纵向距离578cm、左后轮距离基准点水平线纵向距离578cm。行人已被送往医院，事故现场路面无散落物及血迹，可见留有一段事故车辆左前轮制动痕迹长约1530cm及一段事故车辆右前轮制动痕迹长约1653cm。

2.车辆参数信息及制动性能测试单（见附件2、见附件3）

XXXXXXXXXXXXX

事故车辆：某号牌跃进牌轻型普通货车，整车型号为 NJ1041DBFW1，整备质量为 2550kg，轴距为 3308mm。经在干燥水泥路面空载测试，其制动距离为 8.1m，制动协调时间为 0.300s，MFDD 为 $7.35\,m/s^2$。

3.车辆检验（见附件 4）

事故车辆：某号牌跃进牌轻型普通货车，车身颜色为蓝色，车门有"栏板高度 300mm"及"总质量 4490kg"的白色字样，经测量，其前轮轴心至轮胎后边缘距离长度为 3670mm。

4.文件名为"2019 Speed Estimation"的视频文件（MP4 格式）

该文件大小为 56.9MB，MD5 为 037B8EF9849461FFCC9DFE887A3DE0C2，SHA1 为 1A80AC2F0D012D9A65005D61369ABE56C03349E2，CRC32 为 6DB57C0D；视频录像左上角可见"2019-05-20 星期一"字样，其后为数显时间；右下可见"通波-绿城 2HG"字样。视频画面连续，播放总时长约为 56 秒，共 1417 帧，帧速率为 25 帧/秒，分辨率为 1920×1088 像素。按照时间顺序，视频图像中依次检见以下内容：

（1）在 15:22:20 第 22 帧图像上，某号牌跃进牌轻型普通货车在视频图像的右侧自右向左驶入视频监控范围（见截图 1）。

截图 1　15:22:20 第 22 帧图像

XXXXXXXXXXXXXX

　　（2）在15:22:20第24帧图像上，取某号牌跃进牌轻型普通货车左前轮轴心所在的空间位置为参照点A（见截图2）。

截图2　15:22:20第24帧图像

　　（3）在15:22:21第05帧图像上，某号牌跃进牌轻型普通货车左后轮后半部位于参照点A上（见截图3）。

截图3　15:22:21第05帧图像

　　（4）在15:22:21第18帧图像上，取某号牌跃进牌轻型普通货车左前轮轴心所在的空间位置为参照点B（见截图4）。

截图4　15:22:21第18帧图像

XXXXXXXXXXXXXX

（5）在15:22:22第04帧图像上，某号牌跃进牌轻型普通货车左后轮后半部位于参照点B上（见截图5）。

截图5　15:22:22第04帧图像

（6）在15:22:24第01帧图像上，某号牌跃进牌轻型普通货车完全停止在视频图像画面的中部位置。（见截图6）

截图6　15:22:24第01帧图像

四、分析说明

（一）基于视频的车速计算

根据视频图像检验所见，利用速度定义式求出某号牌跃进牌轻型普通货车通过参照点A参照点B时的速度，公式如下：

$$v = \frac{s}{t} \tag{1}$$

视频帧速率为25帧/秒，设帧间间隔为t'，则有：$t' = \frac{1}{25}$，通过时间t_A计算如下：

XXXXXXXXXXXXX

$$t_A = 6 \times t' = 6 \times \frac{1}{25} = 0.24s$$

通过距离为：

$$3.308m < S_A < 3.67m$$

将参数代入（1）式整理计算得：

$$\frac{3.308m}{0.24s} < V_A < \frac{3.67m}{0.24s}$$

$$13.78m/s < V_A < 15.29m/s$$

$$49.6km/h < V_A < 55.0km/h$$

通过时间 t_B 计算如下：

$$t_B = 11 \times t' = 11 \times \frac{1}{25} = 0.44s$$

通过距离为：

$$3.308m < V_B < 3.67m$$

将参数代入（1）式整理计算得：

$$\frac{3.308m}{0.44s} < V_B < \frac{3.67m}{0.44s}$$

$$7.52m/s < V_B < 8.34m/s$$

$$27.1km/h < V_B < 30.0km/h$$

某号牌跃进牌轻型普通货车通过参照点 A 时的速度为 49km/ ~
55km/h，通过参照点 B 时的速度为 27km/h ~ 30km/h，在视频监控范围
内存在明显的速度降低，结合交通事故现场图的制动痕迹连续、无间断，
某号牌跃进牌轻型普通货车进入视频监控范围至完全停止一直处于紧急制
动状态。

（二）基于事故形态的车速速度

1.形态及过程分析

XXXXXXXXXXXXXX

根据案件情况说明及某号牌跃进牌轻型普通货车的车辆信息,事故发生时,车上有一名驾驶人和一名乘客,未装载货物,其车身右侧与一名行人发生刮擦碰撞。由于某号牌跃进牌轻型普通货车与行人的质量比例悬殊,发生碰撞对某号牌跃进牌轻型普通货车的减速可以忽略不计。

2.速度计算

运用功能转换原理及能量守恒定律有下式成立:

$$\frac{1}{2}mv_1^2 - \frac{1}{2}mv_2^2 = mas + E_{crash} \qquad 式(1)$$

式中 m 为某号牌跃进牌轻型普通货车质量,v_1 为被某号牌跃进牌轻型普通货车在制动痕迹起点的速度,v_2 为某号牌跃进牌轻型普通货车在制动痕迹终点的速度,其值为 0;s 为制动痕迹长度,a 为减速度,E_{crash} 为某号牌跃进牌轻型普通货车与行人发生碰撞损失的能量,由于某号牌跃进牌轻型普通货车与行人的质量相差悬殊,碰撞对某号牌跃进牌轻型普通货车造成的能量损失可忽略不计,故式(1)可简化得:

$$v_1 = \sqrt{2as} \qquad 式(2)$$

考虑到某号牌跃进牌轻型普通货车制动协调时间内车速的降低,故其制动前的速度为:

$$v = \frac{1}{2}at + \sqrt{2as} \qquad 式(3)$$

因某号牌跃进牌轻型普通货车在进入视频监控范围时已处于紧急制动状态,根据某号牌跃进牌轻型普通货车制动性能测试单,制动协调时间取 t=0.300s,其减速度值取 $a=7.35\,m/s^2$,制动距离取较长的一段右前轮制动痕迹 s=1653mm=16.53m,将以上参数代入(3)式中整理计算某号牌跃进牌轻型普通货车制动前的行驶速度:

xxxxxxxxxxxxxx

$$v = \frac{1}{2} \times 7.35 \times 0.300 + \sqrt{2 \times 7.35 \times 16.53} \approx 16.69 m/s \approx 60.1 km/h$$

根据以上计算结果，某号牌跃进牌轻型普通货车制动前的行驶速度为60km/h～61km/h。

综上，根据视频计算的速度为49km/h～55km/h，根据制动痕迹长度计算的速度为60km/h～61km/h，由于某号牌跃进牌轻型普通货车在进入视频监控范围瞬间已处于紧急制动状态，所以仅通过视频计算不能完全反映其制动前的车速，因此，本次鉴定应采用根据制动痕迹长度计算的其制动前的行驶速度。

五、鉴定意见

某号牌跃进牌轻型普通货车事发时的行驶速度为60km/h～61km/h。

六、附件

附件1：道路交通事故现场图

附件2：某号牌跃进牌轻型普通货车车辆参数信息

附件3：某号牌跃进牌轻型普通货车制定性能测试单

附件4：某号牌跃进牌轻型普通货车检验照片

司法鉴定人：×××

《司法鉴定人执业证》证号：××××

司法鉴定人：×××

《司法鉴定人执业证》证号：××××

二〇一九年××月××日

XXXXXXXXXXXXXX

附件1：道路交通事故事故现场图

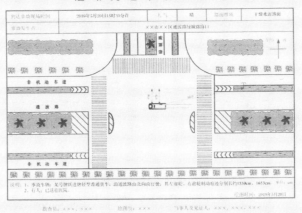

附件2：某号牌跃进牌轻型普通货车车辆参数信息

品　牌	跃进牌	整车型号	NJ1041DBFW1
整备质量	2550kg	核定载质量	1745kg
轴　数	2	轴　距	3308mm
外廓尺寸	5995×2050×2275mm		

注：该车未配备 ABS 制动防抱死系统。

XXXXXXXXXXXXXX

附件3：某号牌跃进牌轻型普通货车制动性能测试单

日　期：2019年5月21日
地　点：通滨路环城路路口
路　面：干燥水泥路面
测试人：×××，×××

测试编号	2019-test
测试时间	14:43:25
制动距离	8.1m
初速度	32.1km/h
协调时间	0.300s
MFDD	7.35m/s²
装载情况	空载
有无超出试车道	无
结　论	合格

注：测试所用仪器已经过校准。

附件4：某号牌跃进牌轻型普通货车检验照片

【专家点评】

一、评析要点

2019年车速鉴定能力验证样本主要考察参加机构在基于道路交通事故形态进行速度重建和利用视频图像进行速度重建这两方面的技术能力。从车速鉴定的技术角度出发，考察的内容主要包括：基于视频图像和道路交通事故现场图等材料分析事故及车辆运动过程；基于视频图像的速度计算方法；基于事故形态的车速计算方法；速度计算方法的比较分析等。从鉴定意见书内容和结果评价的角度出发，考察的内容包括文书格式、检验过程、分析计算和鉴定意见四个部分。

在文书格式部分，主要考察鉴定意见书是否符合《司法鉴定文书规范》的基本要求，鉴定意见书的各要素是否齐备，关于鉴定事项、提供材料和基本案情等要素的表述是否准确。

在检验过程部分，考察内容是针对目标车辆两种速度计算方法所对应的检验内容及表述。具体包括以下几个方面：① 关于检材唯一性特征的检验，如视频文件的文件名、哈希值等。② 基于事故形态进行速度鉴定的检验中，通过对"道路交通事故现场图""车辆检验照片"的检验，或通过对视频图像显现内容的检验，为车辆碰撞形态及运动过程分析提供依据；对应后续的分析计算过程中，采用功能原理计算被鉴定车辆速度，需要通过对"道路交通事故现场图"的检验，获取现场路面条件、路面痕迹及车辆位置等信息，通过对"车辆参数信息及制动性能测试单"的检验，得到事故车辆相关参数信息和动态制动性能测试结果。③ 利用视频图像进行速度鉴定的检验中，根据说明材料中描述的目标车辆特征，在视频图像中通过逐帧检验，选取用于测量目标车辆行驶时间及距离的车身特征部位和空间参照物，并记录所处时刻（帧），截取相关图像（帧），辅以必要的标示及说明；针对视频检验所见及选取的特征部位和参考物，结合目标车辆参数，得到对应的尺寸和距离信息。④ 本次能力验证提供的样本中也加入了一些与本次鉴定无关的信息供鉴定人鉴别，在一定程度上也增加了本次能力验证的难度。

在分析计算部分，主要考察对事故过程、碰撞形态的分析，以及据此选择恰当的速度计算方法和参数取值。具体包括以下几个方面：① 基于对车辆检验照片、道路交通事故现场图的检验，或对视频图像的检验，分析事故车辆在事故中的运动过程，为后续的速度计算提供基础和依据。② 利用视频图像进行速度鉴定的分析计算中,应首先根据视频图像的显现内容,确认可计算速度数值所对应的事故阶段或事故过程。本次能力验证样本的视频图像中,无法直接利用视频图像计算事故处理中需要的被鉴定车辆制动前的速度,最为接近该速度的计算是将视频图像计算得到的被鉴定车辆速度与现场路面痕迹结合起来计算被鉴定车辆制动前的速度。③ 根据样本中提供的信息,可以通过多种方法确定车辆的制动减速度。但不同的计算方法,计算结果的精度不同。应当优先选用精度较高的方法,并且对于计算结果的范围作出准确的分析论述。

在鉴定意见部分中,主要考察鉴定意见是否与委托事项准确对应,鉴定意见是否能准确体现对象车辆、速度数值(范围)及其对应的事故过程或车辆行驶状态。

在本次能力验证中,关于车辆运动过程的分析是车速鉴定的基础,尤其是视频显现内容与事故过程的对应关系,是本次能力验证的第一项考点;是否能根据视频图像的显现内容或道路交通事故现场图的信息,计算出对应状态的被鉴定车辆速度,是本次能力验证的第二项考点;根据已知条件优选车辆制动减速度计算方法,并进一步综合分析现有条件求解车辆制动前的速度,是本次能力验证样本在速度计算方法方面的第三项考点。以上三项主要考察了参加机构和从业人员对于道路交通事故速度重建基本理论的理解和掌握。

检验过程和分析计算是车速鉴定的核心内容,也是车速鉴定能力验证结果评价的重点考察内容。鉴定实践中检验过程和分析计算部分应体现溯源原则,具体表现为根据检验所见,结合相关理论、标准和方法选取速度计算公式和参数取值。

二、19S0055鉴定意见书

在鉴定过程部分中,检验内容基本齐全。但部分信息摘录不完整,如:制动性能测试的初速度。视频画面中参照点的选取及位置对应关系不够准确,影响后续计算结果,并且截图中参照点的标注也不够准确。

在分析计算部分中,基于视频图像的速度计算和基于事故形态的速度计算方法基本正确。能够根据视频图像中被鉴定车辆运动过程的检验所见计算其行驶速度,并结合两组不同时刻计算所得的结果分析出车辆处于减速状态;但未通过视频计算车辆实际的减速度值,也未准确表述车辆进入画面范围时已处于制动状态的依据;在利用功能原理分析计算中,未准确阐述减速度值的取值依据,根据计算得到的单一数值建立速度范围区间缺乏依据。

点评人:冯　浩　高级工程师

潘少猷　高级工程师

《道路交通事故痕迹鉴定（CNAS SF0022）》鉴定文书评析

【项目简介】

　　道路交通事故痕迹鉴定是对道路交通事故现场、车辆、人体及相关物体上的痕迹特征进行勘验、检查、比对、分析，判断其相互关系，并作出鉴定意见。道路交通事故痕迹鉴定是道路交通事故调查取证阶段的重要程序，也是公安机关交通管理部门对道路交通事故处理、检察机关对交通肇事犯罪嫌疑人起诉和人民法院对道路交通事故案件审理的关键技术依据，道路交通事故痕迹鉴定意见是诉讼活动中的重要证据。道路交通事故痕迹鉴定是以传统刑事科学技术痕迹检验学为学科理论基础，结合物理学、力学、车辆工程及道路工程等多学科综合的鉴定类型，在司法实践中发挥着极其重要的作用。道路交通事故痕迹鉴定是根据案件的性质进行的定义，其与交通工具痕迹鉴定存在必然的联系，而交通工具痕迹是从痕迹形成的机理上看，是在外力的作用下，使承痕客体产生局部的变形，能够反映造痕客体接触部位外表形态结构特征或者使承痕客体增减其表面介质。交通工具痕迹的形成在成痕原理上与其他痕迹不同，其形成过程与交通工具的种类、事件和案件的性质有关，比如道路交通事故痕迹就是道路上的车辆发生事故过程中形成的痕迹，主要包括车体痕迹、地面痕迹、轮胎痕迹和车辆爆炸痕迹、燃烧痕迹等，而其中最常见的是车体痕迹，所以道路交通事故痕迹鉴定是以勘验分析评判车体痕迹为基础的痕迹鉴定类别。

　　随着我国司法体制改革的推进和发展，一大批机构/实验室开始从事道路交通事故痕迹鉴定的工作，但对于鉴定机构和技术人员从事道路交通事故痕迹鉴定的能力，目前尚缺乏有效的评价方法，亦缺乏进行比较、监督、规范的有效手段和途径，不利于道路交通事故痕迹鉴定为司法实践活动提供科学、规范、准确、严肃的服务及自身效能的发挥。因此,本次能力验证活动的目的,就是要探索适合在各机构/实验室之间进行道路交通事故痕迹鉴定能力考察和评价的科学、客观的方法和途径,并成为规范鉴定活动、提高鉴定能力的方法,从而有助于不同鉴定机构间在对同一问题的鉴定获得科学、客观的鉴定意见,保障司法鉴定意见的一致性和可比性。

【方案设计】

根据道路交通事故痕迹鉴定的技术要求和本次能力验证项目的目的,考虑到本项目是第六次实施,覆盖鉴定意见不同类型等因素,结合目前道路交通事故痕迹鉴定的实际情况,将2019年方案设计的难度系数考虑为适中,与2018年的方案难度系数基本持平,针对2018年总体情况不良,2019年能力验证的方案设计主要用意是对整个行业基本情况的摸底和考量培训效果,切实考虑到参加机构对同一种鉴定类型的适应程度和综合素质培养,更是为了进一步凸显痕迹特征为痕迹鉴定同一认定的根本,而微量物证鉴定意见只是在痕迹特征基础上的辅助量化手段之一的重要痕迹鉴定理念,旨在考察参加机构对车辆之间是否发生过接触鉴定,在作出发生过接触鉴定意见时要充分考虑的因素除了分析——对应关系以外,还需要兼顾对存在嫌疑痕迹但不能相互印证而可以排除的痕迹的充分分析。方案经由国内知名专家组成的专家组讨论确认,相关结果评判标准也由专家组共同制定。本次能力验证的样品来源于道路交通事故鉴定过程中的实际案例,整个事故过程均由现场监控录像记录了下来,事故形态明了,且本次能力验证项目提供了道路交通事故现场图,对作出鉴定意见提供了有力的证据支持,本次能力验证评判结果不存在异议,方案理论明确、步骤清晰,可实现方法和过程的溯源,为最终评价提供依据。反馈结果要求明确,须兼顾鉴定过程、分析说明和鉴定意见等要素。此次能力验证计划评价标准科学、全面,逻辑关系严密,可以客观反映出参加者的道路交通事故痕迹鉴定的鉴定能力。同时,本次能力验证还从最新实施的司法鉴定文书格式对鉴定文书的实际应用要求出发,考察参加机构出具的鉴定意见书格式的规范性以及行文的逻辑性、简洁性和准确性等,不仅有助于形成对参加机构鉴定能力全面、客观的评价,而且因各考核要素分值分散,一定程度消除了个别机构仅靠串通结果就通过能力验证的可能性。

【结果评析】

　　［例1］　19J0143结果反馈表(专家组评价结果：满意)

J0143.

××××司法鉴定中心

司法鉴定意见书

统一社会信用代码：×××××××××××

XX 司法鉴定中心

司法鉴定意见书

编号：19J0143

一、基本情况

委托人：XX 市公安局交警支队

委托鉴定事项：对 XX 号牌轻型普通货车与 XX 号牌电驱动两轮车是否发生过碰撞进行鉴定。

受理日期：xxxx 年 xx 月 xx 日

鉴定材料：1.XX 号牌轻型普通货车（以下简称甲车）

2.XX 号牌电驱动两轮车（以下简称乙车）

3.道路交通事故现场图

鉴定地点：XX 停车场、XX 司法鉴定中心

二、基本案情

据委托书载：xxxx 年 xx 月 xx 日 xx 时 xx 分许，XX 市公安局交警支队接到报警称：有一名男性以及一辆 XX 号牌电驱动两轮车（乙车）倒在峨嵋路、嵩山路路口东南角。民警到达现场时，当事人已被送往医院治疗，乙车倒在现场，现场未发现散落物。经排查，XX 号牌轻型普通货车（甲车）存在肇事嫌疑，该车于事发 3 小时后被查获。

根据事故调查需要，xxxx 年 xx 月 xx 日，XX 市公安局交警支队委托我中心对甲乙两车是否发生过碰撞进行鉴定。

三、资料摘要

据事故相关信息载：经微量物证鉴定，乙车车把右把套外端痕迹

处右把套的黑色材料、粘附的蓝色物质分别与甲车前围右部痕迹处粘附的黑色物质、前围的蓝色材料属于同种类物质。

四、鉴定过程

（一）鉴定方法

参照 GA 41-2014《道路交通事故痕迹物证勘验》、GA/T 1087-2013《道路交通事故痕迹鉴定》有关条款及检验方法，对甲乙两车的痕迹进行检验，并结合道路交通事故现场图所示情况以及委托人提供的其它材料等，作出鉴定意见。

（二）检验所见

A. 甲车

1. 车辆前后悬挂 XX 蓝色号牌，福田时代品牌，车辆识别代码为 LVBVxxxxxxxxxxxxx，车身基本颜色为蓝色（见照片1、2）。

2. 前保险杠右侧底部（雾灯下方）见横向片状擦痕，痕迹陈旧（见照片3）。

3. 前围右侧见黑色条状刮擦痕迹，表面粘附黑色类橡胶物质，有一定厚度，痕迹较新，受力方向由左下向右上，痕迹面内沿痕迹走向呈平行排列的细条纹特征，痕迹上轻下重；测量痕迹起点距地高约98cm，痕迹宽约3cm，长约14cm；沿痕迹走向底部围板呈较大面积凹陷（应力传导所致），（见照片4~5）。

4. 前号牌左下部见两处损伤痕迹（见照片6）：

痕迹①，保险杠底沿距地高约40cm见硬质物体刮擦新痕，表层油漆涂层及杠体基材受刮擦缺损，有一定减少量，受力方向由上至下，痕迹呈竖条状，宽约1.5cm，长约3.5cm；条状擦痕左侧为一点状擦痕，受力方向由上至下，与条状擦痕整体宽度约2.5cm；再向左为一竖条状碰撞压痕，与条状擦痕整体宽度约为5cm（见照片7）。

痕迹②，前号牌左下角距地高约45cm见圆弧型撞击压痕，塑性凹陷，表层蓝色涂层擦脱呈减层，压痕呈斜向，左高右低（见照片8）。

5.前号牌左上部周边见三处损伤痕迹：

痕迹①，保险杠皮上沿碎裂，裂口较新，损伤类型为刮擦挤压碎裂，碎裂口中心点距号牌左沿向左约7cm、距地高约64cm，受力方向由左向右，着力面平滑，周边附着疑似铁锈色物质及透明薄膜状物质；碎裂口内部为横向保险杠骨架，骨架锈蚀；号牌左上角左边缘向内卷曲（见照片9、10）。

痕迹②，痕迹①左侧约17～18cm、距地高约64cm保险杠上沿见条状刮擦痕迹，痕止缘形成近似圆形的孔洞，孔径约1.2cm，受力方向由左向右，擦痕起点较平滑，表面油漆涂层擦脱呈减层，并伴有铁锈色加层物质（见照片11）。

痕迹③，痕迹①下方见高低两处黑色擦痕，上方一处呈横向条状，长约5cm，距地高约62cm，表面附着黑色加层物质，受力方向由左向右；下方一处呈点状，距地高约59cm，表面附着黑色加层物质，其左侧为轻微片状擦痕，并伴有黑色加层物质，受力方向由左上向右下（见照片12、13）。

6.前围中间（上贴红色对联）距地高约93～113cm范围见类似圆形的柔性凹陷，受力方向垂直于前围表面，表面未见硬物刮擦损伤痕迹（见照片14）。前中网中部偏左断裂，裂口较新，表面未见硬物刮擦损伤痕迹（见照片15）。

7. 左前大灯面罩表面距地高约90cm上下见斜向片状擦痕，痕迹左高右低，沿左上至右下方向痕迹呈间断擦搓状，表面附着少量黑色加层物质（见照片16）。

8. 前保险杠左拐角见多处擦痕，有新痕也有旧痕，其中雾灯框左侧距地高约51.5～54.5cm范围为新近痕迹，表层油漆涂层擦脱呈减层，同时伴有黑色加层物质，有一定量，痕迹呈间断跳跃状，受力方向由右向左，痕迹起点距其右侧保险杠上沿洞穿孔的水平距离约为25cm（见照片17、18）。

9. 左前轮外胎侧见片状刮擦新痕，受力方向沿车轮径向向里，相邻轮毂外沿见粗糙硬物刮擦痕迹（见照片19）；车辆左侧未见其它新近形成的异常痕迹。

10. 后防护杠右端塑料套后表面距地高约47.5～50.5cm见线形刮擦痕迹，形成沟槽，为点状尖锐硬物刮擦所致，痕迹相对较新，周边未见其它新近痕迹（见照片20）。车辆尾部未见其它新近形成的异常痕迹。

11. 车箱右后下角右侧立面距地高约94cm见条状斜向擦痕，痕迹前低后高，痕迹相对较新，周边未见其它新近痕迹（见照片21）。

12. 右前轮外胎侧见片状刮擦新痕，受力方向沿车轮径向向里，痕迹面内纹理粗糙（见照片22）。车辆右侧未见其它新近形成的异常痕迹。

　　B. 乙车

　　1. 车辆后部悬挂 XX 号牌，新大洲品牌，车辆识别代码为 78Axxx xxxxxx，车身基本颜色为黑色（见照片 23、24）。

　　2. 前轮挡泥瓦前端左侧距地高约 40cm 见斜向擦痕，表层黑色涂层擦脱呈减层，受力方向由后上向前下，表面伴有类泥土物质，痕迹面内形成粗糙沟槽（见照片 25）。

　　3. 左闸把（合金）外端断裂缺损，断面见粗糙硬物摩擦痕迹，方向杂乱（见照片 26）。左把套（黑色橡胶材质）外端前部见粗糙硬物摩擦痕迹（见照片 27）；把套前部外侧见粗糙硬物点状摩擦痕迹（见照片 28）。左倒车镜前端外侧见粗糙硬物摩擦痕迹（见照片 29）。

　　4. 后行李箱托架（不锈钢圆管材质）左前端见粗糙硬物摩擦痕迹，已轻微锈蚀（见照片 30）。后行李箱左侧中部见粗糙硬物摩擦痕迹，表层黑色涂层擦脱呈减层；上盖表面见多道线条状擦痕，痕迹相互叠加，方向杂乱（见照片 31）。

　　5. 车辆左侧其它部位未见新近形成的异常痕迹。

　　6. 车辆尾部未见新近形成的异常痕迹。

　　7. 车辆右侧乘客脚踏板及支架（不锈钢材质）见蓝色类油漆附着物（见照片 32）。①脚踏板支架后端距地高约 40cm 横向片状构件表面见附着的蓝色类油漆附着物，呈加层，测量横向构件宽约 1.5cm；②脚踏板支架后端"L"形构件表面见附着的蓝色类油漆附着物，呈加层，与横向构件总宽约 3cm（见照片 33）；③右脚踏板（收起状态）外沿弧形圆管表面见蓝色类油漆附着物，蓝色相对较深，表面呈薄膜状（见照片 34）。

8.车身右侧"新大洲"标牌及周边见五处损伤痕迹：

痕迹①，标牌表面前端距地高约 58cm 见深蓝色加层附着物痕迹（见照片 35）。

痕迹②，标牌表面上端距地高约 61cm 见浅蓝色加层附着物痕迹（见照片 36）。

痕迹③，标牌下部饰板表面见高低两道斜向刮擦痕迹，表面附着铁锈色物质；其下部为一道长约 3cm 的横向擦痕，表面附着浅蓝色加层物质（见照片 37）。

痕迹④，标牌前部饰板断裂，裂口周边见轻微片状擦痕（见照片 38）。

痕迹⑤，标牌上部距地高约 62cm，沿饰板轮廓线见长约 2cm 条状擦痕，表层黑色涂层擦脱呈减层，并伴有浅蓝色加层附着物（见照片 39）。

9.后行李箱托架（不锈钢圆管材质）右侧见两处刮擦痕迹：

痕迹①，托架右前端侧面距地高约 65cm 见粗糙硬物摩擦痕迹，表面附着铁锈色加层物质（见照片 40）；托架前端（圆头）部位见浅蓝色加层附着物，其表层包裹的塑料薄膜有刮擦损伤（见照片 41）。

痕迹②，行李箱托架与右侧护杠连接处（距地高约 65cm、距托架前端圆头约 18cm），突出的螺栓帽前下部见蓝色类油漆附着物堆积，有一定量，测量螺栓帽直径约 1.1cm，螺栓周边有轻微锈蚀（见照片 42）。

10. 后行李箱右侧中部距地高约 90cm 见宽约 5cm 斜向擦痕，痕迹前低后高，受力方向由前下至后上，痕迹面内纹理细密，有轻微擦脱减层（见照片 43）。

11. 右把套（加速手柄）（黑色橡胶材质）外端面见擦脱减层痕迹，下旋加速状态下受力方向由前向后，外端面自身具有细密的凸点纹理，擦痕表面凸点纹理被破坏，有一定减少量，且下重上轻、前重后轻，同时表面伴有微量浅蓝色加层附着物；测量把套距地高度（中心点）约为 97cm，把套直径约 3.6cm（见照片 44、45）。右闸把外端未见明显刮擦损伤痕迹（见照片 46）。

C. 道路交通事故现场图

现场图示：事故地点位于峨眉路与嵩山路口东南角，天气晴，路面性质为干燥的沥青路；现场图以路口东南角路灯杆（编号 100123）为基准点，以东西路南侧路缘延长线为基准线；XX 号牌的电驱动两轮车向左倒地，车头指向东南方向，前轮距基准线以北 7 米，后轮距基准线以北 8 米，前轮距基准点西北方向 15 米。当事人已送医，现场图未见散落物、路面痕迹等其他信息描述。

五、分析说明

1. 经对乙车车体痕迹检验，被鉴定车辆左侧前挡泥瓦前端刮擦痕迹、左车把套外端刮擦痕迹、左闸把断裂摩擦痕迹、行李箱托架左端刮擦痕迹、后行李箱左侧刮擦痕迹均显示为与粗糙硬物作用所致，上述部位均为车身相对突出位置，其痕迹形态符合与粗糙平面（如沥青路面)搓划形成的特征,结合事故现场图所示乙车向左倒地的情况,乙车车身左侧上述痕迹为向左倒地与路面搓划所致,与甲车车体发生接触难以形成。

2.经检验乙车右车把套为黑色橡胶材质,把套外端面见擦脱减层痕迹,表面伴有浅蓝色加层附着物;把套外端面自身具有细密的凸点纹理,受刮擦凸点纹理被破坏;把套中心点距地高约97cm、把套直径约3.6cm;刮擦作用方向由前向后。

经检验甲车前围板右侧黑色条状刮擦痕迹,黑色物质为类橡胶物质,痕迹面内呈平行排列的细条纹特征;痕迹起点距地高约98cm,宽约3cm;刮擦作用方向由左下至右上。

对比上述两处痕迹,距地高度基本相同,乙车把套凸点纹理特征与甲车刮擦痕迹面内细条纹特征相对应,受力方向符合乙车向甲车右侧运动形成的特征。结合资料摘要所述"乙车车把右把套外端痕迹处右把套的黑色材料、粘附的蓝色物质分别与甲车前围右部痕迹处粘附的黑色物质、前围的蓝色材料属于同种类物质",乙车右车把外端与甲车前围板右侧,在痕迹高度、形态、受力方向、物质转移方面相互对应,符合造型客体与承受客体的对应关系。

3.经对甲车前号牌左下部痕迹与乙车右侧乘客脚踏板部位痕迹对比分析:①甲车前保险杠底沿竖向刮擦减层痕迹,与乙车脚踏板支架后端横向片状构件宽度、加层附着物、距地高度相互对应;②甲车前保险杠底沿点状擦痕和竖向碰撞压痕,与乙车脚踏板支架后端"L"形构件结构特征、加层附着物相对应;③甲车前号牌左下角圆弧型撞击凹陷及减层痕迹，与乙车右脚踏板外沿圆管结构、加层附着物、弧形结构特征（前低后高）相对应。两处痕迹在痕迹高度、结构形态、相对位置关系、物质转移的颜色方面均能相互对应，符合造型客体与承受客体的对应关系。

4. 经对甲车前号牌左上部痕迹与乙车后行李箱托架右侧痕迹对比分析：①甲车前保险杠上部碎裂痕迹及着力点特征、铁锈色加层附着物，与乙车后行李箱托架右前端圆头结构、蓝色加层附着物、距地高度相对应；②甲车前保险杠左侧孔洞痕迹，与乙车右侧后行李箱托架与侧护杠连接螺栓帽结构特征、蓝色加层附着物、距地高度相对应；③甲车上述两处损伤痕迹（承痕体）与乙车上述两处部位（造痕体）相对位置关系（横向间距约17~18cm）相对应。

5. 经对甲车前号牌左侧周边痕迹与乙车车身右侧"新大洲"标牌周边痕迹对比分析：①乙车标牌表面前端深蓝色加层附着物痕迹，与甲车前号牌右上角左边缘卷曲变形部位高度基本一致，颜色与号牌深蓝色涂层颜色一致；②乙车标牌上部沿饰板轮廓线2cm的条状擦脱减层痕迹和浅蓝色附着物，与甲车保险杠碎裂口下方长约5cm的横向条状擦痕，在痕迹高度、形态、物质增减方面相对应；③甲车保险杠碎裂口下方点状黑色擦痕及其左侧轻微片状擦痕，与乙车标牌前部饰板断裂口及周边轻微片状擦痕，在痕迹大致高度范围、相对位置、痕迹形态方面相对应；④甲车碎裂口内部锈蚀的骨架，可以形成乙车标牌下方两道斜向铁锈色刮擦痕迹；⑤甲车碎裂口内部锈蚀的骨架，可以形成乙车后行李箱托架右前端侧面粗糙的摩擦痕迹及铁锈色附着物痕迹。

6.经对甲车左前大灯表面擦痕与乙车后行李箱右侧擦痕对比分析：甲车左前大灯表面擦痕呈斜向（左高右低），附着黑色加层物质；乙车后行李箱为黑色，右侧中部有斜向擦脱减层痕迹，高度与甲车大灯部位擦痕基本一致，行李箱擦痕前低后高，与甲车大灯左高右低的斜向擦痕方向一致。

7.经检验甲车左右前轮外胎侧均见新近刮擦痕迹，呈片状特征，痕迹面内纹理粗糙，左轮轮毂沿见硬物刮擦痕迹。上述痕迹均为与表面粗糙的硬物刮擦作用所致，与乙车车身接触难以形成。

8.经检验甲车后防护杠右端距地高约47.5～50.5cm见线形刮擦痕迹，车箱右后角距地高约94cm见条状斜向擦痕，两处痕迹相对周边较新。检验上述痕迹周边未见其它新近痕迹，两处痕迹相对单一，乙车车体表面未见与之对应的造型物和相应痕迹。

9.经检验甲车前保险杠左雾灯框左侧距地高约51.5～54.5cm范围为新近痕迹，有减层也有加层（黑色物质），痕迹呈间断跳跃状。结合前述已对应痕迹位置，该痕迹距其右侧保险杠上沿洞穿孔水平距离约为25cm，对比乙车车身右后部，在距后行李箱托架螺栓帽后方25cm，距地高约51.5～54.5cm范围无造成该痕迹的客体物及相应痕迹。该痕迹受力方向为从右向左，与甲车前部大部分痕迹由左向右的情况不符，故排除该痕迹与乙车接触形成的可能。

10.经检验甲车前围中间距地高约93～113cm范围见类似圆形的柔性凹陷，其下部中网断裂，痕迹表面均未见硬物刮擦痕迹。根据其所处位置及表面特征，结合乙车当事人受伤送医情况判断，上述痕迹为与乙车驾驶人的头部、上肢部位碰撞接触形成。

11. 甲车车体左侧、后部、右侧未见其它新近形成的痕迹，乙车前部、后部未见其它新近形成的痕迹，排除上述部位接触的可能。

综上分析，甲车前部痕迹（除前保险杠左雾灯左侧、右雾灯下侧痕迹外）与乙车车身右侧痕迹，在痕迹形态、高度、作用力方向、相对位置关系、物质交换方面相互吻合，符合造型客体与承受客体的对应关系，两车碰撞接触成立。

六、鉴定意见

受检的XX号牌轻型普通货车前部与XX号牌电驱动两轮车车身右侧发生过碰撞。

七、附件

附件一：案件鉴定照片（共46幅）

附件二：司法鉴定人执业证复印件（共2页）

附件三：司法鉴定许可证复印件（共1页）

司法鉴定人：xxx　（签名）

《司法鉴定人执业证》证号：xxx

司法鉴定人：xxx　（签名）

《司法鉴定人执业证》证号：xxx

XX 司法鉴定中心

xxxx 年 xx 月 xx 日

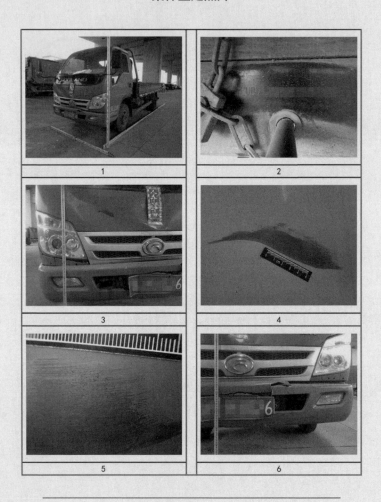

**司法鉴定中心

案件鉴定照片

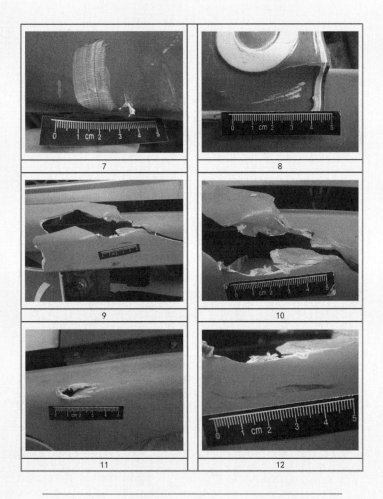

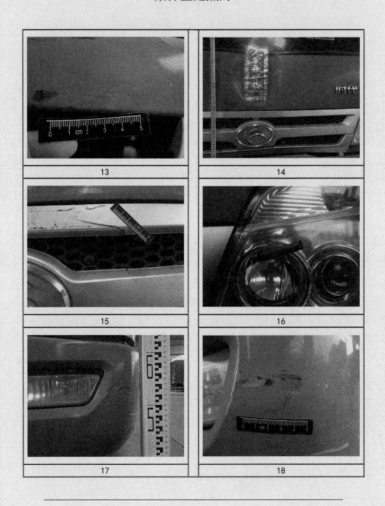

案件鉴定照片

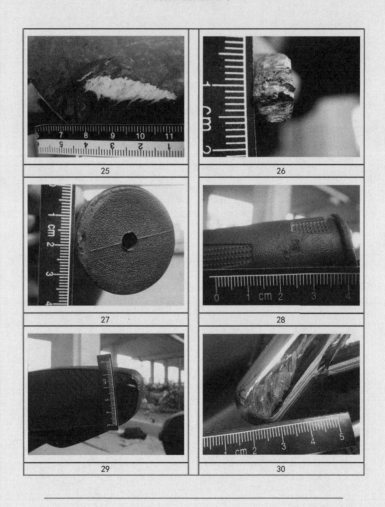

案件鉴定照片

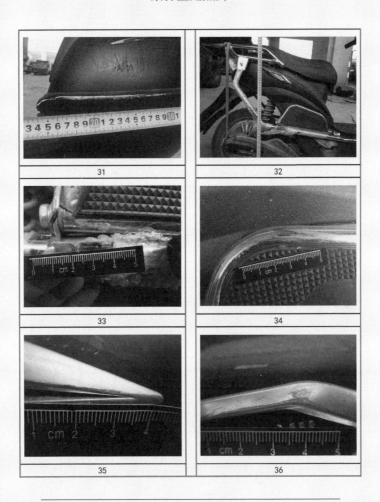

案件鉴定照片

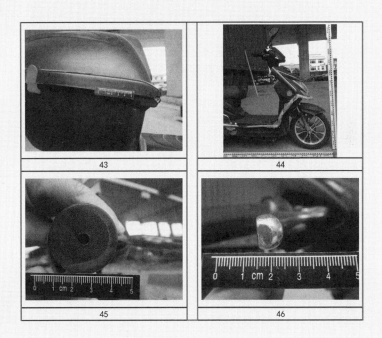

[例2] 19J0044结果反馈表(专家组评价结果:不通过)

19J0044

xxx 司法鉴定中心
司法鉴定意见书

司法鉴定机构许可证号: xxx

声 明

1. 司法鉴定机构和司法鉴定人根据法律、法规和规章的规定，按照鉴定的科学规律和技术操作规范，依法独立、客观、公正进行鉴定并出具鉴定意见，不受任何个人或者组织的非法干预。

2. 司法鉴定意见书是否作为定案或者认定事实的根据，取决于办案机关的审查判断，司法鉴定机构和司法鉴定人无权干涉。

3. 使用司法鉴定意见书，应当保持其完整性和严肃性。

4. 鉴定意见属于鉴定人的专业意见。当事人对鉴定意见有异议，应当通过庭审质证或者申请重新鉴定、补充鉴定等方式解决。

地　　址：xxx（邮政编码：xxx）

联系电话：xxx

xxx 司法鉴定中心

司法鉴定意见书

编号：19J0044

一、基本情况

    委托人：司法鉴定科学研究院

    委托事项：

    对甲乙两车是否发生过碰撞进行鉴定。

    受理日期：2019 年 6 月 21 日

    鉴定材料：

    1、名为"道路交通事故现场图"的 JPG 文件；

    2、名为"甲车"的 XX 号牌轻型普通货车的痕迹检验照片文件夹，甲车照片共 53 张；

    3、名为"乙车"的 XX 号牌电驱动两轮车的痕迹检验照片文件夹，乙车照片共 57 张。

    鉴定日期：2019 年 6 月 21 日～2019 年 7 月 5 日。

    鉴定地点：现场检测在 XXX；分析鉴定在 xxx 司法鉴定中心。

    在场人员：xxx、xxx、xxx、xxx

    被鉴定人：XX 号牌轻型普通货车（甲车）与 XX 号牌电驱动两轮车（乙车）是否发生过碰撞。

二、基本案情

　　xxxx 年 xx 月 xx 日 xx 时 xx 分许，XX 市公安局交警支队接到报警称：有一名男性以及一辆 XX 号牌电驱动两轮车（乙车）倒在峨嵋路、嵩山路路口东南角。民警到达现场时，当事人已被送往医院治疗，乙车倒在现场，现场未发现散落物。经排查，XX 号牌轻型普通货车（甲车）存在肇事嫌疑，该车于事发 3 小时后被查获。根据事故调查需要，xxxx 年 xx 月 xx 日，XX 市公安局交警支队委托本鉴定机构对甲乙两车是否发生过碰撞进行鉴定。

三、资料摘要

　　甲乙两车均停放于 XX 停车场。经微量物证鉴定，乙车车把右把套外端痕迹处右把套的黑色材料、粘附的蓝色物质分别与甲车前围右部痕迹处粘附的黑色物质、前围的蓝色材料属于同种类物质。

四、鉴定过程

（一）鉴定依据

　　1.《道路交通事故痕迹鉴定能力验证计划作业指南》，（CNAS SF0022），司法鉴定科学研究院。

　　2.《道路交通事故痕迹物证勘验》（GA41-2014）。

（二）现场勘查与检测情况

　　接受委托后，xxx 司法鉴定中心委派 xxx、xxx、xxx、xxx 等专业技术人员于 2019 年 6 月 21 日展开鉴定。

　　由于经微量物证鉴定，乙车车把右把套外端痕迹处右把套的黑色材料、粘附的蓝色物质分别与甲车前围右部痕迹处粘附的黑色物质、前围的蓝色材料属于同种类物质。因此，本次鉴定的关键是确定乙车车把右把套外端痕迹处是否与甲车前围右部痕迹处存在碰撞。

通过对均停放于 XX 停车场的甲乙两车进行现场勘测，所得结果如下：

1、甲车前围右部粘附有黑色物质的痕迹高度位置

如图甲 1-1-1 所示，甲车前围右部粘附有黑色物质的痕迹处，其高度位置处于 99-104cm 范围内。

图甲 1-1-1

2、乙车车把右把套及后视镜高度位置

如图乙 1 所示，乙车车把右把套的高度位置在 95-98cm 范围内。

图乙1

五、分析说明

根据现场勘测结果可知，甲车前围右部粘附有黑色物质的痕迹处，其高度位置处于99-104cm范围内。而乙车车把右把套的高度位置在95-98cm范围内。

可见，甲车前围右部粘附有黑色物质的痕迹与乙车车把右把套不在相同的高度上。

假设甲乙两车发生碰撞，由于乙车在倒地的过程中，乙车车把右把套的高度会更低，此时，甲车前围右部粘附有黑色物质的痕迹与乙车车把右把套更加不在相同的高度上。

因此，可以推定，甲车前围右部粘附的黑色物质不是乙车车把右把套留下的，同样地，乙车车把右把套外端痕迹处粘附的蓝色物质也不是甲车前围的蓝色材料。

六、鉴定意见

虽然微量物证鉴定表明，乙车车把右把套外端痕迹处右把套的黑色材料、粘附的蓝色物质分别与甲车前围右部痕迹处粘附的黑色物质、前围的蓝色材料属于同种类物质。但由于甲车前围右部粘附有黑色物质的痕迹与乙车车把右把套不在相同的高度上，甲车前围右部粘附的黑色物质不是乙车车把右把套留下的，同样地，乙车车把右把套外端痕迹处粘附的蓝色物质也不是甲车前围的蓝色材料，因此可以断定，甲乙两车没有发生过碰撞。

七、附件

无

司法鉴定人签名：xxx

《司法鉴定人执业证》证号：xxx

司法鉴定人签名：xxx

《司法鉴定人执业证》证号：xxx

xxx 司法鉴定中心

2019 年 7 月 3 日

【专家点评】

一、评析要点

根据《司法部关于印发司法鉴定文书格式的通知》(司发通〔2016〕112号,以下简称《通知》),鉴定意见书的格式与内容应符合《通知》相关要求和司法鉴定文书,特别是司法鉴定意见书格式的相关规定,如鉴定意见书的标题表述要准确;检验过程应为鉴定过程;检验方法应为鉴定方法等。选择正确的鉴定依据,即 GA/T1087－2013《道路交通事故痕迹鉴定》和 GA41－2014《道路交通事故痕迹物证勘验》。在评审过程中发现,出现差错频率最高的是对 GA41 的更新年份及标准名称的表述错误,仍然写成了 GA41－2005《交通事故痕迹物证勘验》,不符合本项目的作业指导书中明确要求的运用现行有效的方法相关规定。这里要指出,此次能力验证发放和返回结果期间,GA41－2014《道路交通事故痕迹物证勘验》正处于更新发布实施阶段,按照一般程序要求,GA41－2014《道路交通事故痕迹物证勘验》更新为 GA/T41－2019《道路交通事故现场痕迹物证勘查》,具体实施时间为2019年6月3日,本次能力验证返回结果应采用 GA/T41－2019《道路交通事故现场痕迹物证勘查》作为鉴定依据,但考虑到时间上的冲突,且不影响鉴定意见的科学客观,所以本次能力验证鉴定依据及方法,可以参照 GA41－2014《道路交通事故痕迹物证勘验》或者 GA/T41－2019《道路交通事故现场痕迹物证勘查》。本次能力验证提供了微量物证鉴定意见,按照相关规定,应作为资料摘要提及,但不少机构缺乏规范文书的意识。

鉴定过程中应体现提供检材的唯一性标识,本次能力验证中提供了被鉴定车辆的车辆识别代号,且按照相关规定要求,将车辆识别代号的部分信息进行了遮挡,按照鉴定依据的要求,需要对检材的特征进行相应的描述,比如说什么品牌或者什么颜色或者什么车型或者车架钢印号、车辆识别代号为XXXX等,在评审过程中发现,不少机构将车辆识别代号与车架钢印号混淆,对机动车车辆识别代号一般为17位的基本情况不了解,或者根本对车辆识别代号不提及,不能客观反映提供的被鉴定车辆唯一性标识。分别对提供的甲乙两车所有照片中反映的所有痕迹进行描述,本次能力验证对甲乙两车的所有痕迹要求将部位、受力方向及物质交换等进行详尽描述,且对痕迹的交叉和覆盖、新旧程度有所体现,对痕迹的形成机理有所反映,特别是对特征性痕迹进行精确描述,便于分析说明时分析出甲乙两车的哪些痕迹存在对应关系,哪些痕迹不存在对应关系。考虑到道路交通事故痕迹鉴定的基础是痕迹勘验，故对于提供的道路交通事故现场图，未作为分值设置，即在评判过程中不得分也不扣分，且在本起案例中，道路交通事故现场图中只反映了乙车的位置，所以参考意义相对不大。此过程中，特别强调甲乙两车在空间位置上能对应，且痕迹特征能相互印证的痕迹的描述。

分析说明中应根据鉴定过程中对甲乙两车痕迹检验的结果，进行一一对应和部分排除的分析，重点在于从痕迹的形成机理、部位、附着物及受力方向等方面进行分析，对不存在互为造痕客体和承痕客体条件的痕迹，予以排除。这个过程特别对甲乙两车上发现的特征性痕迹进行剖析。例如：应对甲车前号牌左下部痕迹与乙车后座右脚踏后上部金属框架痕迹从部位、形态及类型、减加层及痕迹形成机理等方面比对（对痕迹特征、形成方式应有分析），（要点：乙车该部位为金属管件、黏附蓝色物质、呈横向；甲车该部位弯折变形，有一定弧度，蓝色减层、略呈横向；处于运动状态的乙车该部位与甲车该部位发生碰撞、刮擦），并判断两者上述部位痕迹吻合，可以形成互为承痕客体与造痕客体之间的关系。在本次评审过程中发现，有不少鉴定机构对甲乙两车的特征性痕迹不能进行准确分析，对痕迹形成的机理没有认识，以至于认为甲乙两车的痕迹不存在对应关系。该部分的原则是对检见的所有痕迹进行解释分析，并充分说明理由。在附件中应制作特征比对表，对痕迹对应关系进行呈现和标示。

鉴定过程和分析说明是道路交通事故痕迹鉴定的核心内容，是本次能力验证的重点考察部分。鉴定意见书中鉴定过程和分析说明部分应体现溯源的原则，包括依据和要素。在对提供材料进行检验的基础上，所选取的标准或者参考文献应符合实际需要和一般性的要求，而痕迹描述和分析应符合痕迹学的基础理论和知识。

鉴定意见应与委托事项准确对应，鉴定意见表述要求简练、准确，根据GA/T1087－2013《道路交通事故痕迹鉴定》6.1.1条规定，应表述为"甲乙两车发生过碰撞"，且此处甲乙两车应体现为"XX号牌轻型普通货车与XX号牌电驱动两轮车"，而不应表述为"不能判断甲乙两车是否发生过碰撞或者接触"，更不能表述为"甲乙两车没有发生过碰撞"或者"可以排除甲乙两车发生过碰撞或者接触"。对于表述为"甲车的具体部位与乙车的具体部位发生过碰撞"的鉴定意见，本次没有因为提及具体部位扣分，但具体部位表述不准确的，根据评分细则打分。专家组一致认为，本次能力验证中所提供的信息，分析得出"甲乙两车发生过碰撞"鉴定意见是科学客观的。

二、19J0143鉴定意见书评析

该鉴定意见书符合《通知》的相关要求。鉴定意见所根据的鉴定依据准确,完全遵照作业指导书进行,且微量物证鉴定意见作为"三、资料摘要"提及。

鉴定意见书中检验了甲乙两车上存在的痕迹,除个别痕迹外,对于甲乙两车上特征性痕迹进行了重点的描述和分析,对存在造痕客体与承痕客体的对应关系可以形成痕迹对的每组痕迹(如乙车方向把右把套与甲车前围板右部的条形深色刮擦痕迹)都进行了阐述,且在分析说明中对甲乙两车空间位置关系对应的痕迹特征进行了全方位的比对分析,最终得出正确的鉴定意见。总体来讲,该鉴定意见书能按照作业指南和作业指导书的相关要求,在术语表述上较为精准、到位,尤其是对特征性痕迹的分析较为全面,理由较为充分,体现了比较深厚的痕迹学理论水平和痕迹鉴定能力。不足之处在于未制作特征比对表,且对照片未作相应说明。

综合各部分打分的结果,经专家组认定,评价结果为"满意"。

三、19J0044鉴定意见书评析

鉴定意见书不符合《通知》相关要求,其中鉴定材料中道路交通事故现场图一般应批注为复制件;作业指南中明确指出甲乙两车的照片假定鉴定人勘验时拍摄,所以鉴定材料2和3应为被鉴定的甲乙两车,而不是甲乙两车的照片;委托人表述为"司法鉴定科学研究院"错误,且字体与其他字体不统一;被鉴定人表述为"XX号牌轻型普通货车(甲车)与XX号牌电驱动两轮车(乙车)是否发生过碰撞"错误;鉴定日期后文字字体与其他字体不统一。二级标题中"(一)鉴定依据"一般表述为"鉴定方法""(二)现场勘查与检测情况"应为"(二)鉴定过程"。提醒:未对道路交通事故现场图进行解读。鉴定依据"CNAS SF0022"不妥当,GA41 – 2014《道路交通事故痕迹物证勘验》一般用参照,未提及GA/T1087 – 2013《道路交通事故痕迹鉴定》,鉴定依据不全面、不准确。

鉴定过程中未对甲乙两车的唯一性标识进行描述。未按照相关标准要求,对甲乙两车的所有痕迹进行全面的检验并描述,仅提取了甲车前围右部和乙车车把右把套各一处痕迹,且均未从部位、物质增减、痕迹形成机理、受力方向等方面进行详尽的描述,特别是特征性痕迹的受力方向、形成机理根本未提及,其中乙车车把右把套的痕迹仅体现了高度。

分析说明中仅对甲乙两车所检见的一组痕迹进行了对应分析,分析理由仅限于高度不吻合,未抓住特征性痕迹比对分析的关键要素,也没有分析形成高度差的原因,有可能是甲车采取制动发生"点头"或者乙车车把发生偏转等因素。

鉴定意见认为甲乙两车没有发生过碰撞,与客观结果偏离。

鉴定意见错误,与客观结果偏离,经专家组认定,评价结果为"不通过"。

点评人：陈建国　高级工程师

李丽莉　正高级工程师

《笔迹鉴定（CNAS SF0023）》
鉴定文书评析

【项目简介】

日常生活中，有一些人在不同的场合使用不同的字体签写自己的名字，这些人往往存在多种书写模式的签字。尤其是设计的艺术体签字，同一人的艺术体签字与其他字体的签字之间，两者的书写特征可以存在很多的差异。在签名笔迹鉴定实践中，提供的样本材料经常不够充分，有时仅有一方当事人提供的签名样本。在这种情况下，如果鉴定人没有认识到当事人签名笔迹的多样性及一方当事人提供的签名样本的局限性，机械地去比对检验，很可能作出错误的鉴定意见。另外，在笔迹鉴定工作中，有时会遇到检材不同部分的笔迹分别由两名或多名书写人书写的情况，而且委托单位送检时，提供的案件情况不是很详实。在这种情况下，如果鉴定人不能区分对待，全面、细致地分析检材笔迹，也很可能作出错误的鉴定意见。

基于以上考虑，本次能力验证计划设计的检材为两人书写的《收条》，内容中的身份证号码和落款签名为被鉴定人所写，其中落款签名为艺术体签名；其他内容字迹为另一人所写，正常书写。由于检材落款签名为艺术体签名，样本字迹为行书体书写，两者的写法和书写模式有明显区别，主要考核鉴定人在检材与样本不具有可比性情况下，如何合理出具鉴定意见。检材内容中的身份证号码为阿拉伯数字，且嵌于其他内容字迹之中，主要考核鉴定人的观察力和仔细认真程度，不应想当然地认为内容字迹为一体而不加区分，还考核鉴定人对于阿拉伯数字的笔迹特征的认识和把握，总体难度偏高。检材的其他内容字迹为正常书写，样本字迹也是正常笔迹，尽管两者书写水平较为接近，但笔迹细节特征有明显差异，主要考核鉴定人对笔迹特征的基本认识，鉴定难度偏低。

【方案设计】

根据本次笔迹鉴定能力验证计划方案的要求，结合笔迹鉴定实践，制备本次能力验证计划的样品，并经过专家验证。

一、样品制备

1. 检材制作

（1）王某使用黑色签字笔，在一张A4纸上书写检材内容，身份证号码处留空白；

（2）向某使用同一支笔，填写内容中的身份证号码数字，最后在落款处书写艺术体签名。

2. 样本制作

向某使用不同的签字笔书写样本，签名均采用行书体，不出现艺术体签名，共6份，包括：

（1）正常书写的案前样本：2份例会记录、1份个人基本情况。

（2）正常书写的案后样本：1份情况说明、2份听写实验样本。

3. 检材和样本的扫描

使用1200dpi分辨率扫描检材和样本原件，保存为JPG图像格式。

检材（JC）和样本（YB1至YB6）式样见下图：

JC

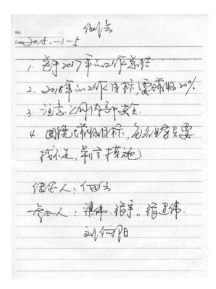

YB1

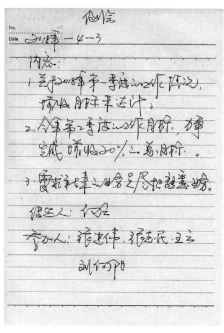

YB2

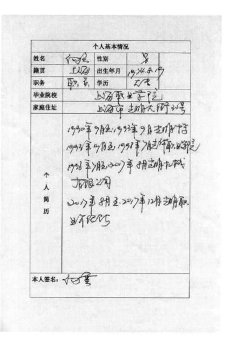

YB3

YB4

YB5

YB6

二、鉴定要求

检材《收条》上的内容字迹及落款签名字迹是否出自向云的笔迹。

三、客观结果

1. 检材上的内容字迹(除身份证号码"310108197408167751")不是出自向云的笔迹。

2. 检材上的身份证号码字迹"310108197408167751"出自于向云的笔迹。

3. 检材上的签名字迹出自于向云的笔迹。但由于样本签名不具备可比性,故应作无法判断的鉴定意见。

【结果评析】

本次能力验证计划共有281家鉴定机构报名参加,其中,275家机构返回结果,6家机构未返回结果,反馈率97.9%。

本次能力验证计划专家组按照预先制订的评价方法,采用"专家公议"方式,根据参加者的反馈情况,从鉴定意见的正确性、鉴定依据的充分性、检验的全面性及鉴定文书的规范性等几个方面进行综合评价,最终的评价结果分"满意""通过""不通过"三个档次。

[例1]   19DA0197鉴定文书(专家组评价结果:满意)

参加编号:19DA0197

×××××××

司法鉴定意见书

司法鉴定机构许可证号: <u>××××××</u>

参加编号：19DA0197

声　明

　　1. 司法鉴定机构和司法鉴定人根据法律、法规和规章的规定，按照鉴定的科学规律和技术操作规范，依法独立、客观、公正进行鉴定并出具鉴定意见，不受任何个人或者组织的非法干预。

　　2. 司法鉴定意见书是否作为定案或者认定事实的根据，取决于办案机关的审查判断，司法鉴定机构和司法鉴定人无权干涉。

　　3. 使用司法鉴定意见书，应当保持其完整性和严肃性。

　　4. 鉴定意见属于鉴定人的专业意见。当事人对鉴定意见有异议，应当通过庭审质证或者申请重新鉴定、补充鉴定等方式解决。

地　　址：××××××××
联系电话：××××××

参加编号：19DA0197

××××司法鉴定所司法鉴定意见书

编号：×××[2019]文鉴字第××号

一、基本情况

委托人：××××法院

委托鉴定事项：对检材《收条》上的内容字迹及落款签名是否出自向云的笔迹进行鉴定。

受理日期：2019 年 6 月 20 日

鉴定材料：

（一）检材：无署期、署名为"向云"的《收条》原件扫描件 1 张，编号为 JC。

（二）样本：

1.向云于 2018 年 1 月 5 日书写的"例会记录"原件扫描件 1 张，编号为 YB1。

2.向云于 2018 年 4 月 3 日书写的"例会记录"原件扫描件 1 张，编号为 YB2。

3.向云填写的《个人基本情况》原件扫描件 1 张，编号为 YB3。

4.向云于 2019 年 4 月 1 日书写的《情况说明》原件扫描件 1 张，编号为 YB4。

5.向云于 2019 年 4 月 1 日听写的收条字迹实验样本原件扫描件 1 张，编号为 YB5。

6.向云于 2019 年 4 月 1 日书写的本人签名实验样本原件扫描件 1 张，编号为 YB6。

鉴定日期：2019 年 6 月 20 日至 7 月 8 日

鉴定地点：××××司法鉴定所

参加编号: 19DA0197

二、基本案情

在一起民事纠纷中,原告王涛诉称: 2018 年 2 月 7 日被告向云承诺为其女儿介绍工作,收取介绍费 10 万元,约定如未办成将全数返还。因女儿工作至今毫无音讯,王涛遂起诉要求向云全额返还 10 万元,同时向法院提交《收条》原件 1 张。被告向云称:确曾为王涛的女儿介绍工作,收取过少许费用,但未收到过这笔 10 万元,也没有出具过任何收条。经确认原告提交的《收条》及经质证的 6 份样本均为原件后,专业人员对其进行了高分辨率扫描,现法院委托司法鉴定机构根据扫描图片进行笔迹同一性鉴定。

三、资料摘要

1.经委托人确认及质证,检材和样本均为原件,无需判断形成方式。

2.《收条》及 6 份样本原件的扫描分辨率为 1200DPI。

四、鉴定过程

根据笔迹鉴定原理,参照《文件鉴定通用规范》(编号 GB/T 37234-2018)、《笔迹鉴定技术规范》(编号 GB/T 37239-2018),按以下步骤进行检验:

(一)检材分析

JC 为在空白纸张上书写的《收条》原件扫描件,无署期,正文内容共三行,除身份证号为阿拉伯数字,其余内容均为文字和标点符号;所有字迹均为横向分布,阿拉伯数字整体向右上倾斜,其余字迹均为水平分布、无倾斜;段首不空格,正文整体偏左,落款签名位置正常。

使用 Photoshop 软件放大观察发现: JC 字迹为黑色,整体字迹笔

参加编号：19DA0197

画清晰，书写流畅、自然，相同单字或相同偏旁部首的写法、运笔以及搭配等笔迹特征稳定一致，如"收"、"办"等字的写法及运笔特征，"女"字和"如"、"数"等字"女"部的写法及运笔特征，"向"、"拾"、"若"等字"口"部的写法及收笔特征，"返"、"还"等字"辶"部的写法特征等，充分反映了书写人的书写习惯，具备鉴定条件。其中，JC 内容文字字迹和 JC 阿拉伯数字字迹均为规范字，部分字迹中的个别笔画存在抖动、停顿、另起笔等现象，如"条"、"份"、"收"等字及阿拉伯数字"0"、"9"、"6"等，分析认为系正常书写中存在的书写条件变化造成；JC 署名"向云"字迹为设计艺术签名字迹，系一笔书写形成，"向"、"云"二字结构交错，省略部分笔画，笔画搭配组合不同于规范字。

（二）样本分析

　　YB1~YB3 为向云书写的笔迹自然样本原件扫描件。YB4 为向云案后书写的自然样本原件扫描件，YB5 为向云案后听写的实验样本原件扫描件。YB4、YB5 为在空白纸张上书写，所有字迹均为横向分布，整体向右上倾斜，段首不空格，正文整体偏右，落款签名位置正常。YB6 为向云案后书写的本人签名实验样本原件扫描件，其中"云"字为繁体字。YB1~YB6 中字迹均为规范字，YB3、YB6 中部分"云"字为繁体字，样本字迹笔画清晰，运笔流畅、自然，字迹数量多，笔迹特征稳定一致，充分反映了书写人的书写习惯，具备比对条件。使用 Photoshop 软件将 YB1~YB6 中字迹放大观察，并进行比对检验，发现其在一般特征和细节特征上反映稳定一致，系同一人书写形成。

（三）比较检验

　　使用 Photoshop 软件将检材与样本字迹扫描图片在同等条件下放

参加编号：19DA0197

大观察，并进行特征标识，制作《笔迹特征比对表》进行比较检验，发现：

1. JC 与 YB5 在正文内容行数、正文内容倾斜角度、左右页边距等整体布局一般特征上存在差异。JC 正文内容为三行，除阿拉伯数字整体向右上倾斜外其余字迹均为水平分布、无倾斜，正文与两侧页边距为左窄右宽；而 YB5 正文内容为四行，字迹整体向右上倾斜，正文与两侧页边距为左宽右窄（详见《笔迹特征比对表（一）》）。

2. JC 内容文字字迹与 YB1~YB5 中字迹在相同词组的搭配、单字或相同偏旁部首的写法、笔画起收笔、运笔以及笔画间搭配比例等细节特征上反映差异，如"收条"、"向云"、"身份证号"、"拾万元"等词组的搭配特征；"收"、"数"等字"攵"部的运笔特征；"女"字和"如"、"数"等字"女"部的写法及运笔特征；"向"、"号"、"拾"、"若"等字"口"部的写法及收笔特征；"拾"、"企"等字"人"部的收笔特征；"返"、"还"等字"辶"部的写法及运笔特征；"我"、"成"等字"戈"部的写法及起笔特征；"条"字"夂"部的写法特征；"职"字"八"部的写法特征；"收"、"向"、"王"、"国"、"工"、"还"、"理"、"我"、"未"等字的笔画起收笔及运笔特征；"涛"、"身"、"份"、"企"、"作"、"办"、"成"、"为"、"我"、"职"等字的笔画搭配比例特征等。另，JC 内容文字字迹中"收"字第一笔、"数"字"米"部及"办"字的运笔特征；"号"字的收笔特征；"我"字的起笔特征等，与样本相同部位特征反映一致（详见《笔迹特征比对表（二）》）。

3. JC 阿拉伯数字字迹与 YB1~YB5 中阿拉伯数字字迹在相同数字的搭配、相同数字的写法、起收笔及运笔等细节特征上反映一致，如"310108"、"1974"、"77"的组合搭配特征；"9"、"5"的写法及起笔特征；"7"、"6"的起笔特征；"4"的收笔特征；"3"的起笔及运笔特征等。另，JC阿拉伯数字字迹中第一个"8"的起收笔搭配特征、"5"的笔画搭配等特征，与样本相同部位特征存在差异（详见《笔迹特征比对表（三）》）。

4. JC署名"向云"字迹与YB1~YB6中的向云签名字迹在书写模式、字体字形上表现不一致，无可供比较的相同单字或偏旁部首，二者不具备相互比对的条件（详见《笔迹特征比对表（四）》）。

五、分析说明

通过比较检验发现：

JC内容文字字迹与YB1~YB5字迹在整体布局等一般特征和相同词组搭配、单字或相同偏旁部首的写法、笔画起收笔、运笔以及笔画间搭配比例等细节特征上反映差异，差异特征数量多，质量高，其差异特征的总体价值充分反映了不同人的书写习惯，为本质性差异。二者在个别字迹的个别笔画特征上存在符合，符合特征数量少，质量低，分析认为系不同人书写相同字出现的相似性，为非本质符合。

JC阿拉伯数字部分字迹中存在弯曲、抖动现象，但整体书写流畅、自然，分析认为系正常书写中存在的书写条件变化造成。JC阿拉伯数字字迹与YB1~YB5中阿拉伯数字字迹在相同数字的组合搭配、相同数字的写法、起收笔及运笔等细节特征上反映一致，符合特征数量多，质量高，但由于阿拉伯数字笔画较少，书写规则简单，未能全面反映书写人的书写习惯，现有符合特征的总体价值只能在极大程度上反映出同一人的书写习惯。二者在个别阿拉伯数字字迹的笔画搭配特征上存在的差异，分析认为系同一人的书写多样性，为非本质

参加编号：19DA0197

差异。

　　JC 署名"向云"字迹与 YB1~YB6 中的向云签名字迹在书写模式、字体字形上表现不一致，其符合或差异特征的总体价值较低，无法构成同一认定或否定的依据。

六、鉴定意见

　　无署期、署名为"向云"的《收条》上的内容文字字迹不是出自向云的笔迹。

　　无署期、署名为"向云"的《收条》上的阿拉伯数字字迹极有可能是出自向云的笔迹。

　　无法判断无署期、署名为"向云"的《收条》上的署名"向云"字迹是否出自向云的笔迹。

七、附件

1.检材复制件 2 页。

2.样本复制件 6 页。

3.笔迹特征比对表 5 页。

4.司法鉴定许可证复印件 1 页（略）。

5.司法鉴定人执业证复印件 1 页（略）。

　　　　　　　　司法鉴定人：　　　　　　×××

　　　　　　　　《司法鉴定人执业证》证号：×××××××

　　　　　　　　司法鉴定人：　　　　　　×××

　　　　　　　　《司法鉴定人执业证》证号：×××××××

　　　　　　　　授权签字人：　　　　　　×××

　　　　　　　　　　　　　二〇一九年七月八日

参加编号：19DA0197

附件1：

检材复制件

收条

我何云，身份证号：310108197408167751

收于得拾万元，为其效力，经入职

回合工作，若未办成，如数退回。

JC

检材 第 1 页 共 2 页

参加编号：19DA0197

检材复制件

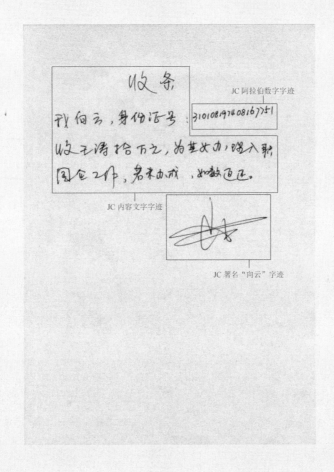

JC 阿拉伯数字字迹

JC 内容文字字迹

JC 署名"向云"字迹

JC

检材 第 2 页 共 2 页

参加编号：19DA0197

附件2：

样本复制件

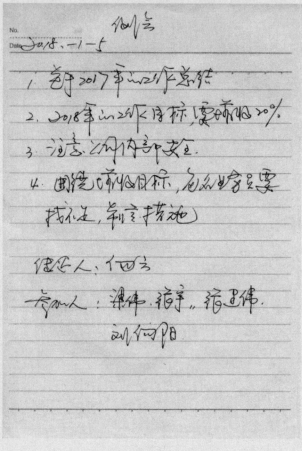

YB1

参加编号：19DA0197

样本复制件

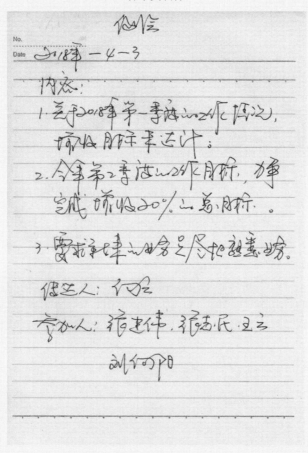

YB2

参加编号：19DA0197

样本复制件

个人基本情况			
姓名	何云	性别	男
籍贯	上海	出生年月	19xx.8.19
职务	职员	学历	大专
毕业院校	上海职业学院		
家庭住址	上海市三明大街35号		
个人简历	1990年7月至1993年9月三明中学 1993年9月至1998年7月上海师范学院 1998年7月至2007年8月三明机械 有限公司 2007年8月至2017年12月三明职业 出行纪检			

本人签名：何云

YB3

参加编号：19DA0197

样本复制件

情况说明

去年初，王涛来我公司为他女儿找
工作，我们相识，我也为女儿找工
作，他都不满意，我以来共临
过他10万元，收条上的签名不是
我的签名

特此说明

何云
20/4年×月/0日

YB4

参加编号：19DA0197

样本复制件

收条

我 □□□ 身份证号 310108.97408167751

收到王涛 拾万元为其女办理

入职国企工作 若未办成如数

退还

□□

以上字迹是我书写

2019年4月11日

YB5

参加编号：19DA0197

样本复制件

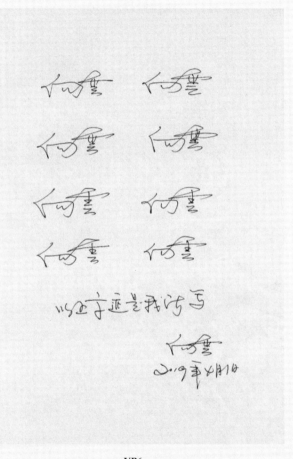

YB6

参加编号：19DA0197

附件3：

笔迹特征比对表（一）

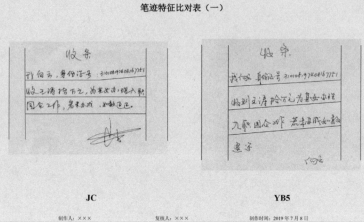

JC	YB5

制作人：×××　　　　　复核人：×××　　　　　制作时间：2019 年 7 月 8 日

第 1 页 共 5 页

参加编号：19DA0197

笔迹特征比对表（二）

检材	样本	
取自 JC 内容文字字迹	取自 YB1~YB3 字迹	取自 YB4、YB5 字迹

参加编号：19DA0197

笔迹特征比对表（二）

检材	样本	
取自 JC 内容文字字迹	取自 YB1~YB3 字迹	取自 YB4、YB5 字迹

参加编号：19DA0197

笔迹特征比对表（三）

检材	样本	
取自 JC 阿拉伯数字字迹	取自 YB1~YB3 字迹	取自 YB4、YB5 字迹

参加编号：19DA0197

笔迹特征比对表（四）

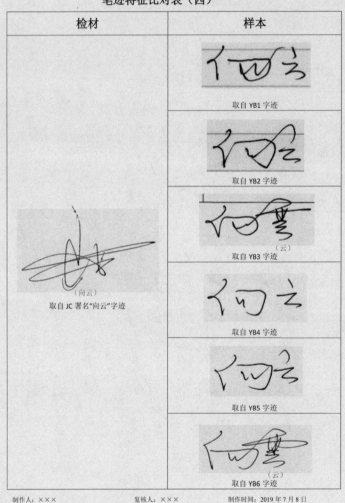

检材	样本
	取自 YB1 字迹
	取自 YB2 字迹
取自 JC 署名"向云"字迹	（云） 取自 YB3 字迹
（向云）	取自 YB4 字迹
	取自 YB5 字迹
	（云） 取自 YB6 字迹

制作人：×××   复核人：×××   制作时间：2019 年 7 月 8 日

[例2] 19DA0176鉴定文书(专家组评价结果：通过)

参加编号：19DA0176

共14页 第1页

向云笔迹

司 法 鉴 定 意 见 书

XX 鉴〔2019〕文鉴字第 001 号

一、基本情况

委 托 人: XXXX

鉴定材料:

检材:

无署期，署名为"向云"的《收条》扫描图片 1 张，下称检材（标识为 JC）。

样本:

样本 1: 向云于 2018 年 1 月 5 日书写的"例会记录"扫描图片 1 张，下称样本 1（标识为 YB1）；

样本 2: 向云于 2018 年 4 月 3 日书写的"例会记录"扫描图片 1 张，下称样本 2（标识为 YB2）；

样本 3: 向云填写的《个人基本情况》扫描图片 1 张，下称样本 3（标识为 YB3）

样本 4: 向云于 2019 年 4 月 1 日书写的《情况说明》扫描图片 1 张，下称样本 4（标识为 YB4）；

样本 5: 向云于 2019 年 4 月 1 日听写的收条字迹实验样本扫描图片 1 张，下称样本 5（标识为 YB5）；

样本 6: 向云于 2019 年 4 月 1 日书写的本人签名实验样本扫描图片 1

张，下称样本 6（标识为 YB6）。

委托鉴定事项：检材《收条》上的内容字迹及落款签名是否出自向云的笔迹。

委托日期：2019 年 XX 月 XX 日

鉴定适用规范：《文件鉴定通用规范》（GB/T 37234-2018）

《笔迹鉴定技术规范》（GB/T 37239-2018）

二、检案摘要

在一起民事纠纷中，原告王涛诉称：2018 年 2 月 7 日被告向云承诺为其女儿介绍工作，收取介绍费 10 万元，约定如未办成将全数返还。因女儿工作至今毫无音讯，王涛遂起诉要求向云全额返还 10 万元，同时向法院提交《收条》原件 1 张。被告向云称：确曾为王涛的女儿介绍工作，收取过少许费用，但未收到过这笔 10 万元，也没有出具过任何收条。

经确认原告提交的《收条》及经质证的 6 份样本均为原件后，专业人员对其进行了高分辨率扫描（1200DPI），现法院委托司法鉴定机构根据扫描图片进行笔迹同一性鉴定。

三、鉴定过程及分析说明

1、检材：检材为《收条》扫描图片，手写字迹清晰、特征反映好，具备笔迹鉴定条件。

2、样本：

据述：经确认及质证，6 份样本均为向云本人书写形成。全部样本字迹清晰、特征反映好，具备笔迹鉴定条件。

3、比对检验发现：

按照笔迹特征反映，检材手写字迹内容为三部分：其一、"收条 我

参加编号：19DA0176

向云，身份证号：　收王涛拾万元，为其女办理入职国企工作，若未办成，如数返还。"　标识为 JC1；其二、手写字迹内容中身份证号

"310108197408167751"标识为 JC2；其三、署名字样"　　　　　"标识为 JC3。

　　JC1 与 6 份样本笔迹书写水平相近，但在书写习惯、笔画搭配、排列布局和字形风貌特征等其他细微特征方面，存在极为稳定、本质、高价值的差异特征，其特征总和反映了不同人的书写习惯，为不同人书写形成；

　　JC2 与 6 份样本中阿拉伯数字的书写字迹在书写习惯、笔画搭配、排列布局和字形风貌特征等其他细微特征方面，存在极为稳定、本质、高价值的吻合特征，其特征总和反映了同一人的书写习惯，为同一人书写形成；

　　JC3 为草体个性化组合式签名，其书写形式特殊、笔画简约流畅，但 6 份样本中的向云本人署名字迹均没有类似书写形式，缺乏比对条件，无法判断书写人。

四、鉴定意见

　1、检材《收条》中书写内容（JC1）不是向云本人书写形成；

　2、检材《收条》中身份证号"310108197408167751"（JC2）字迹为向云本人书写形成；

　3、检材《收条》中署名字样"　　　　　"（JC3），无法判断书写人。

五、附件目录

1. 特征比对表

2. 检材复印件

3. 样本复印件

4. 鉴定人证书复印件

5. 机构鉴定许可证复印件

六、相关说明

本鉴定依据委托人提供的资料进行。若鉴定所涉各方补充鉴定所需资料及情况，鉴定机构及鉴定人可以依照规定进行补充鉴定或者重新鉴定。

本鉴定结论可能存在的笔误、颠倒等编辑、表述、制作中的失误或瑕疵，若经鉴定涉及各方指出，鉴定机构可勘误更正或重新制作鉴定意见书。

七、鉴定人、审签人签名

司法鉴定人：XXX   签名：XXX

《司法鉴定人执业证》   证号：XXXXXXXXXXXX

司法鉴定人：XXX   签名：XXX

《司法鉴定人执业证》   证号：XXXXXXXXXXXX

审核签发：XXX   签名：XXX

XXXX 司法鉴定中心

二〇一九年七月八日

笔迹特征比对表1

XX 鉴〔2019〕文鉴字第 001 号

检材	样本
JC1	**YB1/2/3/4/5/6 字迹**
《收条》中的书写内容	

笔迹特征比对表 2   XX 鉴 [2019] 文鉴字第 001 号

检材	样本
JC2 检材中身份证号书写字迹 ： 31010819740816775 51	**YB1/2/3/4/5/6 日期及数字书写字迹** 310108.19740816775 51 2018.-1-5 19 X 4.8.19 2019年X月10 2019年X月10 2019年X月10 1990年7月至,1993年9月 1993年9月至,1998年7月 1998年7月至,2007年8月至

笔迹特征比对表 3　　XX 鉴[2019]文鉴字第 001 号

检材	样本
JC3《收条》署名字迹	YB1/2/3/4/5/6 各样本中缺乏类似书写形式。

JC

收条

我何云，身份证号：310108197408167751

收王涛拾万元，为其女力，调入职

圆企工作，若未办成，如数退还。

参加编号：19DA0176

共14页 第9页

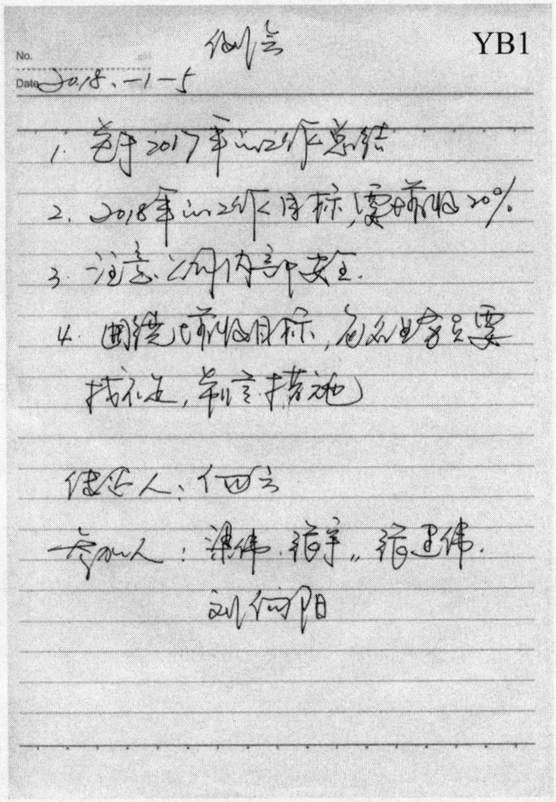
YB1

例会

No.

Date 2018.-1-5

1. 关于2017年的工作总结

2. 2018年的工作目标，要增收20%

3. 注意公司内部安全.

4. 围绕增收目标，各部门要找不足，制定措施

记录人：何四云

参加人：梁伟.张洋，杨建伟.刘向阳

共14页 第10页

参加编号: 19DA0176

No. 便签

YB2

Date 2018-4-3

内容:

1. 关于2018年第一季度山2代偿还, 借款时标未还清。

2. 今年第2季度山2代偿还, 仅就 偿还20%山差偿还。

3. 要求到年山时分之尽把款差款。

保证人: 行位

参加人: 张建伟、张洁民、王二

刘柯阳

参加编号：19DA0176

共 14 页　第 11 页

YB3

个人基本情况			
姓名	*(手写)*	性别	男
籍贯	*(手写)*	出生年月	19y4.8.1y
职务	职员	学历	大专
毕业院校	上海职业学院		
家庭住址	上海市志明大街308号		
个人简历	1990年9月至1993年9月志明中学 *(手写)* 1993年9月至1996年7月在上海职业学院 1996年7月至2001年8月志明机械 方限公司 2001年8月至2017年12月志明职. 业有限公司		

本人签名：*(手写签名)*

YB4

情况说明

去年初，王涛来我公司为他女儿找工作，我们相识，我也为女儿找工作，他都不满意，我从来未给过他10万元，收条上的签名不是我的签名。

特此说明

何云
2019年8月10日

YB5

收条:

我何x 身份证号 310108.9740816775l

收到王涛 拾万元为其女办理

入职国企工作 若未办成如数

退还

何x

以上字迹是我所写

2019年4月11日

YB6

以上字迹是我亲写

山19年x月x日

［例3］　19DA0199鉴定文书(专家组评价结果：不通过)

参加编号：19DA0199

ＸＸＸＸ司法鉴定中心司法鉴定意见书

XX 司鉴中心[XXXX]文鉴字第 XX 号

一、基本情况

委托人： XXX 人民法院

委托鉴定事项：

对无署期，署名为"向云"《收条》上的内容字迹及落款签名是否出自向云的笔迹进行鉴定。

受理日期： XXXX 年 X 月 X 日

鉴定材料：

检材：

由委托人提供的无署期，署名为"向云"的《收条》原件扫描图片 1 张。(字迹标识为 JC，详见附件检材概貌照片)

样本：

1. 由委托人提供的向云于 2018-1-5 书写的"例会记录"原件扫描图片 1 张。(字迹标识为 YB1，详见附件样本概貌照片)

2. 由委托人提供的向云于 2018 年-4-3 书写的"例会记录"原件扫描图片 1 张。(字迹标识为 YB2，详见附件样本概貌照片)

3. 由委托人提供的向云填写的"《个人基本情况》"表格原件扫描图片 1 张。(字迹标识为 YB3，详见附件样本概貌照片)

4. 由委托人提供的向云于 2019 年 4 月 1 日书写的《情况说明》

原件扫描图片 1 张。（字迹标识为 YB4，详见附件样本概貌照片）

5.由委托人提供的向云于 2019 年 4 月 1 日听写的收条字迹实验样本原件扫描图片 1 张。（字迹标识为 YB5，详见附件样本概貌照片）

6.由委托人提供的向云于 2019 年 4 月 1 日书写的本人签名实验样本原件扫描图片 1 张。（字迹标识为 YB6，详见附件样本概貌照片）

鉴定日期：XXXX 年 X 月 X 日

鉴定地点：XXXX 司法鉴定中心

被鉴定人：向云

二、检案摘要

据委托人介绍，在一起民事纠纷中，原告王涛诉称：2018 年 2 月 7 日被告向云承诺为其女儿介绍工作，收取介绍费 10 万元，约定如未办成将全数返还。因女儿工作至今毫无音讯，王涛遂起诉要求向云全额返还 10 万元，同时向法院提交《收条》原件 1 张。被告向云称：确曾为王涛的女儿介绍工作，收取过少许费用，但未收到过这笔 10 万元，也没有出具过任何收条。

经确认原告提交的《收条》及经质证的 6 份样本均为原件后，专业人员对其进行了高分辨率扫描（1200DPI），现法院委托司法鉴定结构根据扫描图片进行笔迹同一性鉴定。

三、检验过程

依据国家市场监督管理总局、中国国家标准化管理委员会发布的《文件鉴定通用规范》（GB/T 37234-2018）、《笔迹鉴定技术规范》（GB/T 37239-2018）对本案检验如下：

经检验，检材（JC）为 A4 规格的纸张，页面整洁，通篇字迹确认为直接书写形成，笔画清晰，具备鉴定条件。经放大检验，发现 JC 字迹均为黑色墨水书写，运笔流利自然，书写速度较快，连笔程度较高。无伪装及摹仿等异常迹象，为正常书写字迹，具备鉴定条件。JC 中数字 "310108197408167751" 较其他内容字迹整体向上倾斜。其它内容字迹单字及笔画间的搭配比例合理，照应自然。落款签名字迹 " " 为一笔书写形成的组合连写签名。（即 "艺术签名"）

样本（YB1-YB6）均确认为直接书写形成，其中（YB1-YB3）为自然样本，样本（YB4-YB6）为实验样本。经放大检验，发现样本字迹均为黑色墨水书写，书写正常，运笔流利自然，连笔程度较高，笔迹特征稳定一致，能够稳定地反映书写人的书写动作习惯（如：样本多次出现的 "我"、"作"、"未"、"女"、"为"、"收"、"王"、"向云" 等字迹），具备比对条件。

将检材字迹（除落款签名 " "）与样本字迹进行比较检验，发现两者字迹的书写风貌、字形、写法等一般特征均有差异；字迹笔画的搭配位置及比例、起笔、收笔动作、连笔方式等细节特征亦有差异。（见附件《笔迹特征比对表》）

由于检材中落款签名字迹 " " 为非规范文字写法，属组合连写签名（即 "艺术签名"），样本字迹中无相对应的 " " 艺术签名，故无比对条件。

四、分析说明

1. 通过分别检验及比较检验，检材字迹（除落款签名 " "）

与样本字迹之间存在足够数量的差异特征（如"我"字中"戈"的写法，"女"字的连笔方式，"工作"二字的写法及连笔方式，"职"字的笔画搭配位置，"向云"二字的字形及写法；阿拉伯数字"0"的封口位置，"8"字的写法，"5 和 6"字笔画的搭配位置等），且差异特征的价值充分反映了不同人的书写习惯。

五、鉴定意见

1.无署期，署名为"向云"《收条》上的内容字迹不是向云所写。

2.无法判断《收条》上落款签名" "是否向云所写。

附件：

1.检材概貌照片；

2.样本概貌照片；

3.笔迹特征比对表。

司法鉴定人：XXX

《司法鉴定人执业证》证号：XXXXXXXXXXXX

司法鉴定人：XXX

《司法鉴定人执业证》证号：XXXXXXXXXXXX

XXXX 年 X 月 X 日

检材概貌照片

收条

我向云，身份证号：31010819740816775l

收王涛拾万元，为其女加增入职
国企工作，若未办成，如数退还。

JC

样本概貌照片

YB1

样本概貌照片

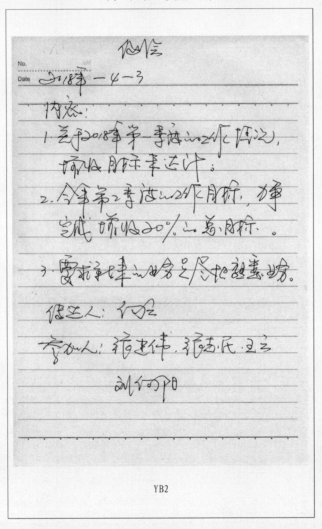

YB2

样本概貌照片

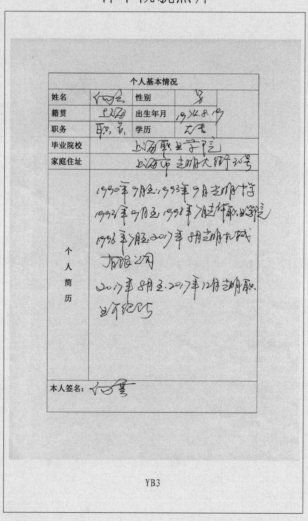

YB3

样本概貌照片

情况说明

王辉姐、王涛来我公司为他女儿找
工作　我们相识，我也为女儿找工
作　他都不满意。我从来未收
过他10万元，收条上的签名不是
我写的。

情况说明

何云
2014年8月1日

YB4

样本概貌照片

收条,

我何××身份证号 310108.974081677×1

收到王涛拾万元为其女办理

入职,国企工作 若事办成如数

退还

何××

以上字迹是我所写

2019年4月1日

YB5

样本概貌照片

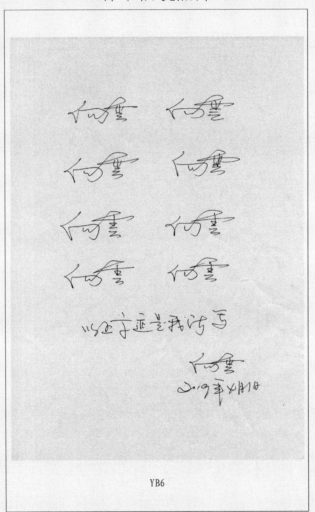

YB6

笔迹特征比对表

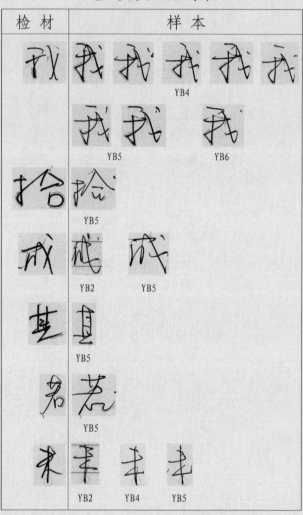

| 检　材 | 样　本 |

笔迹特征比对表

笔迹特征比对表

笔迹特征比对表

检材	样本

笔迹特征比对表

检　材	样　本
3101081974081677251	3101081974081677251
	YB5
	4　5
	YB1
	25　1996　1974
	YB3

【专家点评】

最终评价结果为"满意"的鉴定机构,针对内容字迹(除身份证号码),作出的鉴定意见与客观结果一致,多数对检材内容字迹(除身份证号码)的性质判断准确,认为内容字迹为正常笔迹,检验过程较详细,笔迹特征的分析较准确,鉴定意见的依据较充分,作出的鉴定意见较客观;针对身份证号码,作出的鉴定意见与客观结果一致或基本一致或未作出明确性的鉴定意见,检验过程较详细,笔迹特征的分析较准确,鉴定意见的依据较充分;针对签名字迹,虽然检材签名与样本签名客观上出自同一人的笔迹,但由于样本不具备比对条件,故作出无法判断的鉴定意见合理。

如19DA0197鉴定文书,专家组评价结果为"满意"。该鉴定文书格式规范,叙述简洁、清晰。在对检材笔迹的分析中,表述了检材笔迹书写正常,特征稳定,具备检验条件。并且发现阿拉伯数字整体向右上倾斜,其余内容字迹为水平分布、无倾斜,两者布局存在差异。对于检材笔迹的分析全面、准确。在对样本字迹的分析中,较全面地分析了样本字迹的可比性和充分性。针对检材内容除阿拉伯数字以外字迹的比对检验,选取的差异特征数量多且包括整体布局、词组间的局部安排及"向"的起笔、"收""女""辶"的行笔、"国""成"的搭配比例等高价值差异特征,同时对存在的符合特征进行了客观描述。综合评判中,在论述差异特征的总和充分反映出不同人书写习惯的同时,对符合特征也做出了合理的解释。针对身份证号码阿拉伯数字的比对检验,对发现的符合特征及差异特征作出了客观准确的描述和综合评断,其中包括字行的倾斜、字间的局部安排等高价值符合特征,得出的鉴定意见客观正确。针对落款签名的比对检验,客观描述了书写模式、字形字体上的不一致,由于样本材料的不充分和局限性,客观地作出无法判断的鉴定意见。此外,该鉴定的鉴定意见表述合理、规范,特征比对表制作及特征标识清晰、准确。

在获得"满意"评价的鉴定机构中存在的问题主要表现在:针对身份证号码字迹,虽然作出的鉴定意见准确,但个别机构对身份证号码的描述和性质分析不够准确或未进行详细的分析,对身份证号码与样本字迹之间明显的差异特征未作描述,或有描述但未能给出合理解释,或解释不准确,未对整体布局特征进行分析,导致鉴定意见的说服力不够。此外,个别机构对三部分检材字迹未分开描述,分析不够全面,给出的鉴定意见的依据不够充分。

最终评价结果为"通过"的鉴定机构,针对内容字迹(除身份证号码),作出的鉴定意见与客观结果基本一致（倾向否定），但未得出明确性否定意见。还有部分机构虽然鉴定意见合理，但对检材笔迹的性质判断错误，或特征比对表未进行标识且鉴定文书中未对笔迹特征进行详细描述，或描述严重错误、不专业、无逻辑、不规范，或检验不全面，依据不充分。

如19DA0176鉴定文书，专家组评价结果为"通过"。虽然该鉴定作出的鉴定意见合理，但鉴定文书存在明显缺陷。在对检材笔迹的分析中，检验过于笼统，未对检材笔迹的性质进行判断，未区分不同部分笔迹特征的具体情况。在对样本笔迹的分析中，未对样本笔迹的特征表现进行分析，未对样本笔迹的充分性及可比性进行分析。在比较检验及综合评断中，特征描述过于简单笼统，支持鉴定意见的依据不充分。针对内容字迹（除身份证号码）的比对检验中，未客观描述存在的符合特征，综合评断中也未作合理的解释。针对身份证号码阿拉伯数字的比对检验中，未客观描述存在的差异特征，综合评断中也未作合理的解释。作为重要的支撑材料，特征比对表选取的特征不充分，且特征未标识。此外，还存在鉴定文书格式不规范、鉴定意见表述不准确等问题。

本次能力验证计划中，得到"不通过"评价结果的鉴定机构，多数是由于作出的鉴定意见与客观结果不一致。如针对内容字迹（除身份证号码）作出了认定同一或倾向认定同一或无法判断的鉴定意见；针对身份证号码，作出了否定同一或倾向否定同一的鉴定意见；针对签名字迹，作出了认定或否定方向的鉴定意见，作出的鉴定意见缺乏特征支持，依据不充分，属于主观臆断。

如19DA0199鉴定文书，专家组评价结果为"不通过"。该鉴定文书基本符合规范，在对检材笔迹的分析中，分析了检材笔迹书写正常，特征稳定，具备检验条件，且发现了阿拉伯数字整体向右上倾斜，与其余内容字迹之间存在的差异，但并未在此基础上进一步深究。在对样本字迹的分析中，较全面地分析了样本字迹的可比性和充分性。针对检材内容字迹的比对检验中，选取的特征数量不充分，尤其是身份证号码阿拉伯数字的字行的倾斜、字间的局部安排等高价值符合特征未选取。由于鉴定人对检材笔迹分析的不全面及选取特征的不充分，造成鉴定人未将检材上的身份证号码阿拉伯数字与其他内容字迹分别与样本进行比对检验，分别进行综合评断，从而得出了错误的鉴定意见。针对落款签名的比对检验中，客观描述了由于样本材料的不充分和局限性，作出了无法判断的鉴定意见。

根据上述分析，有两个方面的问题应当引起鉴定人的重视：一是对于如何对检材进行全面检验的问题，尤其当检材中同时存在汉字字迹与阿拉伯数字时,如何准确、充分地把握笔迹特征。本次能力验证中,有相当数量的鉴定人未将检材中的汉字字迹与阿拉伯数字分开检验,忽视了对阿拉伯数字的检验,对检材笔迹的性质分析不准确,这也从侧面反映出在鉴定实践中,部分鉴定人没有将汉字字迹与阿拉伯数字进行分开检验的意识,从而导致作出错误的鉴定意见;二是样本数量不够或可比性较差的情况下,如何准确把握笔迹特征的符合点和差异点、如何做出鉴定意见、如何识别和规避可能的鉴定风险。在本次能力验证中,针对检材签名字迹,客观上是出自向云的笔迹,但由于样本不具备比对条件,故应作无法判断的鉴定意见。但仍有少数鉴定人作出了方向性的鉴定意见,依据不充分,有主观臆造的成分。如果鉴定人在这种情况下贸然做出鉴定意见,必然会导致错误鉴定意见的发生。

另外,有的鉴定机构对制作笔迹特征比对表不够重视,特征比对表中图片的质量不高,选取的单字过少,有的对笔迹特征未标识或未正确标识。部分机构在制作比对表时,信息不全面,未作唯一性标示或未标明制作人、制作日期等信息。部分机构鉴定文书的格式不够规范,术语表述不专业,逻辑性不强,对笔迹特征总体价值的分析说明过于简单或格式化,也有将应在检验过程中描述的内容(如比较检验内容)放在分析说明中描述,或将应在分析说明中描述的内容(如差异点的解释)放在比较检验中描述等。部分鉴定机构检验过程、分析说明中的内容描述与鉴定意见相矛盾。还有个别鉴定人,在制作鉴定文书过程中不认真,有明显的笔误,或未在附件中列明附件等。

点评人: 张　云　正高级工程师

周光磊　高级工程师

杨　旭　正高级工程师

《印章印文鉴定（CNAS SF0024）》
鉴定文书评析

【项目简介】

　　印章印文鉴定是文书鉴定实践中最为常见的项目之一,在各类刑事、民事、仲裁等案(事)件中都起着十分重要的证据作用。随着制章技术的发展和办公自动化系统的普及,高仿真印文成为印章印文鉴定中经常遇到的一类鉴定对象。由于高仿真印文的形态与真实印章印文十分相像,采用传统的完全基于形态相似程度的检验方法已不能适应鉴定实践的需求。对于鉴定人员,如果没有识别高仿真印文的意识并且对于高仿真印文的特点认识不足,则在遇到该类案件时鉴定意见会出现偏差甚至错误。目前高仿真印文制作主要有两种方式:一是以真实印章印文为母本直接通过复制手段进行伪造,如打印、复印、转印和制版印刷,主要体现在印文形成方式与印章直接盖印不同导致的墨迹分布和材料上的差异;二是通过扫描真实印章印文作为模板,使用现代制章技术复制印章,然后盖印形成伪造印文,其形成方式与印章直接盖印印文相同,但在印章材质特征、阶段性特征、特征固化、印文形态细节等方面容易暴露出痕迹。

　　本次能力验证计划提供了1份检材和4份样本,检材上留有2枚印文,样本中体现了印文的历时性特征,从而要求鉴定人能够正确地运用鉴定方法,充分发现特征,特别是在分别检验和比较检验中发现检材与样本印文的特征及异同,保证鉴定结果的全面性和正确性。

　　本次能力验证样品提供的是检材和样本原件的扫描件,为了避免鉴定人对印文形成方式的不确定,在提供的任务书中对印文的形成方式做了特别说明,已经明确告知鉴定人检材和样本原件上的印文均系盖印形成。

　　本次能力验证计划旨在了解和客观地评价司法鉴定机构在印章印文鉴定

方面的技术能力和水平,达到规范鉴定活动、提高鉴定能力的效果,从而有助于不同鉴定机构间在对同一问题的鉴定上获得基本一致的鉴定意见,保证司法鉴定意见的一致性和可比性。本次能力验证的结果还可以作为认证认可、行业监管的重要依据。

【方案设计】

本次印章印文鉴定能力验证计划的方案设计和样本制备,由项目专家组参照实际案例模拟设计和制作,鉴定难度适中。能力验证样品为电子图片形式,检材和样本式样见图1,制备过程如下:

1. 文本制作

使用激光打印机打印检材《短期借款合同》文本,使用黑色墨水笔书写下方"担保展期";使用激光打印机打印样本《借款合同》(3份)和《印鉴式样》共四份文本。

2. 印章制作

(1)印章1:激光刻制"上海盈河文艺资源贸易运输有限公司"橡塑印章,"易"字上部笔画处嵌有附着物。

(2)印章2:选取一枚印章1盖印的印文作为母本,扫描后,制作光敏印章。

3. 检材和样本制作

(1)检材制作:在不同条件下使用印章2在检材《短期借款合同》及下方"担保展期"上盖印。

(2)样本制作:使用印章1在样本1上盖印;在"有"字笔画处嵌入附着物,在不同条件下使用印章1在样本2、样本3、样本4上盖印。

4、检材和样本的扫描

使用1200dpi分辨率扫描检材和样本原件,保存为JPG图像格式。

根据上述样品制备过程,本次能力验证计划的客观结果是:检材上的两枚印文与同名样本印文不是同一枚印章的印文。

【结果评析】

本次能力验证计划共有257家机构报名参加,其中,共有251家机构返回了结果,6家机构未返回结果,反馈率97.7%。在251家返回结果的参加机构中,获得满意评价的有107家,占42.6%;通过114家,占45.4%;不通过26家,占10.4%;不予评价4家,占1.6%。

JC

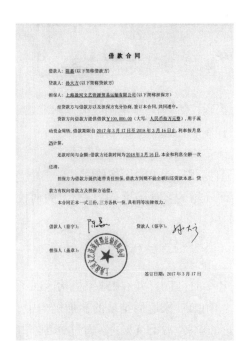

YB1

YB2

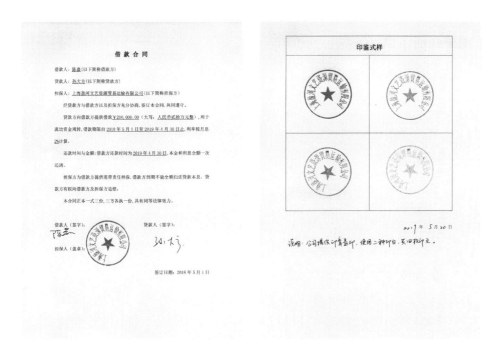

YB3   YB4

图1 检材和样本式样

本次能力验证计划结果评价采用专家公议方式,专家依据事先制定的评价标准对反馈结果进行评价,主要从鉴定意见的正确性、鉴定依据的充分性、检验的全面性及鉴定文书的规范性等几个方面进行综合评价,以全面考察参加者在印章印文鉴定方面的综合能力。下面从获得满意和通过评价结果的参加者中分别选取2份典型鉴定文书予以评析。

【结果评析】

[例1]　19DB0007鉴定文书(专家组评价结果:满意)

附件:检验鉴定照片　　　　　　　　　　　参加编号: 19DB0007

参加编号: 19DB0007

XXXX 司法鉴定中心文书司法鉴定意见书

XX 司鉴中心 [XXXX] 文鉴意字第 XX 号

一、基本情况

委　托　人: XXXX 法院

受理日期: XXXX 年 X 月 XX 日

鉴定材料:

检材 (JC): 落款日期为 "2018 年 3 月 12 日" 的《短期借款合同》及 "2018 年 3 月 23 日" 的 "担保展期" 扫描图片 1 张。

样本 1 (YB1): 落款日期为 "2017 年 3 月 17 日" 的《借款合同》扫描图片 1 张。

样本 2 (YB2): 落款日期为 "2018 年 2 月 1 日" 的《借款合同》扫描图片 1 张。

样本 3 (YB3): 落款日期为 "2018 年 5 月 1 日" 的《借款合同》扫描图片 1 张。

样本 4 (YB4): 落款日期为 "2019 年 5 月 20 日" 的《印鉴式样》扫描图片 1 张。

委托鉴定事项:

1、检材《短期借款合同》及 "担保展期" 上 "担保人(盖章)" 处的 "上海盈河文艺资源贸易运输有限公司" 印文(以下称 JC-1 印章印文)

与样本上的 "上海盈河文艺资源贸易运输有限公司" 印文是否同一枚

第 1 页　共 17 页

印章的印文。

2、检材《短期借款合同》及"担保展期"上"担保人"处的"上海盈河文艺资源贸易运输有限公司"印文（以下称JC-2印章印文）与样本上的"上海盈河文艺资源贸易运输有限公司"印文是否同一枚印章的印文。

鉴定日期：XXXX 年 X 月 XX 日

鉴定地点：本中心文书鉴定室

二、基本案情

原告陈金诉被告1斯年和被告2上海盈河文艺资源贸易运输有限公司借款合同纠纷一案中，原告称其与被告1之间存在借贷关系，被告2为担保人，并提交留有三方签章的《短期借款合同》，其下方为借款到期后被告2同意继续担保并加盖印文的"担保展期"。被告2否定曾经为该笔借款担保并同意展期，认为原告提交的《短期借款合同》及"担保展期"上的两枚公司印文系伪造形成。

经确认争议的《短期借款合同》及"担保展期"上的两枚印文及经质证的4份样本上的印文均为盖印形成后，专业人员对其进行了高分率扫描（1200DPI），现法院委托本鉴定中心根据扫描图片进行印章印文同一性鉴定。

三、鉴定过程

（一）检验方法

根据《文件鉴定通用规范》GB/T 37234-2018、《印章印文鉴定技术规范》GB/T 37231-2018

附件: 检验鉴定照片　　　　　　　　　　　　　参加编号: 19DB0007

（二）检验所见

1、对检材进行检验

JC-1、JC-2 印章印文均为红色圆形印文，油墨分布不均，"上、海、盈、河、文、艺"等印文字迹对应的边框边缘不整齐、有缺损。印文字迹、五角星图案均清晰、完整，具备检验条件。

将两者进行比对检验，发现 JC-1 印文边框外留下框套痕迹，而 JC-2 印文未检见。JC-1 与 JC-2 印文在一般特征上反映一致，且在印文文字、线条、图案的笔画形态、缺损位置及笔画油墨堆积、粘连位置等细节、细微特征上均反映一致。两者重叠比对吻合程度较高，反映出同一枚印章所盖印的特征。

2、对样本进行检验

YB1 至 YB4 上共有 7 枚"上海盈河文艺资源贸易运输有限公司"印章印文，其中 YB4 的 4 枚印文是使用二种印台盖印形成。YB1 至 YB4 印文均为红色圆形印迹，印文字迹、五角星图案、边框线条均清晰、完整，印文特征得到全面反映，具备比对条件。将 YB1 至 YB4 印文进行比对检验，其在一般特征上反映一致，且在笔画、线条形态及油墨堆积细节、细微特征上存在符合。其相互重叠比对，吻合程度较高，反映出同一枚印章盖印特征。

3、检材与样本比对检验

将 JC-1、JC-2 与 YB1 至 YB4 上"上海盈河文艺资源贸易运输有限公司"印章印文进行比对检验，两者在一般特征上反映一致，在部分印文笔画、线条的油墨堆积，断笔、笔画缺失等特征方面，既存在符合点又存在差异点，但在笔画粘连、印文的形态等特征上均存在差异。

油墨堆积特征方面：JC-1、JC-2 与 YB1 至 YB4 印文字迹的"易"字"日"部均有油墨堆积现象，但 JC-1、JC-2 的"易"字"日"部最后一横有断笔现象，而 YB1 至 YB4 的笔画较完整。JC-1、JC-2 的"有"字与 YB1 的"有"字均无油墨堆积现象，而 YB2 至 YB4 的"有"字均出现油墨堆积现象。

笔画缺失、断笔特征方面：JC-1、JC-2 与 YB3"运"字最后一点笔画的缺失特征存在符合，而与 YB1、YB2、YB4 的存在差异；JC-1、JC-2 与 YB1 至 YB4 中的"河"、"资"、"源"等字在笔画的缺失、断笔等特征上存在差异。

笔画油墨粘连特征方面：JC-1、JC-2 的"源"与"输"字均检见笔画油墨粘连现象，而 YB1 至 YB4 未检见。

印文笔画、线条的形态特征方面：JC-1、JC-2 印文油墨分布不均，笔画线条较粗，笔画转角较圆钝，笔画边缘不平整。而 YB1 至 YB4 油墨分布均匀，笔画线条较细，棱角分明、边缘整齐。

将 JC-1、JC-2 与 YB1 至 YB4 印文相互进行重叠比对，两者在部分印文笔画上未能完全重合。（详见附件第 11 页，仅附 JC-1 与 YB2 及 JC-2 与 YB2 印文重叠比对照片）

四、分析说明

1、JC-1、JC-2 印文标称时间分别为 2018 年 3 月 12 日及 2018 年 3 月 23 日，而 YB1 的标称时间为 2017 年 3 月 17 日，YB2 至 YB4

的标称时间跨度从 2018 年 2 月 1 日至 2019 年 5 月 20 日, JC-1、JC-2 及 YB1 的 "有" 字均无油墨堆积现象, 而 YB2 至 YB4 印文的 "有" 字均出现油墨堆积现象, JC-1、JC-2 标称时间在 YB2 至 YB4 印文标称时间跨度内, 但其与该时段出现的稳定特征 ("有" 字的油墨堆积特征) 存在不符。

2、JC-1、JC-2 与 YB1 至 YB4 印文在细节特征上存在的差异点较符合点质量高。两者笔画、线条的油墨堆积, 断笔、笔画缺失, 笔画粘连, 印文笔画的形态等特征方面存在的差异是本质的。

3、JC-1 印文边框外留下框套痕迹及 JC-1、JC-2 印文笔画、线条反映出的细微特征, 反映出两枚需检印文均为章墨一体印章盖印形成的印文。YB4 中注明四枚印文由二种印台盖印形成, 且根据 YB1 至 YB4 印文反映的细节、细微特征, 反映出 YB1 至 YB4 印文为章墨分离印章盖印形成的印文。

4、综合分析, JC-1、JC-2 与 YB1 至 YB4 印文的种类特征及细微特征均存在差异, 反映出不同一枚印章盖印的特征。

五、鉴定意见

1、检材《短期借款合同》及 "担保展期" 上 "担保人（盖章）" 处的 "上海盈河文艺资源贸易运输有限公司" 印文与样本上的 "上海盈河文艺资源贸易运输有限公司" 印文不是同一枚印章的印文。

2、检材《短期借款合同》及 "担保展期" 上 "担保人" 处的 "上海盈河文艺资源贸易运输有限公司" 印文与样本上的 "上海盈河文艺资源贸易运输有限公司" 印文不是同一枚印章的印文。

附件:检验鉴定照片　　　　　　　　　　　　参加编号：19DB0007

鉴定人：刑事技术高级工程师　XXX

(执业证号：XXXXXXXXX)

刑事技术工程师　　　　XXX

(执业证号：XXXXXXXXXX)

XXXX 年 X 月 XX 日

附件：检验鉴定照片及特征比对表共 11 页

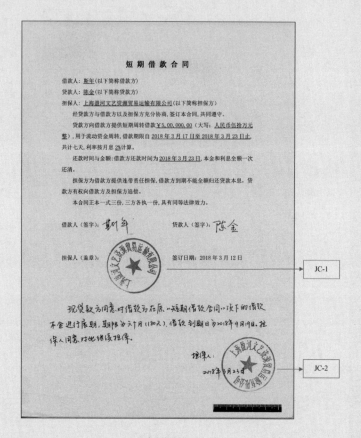

短 期 借 款 合 同

借款人: 斯年 (以下简称借款方)

贷款人: 陈金 (以下简称贷款方)

担保人: 上海盈河文艺贸源贸易运输有限公司 (以下简称担保方)

经贷款方与借款方以及担保方充分协商, 签订本合同, 共同遵守。

贷款方向借款方提供短期周转借款￥5,00,000.00 (大写: 人民币伍拾万元整), 用于流动资金周转, 借款期限自 2018 年 3 月 17 日至 2018 年 3 月 23 日止, 共计七天, 利率按月息 2‰计算。

还款时间与金额: 借款方还款时间为 2018 年 3 月 23 日, 本金和利息全额一次还清。

担保方为借款方提供连带责任担保, 借款方到期不能全额归还贷款本息, 贷款方有权向借款方及担保方追偿。

本合同正本一式三份, 三方各执一份, 具有同等法律效力。

借款人 (签字): 斯年　　　　　　贷款人 (签字): 陈金

担保人 (盖章):　　　　　　　　　签订日期: 2018 年 3 月 12 日　　　　→ JC-1

现贷款方同意,对借款方在原"短期借款合同"项下的借款本金进行展期,期限为六个月(180天),借款到期日为2018年9月19日,担保人同意,对此继续担保。

担保人:

2018年3月23日　　　　　　　　　　　　　　　　→ JC-2

JC 印章印文照片

附件:检验鉴定照片　　　　　　　　　　　　　参加编号：19DB0007

YB1 印章印文照片

YB2 印章印文照片

第 8 页 共 17 页

制作人：XXX　　　日期：XXXX　　审核人：XXX

附件:检验鉴定照片 参加编号：19DB0007

YB3 印章印文照片

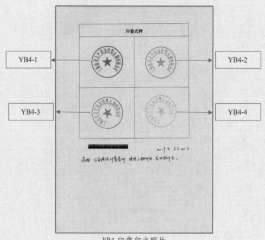

YB4 印章印文照片

第 9 页 共 17 页

制作人：XXX 日期：XXXX 审核人：XXX

附件:检验鉴定照片 参加编号: 19DB0007

JC 与 YB 印章印文比对照片

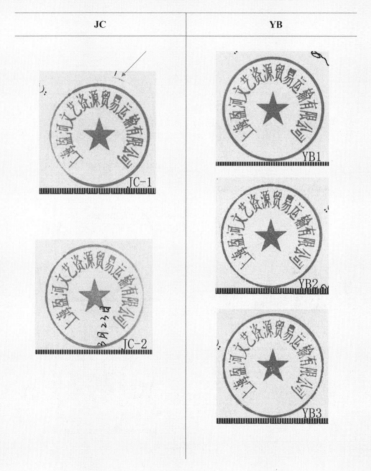

JC	YB

制作人：XXX 日期：XXXX 审核人：XXX

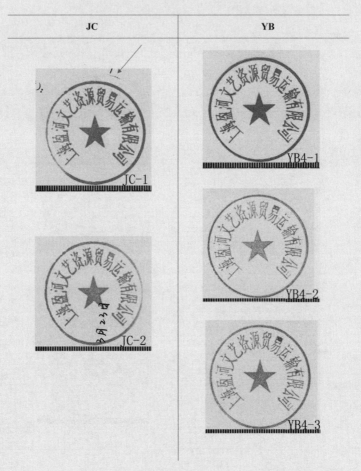

附件: 检验鉴定照片　　　　　　　　　　　　　　　参加编号: 19DB0007

JC 与 YB 印章印文比对照片

JC	YB

第 11 页 共 17 页

制作人: XXX　　日期: XXXX　　审核人: XXX

附件:检验鉴定照片 参加编号: 19DB0007

<u>JC 与 YB 印章印文比对照片</u>

制作人: XXX 日期: XXXX 审核人: XXX

附件:检验鉴定照片   参加编号: 19DB0007

特 征 比 对 表

JC-1	JC-2	YB1	YB2	YB3

第 13 页 共 17 页

制作人：XXX   日期：XXXX   审核人：XXX

附件：检验鉴定照片　　　　　　　　　　　　参加编号：19DB0007

特 征 比 对 表

JC-1	JC-2	YB4-1	YB4-2	YB4-3	YB4-4

附件:检验鉴定照片　　　　　　　　　参加编号: 19DB0007

JC-1 与 JC-2 印文重叠比对照片

YB1 与 YB2 印文重叠比对照片

第 15 页 共 17 页

制作人：XXX　　日期：XXXX　　审核人：XXX

附件：检验鉴定照片 参加编号：19DB0007

YB2 与 YB3 印文重叠比对照片

YB3 与 YB4-1 印文重叠比对照片

第 16 页 共 17 页

制作人：XXX 日期：XXXX 审核人：XXX

附件：检验鉴定照片　　　　　　　　　　参加编号：19DB0007

JC-1 与 YB2 印文重叠比对照片

JC-2 与 YB2 印文重叠比对照片

第 17 页 共 17 页

制作人：XXX　　日期：XXXX　　审核人：XXX

[例2]　19DB0236鉴定文书（专家组评价结果：满意）

项目名称：印章印文鉴定　　　　　　参加编号：19DB0236

XXX 司法鉴定所司法鉴定意见书

XX 司鉴所[2019]文鉴字第 XX 号

一、基本情况

委 托 方：XXX 人民法院

受理日期：2019 年 6 月 19 日

委托事项：

1、检材《短期借款合同》及"担保展期"上"担保人（盖章）"处的"上海盈河文艺资源贸易运输有限公司"印文与样本上的"上海盈河文艺资源贸易运输有限公司"印文是否同一枚印章的印文。

2、检材《短期借款合同》及"担保展期"上"担保人"处的"上海盈河文艺资源贸易运输有限公司"印文与样本上的"上海盈河文艺资源贸易运输有限公司"印文是否同一枚印章的印文。

送检材料：

检材：落款日期为"2018 年 3 月 12 日"的《短期借款合同》及"2018 年 3 月 23 日"的"担保展期"扫描图片 1 张（其上印章印文均为需检印文，其中"担保人（盖章）"处印文标识为 JC-1，"担保人"处印文标识为 JC-2）。

样本 1：落款日期为"2017 年 3 月 17 日"的《借款合同》扫描图片 1 张（标识为 YB1）。

样本 2：落款日期为"2018 年 2 月 1 日"的《借款合同》扫描图

片 1 张（标识为 YB2）。

样本 3：落款日期为"2018 年 5 月 1 日"的《借款合同》扫描图片 1 张（标识为 YB3）。

样本 4：落款日期为"2019 年 5 月 20 日"的《印鉴式样》扫描图片 1 张（标识为 YB4）。

鉴定日期： 2019 年 6 月 19 日至 2019 年 6 月 30 日

鉴定地点： XXX 司法鉴定所

二、基本案情

原告陈金诉被告 1 斯年和被告 2 上海盈河文艺资源贸易运输有限公司借款合同纠纷一案中，原告称其与被告 1 之间存在借贷关系，被告 2 为担保人，并提交留有三方签章的《短期借款合同》，其下方为借款到期后被告 2 同意继续担保并加盖印文的"担保展期"。被告 2 否认曾经为该笔借款担保并同意展期，认为原告提交的《短期借款合同》及"担保展期"上的两枚公司印文系伪造形成。经确认争议的《短期借款合同》及"担保展期"上的两枚印文及经质证的 4 份样本上的印文均为盖印形成后，专业人员对其进行了高分辨率扫描(1200DPI)，现法院委托司法鉴定机构根据扫描图片进行印章印文同一性鉴定。

三、鉴定过程

本鉴定依据同一认定理论及《文件鉴定通用规范》（GB/T 37234-2018）、《印章印文鉴定技术规范》（GB/T 37231-2018）等技术规范，并借助放大镜、Photoshop 软件等辅助工具进行。

经检验，检材是一张落款日期为"2018 年 3 月 12 日"，印制形成的《短期借款合同》及落款日期为"2018年3月23日",手写形成的"担保展期"原件1200dpi扫描图片,图片显示纸面清洁,无明显折痕、破损、污染等迹象,保存完好。落款处各盖印有一枚"上海盈河文艺资源贸易运输有限公司"红色印文,两枚印文均由圆形单边框印章盖印形成,文字沿边框呈弧形均匀分布,中心刊五角星图案,无印章编号,印文轮廓清晰,细节特征反映明显,均具备鉴定条件。

经对检材印文检验发现,两枚检材印文印迹清晰,印油分布相对均匀,印迹平实,无明显的浓淡过渡界线,JC-1印文出现了印章外壳边框印迹,基本符合光敏印章的盖印特点,但印文中的露白较多,且形态不自然,表现突兀。虽然检材印文文字均为制式字体,但笔画存在缺失、粘连,反映不全等现象,图文边缘粗糙、不整齐,棱角不分明,印文质量偏低。经比对,两枚检材印文的一般特征和细节特征均高度吻合,是同一枚印章盖印。

经检验,经质证的4份样本中,样本1、2、3是落款日期分别为2017年3月17日、2018年2月1日和2018年5月1日的《借款合同》,与检材标称日期属同期,盖印条件相似,印迹清晰,细节特征反映明显,表现充分,具备比对条件;样本4为公司提供的印章分别使用两种印台,以不同的浓淡程度盖印形成的4枚印鉴式样,印文轮廓清晰,细节特征反映明显,通过对4枚印文的相互比较,可以更加准确地确定印文特征的本质属性,均具备比对条件。

经对样本印文检验发现,样本印文印迹清晰,印油浓淡层次感较强,露白形态自然,部分笔画端点出现露白点,如"文"的末笔、"有"

字撇笔的起笔、"河"字的"氵"部等，基本体现了激光雕刻时橡胶印坯因高温熔融而产生的制章瑕疵特点。经比对，样本印文细节特征反映明显，数量充分，除一般性特征表现相符外，诸多细节特征也反映一致，系同一枚印章盖印。除此之外，样本印文的时段性特征也较明显，如"易"字笔画间存在异物而形成的印面附着物印迹，随着印章的使用，又在样本2（2018年2月1日）印文中"有"字笔画间出现了新的印面附着物印迹（详见附件一）。

利用直观比对、重叠比对、画线比对、测量比对等多种比对方法对检材印文与样本印文进行系统检验：

1、对检材印文与样本印文进行直观比对检验。

经对比检验发现，两枚检材印文中类似于受盖印条件影响而形成的可变性印迹特征反映高度一致，如"上海"文字上方的边框虽然印油浓度明显不同，但印迹轮廓、露白等细微特征则完全一致，表现异常。JC-1印文中出现印章外壳边框印迹，此印迹为储墨型印章所特有印迹，与样本印章制作工艺存在较大不同。将检材印文与样本印文按标称日期顺序排列可见，检材印文中时段性特征与样本不符，无法体现出正常的历时性变化规律，表现异常。检材印文文字的笔画缺损、露白等多处细节特征与样本印文表现不符。如，"海"字撇画起笔、"河"字中"氵"部形态、"易"字的断笔缺损等（详见附件二、三、四）。

2、对检材印文与样本印文进行重叠比对检验。

经比对检验发现，检材印文与样本印文的边框、文字、五角星图案等不能完全重叠一致,差异明显(详见附件五)。

3、对检材印文与样本印文进行画线比对检验。

经比对检验发现,检材印文与样本印文在相同网格中的相对位置关系表现不同,差异明显(详见附件六)。

4、对检材印文与样本印文进行测量比对检验。

经比对检验发现,检材印文的文字排列位置关系、布局、长宽距离、特定点的位置与角度等与样本印文表现不同,存在明显差异(详见附件七)。

四、分析说明

印章在盖印时会因盖印条件变化而随机性出现一些可变性印迹特征,标称日期不同的两枚检材印文中"挤墨"、"脏印"、"露白"等可变性特征却高度吻合,表现异常,符合仿制印章印文中可变性特征固化的典型表现。经对检材印文与样本印文系统比对检验发现,检材印文与样本印文的印文特征差异点的质量高,且总体价值充分反映了非同一印章印文的特点,两者之间没有本质性的符合,时段性特征表现也不相符,检材印文是以2018年2月1日以前没有出现"有"字脏印的印文为模板仿制形成的印章盖印而成,两者间的相似印文特征能够得到合理的解释。

五、鉴定意见

1、检材《短期借款合同》及"担保展期"上"担保人(盖章)"处的"上海盈河文艺资源贸易运输有限公司"印文与样本上的"上海盈河文艺资源贸易运输有限公司"印文不是同一枚印章的印文。

2、检材《短期借款合同》及"担保展期"上"担保人"处的"上海盈河文艺资源贸易运输有限公司"印文与样本上的"上海盈河文艺资源贸易运输有限公司"印文不是同一枚印章的印文。

六、附件

1、《检材、样本概貌图》

2、《检材印文细节特征比对检验图》

3、《印文时段性特征比对检验图》

4、《印文细节特征比对检验图》

5、《印文重叠比对检验图》

6、《印文画线比对检验图》

7、《印文测量比对检验图》

司法鉴定人：XXX

《司法鉴定人执业证》证号：XXXXXXXXX

司法鉴定人：XXX

《司法鉴定人执业证》证号：XXXXXXXXX

授权签字人：XXX

《司法鉴定人执业证》证号：XXXXXXXXX

二〇一九年六月三十日

附注：送检材料原件已退还。

附件一：　　　　　　　　　　参加编号：<u>19DB0236</u>

检材、样本概貌图

XX 司鉴所［2019］文鉴字第 XX 号

短 期 借 款 合 同

借款人：<u>斯年</u>(以下简称借款方)

贷款人：<u>陈金</u>(以下简称贷款方)

担保人：<u>上海盈河文艺资源贸易运输有限公司</u>(以下简称担保方)

经贷款方与借款方以及担保方充分协商，签订本合同，共同遵守。

贷款方向借款方提供短期周转借款<u>¥5,00,000.00</u>（大写：<u>人民币伍拾万元</u><u>整</u>），用于流动资金周转，借款期限自<u>2018 年 3 月 17 日至 2018 年 3 月 23 日止</u>，共计七天，利率按月息 <u>2</u>%计算。

还款时间与金额：借款方还款时间为<u>2018 年 3 月 23 日</u>，本金和利息全额一次还清。

担保方为借款方提供连带责任担保，借款方到期不能全额归还贷款本息，贷款方有权向借款方及担保方追偿。

本合同正本一式三份，三方各执一份，具有同等法律效力。

借款人（签字）：斯年　　　　　贷款人（签字）：陈金

担保人（盖章）： 　　　签订日期：2018 年 3 月 12 日

现贷款方同意对借款方在原"短期借款合同"项下的借款本金进行展期，期限为六个月(180天)，借款到期日为2018年9月19日。担保人同意对此继续担保。

担保人：

2018年9月23日

JC

借 款 合 同

借款人：<u>陈嘉</u>(以下简称借款方)

贷款人：<u>孙大方</u>(以下简称贷款方)

担保人：<u>上海盈河文艺资源贸易运输有限公司</u>(以下简称担保方)

经贷款方与借款方以及担保方充分协商，签订本合同，共同遵守。

贷款方向借款方提供借款￥100,000.00（大写：<u>人民币拾万元整</u>），用于流动资金周转，借款期限自 <u>2017 年 3 月 17 日至 2018 年 3 月 16 日止</u>，利率按月息<u>2%</u>计算。

还款时间与金额：借款方还款时间为<u>2018 年 3 月 16 日</u>，本金和利息全额一次还清。

担保方为借款方提供连带责任担保，借款方到期不能全额归还贷款本息，贷款方有权向借款方及担保方追偿。

本合同正本一式三份，三方各执一份，具有同等法律效力。

借款人（签字）：　　　　　　　　　贷款人（签字）：

担保人（盖章）：

签订日期：2017 年 3 月 17 日

YB1

借 款 合 同

借款人：<u>陈嘉</u>(以下简称借款方)

贷款人：<u>孙大方</u>(以下简称贷款方)

担保人：<u>上海盈河文艺资源贸易运输有限公司</u>(以下简称担保方)

经贷款方与借款方以及担保方充分协商，签订本合同，共同遵守。

贷款方向借款方提供借款￥150,000.00（大写：<u>人民币拾伍万元整</u>），用于流动资金周转，借款期限自 <u>2018 年 2 月 1 日</u>至 <u>2019 年 1 月 31 日止</u>,利率按月息<u>2%</u>计算。

还款时间与金额：借款方还款时间为 <u>2019 年 1 月 31 日</u>,本金和利息全额一次还清。

担保方为借款方提供连带责任担保，借款方到期不能全额归还贷款本息，贷款方有权向借款方及担保方追偿。

本合同正本一式三份，三方各执一份，具有同等法律效力。

借款人（签字）： 陈嘉   贷款人（签字）：

担保人（盖章）：

签订日期：2018 年 2 月 1 日

YB2

借 款 合 同

借款人：<u>陈嘉</u>(以下简称借款方)

贷款人：<u>孙大方</u>(以下简称贷款方)

担保人：<u>上海盈河文艺资源贸易运输有限公司</u>(以下简称担保方)

经贷款方与借款方以及担保方充分协商,签订本合同,共同遵守。

贷款方向借款方提供借款<u>¥200,000.00</u>(大写：<u>人民币贰拾万元整</u>),用于流动资金周转,借款期限自<u>2018 年 5 月 1 日至 2019 年 4 月 30 日止</u>,利率按月息<u>2%</u>计算。

还款时间与金额:借款方还款时间为<u>2019 年 4 月 30 日</u>,本金和利息全额一次还清。

担保方为借款方提供连带责任担保,借款方到期不能全额归还贷款本息,贷款方有权向借款方及担保方追偿。

本合同正本一式三份,三方各执一份,具有同等法律效力。

借款人（签字）：   贷款人（签字）：

担保人（盖章）：

签订日期：2018 年 5 月 1 日

YB3

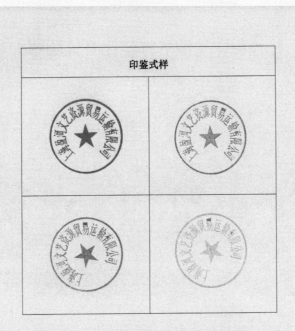

印鉴式样

2019 年 5 月 20 日

说明：公司提供印章盖印，使用二种印色，共四枚印文。

YB4

附件二：   参加编号：19DB0236

检材印文细节特征比对检验图

XX司鉴所[2019]文鉴字第XX号

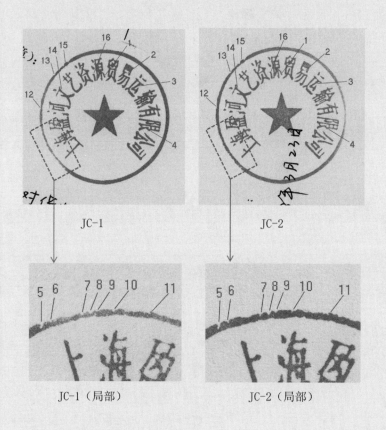

附件三：　　　　　　　　　　　参加编号：19DB0236

印文时段性特征比对检验图

XX 司鉴所 [2019] 文鉴字第 XX 号

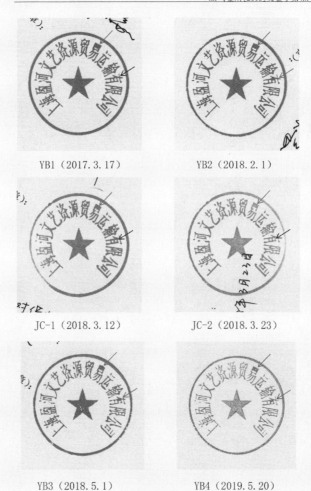

YB1（2017.3.17）　　　　　　　YB2（2018.2.1）

JC-1（2018.3.12）　　　　　　　JC-2（2018.3.23）

YB3（2018.5.1）　　　　　　　　YB4（2019.5.20）

附件四：   参加编号：<u>19DB0236</u>

印文细节特征比对检验图

XX司鉴所[2019]文鉴字第XX号

JC-2

YB4

JC-2

YB4

附件五：　　　　　　　　　　　　　参加编号：19DB0236

印文重叠比对检验图

XX 司鉴所［2019］文鉴字第 XX 号

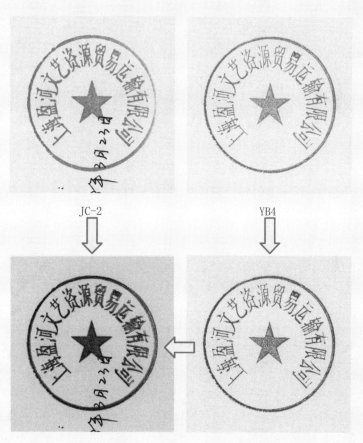

JC-2　　　　　　　　　　　　　　　　YB4

检材、样本重叠比对　　　　　　　　YB4（颜色替换）

附件六：   参加编号：<u>19DB0236</u>

印文画线比对检验图

<u>XX 司鉴所[2019]文鉴字第 XX 号</u>

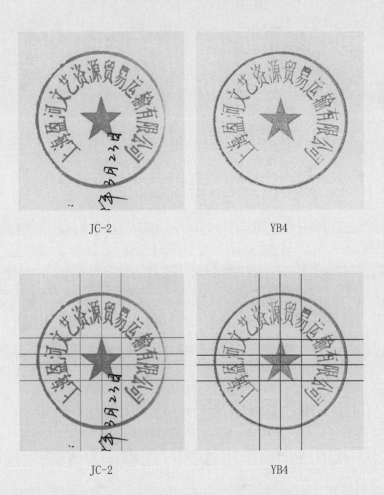

<table>
<tr><td align="center">JC-2</td><td align="center">YB4</td></tr>
</table>

<table>
<tr><td align="center">JC-2</td><td align="center">YB4</td></tr>
</table>

附件七：　　　　　　　　　　　　　　　　参加编号：<u>19DB0236</u>

印文测量比对检验图

<u>XX 司鉴所 [2019] 文鉴字第 XX 号</u>

JC-2　　　　　　　　　　　　　　　　　YB4

JC-2　　　　　　　　　　　　　　　　　YB4

制作人：XXX　　　　　　　　　　　　制作日期：2019 年 6 月 30 日

[例3] 19DB0001鉴定文书（专家组评价结果：通过）

XXX 司法鉴定中心

司法鉴定意见书

XXX 司鉴中心 [2019] 文鉴字第 XXX 号

一、基本情况

委托人： *XX 人民法院*

委托日期： 2019 年 06 月 20 日

送检材料：

检材：（见附件1）

检材：落款日期为"2018 年 3 月 12 日"的《短期借款合同》及"2018 年 3 月 23 日"的"担保展期"扫描图片 1 张。（检材中"担保人（盖章）"处的"上海盈河文艺资源贸易运输有限公司"印文标识为 2019013JC1-a；检材中"担保人"处的"上海盈河文艺资源贸易运输有限公司"印文标识为 2019013JC1-b。）

样本：（见附件2）

样本 1：落款日期为"2017 年 3 月 17 日"的《借款合同》扫描图片 1 张。（样本中"上海盈河文艺资源贸易运输有限公司"印文标识为 2019013YB1）

样本 2：落款日期为"2018 年 2 月 1 日"的《借款合同》扫描图片 1 张。（样本中"上海盈河文艺资源贸易运输有限公司"印文标识为 2019013YB2）

样本 3：落款日期为"2018 年 5 月 1 日"的《借款合同》扫描图片 1 张。（样本中"上海盈河文艺资源贸易运输有限公司"印文标识为 2019013YB3）

样本 4：落款日期为"2019 年 5 月 20 日"的《印鉴式样》扫描图片 1 张。（样本中"上海盈河文艺资源贸易运输有限公司"印文，按照从左到右，从上到下的顺序标识依次为 2019013YB4-a、2019013YB4-b、2019013YB4-c、2019013YB4-d）

委托事项：

检材《短期借款合同》及"担保展期"上"担保人（盖章）"处的"上海盈河文艺资源贸易运输有限公司"印文与样本上的"上海盈

河文艺资源贸易运输有限公司"印文是否同一枚印章的印文。

　　检材《短期借款合同》及"担保展期"上"担保人"处的"上海盈河文艺资源贸易运输有限公司"印文与样本上的"上海盈河文艺资源贸易运输有限公司"印文是否同一枚印章的印文。

　　鉴定日期： 2019 年 6 月 20 日至 7 月 9 日

　　鉴定地点： XXX 司法鉴定中心

二、检案摘要

　　原告陈金诉被告 1 斯年和被告 2 上海盈河文艺资源贸易运输有限公司借款合同纠纷一案中，原告称其与被告 1 之间存在借贷关系，被告 2 为担保人，并提交留有三方签章的《短期借款合同》，其下方为借款到期后被告 2 同意继续担保并加盖印文的"担保展期"。被告 2 否认曾经为该笔借款担保并同意展期，认为原告提交的《短期借款合同》及"担保展期"上的两枚公司印文系伪造形成。

三、检验过程

　　本中心采用文件鉴定通用规范（GB/T　37239-2018）和印章印文鉴定技术规范（GB/T　37231-2018）开展印章印文鉴定工作。

　　使用 windows 图片查看器，经检验：检材为落款日期为"2018年 3 月 12 日"的《短期借款合同》及"2018 年 3 月 23 日"的"担保展期"，无涂改、添加、刮擦、挖补等污损迹象，内容通过印刷形成，"担保人（盖章）"处和"担保人"处各盖印有一枚圆形红色内容为"上海盈河文艺资源贸易运输有限公司"的印文，印文轮廓清晰，系盖印形成，细节特征反映明显，具备检验条件。

　　样本材料中，"上海盈河文艺资源贸易运输有限公司"印文的内容及形制与检材印文相同，印文轮廓清晰，细节特征反映明显，表现充分，具备比对条件。

　　使用 windows 图片查看器和 Photoshopcs6 软件对检材和样本进行测量、画线、标注、放大比对，检验发现：检材中印文 JC1-a 与 JC1-b 在印文规格、布局、细节特征等方面符合；检材印文与样本印文在形状、内容、大小、结构、中心图案等特征上未存在明显差异，但在印文文字的相对位置和笔画边缘的平整度，特别在印面缺损特征方面，存在明显差异，如：检材印文中的细小笔画缺失，线条和笔画边缘不平整；检材印文中"上"、"艺"处的印文外框及"艺"字的印

面缺损特征等，在样本印文中的对应位置未见该特征。（详见附件3）

经 Photoshopcs6 软件进行重叠比对，检材中"担保人（盖章）"处和"担保人"处印文可以重合，但检材印文与样本印文均不重合。（详见附件4）

四、分析说明

检材《短期借款合同》及"担保展期"上"担保人（盖章）"处的"上海盈河文艺资源贸易运输有限公司"印文与样本上的"上海盈河文艺资源贸易运输有限公司"印文在内容布局和细节特征方面存在差异，且差异点多，价值高，反映出不同印章盖印的特点。

检材《短期借款合同》及"担保展期"上"担保人"处的"上海盈河文艺资源贸易运输有限公司"印文与样本上的"上海盈河文艺资源贸易运输有限公司"印文在内容布局和细节特征方面存在差异，且差异点多，价值高，反映出不同印章盖印的特点。

五、鉴定意见

检材《短期借款合同》及"担保展期"上"担保人（盖章）"处的"上海盈河文艺资源贸易运输有限公司"印文与样本上的"上海盈河文艺资源贸易运输有限公司"印文不是同一枚印章的印文。

检材《短期借款合同》及"担保展期"上"担保人"处的"上海盈河文艺资源贸易运输有限公司"印文与样本上的"上海盈河文艺资源贸易运输有限公司"印文不是同一枚印章的印文。

六、落款

司法鉴定人签名（盖章）

《司法鉴定人执业证》证号：XXXXXXXXX

司法鉴定人签名（盖章）

《司法鉴定人执业证》证号：XXXXXXXXX

授权签字人签名（盖章）

《司法鉴定人执业证》证号：XXXXXXXXX

二〇一九年七月九日

附件：

附件1： 检材（1页）

XXX 司法鉴定中心

附件 2：样本（4 页）

附件 3：细节特征比对图

附件 4：重合图

附件1：检材（1页）

2019013JC1

短 期 借 款 合 同

借款人：靳年(以下简称借款方)

贷款人：陈金(以下简称贷款方)

担保人：上海盈河文艺资源贸易运输有限公司(以下简称担保方)

经贷款方与借款方以及担保方充分协商，签订本合同，共同遵守。

贷款方向借款方提供短期周转借款￥5,00,000.00（大写：人民币伍拾万元整)，用于流动资金周转，借款期自2018年3月17日至2018年3月23日止，共计七天，利率按月息2%计算。

还款时间与金额：借款方还款时间为2018年3月23日，本金和利息全额一次还清。

担保方为借款方提供连带责任担保，借款方到期不能全额归还贷款本息，贷款方有权向借款方及担保方追偿。

本合同正一式三份，三方各执一份，具有同等法律效力。

借款人（签字）：靳年　　　　贷款人（签字）：陈金

担保人（盖章）：　　　　　　签订日期：2018年3月12日

现贷款方同意，对借款方在原《短期借款合同》项下的借款本金进行展期，期限为六个月(180天)，借款到期日为2018年9月19日，担保人同意对此继续担保。

担保人

2018年9月23日

附件 2：样本（4 页）

2019013YB1

借 款 合 同

借款人：陈嘉（以下简称借款方）

贷款人：孙大方（以下简称贷款方）

担保人：上海盈河文艺资源贸易运输有限公司（以下简称担保方）

　　经贷款方与借款方以及担保方充分协商，签订本合同，共同遵守。

　　贷款方向借款方提供借款￥100,000.00（大写：人民币拾万元整），用于流动资金周转，借款期限自 2017 年 3 月 17 日至 2018 年 3 月 16 日止，利率按月息 2‰ 计算。

　　还款时间与金额：借款方还款时间为 2018 年 3 月 16 日，本金和利息全额一次还清。

　　担保方为借款方提供连带责任担保，借款方到期不能全额归还贷款本息，贷款方有权向借款方及担保方追偿。

　　本合同正本一式三份，三方各执一份，具有同等法律效力。

借款人（签字）：　　　　　　　　贷款人（签字）：

担保人（盖章）：

签订日期：2017 年 3 月 17 日

XXX 司法鉴定中心

2019013YB2

借 款 合 同

借款人：陈鑫(以下简称借款方)

贷款人：孙大方(以下简称贷款方)

担保人：上海鎏河文艺资源贸易运输有限公司(以下简称担保方)

　　经贷款方与借款方以及担保方充分协商，签订本合同，共同遵守。

　　贷款方向借款方提供借款￥150,000.00（大写：人民币拾伍万元整），用于流动资金周转，借款期限自 2018 年 2 月 1 日至 2019 年 1 月 31 日止，利率按月息 2‰ 计算。

　　还款时间与金额：借款方还款时间为 2019 年 1 月 31 日，本金和利息全额一次还清。

　　担保方为借款方提供连带责任担保，借款方到期不能全额归还贷款本息，贷款方有权向借款方及担保方追偿。

　　本合同正本一式三份，三方各执一份，具有同等法律效力。

借款人（签字）：陈鑫　　　　贷款人（签字）：孙大方

担保人（盖章）：

签订日期：2018 年 2 月 1 日

2019013YB3

借 款 合 同

借款人：<u>陈嘉</u>(以下简称借款方)

贷款人：<u>孙大方</u>(以下简称贷款方)

担保人：<u>上海盈河文艺资源贸易运输有限公司</u>(以下简称担保方)

　　经贷款方与借款方以及担保方充分协商，签订本合同，共同遵守。

　　贷款方向借款方提供借款￥<u>200,000.00</u>（大写：<u>人民币贰拾万元整</u>），用于流动资金周转，借款期限自 <u>2018 年 5 月 1 日</u> 至 <u>2019 年 4 月 30 日止</u>，利率按月息 <u>2%</u> 计算。

　　还款时间与金额：借款方还款时间为 <u>2019 年 4 月 30 日</u>，本金和利息全额一次还清。

　　担保方为借款方提供连带责任担保，借款方到期不能全额归还贷款本息，贷款方有权向借款方及担保方追偿。

　　本合同正本一式三份，三方各执一份，具有同等法律效力。

借款人（签字）：

担保人（盖章）：

贷款人（签字）：

签订日期：2018 年 5 月 1 日

XXX 司法鉴定中心

2019013YB4

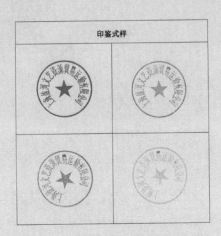

印鉴式样

2019 年 5月 20 日

说明：公司提供订章盖印，使用二种印台，共四枚印文。

XXX 司法鉴定中心

附件 3：细节特征比对图

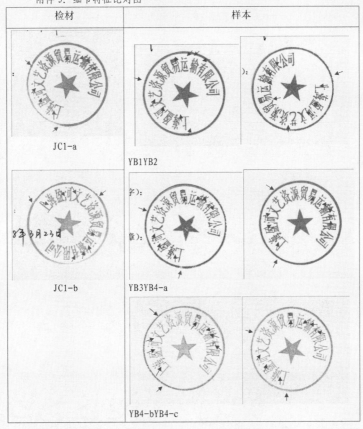

检材	样本
JC1-a	YB1YB2
JC1-b	YB3YB4-a
	YB4-bYB4-c

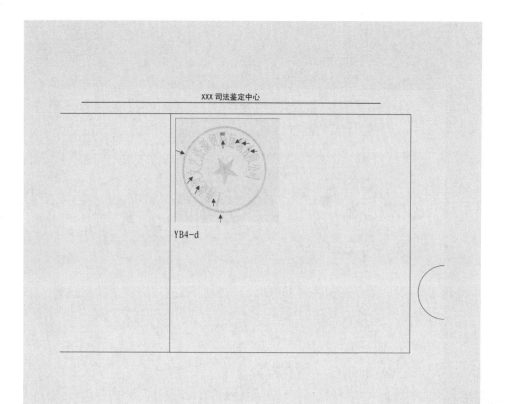

YB4-d

XXX 司法鉴定中心

附件 4：重合图

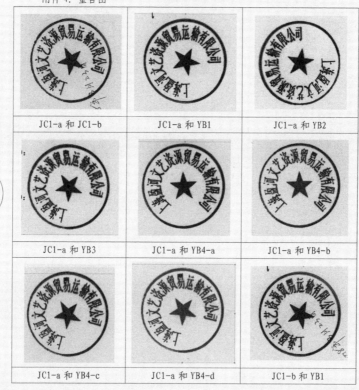

JC1-a 和 JC1-b	JC1-a 和 YB1	JC1-a 和 YB2
JC1-a 和 YB3	JC1-a 和 YB4-a	JC1-a 和 YB4-b
JC1-a 和 YB4-c	JC1-a 和 YB4-d	JC1-b 和 YB1

XXX 司法鉴定中心

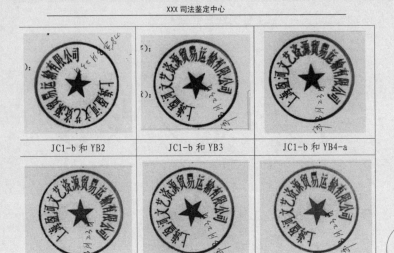

JC1-b 和 YB2	JC1-b 和 YB3	JC1-b 和 YB4-a
JC1-b 和 YB4-b	JC1-b 和 YB4-c	JC1-b 和 YB4-d

[例4]　19DB0066鉴定文书（专家组评价结果：通过）

XXXX 司法鉴定中心

司法鉴定意见书

(Center of Forensic Science XXXX)

参加编号：19DB0066

一、基本情况

委 托 人：XXXX 人民法院

委托日期：XXXX 年 XX 月 XX 日

委托鉴定事项：1. 对检材《短期借款合同》及"担保展期"上"担保人（盖章）"处的"上海盈河文艺资源贸易运输有限公司"印文与样本上的"上海盈河文艺资源贸易运输有限公司"印文是否同一枚印章的印文进行鉴定。2. 对检材《短期借款合同》及"担保展期"上"担保人"处的"上海盈河文艺资源贸易运输有限公司"印文与样本上的"上海盈河文艺资源贸易运输有限公司"印文是否同一枚印章的印文进行鉴定。

受理日期：XXXX 年 XX 月 XX 日

鉴定材料：

（一）检材

标称日期为"2018 年 3 月 12 日"的《短期借款合同》及标称日期为"2018 年 3 月 23 日"的"担保展期"原件共 1 页（以下简称检材，分别标识为 WSJ1900XXJC-1、WSJ1900XXJC-2）。

（二）样本

1. 标称日期为"2017 年 3 月 17 日"的《借款合同》原件 1 页（以

下简称样本 1，标识为 WSJ1900XXYB1）。

2.标称日期为"2018 年 2 月 1 日"的《借款合同》原件 1 页（以下简称样本 2，标识为 WSJ1900XXYB2）。

3.标称日期为"2018 年 5 月 1 日"的《借款合同》原件 1 页（以下简称样本 3，标识为 WSJ1900XXYB3）。

4.标称日期为"2019 年 5 月 20 日"的《印鉴式样》原件 1 页（以下简称样本 4，样本上四枚印文分别标识为 WSJ1900XXYB4-1、WSJ1900XXYB4-2、WSJ1900XXYB4-3、WSJ1900XXYB4-4）。

鉴定日期：XXXX 年 XX 月 XX 日至 XXXX 年 XX 月 XX 日

鉴定地点：XXXX 司法鉴定中心文检室

二、基本案情

原告陈金诉被告 1 斯年和被告 2 上海盈河文艺资源贸易运输有限公司借款合同纠纷一案中，原告称其与被告 1 之间存在借贷关系，被告 2 为担保人，并提交留有三方签章的《短期借款合同》，其下方为借款到期后被告 2 同意继续担保并加盖印文的"担保展期"。被告 2 否认曾经为该笔借款担保并同意展期，认为原告提交的《短期借款合同》及"担保展期"上的两枚公司印文系伪造形成，故申请印章鉴定。

三、鉴定过程

本次检验/鉴定方法：遵守和采用《文件鉴定通用规范》（GB/T 37234-2018）、《印章印文鉴定技术规范》（GB/T 37231-2018）进行鉴定。

（一）对检材的检验

检材《短期借款合同》、"担保展期"为原件，纸品为白色 A4 规格纸。在《短期借款合同》的"担保人（盖章）"处、"担保展期"的"担保人"处均留有一枚"上海盈河文艺资源贸易运输有限公司"红色圆形印文。检材 1～2 印文规格：外径 42 mm、内径 40 mm，中间刊有五角星，"上海盈河文艺资源贸易运输有限公司"文字自左而右环形排列，字体为宋体，其中检材 1 印文上方存在边框印迹特征。检材 1～2 印文完整清晰，印文边框线粗细不均匀，存在细小锯齿状现象，其中"易"字的"日"部存在瑕疵，印文特征反映明显，具备检验条件。

（二）对样本的检验

样本 1～4 为原件，在样本 1～3 下方"担保人（盖章）"处均留有一枚"上海盈河文艺资源贸易运输有限公司"红色圆形印文，样本 4 上留有四枚"上海盈河文艺资源贸易运输有限公司"红色圆形印文。样本 1～4 印文规格：外径 42 mm、内径 40 mm，中间刊有五角星，"上海盈河文艺资源贸易运输有限公司"文字自左而右环形排列，字体为宋体。样本 1 印文的印文字体端正清晰、笔画边缘整齐，墨色鲜艳，油墨分布均匀；样本 2 印文、样本 3 印文的印文边框边缘欠平滑，存在锯齿状痕迹，个别相同笔画端部出现露白点；样本 4-1 印文、样本 4-2 印文、样本 4-3 印文、样本 4-4 印文的印文规格、文字布局、字体字形相同，印文边框边缘欠平滑，存在锯齿状痕迹，个别相同笔画端部出现露白点，中心五角星部位出现底纹印迹。样本 1～4 印文"易"字的"日"部、"有"字存在瑕疵，印文整体完整清晰，油墨浓度适中，特征反映明显，具备比对条件。

（三）对检材与样本的比对检验

1.将检材 1～2"上海盈河文艺资源贸易运输有限公司"印文进行检验，采用划线、测量、重叠等方法进行相互检验比对，发现印文形状、印文规格、字体字形、文字布局等细节特征一致，印文边框线粗细均不均匀，反映了同一枚印章盖印形成的特点。印文个别笔画的粗细分析与盖印力度有关。

2.将检材 1～2"上海盈河文艺资源贸易运输有限公司"印文与样本 1～4"上海盈河文艺资源贸易运输有限公司"印文进行检验，采用划线、测量、重叠等方法进行相互检验比对。发现检材 1～2 印文的印文边框线粗细不均匀，存在细小锯齿状现象，样本 1 印文的边框、笔画边缘整齐，且两者字体字形、文字笔画存在差异点，反映了不是同一印章盖印形成的特点；检材 1～2 印文与样本 2 印文、样本 3 印文、样本 4-1 印文、样本 4-2 印文、样本 4-3 印文、样本 4-4 印文边框的磨损部位存在差异，两者相同单字"文"、"有"、"公"的露白点也存在差异，反映了不是同一印章盖印形成的特点。

四、分析说明

综上检验，检材 1～2 印文与样本 1 印文的印文边框、文字笔画等方面存在的细节差异特征，检材 1～2 印文与样本 2 印文、样本 3 印文、样本 4-1 印文、样本 4-2 印文、样本 4-3 印文、样本 4-4 印文的印文边框磨损部位、相同文字的露白点的细节差异特征，反映了不是同一印章盖印形成的特点。

五、鉴定意见

1. "2018 年 3 月 12 日"的《短期借款合同》上"上海盈河文艺资源贸易运输有限公司"印文与样本 1～4 上的"上海盈河文艺资源贸易运输有限公司"印文不是同一枚印章盖印形成。

2. 标称日期为标称日期为"2018 年 3 月 23 日"的"担保展期"上"上海盈河文艺资源贸易运输有限公司"印文与样本 1～4 上的"上海盈河文艺资源贸易运输有限公司"印文不是同一枚印章盖印形成。

六、附件

附件 1. 检材复制件 1 页；

附件 2. 样本复制件 4 页；

附件 3. 特征比对表制作件 5 页。

鉴 定 人：XXX　XXX

执业证号：XXXXXXXXXXX

鉴 定 人：XXX　XXX

执业证号：XXXXXXXXXXX

XXXXXXXXXX

XXXX 年 XX 月 XX 日

短 期 借 款 合 同

借款人：斯年(以下简称借款方)

贷款人：陈金(以下简称贷款方)

担保人：上海盈河文艺资源贸易运输有限公司(以下简称担保方)

　　经贷款方与借款方以及担保方充分协商，签订本合同，共同遵守。

　　贷款方向借款方提供短期周转借款￥5,00,000.00(大写：人民币伍拾万元整)，用于流动资金周转，借款期限自2018年3月17日至2018年3月23日止，共计七天，利率按月息2%计算。

　　还款时间与金额：借款方还款时间为2018年3月23日，本金和利息全额一次还清。

　　担保方为借款方提供连带责任担保，借款方到期不能全额归还贷款本息，贷款方有权向借款方及担保方追偿。

　　本合同正本一式三份，三方各执一份，具有同等法律效力。

借款人（签字）：斯年　　　　　　贷款人（签字）：陈金

担保人（盖章）：　　　　签订日期：2018年3月12日

WSJ1900XXJC-1

　　现贷款方同意，对借款方在原"短期借款合同"项下的借款本金进行展期，期限为六个月(180天)，借款到期日为2018年9月19日。担保人同意，对此继续担保。

WSJ1900XXJC-2

担保人：　　2018年3月23日

借 款 合 同

借款人：陈嘉(以下简称借款方)

贷款人：孙大方(以下简称贷款方)

担保人：上海盈河文艺资源贸易运输有限公司(以下简称担保方)

　　经贷款方与借款方以及担保方充分协商,签订本合同,共同遵守。

　　贷款方向借款方提供借款¥150,000.00（大写：人民币拾伍万元整）,用于流动资金周转,借款期限自2018年2月1日至2019年1月31日止,利率按月息2‰计算。

　　还款时间与金额:借款方还款时间为2019年1月31日,本金和利息全额一次还清。

　　担保方为借款方提供连带责任担保,借款方到期不能全额归还贷款本息,贷款方有权向借款方及担保方追偿。

　　本合同正本一式三份,三方各执一份,具有同等法律效力。

借款人（签字）：陈嘉　　　　　贷款人（签字）：孙大方

担保人（盖章）：

　　　　　　　　　　　　　　　　签订日期：2018年2月1日

WSJ1900XXYB2

仟伞

借款合同

借款人：陈嘉(以下简称借款方)

贷款人：孙大方(以下简称贷款方)

担保人：上海盈河文艺资源贸易运输有限公司(以下简称担保方)

　　经贷款方与借款方以及担保方充分协商,签订本合同,共同遵守。

　　贷款方向借款方提供借款¥200,000.00（大写：人民币贰拾万元整）,用于流动资金周转,借款期限自2018年5月1日至2019年4月30日止,利率按月息2%计算。

　　还款时间与金额：借款方还款时间为2019年4月30日,本金和利息全额一次还清。

　　担保方为借款方提供连带责任担保,借款方到期不能全额归还贷款本息,贷款方有权向借款方及担保方追偿。

　　本合同正本一式三份,三方各执一份,具有同等法律效力。

借款人（签字）：   贷款人（签字）：

担保人（盖章）：

签订日期：2018年5月1日

WSJ1900XXYB3

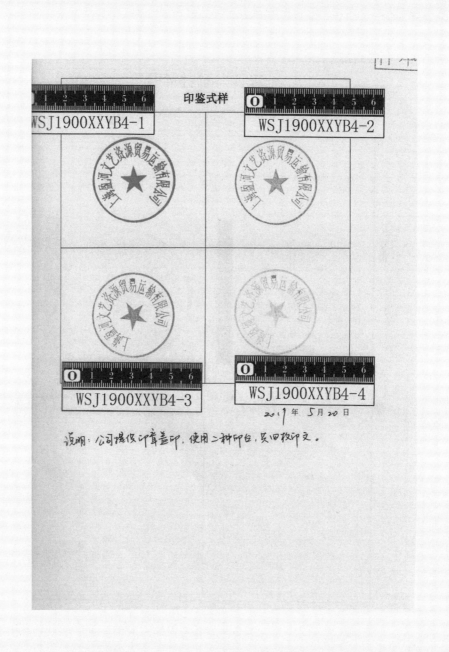

印鉴式样

WSJ1900XXYB4-1

WSJ1900XXYB4-2

WSJ1900XXYB4-3

WSJ1900XXYB4-4

2019 年 5月 20 日

说明：公司提供印章盖印，使用二种印台，共四枚印文。

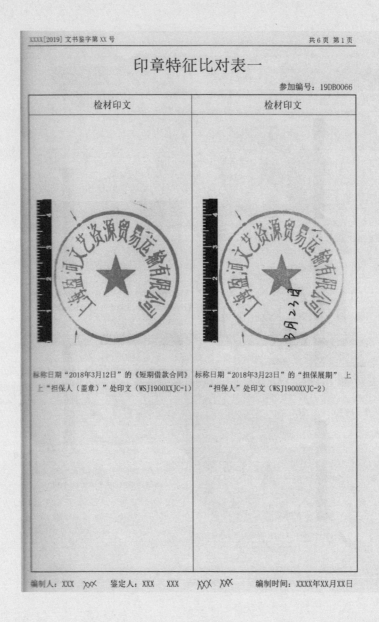

印章特征比对表一

参加编号：19DB0066

检材印文	检材印文

标称日期"2018年3月12日"的《短期借款合同》上"担保人（盖章）"处印文（WSJ1900XXJC-1）

标称日期"2018年3月23日"的"担保展期"上"担保人"处印文（WSJ1900XXJC-2）

编制人：XXX XXX 鉴定人：XXX XXX XXX XXX 编制时间：XXXX年XX月XX日

印章特征比对表二

参加编号：19DB0066

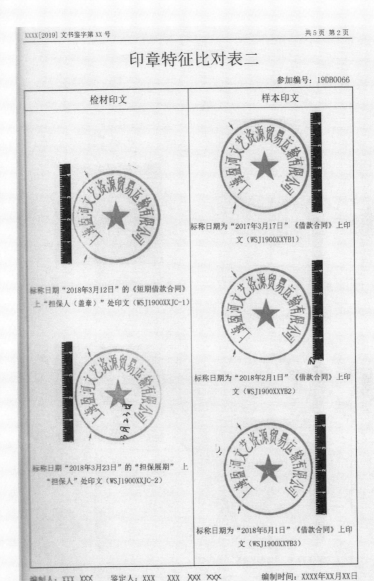

检材印文	样本印文
标称日期"2018年3月12日"的《短期借款合同》上"担保人（盖章）"处印文（WSJ1900XXJC-1）	标称日期为"2017年3月17日"《借款合同》上印文（WSJ1900XXYB1）
标称日期"2018年3月23日"的"担保展期"上"担保人"处印文（WSJ1900XXJC-2）	标称日期为"2018年2月1日"《借款合同》上印文（WSJ1900XXYB2）
	标称日期为"2018年5月1日"《借款合同》上印文（WSJ1900XXYB3）

编制人：XXX　XXX　　　鉴定人：XXX　　XXX　XXX　XXX　　　　　编制时间：XXXX年XX月XX日

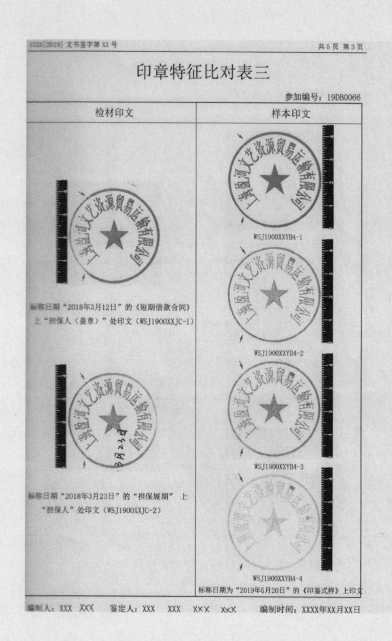

印章特征比对表三

参加编号：19DB0066

检材印文	样本印文

标称日期"2018年3月12日"的《短期借款合同》上"担保人（盖章）"处印文（WSJ1900XXJC-1）

WSJ1900XXYB4-1

WSJ1900XXYB4-2

WSJ1900XXYB4-3

标称日期"2018年3月23日"的"担保展期"上"担保人"处印文（WSJ1900XXJC-2）

WSJ1900XXYB4-4

标称日期为"2019年5月20日"的《印鉴式样》上印文

编制人：XXX XXX   鉴定人：XXX   XXX   XXX   XXX   编制时间：XXXX年XX月XX日

印章特征比对表四

参加编号：19DB0066

检材印文	样本印文

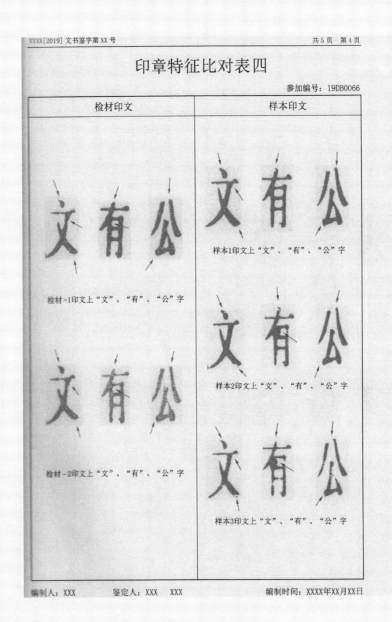

检材-1印文上"文"、"有"、"公"字

样本1印文上"文"、"有"、"公"字

样本2印文上"文"、"有"、"公"字

检材-2印文上"文"、"有"、"公"字

样本3印文上"文"、"有"、"公"字

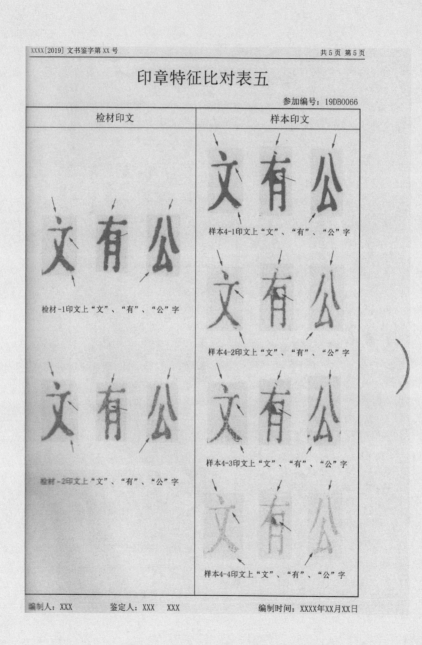

印章特征比对表五

参加编号：19DB0066

检材印文	样本印文

样本4-1印文上"文"、"有"、"公"字

样本4-2印文上"文"、"有"、"公"字

检材-1印文上"文"、"有"、"公"字

样本4-3印文上"文"、"有"、"公"字

检材-2印文上"文"、"有"、"公"字

样本4-4印文上"文"、"有"、"公"字

编制人：XXX   鉴定人：XXX   XXX   编制时间：XXXX年XX月XX日

【专家点评】

　　获得"满意"评价的鉴定机构都能对检材印文与样本印文之间的同一性作出准确判断，检验较全面，依据较充分。但部分鉴定机构也存在一些问题，主要表现在：对检材印文与样本印文之间的符合特征未作描述，或有描述但未能给出合理解释，或解释不准确，导致对检验的全面性和客观性存疑，鉴定意见的说服力不够。

　　以19DB0236和19DB0007两份鉴定文书为例，两份鉴定文书格式规范，各项要素完整，文字表达简明，鉴定方法选用合理，分别检验、比较检验和综合评断步骤清晰，鉴定意见与客观结果一致。在对检材的检验中，19DB0236鉴定文书对检材印章的材质特征进行了准确的判断，对两枚检材印文之间的关系进行检验分析并发现了印文特征固化问题；19DB0007鉴定文书对检材印章的材质特征和两枚检材印文之间的关系进行了检验分析，但不足的是未能对印文的特征固化作出明确的判断。在对样本的检验中，两份鉴定文书都对样本印章的材质特征进行了准确的判断，对样本印文的阶段性特征也进行了分析。在比较检验中，两份鉴定文书综合使用了重叠比对、特征比对等多种方法，较为充分地发现了检材印文与样本印文之间的特征异同。在综合评断中，19DB0236鉴定文书对检材印文的母本判断正确，并合理解释了检材印文与样本印文之间的特征符合点，最终作出正确的鉴定意见；19DB0007鉴定文书对检材与样本印文的特征差异点分析正确，但未对检材印文与样本印文之间的特征符合点进行合理解释，检验及分析稍显不足。同时，两份鉴定文书附件中的印文特征比对表制作质量较高，特征标识准确，并列明案号、制作人及制作日期等信息，符合特征比对表制作规范的要求。

　　获得"通过"评价的鉴定机构都能对检材印文与样本印文之间的同一性作出准确判断，但大部分机构仅从规格特征和细节特征上进行检验分析，未能从印文的阶段性特征、印章材质特征和固化特征等角度进行考虑；大部分鉴定机构未描述检材印文与样本印文之间的符合特征并给出合理解释，检验分析不够充分；部分鉴定机构特征比对表制作不规范或印文特征标识不充分；还有少数鉴定机构在检验过程中存在明显缺陷，如印章材质判断错误、对制作检材印章的母本印文判断错误等。

　　以19DB0001和19DB0066两份鉴定文书为例，虽然鉴定意见与客观结果一致，但是由于存在诸多问题，均未能获得"满意"的评价。在对检材的检验中,未对检材印章的材质特征进行检验分析,未对两枚检材印文之间的特征关系进行分析,因此未能发现检材印文的特征固化表现。在对样本的检验中,未对样本印章的材质特征进行检验分析,未描述样本印文的阶段性特征变化,也未判断样本印文之间的关系。在比较检验中,使用了测量、画线、标注、放大比对和重叠比对等多种方法,但仅对规格特征和细节特征进行了描述。在综合评断中,未对检材印文与样本印文之间的特征符合点进行合理解释。此外,19DB0001鉴定文书引用的《文件鉴定通用规范》标准编号错误,附件特征比对表中未标识制作人及制作日期等信息;19DB0066鉴定文书未附重叠比对图片。上述问题都是在鉴定工作中需要引以为戒的。

点评人:王　楠　工程师

卞新伟　高级工程师

施少培　正高级工程师

《篡改文件鉴定（CNAS SF0025）》
鉴定文书评析

【项目背景】

篡改文件鉴定是文书鉴定实践中常见的鉴定项目，本次能力验证计划旨在了解和客观地评价司法鉴定机构在篡改文件鉴定方面的技术能力和水平，达到规范鉴定活动、提高鉴定能力的效果，从而有助于不同鉴定机构间在对同一问题的鉴定获得基本一致的结果，保持司法鉴定意见的一致性和可比性。

根据设计方案，本次能力验证计划的考点有两项：一是考察参加机构对打印文件上被消退的热可擦墨水笔书写字迹的识别能力，二是考察参加机构对排版格式有变化的同机打印文字的鉴别能力。

【方案设计】

本次篡改文件鉴定能力验证计划的方案设计和样品制备，由项目专家组根据我国文书鉴定实践情况制定并模拟设计和制作样品。能力验证结果的统计分析和技术分析也是由专家组完成。

本次能力验证计划的样品为纸质实物，式样如图1所示，制备过程如下：

（1）制样人1在A4纸上用中性笔1（热可擦墨水）书写《收条》正文，制样人2在落款处用普通中性笔（染料型墨水）书写签名"王一杭"及落款日期"2018.1.7"，形成一张手写形式的《收条》。

（2）编辑电子文档《北京净空房地产开发有限公司股东会决议》，该电子文档分四段，对其排版格式作下列调整：

a) 增加第三段、第四段的段前间距；

b) 第三段左侧的悬挂缩进向右移动；

c) 第三段的文字颜色改为深蓝色。

（3）将手写的检材放入激光打印机纸盒，采用黑白打印模式打印《北京净空房地产开发有限公司股东会决议》，形成正文为打印字迹、落款处有手写签名的打印形式文件。由于热可擦墨水在60℃以上时变为无色，因此检材经过打印机热压定影后，检材上正文部位的手写文字消退。

（4）在"全体股东签字"下方，制样人3用普通中性笔（染料型墨水）写上"张东"签名，制样人1用普通中性笔（碳素墨水）写上"刘子文"签名。

本次能力验证的样品特点：消退字迹在正常光照情况下侧光可见，在文检仪的紫外、荧光模式下完全显现，鉴定难度偏易；同机一次打印的四段文字在段间距、字迹颜色等排版格式上有变化，鉴定难度偏大。

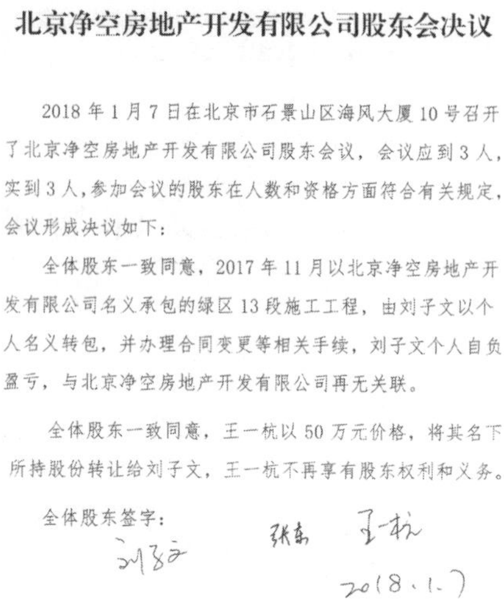

根据样品制备过程，本次能力验证计划的客观结果为：检材经过变造处理，系消退原有的手写《收条》内容，打印《北京净空房地产开发有限公司股东会决议》，添加"张东""刘子文"签名，形成现有检材；检材上的打印部位为一次打印形成。

北京净空房地产开发有限公司股东会决议

2018年1月7日在北京市石景山区海风大厦10号召开了北京净空房地产开发有限公司股东会议，会议应到3人，实到3人，参加会议的股东在人数和资格方面符合有关规定，会议形成决议如下：

全体股东一致同意，2017年11月以北京净空房地产开发有限公司名义承包的绿区13段施工工程，由刘子文以个人名义转包，并办理合同变更等相关手续，刘子文个人自负盈亏，与北京净空房地产开发有限公司再无关联。

全体股东一致同意，王一杭以50万元价格，将其名下所持股份转让给刘子文，王一杭不再享有股东权利和义务。

全体股东签字：

图1　检材式样

【结果评析】

本次能力验证计划共145家机构报名参加，其中144家机构按时返回了结果，1家机构未返回结果，反馈率99.3%。从检验结果来看，所有参加机构都发现了检材上被消退的《收条》，但是关于检材上打印的《北京净空房地产开发有限公司股东会决议》内容，反馈的结果就各不相同，其中半数以上机构的检验结果与客观结果存在偏差，还有部分机构未对打印字迹进行检验（9.0%）。

按照预先制订的评价标准，专家组对返回的结果，从鉴定意见的正确性、鉴定依据的充分性、检验的全面性及鉴定文书的规范性等几个方面进行综合评价。下面从获得"满意""通过"和"不通过"评价结果的参加者中选取较为典型的鉴定文书进行评析。

[例1]　19DC0004鉴定文书（专家组评价结果：满意）

19DC0004 司鉴所[2019]文鉴字第 X 号

19DC0004 司法鉴定所
司法鉴定意见书

19DC0004 司鉴所[2019]文鉴字第 X 号

一、基本情况

委托人： 某法院

鉴定材料： 均由委托人提交指定

检材

日期为"2018 年 1 月 7 日"的《北京净空房地产开发有限公司股东会决议》原件 1 张，标识为检材（JC）。

检材复制件见附件一。

委托事项：

检材《北京净空房地产开发有限公司股东会决议》是否经过变造处理。

受理日期： 2019 年 6 月 20 日

二、案情摘要

委托人某法院与 19DC0004 司法鉴定所《司法鉴定委托书》摘要：在一起股权转让纠纷案件中，原告北京净空房地产开发有限公司股东刘子文、张东夫妇提供了一份留有被告王一杭签名的《北京净空房地产开发有限公司股东会决议》，称被告王一杭已将其在该公司的股权转让给原告。被告王一杭不认可该份文件，称股东会决议上的签名像是他的，但他肯定从未签署过相关内容的文件。为查清案件事实，现法院委托司法鉴定机构对该《北京净空房地产开发有限公司股东会决议》进行篡改文件鉴定。

三、鉴定过程

依据 GB/T 37234-2018《文件鉴定通用规范》、GB/T 37238-2018《篡改（污损）文件鉴定技术规范》、GB/T 37239-2018《笔迹鉴定技术规范》和 GB/T 37232-2018《印刷文件文件鉴定技术规范》进行检验鉴定。

19DC0004 司鉴所[2019]文鉴字第 X 号

初步检验发现：检材《北京净空房地产开发有限公司股东会决议》印刷体字迹是用 A4 纸由激光打印机打印而成，"全体股东签字:"处有"刘子文"、"张东"、"王一杭"、"2018.1.7"书写字迹。检材整体打印格式布局适当，书写字迹为使用不同的黑色墨水笔直接书写形成，纸面平整、色泽均匀，无明显污染及反常印压痕等异常迹象。

对检材侧光观察以及对其高分辨率扫描文件放大观察发现，在正文第一自然段第三行中部有浅褐色书写字迹"收条"的残留笔画。见附件二。

使用编号为 XXXX-YQ-106 视频荧光文检仪检验发现：长波紫外线（365nm）检验条件下，在检材正文第一、第二自然段范围内显现出了书写的"收条"、"今收到刘子文全园款 70 万元"字迹；在 530nm 激发光、650nm 阻挡滤色镜荧光检验条件下，同部位也显现出同样书写内容的荧光图像。见附件二。

把检材放入家用电冰箱冷冻室 40 分钟，可清晰显现出黑色的上述书写文字内容。将检材靠近热源，黑色书写文字内容随即消失。见附件二。

使用编号为 XXXX-YQ-107 静电真空压痕显现仪对检材隐含书写字迹部位检验，只显现出个别笔画书写压痕。

对检材正文进一步检验发现正文不是按常规排版打印的：正文第二、第三自然段之间和第三、第四自然段之间的段间距大于第一、第二自然段之间的段间距及各段内行间距；第三自然段左边界没有与其它自然段对齐，整体偏右；第三自然段打印文字墨迹形态与其余打印文字不同，应是省墨状态打印。使用编号为 XXXX-YQ-103 的高倍材料显微镜对检材各自然段打印字迹微观墨迹形态特征检验，没有发现明显差别。制作添加打印实验样本发现：经过激光打印机不同次数热压定影的墨迹微观形态有明显差别。见附件二。

四、分析说明

经对上述检验结果综合评断认为：

热可擦中性笔书写的字迹有遇热褪色、冷冻重新显出的特性，用各种方法在检材上显现出的书写字迹"收条"、"今收到刘子文全园款70万元"应是用热可擦中性笔书写的，而且与"王一杭"签名及"2018.1.7"落款日期字迹布局正常。推测检材《北京净空房地产开发有限公司股东会决议》的形成过程是：刘子文、张东夫妇在之前的一次财务活动中预先用热可擦中性笔书写了有上述显现出内容的《收条》，王一杭在《收条》上正常签了名；事后刘、张夫妇对《收条》加热消退了收条正文、只保留了"王一杭"签名，再编辑北京净空房地产开发有限公司股东会决议，用已消退正文内容的原《收条》纸张打印出《北京净空房地产开发有限公司股东会决议》，夫妻二人再在其上签名即制成了有三位股东"签名"检材《北京净空房地产开发有限公司股东会决议》（该过程中，若不是先加热消退《收条》正文，直接在《收条》打印，在纸张经热压定影时也会消退《收条》原正文）。

检材《北京净空房地产开发有限公司股东会决议》正文各段落之间不规则段间距、第三自然段左边界整体偏右和第三自然段打印文字墨迹形态与其余打印文字不同，可能有多种原因导致。其一是添加打印，当事人先编辑打印了第一、第二自然段内容，后发现内容表达不完善，又分别打印了后面两段，且打印第三自然段时设成了省墨打印；其二是不规则排版，其中包括局部用小字号编排、小字号串行、小字号半角缩进、第三自然段变成彩色（例如红色）、最后统一字号等不规则操作，然后一次打印出检材正文，对编辑出的红色，单色打印机识别成省墨打印（此过程可模拟）。与添加打印实验样本的墨迹微观特征比较，没有发现检材正文各自然段之间表现出添加打印应表现出的墨迹微观形态差别，推测检材《北京净空房地产开发有限公司股东会决议》正文内容是不规则排版一次打印的。

19DC0004 司鉴所[2019]文鉴字第 X 号

　　静电压痕显现仪检验没有显现出完整的原书写压痕，是因为从显现机理上压痕与书写材料对静电图像成像是相反的，以及原书写压痕又经过了打印过程中定影辊的高压碾压共同导致。

五、鉴定意见

　　日期为"2018 年 1 月 7 日"的《北京净空房地产开发有限公司股东会决议》存在变造事实，是利用有"王一杭"签名的《收条》，退掉正文书写文字，再添加打印制成的。

六、附件

　　附件一：检材复制件 1 页

　　附件二：特征比对表 6 页

　　附件三：资质证明 2 页

司法鉴定人：

教　授　XXX

《司法鉴定人执业证》证号：XXXXXXXX

教　授　XXX

《司法鉴定人执业证》证号：XXXXXXXX

二〇一九年七月三日

附件一：检材复制件

篡改文件鉴定
参加编号：19DC0004
检材

北京净空房地产开发有限公司股东会决议

2018 年 1 月 7 日在北京市石景山区海风大厦 10 号召开了北京净空房地产开发有限公司股东会议，会议应到 3 人，实到 3 人，参加会议的股东在人数和资格方面符合有关规定，会议形成决议如下：

全体股东一致同意，2017 年 11 月以北京净空房地产开发有限公司名义承包的绿区 13 段施工工程，由刘子文以个人名义转包，并办理合同变更等相关手续，刘子文个人自负盈亏，与北京净空房地产开发有限公司再无关联。

全体股东一致同意，王一杭以 50 万元价格，将其名下所持股份转让给刘子文，王一杭不再享有股东权利和义务。

全体股东签字：

2018.1.7

JC

附件二：特征比对表

检材扫描件观察"收条"残留笔画

制作人：xxx　　审核人：xxx　　制作时间：2019 年 7 月 1 日

长波（365nm）紫外光检验结果

制作人：xxx　　审核人：xxx　　制作时间：2019 年 7 月 1 日

19DC0004 司鉴所［2019］文鉴字第 X 号附件二

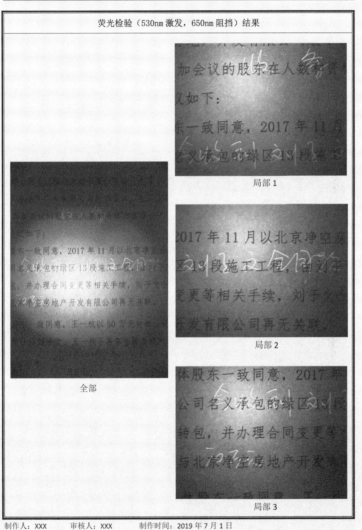

荧光检验（530nm 激发，650nm 阻挡）结果

制作人：XXX　　审核人：XXX　　制作时间：2019 年 7 月 1 日

19DC0004 司鉴所[2019]文鉴字第 X 号附件二

冷冻实验结果

篡改文件鉴定
参加编号：**19DC0004**
检 材

北京净空房地产开发有限公司股东会决议

　　2018 年 1 月 7 日在北京市石景山区海风大厦 10 号召开了北京净空房地产开发有限公司股东会议，会议应到 3 人，实到 3 人，参加会议的股东在人数和资格方面符合有关规定，会议形成决议如下：

　　全体股东一致同意，2017 年 11 月以北京净空房地产开发有限公司名义承起的绿区 13 段施工工程，由刘子文以个人名义转包，并办理合同变更等相关手续，刘子文个人自负盈亏，与北京净空房地产开发有限公司再无关联。

　　全体股东一致同意，王一杭以 50 万元价格，将其名下所持股份转让给刘子文，王一杭不再享有股东权利和义务。

　　全体股东签字：

　　　　刘子文　　张东　　一杭

　　　　　　　　　　2018.1-7

19DC0004 司鉴所[2019]文鉴字第 X 号附件二

第三自然段打印文字形态有别于其它自然段

第一自然段打印文字　　　　　　　　　第二自然段打印文字

第三自然段打印文字　　　　　　　　　第四自然段打印文字

制作人：XXX　　　审核人：XXX　　　制作时间：2019 年 7 月 1 日

各自然段"股"字墨迹微观形态

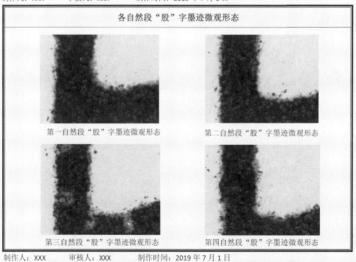

第一自然段"股"字墨迹微观形态　　　　　第二自然段"股"字墨迹微观形态

第三自然段"股"字墨迹微观形态　　　　　第四自然段"股"字墨迹微观形态

制作人：XXX　　　审核人：XXX　　　制作时间：2019 年 7 月 1 日

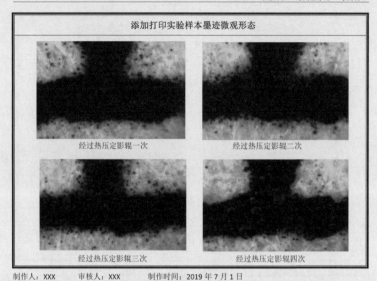

添加打印实验样本墨迹微观形态

经过热压定影辊一次　　　　　　　　经过热压定影辊二次

经过热压定影辊三次　　　　　　　　经过热压定影辊四次

制作人：XXX　　审核人：XXX　　制作时间：2019 年 7 月 1 日

纵向对齐示意图

2018 年 1 月 7 日在北京市石景山区海风大厦 10 号召开了北京净空房地产开发有限公司股东会议，会议应到 3 人，实到 3 人，参加会议的股东在人数和资格方面符合有关规定，会议形成决议如下：

全体股东一致同意，2017 年 11 月以北京净空房地产开发有限公司名义承包的绿区 13 段施工工程，由刘子文以个人名义转包，并办理合同变更等相关手续，刘子文个人自负盈亏，与北京净空房地产开发有限公司再无关联。

全体股东一致同意，王一杭以 50 万元价格，将其名下所持股份转让给刘子文，王一杭不再享有股东权利和义务。

全体股东签字：

制作人：XXX　　审核人：XXX　　制作时间：2019 年 7 月 1 日

19DC0004 司鉴所[2019]文鉴字第 X 号附件二

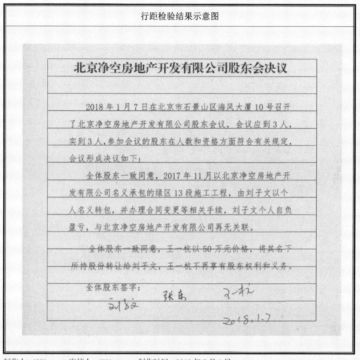

行距检验结果示意图

北京净空房地产开发有限公司股东会决议

　　2018 年 1 月 7 日在北京市石景山区海风大厦 10 号召开

了北京净空房地产开发有限公司股东会议，会议应到 3 人，

实到 3 人，参加会议的股东在人数和资格方面符合有关规定，

会议形成决议如下：

　　全体股东一致同意，2017 年 11 月以北京净空房地产开

发有限公司名义承包的绿区 13 段施工工程，由刘子文以个

人名义转包，并办理合同变更等相关手续，刘子文个人自负

盈亏，与北京净空房地产开发有限公司再无关联。

　　全体股东一致同意，王一杭以 50 万元价格，将其名下

所持股份转让给刘子文，王一杭不再享有股东权利和义务。

全体股东签字：

制作人：XXX　　审核人：XXX　　制作时间：2019 年 7 月 1 日

第 6 页 共 6 页

[例2]　19DC0084鉴定文书（专家组评价结果：满意）

参加编号：**19DC0084**

XX 司法鉴定中心
文书司法鉴定意见书

XX[2019]文鉴字第 XX 号

一、　基本情况

委 托 人：XX 人民法院

委托日期：2019 年 6 月 20 日

委托鉴定事项：日期为 "2018.1.7" 的《北京净空房地产开发有限公司股东会决议》是否经过变造处理。

受理日期：2019 年 6 月 20 日

鉴定材料：

检材

日期为 "2018.1.7" 的《北京净空房地产开发有限公司股东会决议》原件 1 张（以下简称检材，标识为 XXXX-WJ-JC）。

鉴定日期：2019 年 6 月 20 日至 2019 年 6 月 28 日

鉴定地点：XX 司法鉴定中心

二、　基本案情

据委托方移送资料记载：在一起股权转让纠纷案件中，原告北京净空房地产开发有限公司股东刘子文、张东夫妇提供了一份留有被告王一杭签名的《北京净空房地产开发有限公司股东会决议》，称被告王一杭已将其在该公司的股权转让给原告。被告王一杭不认可该份文件，称股东会决议上的签名像是他的，但他肯定从未签署过相关内容的文件。

为查清案件事实，现法院委托我中心对该《北京净空房地产开发有限公司股东会决议》进行篡改文件鉴定。

三、　鉴定过程

本次检验/鉴定方法：遵照《文件鉴定通用规范》（GB/T 37234-2018）、

参加编号：19DC0084

《篡改（污损）文件鉴定技术规范》（GB/T 37238-2018）进行鉴定。

经检验，检材正文内容系激光打印机打印形成，落款全体股东签字栏"刘子文、张东、王一杭 2018.1.7"手写体字迹均系用黑色墨水笔书写，纸张系用 A4 规格，纸张表面光洁平整，未发现有擦刮、拼凑、涂抹、污损及伪老化迹象，字迹清晰，检材完整，具备鉴定条件。

利用 Adobe Photoshop CS6 图像处理软件对检材扫描图像进行划线比对检验，发现第三段"全体股东一致同意，王一杭以 50 万元价格，将其名下所持股份转让给刘子文，王一杭不再享有股东权利和义务。"打印字迹与第一、二、四段打印字迹的行间距、字间距、字行基线倾斜的方向与角度等特征相符，左侧页边距存在差异。（详见图片说明 1）

将检材置于蔡司 2000-C 型体视显微镜、奥博 A-ZOOM2 型视频层析显微镜下检验，发现第三段打印字迹与第一、二、四段打印字迹在字形、字体、墨迹的微观形态等特征上相符，在打印字迹笔画颜色的灰度、"露白"特征上存在差异。（详见图片说明 2）

经进一步检验，发现检材纸张存在多处浅淡的手写字迹笔画压痕，将其置于 VSC-8000 型文检仪、冰箱内分别采用荧光法、冷冻法进行无损显现，经辨认，该处潜在手写字迹内容为"收条 今收到刘子文合同款 70 万元"。（详见图片说明 3）

利用蔡司 2000-C 型体视显微镜、VSC-8000 型文检仪对上述潜在手写字迹笔画压痕与打印字迹交叉部位进行检验，发现打印字迹笔画完整，墨粉颗粒堆积均匀，未发现打印字迹笔画存在被抑压、拖带及荧光迹象，墨粉颗粒覆盖在手写字迹笔画的压痕之上。（详见图片说明 4）

四、分析说明

根据以上检验，经综合分析：检材第三段打印字迹与第一、二、四段打印字迹的行间距、字间距、字行基线倾斜的方向与角度、字形、字体、墨迹的显微微观形态等特征相符，未发现存在非同台打印机、非一次打印形成的迹象。二者在左侧页边距、颜色的灰度、"露白"特征上存在的差异，分析系在排版过程中进行了重新编辑，不能作为其非一次打印的依据。

检材纸张存在多处浅淡的手写字迹笔画压痕，能够利用冷冻法显现，以上特征符合可擦笔书写形成的特点，且该处手写字迹形成于打印字迹之前，反映出检材系在原有《收条》的基础上，待《收条》内容字迹消失后，再利用落款处签名添加打印正文内容所形成。

五、鉴定意见

日期为"2018.1.7"的《北京净空房地产开发有限公司股东会决议》系变造形成。

六、附件

1.检材复制件1份；

2.图片说明4份。

司法鉴定人：XXX　　XXX（签名）

执业证号：XXXXXXXXXXXX

司法鉴定人：XXX　　XXX（签名）

执业证号：XXXXXXXXXXXX

授权签字人：XXX　　XXX（签名）

执业证号：XXXXXXXXXXXX

二〇一九年六月二十八日

附注：

1.本鉴定意见仅对送检材料负责。

2.未经本鉴定机构批准，任何单位或者个人不得复印本鉴定意见书，复制意见书需加盖本机构印章有效。

参加编号：19DC0084

篡改文件鉴定
参加编号：19DC0084
检材

XXXX-WJ-JC

北京净空房地产开发有限公司股东会决议

2018 年 1 月 7 日在北京市石景山区海风大厦 10 号召开了北京净空房地产开发有限公司股东会议，会议应到 3 人，实到 3 人，参加会议的股东在人数和资格方面符合有关规定，会议形成决议如下：

全体股东一致同意，2017 年 11 月以北京净空房地产开发有限公司名义承包的绿区 13 段施工工程，由刘子文以个人名义转包，并办理合同变更等相关手续，刘子文个人自负盈亏，与北京净空房地产开发有限公司再无关联。

全体股东一致同意，王一杭以 50 万元价格，将其名下所持股份转让给刘子文，王一杭不再享有股东权利和义务。

全体股东签字：

XXXX 司法鉴定中心

XX司法鉴定中心
图片说明1

XX[2019]文鉴字第 XX 号

委托单位	XX 人民法院	受理日期	2019 年 XX 月 XX 日

检　材

北京净空房地产开发有限公司股东会决议

　　2018 年 1 月 7 日在北京市石景山区海风大厦 10 号召开了北京净空房地产开发有限公司股东会议，会议应到 3 人，实到 3 人，参加会议的股东在人数和资格方面符合有关规定，会议形成决议如下：

　　全体股东一致同意，2017 年 11 月以北京净空房地产开发有限公司名义承包的绿区 13 段施工工程，由刘子文以个人名义转包，并办理合同变更等相关手续，刘子文个人自负盈亏，与北京净空房地产开发有限公司再无关联。

　　全体股东一致同意，王一杭以 50 万元价格，将其名下所持股份转让给刘子文，王一杭不再享有股东权利和义务。

　　全体股东签字：

　　　　　刘子文　　　张东　王一杭

　　　　　　　　　　　　　　　2018.1.7

说明： 以上图片系利用 Adobe Photoshop CS6 图像处理软件制作。从上图可见：检材第三段打印字迹与第一、二、四段打印字迹的行间距、字间距、字行基线倾斜的方向与角度等特征相符，左侧页边距存在差异。

制作人：XXX　　　　　　　　　　　　制作日期：2019 年 XX 月 XX 日

XXXX-R-XXX-XX-3-2014　　　实施日期：2016 年 XX 月 XX 日　　　版本号：第一版第 3 次修订

参加编号：19DC0084

XXXX 司法鉴定中心　　　　第 2页　共 4页

XX司 法 鉴 定 中 心

图 片 说 明 2

XX[2019]文鉴字第 XX 号

委托单位	XX 人民法院	受理日期	2019 年 XX 月 XX 日

检　　材

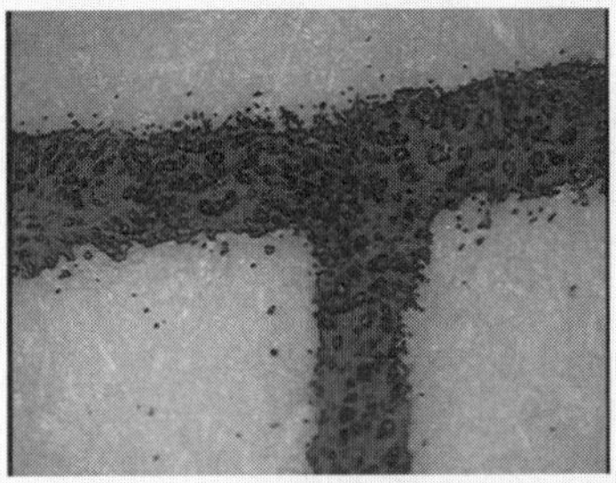

图1　第二段“全”字笔画

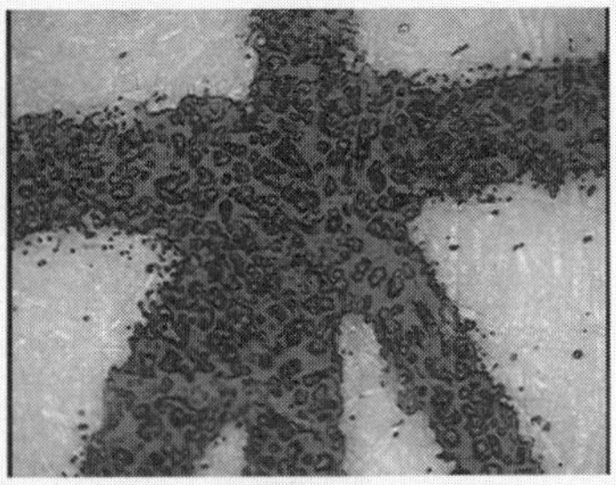

图2　第二段“体”字笔画

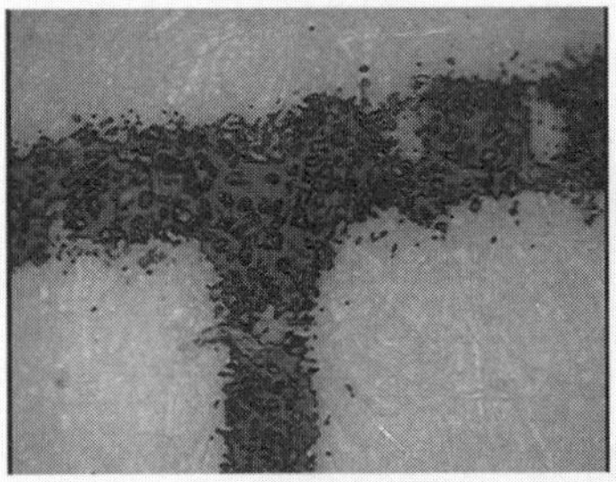

图3　第三段“全”字笔画

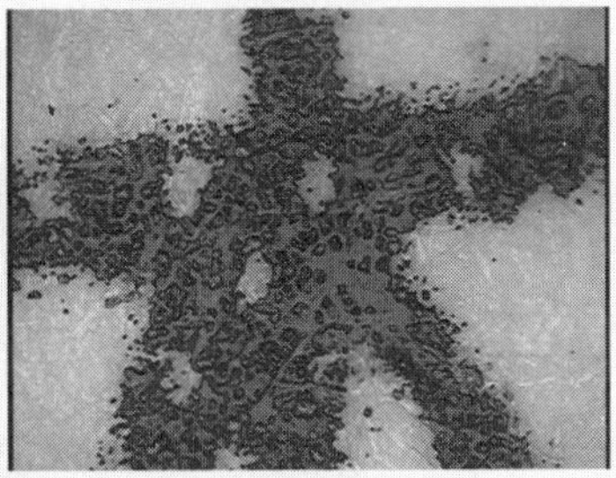

图4　第三段“体”字笔画

说明： 以上图片系利用奥博 A-ZOOM2 型视频层析显微镜观察拍摄。从上图可见：检材第三段打印字迹笔画有明显“露白”特征，与其他打印字迹存在差异。

制作人：XXX　　　　制作日期：2019 年 XX 月 XX 日

XXXX-R-XXX-XX-3-2014　　实施日期：2016 年 XX 月 XX 日　　版本号：第一版第 3 次修订

参加编号：19DC0084

XXXX 司法鉴定中心　　　　第 3页　共 4页

XX 司 法 鉴 定 中 心

图 片 说 明 3

XX[2019]文鉴字第 XX 号

委托单位	XX 人民法院	受理日期	2019 年 XX 月 XX 日
检　　材			

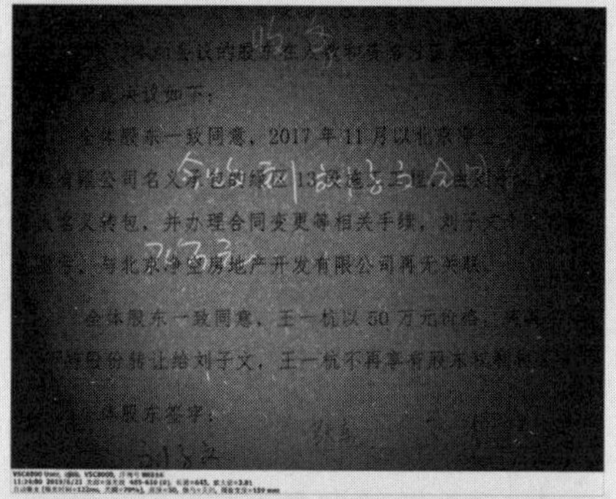

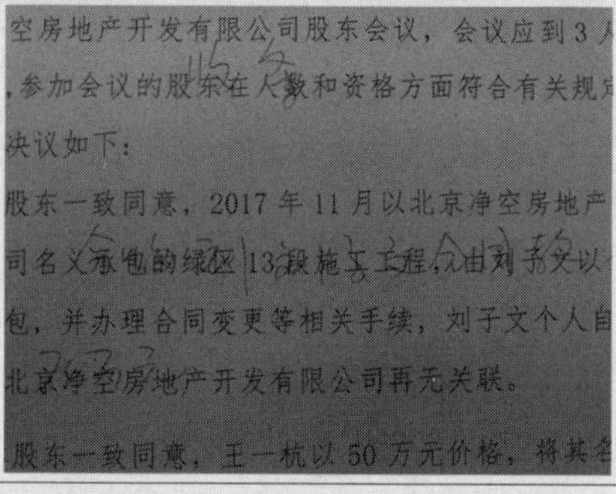

空房地产开发有限公司股东会议，会议应到 3 人
，参加会议的股东在人数和资格方面符合有关规定
决议如下：
股东一致同意，2017 年 11 月以北京净空房地产
司名义承包的绿区 13 段施工工程，由刘子文以
包，并办理合同变更等相关手续，刘子文个人自
北京净空房地产开发有限公司再无关联。
股东一致同意，王一杭以 50 万元价格，将其名

说明： 以上图片系分别利用 VSC-8000 型文检仪荧光法、冰箱冷冻法对检材潜在字迹显现后拍摄。从上图可见：检材上潜在的手写字迹内容为“收条 今收到刘子文合同款 70 万元”。

制作人：XXX　　　　制作日期：2019 年 XX 月 XX 日

XXXX-R-XXX-XX-3-2014　　实施日期：2016 年 XX 月 XX 日　　版本号：第一版第 3 次修订

参加编号：19DC0084

XXXX 司法鉴定中心

XX 司法鉴定中心
图片说明 4

XX[2019]文鉴字第 XX 号

委托单位	XX 人民法院	受理日期	2019 年 XX 月 XX 日
检　材			

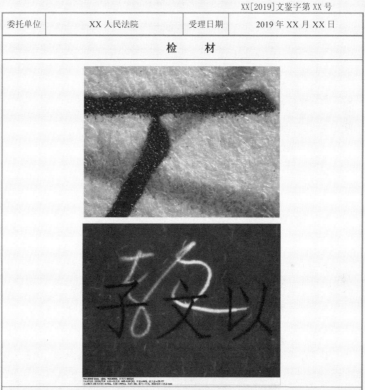

说明： 以上图片系分别利用蔡司 2000-C 型体视显微镜、VSC-8000 型文检仪观察拍摄。从上图可见：检材上潜在手写字迹笔画与打印字迹笔画交叉部位，打印字迹笔画完整，墨粉颗粒堆积均匀，未发现打印字迹笔画存在被抑压、拖带及荧光迹象，墨粉颗粒覆盖在手写字迹笔画的压痕之上。

制作人：XXX　　　　　　　　　　　　　制作日期：2019 年 XX 月 XX 日

XXXX-R-XXX-XX-3-2014　　　　实施日期：2016 年 XX 月 XX 日　　　　版本号：第一版第 3 次修订

[例3] 19DC0096鉴定文书（专家组评价结果：通过）

XXXX 司法鉴定所

司法鉴定意见书

XX 司鉴所[2019]文检司字第 XXXX 号

一、基本情况

委托单位： XXXX 人民法院

委托事项： 检材《北京净空房地产开发有限公司股东会决议》是否经过变造处理进行司法鉴定。

受理日期： 2019 年 X 月 X 日

鉴定材料：

检验材料： 日期为"2018 年 1 月 7 日"的《北京净空房地产开发有限公司股东会决议》原件 1 张。标识为 19DC0096-JC（见附件 1：检材图片）。

鉴定地点： XXXX 司法鉴定所检验室。

二、基本案情

在一起股权转让纠纷案件中，原告北京净空房地产开发有限公司股东刘子文、张东夫妇提供了一份留有被告王一杭签名的《北京净空房地产开发有限公司股东会决议》，称被告王一杭已将其在该公司的股权转让给原告。被告王一杭不认可该份文件，称股东会决议上的签名像是他的，但他肯定从未签署过相关内容的文件。

为查清案件事实，XXXX 人民法院委托本司法鉴定机构对该《北京净空房地产开发有限公司股东会决议》进行篡改文件鉴定。

三、鉴定过程

使用标准：中华人民共和国国家标准 GB/T 37238-2018[篡改（污损）文检鉴定技术规范]。

检材为 A4 幅面纸张，内容为黑色激光打印文字，经用 XX 文检仪采用紫外光、荧光检验，在检材正文第 1、2 段上可见"收条 今收到刘子文合同款 70 万元"文字影像，（见附图片一、二）。将检材置于冰箱中，-18℃冷冻 2 小时，正文第 1、2 段上显现出"收条 今收到刘子文合同款 70 万元"文字影像（见附图片三）。采用侧光检验，检材正文第 1、2 段上文字潜像笔画有压痕，（见附图片四）。采用体视显微镜检验，潜像文字笔画与打印文字笔画交叉处，打印文字炭粉笔画变细，且炭粉笔画上未见书写工具碾压痕迹，显色后的潜像笔画中有品红色色料（见附图片五）。

19DC0096　　　　　　　　　　　　　　第 - 2 - 页 共 2 页

四、分析说明

采用紫外光、荧光检验，检材正文第 1、2 段上有"收条 今收到刘子文合同款 70 万元"文字潜像，采用低温检验，该文字潜像还原成自然光下可见的深灰色文字，显色后的文字笔画中有品红色色料，反映出褪色笔的特点。

潜像文字笔画与打印文字笔画交叉处打印文字炭粉笔画变细，是激光打印机的炭粉向纸张转印过程中，受到已有笔画压痕影响所致，且炭粉笔画上未见书写工具碾压痕迹，表明检材上的激光打印文字是在"收条 今收到刘子文合同款 70 万元"潜像文字后形成的，检材经过激光打印机的热定影装置时，会使原有的褪色笔字迹褪色。

五、鉴定意见

检材《北京净空房地产开发有限公司股东会决议》是经过变造处理的。

司法鉴定人：XXX
《司法鉴定人执业证》证号：XXXXXXX

司法鉴定人：XXX
《司法鉴定人执业证》证号：XXXXXXX

2019 年 07 月 05 日

附件：
1. 检材图片；
2-1．检验图片（一）；
2-2．检验图片（二）；
2-3．检验图片（三）；
3. 司法鉴定许可证图片；
4. 司法鉴定人执业证图片。

附件1：检材图片

北京净空房地产开发有限公司股东会决议

2018 年 1 月 7 日在北京市石景山区海风大厦 10 号召开了北京净空房地产开发有限公司股东会议，会议应到 3 人，实到 3 人，参加会议的股东在人数和资格方面符合有关规定，会议形成决议如下：

全体股东一致同意，2017 年 11 月以北京净空房地产开发有限公司名义承包的绿区 13 段施工工程，由刘子文以个人名义转包，并办理合同变更等相关手续，刘子文个人自负盈亏，与北京净空房地产开发有限公司再无关联。

全体股东一致同意，王一杭以 50 万元价格，将其名下所持股份转让给刘子文，王一杭不再享有股东权利和义务。

全体股东签字：

19DC0096-JC

附件2-1：　检验图片（一）

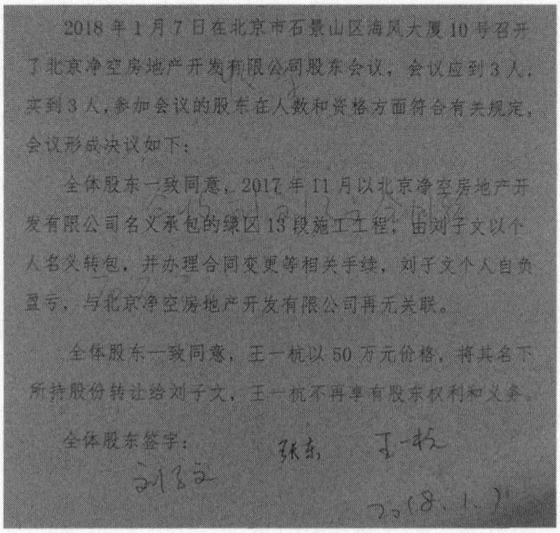

　　2018年1月7日在北京市石景山区海风大厦10号召开了北京净空房地产开发有限公司股东会议，会议应到3人，实到3人，参加会议的股东在人数和资格方面符合有关规定，会议形成决议如下：

　　全体股东一致同意，2017年11月以北京净空房地产开发有限公司名义承包的绿区13段施工工程，由刘子文以个人名义转包，并办理合同变更等相关手续，刘子文个人自负盈亏，与北京净空房地产开发有限公司再无关联。

　　全体股东一致同意，王一帆以50万元价格，将其名下所持股份转让给刘子文，王一帆不再享有股东权利和义务。

　　全体股东签字：

图片一　紫外检验

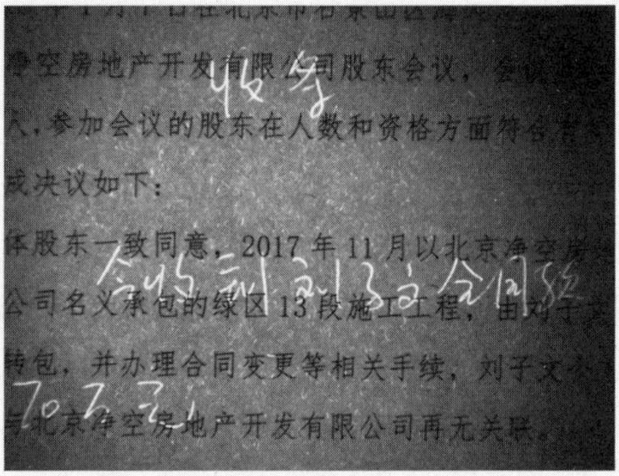

图片二　荧光检验

附件2-2：　检验图片（二）

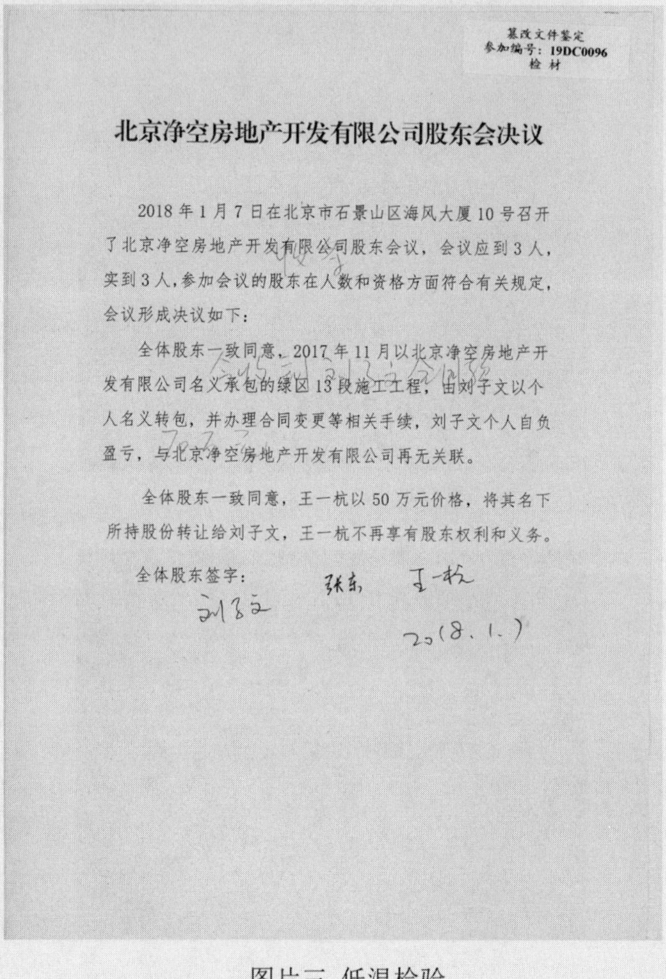

图片三　低温检验

附件2-3：　检验图片（三）

图片四　侧光检验

图片五　显微检验

[例4] 19DC0047鉴定文书（专家组评价结果：不通过）

参加编号：19DC0047

××××司法鉴定中心
司法鉴定意见书

××××[2019]文鉴字第×号

一、基本情况

委托单位：××人民法院

委托事项：检材日期为"2018年1月7日"的《北京净空房地产开发有限公司股东会决议》中正文内容是否一次性制作形成。

受理日期：2019年×月×日

鉴定材料：

检材：日期为"2018年1月7日"的《北京净空房地产开发有限公司股东会决议》原件1张（以下简称JC）。

二、基本案情

在一起股权转让纠纷案件中，原告北京净空房地产开发有限公司股东刘子文、张东夫妇提供了一份留有被告王一杭签名的《北京净空房地产开发有限公司股东会决议》，称被告王一杭已将其在该公司的股权转让给原告。被告王一杭不认可该份文件，称股东会决议上的签名像是他的，但他肯定从未签署过相关内容的文件。

为查清案件事实，现法院委托司法鉴定机构对该《北京净空房地产开发有限公司股东会决议》进行篡改文件鉴定。

三、资料摘要 （无）

四、检验过程

鉴定日期：2019年×月××日

鉴定地点：××××司法鉴定中心文件检验实验室

在场人：×××;

鉴定方法：司法部 GB/T 37234-2018《文件鉴定通用规范》、《文件制作时间鉴定技术规范》GB/T37233-2018 标准进行鉴定。

使用的仪器设备：高倍数码显微镜、体视显微镜、文检仪进行检验。

检验方法和主要结果：

（一）比对检验

经检验，检材是一份经印刷形成的《北京净空房地产开发有限公司股东会决议》，共计 1 页，其中"全体股东签字"栏，有"张东"、"刘子文"、"王一杭"签名笔迹和手书的时间："2018.1.7"（黑色墨汁直接书写）。纸张规格为 A4（210mmX297mm），纸张平整无折痕、无污染，印制文字墨迹与纸张纤维呈渗透性结合，纸面光滑平整，没有冲击痕或固态粉墨堆积，文字笔画边缘略显洇散、毛糙，符合喷墨打印机打印的典型特征。（见示例图）

捡材内容文字为三号仿宋-2312体，内容文字共三段，字形无明显差异，1.5倍行距，两端对齐，经测量比较，被检材料第一段、第二段文字首行缩进、二段文字间距、行间距、段间距、字号、字体、字形均相同。经测量比对，发现第三段中首行缩进距离与第一段、第二段、最后一行"全体股东签字"表现不一致，第三段的首行缩进距离较其余二段和最后一行文字大，且第三段整体文字两端与第一、第二段整体文字两端均不能对齐。经比对，还发现第三段文字与第二段段间距、最后一行文字段间距与第一、二段段间距不一致，及第三段文字段间距与第二段、最后一行文字段间距比第一、二段段间距大。
（详见示例图）

　　经放大后观察，第三段文字笔划出现无规律的间隔出现的墨汁空白点，其空白点的形态、大小、间距均存在差异，根据此特征，考虑为打印机喷头被异物部分阻塞或喷头存在部分缺损所致，而被检材料中第一段、第二段、最后一行文字均无此特征；经放大观察和比对，发现被检材料中第一段、第二段、最后一行文字，在字型、字体、打印墨汁的形态特征、笔划的细节特征上均相同；将被检材料中第一段、第二段、最后一行文字中相同文字"北、京、净、空、房、地、产、开、发、全、体、股、东、一、致、同、意、刘、子、文"字与第三段相同文字进行比对，除发现二者文字笔画中墨汁空白点存在差异外，还发现二者上述相同文字笔画边缘墨汁形态、打印笔画的细节特征上存在差异点。（详见《检材字体字形比对检验表一、二》）

　　（二）紫外线检验

　　将被检材料用文检仪进行检验，在紫外线下，发现在被检材料第一、二段文字部分，有以下文字显示："收条 今收到刘子文合同款70万元"，该字迹为手书形成，从其特征显示，符合为可消退墨汁书写的笔迹。从该手书笔迹与打印文字间交接部位的形态特征分析，被检材料的正文部分是在手书文字上打印形成。（详见检材紫外线图片）

五、分析说明

　　经对检材中三段文字和最后一行文字的比对，发现第一段、第二段、最后一行文字在首行缩进、二段文字间距、行间距、段间距、字号、字体、字形、打印文字笔画形态均相同；被检材料中第三段文字

4/15

在首行缩进、段间距、前后文字端、打印文字笔画墨汁空白点、打印文字笔画墨汁形态、笔画形态等细节特征上与第一段、第二段、最后一行文字上述特征均存在明显差异点。上述差异点说明第三段文字内容与第一段、第二段、最后一行文字不是同一次制作形成。

被检材料用文检仪进行检验，在紫外线下，发现在被检材料第一、二段文字部分中，有消退手书文字显示："收条 今收到刘子文合同款70万元"，被检材料的正文部分是在手书文字上打印形成。

六、鉴定意见

检材日期为"2018年1月7日"的《北京净空房地产开发有限公司股东会决议》中正文内容中，第一段、第二段、最后一行文字是同一次排版打印制作形成，第三段文字内容与上述文字内容不是同一次排版打印制作形成。

检验发现的消退手书字迹为变造消退字迹。

七、附件：

1、【JC】图片、图例、检材字体字形比对检验表。

2、司法鉴定机构许可证和鉴定人执业证复印件

司法鉴定人：×××

《司鉴定人执业证》：×××××××××××××

司法鉴定人：×××

《司鉴定人执业证》：×××××××××××××

二〇一九年×月××日

检材

基改文件鉴定
参加编号：19DC0047
检材

北京净空房地产开发有限公司股东会决议

2018 年 1 月 7 日在北京市石景山区海风大厦 10 号召开了北京净空房地产开发有限公司股东会议，会议应到 3 人，实到 3 人，参加会议的股东在人数和资格方面符合有关规定，会议形成决议如下：

全体股东一致同意，2017 年 11 月以北京净空房地产开发有限公司名义承包的绿区 13 段施工工程，由刘子文以个人名义转包，并办理合同变更等相关手续，刘子文个人自负盈亏，与北京净空房地产开发有限公司再无关联。

全体股东一致同意，王一杭以 50 万元价格，将其名下所持股份转让给刘子文，王一杭不再享有股东权利和义务。

全体股东签字：

示例图

表格编号：××××　　编号：×××[2019]文鉴字第×号

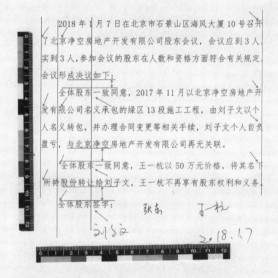

检材字体字形特征比对表一

表格编号：××××编号：×××[2019]文鉴字第×号

检材正文第一段文字	检材正文第二段文字	检材正文最后一行文字
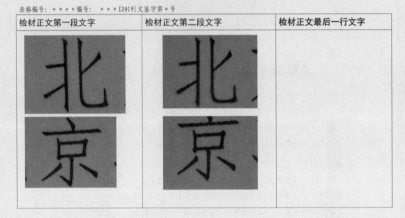		

8 / 15

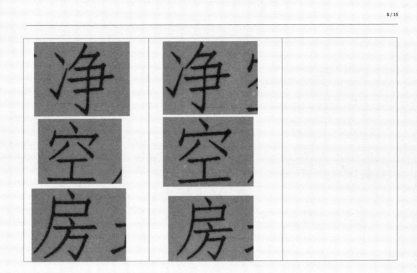

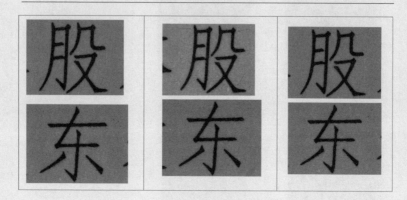

制作人：×××　时间：2019年×月×日

检材字体字形特征比对表二

表格编号：××××编号：×××[2019]文鉴字第×号

检材正文第二段文字	检材正文第三段文字	检材正文最后一行文字

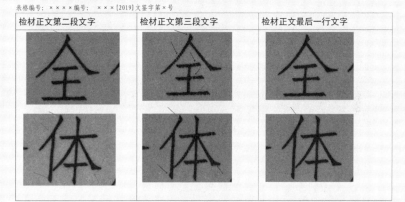

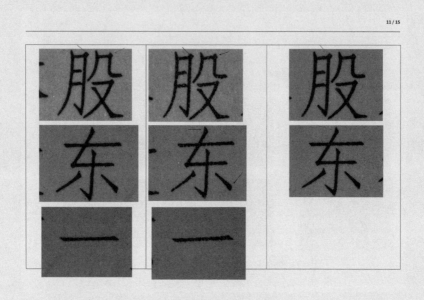

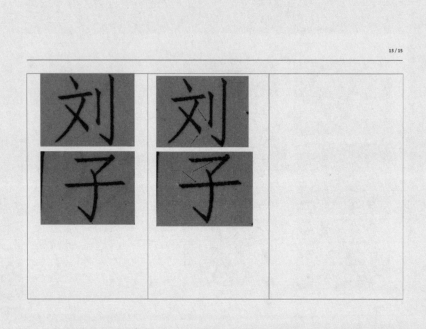

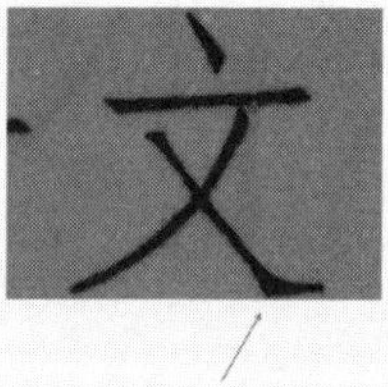	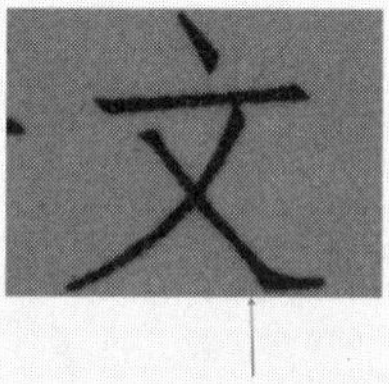	

制作人：××× 时间：2019年×月×日

检材紫外线显示图片

表格编号：××××　编号：××× [2019] 文鉴字第×号

2018 年 1 月 7 日在北京市石景山区海风大厦 10 号召开了北京净空房地产开发有限公司股东会议，会议应到 3 人，实到 3 人，参加会议的股东在人数和资格方面符合有关规定，会议形成决议如下：

全体股东一致同意，2017 年 11 月以北京净空房地产开发有限公司名义承包的填区 13 段施工工程，由刘子文以个人名义转包，并办理合同变更等相关手续，刘子文个人自负盈亏，与北京净空房地产开发有限公司再无关联。

全体股东一致同意，王一杭以 50 万元价格，将其名下所持股份转让给刘子文，王一杭不再享有股东权利和义务。

紫外线显示字迹：收条　今收到刘子文合同款 70 万元

制作人：××× 　时间：2019 年×月×日

［例5］　19DC0064鉴定文书（专家组评价结果：不通过）

XXXX 司法鉴定中心

司法鉴定意见书

XX 司鉴〔2019〕文鉴字第 XXX 号

一、基本情况

委托人：XXXX 人民法院

委托事项：

对《北京净空房地产开发有限公司股东会决议》是否经过变造处理进行鉴定。

受理日期：2019 年 06 月 XX 日

鉴定材料：

检材：日期为"2018 年 1 月 7 日"的《北京净空房地产开发有限公司股东会决议》原件 1 张。

二、基本案情

在一起股权转让纠纷案件中，原告北京净空房地产开发有限公司股东刘子文、张东夫妇提供了一份留有被告王一杭签名的《北京净空房地产开发有限公司股东会决议》，称被告王一杭已将其在该公司的股权转让给原告。被告王一杭不认可该份文件，称股东会决议上的签名像是他的，但他肯定从未签署过相关内容的文件。

为查清案件事实，现法院委托司法鉴定机构对该《北京净空房地产开发有限公司股东会决议》进行篡改文件鉴定。

三、检验过程

2019 年 06 月 XX 日在本中心文痕鉴定室，由鉴定人 XXX、XXX 参照《文件鉴定通用规范》（GB/T 37234-2018）、《篡改(污损)文件鉴定技术规范》（GB/T 37238-2018），《印刷文件鉴定技术规范》（GB/T 37232-2018），并采用 VSC6000/HS 文痕检仪、奥林巴斯 SZX7 多光源显微镜及 Adobe Photoshop 电脑图像处理软件系统等仪器设备对检材进行检验。

（一）外观检验：

检材为 2018 年 1 月 7 日《北京净空房地产开发有限公司股东会决议》一张，其纸张为白色普通 A4 打印纸，纸面完整，整体无刮擦折痕、无污染，纸张表面可见十二行黑色打印文字和"刘子文"、"张东"、"王一杭"三个手写体签名字迹及"2018.1.7"日期字迹，具备检验条件。

（二）微观检验：

1.使用 VSC6000/HS 文痕检仪，对检材进行视频光谱（紫外光）检验，发现打印文字第三行至第九行之间，有三行横向排列的自然光下不能观察到的手写体字迹"收条 今收到刘子文合 同款 70 万元"，其字迹书写自然流畅，书写水平较高。（详见附件 1）

2.使用奥林巴斯 SZX7 多光源显微镜，对检材中打印文字进行显微检验，发现第 10 行、第 11 行黑色打印文字，其笔画墨粉分布不均相对稀疏有光泽，笔画边缘不齐整，边缘有少许墨粉颗粒，笔画中有较多露白点，而除第 10 行、第 11 行之外的黑色打印文字，其笔画墨粉分布均匀密实有光泽，墨色一致，笔画边缘较齐整，边缘有少许墨粉颗粒。如："东、股"字。（详见附件 2）

3. 使用 Adobe Photoshop 电脑图像处理软件系统，对检材添加水平辅助线测量，发现检材中第 5 行到第 6 行打印文字行间距约 0.60cm，第 9 行到第 10 行打印文字行间距约 0.90cm。（详见附件 3）

4. 使用奥林巴斯 SZX7 多光源显微镜，对检材中"刘子文"、"张东"、"王一杭"、"2018.1.7"手写体字迹检验，其字迹为黑色笔书写形成，书写较自然，书写水平中等，书写控制能力中等，字迹清楚，无涂改，显微观察未发现异常。

四、分析说明

1. 经对检材进行紫外光检验，发现十二行打印文字里，有自然光线下不能观察到的三行横向排列手写体字迹"收条 今收到刘子文合同款 70 万元"，综合其要素检验结果，显示文件存在变造。

2. 经对检材进行显微观察检验，发现打印文字第 10 行、第 11 行文字与其余的打印文字，在墨粉均匀度，墨迹露白点，笔画边缘齐整度等方面差异明显；同时，第 5 行到第 6 行打印文字的行间距与第 9 行到第 10 行打印文字的行间距存在明显差异，综合要素检验结果，说明上述打印文字有各自的打印特征，因此检材打印文字第 10 行、第 11 行文字与其余的打印文字，非同一台打印机具形成。

五、鉴定意见

1. 检材日期为"2018 年 1 月 7 日"的《北京净空房地产开发有限公司股东会决议》中内含三行手写体字迹"收条 今收到刘子文合同款 70 万元"，说明存在变造事实。

2. 检材日期为"2018 年 1 月 7 日"的《北京净空房地产开发有

限公司股东会决议》中打印文字第 10 行、第 11 行文字与其余的打印文字，不是同一台机具印制形成。

六、附件

1. 视频光谱检验图 1 页

2. 显微观察检验图 2 页

3. 水平辅助线检验图 1 页

4. 检材扫描图片 1 页

司法鉴定人：XXX

《司法鉴定人执业证》证号：XXXXXXXXXXX

司法鉴定人：XXX

《司法鉴定人执业证》证号：XXXXXXXXXXX

司法鉴定人：XXX

《司法鉴定人执业证》证号：XXXXXXXXXXX

二〇一九年七月 XX 日

附件 1：视频光谱检验图

案号：XX 司鉴[2019]文鉴字第 XXX 号

附件 2：显微观察检验图一

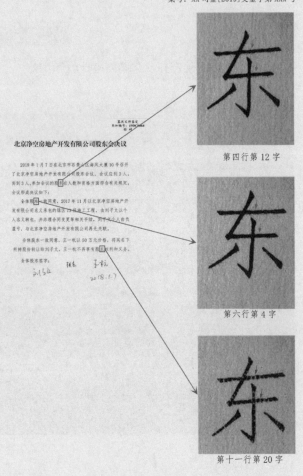

案号：XX 司鉴 [2019] 文鉴字第 XXX 号

第四行第 12 字

第六行第 4 字

第十一行第 20 字

附件 2：显微观察检验图二

案号：XX 司鉴[2019]文鉴字第 XXX 号

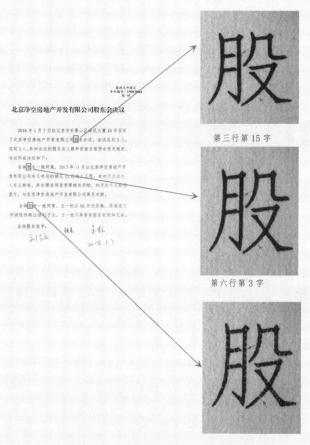

第三行第 15 字

第六行第 3 字

第十行第 3 字

篡改文件鉴定能力验证（CNAS SF0025）　　　参加编号：19DC0064　　　共 5 页 第 3 页

附件3：水平基线检验图

篡改文件鉴定
参加编号：19DC0064
检 材

第1行—— **北京净空房地产开发有限公司股东会决议**

    2018 年 1 月 7 日在北京市石景山区海风大厦 10 号召开
了北京净空房地产开发有限公司股东会议，会议应到 3 人，
实到 3 人，参加会议的股东在人数和资格方面符合有关规定，

第5行—— 会议形成决议如下：

第6行——   全体股东一致同意，2017 年 11 月以北京净空房地产开
发有限公司名义承包的绿区 13 段施工工程，由刘子文以个
人名义转包，并办理合同变更等相关手续，刘子文个人自负

第9行—— 盈亏，与北京净空房地产开发有限公司再无关联。

第10行——   全体股东一致同意，王一杭以 50 万元价格，将其名下

第11行—— 所持股份转让给刘子文，王一杭不再享有股东权利和义务。

第12行—— 全体股东签字：

附件 4：检材扫描图片

案号：XX 司鉴[2019]文鉴字第 XXX 号

篡改文件鉴定
参加编号：**19DC0064**
检 材

北京净空房地产开发有限公司股东会决议

2018 年 1 月 7 日在北京市石景山区海风大厦 10 号召开了北京净空房地产开发有限公司股东会议，会议应到 3 人，实到 3 人，参加会议的股东在人数和资格方面符合有关规定，会议形成决议如下：

全体股东一致同意，2017 年 11 月以北京净空房地产开发有限公司名义承包的绿区 13 段施工工程，由刘子文以个人名义转包，并办理合同变更等相关手续，刘子文个人自负盈亏，与北京净空房地产开发有限公司再无关联。

全体股东一致同意，王一杭以 50 万元价格，将其名下所持股份转让给刘子文，王一杭不再享有股东权利和义务。

全体股东签字：

2018.1.7

【专家点评】

本次能力验证计划,最终评价结果为"满意"的鉴定机构,鉴定意见与客观结果一致("检材经过变造"),对消退字迹和打印字迹进行了综合检验,检验方法较全面,分析说明较客观,部分机构还通过模拟实验,对检验发现的现象进行了合理的解释,鉴定意见的依据较充分。

如19DC0004鉴定文书,鉴定人采用了侧光、文检仪检验、静电压痕检验、低温冷冻实验等方法,发现了检材上被消退的《收条》内容,且验证了该部分字迹是用热可擦墨水笔书写形成。针对打印字迹,通过排版格式测量和显微形态观察,鉴定人发现了检材上第三段打印字迹与其他打印字迹在排版格式和墨迹分布特征上的差异,但同时也观察到两部分打印字迹在微观墨迹形态特征上没有明显差异,从而判断两者主要是排版格式上有变化,检材第三段系省墨状态打印形成。值得注意的是,在不规则排版的情况下,为了验证是否存在添加打印的可能性,鉴定人进行了添加打印的模拟实验,通过实验观察,发现"经过激光打印机不同次数热压定影的墨迹微观形态有明显差别",而检材上未发现相应添加打印的特征,据此推测检材正文内容是不规则排版一次打印的。该鉴定文书检验方法全面,分析说明合理准确,特征比对表制作规范,图片特征明显,鉴定依据充分,获得了"满意"的评价结果。

又如19DC0084鉴定文书,鉴定人采用了包括文检仪检验、低温冷冻实验、排版格式测量、显微形态检验在内的多种方法,对检材上的消退字迹、打印字迹及两者交叉部位的先后顺序进行了系统的检验和分析,做出了正确的鉴定意见。对于打印字迹,该鉴定书中有如下分析说明:"检材第三段打印字迹与第一、二、四段打印字迹的行间距、字间距、字行基线倾斜的方向与角度、字形、字体、墨迹的显微微观形态等特征相符,未发现存在非同台打印机、非一次打印形成的迹象。二者在左侧页边距、颜色的灰度、'露白'特征上存在的差异,分析系在排版过程中进行了重新编辑,不能作为其非一次打印的依据",分析准确,表述客观,反映出该机构对常见打印特征及其形成原因有较充分的认识和准确的理解。该机构获得了"满意"的评价结果。

在获得"满意"评价的鉴定机构中普遍存在的一个问题是,不少机构将鉴定意见表述为"检材上打印字迹是一次打印形成"。虽然事实上检材上的打印字迹为一次打印形成,但是鉴定机构在面对制作过程未知的实际检材时,根据排版格式、形态检验、文件材料乃至模拟实验的结果,直接作出"检材上打印字迹为一次打印形成"的鉴定意见,表述较为强硬,存在一定风险,表述为"未发现检材上打印字迹非一次制作形成的迹象"则较为客观保险。

最终评价结果为"通过"的鉴定机构,鉴定意见与客观结果一致("检材经过变造"),检验方法较全面,但存在两类问题:一是对检材上的打印字迹未进行检验,或鉴定意见书中未体现出检验过程,检验要素不全面;二是在分析说明中对打印字迹、手写字迹存在不同程度的误判,降级为"通过"。

如19DC0096鉴定文书,针对消退字迹的检验,鉴定人采用了侧光、紫外和荧光检验,发现并显现了检材上被消退的《收条》内容字迹。鉴定人又通过低温冷冻实验,证实了消退字迹是用热可擦墨水笔书写形成,并准确地推断出检材经过激光打印机的热定影装置时,手写的《收条》就会褪色消失的消退过程。此外,鉴定人还对消退字迹与打印字迹的时序进行了检验,为判断检材的变造过程提供了客观的依据。该鉴定文书的检验图片清晰,特征明显,依据充分。如果就消退字迹部分而言,该机构可以获得"满意"的评价结果。但问题是,该鉴定文书中完全没有体现出对检材上打印字迹的检验过程,文件要素检验不全。能力验证计划旨在考察参加机构对检材的综合鉴定能力,无论是漏检还是回避难以解释的明显问题,都不符合项目组对篡改文件鉴定"满意"等级的能力要求,因此该机构的评价结果为"通过"。

最终评价结果为"不通过"的鉴定机构,对消退字迹的鉴定意见与客观结果一致,但是对打印部分的鉴定意见与客观结果不一致:对检材上各段打印字迹在排版格式和墨迹形态上的差异原因分析错误,将文档编辑造成的差异误判为"二次打印",甚至"不同机具二次打印"。

如19DC0047鉴定文书,虽然发现了被消退的《收条》内容,但是对打印字迹的鉴定存在严重的误判:首先是对打印字迹的形成方式判断错误,将典型的静电印刷文件认作是喷墨打印文件;其次是对检材上打印字迹在排版格式和墨迹分布上差异的原因分析错误,认为检材第三段打印字迹与其他打印字迹不是一次制作形成。反映出该机构未掌握常见印刷文件的基本特征,在印刷文件鉴定方面的能力有明显的欠缺。该机构的评价结果为"不通过"。

又如19DC0064鉴定文书,同样在对打印字迹部分的检验中出现了误判,鉴定意见与客观结果不一致:鉴定人发现检材上第三段打印字迹与其他打印字迹在段间距、缩进位置和墨迹分布特征上的差异后,认为这是由于印刷机具不同造成的,而忽略了两部分打印字迹在行基线及笔画形态、疵点分布等细节特征上的符合,说明该机构对打印字迹的一般形态特征及其形成原因掌握不够,尤其是属于打印机具的本质性特征,在鉴别印刷文件时容易出现误判。该机构被评价为"不通过"。

其他一些共性问题还包括:大多数机构未能从文件材料上对打印字迹的墨粉成分进行检验;部分机构在相同字较少的情况下,对手写字迹进行笔迹鉴定;还有部分机构的鉴定文书中有明显的笔误及错别字;特征比对表上缺少仪器制作参数、制作人和日期等信息的标识等。

综上,本次能力验证活动既考查了鉴定机构在篡改文件鉴定方面的基本技能和鉴定意见的表达能力,也反映出了鉴定机构在该类文书鉴定中存在共性问题,基本达到了科学、客观地评价参加机构的鉴定能力,并有效地帮助参加机构规范鉴定活动、提高鉴定水平的目的。

点评人:孙其然　高级工程师
杨　旭　正高级工程师

《朱墨时序鉴定(CNAS SF0026)》
鉴定文书评析

【项目简介】

朱墨时序鉴定是当前文书鉴定中的常见项目之一,对于文件真伪的认定及证据采信往往能够起到关键的作用。朱墨时序鉴定基于鉴定人对朱墨时序特征的发现和把握,对鉴定人的经验和所使用的设备都有很高的要求,是文书鉴定领域中技术要求较高的鉴定项目。本次能力验证计划主要考察鉴定人对于喷墨打印文字与光敏印章印文交叉时序的鉴定能力,以及检验的全面性,要求鉴定人使用适当的鉴定方法和设备,能够发现两处待检交叉部位朱墨时序存在的差异,并分析朱墨时序特征,得出正确的鉴定意见。本次能力验证计划旨在对参加者的朱墨时序鉴定能力进行科学、客观的考察和评价,以期进一步规范鉴定活动,提高鉴定能力。本次能力验证的结果也可以作为认证认可、行业监管的重要依据。

【方案设计】

本次朱墨时序鉴定能力验证计划的方案设计和样品制备,由项目专家组根据我国文书鉴定实践中常见的情况制定并模拟设计和制作样品。检材式样见图1,制备的具体过程如下:

1. 使用喷墨打印机打印除落款日期"2019年4月22日"外的《业务承诺书》内容。

2. 使用光敏印章在《业务承诺书》落款处加盖"沪皖繁星经济贸易有限公司"印文,与该处"承诺方:(公章)"文字有交叉。

3. 将《业务承诺书》再次放入喷墨打印机纸盒中,打印落款日期"2019年4

月22日”,与该处印文有交叉。

根据本次能力验证计划方案,在样品的设计和制作中,选取适当型号和种类的打印机和印油,在整体难度上做适当的控制,打印机打印质量稳定,红色印文盖印压力适中、色料分布较均匀,印字交叉部位的显微特征反映较明显,鉴定难度中等。

根据上述样品的制作过程,检材《业务承诺书》落款处朱墨时序的客观结果为:需检印文与“承诺方:(公章)”交叉部位的先后顺序为先墨后朱;需检印文与“2019年4月22日”交叉部位的先后顺序为先朱后墨。

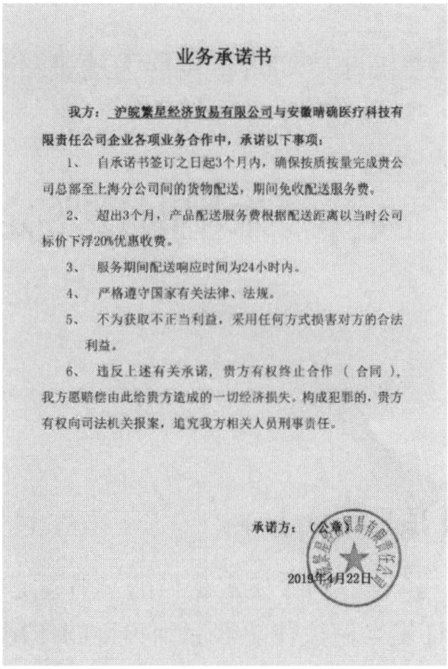

业务承诺书

我方:沪皖繁星经济贸易有限公司与安徽晴确医疗科技有限责任公司企业各项业务合作中,承诺以下事项:

1、 自承诺书签订之日起3个月内,确保按质按量完成贵公司总部至上海分公司间的货物配送,期间免收配送服务费。

2、 超出3个月,产品配送服务费根据配送距离以当时公司标价下浮20%优惠收费。

3、 服务期间配送响应时间为24小时内。

4、 严格遵守国家有关法律、法规。

5、 不为获取不正当利益,采用任何方式损害对方的合法利益。

6、 违反上述有关承诺,贵方有权终止合作(合同),我方愿赔偿由此给贵方造成的一切经济损失。构成犯罪的,贵方有权向司法机关报案,追究我方相关人员刑事责任。

承诺方:(公章)

2019年4月22日

图1 检材式样

【结果评析】

本次能力验证计划共有142家机构报名参加,其中,共有139家机构返回了结果,3家机构未返回结果。在返回结果的139家机构中,获得满意评价的有90家,占64.7%;通过22家,占15.8%;不通过25家,占18%;不予评价2家,占1.4%。

本次能力验证由项目专家组依据事先制定的评价标准进行评价,主要从鉴定方法的合理性、检验过程的全面性、分析论证的充分性、鉴定意见的准确性以及鉴定文书的规范性等几个方面进行,以全面考察参加机构在朱墨时序鉴定方面的综合能力。

[例1] 19DD0060鉴定文书（专家组评价结果：满意）

参加编号：**19DD0060**

××司法鉴定中心
司法鉴定意见书

XX 司鉴[2019]文鉴字第 XX 号

统一社会信用代码：00000000000000000X

声　明

1. 司法鉴定机构和司法鉴定人根据法律、法规和规章的规定，按照鉴定的科学规律和技术操作规范，依法独立、客观、公正进行鉴定并出具鉴定意见，不受任何个人或者组织的非法干预。

2. 司法鉴定意见书是否作为定案或者认定事实的根据，取决于办案机关的审查判断，司法鉴定机构和司法鉴定人无权干涉。

3. 使用司法鉴定意见书，应当保持其完整性和严肃性。

4. 鉴定意见属于鉴定人的专业意见。当事人对鉴定意见有异议，应当通过庭审质证或者申请重新鉴定、补充鉴定等方式解决。

地　　址：××市××路××号（邮政编码：000000）

联系电话：0000-00000000

XX 司法鉴定中心

文书司法鉴定意见书

XX 司鉴〔2019〕文鉴字第 XX 号

一、基本情况

委 托 人：XX 人民法院

鉴定事项：朱墨时序鉴定

受理日期：2019 年 X 月 X 日

鉴定材料：

检材：落款日期为"2019 年 4 月 22 日"的《业务承诺书》原件 1 张。

鉴定要求：检材《业务承诺书》落款处"沪皖繁星经济贸易有限公司"印文与该处打印体文字形成的先后顺序。

鉴定日期：2019 年 X 月 X 日

鉴定地点：XX 司法鉴定中心

二、基本案情

在沪皖繁星经济贸易有限公司与安徽晴确医疗科技有限公司经济纠纷案中，沪皖繁星经济贸易有限公司诉称，其在 2019 年 5 月 1 日至 2019 年 6 月 1 日期间，共完成安徽晴确医疗科技有限责任公司向其委托的货物配送 23 次，而在向对方结算配送费时，遭到拒绝。安徽晴确医疗科技有限责任公司辩称，该时间段为沪皖繁星经济贸易有限公司业务承诺的免收配送费时段，并提交对方签署的《业务承诺书》。沪皖繁星经济贸易有限公司称，双方虽常有业务往来也签订过类似文件，但并未签订过该份《业务承诺书》，怀疑公司印章被盗用。

为查清案件事实，现法院委托司法鉴定机构对该份《业务承诺书》

进行朱墨时序鉴定.

三、鉴定过程

依据文件鉴定通用规范（GB/T 37234-2018）、印章印文鉴定规范（GB/T 37231-2018）、文件制作时间鉴定技术规范（GB/T 37233-2018）进行检验。

（一）宏观检验

送检的《业务承诺书》共1页，正文内容及落款文字均为黑色印刷体文字印制于A4打印/复印纸上，保存状况正常，页面整洁，纸张表面未见涂改、添加、擦刮、消褪、拼接等异常痕迹。纸张质地、印刷体文字排版布局未见异常。在《业务承诺书》落款处打印有"承诺方：(公章)"及"2019年4月22日"黑色文字，文字处印有"沪皖繁星经济贸易有限公司"红色印文，该印文印制清晰无异常，与打印文字重叠点有多处，具备印字先后顺序鉴定条件。

（二）放大及显微图像检验

将检材扫描采集数码图像固定.采用放大镜、蔡司Discovery.V20体视显微镜观察、明美荧光显微镜、Adobe Photoshop CC 计算机图像处理系统等对检材进行放大观察、比对检验，综合分析识取其特征。

经放大检验，《业务承诺书》正文内容及落款均为喷墨打印机打印形成，落款处的"沪皖繁星经济贸易有限公司"印文为红色印油盖印形成。将印字交叉部位显微镜下观察，发现：

"承诺方：(公章)"打印文字与印文交叉部位黑色文字笔画连贯、完整；印字交叉部位表面变亮，光泽增强；印字交叉部位黑色文字色料被红色印文色料覆盖；印字交叉部位红色文字边沿有轻微收缩迹象。用荧光显微镜观察，印文发强烈荧光，黑色文字不发荧光，印字交叉部位黑色文字色料表面附有一层均匀的荧光膜。（见《检验照片

一》)

落款日期"1、9、年、日"等文字与印文交叉部位，红色印文文字笔画连贯、完整；印字交叉部位表面变暗，光泽消失；印字交叉部位红色印文文字色料被黑色文字色料覆盖；印字交叉部位黑色文字墨迹减淡且存在扩散现象。用荧光显微镜观察，印文发强烈荧光，黑色文字不发荧光，扣除印字交叉处黑色文字露白处荧光，黑色文字表面未发现印文色料所发荧光。(见《检验照片二》)

四、分析说明

综上所述，"承诺方：(公章)"打印文字与印文交叉部位，黑色文字笔画连贯、完整；印字交叉部位表面变亮，光泽增强；印字交叉部位黑色文字色料被红色印文色料覆盖；印字交叉部位红色印文文字边沿有轻微收缩迹象。用荧光显微镜观察，印文发强烈荧光，黑色文字不发荧光，印字交叉部位黑色文字色料表面附有一层均匀的荧光膜。与已知实验样本做比对检验，结果与先打字，后盖印试验样本吻合。

落款日期"1、9、年、日"等文字与印文交叉部位，红色印文文字笔画连贯、完整；印字交叉部位表面变暗，光泽消失；印字交叉部位红色印文文字色料被黑色文字色料覆盖；印字交叉部位黑色文字墨迹减淡且存在扩散现象。用荧光显微镜观察，印文发强烈荧光，黑色文字不发荧光，扣除印字交叉处黑色文字露白处荧光，黑色文字表面未发现印文色料所发荧光。与已知实验样本做比对检验，结果与先盖印，后打字试验样本吻合。

五、鉴定意见

1、检材《业务承诺书》落款处"承诺方：(公章)"喷墨打印文字打印在先，"沪皖繁星经济贸易有限公司"红色印文盖印在后。

2、检材《业务承诺书》落款处"沪皖繁星经济贸易有限公司"

红色印文盖印在先，日期"2019 年 4 月 22 日"喷墨打印文字打印在后。

六、附件

1. 检材图片 1 页

2. 检验照片 2 页

司法鉴定人：XXX

《司法鉴定人执业证》证号：xxxxxxxxxx

司法鉴定人：XXX

《司法鉴定人执业证》证号：xxxxxxxxxx

二〇一九年 X 月 X 日

附件一　检材图片

朱墨时序鉴定
参加编号：19DD0060
检 材

业务承诺书

　　我方：<u>沪皖繁星经济贸易有限公司</u>与安徽晴确医疗科技有限责任公司企业各项业务合作中，承诺以下事项：

　　1、自承诺书签订之日起3个月内，确保按质按量完成贵公司总部至上海分公司间的货物配送，期间免收配送服务费。

　　2、超出3个月，产品配送服务费根据配送距离以当时公司标价下浮20%优惠收费。

　　3、服务期间配送响应时间为24小时内。

　　4、严格遵守国家有关法律、法规。

　　5、不为获取不正当利益，采用任何方式损害对方的合法利益。

　　6、违反上述有关承诺，贵方有权终止合作（合同），我方愿赔偿由此给贵方造成的一切经济损失。构成犯罪的，贵方有权向司法机关报案，追究我方相关人员刑事责任。

承诺方：（公章）

2019年4月22日

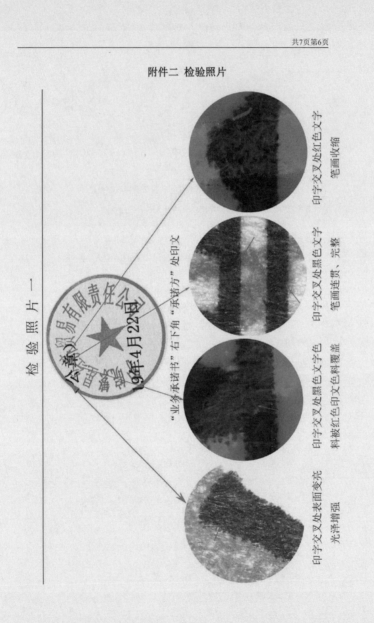

附件二　检验照片

检 验 照 片 一

"业务承诺书"右下角"承诺方"处印文

印字交叉处红色文字
笔画收缩

印字交叉处黑色文字
笔画连贯、完整

印字交叉处黑色文字色
料被红色印文色料覆盖

印字交叉处表面变亮
光泽增强

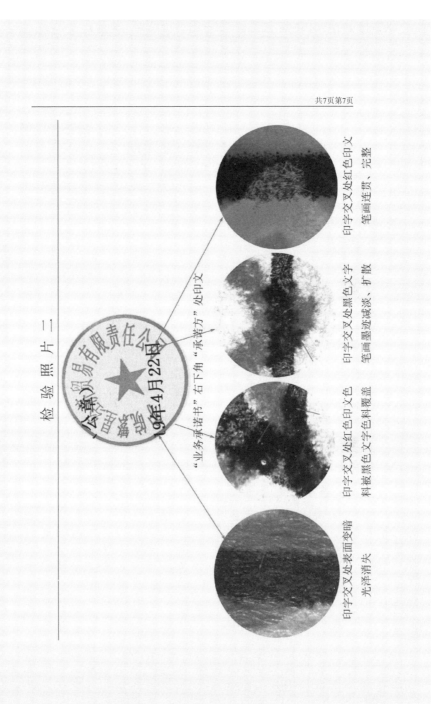

检 验 照 片 二

印字交叉处红色印文
笔画连贯、完整

印字交叉处黑色文字
笔画墨迹减淡、扩散

印字交叉处红色印文色
料被黑色文字色料覆盖

印字交叉处表面变暗
光泽消失

"业务承诺书"右下角"承诺方"处印文

［例2］　19DD0136鉴定文书（专家组评价结果：满意）

参加编号：**19DD0136**

××××司法鉴定所
司法鉴定意见书

××××司鉴[2019]文鉴字第××号

钢印

一、基本情况

委托单位：×××人民法院

委托事项：

落款日期为"2019年4月22日"的《业务承诺书》落款处"沪皖繁星经济贸易有限公司"印文与该处打印体文字形成的先后顺序。

受理日期：2019年××月××日

鉴定材料：

落款日期为"2019年4月22日"的《业务承诺书》原件1张，简称JC（详见附件1《检材扫描图片》）。

鉴定日期：2019年××月××日至2019年××月××日

鉴定地点：××××司法鉴定所

二、基本案情

在沪皖繁星经济贸易有限公司与安徽晴确医疗科技有限公司经济纠纷案中，沪皖繁星经济贸易有限公司诉称，其在2019年5月1日至2019年6月1日期间，共完成安徽晴确医疗科技有限责任公司向其委托的货物配送23次，而在向对方结算配送费时，遭到拒绝。安徽晴确医疗科技有限责任公司辩称，该时间段为沪皖繁星经济贸易有限公司业务承诺的免收配送费时段，并提交对方签署的《业务承诺书》。沪皖繁星经济贸易有限公司称，双方虽常有业务往来也签订过类似文件，但并未签订过该份《业务承诺书》，怀疑公司印章被盗用。为查清案件事实，现法院委托司法鉴定机构对该份《业务承诺书》进行朱墨时序鉴定。

三、鉴定过程

（一）鉴定方法

依据中华人民共和国《文件鉴定通用规范》（GB/T 37234-2018）、《文件制作时间鉴定技术规范》（GB/T 37233-2018）国家标准中有关技术规范和方法进行检验鉴定

（二）检验仪器

扫描仪、体视显微镜、文检仪

（三）检验所见

直观检验：见"2019年4月22日"的《业务承诺书》为A4纸打印格式文，待检的"沪皖繁星经济贸易有限公司"印文及该处打印的文字，位于正文右下方。页面清晰、无明显污染污损和破坏痕迹，印文成红色、图案清晰，印文与打印字迹有较多的交叉部位，具备鉴定条件。

显微镜检验："沪皖繁星经济贸易有限公司"印文和"（公章）"打印字迹交叉部位，发现打印文字线条完整，上面有红色印油覆盖在打印字迹上；而在"沪皖繁星经济贸易有限公司"印文与"2019年4月

22 日"打印字迹交叉部位，红色印文线条整齐、清晰，与印文交叉处的打印字迹出现模糊、洇散。经制作鉴定实验样本（将先墨后朱设为实验样本 1，将先朱后墨设为实验样本 2），用显微镜 200 倍放大，在镜下检验发现"沪皖繁星经济贸易有限公司"印文与"（公章）"打印字迹交叉处的反映与实验样本 1 反映相同；"沪皖繁星经济贸易有限公司"印文与"2019 年 4 月 23 日"打印字迹的交叉处的反映与实验样本 2 反映相同（详见附件 2《特征比对表》）。

文检仪检验："沪皖繁星经济贸易有限公司"印文和"（公章）"打印字迹交叉部位，打印字迹上有红色油墨覆盖，印文油墨颜色变亮；"沪皖繁星经济贸易有限公司"印文与"2019 年 4 月 22 日"打印字迹交叉部位，印文油墨被打印字迹墨迹覆盖，打印字迹墨迹颜色变浅（详见附件 3《文检仪检验照片》）。

四、分析说明

1、"沪皖繁星经济贸易有限公司"印文和"（公章）"打印字迹交叉部位，打印文字线条完整，上有红色油墨覆盖，印文油墨颜色变亮；

2、"沪皖繁星经济贸易有限公司"印文与"2019 年 4 月 22 日"打印字迹交叉部位，印文线条整齐、清晰，与印文交叉处的打印字迹出现模糊、洇散，印文油墨被打印字迹墨迹覆盖，打印字迹墨迹颜色变浅；

综上所述，检材《业务承诺书》上印文与"（公章）"文字的交叉部位与未交叉部位所反映的形态，反应了"先字后印"的特点；而印文与"2019 年 4 月 22 日"文字的交叉部位与未交叉部位所反映的形态，反应了"先印后字"的特点。

五、鉴定意见

1、检材《业务承诺书》落款处"沪皖繁星经济贸易有限公司"印文与该处打印文字"(公章)"形成的先后顺序是先打字后盖印，即"先字后印"。

2、检材《业务承诺书》落款处"沪皖繁星经济贸易有限公司"印文与打印体文字"2019 年 4 月 22 日"形成的先后顺序是先盖印后打字，即"先印后字"。

六、附件

附件 1《检材扫描图片》、附件 2《特征比对表》、附件 3《文检仪检验照片》。

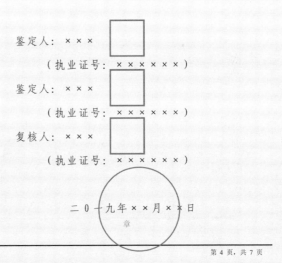

鉴定人：×××

（执业证号：××××××）

鉴定人：×××

（执业证号：××××××）

复核人：×××

（执业证号：××××××）

二〇一九年××月××日
章

附件1

检材扫描图片

未墨时序鉴定
参加编号：19DD0136
检 材

业务承诺书

我方：<u>沪皖繁星经济贸易有限公司</u>与<u>安徽晴确医疗科技有</u>限责任公司企业各项业务合作中，承诺以下事项：

1、 自承诺书签订之日起3个月内，确保按质按量完成贵公司总部至上海分公司间的货物配送，期间免收配送服务费。

2、 超出3个月，产品配送服务费根据配送距离以当时公司标价下浮20%优惠收费。

3、 服务期间配送响应时间为24小时内。

4、 严格遵守国家有关法律、法规。

5、 不为获取不正当利益，采用任何方式损害对方的合法利益。

6、 违反上述有关承诺，贵方有权终止合作（合同），我方愿赔偿由此给贵方造成的一切经济损失。构成犯罪的，贵方有权向司法机关报案，追究我方相关人员刑事责任。

承诺方：（公章）

2019年4月22日

JC

附件2

特征比对表

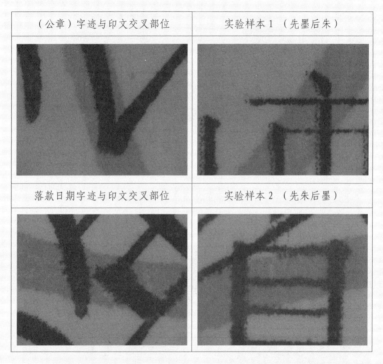

(公章)字迹与印文交叉部位	实验样本1 (先墨后朱)
落款日期字迹与印文交叉部位	实验样本2 (先朱后墨)

制作人:×××   制表时间:2019年××月××日

附件3

文检仪检验照片

"沪皖繁星经济贸易有限公司"印文和"（公章）"打印字迹交叉部位

打印字迹上有红色油墨覆盖　　　　　印文油墨颜色变亮

"沪皖繁星经济贸易有限公司"印文与"2019 年 4 月 22 日"打印字迹交叉部位

印文油墨被打印字迹墨迹覆盖　　　　打印字迹墨迹颜色变浅

制作人：×××　　　　　　制表时间：2019 年×× 月×× 日

[例3]　19DD0034鉴定文书（专家组评价结果：通过）

SJR-Q07-2017-PT　　　　　　　　　　　　　编号：19DD0034

ＸＸＸＸ司法鉴定所

朱墨时序鉴定意见书

XX（2019）文鉴字第 XX 号

一、基本情况：

委托单位： 司法部司法科学技术研究所

委托鉴定事项： 检材《业务承诺书》落款处"沪皖繁星经济贸易有限
　　　　　　　　　责任公司"印文与该处打印体文字形成的先后顺序。

受理日期： 2019 年 6 月 3 日

鉴定材料： 落款日期为"2019、4、22"的《业务承诺书》原件 壹张

SJR-Q07-2017-PT

鉴定日期： 2016 年 6 月 8 日

鉴定地点： XX 司法鉴定所

二、检案摘要：

　　在沪皖繁星经济贸易有限责任公司与安徽晴确医疗科技有限公
司经济纠纷案中，沪皖繁星经济贸易有限责任公司诉称，其在 2019
年 5 月 1 日至 2019 年 6 月 1 日期间，共完成安徽晴确医疗科技有限
公司向其委托的货物配送 23 次，而在向对方结算配送费时，遭到拒
绝。安徽晴确医疗科技有限公司辨称，该时间段为沪皖繁星经济贸易
有限责任公司业务承诺的免收配送费时段，并提交对方签署的《业务
承诺书》。沪皖繁星经济贸易有限责任公司称，双方虽常有业务往来
也签订过类似文件，但并未签订过该份《业务承诺书》，怀疑公司印

1

SJR-Q07-2017-PT   编号：19DD0034

章被盗用。

为查清案件事实，现法庭委托司法鉴定机构对该份《业务承诺书》进行朱墨时序鉴定。

三、检验过程：

本鉴定依据《文书鉴定通用规范》（GB/T37234-2018)和《朱墨时序鉴定规范》（GB/T37233-2018）实施鉴定。

观察检验：观察检材，落款印文及打印字迹位于正文右下方两边。正文与落款间有较大空间，纸张为 A4 打印纸，页面清晰，无明显污损、破坏痕迹。检材"业务承诺书"印文显红色，图案清晰，该处打印文字清楚、完整。印文与打印文字交叉部位印迹与墨迹分布均匀，完整，印、字交叉部位较多，且重叠明显，具备鉴定条件。

显微检验：分别使用荧光显微镜、高倍显微镜、进行观察，印文为红色印油盖印形成，字迹为打印形成。观察文字"(、公、章)、"与印文多处交叉部位字迹笔画基本连贯、完整，印字交叉位置表面，发现有红色印油堆积物和红色印油覆盖黑色打印字迹现象，呈现"红盖黑"特点；观察打印字迹落款日期 2019 年的"9"及"年"字与印迹多处交叉部位，均显现墨迹浮上，文字笔画连贯，印迹中断现象，呈现"黑盖红"特点。

光谱检验：使用 SYW-600A 文检仪选取印文与打印字迹交叉部分可见，"(、公、章)、"印文色料覆盖该文字笔画上，直接受到激发光的照射，交叉部位印文笔画和线条的荧光连续能被激发发光呈现"红盖黑"特点；墨迹完全阻挡激发光，印文表面被碳粉墨迹覆盖被掩盖的印文不能发光，打印字迹落款日期"2019 年 4 月 22 日"因此交叉部位印文笔画和线条的荧光不连续，出现中断现象呈现"黑盖红"特点。

　　剥层检验：采用剥离检验方法，选择"业务承诺书"打印字迹"（、公、章、）"及落款日期 2019 年的"9"及"年"字分别进行剥离显微检验，打印字迹"（、公、章、）"笔画剥离后，墨迹与印油交叉部位有洇散现象，文字与印文色料有交融现象，未见红色油墨残留物，露出纸张白色，底色有明显黑色，反映了先字后印的特点；落款日期 2019 年的"9"及"年"字笔画剥离后，墨迹下露出的纸张纤维有红色印油，露出的底层显现红色，色泽鲜艳，反映了先印后字的特点。

四、分析说明：

　　综上所述，对检材印文与书写字迹多处交叉部位采用显微检验剥层检验等方法进行综合检验，呈现打印字迹"（、公、章、）"笔画与印文交叉部位：红色印油堆积物和红色印油覆盖黑色打印字迹现象，显现"红盖黑"的特点，剥层检验法显现未见红色油墨残留物，露出纸张白色，印字交叉部位反映明显，均反映出先字后字的特征；落款日期 2019 年的"9"及"年"印文：显现墨迹浮上，文字笔画连贯，印迹中断现象，显现"黑盖红"的特点，剥层检验法显现露出的底层显现红色，色泽鲜艳，均反映了先盖后印的特点。

五、鉴定意见：

　　检材《业务承诺书》落款处"沪皖繁星经济贸易有限责任公司"印文与该处打印体文字先后顺序为先打印正文与"承诺方：（公章）"

3

SJR-Q07-2017-PT　　　　　　　　　　　　　　编号：19DD0034

再盖章最后添加打印落款日期。

附件：

1、检材概貌照片扫描件

2、特征比对表

司法鉴定人：XXX　　　XXX

《司法鉴定执业证》证号：XXXXXXXXXX

司法鉴定人：XXX　　　XXX

《司法鉴定执业证》证号：XXXXXXXXXX

司法鉴定人：XXX　　　XXX

《司法鉴定执业证》证号：XXXXXXXXXX

二〇一九年七月 X 日

4

附件：特征比对表　　　　　　　　　　　　　参加编号：19DD0034

朱墨时序特征比对表 -1

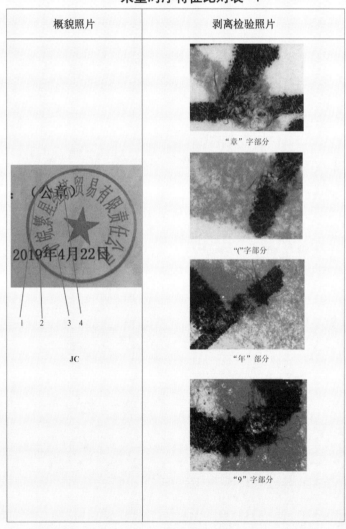

概貌照片	剥离检验照片

附件：特征比对表   参加编号：19DD0034

朱墨时序特征比对表 -2

| 概貌照片 | 文检仪检验照片 |

附件：特征比对表
参加编号：19DD0034

朱墨时序特征比对表 -1

概貌照片	显微检验照片

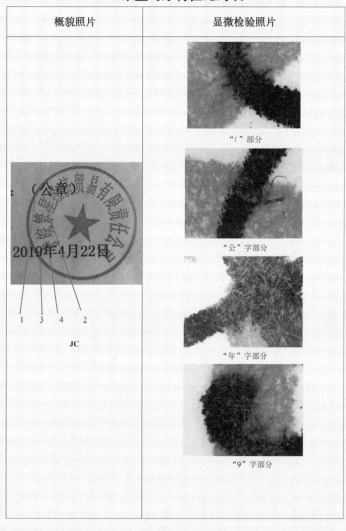

[例4] 19DD0117鉴定文书(专家组评价结果:通过)

XXXX 司法鉴定中心文书鉴定意见书

XXX 司鉴[2019]文鉴字第0117号

一、基本情况

1. 委托单位:XXXX 中级人民法院

2. 送检人:XXX、XXX

3. 委托鉴定事项:检材《业务承诺书》落款处"沪皖繁星经济贸易有限责任公司"印文与该处打印体文字形成的先后顺序。

4. 受理日期:2019 年 6 月 24 日

5. 鉴定材料:落款日期为"2019 年 4 月 22 日"的《业务承诺书》原件 1 张,标识为 20190117-JC。

6. 鉴定开始日期:2019 年 6 月 24 日

7. 鉴定地点:XXXX 司法鉴定中心

二、基本案情

委托单位在审理沪皖繁星经济贸易有限责任公司与安徽晴确医疗科技有限公司经济纠纷案中,沪皖繁星经济贸易有限责任公司怀疑对方提供的《业务承诺书》上公司印章被盗用。为查清案件事实,现委托我中心对该份《业务承诺书》进行朱墨时序鉴定。

三、鉴定过程

以下使用《印章印文鉴定技术规范》(GB/T 37231-2018)、《文件制作时间鉴定技术规范》(GB/T 37233-2018)检验方法。

使用仪器:VSC6000 文检工作站。

　　送检落款日期为"2019 年 4 月 22 日"的《业务承诺书》原件 1 张，经显微放大观察检验，检材落款处的"沪皖繁星经济贸易有限责任公司"印文清晰完整，盖印特征明显，为印油盖印形成，打印体文字由墨迹小点构成，墨色黑，无光泽，墨点自然洇散，为喷墨打印形成，且检材落款处的"沪皖繁星经济贸易有限责任公司"印文与该处打印体文字"(公章)"、"2019 年 4 月 22 日"存在交叉重叠部位，具备朱墨时序检验条件。

　　将检材落款处的"沪皖繁星经济贸易有限责任公司"印文与该处打印体文字"(公章)"、"2019 年 4 月 22 日"交叉重叠部位进行显微放大观察检验，发现该处打印体文字"(公章)"重叠部位文字笔画完整、边沿与非重叠部位表现一致、无洇散现象，而打印体文字"2019 年 4 月 22 日"重叠部位文字笔画存在洇散现象，笔画边沿与非重叠部位表现不一致；根据"油水相拒"原理，可以判定：检材落款处的"沪皖繁星经济贸易有限责任公司"印文与该处打印体文字"(公章)"形成先后顺序为先形成打印体文字后盖印印文；检材落款处的"沪皖繁星经济贸易有限责任公司"印文与该处打印体文字"2019 年 4 月 22 日"形成先后顺序为先盖印印文后形成打印体文字。

四、分析说明

　　综上所述，根据"油水相拒"原理及重叠部位打印体文字表象情况，可以判定检材落款处的"沪皖繁星经济贸易有限责任公司"印文与该处打印体文字"(公章)"、"2019 年 4 月 22 日"形成先后顺序为：先形成打印体文字"(公章)"，然后盖印"沪皖繁星经济贸易有限责任公司"

印文，最后形成打印体文字"2019 年 4 月 22 日"。

五、鉴定意见

检材《业务承诺书》落款处"沪皖繁星经济贸易有限责任公司"印文与该处打印体文字形成的先后顺序为：先形成打印体文字"（公章）"，然后盖印"沪皖繁星经济贸易有限责任公司"印文，最后形成打印体文字"2019 年 4 月 22 日"。

六、附件

1. 检材复制件及待检部位细目照各一页；

2.《特征标示图》二页；

3.《资质认定证书》复印件一页；

4.《司法鉴定许可证》复印件一页；

5.《司法鉴定人执业证》复印件一页。

司法鉴定人：XXX（工程师）

《司法鉴定人执业证》证号：XXXXXXXXXXXXX

司法鉴定人：XXX（高级工程师）

《司法鉴定人执业证》证号：XXXXXXXXXXXXX

2019 年 7 月 3 日

附件 1-2：待检部位细目照

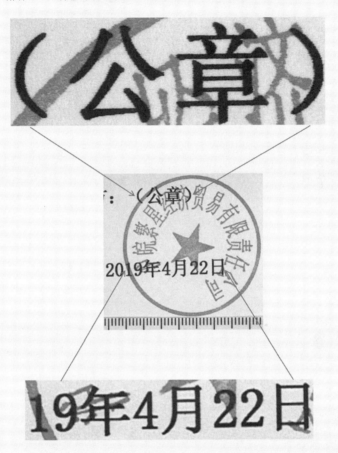

附件2-1：　　　　Ｘ Ｘ Ｘ Ｘ 司 法 鉴 定 中 心

XXX司鉴[2018]文鉴字第0117号

特 征 标 示 图 一

单位名称：XXXXXXXXXXX　　　联系电话：XXXX-XXXXXXXX　　　共10页　第　页

地址：XXXX市XXXX路XXXX号XXXXXXX　　　邮编：XXXXXX

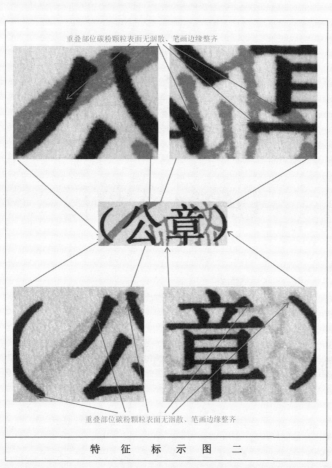

重叠部位碳粉颗粒表面无洇散、笔画边缘整齐

重叠部位碳粉颗粒表面无洇散、笔画边缘整齐

特 征 标 示 图 二

制作人： 复核人： 制作时间： 年 月 日

附件2-2： Ｘ Ｘ Ｘ Ｘ 司 法 鉴 定 中 心

XXX司鉴[2018]文鉴字第0117号

单位名称：XXXXXXXXXXX 联系电话：XXXX-XXXXXXXX 共10页 第 页
地址：XXXX 市 XXXX 路 XXXX 号 XXXXXXX 邮编：XXXXXX

制作人： 复核人： 制作时间： 年 月 日

附件3：

［例5］　19DD0020鉴定文书(专家组评价结果：不通过)

××××××检验鉴定文书

××鉴字［××××］××号

参加编号：**19DD0020**

朱墨时序鉴定意见书

委托单位：××××××法院

送 检 人：×××　×××

送检材料：

(一)检材：(JC)

落款日期为"2019 年 4 月 22 日"的《业务承诺书》原件 1张。

委托要求：

检材《业务承诺书》落款处"沪皖繁星经济贸易有限公司"印文与该处打印体文字形成的先后顺序。

受理日期：2019 年 7 月 1 日

开始鉴定日期：2019 年 7 月 1 日

一、简要案情

在沪皖繁星经济贸易有限公司与安徽晴确医疗科技有限公司经济纠纷案中，沪皖繁星经济贸易有限公司诉称，其在 2019年 5 月 1 日至 2019 年 6 月 1 日期间，共完成安徽晴确医疗科技有限责任公司向其委托的货物配送 23 次，而在向对方结算配送费时，遭到拒绝。安徽晴确医疗科技有限责任公司辩称，该时间

×××××检验鉴定文书　　　　××鉴字[××××]××号

段为沪皖繁星经济贸易有限公司业务承诺的免收配送费时段，并提交对方签署的《业务承诺书》。沪皖繁星经济贸易有限公司称，双方虽常有业务往来也签订过类似文件，但并未签订过该份《业务承诺书》，怀疑公司印章被盗用。

为查清案件事实，现法院委托司法鉴定机构对该份《业务承诺书》进行朱墨时序鉴定鉴定。

二、鉴定过程

根据 SF/Z JD0201001-2010 文书鉴定通用规范、SF/Z JD0201004-2010 印刷文件鉴定规范、SF/Z JD0201007-2010 朱墨时序鉴定规范进行。

在自然光下常规观察，检材落款处印文为红色印文清晰完整，红色印文与黑色打印文字有多处交叉，具备鉴定条件。

用奥博 6000 层析显微镜观察，红色印文的印油在纸张纤维上分布均匀，印文为盖印形成；印字交叉部位有黑色文字被红色印油覆盖的现象，打印文字笔画连贯完整，无明显的缺损和收缩现象，印文色料没有被黑色文字色料擦划和拖带的现象，交叉与未交叉处的文字笔画边沿墨粉分布一致，墨粉与印油色料互溶处的表面颜色光亮。印字交叉部位黑色文字表面呈现金黄色的印油光泽，打印文字笔画边沿墨粉与未交叉部位一致。

三、分析论证

打印文字笔画连贯完整，无明显的缺损和收缩现象，印文色

××××××检验鉴定文书　　　　××鉴字[××××]　××号

料没擦划和拖带现象，交叉与未交叉处的文字笔画边沿墨粉分布一致，黑色文字表面有金黄色的印油光泽，打印文字笔画边沿墨粉与未交叉部位一致等特征，充分说明红色印文与黑色打印文字的先墨后朱时序。

四、鉴定意见

检材《业务承诺书》落款处"沪皖繁星经济贸易有限公司"印文与该处打印体文字形成的先后顺序为先墨后朱，即先打印文字后盖印。

附件:1.附图

　　　2.检材复制件

鉴定人:×××

　　　　　×××

授权签字人:×××

二〇一九年七月×日

附图

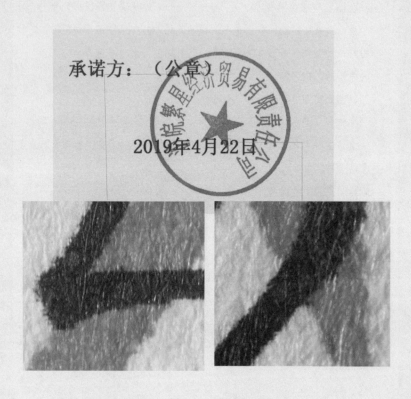

【专家点评】

从反馈的总体情况上看，本次能力验证计划中鉴定机构主要使用了显微检验法和荧光检验法；少数机构还使用了实验验证法、显微分光光谱检验法、拉曼光谱检验法、剥离减层法；个别机构尝试使用数字图像分析和3D建模技术。与往年相比，采用多种检验方法相互印证的机构数量大幅增加，达到半数以上。同时，一些鉴定机构能够结合交叉部位两处打印体字迹是否一次印制形成进行检验和判断，间接对两处交叉部位的时序判断进行佐证，值得肯定。多数机构能够发现两处朱墨时序存在不同，并正确分析打印墨迹与印油交叉部位的朱墨时序特征，得出的鉴定意见与客观结果一致。

获得"满意"评价结果的鉴定机构中，鉴定人能够掌握喷墨打印文字与光敏印文的朱墨交叉时序检验的技术要点，正确分析打印文字与印文的形成方式，检验图片能够反映出朱墨色料的分布、相互覆盖、色泽变化等情况，鉴定依据较充分，对时序判断正确。值得注意的是，仍有部分机构的显微检验图片或放大倍率及分辨率有限，或曝光不足，未能达到最佳效果。

如编号为19DD0060的鉴定文书，图2、图3所示为两处交叉部位显微检验和荧光检验图片，检测点的选取、放大倍率、光照条件等都比较适当，色彩反差明显，针对不同交叉部位选取合适的观察条件，采用了显微检验和荧光检验方法相互印证，并对检验图片作出合理的注解，最终鉴定意见与客观结果一致。

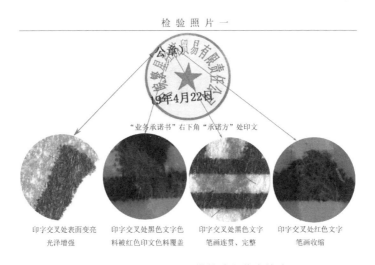

图2　19DD0060 – 显微检验和荧光检验

检 验 照 片 一

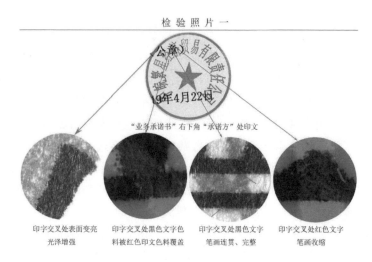

印字交叉处表面变亮　　印字交叉处黑色文字色　　印字交叉处黑色文字　　印字交叉处红色文字
　　光泽增强　　　　料被红色印文色料覆盖　　笔画连贯、完整　　　　笔画收缩

图3　19DD0060－显微检验和荧光检验

又如编号为19DD0136的鉴定文书,鉴定采用合适的方法和材料制作了实验样本进行验证,图4为采用了对检材和实验样本相互印证的显微检验图片。图片较清晰,检测点选取恰当,两种时序的检验图片差异明显。

特征比对表

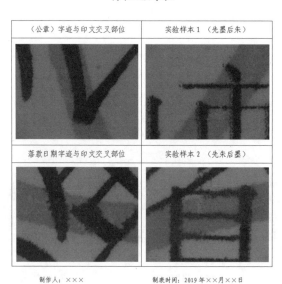

图4　19DD0136－检材与实验样本特征比对

获得"通过"的参加机构，虽鉴定意见与客观结果一致，但大多数机构对检材上打印文字和印文的具体形成方式判断错误，造成后续分析判断的科学性受到质疑。同时，检验图片质量较差，不能清晰反映出朱墨交叉处的特征，导致检验依据不充分。

如编号为19DD0034的鉴定文书，文中描述打印体字迹时采用"碳粉墨迹"的用词，对打印体字迹墨迹的性质把握不准，继而会导致对于特征的成因也会认识不深，解释不透，由此导致采用剥离法对交叉部位进行检验不妥。图5所示为该鉴定文书所附的显微检验图片，选取的检测位置不佳，时序效果不能得到很好的反映。而文检仪检验图片由于放大倍数有限，亦影响观察效果。综合上述几点，作出鉴定意见的依据不足。

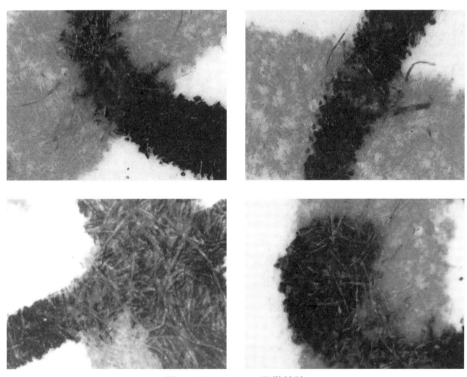

图5 19DD0034 – 显微检验

编号为19DD0117的鉴定文书，仅采用文检仪进行朱墨时序判断。图6所示为该鉴定文书所附的部分检验图片，检验图片失焦，欠清晰，以此对朱墨时序进行判断的依据不够充分。

　　获得"不通过"的参加机构,鉴定意见与客观结果不一致。分析导致鉴定意见错误的原因主要有两种,一是鉴定人虽采用多种方法进行综合检验,但对于朱墨时序特征的认识不足,导致分析错误;二是鉴定机构未对交叉部位进行全面检验,仅对部分交叉部位作出了正确判断,导致以偏概全得出了错误的鉴定意见。

图6　19DD0117 – 文检仪检验

　　如参加编号为19DD0020的鉴定文书,首先对于打印体字迹的表述采用了"墨粉"一词,对打印体字迹的形成方式判断有误,造成了以此为前提的进一步分析判断依据有所欠缺。同时,虽对两处交叉部位均进行了检验,但鉴定人在检验过程中未发现墨迹分布特征存在差异,造成误判。图7为所附的显微检验图片,检验图片失焦,不够清晰。

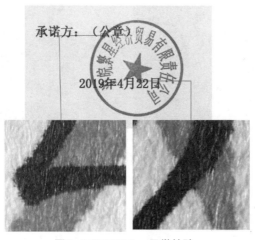

图7　19DD0020 – 显微检验

　　另外，本次能力验证计划中，有些机构的鉴定文书质量不高：一是对特征的描述不准确，个别机构将教材或标准上所有的特征全数照抄，甚至罗列出检材上并没有的特征。二是鉴定意见书言语赘述，层次不清，鉴定过程与分析说明的内容相互交叉，分析说明中大篇幅讲解鉴定原理。三是继续引用了已作废的司法部部颁规范，未引用现行国标方法。四是存在明显文字差错。

点评人：王雅晨　工程师

杨　旭　正高级工程师

《文件形成方式鉴定（CNAS SF0027）》 鉴定文书评析

【项目背景】

　　了解文件上各要素的形成方式是文书鉴定各个项目的重要步骤,比如笔迹鉴定和印章印文鉴定首先需要判断待检的字迹和印文是书写形成、盖印形成还是复制形成。文件要素形成方式的确定对于下一步的检验及鉴定意见表述,甚至对于检材真伪的定性往往起着非常重要的作用。本次能力验证计划是考核参加者对文件形成方式的综合鉴定能力,旨在了解和客观评价司法鉴定机构在文件形成方式鉴定方面的技术能力和水平,达到规范鉴定活动、提高鉴定能力的效果。

　　根据本次能力验证的设计方案,本次能力验证计划主要考核参加者对蘸墨盖印印文及签名光敏印文的鉴别能力,考核要点包括:一是考核参加者是否对蘸墨盖印印文及签名光敏印文有全面准确的认识,是否能通过显微检验、压痕检验、荧光检验、理化检验、实验分析等多种检验方法鉴别出蘸墨盖印印文的特征与打印复制印文的区别,鉴别出签名光敏印文与手写签名及打印复制签名的区别;二是考核参加者是否能够根据鉴定要求,采用系统检验方法全面发现并分析关键的特征,并准确客观地表达鉴定意见。

【方案设计】

　　本次文件形成方式鉴定能力验证计划的方案设计和样品制备,由项目专家组根据我国文书鉴定实践情况制定并模拟设计和制作样品。能力验证结果的统计分析和技术分析也是由专家组完成。

　　本次能力验证计划的样品为纸质实物,式样如图1所示,制备过程如下:

　　(1)公司公章的制作:采用激光雕刻技术制作"上海盈河文艺资源贸易运

借条

因上海盈河文艺资源贸易运输有限公司发展需要，特向张三借款人民币：1000万元整，由公司法人张雪峰担保。借款时间为1年，借款利息按月2%计算，归还时本息一并支付。经三方协商一致约定如下事项：

1、借款人逾期未支付本息，按逾期金额的日息千分之五支付给出借人违约金。

2、担保人自愿承担担保责任，借款人逾期未支付本息，担保人承担连带担保责任，履行还款义务。

3、借款人逾期未支付本息，出借人有权采取诉讼等措施催收借款，产生的相应诉讼成本由借款人承担。

借款人：

担保人：张雪峰

借款日期：2017 年 4 月 1 日

图1 检材式样

输有限公司"橡塑公章1枚。

（2）签名印章的制作：在A4纸张上用黑色签字笔书写若干"张雪峰"签名字迹，扫描为600DPI分辨率的图片后制作签名光敏印章，并注入黑色光敏印油。

（3）使用激光打印机打印《借条》文本，使用公司公章在借款人处加盖"上海盈河文艺资源贸易运输有限公司"公章印文（水性印油），使用签名印章在担保人处加盖"张雪峰"签名印文（油性印油）。

根据样品制备过程，本次能力验证计划的客观结果为：

（1）检材借款人处"上海盈河文艺资源贸易运输有限公司"印文为印章直接盖印形成。

（2）检材担保人处"张雪峰"签名不是直接书写形成，而是使用签名章盖印形成。

【结果评析】

本次能力验证计划共143家机构报名参加，其中137家机构按时返回了结果，6家机构未返回结果，反馈率95.8%。从鉴定结果来看，对印文形成方式鉴定意见为盖印形成的有126家（91.97%），复制形成的有11家（8.03%）。对签名形成方式鉴定意见为盖印形成的有99家（72.26%），复制形成的有30家（21.90%），倾向盖印形成的有1家（0.73%），书写形成的有7家（5.11%）。

按照预先制订的评价标准，专家组对返回的结果，从检验的全面性、依据的充分性、鉴定意见的正确性及鉴定文书的规范性等几个方面进行综合评价。下面从获得"满意""通过"和"不通过"评价结果的参加者中选取较为典型的鉴定文书进行评析。

［例1］　19DF0009鉴定文书（专家组评价结果：满意）

19DF0009 实验室

司法鉴定意见书

××〔2019〕物鉴字第××号

一、基本情况

委托单位：司法鉴定科学研究院

委托日期：2019 年××月××日

受理日期：2019 年××月××日

鉴定材料：

　　检材：日期为"2017 年 4 月 1 日"，借款人落款处留有"上海盈河文艺资源贸易运输有限公司"印文、担保人落款处留有"张雪峰"签名的《借条》1 张（标识为 JC，见附件）。

委托事项：

　　1、《借条》上借款人落款处"上海盈河文艺资源贸易运输有限公司"印文的形成方式。

　　2、《借条》上担保人落款处"张雪峰"签名的形成方式。

二、基本案情

　　在一起经济纠纷案件中，原告张三称被告上海盈河文艺资源贸易运输有限公司曾向其借款 1000 万元用于业务拓展，被告公司法人张雪峰以个人名义予以担保，并提供留有借款人印文和担保人签名的《借条》1 张。被告上海盈河文艺资源贸易运输有限公司和张雪峰称从未有过该笔借款也未进行过担保，认为原告提交的《借条》上的公司印文和签名是采用"移花接木"方式复制而来。

　　为查清案件事实，现法院委托司法鉴定机构对该《借条》上的公司印文和签名进行形成方式鉴定。

三、鉴定过程

开始检验日期：2019 年××月××日

检验地点：×××××××××

　　本鉴定依据《文件鉴定通用规范（GB/T 37234-2018）》、《篡改（污损）文件鉴定技术规范（GB/T 37238-2018）》，使用蔡司 StemiDV4 显微

制作人：×××

第 1 页 共 15 页

镜、motic k700 体视显微镜、VSC8000 文检仪、HXZK-I 型静电压痕仪对送检材料进行检验:

1、宏观检验:自然光下观察,检材内容包含印刷体字迹、印文、手写体字迹。借款人落款处的"上海盈河文艺资源贸易运输有限公司"印文为红色圆形,印迹清晰,担保人落款处的"张雪峰"签名字迹为黑色,笔画清晰,布局基本正常,可以检验。

2、显微检验:在高倍体视显微镜下分别检验"上海盈河文艺资源贸易运输有限公司"印文和"张雪峰"签名发现:

"上海盈河文艺资源贸易运输有限公司"印文颜色为单色,浓淡过渡自然,印文色料有洇散、渗透现象,印文边框有中淡边浓的挤墨现象(见附图1)。

"张雪峰"签名字迹颜色为单色,笔画平整,浓淡基本一致,色料有洇散现象,笔画边缘有毛刺,无书写压痕(见附图2)。

3、视频光谱检验:在 VSC8000 文检仪下分别检验"上海盈河文艺资源贸易运输有限公司"印文和"张雪峰"签名发现:

(1)在激发光≥645nm 光源条件下,"上海盈河文艺资源贸易运输有限公司"印文不可见,"张雪峰"签名呈现黑色(见附图3)。

(2)在激发光为 485-535nm 光源条件下,"上海盈河文艺资源贸易运输有限公司"印文在有较强的荧光,"张雪峰"签名呈现黑色,无荧光反应(见附图4),在激发光为 585-640nm 光源条件下签名周围可见长方形阴影痕迹(见附图5)。

(3)在 365nm 光源条件下,"上海盈河文艺资源贸易运输有限公司"印文和"张雪峰"签名均清晰可见(见附图6)。

4、压痕检验:

(1)侧光检验:用 VSC8000 文检仪侧光检验发现,检材"上海盈河文艺资源贸易运输有限公司"印文处纸张背面有明显的盖印压痕(见附图7);检材"张雪峰"签名处纸张背面未检出压痕(见附图8)。

(2)文检仪 3D 检验:用 VSC8000 文检仪 3D 检验,检材"上海盈河文艺资源贸易运输有限公司"印文处纸张背面有明显的盖印压痕(见附图9);检材"张雪峰"签名处纸张正面压痕平整,未见书写压痕(见附图10)。

（3）静电压痕仪检验：使用静电压痕仪检验，检材"上海盈河文艺资源贸易运输有限公司"印文纸张正背面显现有压痕，检材"张雪峰"签名纸张正背面压痕平整，签名周围有长方形印面痕迹（见附图11）。

四、分析说明

综上检验，检材"上海盈河文艺资源贸易运输有限公司"印文为单色红色，浓淡过渡自然，色料有洇散和渗透现象，印文边框有中淡边浓的挤墨现象，且有盖印压痕，反映了印文是盖印形成的特点。

综上检验，检材"张雪峰"签名为单色黑色，笔画平整，浓淡基本一致，压痕平整，反映了签名不是直接书写形成的特点，签名周围有长方形印面痕迹，分析应为光敏型签名章光敏印垫形成，反映了盖印形成的特点。

五、鉴定意见

1、检材《借条》上借款人落款处"上海盈河文艺资源贸易运输有限公司"印文是盖印形成的。

2、《借条》上担保人落款处"张雪峰"签名不是直接书写形成，而是盖印形成的。

鉴定人：工　程　师 ×××

《司法鉴定人执业证》证号：×××××××××

高级工程师 ×××

《司法鉴定人执业证》证号：×××××××××

高级工程师 ×××

《司法鉴定人执业证》证号：×××××××××

二〇一九年××月××日

附件：检材复制件、附图、鉴定人资质证书。

注：本鉴定仅对送检材料负责。

19DF0009 实验室　　　　　　　　　　　　　　××〔2019〕物鉴字第××号

检 材

文件形成方式鉴定
参加编号：**19DF0009**
检 材

借条

　　因上海盈河文艺资源贸易运输有限公司发展需要，特向张三借款人民币：1000 万元整，由公司法人张雪峰担保。借款时间为 1 年，借款利息按月 2%计算，归还时本息一并支付。经三方协商一致约定如下事项：

　　1、借款人逾期未支付本息，按逾期金额的日息千分之五支付给出借人违约金。

　　2、担保人自愿承担担保责任，借款人逾期未支付本息，担保人承担连带担保责任，履行还款义务。

　　3、借款人逾期未支付本息，出借人有权采取诉讼等措施催收借款，产生的相应诉讼成本由借款人承担。

借款人：

担保人：张雪峰

借款日期：2017 年 4 月 1 日

JC

制作人：×××

附　图1

高倍体视显微镜下印文的显微图

19DF0009 实验室　　　　　　　　　　　　　　　××〔2019〕物鉴字第××号

附　图 2

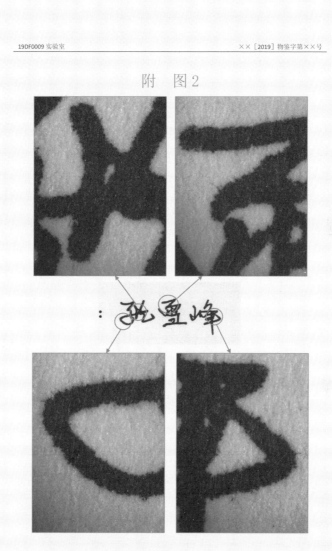

高倍体视显微镜下签名的显微图

制作人：×××　　　　　　　　　　　　　　　第 6 页 共 16 页

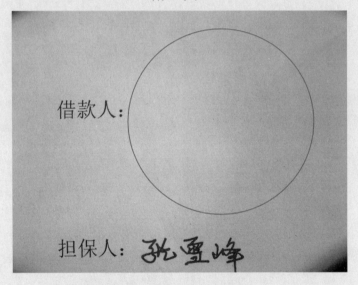

19DF0009 实验室　　　　　　　　　　　　　　　　　　××〔2019〕物鉴字第××号

附　图 4

485-535nm 光源下检材印文和签名荧光反应图

制作人：×××　　　　　　　　　　　　　　　　　　　　第 8 页 共 16 页

19DF0009 实验室   ×× 〔2019〕物鉴字第××号

附　图 5

585-640nm 光源下检材签名的荧光图

制作人：×××   第 9 页 共 16 页

19DF0009 实验室　　　　　　　　　　　　　　　　　　　　××〔2019〕物鉴字第××号

附　图 6

365nm 紫外光下检材印文和签名图

制作人：×××　　　　　　　　　　　　　　　　　　　　第 10 页　共 16 页

附　图 7

左侧光下印文的压痕图

右侧光下印文的压痕图

19DF0009 实验室　　　　　　　　　　　　　　　　　　　　××〔2019〕物鉴字第××号

附　图 8

左侧光下签名的压痕图

右侧光下签名的压痕图

制作人：×××

附 图 9

印文背面 3D 效果图

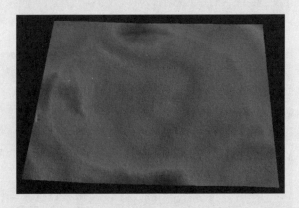

印文背面 3D 效果伪彩色图

19DF0009 实验室　　　　　　　　　　　　　　　　　　　××〔2019〕物鉴字第××号

附　图 10

签名 3D 效果图

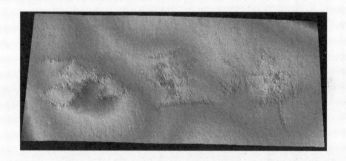

签名 3D 效果伪彩色图

制作人：×××

附　图 11

检材正面压痕显现图

检材背面压痕显现图

[例2]　19DF0095鉴定文书（专家组评价结果：通过）

编号：19DF0095　　　　　　　　　　　　　　XXX[2019]文书鉴字第XX号

XX市XX司法鉴定中心
司法鉴定意见书

XXX[2019]文书鉴字第XXX号

一、基本情况

委托方：XXXXXXXX

受理日期：20XX年XX月XX日

委托鉴定事项：

1、检材《借条》上借款人落款处"上海盈河文艺资源贸易运输有限公司"印文的形成方式。

2、检材《借条》上担保人落款处"张雪峰"签名的形成方式。

鉴定材料：

检材（JC）：日期为"2017年4月1日"，借款人落款处留有"上海盈河文艺资源贸易运输有限公司"印文、担保人落款处留有"张雪峰"签名的《借条》1张。

鉴定日期：2019年X月XX日—2019年X月XX日

鉴定地点：XX市XX司法鉴定中心

二、检案摘要

在一起经济纠纷案件中，原告张三称被告上海盈河文艺资源贸易运输有限公司曾向其借款1000万元用于业务拓展，被告公司法人张雪峰以个人名义予以担保，并提供留有借款人印文和担保人签名的《借条》1张。被告上海盈河文艺资源贸易运输有限公司和张雪峰称从未有过该笔借款也未进行过担保，认为原告提交的《借条》上的公司印文和签名是采用"移花接木"方式复制而来。

为查清案件事实，现法院委托司法鉴定机构对该《借条》上的公司印文和签名进行形成方式鉴定。

三、检验过程

（一）参考标准

本次检验／鉴定方法，遵照和采用中华人民共和国国家标准《文件鉴定通用规范》（GB/T37234-2018）、《篡改（污损）文件鉴定技术规范》（GB/T37238-2018）进行鉴定，检验中使用了放大镜、显微镜及电脑软件。

（二）分别检验

1、宏观检验

检材《借条》系打印文字材料，纸品为 A4 规格纸，落款"借款人"处有待检的"上海盈河文艺资源贸易运输有限公司"红色印文 1 枚，"担保人"处有待检的"张雪峰"黑色手写签名字迹，检材纸张表面整洁没有污染，具备检验鉴定条件。

2、显微检验及实验比对

使用显微镜对检材中"上海盈河文艺资源贸易运输有限公司"红色印文观察检验、制作显微图片检验发现：待检的红色印文墨迹比较均匀，墨迹光泽性不强，应为水溶性墨迹，但红色印文边际有沿纸张纤维扩散的痕迹，有印文疵点痕迹，白色纸面上未发现彩色打印墨点喷射的痕迹特征。经制作盖印的实验样本后比对，检材印文与直接盖印样本印文特征较接近。

使用显微镜对检材中"张雪峰"签名字迹检验观察发现：签名字迹没有笔痕，黑色字迹墨迹比较均匀，笔画没有轻重缓急，笔画中有圆形墨瘢露白痕迹，未发现墨迹浸入纸纤维等直接书写的墨迹特点。与直接书写的实验样本比对，检材与实验样本的字迹墨迹显现特征不同（见检材局部特征放大图）。

四、分析说明

综上检验，检材（JC）"上海盈河文艺资源贸易运输有限公司"印文墨迹特征反映了直接盖印的痕迹特点；"张雪峰"签名字迹墨迹未发现笔痕、墨迹露白、堆积、间断、分裂反映书写工具结构特性和书写人动作的特点，显示出复制形成的痕迹特征。分析认为：检材（JC）落款"担保人"处"张雪峰"签名字迹存有复制形成痕迹。

五、鉴定意见

1、检材 2017 年 4 月 1 日《借条》落款"借款人"处"上海盈河文艺资源贸易运输有限公司"印文是直接盖印形成。

2、检材 2017 年 4 月 1 日《借条》落款"担保人"处"张雪峰"签名字迹是复制形成。

六、附件

1、《检材局部特征放大》1 页。

2、检材 1 页。

3、《司法鉴定许可证》1 页。

4、《司法鉴定人执业证》1 页。

司法鉴定人：×××

《司法鉴定人执业证》证号：×××××××××

司法鉴定人：×××

《司法鉴定人执业证》证号：×××××××××

二〇一九年七月×日

文件形成方式鉴定
参加编号：**19DF0095**
检 材

借条

因上海盈河文艺资源贸易运输有限公司发展需要，特向张三借款
人民币：1000 万元整，由公司法人张雪峰担保。借款时间为 1 年，
借款利息按月 2%计算，归还时本息一并支付。经三方协商一致约定
如下事项：

1、借款人逾期未支付本息，按逾期金额的日息千分之五支付给
出借人违约金。

2、担保人自愿承担担保责任，借款人逾期未支付本息，担保人
承担连带担保责任，履行还款义务。

3、借款人逾期未支付本息，出借人有权采取诉讼等措施催收借
款，产生的相应诉讼成本由借款人承担。

借款人：

担保人：张雪峰

借款日期：2017 年 4 月 1 日

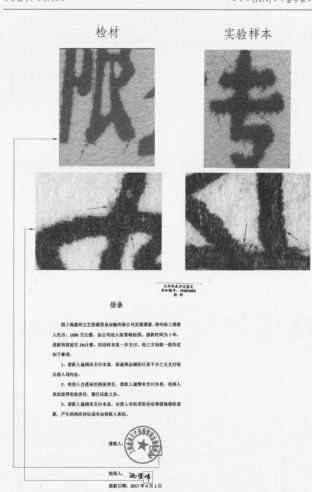

[例3]　19DF0024鉴定文书（专家组评价结果：不通过）

XXXX 司法鉴定所

司法鉴定意见书

XXXX 司鉴所[2019]文鉴字第 XX 号

一、基本情况

　　委托单位：XXX 人民法院

　　委托鉴定事项：笔迹及印章印文形成方式鉴定

　　受理日期：2019 年 7 月 XX 日

　　鉴定材料：检材（JC）详见附件 1 所附扫描件

　　检材（JC）. 日期为"2017 年 4 月 1 日"，借款人落款处留有"上海盈河文艺资源贸易运输有限公司"印文、担保人落款处留有"张雪峰"签名的《借条》1 张。

　　鉴定要求：

　　1.检材《借条》上借款人落款处"上海盈河文艺资源贸易运输有限公司"印文的形成方式。

　　2.检材《借条》上担保人落款处"张需峰"签名的形成方式。

　　鉴定日期：2019 年 6 月 XX 日至 7 月 XX 日

　　鉴定地点：XXXX 司法鉴定所

　　二、基本案情

　　在一起经济纠纷案件中，原告张三称被告上海盈河文艺资源贸易运输有限公司曾向其借款 1000 万元用于业务拓展，被告公司法人张雪峰以个人名义予以担保，并提供留有借款人印文和担保人签名的《借条》1张。被告上海盈河文艺资源贸易运输有限公司和张雪峰称从未有过该笔借款也未进行过担保，认为原告提交的《借条》上的公司印文和签名是采用"移花接木"方式复制而来。

为查清案件事实，现法院委托司法鉴定机构对该《借条》上的公司印文和签名进行形成方式鉴定。

三、检验过程

依据 GB/T 37234-2018 文件鉴定通用规范、GB/T 37239-2018 笔迹鉴定技术规范、GB/T 37231-2018 印章印文鉴定技术规范、GB/T 印刷文件鉴定技术规范等进行。

将检材扫描采集数码图像固定。采用放大镜、OLYMPUS-SZX7 体视显微镜，HDS-200 文检仪,ACDSee10 及 Adobe Photoshop CC 计算机图像处理系统等对笔迹、印文进行放大观察、检验，综合分析评断。

(一) 印章印文检验

检材《借条》系打印形式文件，待检"上海盈河文艺资源贸易运输有限公司"公章印文在落款"借款人"处，呈红色。在 OLYMPUS-SZX7 体式显微镜下观察，检见：1.红色印迹渗透纸张纤维，渗透匀称；2.色泽鲜艳、色调较均匀、无"沙沙"质感；3.笔画边缘有较明显的墨点形态、呈凸凹状；4.在 460nm～490nm 强蓝光下激发未见荧光反映；5.未见沉积或堆积性墨块；6.亲水实验有明显洇散现象(见附件2,"司"字及其对应边框处的实验效果图片)。综上显微特征充分体现了单(红)色喷墨打印机打印的特点(显微特征图片详见附件3)。

（二）签名字迹检验

检材《借条》系打印形式文件，待检"张雪峰"签名字迹在落款"担保人"处，呈黑色。在 OLYMPUS-SZX7 体式显微镜下观察，检见：1. 黑色墨迹渗透纸张纤维，没有发现激光打印或复印墨粉颗粒聚集特征；2. 墨迹颜色均匀、缺乏过度色调；3. 使用 HDS-200 文检仪观察，笔画平实、无立体感、无笔压、无笔锋；4. 运笔无轻重缓急，承接关系不自然；5. 亲水实验无洇散现象（见附件4，"峰"字竖画收笔处的实验效果图片），表明可以排除喷墨打印形成的可能。综上显微特征充分体现了签名章盖印形成的特点（显微特征图片详见附件5）。

四、分析说明

检材《借条》上的"上海盈河文艺资源贸易运输有限公司"印文，红色印迹渗透纤维，色泽鲜艳、色调均匀、无"沙沙"质感、无荧光，笔画边缘见喷溅墨点形态，未见沉积的色料墨块，亲水实验有洇散现象。上述特征均体现高质量喷墨打印的典型特点。

检材《借条》上的"张雪峰"签名字迹，黑色墨迹渗透纤维，颜色均匀、无过度色调，笔画平实、无笔压、无笔锋，运笔无轻重缓急、无笔顺，以上特征均不符合手写字迹应具有的一般特征。同时亲水实验未见洇散可以排除打印方式形成。综上，其特征总和符合签名章所具有的全部特征，"张雪峰"三字系签名章盖印形成。

五、鉴定意见

（一）检材《借条》上借款人落款处的"上海盈河文艺资源贸易运输有限公司"印文是单（红）色喷墨打印机高质量打印形成。

㈡ 检材《借条》上担保人处的"张雪峰"签名字迹是黑色签名章盖印形成。

六、附件

附件1：检材

附件2：印文显微特征

附件3：印文亲水实验

附件4：黑色墨迹显微特征

附件5：正反面侧光观察

附件6：黑色墨迹亲水实验

司法鉴定人：XXX

《司法鉴定人执业证》证号：XXXXXXXXXX

司法鉴定人：XXX

《司法鉴定人执业证》证号：XXXXXXXXXXX

二〇一九年七月 XX 日

附件1：检材

借条

　　因上海盈河文艺资源贸易运输有限公司发展需要，特向张三借款人民币：1000万元整，由公司法人张雪峰担保。借款时间为1年，借款利息按月2%计算，归还时本息一并支付。经三方协商一致约定如下事项：

　　1、借款人逾期未支付本息，按逾期金额的日息千分之五支付给出借人违约金。

　　2、担保人自愿承担担保责任，借款人逾期未支付本息，担保人承担连带担保责任，履行还款义务。

　　3、借款人逾期未支付本息，出借人有权采取诉讼等措施催收借款，产生的相应诉讼成本由借款人承担。

借款人：

担保人：张雪峰

借款日期：2017年4月1日

检材全貌

附件 2：印文显微特征

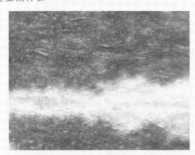

红色印迹渗透纸张纤维

无"沙沙"质感与墨点形态

无荧光反应

附件3：印文亲水实验

亲水实验前印文

亲水实验后印文

附件4：黑色墨迹显微特征

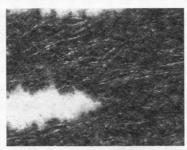

黑色墨迹渗透纸张

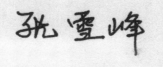

笔画特征

附件 5：正反面侧光观察

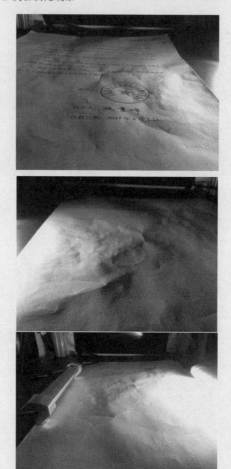

正反面侧光观察

附件6：黑色墨迹亲水实验

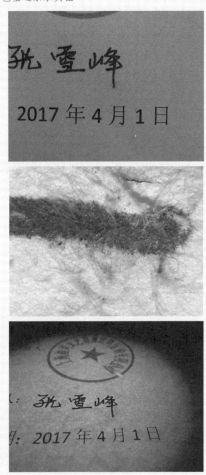

【专家点评】

本次能力验证计划最终评价结果为"满意"的鉴定机构,鉴定意见的表述准确,运用了两种以上的检验方法,发现了三处以上的检验要点。对于检材印文的形成方式,作出的鉴定意见与客观结果一致,部分机构判断出检材印文是蘸墨印章盖印形成,检验较全面,分析较准确,依据较充分。对于检材签名的形成方式,作出的鉴定意见与客观结果一致或基本一致,多数机构判断出检材签名是印章盖印形成,部分机构甚至进一步判断出检材签名是光敏印章盖印形成,检验较全面,分析较准确,依据较充分。

如19DF0009鉴定文书,鉴定人通过宏观检验、显微形态检验、荧光检验、侧光压痕检验、3D检验等方法,发现检材公章印文墨迹有洇散、渗透现象,对应纸张背面有盖印压痕特征,综合分析判断为印章盖印形成;发现需检签名色料有洇散,无书写压痕特征,但周围有长方形印面痕迹特征,综合分析判断为光敏印章盖印形成。该鉴定文书检验方法全面,分析说明正确,特征比对表制作规范,图片特征反映明显,鉴定依据充分,获得了"满意"的评价结果。

最终评价结果为"通过"的鉴定机构,鉴定意见与客观结果一致或基本一致。但对于检材印文的形成方式,个别机构对于印文的性质判断错误,将其误判为原子印章、光敏印章等盖印形成,个别机构对于印文墨迹的性质判断错误,将其误判为油性印油。虽然鉴定要求并没有要求判断印文或印文墨迹的性质,但既然给出了判断,就应该确保准确,否则就会大大降低鉴定意见的说服力。对于检材签名的形成方式,部分机构检验不够全面,依据不够充分,分析论证过于简单,或者缺乏实质性的检验发现,个别机构还将其误判为蘸墨印章盖印形成。

如19DF0095鉴定文书,鉴定人仅借助于放大镜和显微镜对检材公章印文和签名进行了检验。发现检材印文墨迹分布均匀,墨迹光泽度不强,结合实验比对作出了检材公章印文是盖印形成的鉴定意见,但未发现检材公章印文抑压痕迹的关键性特征;发现检材签名没有笔痕特征,结合实验比对作出了检材签名是复制形成的鉴定意见,但未发现检材签名的印油扩散特征。检验方法不全面,依据不够充分,对检材签名未判断具体的形成方式,仅获得了"通过"的评价结果。

最终评价结果为"不通过"的参加机构,对于检材印文的形成方式,作出的鉴定意见与客观结果不一致,认为检材公章印文是复制形成,检验不全面,依据不充分。对于检材签名的形成方式,作出的鉴定意见与客观结果不一致,认为检材签名是书写形成或打印复制形成，检验不全面，依据不充分。个别机构虽然作出的鉴定意见与客观结果一致，但是检验不全面，依据不充分，缺少实质性的检验发现或图片支撑，亦被评价为"不通过"。

如19DF0024鉴定文书，对鉴定公章印文的形成方式判断错误。鉴定人主要用体视显微镜、文检仪等仪器对检材公章印文进行检验，但未发现检材印文墨迹本身的洇散渗透特征，未发现检材印文的抑压痕迹特征，仅仅通过"亲水实验"证明印文墨迹有明显洇散现象，最终作出检材印文是彩色喷墨打印形成的错误鉴定意见，表明鉴定人对于印章盖印印文的墨迹分布特点及抑压痕迹特征分析方法没有充分掌握。对于检材签名的检验，未发现签名的油脂扩散特征，仅仅依据"未发现墨粉颗粒聚集"特征排除激光打印形成，依据"亲水实验"排除喷墨打印形成，依据"墨迹颜色均匀、缺乏过度色调，无笔压力，无轻重缓急"，作出检材签名是盖印形成的鉴定意见，未发现检材签名的油脂扩散痕迹，依据不充分。此外，本鉴定文书还存在用词不规范，比如"无'沙沙'质感""呈凸凹状""未见沉积的色料墨块"等，同时在所列方法中还缺少与文件形成方式检验相关的篡改文件鉴定标准。本鉴定文书鉴定意见存在错误、检验不全面、依据不充分、撰写不规范，最终该参加机构被评价为"不通过"。

此外，其他共性问题还包括：检验图片、图谱的质量不高；部分机构在鉴定书中未列出文件形成方式检验相关的篡改文件鉴定标准；部分机构鉴定文书不规范，术语表述不专业，逻辑性不强；还有部分机构的鉴定文书中有明显的笔误及错别字等。

综上，本次能力验证活动既考查了参加机构在文件形成方式鉴定方面的基本技能和鉴定意见的表达能力，也反映出了参加机构在该类文书鉴定中存在的共性问题，基本达到了科学、客观地评价参加机构的鉴定能力，并有效地帮助参加机构规范鉴定活动、提高鉴定水平的目的。

点评人：张清华　高级工程师

施少培　正高级工程师

《指印鉴定（CNAS SF0028）》 鉴定文书评析

【项目背景】

指印鉴定是司法鉴定中常见的鉴定项目。在鉴定实践中，当检材指印稳定的纹线细节特征较少或捺印部位不易辨别时，容易导致无法判断的鉴定意见，甚至是错误判断，本次能力验证计划着重考察参加机构对纹线细节特征较少或捺印部位不易辨别的检材指印的鉴定能力。本次能力验证计划的检材指印共5枚，该5枚检材指印检验的难度不同，一方面既可以客观地考查和评价鉴定机构在指印鉴定方面基本的技术能力；另一方面又可以考查鉴定机构在鉴定实践中，针对某些疑难指印的处理方法和鉴别能力，从而达到其规范指印鉴定活动、提高指印鉴定能力的目的。本次能力验证的结果也可以作为认证认可、行业监管的重要依据。

【方案设计】

本次指印鉴定能力验证计划的方案设计和样品制备，由项目专家组根据我国指印鉴定实践中常见的情况制定并模拟设计和制作样品。制作的样品符合能力验证均匀性和稳定性的要求，难度系数中等偏高。样品制备的具体过程如下：

1. 检材原始件的制作

张三用右手环指蘸一次印泥在《借条》纸张上"贰"字迹处及落款"张三"字迹处连续捺印两枚指印，即检材－1（JC－1）和检材－5（JC－5）；张三再用右手中指蘸印泥在上述《借条》纸张上"200000"字迹处捺印指印，即检材－2（JC－2）；张三继续用左手环指蘸印泥在上述《借条》纸张上"2％"字迹处捺印留下指印，即检材－3（JC－3）；最后由另一人用右手环指蘸印泥在上述《借条》

纸张上"3"字迹处捺印指印，即检材 - 4（JC - 4）。见下图JC、JC - 1、JC - 2、JC - 3、JC - 4、JC - 5。

2. 样本原始件的制作

由张三按照十指指印捺印规则捺印十指指印样本。见下图YB。

JC

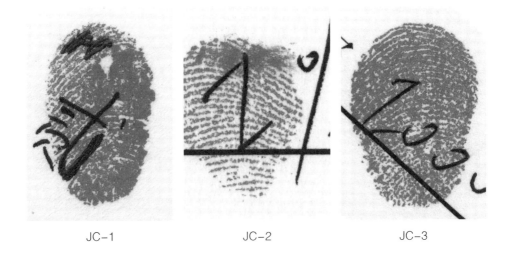

| JC-1 | JC-2 | JC-3 |

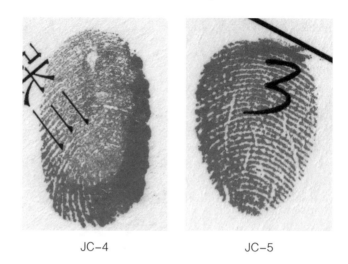

JC-4   JC-5

YB

3. 光盘制作

将以上检材和样本原始件分别加贴比例尺后, 使用扫描仪扫描成图片, 图像格式为JPG, 分辨率为1200 dpi。图像文件名分别为JC和YB。

4. 样品的确认

为保证检材指印和样本指印符合设计要求，专家组对扫描的检材和样本图片进行检查，经确认能够满足本次能力验证需求。

5. 客观结果

检材－1（JC－1）及检材－5（JC－5）指印为张三右手环指所留。

检材－2（JC－2）指印为张三右手中指所留。

检材－3（JC－3）指印为张三左手环指所留。

检材－4（JC－4）指印不是张三手指所留。

【结果评析】

本次能力验证计划共有227家机构报名参加，221家机构返回了结果，6家机构未返回结果，反馈率97.35％。

在221家返回结果的参加机构中，共有117家机构被评为"满意"（52.9％）；74家机构被评为"通过"（33.5％）；22家机构被评为"不通过"（10％），8家机构因雷同"不予评价"（3.6％）。

本次能力验证计划根据参加者使用的检验方法及检验所见、分析说明、鉴定意见及指印特征比对表等情况，从鉴定意见的准确性、依据的充分性、检验的全面性、文书的规范性等方面进行综合评价。

[例1] 19F0077鉴定文书（专家组评价结果：满意）

XX 司法鉴定中心痕迹鉴定意见书

XX 司鉴[2019]痕鉴字第 PT1 号

此处盖钢印

一、基本情况

委托人： 某法院

委托事项： 指印鉴定

鉴定要求： 检材《借条》上"贰"处、"200000"处、"2%"处、"3"处及落款"张三"处共 5 枚指印是否出自张三的手指。

受理日期： 2019 年 6 月 25 日

鉴定材料：

检材：落款日期为"2018 年 2 月 1 日"的《借条》原件扫描图片 1 张，标识为 2019-HJ-PT1-JC，以下简称 JC。其上在"贰"处、"200000"处、"2%"处、"3"处及"张三"处分别捺印有 1 枚红色指印，共 5 枚待检指印，依次标识为 2019-HJ-PT1-JC-1 至 2019-HJ-PT1-JC-5，以下简称 JC-1 至 JC-5。

样本：张三捺印的《指印样本提取表》原件扫描图片 1 张，标识为 2019-HJ-PT1-YB，以下简称 YB。

鉴定日期： 2019 年 6 月 25 日

鉴定地点： XX 司法鉴定中心

二、基本案情

在一起经济纠纷案件中，原告王五提交了落款日期为"2018 年 2 月 1 日"的《借条》原件以证明其主张，并称该《借条》上的五枚红色指印均为被告张三手指所留。被告张三称从未在该《借条》上按过指印，该《借条》是原告伪造的。

为查清案件事实，法庭提取了被告张三的十指指印样本，将上述

《借条》原件和被告张三的十指指印样本扫描后，委托本中心进行指印鉴定。

三、鉴定过程

使用《文件上可见指印鉴定技术规范》（SF/Z JD0202001-2015）进行鉴定。

（一）检材检验

送检的 JC-1、JC-2、JC-3、JC-4、JC-5 均为红色印泥捺印的指印扫描图片。

JC-1 为残缺指印，出现中心及上部花纹。除左上方有少数纹线较为清楚外，其余纹线不清晰，积墨较多。在指印上部有露白现象。经辨认找到 4 个稳定、清晰的细节特征点，鉴定条件较差。

JC-2 为残缺指印，出现中心及上部纹线，指印左侧积墨较多，花纹模糊。在该枚指印上能找到 8 个稳定、清晰的细节特征，具备鉴定条件。

JC-3 为残缺指印，出现指尖部分纹线。纹线流向明确，能找到 8 个稳定、清晰的细节特征，具备鉴定条件。

JC-4 为残缺指印，出现上部纹线。纹线较清晰，能找到 10 个稳定、清晰的细节特征，具备鉴定条件。

JC-5 为残缺指印，出现中心及上部纹线。指印右侧积墨较多，纹线模糊，其余部分纹线较清晰，且在指印上部有露白现象。指印有 1 处内部边缘特征。能找到 10 个稳定、清晰的细节特征，具备鉴定条件。

（二）样本检验

送检的 YB 为法庭提取的张三的十指指印样本的扫描图片，有三

面捺印图像和平面捺印图像。其捺印图像清晰，纹型清楚，纹线流向、
细节特征清晰稳定，具备比对条件。

（三）比较检验

1、JC-1 指印

JC-1 指印鉴定条件较差，但将其与 JC-5 指印进行比较后发现，
其与 JC-5 指印有 3 处露白特征在形态及相对位置方面一致，同时，
比较 JC-1 指印外部轮廓及 JC-5 指印的内部边缘特征后发现两者较为
吻合。上述印面反映出特定的阶段性特征，并具有连续性的规律和特
点。

经比较，JC-1 指印与 JC-5 指印找到 4 个细节特征的出现位置、
细节种类及特征点间相隔线数一致。

2、JC-2 指印

将 JC-2 指印分别与 YB 指印逐枚比对后发现，其与 YB 右手中指
平面捺印中部靠指尖位置纹线流向相同，且找到 8 个细节特征的出现
位置、相应位置特征点的种类、特征间的相隔线数均相吻合。

3、JC-3 指印

将 JC-3 指印分别与 YB 指印逐枚比对后发现，其与 YB 左手环指
三面捺印右上方纹线流向相同，且找到 8 个细节特征的出现位置、相
应位置特征点的种类、特征间的相隔线数均相吻合。

4、JC-4 指印

将 JC-4 指印分别与 YB 指印逐枚比对后发现，未找到与其花纹类
似、纹线流向、细节特征相符的指印。

5、JC-5 指印

将 JC-5 指印分别与 YB 指印逐枚比对后发现，其与 YB 右手环指

平面捺印的左侧纹线流向相同，且找到 10 个细节特征的出现位置、相应位置特征点的种类、特征间的相隔线数均相吻合。

四、分析说明

1、JC-1 指印、JC-5 指印

JC-5 指印与 YB 右手环指平面捺印的形态、流向均相同，两者在相应部位出现的 10 个细节特征的种类、形态、相互间位置关系、特征间的相隔线数等方面均一致，且没有发现本质差异，具备同一认定的条件。

JC-1 指印与 JC-5 指印在印面特征上，有 3 处露白及 1 处边缘特征一致，印面特征数量较多且质量较高，JC-1 指印与 JC-5 指印为连续捺印形成，JC-1 指印与 YB 右手环指平面捺印认定同一。

2、JC-2 指印

JC-2 指印与 YB 右手中指平面捺印中部靠指尖位置的纹线形态、流向均相同，两者在相应部位出现的 8 个细节特征的种类、形态、相互间位置关系、特征间的相隔线数等方面均一致，且没有发现本质差异，具备同一认定的条件。

3、JC-3 指印

JC-3 指印与 YB 左手环指三面捺印右上方纹线的形态、流向均相同，两者在相应部位出现的 8 个细节特征的种类、形态、相互间位置关系、特征间的相隔线数等方面均一致，且没有发现本质差异，具备同一认定的条件。

4、JC-4 指印

JC-4 与样本指印的形态、细节特征种类、细节特征间的相互位置关系均有差异，且差异属于本质的差异，具备否定同一的条件。

五、鉴定意见

落款日期为"2018 年 2 月 1 日"的《借条》上的指印中：

捺印于"贰"处及"张三"处的指印均是张三右手环指所留。

捺印于"200000 "处的指印是张三右手中指所留。

捺印于"2%"处的指印是张三左手环指所留。

捺印于"3"　处的指印不是张三所留。

六、附件

1.检材图片 2 页

2.样本图片 1 页

3.指印特征比对图片 4 页

4.指印特征标识图片 1 页

司法鉴定人签名　　　XXX

《司法鉴定人执业证》证号：XXXXXXXXXX

司法鉴定人签名　　　XXX

《司法鉴定人执业证》证号：XXXXXXXXXX

授权签字人签名　　　XXX

《司法鉴定人执业证》证号：XXXXXXXXXX

2019 年 7 月 10 日

附件1：检材图片（一）

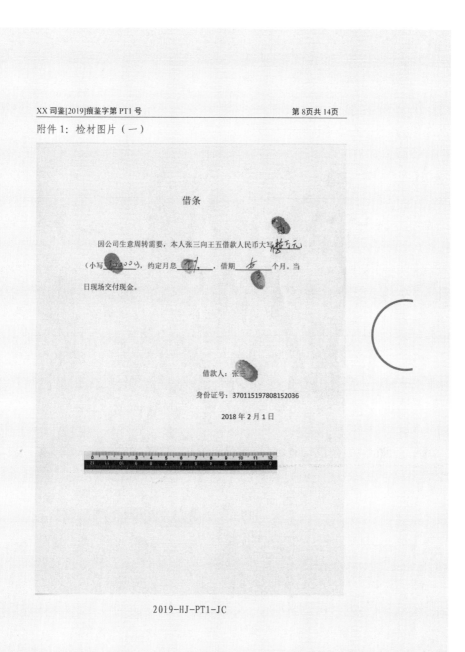

2019-HJ-PT1-JC

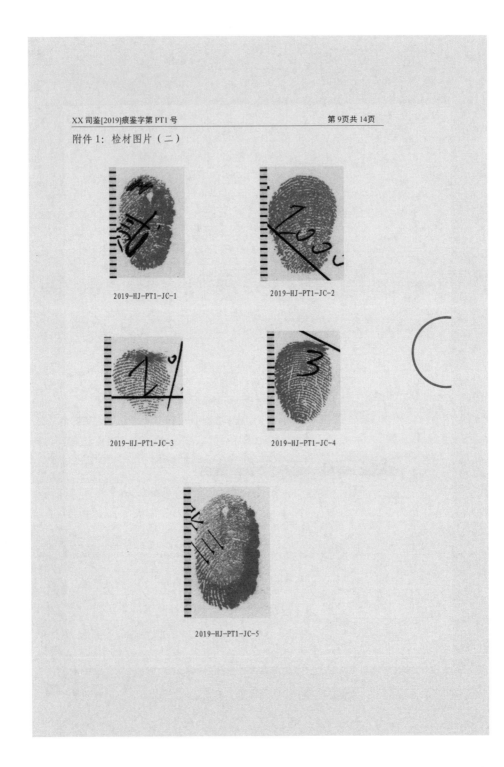

附件 1：检材图片（二）

2019-HJ-PT1-JC-1

2019-HJ-PT1-JC-2

2019-HJ-PT1-JC-3

2019-HJ-PT1-JC-4

2019-HJ-PT1-JC-5

附件 2：样本图片

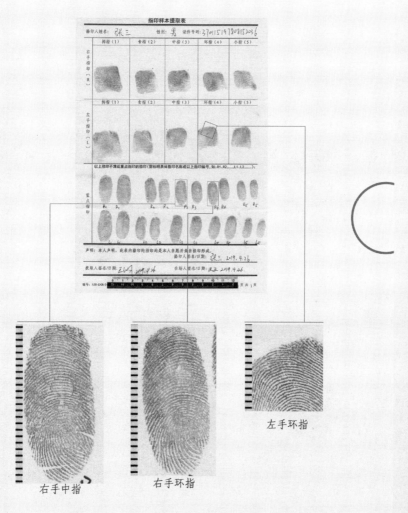

附件 3：指印特征比对图片（一）

2019-HJ-PT1-JC-1
原大图片

2019-HJ-PT1-YB
右手环指原大图片

2019-HJ-PT1-JC-1
放大图片

2019-HJ-PT1-YB
右手环指放大图片

2019-HJ-PT1-JC-1
特征标识图

2019-HJ-PT1-YB
右手环指特征标识图

制作人：　　　　审核人：　　　　制作日期：

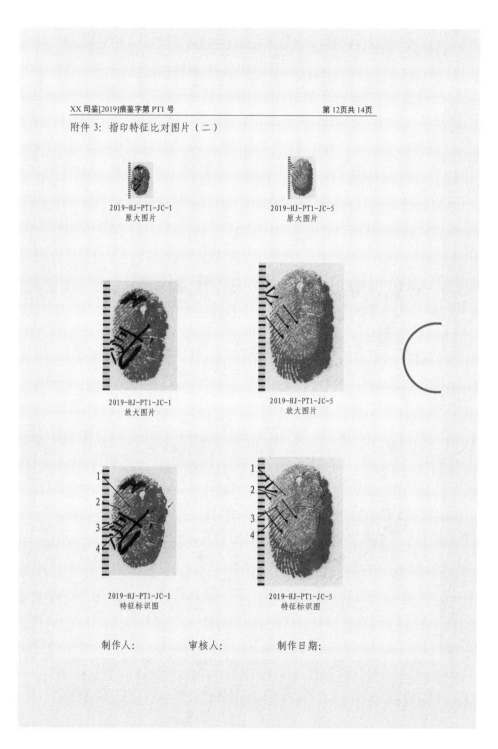

附件 3: 指印特征比对图片（二）

2019-HJ-PT1-JC-1
原大图片

2019-HJ-PT1-JC-5
原大图片

2019-HJ-PT1-JC-1
放大图片

2019-HJ-PT1-JC-5
放大图片

2019-HJ-PT1-JC-1
特征标识图

2019-HJ-PT1-JC-5
特征标识图

制作人:　　　　　审核人:　　　　　制作日期:

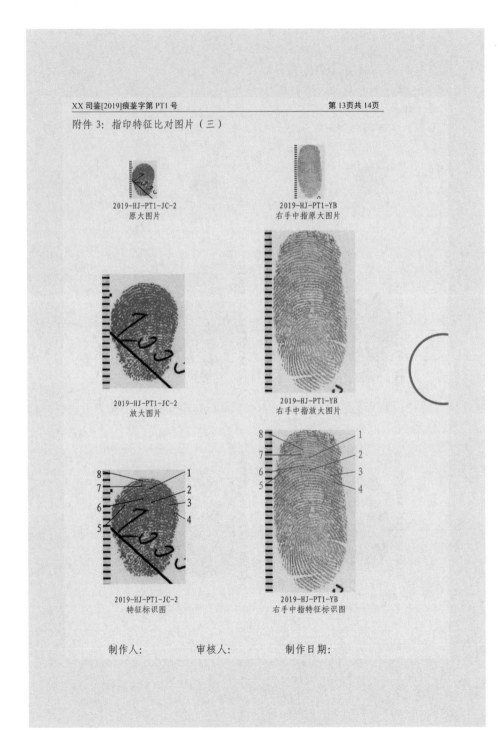

附件 3：指印特征比对图片（三）

2019-HJ-PT1-JC-2
原大图片

2019-HJ-PT1-YB
右手中指原大图片

2019-HJ-PT1-JC-2
放大图片

2019-HJ-PT1-YB
右手中指放大图片

2019-HJ-PT1-JC-2
特征标识图

2019-HJ-PT1-YB
右手中指特征标识图

制作人：　　　审核人：　　　制作日期：

附件 3：指印特征比对图片（四）

2019-HJ-PT1-JC-3
原大图片

2019-HJ-PT1-YB
左手环指原大图片

2019-HJ-PT1-JC-3
放大图片

2019-HJ-PT1-YB
左手环指放大图片

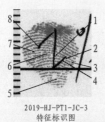

2019-HJ-PT1-JC-3
特征标识图

2019-HJ-PT1-YB
左手环指特征标识图

制作人：　　　　审核人：　　　　　制作日期：

附件 3：指印特征比对图片（五）

2019-HJ-PT1-JC-5
原大图片

2019-HJ-PT1-YB
右手环指原大图片

2019-HJ-PT1-JC-5
放大图片

2019-HJ-PT1-YB
右手环指放大图片

2019-HJ-PT1-JC-5
特征标识图

2019-HJ-PT1-YB
右手环指特征标识图

制作人：　　　　审核人：　　　　制作日期：

附件 4：指印特征标识图片

2019-HJ-PT1-JC-4
原大图片

2019-HJ-PT1-JC-4
放大图片

2019-HJ-PT1-JC-4
特征标识图

制作人：　　　　审核人：　　　　制作日期：

[例2]   19F0009鉴定文书(专家组评价结果：通过)

XXXX 司法鉴定所

痕迹鉴定意见书

XXX[2019]痕鉴字第 XX 号
钢　印

一、基本情况

委托方：XX 人民法院

委托鉴定事项：检材《借条》上"贰"处、"200000"处、"2%"处、"3"处及落款"张三"处共五枚需检指印是否出自张三的手指。

受理日期：XXXX 年 XX 月 XX 日

鉴定材料：

1、检材（JC）：落款日期为"2018 年 2 月 1 日"的《借条》原件扫描图片 1 张，其上"贰"处、"200000"处、"2%"处、"3"处及落款"张三"处共五枚指印为需检指印，送检材料文件夹中名为"检材-1、检材-2、检材-3、检材-4、检材-5"。

2、样本（YB）：张三捺印的《指印样本提取表》原件扫描图片 1 张。

（以上材料详见附后复制件）

鉴定日期：XXXX 年 XX 月 XX 日—XXXX 年 XX 月 XX 日

鉴定地点：XX 司法鉴定所痕迹检验实验室

二、检案摘要

在一起经济纠纷案件中，原告王五提交了落款日期为"2018 年 2 月 1 日"的《借条》原件以证明其主张，并称该《借条》上的五枚红色指印均为被告张三手指所留。被告张三称从未在该《借条》上按过指印，该《借条》是原告伪造的。

为查清案件事实，法庭提取了被告张三的十指指印样本，将上述《借条》原件和被告张三的十指指印样本扫描后（1200dpi 分辨率），委托司法鉴定机构进行指印鉴定。

三、检验过程

参照司法鉴定技术规范 SF/ZJD0202001-2015《文件上可见指印鉴定技术规范》进行。

（一）分别检验

1、将检材-1 电子图片录入 Photoshop 软件进行放大观察发现：该指印纹线为红色，指印呈纺锤形，指尖朝上，中心不可见，推断为中心上侧区域遗留，稳定细节特征出现较少，不具备检验鉴定条件。

2、将检材-2 电子图片录入 Photoshop 软件进行放大观察发现：该指印纹线为红色，指印呈纺锤形，指尖朝上，中心不可见，推断为中心上侧区域遗留，纹线数量约35 条，稳定及较稳定具有参考价值细节特征在 12 个左右，具备检验鉴定条件。

3、将检材-3 电子图片录入 Photoshop 软件进行放大观察发现：该指印纹线为红色，指印呈倒三角形，指尖朝上，中心不可见，推断为中心上侧区域遗留，纹线数量约25 条，稳定及较稳定具有参考价值细节特征在 12 个左右，具备检验鉴定条件。

4、将检材-4 电子图片录入 Photoshop 软件进行放大观察发现：该指印纹线为红色，指印呈纺锤形，指尖朝上，中心不可见，推断为中心上侧区域遗留，纹线数量约 32 条，稳定及较稳定具有参考价值细节特征在 10 个左右，具备检验鉴定条件。

5、将检材-5 电子图片录入 Photoshop 软件进行放大观察发现：该指印纹线为红色，指印呈椭圆形，指尖朝上，中心不完整，推断为中心上侧、左侧区域遗留，纹线数量约 28 条，稳定及较稳定具有参考价值细节特征在 10 个左右，具备检验鉴定条件。

将样本电子图片录入 Photoshop 软件进行放大观察发现：十指指印捺印纹线为黑灰色，纹型清晰，特征明显，具备检验比对条件。

（二）比对检验

将检材-2、检材-3、检材-4、检材-5 分别与样本十指指印逐一进行比对：

1、检材-2 与样本右手中指指印中心上侧指尖区域纹线形态相同，相应部位的 12 个细节特征种类、位置、距离、间隔线数以及相互间的位置关系吻合，构成同一认定条件。（详见附件 3《指印特征标示二》）

2、检材-3 与样本左手环指指印中心上侧区域纹线形态相同，相应部位的 12 个细节特征种类、位置、距离、间隔线数以及相互间的位置关系吻合，构成同一认定条件。（详见附件 3《指印特征标示三》）

3、检材-4 与样本十指指印逐一进行比对，未发现相同种类、位置的细节特征，构成否定同一条件。（详见附件 3《指印特征标示四》）

4、检材-5与样本右手环指指印中心上侧、左侧区域纹线形态相同，相应部位的10个细节特征种类、位置、距离、间隔线数以及相互间的位置关系吻合，构成同一认定条件。（详见附件3《指印特征标示五》）

四、分析说明

1、检材-1指印稳定细节特征出现较少，构成不具备判断同一性的条件。

2、检材-2指印与样本右手中指指印比对检验发现：特征多集中在中心上侧区域，特征数量多、明显、稳定、可靠，细节特征的形态、位置、距离、间隔线数、相互关系相同。

3、检材-3指印与样本左手环指指印比对检验发现：特征多集中在中心上侧区域，特征数量多、明显、稳定、可靠，细节特征的形态、位置、距离、间隔线数、相互关系相同。

4、检材-4指印与样本十指指印比对检验发现：特征多集中在中心上侧区域，特征数量多、明显、稳定、可靠，细节特征的形态、位置、距离、间隔线数、相互关系不同。

5、检材-5指印与样本右手环指指印比对检验发现：特征多集中在中心上侧、左侧区域，特征数量多、明显、稳定、可靠，细节特征的形态、位置、距离、间隔线数、相互关系相同。

五、鉴定意见

1、检材《借条》上"贰"处的指印无法确定是否是出自张三手指；

2、检材《借条》上"200000"处的指印是出自张三右手中指所留；

3、检材《借条》上"2%"处的指印是出自张三左手环指所留；

4、检材《借条》上"3"处的指印不是出自张三手指；

5、检材《借条》上"张三"处的指印是出自张三右手环指所留。

六、附件

1、检材概貌图复制件 1 页；

2、样本概貌图复制件 1 页；

3、《指印特征标示》5 页。

司法鉴定人：XXX（痕迹检验高级工程师）

《司法鉴定人执业证号》证号：XXXXXXXXXXXXX

司法鉴定人：XXX（痕迹检验高级工程师）

《司法鉴定人执业证号》证号：XXXXXXXXXXXXX

XXXX 年 XX 月 XX 日

地   址：XX 市 XX 区 XX 路 XX 号   电   话：XXXXXXXX   邮政编码：XXXXXX

附件 1、检材概貌图复制件 1 页；

附件2、样本概貌图复制件1页；

指印样本提取表

捺印人姓名： 张三	性别： 男	证件号码：370115197808152036		

	拇指（1）	食指（2）	中指（3）	环指（4）	小指（5）
右手指印（R）					
	拇指（1）	食指（2）	中指（3）	环指（4）	小指（5）
左手指印（L）					

以上捺印不清或重点指印的捺印（需标明具体指印名称或以上指印编号，如：R1、R2……L1、L2……）：

重点指印										
	R₁ R₁		R₂ R₂	R₃ R₃	R₄ R₄	R₅ R₅				
	L₁ L₁	L₂ L₂		L₃ L₃	L₄ L₄	L₅ L₅				

声明：本人声明，此表内捺印的指印均是本人自愿并亲自捺印形成。

捺印人签名/日期： 张三 2019.4.26.

提取人签名/日期： 王小明 2019.4.26.   在场人签名/日期： 王五 2019.4.26.

编号：SJR-D08-2-   页共 1 页

地   址：XX市XX区XX路XX号   电   话：XXXXXXXX   邮政编码：XXXXXX

附件 3、《指印特征标示》5 页。

指印特征标示一

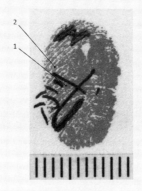

检材-1（特征标示）

制作人：XXX	制作日期：XXXX 年 XX 月 XX 日

指印特征标示二

检材-2(空白比对)

右手中指(空白比对)

检材-2(特征标示)

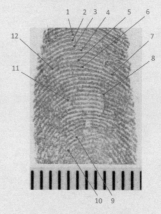

右手中指(特征标示)

制作人：XXX	制作日期：XXXX 年 XX 月 XX 日
说明：不同特征点用蓝色标号标示。	

地   址：XX 市 XX 区 XX 路 XX 号   电   话：XXXXXXXX   邮政编码：XXXXXX

指印特征标示三

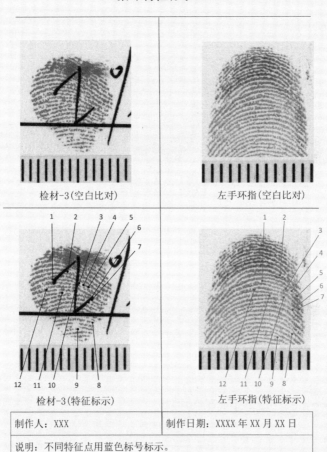

检材-3（空白比对） 　　　　　　　　左手环指（空白比对）

检材-3（特征标示） 　　　　　　　　左手环指（特征标示）

制作人：XXX	制作日期：XXXX 年 XX 月 XX 日
说明：不同特征点用蓝色标号标示。	

指印特征标示四

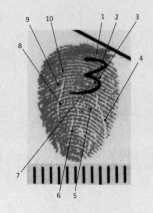

检材-4（特征标示）

制作人：XXX	制作日期：XXXX 年 XX 月 XX 日

指印特征标示五

检材-5(空白比对)

右手环指(空白比对)

检材-5(特征标示)

右手环指(特征标示)

制作人：XXX	制作日期：XXXX 年 XX 月 XX 日
说明：不同特征点用蓝色标号标示。	

[例3] 19F0045鉴定文书（专家组评价结果：不通过）

参加编号：19F0045

XXXXX 司法鉴定所

文书司法鉴定意见书

XX 司鉴【2019】文检字第 XX 号

一、基本情况

    委托人：**XXXX 人民法院**

    委托事项：

        对送检方提供的落款日期为 2018 年 2 月 1 日的《借条》上"贰"处、"200000"处、"2%"处、"3"处及落款"张三"处共五枚需检指印是否是张三捺印进行检验鉴定。

    受理日期：2019 年 X 月 XX 日

    鉴定材料：

        检材：

        落款日期为 2018 年 2 月 1 日的《借条》原件扫描图片 1 张（扫描分辨率为 1200dpi，以下简称 JC，见附后复印件）。

        样本：

        张三捺印的《指印样本提取表》原件扫描图片 1 张（扫描分辨率为 1200dpi，以下简称 YB，见附后复印件）。

    鉴定日期：2019 年 X 月 XX 日-X 月 XX 日

    鉴定地点：XXXXX 司法鉴定所

    二、检案摘要

    XXXX 法院在一起经济纠纷案件中，原告王五提交了落款日期为"2018 年 2 月 1 日"的《借条》原件以证明其主张，并称该《借条》上的五枚红色指印均为被告张三手指所留。被告张三称从未在该《借条》上按过指印，该《借条》是原告伪造的。

    为查清案件事实，法庭提取了被告张三的十指指印样本，将上述《借条》原件和被告张三的十指指印样本扫描后（1200dpi 分辨率），委托司法鉴定机构进行指印鉴定。

    特别说明：已确认上述《借条》原件上的五枚红色指印均为手指蘸取印泥捺印形成。

地址：XX 省 XX 市 XX 区 XX 路 XX 号 XX 省 XX 司法鉴定中心   电话：0000-0000000

三、检验过程

根据司法部推荐适用《文件上可见指印鉴定技术规范》SF/Z JD0202001-2015 进行鉴定。

（一）分别检验

1.将 JC1 指印电子图片录入 Photoshop 软件，通过放大观察，无中心花纹，未见三角区。根据纹线流向及形态分析为中心上部至指端区域形成，局部清晰，整体指印可见纹线中有小眼、起点、分歧、终点、结合等稳定细节特征 8 处，特征形态稳定，具备检验条件。

2.将 JC2 指印电子图片录入 Photoshop 软件，通过放大观察，无中心花纹，未见三角区。根据纹线流向及形态分析为中心上部至指端区域形成，清晰度较好，整体指印可见纹线中有小眼、起点、分歧、终点、结合等稳定细节特征 6 处，具备检验条件。

3.将 JC3 指印电子图片录入 Photoshop 软件，通过放大观察，无中心花纹，未见三角区。根据纹线流向及形态分析为中心上部至指端区域形成，清晰度较好，整体指印可见纹线中有短线、起点、分歧、终点、结合等稳定细节特征 8 处，特征形态稳定，具备检验条件。

4.将 JC4 指印电子图片录入 Photoshop 软件，通过放大观察，无中心花纹，未见三角区。根据纹线流向及形态分析为中心上部至指端区域形成，清晰度较好，整体指印可见纹线中有小眼、起点、分歧、终点、结合等稳定细节特征 7 处，具备检验条件。

5.将 JC5 指印电子图片录入 Photoshop 软件，通过放大观察，遗留部位为左上部中心花纹至指端区域形成，两侧三角缺失，局部清晰，整体指印可见纹线中有小眼、起点、分歧、终点、结合等稳定细节特征 8 处，特征形态稳定，具备检验条件。

6.YB 为张三在《十指指纹信息卡》上捺印的左右手十指指印，黑印色捺印，三面捺印和平面捺印，指印完整，纹线清晰，较为全面地反映了捺印部位的乳突纹线结构特征，具备比对条件。

（二）比对检验

1.将 JC1、JC5 指印与 YB 中张三的左手环指指印在同等条件下放大检验：发现 JC1、JC5 与 YB 中张三的左手环指指印（R4）的纹线流向、纹线特征组合形态相同，且在相应部位找到的 9 处细节特征点的位置、结构、方向、间隔线数、分布均相吻合，未见明显差异。

2.将 JC2、JC4 指印放大检验：发现 JC2、JC4 指印的纹线流向、纹线特征组合形态较不明显，且为指尖区域形成，特征点与 YB 指印无吻合处。

3.将 JC3 指印与张三的右手环指指印在同等条件下放大检验：发现 JC3 与张三的右手环指指印（L4）的纹线流向、纹线特征组合形态相同，且在相应部位找到的 9 处细节特征点的位置、结构、方向、间隔线数、分布均相吻合，未见明显差异。

四、分析说明

1.通过上述检验过程，发现 JC1、JC5 指印与 YB 中张三的左手环指指印（R4）的纹线流向和纹线组合形态相同，对应部位的 9 处纹线细节特征的种类、形态、方向、相隔线数关系均相符合，构成同一认定的科学依据。

2.通过上述检验过程，发现 JC3 指印与 YB 中张三的右手环指指印（L4）的纹线流向和纹线组合形态相同，对应部位的 9 处纹线细节特征的种类、形态、方向、相隔线数关系均相符合，构成同一认定的科学依据。

3.通过上述检验过程，发现 JC2、JC4 捺印指纹不清晰、不完整，不满足鉴定条件。

五、检验意见

1.落款日期为 2018 年 2 月 1 日的《借条》中 JC1、JC5 是张三左手环指所捺印形成；

2.落款日期为 2018 年 2 月 1 日的《借条》中 JC3 是张三右手环指所捺印形成；

3.落款日期为 2018 年 2 月 1 日的《借条》中 JC2、JC4 不具备完整鉴定条件。

六、附件

附件 1. 检材图片一页；

附件 2. 样本图片一页；

附件 3. 特征比对表五页；

附件 4. 司法鉴定许可证复印件一页；

附件 5. 鉴定人资质复印件一页。

文检司法鉴定人（签名）：   XXX

执业证号：XXXXXXXXXXXX

　　文检司法鉴定人（签名）：XXX

　　执业证号：XXXXXXXXXXX

　　授权签字人（签名）：XXX

　　执业证号：XXXXXXXXXXX

　　XXXXX 司法鉴定所

　　二零一九年 X 月 XX 日

注：1. 本鉴定意见书未经本中心或委托方同意，不得复制。

　　2.　此鉴定意见仅对委托方本次提供的鉴定材料和此次鉴定检验结果负责。

地址：XX 省 XX 市 XX 区 XX 路 XX 号 XX 省 XX 司法鉴定中心　　　　　　　电话：0000-0000000

附件 1

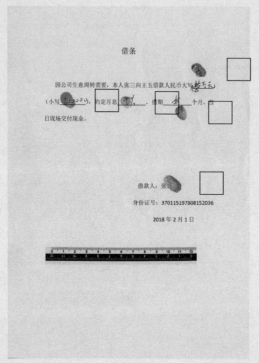

JC 照片

JC 指印放大照片

地址：XX 省 XX 市 XX 区 XX 路 XX 号 XX 省 XX 司法鉴定中心　　　　电话：0000-0000000

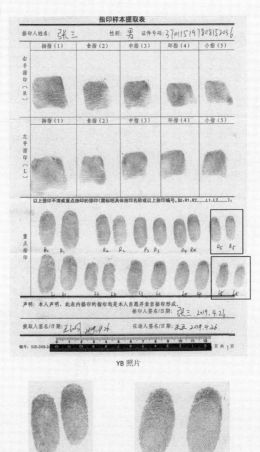

YB 照片

YB 指印放大照片

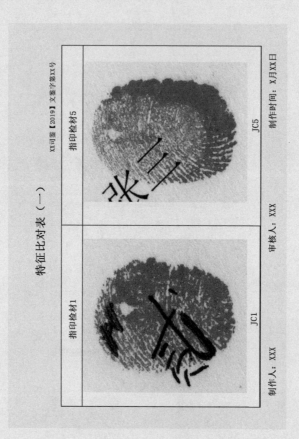

特征比对表（一）

XX司鉴【2019】文鉴字第XX号

指印检材5

JC5

指印检材1

JC1

制作时间：X月XX日

审核人：XXX

制作人：XXX

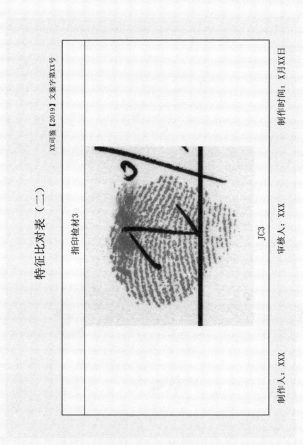

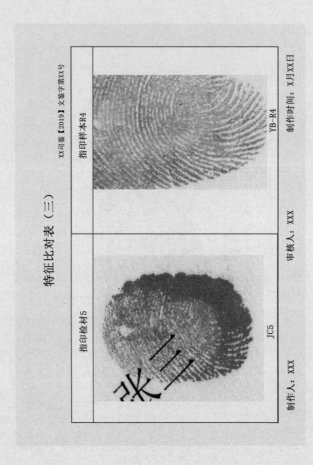

特征比对表（三）

XX司鉴【2019】文鉴字第XX号

指印样本R4　　　　　　　　　　　YB-R4

指印检材5　　　　　　　　　　　JC5

制作时间：X月XX日　　审核人：XXX　　制作人：XXX

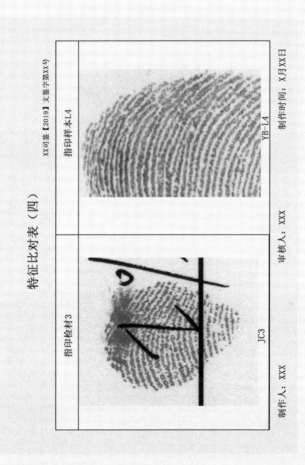

特征比对表（四）

XX 司鉴【2019】文鉴字第 XX 号

指印样本 L4　　YB-L4

指印检材 3　　JC3

制作时间：X 月 XX 日

审核人：XXX

制作人：XXX

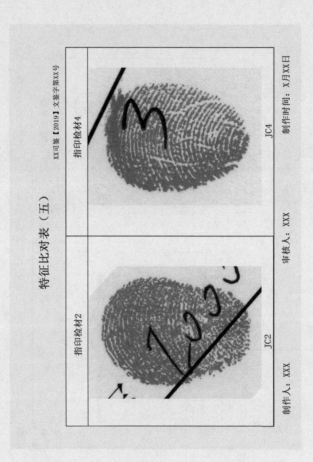

地址：XX省XX市XX区XX路XX号XX省XX司法鉴定中心　　　　电话：0000-0000000

【专家点评】

获得"满意"评价结果的参加机构,针对JC－1、JC－2、JC－3、JC－4、JC－5指印的鉴定意见与客观结果均一致,鉴定文书较规范、检验过程较全面、结论依据较充分。在获得"满意"评价的参加机构中存在的问题主要表现在:鉴定过程及分析说明的描述不够严谨,特别是对JC－1与JC－5通过印面特征认定连续捺印的描述;指印特征标识不够规范全面,特别是对JC－1与JC－5印面特征的标识;个别机构在极个别指印特征标识上存在对应错误。

参加编号为19F0077的鉴定机构,对JC－1、JC－2、JC－3、JC－4、JC－5指印的鉴定意见均与客观结果一致,鉴定文书制作规范,特征标识准确且充分,特征比对表质量较高并标明了制作信息。特别是对JC－1、JC－5指印的检验和分析,分别检验明确:JC－1指印不完整、纹线较模糊,检验仅发现该指印存在稳定的指印纹线细节特征4处,但存在多处露白特征;JC－5指印不完整,但部分纹线较清晰,检验发现该指印存在稳定的指印纹线细节特征10处,且存在多处露白特征。将JC－1与JC－5指印进行比较检验发现,两者多处露白特征和边缘特征等印面特征的形态及相对位置一致,4处纹线细节特征的种类、位置及其组合关系相符。分析说明明确:JC－1与JC－5指印印面特征的符合点的价值高,反映同一人同一手指一次蘸墨连续捺印形成指印的特点,通过将JC－5指印与张三右手环指认定同一,从而将JC－1指印与张三右手环指认定同一。以上对JC－1和JC－5指印的检验和比对分析客观、全面、合理。不足之处在于对印面特征的描述和标识欠充分,可增加积墨特征等;对边缘形态特征的描述不建议使用"1处",因为边缘形态特征是一个整体;分析说明中"具备同一认定的条件"的描述欠妥,建议使用"特征总和反映了同一人同一手指留印的特点"等描述;特征比对表中对检材指印的标识线建议使用蓝色等区别于红色和黑色的颜色,因为检材指印为红色,检材指印的文字为黑色。

获得"通过"评价结果的参加机构,主要包括以下两种情况:① JC－1指印无法判断,JC－2至JC－5指印鉴定意见均与客观结果相一致,鉴定文书较完整规范,分析说明有一定的依据。此类情况是评价结果为"通过"的鉴定机构中占比最大的;② JC－1至JC－5指印鉴定意见均与客观结果相一致,但JC－1指印仅依据纹线细节特征认定而未结合印面特征,或同一枚检材指印比对中特征标识出现两处以上错误,或特征比对表图片模糊无法辨识特征标识,或特征标识极不充分,或鉴定结论有严重笔误等,可降为"通过"。如:有的机构JC1

至JC5指印鉴定意见均正确,但对JC－1指印直接通过指印纹线细节特征与样本右手环指认定同一,但实际上JC－1指印稳定的纹线细节特征只有4处,将JC－1指印直接通过指印纹线细节特征认定的鉴定机构都是牵强地标识了多处不稳定或难以识别的细节特征,认定同一依据不充分。在指印鉴定实践中,不应牵强地标识不稳定或难以识别的特征,从而导致鉴定意见错误的可能。

参加编号为19F0009的鉴定机构,对JC－2、JC－3、JC－4、JC－5指印的鉴定意见与客观结果均一致,但对JC－1指印出具了无法判断的鉴定意见。该机构在分别检验中直接明确了JC－1指印细节特征少,不具备鉴定条件,这表明鉴定人对印面特征和连续捺印缺乏充分的认识。本次能力验证的检材指印为同一份文件上的印泥指印,鉴定人应注意检验JC－1指印的印面特征,JC－1指印虽细节特征少,但其印面特征明显且与JC－5指印相符,可以通过印面特征认定JC－5,由JC－5与张三右手环指认定同一。此外,特征比对表中的1号特征建议在图片的1点钟左右方向;否定的检材指印,特征比对表不仅要标画检材指印特征,还建议列出样本十指指印图片。

获得"不通过"评价结果的鉴定机构,主要包括以下两种情况:(1)JC－1至JC－5鉴定意见有一个及以上错误。(2)JC－2至JC－5鉴定意见有一个及以上无法判断。如,有的机构针对JC－4作出无法判断的鉴定意见,有的机构将JC－2否定,有的机构将JC－3否定等。

参加编号为19F0045的鉴定机构,其将JC－1指印直接通过纹线细节特征与JC－5指印认定同一,依据不充分,其标识的多处JC－1上的细节特征不稳定或并非纹线细节特征。对JC－2和JC－4指印出具无法判断的鉴定意见不合理,其中JC－2指印存在稳定的指印细节特征12处以上,可认定张三右手中指;JC－4指印存在稳定的细节特征11处以上,可否定。JC－3指印在鉴定书中描述为张三右手环指所留,特征比对表中图片实际为张三左手环指,表明鉴定人实际比对的为张三左手环指,但鉴定书有严重笔误,JC－5指印对应的张三右手环指亦是同样问题。此外,特征比对表中的标识线和数字有多处遗漏,特征比对表图片变形。以上情况暴露出该机构的鉴定人指印鉴定基本技能较差,对于指印特征的性质不能准确把握,对指印特征的认识不足,制作鉴定书粗心大意,对于指印鉴定规范不够了解,亟需加强指印鉴定基础知识的学习和培训。

此次指印能力验证的难点在JC－1指印,该指印为特别设计的指印,为本次能力验证计划的新增考点。JC－1指印仅存在稳定的纹线细节特征4处,细节特征不足,但其印面特征明显,可与JC－5指印通过印面特征认定连续捺印,从而认定张三右手环指,该鉴定需要鉴定人对印面特征有一定认识,难度偏大。JC-2指印部分纹线较模糊,部分特征较难识别,但可标识的稳定的纹线细节特征有12处以上,可认定张三右手中指,具有一定的鉴定难度。JC-3指印为手指右上部纹线,面积较小,特征较少,但特征组合价值高,可认定张三左手环指,具有一定的鉴定难度;检材-4指印无中心花纹,为中心上部区域,细节特征较分散,但存在11处以上稳定的细节特征,可否定,难度适中。JC-5指印仅部分区域清晰,但中心花纹位置明确,可标识12处以上稳定的细节特征,可认定张三右手环指,难度适中。针对JC-2至JC-5指印,鉴定人具备一定的指印鉴定知识,通过细致地检验及比对,应可作出正确的鉴定意见。JC-1指印在一定程度上考验了鉴定人对印面特征的认识和运用,民事案件中的文件上可见指印不同于刑事案件中的现场显现指印,文件上可见指印在检验中应注意指印的印面特征,通过印面特征寻找文件上多个指印之间的相互关系。司法部颁布的SF/Z JD0202001-2015《文件上可见指印鉴定技术规范》中表述了印面特征和连续捺印的内容,鉴定人应对印面特征和连续捺印有一定的认识。

在鉴定文书方面,多数机构的文书制作及特征比对图片尚可,部分机构较好,较上一年有了明显提升。但部分机构还是存在如下问题:分别检验或比对检验的文字说明过于笼统或重复繁琐;检验过程已有内容在分析说明中再次重述;认定的鉴定意见未表述具体指位;特征比对图片质量较差或尺寸过小或图片变形、特征标识线过粗或与纹线颜色相同导致难以辨识特征,特征标识数字未拉伸到图片边缘而放于图片内的纹线处,对作出否定意见的检材指印未对指印特征进行标识等。按照有关鉴定文书的规范制作鉴定文书,也是对参加机构的基本要求。

评价人:孙年峰　工程师

钱煌贵　正高级工程师

杨　旭　正高级工程师

《电子数据提取与分析（CNAS SF0029）》鉴定文书评析

【项目简介】

电子数据鉴定是一门新兴的发展迅速的学科,在犯罪侦查、案件审判、维护国家安全和社会和谐稳定等方面都发挥着重要的作用。电子数据提取与分析是电子数据鉴定实践中的常规鉴定项目,涉及电子数据的固定保全、数据搜索、数据恢复、数据提取、数据分析等诸多内容,需要鉴定人准确找到所需的数据或对数据的存在环境进行重建之后正确提取,并对其所呈现的内容进行进一步的分析,给出与鉴定要求相匹配的结果。在鉴定中合理运用相关技术方法和检验工具,并进行充分分析,才能获得完备的检验结果。本次能力验证计划旨在对参加者的电子数据提取与分析能力进行科学、客观的考察和评价,以利其进一步规范鉴定活动,提高鉴定能力。本次能力验证的结果也可以作为认证认可、行业监管的重要依据。

【方案设计】

本次电子数据提取与分析能力验证计划是由项目专家组根据"网络传销"案件背景设计,模拟了传销平台使用的会员管理系统及会员论坛服务器,要求对其中的操作系统、数据库、网页、会员层级、资金等项目进行深入分析。

服务器检验分析与常见的个人电脑硬盘检验分析相比,突出了环境重现、密码破解与绕过、数据库分析等一系列考察项目,而在仿真环境启动服务器上的服务往往成为解决问题的捷径。

本次能力验证计划的样品是一张32 GB的Micro SD卡,内有一个名为"AFSPT.vmdk"的文件。制样主要步骤如下:

（1）在虚拟机中安装CentOS Linux 7.4.1708系统，安装宝塔Linux面板、PHP和MySQL 5.6.37环境。

（2）在工作站中安装部署论坛源码及MySQL数据库，将网站配置为"药品直销网"，域名配置为"ypzxw.local"，修改部分数据库数据表结构和PHP代码完善管理页面中用户信息及投资金额显示。

（3）按照传销案件场景模拟层级关系数据，涉及个人信息的数据均采用随机生成，并模拟生成网站论坛中的帖子数据。数据概况：会员数3481个、总层级57层，普通会员3378个，投资总积分137 120 000；会员lkj8在第9层，上级有8层，下级有12层；指定主贴点击数21。

（4）通过浏览器访问宝塔Linux面板将修改完成的网站代码和数据库数据部署到虚拟机中，IP地址配置为192.168.110.110。在192.168.112.242登录admin账号，使用论坛公告页面设计需要固定保全的网页，并提示"积分＝投资金额 $\times 8$"的换算关系。

（5）将包含admin口令"kkl4Ib"的200个口令列表password.txt文件复制到/www/wwwroot/modules/smarty/目录下。在终端中运行查询系统服务的命令。

（6）关闭虚拟机电源，将磁盘文件重命名为AFSPT.vmdk，复制到清洁Micro SD卡形成样品。

在问题设计上，除了哈希计算、Linux操作系统、文件系统、搜索提取、网页固定、数据库SQL查询等基础性要求之外，还针对网络传销鉴定案件的实际需求，设计了会员层级分析、会员列表导出、虚拟积分与金额的换算、重点会员筛查等专门性问题，也设计了电子数据鉴定中难度稍高的代码分析与解密问题。

在结果评价上，除了考察反馈结果与客观结果的符合性之外，还考察了得出答案过程的合理性及充分性，在方法和工具的选用、返回鉴定文书的质量、检出数据的处置上也有所考量。

【结果评析】

［例1］　19DE0013号反馈结果（专家组评价结果：满意）

参加编号：**19DE0013**

XXXX 司法鉴定所司法鉴定意见书

xx 鉴[2019]XX 字第 xx 号

一、基本情况

委托单位： XXXX

委托人： XXXXXX

委托事项： 对检材文件中的相关电子数据进行搜索提取与分析：

1. 加载服务器磁盘，计算磁盘源盘的 SHA256 哈希值。

2. 提取"password.txt"文件，并计算文件的 SHA256 哈希值。

3. 服务器的操作系统版本，网站数据所在分区的文件系统类型。

4. 服务器的"root"用户在终端中最后输入运行的命令（除关机命令外）。

5. "药品直销网"网站域名。

6. 网站数据库的类型和版本号。

7. 固定网站"通知"页面内容。

8. 网站管理员 admin 的登录口令。

9. 网站管理员 admin 最后登录的 IP 地址。

10. 网站中"坐标江西"主帖的点击次数。

11. 网站中类型为"普通用户"的会员数量、投资总积分、投资总金额。

12. 将网站的全部会员（含管理员）的会员 ID、用户名、推荐人用户名、姓名、手机号、证件号、会员类型、注册时间、投资金额列表导出至 Excel 表格中。

参加编号：19DE0013

13. 使用同一证件号注册会员账号数量最多的会员姓名，以及该会员的全部账号的投资总金额。

14. 按照推荐人关系，以会员 admin 为第 1 层计，会员 1kj8 在网站会员层级中位于第几层，其上级会员和下级会员各占据了多少层；以图形或其它直观的形式展示该会员的上下级组织层级结构。

15. 统计网站中下级会员账号数量大于 30 个且下级会员账号多于 3 层的会员账号数量，统计上述会员账号按照证件号去重后的数量。

委托日期： 2019 年 06 月 21 日

受理日期： 2018 年 06 月 21 日

鉴定材料： 委托方提供表面包装印有"参加编号 19DE0013"字样的 MicroSD 卡一张，该卡中的"AFSPT.vmdk"为"药品直销网"网站服务器磁盘的镜像文件，该文件 MD5 哈希值为：

AEE9035C809116FBAE615C4D6A73032F

鉴定日期： 2019 年 06 月 21 日至 2019 年 07 月 10 日

鉴定地点： xxxxxx

二、基本案情

在一起涉嫌组织、领导传销活动案件中，办案机关调取了涉案网站"药品直销网"的数据，要求对其进行鉴定。

三、鉴定过程

（一）检验方法

本鉴定依据中华人民共和国国家标准 GB/T 29361-2012《电子物证文件一致性检验规程》、GB/T 29362-2012《电子物证数据搜索检验规程》；GA/T 976-2012《电子数据法庭科学鉴定通用方法》；中华人民共和国司法部司法鉴定技术规范 SF/Z JD0400001-2014《电子数据司法鉴定通用实施规范》进行鉴定工作。

（二）鉴定设备及软件

EDEC 5150 工作站（Windows7SP1x64 操作系统,下称 5150 工作站）、CentOSx64 操作系统（版本号 7.5,下称 CentOS）、VMware Workstation(版本号 15.0)、Chrome 浏览器（版本号 73.0.3683.86）、MySQL-Front 版本号 5.1、深空 HASH 计算工具（版本号 2.0）、DiskInternals Linux Reader（版本号 3.4.0.27）

（三）准备

1. 观察检材并对检材进行拍照固定,对本次鉴定所收到检材按照鉴定所电子物证鉴定标准操作程序进行命名,检材编号：2019SJ000003-AX1,如下图1至图4所示。

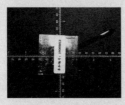

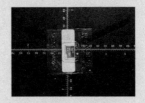

图1 检材包装未开封正面   图2 检材包装未开封背面

参加编号：19DE0013

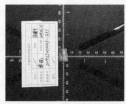

图 3 检材 2019SJ000003-AX1 正面　　　　图 4 检材 2019SJ000003-AX1 背面

2. 启动检验工作站，核对及调整工作站时间与国家授时中心时间一致。

3. 对本次鉴定所使用软件工具及操作系统进行检查，功能正常。

4. 使用杀毒软件 360 杀毒对工作站进行全盘扫描杀毒，未发现工作站上存在病毒。将编号 2019SJ000003-AX1 的检材存储卡放入工作站只读 USB 接口，使用杀毒软件 360 杀毒对检材 2019SJ000003-AX1 所在存储卡进行全盘扫描查毒，未发现该存储卡上存在病毒。

（四）检材数据复制与验证

1. 通过 USB 只读接口读取检材 2019SJ000003-AX1 后，在该存储卡根目录下发现本次鉴定的服务器磁盘镜像文件（文件名为 "AFSPT.vmdk"），使用深空 HASH 计算工具对该压缩包进行哈希值计算，进行哈希值结算：

MD5 值为：

aee9035c809116fbae615c4d6a73032f

SHA256 值为：

0efce68d2463f3b642c00ae6bd18ce8a18f4a8226587e544f98e6788055c5886

2. 将检材 2019SJ000003-AX1 储存卡中的 "AFSPT. vmdk" 文件拷

贝到工作站中, 拷贝路径为 "I: \文件拷贝", 使用深空 HASH 计算工具对工作站中 "I: \文件拷贝\AFSPT. vmdk" 进行哈希值计算:

MD5 值为:

aee9035c809116fbae615c4d6a73032f

SHA256 值为:

0efce68d2463f3b642c00ae6bd18ce8a18f4a8226587e544f98e6788055c5886

将检材 2019SJ000003-AX 中 "AFSPT. vmdk" 文件的哈希值与拷贝后文件哈希值一致性校验, 拷贝前后文件的哈希值 MD5、SHA256 码均校验一致, 确认文件一致。

(五) 检验过程

1. 本次待检检材 2019SJ000003-AX 中 "AFSPT. vmdk" 文件为 VMware 虚拟机磁盘镜像文件, 使用 DiskInternals Linux Reader 中的 Mount 打开 VMDK 文件查看其文件系统类型为 XFS 和 Linux Swap, 如图 5 所示

图 5 DiskInternals Linux Reader 中显示 "AFSPT. vmdk" 磁盘镜像分区及文件系统信息

2. 在 VMware Workstation 软件中新建名为 "CentOS 7 64 位"

的虚拟机，配置该虚拟机网络状态为桥接，为其安装 CentOS 操作系统，操作系统安装后，将"I:\文件拷贝\AFSPT.vmdk"虚拟机磁盘文件加载到该虚拟机中，挂载模式为非永久，虚拟机配置信息如图 6 所示。

图 6 新建虚拟机配置信息

3. 启动该虚拟机，设置其网络 IP 地址为 192.168.20.20，并在 5150 工作站中使用命令"ping 192.168.20.20"确认其网络与 5050 工作站已连接。

4. 进入该虚拟机的控制台，使用"lsblk"查看新加载的磁盘信息，如图 7 所示。

参加编号：19DE0013

```
[root@localhost mnt]# lsblk
NAME              MAJ:MIN RM  SIZE RO TYPE MOUNTPOINT
sda                 8:0    0   20G  0 disk
├─sda1              8:1    0    1G  0 part /boot
└─sda2              8:2    0   19G  0 part
  ├─ledisk-root   253:0    0   17G  0 lvm  /
  └─ledisk-swap   253:1    0    2G  0 lvm  [SWAP]
sdb                 8:16   0   80G  0 disk
├─sdb1              8:17   0    1G  0 part
└─sdb2              8:18   0   79G  0 part
  ├─centos-swap   253:2    0    2G  0 lvm
  ├─centos-home   253:3    0   27G  0 lvm
  └─centos-root   253:4    0   50G  0 lvm
sr0                11:0    1 1024M  0 rom
```

图 7 虚拟机中 lsblk 命令显示磁盘信息

在控制台中使用“sha256sum /dev/sdb”对加载的磁盘进行SHA256 计算，该磁盘的 SHA256 值为：6790d2b6f2a2bbf98a0701b56320aa5ed87fbb63e5e4bdee0d7511008285b6bc 如图 8 所示。

```
[root@localhost /]# sha256sum /dev/sdb
6790d2b6f2a2bbf98a0701b56320aa5ed87fbb63e5e4bdee0d7511008285b6bc  /dev/sdb
```

图 8 磁盘 SHA256 哈希值

5. 使用“lsblk -f /dev/sdb”查看磁盘分区信息及文件系统信息，如图 9 所示。

```
[root@localhost /]# lsblk -f /dev/sdb
NAME            FSTYPE      LABEL UUID                                   MOUNTPOINT
sdb
├─sdb1          xfs               bc39aaff-e92c-4965-a0ec-b7f556ba1a43
└─sdb2          LVM2_member       STCh7w-UGrJ-3Tpj-NV15-T133-frzc-9JnkJH
  ├─centos-swap swap              46bea9dc-a917-4f25-b6b1-2e05d44a0960
  ├─centos-home xfs               b5e775bb-d083-469b-95b3-9058c32706ad
  └─centos-root xfs               554778df-6cad-4b46-8718-b9d5d1ff146f
```

图 9 磁盘分区及文件系统信息

6. 使用“pvs/vgs/lvdiplay”命令查看物理卷，“lvchange -ay /dev/centos/home”激活加载的磁盘分区，并使用“mount”命令只读挂载磁盘分区“/dev/centos/home”到“/mnt/m1”、磁盘分区“/dev/centos/root”到“/mnt/m2”目录，使用“df -h”查看两个

磁盘分区空间使用情况和挂载，如图 10 所示。

图 10　磁盘分区挂载后信息

7. 在"/mnt"目录下使用"find"命令分别在子目录 m1、m2 搜索文件名为"password.txt"的文件，如图 11 所示。

图 11　搜索"password.txt"文件

使用"sha256sum"命令计算"password.txt"文件的 sha256 哈希值，计算得到该文件的 sha256 哈希值为

aaac13e700b91876bb56749d6e1e63b2b4fba59a59478b5a5e57da68406a7ee3，如图 12 所示。

图 12　计算"password.txt"文件的 sha256 哈希值

8. 使用"cat"命令查看数据分区"/mnt/m2"中该操作系统的版本，如图 13 所示。使用"findmnt"命令查看该分区的文件系统类型如图 14 所示。

图 13　查看操作系统版本

```
[root@localhost mnt]# findmnt /mnt/m2
TARGET  SOURCE                    FSTYPE OPTIONS
/mnt/m2 /dev/mapper/centos-root xfs    ro,relatime,seclabel,attr2,inode64,noquota
```

图 14 查看分区所在的文件系统类型

9. 使用“cat”命令查看 root 用户在终端中输入的运行命令列表，如图 15 所示。

```
[root@localhost /]# cat /mnt/m2/root/.bash_history
systemctl stop firewalld.service
systemctl disable firewalld.service
yum install -y wget && wget -O install.sh http://download.bt.cn/install/install.sh && sh install.sh
yum-config-manager
ip add
cd /etc/sysconfig/network-scripts
ls
vi ifcfg-ens33
reboot
ls
ifconfig
vi ./bash_history
ps

ps -exec
ls -al
vi .bash_history
history
ps
lsof
ifconfig
poweroff
ls
cd ~
ls
cd /
ls
cd home/
ls
vi README.TXT
vi WhatsNew.txt
less WhatsNew.txt
rm WhatsNew.txt
ls
poweroff
ifconfig
vi /etc/sysconfig/network-scripts/ifcfg-ens33
service network restart
ip addr
reboot
poweroff
ls
cd /
ls
netstat -ln
netstat -lnp
cd ~
netstat -lnp > listening.log
vi listening.log
systemctl list-units --type=service > services.log
shutdown
```

图 15 查看用户“root”在终端中输入的命令列表

10. 查看“/mnt/m2/www”目录，对该目录下 server 目录中 nginx 目录进行分析，发现其为网站 http 服务器，使用“cat”命令查看其服务器网站配置文件“www/server/panel/vhost/nginx/ypzxw.local.conf”，

参加编号：**19DE0013**

如图16所示。

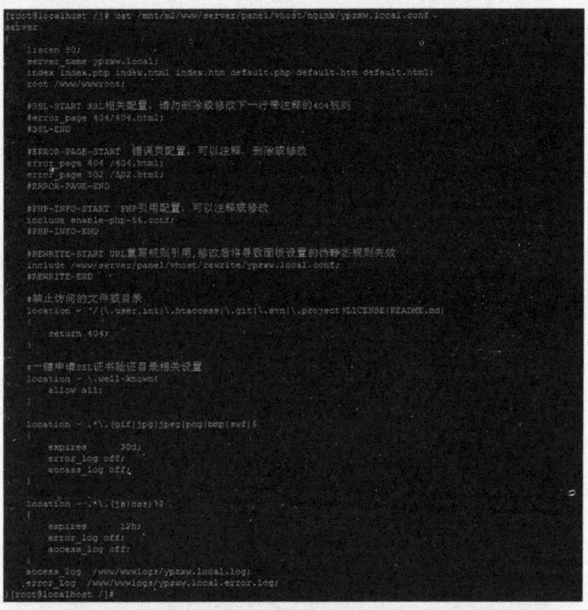

图16　查看网站服务器配置文件

11. 使用 "cat" 命令查看网站主页源代码文件 "wwwroot/index.php" 查找数据库及相关调用的文件配置，如图17所示。

使用查找到的配置文件分析该网站使用的数据库类型及数据库用户名密码、表结构，如图18所示、图19所示。

图 17　查看网站主页文件 "index.php" 源码中配置及调用

图 18　查看数据库配置文件

参加编号：19DE0013

图 19 查看数据库连接字符串

12. 使用"find /mnt/m2/www -name "mysql" | more"命令查找 mysql 服务器所在的目录位置，如图 20 所示，并使用"mysqld -V"命令查看其版本号，如图 21 所示。

```
[root@localhost www]# find /mnt/m2/www -name "mysql"  | more
/mnt/m2/www/server/mysql
/mnt/m2/www/server/mysql/bin/mysql
/mnt/m2/www/server/mysql/include/mysql
/mnt/m2/www/server/data/mysql
```

图 20 查找"mysql"服务器所在位置

```
[root@localhost bin]# pwd
/mnt/m2/www/server/mysql/bin
[root@localhost bin]# ./mysqld -V
./mysqld  Ver 5.6.37 for Linux on x86_64 (Source distribution)
```

图 21 查看 mysql 服务器版本

13. 在 5150 工作站中配置 host 解析文件，将网站域名"ypzxw.local"解析到虚拟机地址 192.168.20.20，在虚拟机中使用"cp"命令将只读目录"/mnt/m2"中"www"目录拷贝至根目录，进入"www"目录中 mysql 服务器目录、nginx 服务器目录，启动 mysql 服务器、nginx 服务器，使用 Chrome 浏览器查看网站访问，如图 22

所示。

图 22 访问 ypzxw.local 主页

14. 在"ypzxw.local"主页中点击右上角"通知"链接转入"通知页面"，使用 Chrome 浏览器将网页进行截图保存固定到"I:\通知页面固定\通知页面固定截图.jpg"，如图 23 所示；使用 Chrome 浏览器将网页代码与网页中图像进行保存固定，保存到"I:\通知页面固定"路径，自动保存文件名为"通知 – 药品直销网.html"的文件及名为"通知 – 药品直销网_files"的资源文件夹；使用 Chrome 浏览器将"通知"页面中的视频内容存入"I:\通知页面固定\images\uploaded"目录，固定后计算固定文件及目录的 SHA256 哈希值，如表 1 所示。

文件名	类型	大小	SHA256 哈希值
通知 – 药品直销网.html	文件	42517 字节	AE4875CE58379AF12E7A72C86AC67D4E239 F95868A327934DCAAE4493537F3C7
通知 – 药品直销网_files	目录	10757780 字节	ACC7C43DC2A33A155E8AFE149AC6F447266 7B94CA51EF393A119078A238CEF1C
images	目录	6417131 字节	E49B9771DDFD03C24617D9ED7CB97CDC2A1 535973C9C932CDEE8329C291415CE
通知页面固定截图.jpg	文件	338478 字节	145F1031C8DD82F63753CE8272B83741A6E 6559F1D52E64B200B7377ADB047D2

表 1 "通知"网页内容固定后哈希值

图 23　"药品直销网"通知页面内容固定截图

15. 使用已获取到网站数据库配置文件中的数据库名称 ypzxw、用户数据表名称 m_userdata、连接用户名 ypzxw、连接密码 mK4JUOaycb9tF7nI 在 5150 工作站中使用 MySQL-Front 工具连接到该虚拟机中的网站数据库 "ypzxw" 获取网站管理员 "admin" 的登陆口令及最后一次登陆的 IP 地址，如图 24 所示。

参加编号：19DE0013

图 24 网站管理员 "admin" 登陆口令及最后登陆 IP

在 m_userdata 表中提取到到网站管理员 "admin" 的登陆口令为已经加密的字符串 "ea536bb7d8e51acc92f280fdea7798f21819dd13a9a8e7bc78"。

分析网站登陆后台处理程序（位于 "wwwroot/includes/login.inc.php"）后将该网站登陆程序中的校验密码函数 is_pw_correct 的源代码（位于 "wwwroot/includes/functions.inc.php" 程序中，如图 25、图 26 所示）复制并在 "/www" 目录中新建并编辑名为 "pass.php" 脚本，使该脚本程序读取已获取到的 "password.txt" 中的疑似密码使用 is_pw_correct 函数进行密码登陆校验，以测试是否在该文件中含有网站管理员 "admin" 的登陆口令，如图 27 所示。

图 25 位于 login.inc.php 中的 is_pw_correct 函数

参加编号：19DE0013

图 26 位于 functions.inc.php 中的 is_pw_correct 函数原代码

图 27 登陆口令密码校验程序 "pass.php" 源代码

使用 "php" 命令运行 "pass.php" 进行密码校验，如图 28 所示

参加编号: **19DE0013**

图 28 登陆口令密码校验

校验密码使用的"pass.php"程序文件源代码内容见光盘附件，大小合计 736 字节，其 SHA256 哈希值为：

A3D4811C9E9A6B4481F9EF356CEF3D05FB51634BB938BA9D21ACB413A7E8F025

16. 在 5050 工作站中使用 MySQL-Front 打开已获取到网站数据库中的论坛帖子表 m_entries，过滤查看名为"坐标江西"的帖子记录，如图 29 所示。

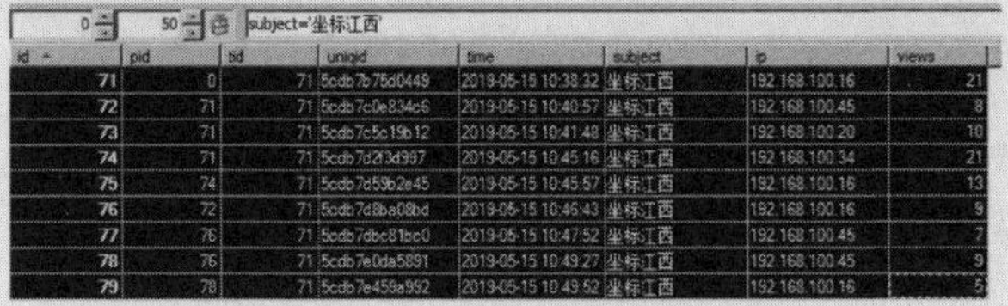

图 29 论坛帖子"坐标江西"数据库记录

17. 分析"wwwroot/includes/admin.inc.php"及相关程序获得该网站会员数据库中会员类型字段为 user_type，普通会员代码为 0，管理员代码为 2，经理代码为 1；同时获取到该网站会员的投资金额通过会员积分字段 investment 除以 8 得到，如图 30 所示。

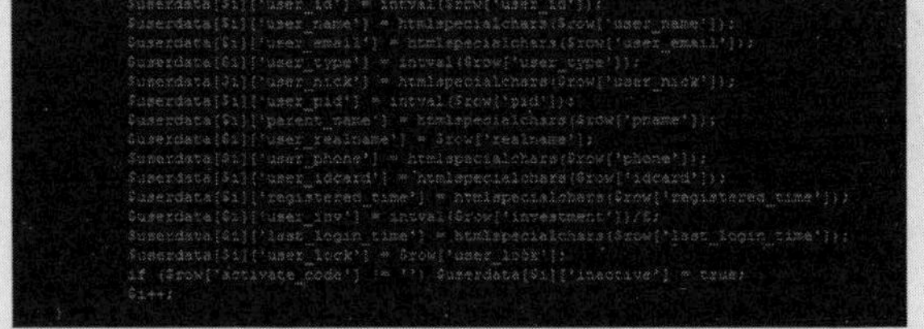

图 30 网站程序中会员积分与投资金额的关系

参加编号：19DE0013

使用 MySQL-Front 工具编辑 SQL 查询语句对网站中普通用户会员数量进行统计获得网站中普通会员数量为 3378 名，如图 31 所示；投资总积分为 137120000.00，如图 32 所示；投资总金额为 17140000.000000，如图 33 所示。

图 31 网站普通会员数量

图 32 网站普通会员投资总积分

参加编号：19DE0013

图 33　网站普通会员投资总金额

18. 使用 MySQL-Front 工具编辑 SQL 语句将网站全部会员（含管理员）的会员 ID、用户名、推荐人用户名、姓名、手机号、证件号、会员类型、注册时间、投资金额进行查询，使用导出功能将数据列表导出至 Excel 表格中，执行 SQL 语句如图 34 所示。

图 34　全部会员按要求导出执行语句

19. 使用 MySQL-Front 工具编辑 SQL 语句对网站使用同一证件

参加编号：**19DE0013**

号注册的会员进行统计，如图 35 所示。

图 35　对使用同一证件号的会员进行统计

经统计数量最多的会员证件号为 130133196512251495，统计有 21 次记录，创建 SQL 语句使用该证件号进行过滤查询使用该证件号的会员名称及投资金额，如图 36 所示。

图 36　同一证件号注册会员的名称及投资总金额

20.按照委托鉴定 14、15 的要求，分析网站会员所在数据表

m_userdata 后，创建统计会员上下级关系及输出图形展示会员上下级组织层级结构的程序"ceng.php"，使用程序查找会员 1kj8 在网站会员中的层级关系，输出其展示图像"会员 1kj8 层级图.svg"，结构如图 37 所示。

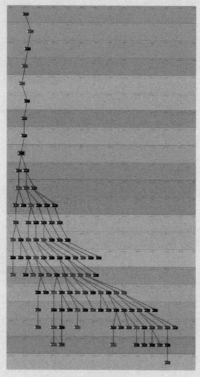

图 37 会员 1kj8 在网站中的层级关系

鉴定过程中使用的输出上下级层级关系程序"ceng.php"，文件

大小合计 16338 字节,SHA256 哈希值为:

B7B9CD686AC9A805360D720EF005A69275B66F61E9B298697648E9EE0D6CF6AE,程序源代码内容见光盘附件中 "ceng.php"

21. 统计网站中下级会员账号数量大于 30 个且下级会员账号多于 3 层的会员账号数量,并且按照委托鉴定要求对数据进行证件号去重。

四、分析说明

经对以上鉴定过程进行综合分析,分析说明具体如下:

1. 通过加载服务器磁盘,通过鉴定过程 4 的计算,该磁盘源盘的 SHA256 哈希值为:

6790d2b6f2a2bbf98a0701b56320aa5ed87fbb63e5e4bdee0d7511008285b6bc

2. 通过鉴定过程 7 的查找和计算,检出"password.txt"数据文件,大小合计 1600 字节,计算出该文件的 SHA256 哈希值为:

aaac13e700b91876bb56749d6e1e63b2b4fba59a59478b5a5e57da68406a7ee3,检出文件见光盘附件中 "检出数据" 目录下 "password.txt" 文件。

3. 通过鉴定过程 8 的操作,获得服务器的操作系统版本为 "Centos Linux release 7.4.1708",网站数据所在分区的文件系统为 "xfs"。

4. 通过鉴定过程 9 的操作,获得服务器"root"用户在终端中最后输入运行除关机命令外的命令为:

```
systemctl list-units --type=service > services.log
```

5. 通过对鉴定过程 10 中获得的配置文件的分析,"药品直销网"的网站域名为 "ypzxw.local"。

6.通过对鉴定过程11、鉴定过程12的分析，该网站数据库的类型为"mysql"，版本号为 "5.6.37 for Linux on x86_64 (Source distribution)"。

7.通过鉴定过程13、鉴定过程14的操作，固定了该网站"通知"的页面内容，固定的文件详见光盘附件中 "检出数据\通知页面固定" 目录下"通知 − 药品直销网.html"文件、"通知页面固定截图.jpg"图像文件，其中"通知 − 药品直销网.html"为"通知"页面的页面原始内容固定文件，"通知页面固定截图.jpg"为"通知"页面的内容截图固定文件。

目录所有文件 SHA256 哈希值为：

文件名	类型	大小	SHA256 哈希值
通知 − 药品直销网.html	文件	42517 字节	AE4875CE58379AF12E7A72C86AC67D4E239 F95868A327934DCAAE4493537F3C7
通知 − 药品直销网_files	目录	10757780 字节	ACC7C43DC2A33A155E8AFE149AC6F447266 7B94CA51EF393A119078A238CEF1C
images	目录	6417131 字节	E49B9771DDFD03C24617D9ED7CB97CDC2A1 535973C9C932CDEE8329C291415CE
通知页面固定截图.jpg	文件	338478 字节	145F1031C8DD82F63753CE8272B83741A6E 6559F1D52E64B200B7377ADB047D2

8.通过对鉴定过程15的分析,该网站管理员"admin"的登陆口令为 "kk14Ib"。

9.通过对鉴定过程15的分析,该网站管理员"admin"的最后登陆 IP 地址为"192.168.112.242"。

10.通过对鉴定过程16的分析,该网站中 "坐标江西" 主贴的点击次数为21次。

11.通过对鉴定过程17的分析,该网站中"普通会员"的会员数量为 3378 名，投资总积分 137120000，投资总金额 17140000。

12. 通过鉴定过程 18 的操作，将网站的全部会员（含管理员）的会员 ID、用户名、推荐人用户名、姓名、手机号、证件号、会员类型、注册时间、投资金额列表导出至 Excel 表格中，文件内容见光盘附件中"检出数据"目录下"2019 能力验证-12-导出全部会员.xls"，文件大小合计 665088 字节，该文件 SHA256 哈希值为：

4DEF3C09A925110D74654ADCAA67F7A7B3C42542D1904E7485DD1CC6C10F1740

13. 通过对鉴定过程 19 的分析，网站中使用同一证件号注册会员账号数量最多的会员姓名为"焦程翀"，该会员的全部账号投资总金额为 118750。

14. 通过鉴定过程 20 的程序分析，该网站按照推荐人关系，以会员 admin 为第 1 层计，会员 1kj8 在网站会员层级中位于第 9 层，其上级会员占据 8 层，下级会员占据了 12 层；其上下级组织层级结构关系已输出为光盘附件中"检出数据"目录下"会员 1kj8 层级图.svg"，文件大小合计 121794 字节，请使用 Chrome 浏览器进行查看浏览，其文件的 SHA256 哈希值为：

ADA3693415785FB3832CBD46A0775F42207064D288395C226A6C17D402C5FEDD

15. 通过鉴定过程 20 的程序分析，该网站中下级会员账号数量大于 30 个且下级会员账号多于 3 层的会员账号数量为 344 名，上述会员中，按照填入证件号去重的会员数量为 268 名；未填写证件号的会员数量为 20 名。

五、鉴定意见

以上鉴定过程及鉴定分析客观、公平、公正、中立、真实，提

参加编号: **19DE0013**

取证据合法、有效，经过鉴定小组认真识别、对比与分析，得到如下鉴定意见:

在委托方提供的鉴定材料 2019SJ000003-AX1 中网站服务器磁盘镜像文件的数据里提取和分析出与该案委托鉴定要求的相关的数据。

本次鉴定检出的电子数据文件与本次鉴定过程相关文件已通过封盘刻录的方式刻录到只读光盘附件中，光盘编号: 2019SJ000003，光盘标识为"鉴定附件"，光盘 SHA256 哈希值为:

0BE22F4C478EB58617C5A46ED95071C7A53A86FA523BCD1F3DF619CF35800B0A

说明: 如果原鉴定意见与补充鉴定意见出现不一致，以补充鉴定意见为准。

鉴定人: ***

《司法鉴定人执业证》证号: *********

鉴定人: ***

《司法鉴定人执业证》证号: **********

XXXX 司法鉴定所

****年**月**日

附注:

1、本鉴定意见仅对该次送检检材负责

2、本鉴定意见书光盘附件中 svg 图像文件，请使用 Chrome 浏览器浏览。

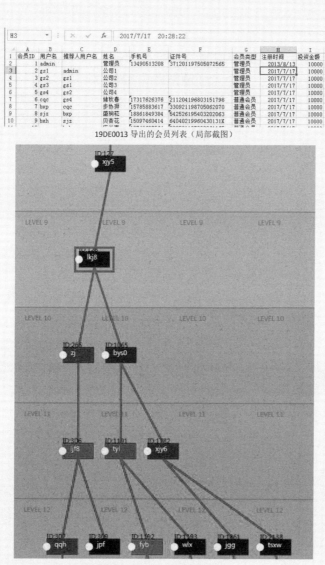

19DE0013 导出的会员列表（局部截图）

19DE0013 层级图（放大后局部截图）

[例2]　19DE0236号反馈结果（专家组评价结果：通过）

2019年度能力验证 CNAS SF0029
（电子数据提取与分析）

编号：19DE0236

电子物证检验鉴定意见

（×）公（×）鉴（×）字[20××] ××号

一、绪论

（一）委托单位：××××××

（二）送检人：×××　×××

（三）受理日期：20××年××月××日

（四）案（事）件情况摘要：在一起涉嫌组织、领导传销活动案件中，办案机关调取了涉案网站"药品直销网"的数据，要求对其进行鉴定。

（五）检材和样本：贴有"参加编号：19DE0236"标签的SD卡一张，卡内存储的"AFSPT. vmdk"为"药品直销网"网站服务器磁盘的镜像文件，MD5哈希值为：AEE9035C809116FBAE615C4D6A73032F。

（六）鉴定要求：

1、计算硬盘镜像文件的 SHA256 校验码。

2、提取、固定与恢复本次案件的相关电子证据。

（七）检验鉴定时间：20××年××月××日 9：00 至 20××年××月××日 17：30。

（八）检验鉴定地点：Z0128-514 电子物证检验鉴定室

（九）检验鉴定方法：

GA/T 754-2008 电子数据存储介质复制工具要求及检测方法；

GA/T 755-2008 电子数据存储介质写保护设备要求及检测方法；

GA/T 756-2008 数字化设备证据数据发现提取固定方法；

GA/T 976-2012 电子数据法庭科学鉴定通用方法；

GA/T 29360-2012 电子物证数据恢复检验规程；

GA/T 29361-2012 电子物证文件一致性检验规程；

GA/T 29362-2012 电子物证数据搜索检验规程。

二、检验鉴定过程：

20××年××月××日 9∶00 开始检验鉴定。

（一）使用的设备：

1、FTK Imager。

2、HashTab。

3、VMWare WorkStation Pro

4、JetBrains PyCharm Community Edition 2018.1.3 x64

5、Navicat for MySQL

6、FTK Imager 3.1.2.0

7、hashcat 。

（二）HASH 计算：

通过 FTK Imager 加载 "AFSPT.vmdk" 镜像文件

然后导出 DD 镜像（即源盘镜像）

通过软件 HashTab，计算导出后的 DD 镜像的 SHA256 哈希

值

SHA256 哈希值：

6790D2B6F2A2BBF98A0701B56320AA5ED87FBB63E5E4BDEE0D

7511008285B6BC

（三）使用 VMware 创建新的虚拟机，将 AFSPT. vmdk 加载为此虚拟机的磁盘。打开虚拟机，进入系统时按 'e' 进入单用户模式，在单用户模式下修改 root 的账号：paswd$：******，然后执行$: exec /sbin/init 重启，用 root: ******进入系统。

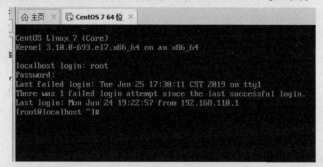

（四）系统检查勘验

1、通过命令：

find / -iname "password.txt" -type f

找到 password.txt 所在位置为：

/www/wwwroot/modules/smarty/password.txt

然后通过命令：

sha256sum /www/wwwroot/modules/smarty/password.txt

得到文件 sha256 哈希值为:

aaac13e700b91876bb56749d6e1e63b2b4fba59a59478b5a5e

57da68406a7ee3

2、获取文件是通过 xftp 工具将文件提取到本地的

运行命令:

netstat —lnp

发现端口 2222 开启起了 sshd 服务

使用 xft4 软件,添加连接,协议选择 sftp,端口设置为

2222,登录用户名为 root 用户及其密码,连接成功之后可以将

文件提取到本地。:

通过命令:

cat /etc/redhat-release 查看系统当前版本

服务器操作系统版本:

CentOS Linux release7.4.1708(Core)

网站所在目录为 "/",根据命令

df —T

获取到 "/" 目录挂载在 dev/mapper/centos-root 下，对应文件系统类型为 xfs。

3、在终端内使用 "history" 命令查看历史命令，显示关机前的最后一条命令为：systemctl list-units --type=service > services.log ，截图如下：

```
41  ls
42  cd /
43  ls
44  netstat -ln
45  netstat -lnp
46  cd ~
47  netstat -lnp > listening.log
48  vi listening.log
49  systemctl list-units --type=service > services.log
50  shutdown
51  ifconfig
52  ping 192.168.150.233
53  clear
```

4、通过命令查看该服务器使用的是哪个 web 容器

ps –ef | gre nginx

find / –iname "nginx*" –type d

find / –iname "apache*" –type d

经过发现该服务器既有 nginx，也有 apache，只能一点点找。

查找 nginx 配置文件

find / –iname "nginx.conf" –type f

找到配置文件目录为：

/www/server/nginx/conf/nginx.conf

查看配置文件

cat /www/server/nginx/conf/nginx.conf | more

发现该配置文件中只是配置了 phpmyadmin 项目的路径和监听端口

phpmyadmin 是一个 mysql 的数据库管理软件。截图如下：

继续去这个路径查看配置文件都有那些，发现该路径下包含下面的配置文件信息，其中 ypzxw.local.conf 这个文件前面的 ypxzw 是我们要找的"药品直销网"的拼音简写，查看该配置文件。

所以可以判定该网站的域名是 ypzxw.local，查看该配置文件，发现有访问日志记录。

5、通过分析网站源代码可知网站使用的是 mysql 数据库，执行 mysql --version 查看数据库版本，版本为：Mysql Distrib 5.6.37。如下图所示：

6、由于是用的 nginx，修改本地 hosts 文件，添加一行如下：

    192.168.80.132 www.bt.cn
    192.168.80.132 ypzxw.local

访问 http://ypzxw.local，在首页右上角处有通知，点击进入页面如下所示：

点击网页右上角的通知按钮，进入通知页面内容，在网页空白处，右键，选择另存为，将网页保存至附件目录。去设定的文件夹查看刚才固定的页面内容，发现网页的视频无法播放，视频需要单独固定，右键视频选择查看元素代码，找到了，视频所在的位置，通过 ftp 服务器，到该项目的对应路径下找到视频文件。

```
<p style="text-align: center;"></p>
<p style="text-align: center;">
<video src="./images/uploaded/dc8184d507d347e5b40c53cddf45b5aa_h264818000nero_aac32.mp4" controls="controls"></video>
</p>
```

7、首先我们先数据库找下 admin 的口令

编辑 mysql 配置文件，绕过 mysql 登录密码

使用命令

vi /etc/my.cnf

在[mysqld]下面添加

skip-grant-tables

保存并退出

然后重启 mysql 服务

systemctl restart mysqld

关闭服务器防火墙

systemctl stop firewalld

在取证设备通过 Navicat for MySQL 软件，连接数据库，因为通过上面的操作即修改配置文件，已经把数据库密码绕过了，所以可以根据任意的密码登录数据库，我们选择使用账号 root，密码 root 登录数据库。

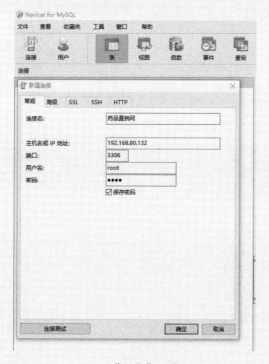

连接成功之后，找到数据库 ypzxw，并打开。

通过查看，发现会员登录的密码存在表 m_userdata 中，但是是加密的

查找密码加密的过程

在 google 浏览器，我们找到登录页面，按 F12，打开网页调试模式，发现

发现登录的页面请求，放在 index.php 中，我们在虚拟机查看 index.php,进一步挖掘线索，

index.php 在项目目录

/www/wwwroot/

查看 index.php

cat /www/wwwroot/index.php | more

发现这个页面引入了一个叫 login.inc.php 的文件，可能
和登录有关

```
        include('includes/contact.inc.php');
        break;
    case 'delete_cookie':
        include('includes/delete_cookie.inc.php');
        break;
    case 'login':
        include('includes/login.inc.php');
        break;
    case 'posting':
        include('includes/posting.inc.php');
```

查看 includes 目录下的 login.inc.php 文件

cat /www/wwwroot/includes/login.inc.php | more

```
if (isset($_REQUEST['action'])) $action = $_REQUEST['action'];
if (isset($_POST['pwd_submit'])) $action = 'pw_forgotten_submitted';
if (isset($_POST['sort_of_agreement']) && $_POST['sort_of_agreement'] === 'dps_agreement') $action = 'dps_agreement';
if (isset($_POST['sort_of_agreement']) && $_POST['sort_of_agreement'] === 'tou_agreement') $action = 'tou_agreement';

// import posted or gut username and password
if (isset($_POST['username']) && trim($_POST['username']) != '') $request_username = $_POST['username'];
elseif (isset($_GET['username']) && trim($_GET['username']) != '') $request_username = $_GET['username'];
if (isset($_POST['userpw']) && trim($_POST['userpw']) != '') $request_userpw = $_POST['userpw'];
elseif (isset($_GET['userpw']) && trim($_GET['userpw']) != '') $request_userpw = $_GET['userpw'];
```

我们发现这里接收了网页传来的密码值，并把这个密码值
赋值给了$request_userpw 变量，我们启用编辑模式，进一步在
这个文件中继续查找关于$request_userpw 在这个变量的情况，
找到了每次登录都会做校验，校验函数如下：

```
    case "do_login":
        if (isset($request_username) && isset($request_userpw)) {
            $result = mysqli_query($connid, "SELECT user_id, user_name, user_pw, user_type, UNIX_TIMESTAMP(last_log
last_logout) AS last_logout, thread_order, user_view, sidebar, fold_threads, thread_display, category_selection, auto_login_co
zone, time_difference, dps_accepted, dps_accepted FROM ".$db_settings['userdata_table']." WHERE lower(user_name) =
my_strtolower($request_username, $lang['charset'])) . "'") or raise_error('database_error', mysqli_error($connid));
            if (mysqli_num_rows($result) == 1) {
                $fld = mysqli_fetch_array($result);
                if (is_pw_correct($request_userpw, $fld['user_pw'])) {
```

这个校验方法里一定包含了登录口令的加密过程。

通过命令，我们查找 is_pw_correct 这个校验方法所在的
文件

find /www/wwwroot -type f | xargs grep

"is_pw_correct*"

找到/includes/functions.inc.php 中定义了这个校验方
法

继续查看发现加密方法是这样的

通过分析，发现计算加密算法的方法有两种：

如果密码是 50 位的

则是通过这种方式加密的，数据库密码前 40 位的值为：实
际密码和数据库密码后 10 位拼接后算 SHA1 值得到的。

如果密码是 32 位的，密码是通过 md5 加密的，所以对于数
据库种数据库表 m_userdata 种如果密码是 32 位，是直接通过
md5 加密的。

随后我们通过 hashcat 工具通过命
令 .\oclHashcat64.exe -m 110 md5.txt password.txt 对

admin 的密码进行破解　注：　-m 110 代表加密方式　md5.txt
里面为 admin 密码

ea536bb7d8e51acc92f280fdea7798f21819dd13:a9a8e7bc78 ，
password.txt 为密钥 ，随后破解密码为 kk14Ib.如下：

Admin 的密码为 kk14Ib。

8、通过连接数据库查看 m_userdata 表中发现

admin 最后登录的时间：2019-06-10 14:27:28

admin 最后登录的 ip 地址是：192.168.112.242。

9、点击次数是：20 次。

当我们仿真进入查看，显示的阅读数量是 21 次，减去本次
访问，所以是 20 次。

10、普通用户数量：3378

1、SELECT COUNT (*) FROM m_userdata WHERE user_type=0;

投资总积分：137120000.00

2、SELECT SUM (investment) FROM m_userinfo, m_userdata

WHERE m_userinfo.id=m_userdata.user_id and

m_userdata.user_type=0;

因为公告里说"投资 1 元人民币可以获得 8 个平台积分"，所以，

投资总金额：17140000。

　　11、在 Navicat 对应数据库中，找到查询->新建查询

然后输入

SELECT

m_userdata.user_id AS 会员 ID,

m_userdata.user_name As 用户名,

m_userinfo.pname AS 推荐人用户名,

m_userinfo.realname AS 姓名,

m_userinfo.phone AS 手机号,

CONCAT("'",m_userinfo.idcard) AS 证件号,

m_userdata.user_type AS 会员类型,

m_userdata.registered AS 注册时间,

m_userinfo.investment/8 AS 投资金额

　FROM　　　　　m_userdata,　　　　m_userinfo　　　　WHERE
m_userinfo.id=m_userdata.user_id;

注意对身份证号那里我们在查询结果前面加了单引号，为了最

后导出到 excel 对这列数据以文本数据处理，否则会当作数字对待，就会显示科学计数法了，这样会导致证件号码不正确。将查询结果导出

最终导出了 excel 数据。

12、根据鉴定要求，执行：SELECT

realname, COUNT(idcard) AS num, SUM(investment/8) AS money

FROM m_userinfo GROUP BY realname ORDER BY num DESC;

焦程翀使用同一证件号注册最多会员，共注册 21 个会员，全部账号的投资总金额为 118750。

13、根据题目要求，执行以下 sql：

CREATE TABLE m_new_userInfo

SELECT

id AS id,

pid AS pid,

```
realname AS realname,
phone AS phone,
idcard AS idcard,
investment AS investment,
pname AS pname,
user_id AS user_id,
user_type AS user_type,
user_name AS user_name
FROM m_userinfo LEFT JOIN m_userdata;
```

将查询结果生成新数据库表 m_new_userInfo

然后将这张表数据导出 xml 格式文件，然后通过 python 操作。

通过命令找到 1kj8 会员的 id，然后通过 python 代码，获取该 id 所在树的深度，即他的上级占多少层。

```
SELECT user_id FROM m_userdata WHERE
user_name="1kj8";
```

根据 python 获取到得知，1kj8 在第 9 级，上级占 8 层

获取树以"1kj8"为根的树的深度为 12，所以他的下级会员占了 12 层。

14、根据上述的创建树的操作，通过条件 "下级会员账号数量大于 30 个且下级会员账号多于 3 层的会员账号数量"，通过代码计算，得到去重后的答案为数量为 273。

（五）数据保存及数字签名

以上得到的所有涉案证据文件均刻录成证据光盘。证据光盘使用一次性写入光盘进行刻录，光盘唯一性编号为：xxxx 第 xxx 号 19DE0236。

20××年××月××日 17：30 结束鉴定过程。

三、检验鉴定意见

————————————————————————————————————

（以下无内容）

鉴定人（签字）：

鉴定人（签字）：

二〇××年××月××日

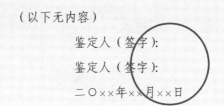

附件：1、提取和恢复出的数据文件列表。

　　　2、电子证据光盘壹张。

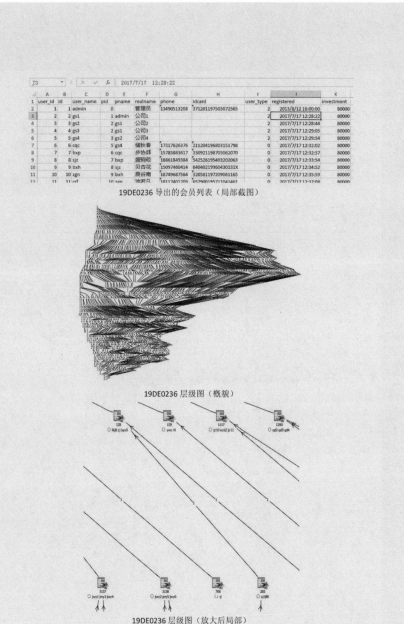

19DE0236 导出的会员列表（局部截图）

19DE0236 层级图（概貌）

19DE0236 层级图（放大后局部）

【专家点评】

参加编号为19DE0013号的反馈结果能够综合运用多种工具,检验全面细致,正确解决了委托要求所列问题,且具有一定创新性,获得了满意的评价结果。参加编号为19DE0236号的反馈结果虽然反映出一定的技术能力,但部分关键步骤的鉴定依据不充分,存在较多问题,评价结果为通过。

在鉴定方法方面,推荐方法为《电子物证数据搜索检验规程》(GB/T 29362－2012)、《数字化设备证据数据发现提取固定方法》(GA/T 756－2008)、《法庭科学计算机操作系统仿真检验技术规范》(GA/T 1480－2018)。由于需要用到的部分技术未在上述方法中有明确要求,部分参加机构在方法的选择上具有一定困惑。原则上可以选用与鉴定内容相关度较高的方法,并在鉴定过程中按照方法要求进行操作即可。如果列出了方法但未实际使用,则视为方法不相关。例如,两份反馈结果都选用了《电子物证文件一致性检验规程》(GB/T 29361－2012):19DE0013使用该方法验证了复制镜像与原镜像的一致性,可视为合理使用;而19DE0236仅是为了满足形式要求而堆砌方法,缺乏必要性,也容易导致鉴定过程被质疑。

在鉴定工具方面,两份反馈结果都使用了较为通用的工具。19DE0236缺硬件工具描述,且未给出关键软件工具的版本号,不利于鉴定结果的溯源。

在检验过程方面,两份反馈结果都体现出鉴定人对Linux系统较为熟悉,可以熟练使用常用的命令解决案件问题。不足之处在于,19DE0236虎头蛇尾,后半部分的依据单薄,多处出现"通过python代码"一步得出结果的情况,代码内容及输入输出都语焉不详。在难度较高的管理员口令破解上,两份反馈结果都能正确分析加密算法。19DE0013调用了网站代码里自带的口令验证函数巧妙解决问题;19DE0236则使用了hashcat工具,属于其他反馈结果中较为普遍的解决方法。在网页内容的固定保全上,19DE0013考虑到了页面中的嵌入图片、视频等元素,使用截图和下载相结合的方式完整固定;而19DE0236未充分思考固定保全的目的,仅对页面内容进行截图,无法满足固定保全的要求。在点击数的计算上,19DE0236未从更为原始的数据库数据入手,仿真检验也未考虑环境的变化,给出了错误的结果。19DE0236导出的会员列表(见所附的局部截图)也存在与鉴定要求、客观结果及检验过程不符的情况,如标题行、时间的时区、金额的换算等。会员层级展示(见所附的概貌及局部截图)是一项技术含量较高的鉴定要求:19DE0013使用了svg格式的矢量图,特点是使用浏览器即可打开且能够自由缩放,属于值得鼓励的创新;19DE0236给出了pdf格式的全部会员网络图,未针对鉴定要求作答,更未说明生成过程和信息组织形式,导致各个节点的会员信息不便于理解和使用。

在规范性方面,19DE0013鉴定意见表述未针对鉴定要求回答;19DE0236固定保全过程缺少检材标识、拍照、只读、复制件检验等要素,文书口语化,缺少标点符号、图表说明等内容,缺少鉴定意见表述,检出数据未给出哈希值。

上述两份反馈结果中存在的问题很多都是较为普遍的问题,需要各参加机构认真总结,进一步反思,提高鉴定能力。

点评人:李　岩　高级工程师

施少培　正高级工程师

《图像同一性鉴定（CNAS SF0030）》
鉴定文书评析

【项目简介】

声像资料是法庭科学证据的重要形式，在众多的民事和刑事案件中，需要判断涉案相关图像中的人体或物体是否与嫌疑人或嫌疑物体为同一人体或物体，由此引出了图像同一性鉴定问题。图像同一性鉴定是声像资料鉴定领域的重要内容，在打击犯罪、认定案件事实等方面发挥着越来越重要的作用，具体又包含人像鉴定和物像鉴定，鉴定步骤包含对检材图像和样本图像特征的分别检验、比对检验及综合评断。在实际案件中，由于图像质量问题，一般还会涉及对图像的清晰化处理。本次能力验证计划考查的是物像鉴定问题，要求鉴定机构对警方查获的两个女式挎包和报案人提供的两段录像中的两个女式挎包是否同一进行鉴定。

在物像鉴定中，物像特征可以分为物体结构特征、物体功能特征、物体形态特征、物体表面分布特征以及物体特殊标记特征等。物体结构特征主要指构成物体的基本元素及其排列组合关系；物体功能特征指构成物体基本元素的各部分的功能性特点及组合后形成的整体性功能特点；物体形态特征指构成物体基本元素的各部分造型，以及组合后形成的整体状态，具体可划分为整体形态特征、局部形态特征和细节形态特征；物体表面分布特征指构成物体各部分表面具体的色泽、纹理分布、图文、符号等特点；物体特殊标记特征指物体在制作或使用过程中，在其表面形成的特殊记号、标记、残缺、破损及各种污损痕迹等。本次能力验证计划的物像对象为女式挎包，检验过程中，对其特征检验内容可以参照上述物像特征类型进行全面检验。在物像特征的价值评估方面，特征价值有高有低，一般来说，出现概率较高的特征，其特征价值较低，比如物体结构特征等,相反,出现概率较低的特征,其特征价值较高,比如物体特殊标记特征等。在选择物像特征时,可以以检材物像为主,遵循先整体、后局部、再细节的原则,重点关注特征价值较高的局部和细节特征;此外,还应特别注意选取在制作和使用过程中形成的特殊标记特征。本次能力验证计划中,两个检材女式挎包是市面上常见的物品,但检材1挎包的不同位置被人为标记了4处特异性特殊标记特征,具有很强的个体特异性;反观检材2挎包,受挎包选择和图像质量影响,表现出的基本为种类特征,同一认定仅能得出挎包种类的异同。

　　本次能力验证计划旨在全面考察声像资料鉴定实验室及鉴定人的图像处理及物像鉴定的能力,通过科学、客观的考察和评价,使其进一步规范相关鉴定活动,提高鉴定技能。本次能力验证计划的结果也可以作为认证认可、行业监管的重要依据。

【方案设计】

　　本次图像同一性鉴定能力验证计划的方案由项目专家组根据我国声像资料鉴定实践中常见的案情制定并模拟设计。具体案情背景为一起盗窃案中,报案人声称其两个女式挎包和若干现金被盗,警方在嫌疑人家里查获疑似被盗窃的两个女式挎包,要求鉴定机构对警方查获的两个女式挎包和报案人提供的两段录像中其携带的两个女式挎包是否均为同一挎包进行鉴定。

　　本次能力验证计划样品为光盘,光盘中包含文件名为"检材1正面.JPG""检材1左侧.JPG""检材1右侧.JPG"的检材1照片;文件名为"检材2正面.JPG""检材2左侧.JPG""检材2右侧.JPG"的检材2照片;以及文件名为"样本1.MOV"的样本1录像和"样本2.MOV"的样本2录像。检材和样本挎包式样见图1。

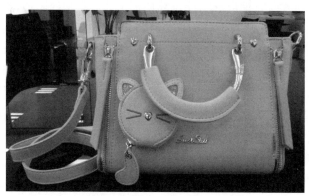

款式A女式挎包1件,标记为A

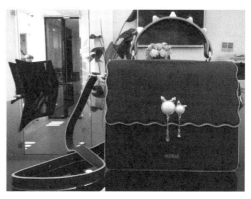

相同款式B女式挎包2件,分别标记为B1和B2

图1　检材和样本挎包式样

样品的具体制备过程如下:

1. 准备款式A女式挎包1个,命名为A挎包;准备款式B女式挎包2个,分别命名为B1挎包和B2挎包。

2. 在A挎包正面和背带处留下4处人为痕迹;B1挎包和B2挎包未进行任何人为处理。

3. 使用iPhone7手机拍摄一女生背A挎包在室内走廊行走的录像,作为样本1录像。

4. 使用iPhone7手机拍摄一女生背B1挎包在室内座位上的录像,作为样本2录像。

5. 在4处人为痕迹的基础上再在A挎包正面添加2处人为痕迹,使用SONY DSC – W830数码照相机拍摄该挎包的三面照,作为检材1照片。

6. 使用SONY DSC – W830数码照相机拍摄B2挎包的三面照,作为检材2照片。

以上样品制作完成后,在发样前对其是否满足鉴定的技术要求进行检查,确认有效后进行分发。

结果评价由项目专家组进行,主要从反馈结果反映的文书规范性、检验和分析全面性和充分性,以及鉴定结果合理性等几个方面进行,以全面考察参加者在图像同一性鉴定方面的综合能力。

【结果评析】

　　［例1］　19VA0100鉴定文书（专家组评价结果：满意）

XXXXXXXXXXXXXX

司法鉴定意见书

统一社会信用代码：XXXXXXXXXXXXXXXXXXXX

司法鉴定许可证号：XXXXXXXXXXXXXX

统一案件编号：XXXXXXXXXXXXXX

声明

1. 司法鉴定机构和司法鉴定人根据法律、法规和规章的规定，按照鉴定的科学规律和技术操作规范，依法独立、客观、公正进行鉴定并出具鉴定意见，不受任何个人或者组织的非法干预。

2. 司法鉴定意见书是否作为定案或者认定事实的根据，取决于办案机关的审查判断，司法鉴定机构和司法鉴定人无权干涉。

3. 使用司法鉴定意见书，应当保持其完整性和严肃性。

4. 鉴定意见属于鉴定人的专业意见。当事人对鉴定意见有异议，应当通过庭审质证或者申请重新鉴定、补充鉴定等方式解决。

地址：XXXXXXXXXXXXXX

联系电话：XXXXXXXXXXXX

XXXX 司法鉴定中心司法鉴定意见书

XXXX[2019]声像鉴字第 XX 号

一、基本情况

委托单位： XXX

送检人：XXX

委托鉴定事项：

1. 检材 1 照片中的女式挎包与样本 1 录像中的女式挎包是否同一挎包。

2. 检材 2 照片中的女式挎包与样本 2 录像中的女式挎包是否同一挎包。

受理日期：2019 年 X 月 XX 日

鉴定材料：

收到委托方邮寄的 EMS 快递一个，内装封面印有"2019 年度能力验证计划项目 CNAS SF0030"等字样的光盘一张（参加编号"19VA0100"送检源盘物证照片见附件图 1），光盘中包括文件名为"样品"的文件夹和名为"CNAS SF0030 图像同一性鉴定能力验证计划作业指南.doc"文档各一份。

鉴定时间：2019 年 X 月 X 日至 2019 年 X 月 X 日

鉴定地点：XXX 司法鉴定中心声像实验室

二、简案摘要

在一起盗窃案件中，报案人称家中两个女式挎包等物品被盗，并提供案发前使用 iPhone7 苹果手机拍摄的录有该两个女式挎包的录像两段。后警方在嫌疑人家中查获两个女式挎包。现警方委托鉴定机构对被查获的两个女式挎包与报案人提供的两段录像中的两个女式挎包是否同一进行鉴定。

三、检验过程

（一）检验方法

《法庭科学模糊图像处理技术规范图像增强》GA/T895-2010；

《声像资料鉴定通用规范》SF/Z JD300001-2010

《录像资料鉴定规范》SF/Z JD0304001-2010

《图像资料处理技术规范》SF/Z JD0302002—2015

《视频中物品图像检验技术规范》GA/T1018-2013

（二）检验设备

硬件：联想塔式图像工作站 P520c

软件：警视通影像分析系统 V4.2.8、视侦通 V2.0.7.426018、Adobe Photoshop CS6（64 Bit）13.0、MD5-Hash 哈希值计算工具 1.9、MediaInfo 0.7.86、OpandaPowerExif 专业版 V1.2。

（三）检验所见

1. 采集

将光盘中文件名为"样品"的文件夹拷贝到图形工作站中，将 6 个检材文件分别导入"警视通影像分析系统 V4.2.8"软件中，通过"警视通影像分析系统 V4.2.8"软件对样本进行单帧采集分别打开"样本 1.MOV"和"样本 2.MOV"，转换成序列图像文件"样本

1. seq" 共计 160 帧图像和"样本 2. seq" 共计 317 帧。

2. 对检材进行检验：

检材为光盘中"样品"文件夹内"检材"文件夹内名为"检材 1 右侧. JPG"、"检材 1 正面. JPG"、"检材 1 左侧. JPG"、"检材 2 右侧. JPG"、"检材 2 正面. JPG"、"检材 2 左侧. JPG"的文件。使用 "MD5-Hash 哈希值计算工具 1.9"检测检材文件 MD5 值如下表所示，检材文件属性信息见附件图 2 至图 7。

编号	检材文件名	检材 MD5 码
1	检材 1 右侧. JPG	3AF2D58FC6C3084EC408B312007C04CD
2	检材 1 正面. JPG	6D91B0966478B6965391C76D47ED8A4C
3	检材 1 左侧. JPG	483958586CDAA03B7E6D6FA829887ABF
4	检材 2 右侧. JPG	0A8A3A14DF64B9F222AB7517B2ADF901
5	检材 2 正面. JPG	F0228759B89CF0FA2F63AC3FCAAC57F2
6	检材 2 左侧. JPG	6C83EE87326946FD0EB84C14572EC0DD

检材 1：

通过"警视通影像分析系统 V4.2.8"软件打开检材图片"检材 1 右侧. jpg"、"检材 1 正面. jpg"、"检材 1 左侧. jpg"。送检方提供的三幅"检材 1"内容为一女士包静止放置在桌面上，室内环境，数码相片像素高，光线充足，未显示拍摄时间信息，虽然角度不全未对包体背面进行拍摄，但包的各类特征依然可以客观清晰的体现出来，达到检验鉴定条件。

　　通过"警视通影像分析系统 V4.2.8"软件打开检材图片"检材 1 右侧.jpg"、"检材 1 正面.jpg"、"检材 1 左侧.jpg"，对该"检材 1"进行静态检验得：a.横版女款包，包身颜色为粉色。b.包正面中间偏下有金色标识"juststar"（注：由于字母字体为艺术字体，这里给出的拼写仅供参考，不排除其它拼写可能），其中第一位字母 j 和第五位字母 s 体积大小要大于其它字母。c.检材包上搭配的所有五金件呈现金色，包括肩带两端与包体连接处为金色、包体正面两侧拉链金属为金色、正面标识"juststar"为金色、正面提手与包体连接处金属呈现金色、包体正面提手与包体连接处的左右两侧分别有金色心形标识、包体提手与包体左侧连接处金属环上挂有卡通猫图案的配饰，并配有金色拉链。d.画面中提手右侧靠近半圆环与包体连接处包裹有透明塑料，且包裹在提手外的皮革包裹位置不对称。e.包正面左上角处像素颜色在图片中较深局部颜色异常，可能是染色、磨损等情况。f.包正面左下角处像素颜色在图片中较深，可能是染色、磨损等情况。g.包正面右下角有两处像素颜色在图片中较深，可能是染色、磨损等情况。h.肩带上有一处像素颜色在图片中较深，可能是染色、磨损等情况。

　　检材 2：

　　通过"警视通影像分析系统 V4.2.8"软件打开检材图片"检材 2 右侧.jpg"、"检材 2 正面.jpg"、"检材 2 左侧.jpg"。送检方提供的三幅"检材 2"数码相片，内容为一女士包静止放置在桌面上，相片像素高, 光线充足, 未显示拍摄时间信息, 虽然角度不全, 未拍摄包体背面图像, 但是包的各类特征依然可以客观清晰的体现出来, 达到检验鉴定条件。

通过"警视通影像分析系统 V4.2.8"软件打开检材图片"检材 2 右侧.jpg"、"检材 2 正面.jpg"、"检材 2 左侧.jpg", 对"检材 2"进行静态检验得: a.横版女包, 包身颜色以蓝色为主, 配色为金色。b.正面手提把手与包体连接处金属呈现金色、包体中心位置装饰品呈现为金色 c.包体手提把手上方有均匀分布的五块凸起状装饰物。d.包体中间位置有装饰物, 整体呈现为两个外切的圆形装饰, 且两圆下方分别挂有链条状饰品。e.包开口盖边缘形态为金色波浪状。f.包正面中间偏下有金黄色标识"NUCELLE", 辨识清晰无其他拼写可能, 字母整体外轮廓平缓。

3.对样本进行检验:

样本为光盘中"样品"文件夹内"样本"文件中"样本 1.MOV"、"样本 2.MOV", 使用"MD5-Hash 哈希值计算工具 1.9"检测样本文件 MD5 值如下表所示, 样本文件属性信息详见附件图 8、图 9。

编号	样本文件名	样本 MD5 码
1	样本 1.MOV	93A04A28FC2D35AD26D0C652008F0F64
2	样本 2.MOV	389D229869CB657EC25A00FEE0CE7C5D

样本 1:

通过"视侦通 V2.0.7.426018"软件打开"样本 1.MOV", 对样本

1 进行观察，环境为室内场景，内容为一长发女士身穿白色上衣、浅色长裙、白色鞋子并斜背在腰后一女士包在走廊行走。样本 1 视频时长 5 秒钟，画面中无时间标签未显示时间信息，视频内含有音频信息，但主要以环境噪音、走路声音为主，不考虑声音作为鉴定内容。"样本 1.MOV"视频画面清晰流畅，物像特征客观明显，具备鉴定条件。

通过"警视通影像分析系统 V4.2.8"打开"样本 1.seq"共计 160 帧图像，对序列图像进行查看，并对部分序列图像进行图像增强放大处理，经动态检验得：a. 样本 1 视频画面中包的提手右侧与包体连接处位置像素有异常变化，疑似透明材料包裹在提手上，且包裹在提手外的皮革包裹位置不对称。b. 包体正面左下角处像素颜色在图片中较深存在异常变化。c. 包体正面右下角像素颜色在图片中较深，存在异常变化。d. 肩带上有一处像素颜色较深存在异常，在视频中呈现深黑色。e. 横版女包，颜色为以粉色为主。f. 包正面中心偏下有金色标识。g. 检材包上搭配的所有五金件呈现金色，包括肩带两端与包体连接处为金色、包体正面两侧拉链金属为金色、正面标识为金色、正面提手与包体连接处金属呈现金色、图中正面包体提手左侧与包体连接处金属环上挂有配饰。

样本 2：

通过"视侦通 V2.0.7.426018"软件打开"样本 2.MOV"。样本 2 视频内容为室内场景，一女士长发、身穿白色上衣、浅色长裙、白色鞋子并斜背在腰后一蓝色女士挎包坐在黑色圆凳上，样本 2 视频时长 10 秒，未显示视频时间信息，视频内含有音频信息，但主要以环境噪音、机器运行声音为主，不考虑声音作为鉴定内容。"样本 2.MOV"视频画面清晰流畅，物像特征客观明显，具备鉴定条件。

通过"警视通影像分析系统 V4.2.8"软件打开 "样本 2.seq"共计 317 帧，对"样本 2"进行动态检验得：a.横版女包，包身颜色以蓝色为主，配色为金色。b.包正面中心偏下有金黄色标识，整体外形大小均匀。c.包体手提把手上方有均匀分布的五块凸起状装饰物。d.包体中心装饰物呈现为两个外相切类似圆形装饰图案，且下方均有链条状饰品。e.包开口盖边缘形态特征明显为金色波浪状。

4.比对检验

（一）样本 1 与检材 1：

使用"Adobe Photoshop CS6 (64 Bit)13.0"对"检材 1 右侧.jpg"、"检材 1 正面.jpg"、"检材 1 左侧.jpg"进行剪裁得到三张"检材 1 剪裁图片"，三张图片都另存为 JPEG 格式，保存效果为"最佳"数值为 12，见附件图 10、图 11、图 12。

使用"警视通影像分析系统 V4.2.8"对"样本 1.seq"进行逐帧、反复观看，并将视频中能反应样本包特征的帧进行截取、对序列第 51帧和第 67 帧进行剪裁、旋转、增强处理，得到"样本 1 清晰化图片"见附件图 13、图 14。

使用特征标示法对三张"检材 1 剪裁图片"与"样本 1 清晰化图片"进行比对观察和分析，发现检材 1 图片中的包和样本 1 录像中的包整体外观一致，静态特征比对如下：a.颜色均为粉色、整体布局、比例一致；b.正面标识整体形状、轮廓一致且均有两处凸起；c.五金件颜色均为金色；d.拎手与包体左侧连接处均挂有近似圆形卡通图案挂件，且中心均有金色标识，卡通图案纹理一致；e.肩带上、包身正面左下角、包身正面右下角均有一处颜色异常，像素呈现深色，疑似被磨损、染色等情况；f.包拎手右侧均有透明材料包裹在拎手上，且包裹拎手的皮革位置呈现不对称状态。以上静态特征比对见附件图15至图20，特征比对表见附件表1。

（二）样本2与检材2：

使用"Adobe Photoshop CS6（64 Bit）13.0"对"检材2右侧.jpg"、"检材2正面.jpg"、"检材2左侧.jpg"进行剪裁得到三张"检材2剪裁图片"，三张图片都另存为JPEG格式，保存效果为"最佳"数值为12，见附件图21、图22、图23。

使用"警视通影像分析系统V4.2.8"对"样本2.seq"进行逐帧、反复观看，并将视频中能反应样本包特征的第32帧、第158帧和第304帧进行剪裁、旋转、增强处理，得到"样本2清晰化图片"见附件图24、图25、图26。

使用特征标示法对三张"检材2剪裁图片"图片与"样本2清晰化图片"进行比对观察和分析，发现检材2照片中包和样本2录像中包整体外观一致，静态特征比对如下：a.包体颜色与肩带颜色均为蓝色；b.手提把手上方造型清晰明了，为均匀对称分布的五件装饰物，五个位置颜色对应一致；c.检材与样本包中心处近似两圆形图案整体形状呈现左大右小，整体形态相同，d.检材与样本图像中包体下方中央处标识相对位置一致；e.检材与样本包开口盖边缘形态均反应为波浪形态；以上特征比对见附件图 27 至图 31，特征比对表见附件表 2。

四、分析说明

(一)检材 1 与样本 1 分析说明

符合特征评价："检材 1 右侧. jpg"、"检材 1 正面. jpg"、"检材 1 左侧. jpg"与"样本 1.MOV"中内容存在符合特征，既存在特征价值较低的同款式共同特征，如：在包身颜色、五金配件颜色、商标形状特征、整体款式布局、比例关系、配饰形状等特征。也存在特征价值较高的特殊形态特征，如：右侧拎手处均有透明材料包裹在拎手上且位置相同且包裹拎手皮革位置呈现不对称；包体存在左下角和右下角两处深色异常像素且大小、位置符合；肩带均存在一处异常深色颜色像素特征。

差异特征评价：三张检材 1 图像中部分特征在样本视频中未反应出，是由于摄像机角度、影像清晰度、运动模糊等客观条件的影响。例如：1.检材 1 包身右下角有两处颜色异常特征，但在样本 1 视频中只在包身右下角发现一处，是由于拍摄角度、视频采集距离导致该处异常在样本 1 视频中体现不明显；2.检材 1 包身左上角有一处颜色异常特征，但在样本 1 视频中未体现，是由于拍摄角度、视频采集距离导致该处异常在样本 1 视频中体现不明显；3.检材 1 包的品牌拼写清晰，但是样本 1 视频中品牌标识拼写无法清晰辨别，原因在于摄像距离远，目标移动，画质噪声大，有一定的运动模糊现象，品牌标识自身在视频中所占像素尺寸低，使得细节信息无法完全体现。

综合分析："检材 1"图像中包和"样本 1"视频中包图像反应

共 35 页 第 10 页参加编号：19VA0100

出的种类特征相同，个体特征具有特定性，没有出现本质差异。其中，部分特征未体现是由于客观条件的影响，这些差异特征不影响对"检材 1"与"样本 1"物像的个体同一认定，因为目前既存在种类特征同一和个体特征同一，其中个体特征占有的判断权重较大，种类特征无本质上的不同，均可以进行合理解释。

（二）检材 2 与样本 2 分析说明

符合特征评价："检材 2 右侧.jpg"、"检材 2 正面.jpg"、"检材 2 左侧.jpg"与"样本 2.MOV"中包存在符合特征，如：包款式及颜色、整体布局、包开口盖上图案形状、五金形态及颜色、拎手上方装饰物、商标位置无明显差异，以上特征均为款式特征，不具备个体同一认定条件，并不能以此判定为个体同一。

差异特征评价：三张检材 2 图像中部分特征在样本视频中未反应出，是由于摄像机角度、影像清晰度、运动模糊等客观条件的影响。例如：1.检材 2 中包身下方标识字母清晰，而样本 2 视频中标识信息细节体现不明显，只能体现轮廓特征，原因在于：摄像机运动、拍摄距离较远、标识自身在画面中信息量过少导致的细节特征未体现。

综合分析："检材 2"中包和"样本 2"影像中包反应出的种类特征相同，未发现相同的个体特征，部分特征未体现是由于客观条件的影响，符合特征均属于同种类特征，特征价值较低无法认定个体同一，但可以客观反映为同种类物品。

五、鉴定意见

1."检材 1.JPG"图像中包与"样本 1.MOV"视频中所背的包属于

个体同一，是同一挎包。

2."检材 2.JPG"图像中包与"样本 2.MOV"视频中所背包属于种类同一。

六、落款：

司法鉴定人签名：

《司法鉴定人执业证》证号：

司法鉴定人签名：

《司法鉴定人执业证》证号：

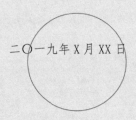

二〇一九年 X 月 XX 日

附件

1、物证光盘照片

2、检材、样本文件属性

3、比对检验图

4、司法鉴定人执业资格证复印件

5、司法鉴定许可证复印件

附件 1：物证光盘照片

图 1　源盘物证照片

附件2：检材、样本文件属性

图2 "检材1右侧. jpg"文件属性信息

图 3　"检材 1 正面. jpg"文件属性信息

图 4　"检材 1 左侧. jpg"文件属性信息

共 35 页 第 16 页参加编号:19VA0100

图 5 "检材 2 右侧.jpg"文件属性信息

图 6 "检材 2 正面.jpg"文件属性信息

图 7 "检材 2 左侧.jpg"文件属性信息

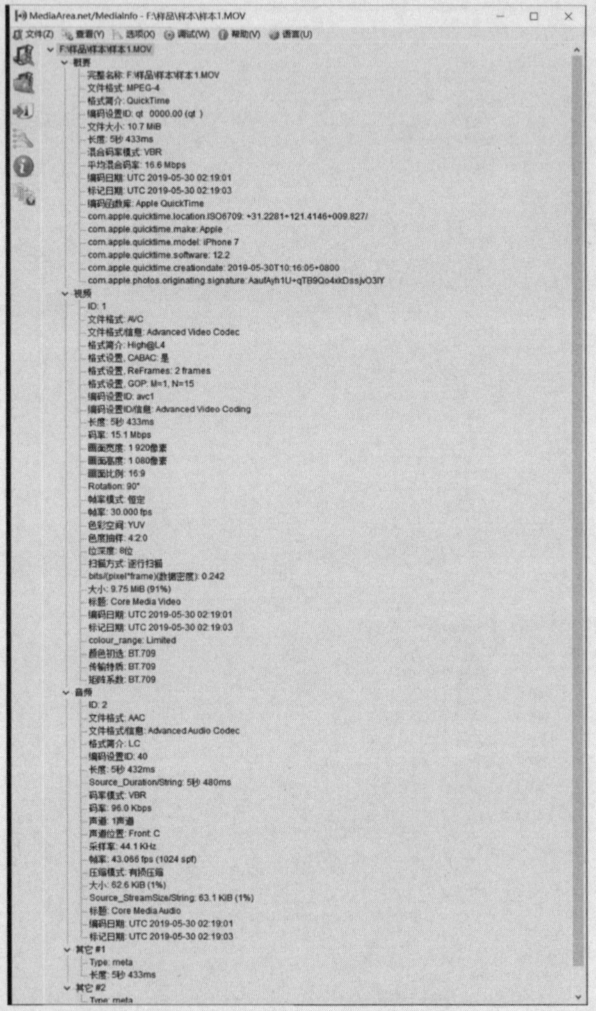

图 8 "样本 1. MOV"文件属性信息

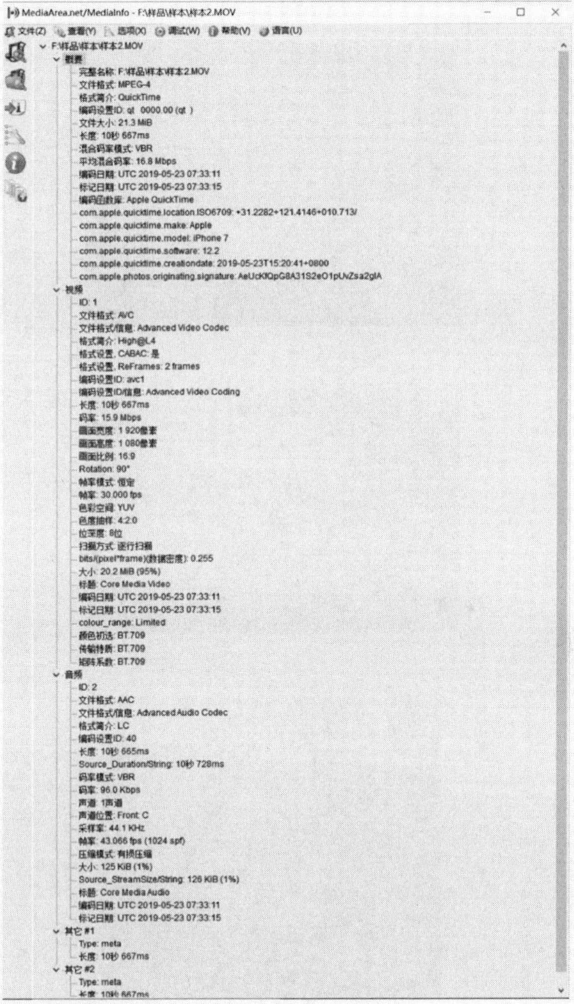

图 9 "样本 2.MOV" 文件属性信息

附件 3：比对检验

图 10 检材 1 右侧剪裁图

图 11 检材 1 正面剪裁图

图 12 检材 1 左侧剪裁图

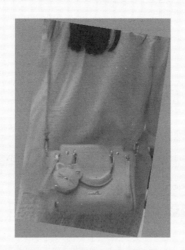

图 13 序列图像"样本 1.seq"第 51 帧处理结果

图 14 序列图像"样本 1.seq"第 67 帧处理结果

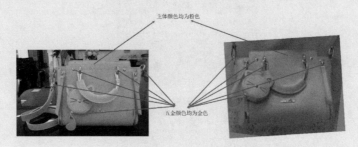

图 15　检材 1 与样本 1 包身与五金颜色比对

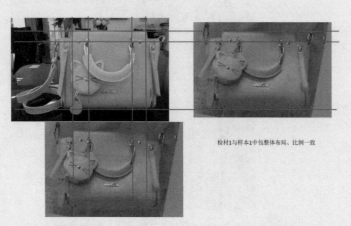

图 16　检材 1 与样本 1 包身整体布局、比例关系比对

检材1与样本1中标识均有两处凸起，且轮廓一致

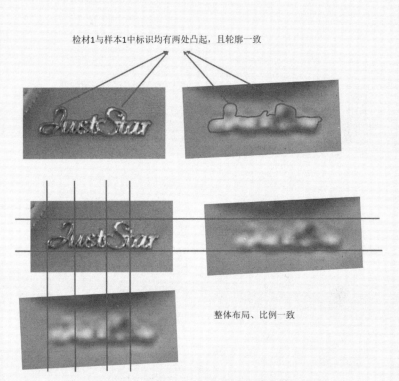

整体布局、比例一致

图 17　检材 1 与样本 1 标识比例关系及轮廓比对

检材1与样本1中标识均有两处凸起，且轮廓一致

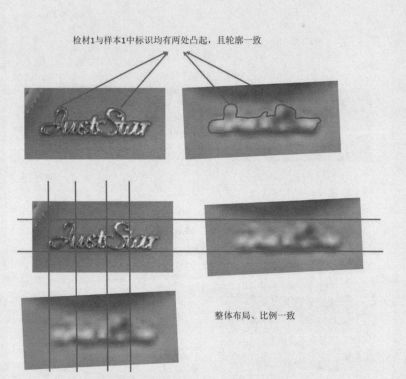

整体布局、比例一致

图 17 检材 1 与样本 1 标识比例关系及轮廓比对

检材1与样本1
中有相同的的
圆形卡通图案
挂件，中心均
有金色标识，
卡通图案一致

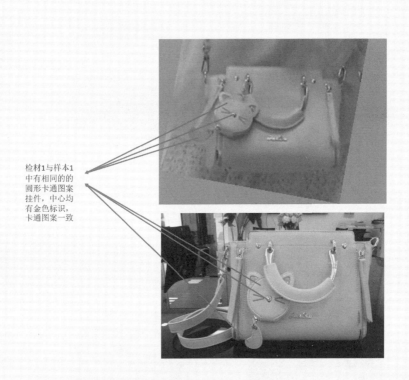

图 18　检材 1 与样本 1 挂饰比对

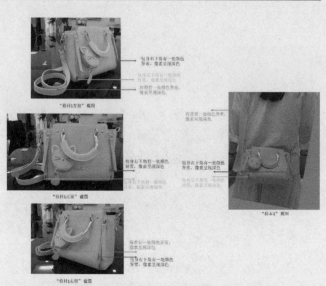

图 19 检材 1 与样本 1 包身多处颜色异常比对

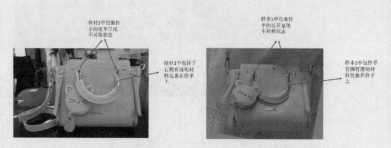

图 20 检材 1 与样本 1 拎手上皮革对称性与拎手上有异物比对

共 35 页　第 27 页参加编号：19VA0100

图 21　检材 2 右侧剪裁图

图 22　检材 2 正面剪裁图

图 23　检材 2 左侧剪裁图

图 24 序列图像"样本 2. seq"第 32 帧处理结果

图 25 序列图像"样本 2. seq"第 15 帧处理结果

图 26　序列图像"样本 2.seq"第 304 帧处理结果

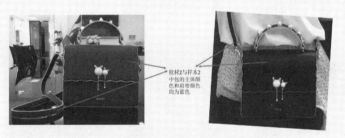

检材2与样本2
中包的主体颜
色和肩带颜色
均为蓝色

图 27　检材 2 与样本 2 中包体与肩带颜色比对

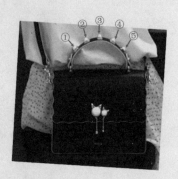

图 28 检材 2 与样本 2 中包的拎手特征比对

图 29 检材 2 与样本 2 中包中心标识拼接比对

注：将"图 22"与"图 25"导入"Adobe Photoshop CS6（64 Bit）13.0"分别进行剪裁、旋转处理使得图像中物象大小相同，检材文件在上层图层，样本文件在下层图层，进行三组拼接比对，吻合程度高。拼接比对中下半部分重合度不高，形态有细微差异，是由于"样本 2.MOV"包有轻微晃动，标识下半部分不是自然下垂状态的导致的，对比对结论不影响。

图 30 检材 2 与样本 2 中包中心标识重叠比对

注：将"图 22"与"图 25"导入"Adobe Photoshop CS6 (64 Bit)13.0"分别进行剪裁、旋转处理使得图像中物象大小相同，检材文件在上层图层，样本文件在下层图层，进行六组重叠比对，调整上层透明度，分别设置数值 0、18、35、55、78、100，结果吻合程度高。

图 31 检材 2 与样本 2 中包开口盖与标识比对

文件 比对项	检材 1 右 侧.JPG	检材 1 正 面.JPG	检材 1 左 侧.JPG	样本 1.MOV	特征比对 结果
款式	横版女士包	横版女士包	横版女士包	横版女士包	种类同一
包身颜色	粉色	粉色	粉色	粉色	种类同一
背包肩带颜色	粉色	粉色	粉色	粉色	种类同一
五金配件颜色	金色	金色	金色	金色	种类同一
标识形态	juststar 字样，轮廓及形状清楚	juststar 字样，轮廓及形状清楚	被遮挡只能识别 ststar 字样，部分轮廓及形状较清楚	字母信息未体现，轮廓及形状较清楚	轮廓形状相似
标识颜色	金色	金色	金色	金色	种类同一
组合布局	款式布局清晰	款式布局清晰	款式布局清晰	款式布局清晰	整体布局相同，种类同一
配饰-零钱包	形状、图案清晰	形状、图案清晰	形状、图案清晰	形状、图案清晰	种类同一
个体特征 1	包身左上角有一处颜色异常，疑似破损、污染	包身左上角有一处颜色异常，疑似破损、污染	包身左上角有一处颜色异常，疑似破损、污染	未发现	无法判定
个体特征 2	包身右下角有两处颜色异常，疑似破损、污染	包身右下角有两处颜色异常，疑似破损、污染	包身右下角有一处颜色异常，疑似破损、污染（另外一处角度原因未体现）	包身右下角有一处颜色异常，疑似破损、污染（另外一处角度、清晰度原因未体现）	由于角度、画面清晰度原因导致差异，但不影响是个体同一
个体特征 3	角度原因未发现	包身左下角有一处颜色异常，疑似破损、污染	包身左下角有一处颜色异常，疑似破损、污染	包身左下角有一处颜色异常，疑似破损、污染	个体同一
个体特征 4	肩带有一处颜色异常，疑似破损、污染	角度原因未发现	肩带有一处颜色异常，疑似破损、污染	肩带有一处颜色异常，疑似破损、污染	个体同一
个体特征 5	拎手右侧带有透明材质，疑似透明塑料	拎手右侧带有透明材质，疑似透明塑料	拎手右侧带有透明材质，疑似透明塑料	拎手右侧带有透明材质，疑似透明塑料	个体同一
个体特征 6	包裹拎手的皮革呈现不对称状态	包裹拎手的皮革呈现不对称状态	包裹拎手的皮革呈现不对称状态	包裹拎手的皮革呈现不对称状态	个体同一

表 1   检材 1 与样本 1 特征比对表

共35页 第33页参加编号：19VA0100

文件 比对项	检材2右侧.JPG	检材2正面.JPG	检材2左侧.JPG	样本2.MOV	特征比对结果
款式	横版女士包	横版女士包	横版女士包	横版女士包	种类同一
包身颜色	蓝色	蓝色	蓝色	蓝色	种类同一
背包肩带颜色	蓝色	蓝色	蓝色	蓝色	种类同一
五金配件颜色	金色	金色	金色	金色	种类同一
标识形态	NUCELLE字样，轮廓及形状清楚，大小均匀	NUCELLE字样，轮廓及形状清楚，大小均匀	NUCELLE字样，轮廓及形状清楚，大小均匀	字母信息未体现，轮廓及形状较清楚，形状轮廓均匀	相对位置一致，种类同一
标识颜色	金色	金色	金色	金色	种类同一
组合布局	款式布局清晰	款式布局清晰	款式布局清晰	款式布局清晰	整体布局相同，种类同一
配饰-中心图案	形状、图案清晰	形状、图案清晰	形状、图案清晰	形状、图案清晰	种类同一
配饰-手提把手	上方有均匀分布的五块凸起状装饰物	上方有均匀分布的五块凸起状装饰物	上方有均匀分布的五块凸起状装饰物	上方有均匀分布的五块凸起状装饰物	种类同一
包盖	包开口盖边缘呈现金色波浪状	包开口盖边缘呈现金色波浪状	包开口盖边缘呈现金色波浪状	包开口盖边缘呈现金色波浪状	种类同一
个体特征	无	无	无	无	无个体同一

表2　检材2与样本2特征比对表

[例2]　19VA0096鉴定文书(专家组评价结果:通过)

参加编号:19VA0096

××××司法鉴定中心
司法鉴定意见书

×××司鉴中心[2019]声鉴字第×号

一、基本情况

委托单位:××市公安局

委托事项:

1. 检材1照片中的女式挎包与样本1录像中的女式挎包是否同一挎包。

2. 检材2照片中的女式挎包与样本2录像中的女式挎包是否同一挎包。

受理日期:2019 年 6 月 21 日

鉴定日期:2019 年 6 月 24 日-2019 年 7 月 9 日

鉴定地点:××××司法鉴定中心

二、基本案情

摘自送检材料:在一起盗窃案件中,报案人称家中两个女式挎包等物品被盗,并提供案发前使用 iPhone7 苹果手机拍摄的录有该两个女式挎包的录像两段。后警方在嫌疑人家中查获两个女式挎包。现警方委托鉴定机构对被查获的两个女式挎包与报案人提供的两段录像中的两个女式挎包是否同一进行鉴定。

三、资料摘要

标有"司法鉴定科学研究院"、"2019 年度能力验证计划项目 CNAS

SF0030"、"参加编号：19VA0096"、"项目名称：图像同一性鉴定"、"能力验证 CNAS PT0010"等字样的蓝白两色光盘一张(见附件1)。

检材：

检材1：光盘"样品/检材"文件夹中名为"检材1正面.JPG"、"检材1左侧.JPG"和"检材1右侧.JPG"的照片。

检材2：光盘"样品/检材"文件夹中名为"检材2正面.JPG"、"检材2左侧.JPG"和"检材2右侧.JPG"的照片。

样本：

样本1：光盘"样品/样本"文件夹中名为"样本1.MOV"的录像。

样本2：光盘"样品/样本"文件夹中名为"样本2.MOV"的录像。

四、鉴定过程

本鉴定依据《录像资料鉴定规范》(SF/Z JD0304001-2010)第4部分《物像鉴定规范》,《数字声像资料提取与固定技术规范》(SF/Z JD0300002-2018)，使用视侦通、HashCalc、Photoshop CS5 对检材与样本进行检验。

（一）检材、样本的固定保全与文件属性检验

分别对送检光盘内的检材文件、样本文件的属性进行检验(见附件2)，结果见下表：

文件	检验项目	检验结果
检材1右侧.JPG	MD5	3af2d58fc6c3084ec408b312007c04cd
	文件格式	JPEG

	创建时间	2019 年 6 月 5 日，13:30:52
	修改时间	2019 年 6 月 5 日，13:30:52
	大小	7.81 MB (8,199,489 字节)
检材 1 正面.JPG	MD5	6d91b0966478b6965391c76d47ed8a4c
	文件格式	JPG
	创建时间	2019 年 6 月 5 日，13:28:28
	修改时间	2019 年 6 月 5 日，13:28:28
	大小	7.74 MB (8,117,699 字节)
检材 1 左侧.JPG	MD5	483958586cdaa03b7e6d6fa829887abf
	文件格式	JPG
	创建时间	2019 年 6 月 5 日，13:31:14
	修改时间	2019 年 6 月 5 日，13:31:14
	大小	7.75 MB (8,129,826 字节)
检材 2 右侧.JPG	MD5	0a8a3a14df64b9f222ab7517b2adf901
	文件格式	JPG
	创建时间	2019 年 6 月 5 日，13:37:08
	修改时间	2019 年 6 月 5 日，13:37:08
	大小	7.71 MB (8,090,935 字节)
检材 2 正面.JPG	MD5	f0228759b89cf0fa2f63ac3fcaac57f2
	文件格式	JPG
	创建时间	2019 年 6 月 5 日，13:36:38
	修改时间	2019 年 6 月 5 日，13:36:38

	大小	7.77 MB (8,151,898 字节)
检材 2 左侧.JPG	MD5	1d880986b38f0d48067f083725972427
	文件格式	JPG
	创建时间	2019 年 6 月 5 日，13:36:54
	修改时间	2019 年 6 月 5 日，13:36:54
	大小	7.75 MB (8,134,784 字节)
样本 1.MOV	MD5	93a04a28fc2d35ad26d0c652008f0f64
	文件格式	MPEG-4
	创建时间	2019 年 5 月 30 日，10:16:05
	修改时间	2019 年 5 月 30 日，10:16:05
	时长	00:00:05
	大小	10.7 MB (11,266,541 字节)
样本 2.MOV	MD5	389d229869cb657ec25a00fee0ce7c5d
	文件格式	MPEG-4
	创建时间	2019 年 5 月 23 日，15:20:41
	修改时间	2019 年 5 月 23 日，15:20:41
	时长	00:00:10
	大小	21.3 MB (22,347,789 字节)

　　将送检光盘内的样品文件夹分别拷贝到在计算机系统内建立的"封存"与"检验"两个文件夹并进行哈希值校验，拷贝前后文件的 MD5 值均相同。

（二）图像同一性检验

1. 分别检验

　　用 windows10 照片查看器和视侦通视频播放软件分别打开检验文件夹内的检材照片和样本录像发现：

1.1 检材 1 中的三张照片分别从三个角度拍摄同一米白色皮质手提跨包。照片质量高，挎包的颜色、形状、结构、装饰物、磨损（污渍）等特征反映清晰。

1.2 检材 2 中的三张照片分别从三个角度拍摄同一宝蓝色皮质手提跨包。照片质量高，挎包的颜色、形状、结构、装饰物等特征反映清晰。

1.3 样本 1 录像为一女子斜跨一米白色皮质手提跨包行走。录像左侧、右侧两个角度展现了目标挎包的特征，录像质量较好。

　　利用视侦通软件神探眼设置模块去雾、增强、色彩平衡功能调整视频效果，逐帧播放并截取视频效果最佳单帧图片，以 JPG 格式保存于计算机系统内。用"Photoshop CS5"图像处理软件对样本 1 视频截图进行"亮度-对比度-放大-剪切"等处理，结果存为 JPG 格式图像（详见附件 3）。

1.4 样本 2 录像为一女子斜跨一宝蓝色皮质手提斜包坐于电脑桌前，拍摄者移动，录像从左侧、正面、右侧三个角度展现了目标挎包的特征，录像质量较好。

　　利用视侦通软件神探眼设置模块去雾、增强、色彩平衡功能调整视频效果，逐帧播放并截取视频效果最佳单帧图片，以 JPG 格式保存于计算机系统内。用"Photoshop CS5"图像处理软件对样本 2 视频截图进行"亮度-对比度-放大-剪切"等处理,结果存为 JPG 格式图像(详见附件3)。

2．比较检验

对检材照片与样本视频截取并清晰化处理后的单帧图片比对后发现:

2．1检材1照片中的挎包与样本1录像中的挎包在外形、颜色、材料质感等整体特征,在装饰物数量、颜色、形状、相对位置等局部特征,在磨损(污渍)处的位置、形状等细节特征上都高度一致。但样本挎包麦头处文字不清晰,手挽两侧装饰钉形状不清晰,且前幅左上角缝合线处没有磨损(污渍)痕迹(详见附件4)。

2．2检材2照片中的挎包与样本2录像中的挎包在外形、颜色、材料质感等整体特征,在装饰物的数量、颜色、形状、相对位置等局部特征上都高度一致,但样本挎包压麦处文字不清晰,肩带内侧装饰钉反映不明显(详见附件4)。

五、分析说明

1．检材1照片中的挎包与样本1录像中的挎包在外形、颜色、材料质感,装饰物的数量、颜色、形状、相对位置等整体特征、局部特征上都高度一致,反映出种类上的同一性。而二者在磨损(污渍)处的位置、形状等细节特征上的也高度一致就具备了认定个体同一的条件。虽然二者前幅左上角缝合线磨损(污渍)处存在差异,但因样本录像拍摄时间早于检材照片,此处差异应该形成于样本录像拍摄之后,检材照片拍摄之前,属非本质差异。而样本挎包个别特征不清晰则主要因拍摄器材,拍摄距离,挎包在拍摄时的所处状态差异造成。

2.检材 2 照片中的挎包与样本 2 录像中的挎包,二者在外形、颜色、材料质感,装饰物的数量、颜色、形状、相对位置等大量特征上高度一致。由于二者缺少认定个体同一所需的细节特征,所以只能倾向认定二者为同一个包。样本挎包个别特征不清晰主要因拍摄器材,拍摄距离,拍摄者在拍摄时的所处状态差异造成,属非本质差异。

六、鉴定意见

1.检材 1 照片中的女式挎包与样本 1 录像中的女式挎包是同一个包。

2.检材 2 照片中的女式挎包与样本 2 录像中的女式挎包倾向认为是同一个包。

七、附件

1.送检材料图片;

2.文件哈希值、属性等检验图;

3.样本录像视频截图;

4.检材、样本特征比对;

5.司法鉴定机构许可证和鉴定人执业证扫描件。

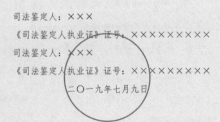

司法鉴定人:×××

《司法鉴定人执业证》证号:×××××××××

司法鉴定人:×××

《司法鉴定人执业证》证号:×××××××××

二〇一九年七月九日

附件 1.送检材料图片

送检光盘照片　　　　　送检光盘内文件

送检光盘样品内文件　　　　　送检光盘内的检材文件

送检光盘内的样本文件

附件 2. 文件属性等检验图

送检文件的哈希值检验图

送检文件的属性检验图

附件3. 样本视频截图

样本1视频截图

加强后的样本1视频截图

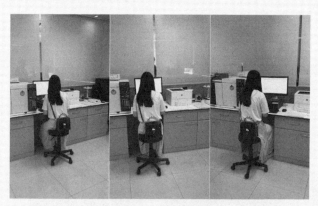

样本 1 视频截图

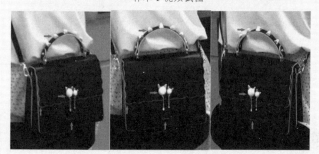

加强后的样本 1 视频截图

附件4. 检材、样本特征比对（红色箭头指示的是相同点，蓝色箭头指示的是差异点）

样本1视频截图

检材1右侧   检材1正面   检材1左侧

检材1与样本1特征比对

检材2与样本2特征比对

［例3］　19VA0005鉴定文书（专家组评价结果：不通过）

XXXXXXXXXX

司法鉴定意见书

xxxxxxxx【2019】xxx 第 xx 号

一、基本情况

委托单位：XX 市公安局

委托事项：对被查获的两个女式挎包与报案人提供的两段录像中的两个女式挎包是否同一进行鉴定。

受理日期：xxxx 年 xx 月 xx 日

送检材料：

1. **检材**：

（1）检材 1：光盘"样品/检材"文件夹中名为"检材 1 正面.JPG"、"检材 1 左侧.JPG"和"检材 1 右侧.JPG"的照片。

（2）检材 2：光盘"样品/检材"文件夹中名为"检材 2 正面.JPG"、"检材 2 左侧.JPG"和"检材 2 右侧.JPG"的照片。

2. **样本**：

（1）样本 1：光盘"样品/样本"文件夹中名为"样本 1.MOV"的录像。

（2）样本 2：光盘"样品/样本"文件夹中名为"样本 2.MOV"的录像。

鉴定日期：xxxx 年 xx 月 xx 日

鉴定地点：XXXXX 司法鉴定所实验室

在场人员：（送检人）XXX、XXX。

参加编号：19VA0005

二、鉴定要求

1.检材 1 照片中的女式挎包与样本 1 录像中的女式挎包是否同一挎包。

2.检材 2 照片中的女式挎包与样本 2 录像中的女式挎包是否同一挎包。

三、检验过程

（一）检验方法

1.SF/Z JD0304001-2010 录像资料鉴定规范《录像资料真实性（完整性）鉴定规范》

2.SF/Z JD0304001-2010 录像资料鉴定规范《录像过程分析规范》

3.SF/Z JD0304001-2010 录像资料鉴定规范《人像鉴定规范》

4.SF/Z JD0304001-2010 录像资料鉴定规范《物像鉴定规范》的有关检验和鉴定方法，对 XX 市公安局提供的送检材料进行检验，并对被查获的两个女式挎包与报案人提供的两段录像中的两个女式挎包是否同一进行鉴定。

（二）检验所见

1.检材 1：光盘"样品/检材"文件夹中名为"检材 1 正面.JPG"；"检材 1 左侧.JPG"和"检材 1 右侧.JPG"的照片；

经检验：

（1）挎包左上角缝合线处有蓝色印痕；

（2）挎包左下角金属拉链左边缘处有蓝色印痕；

（3）挎包右下角缝合线处有蓝色印痕；

（4）挎包右下角金属拉链边缘处有蓝色印痕。

2.样本1：光盘"样品/样本"文件夹中名为"样本1.MOV"的录像分析截图：

（1）挎包右下角金属拉链边缘处有蓝色印痕；

（2）挎包左下角金属拉链左边缘处有蓝色印痕。

3.检材2：光盘"样品/检材"文件夹中名为"检材2正面.JPG"、"检材2左侧.JPG"和"检材2右侧.JPG"的照片：

（1）未发现检材图像有印痕。

4.样本2：光盘"样品/样本"文件夹中名为"样本2.MOV"的录像分析截图：

（1）未发现挎包表面有印痕。

四、分析说明

（一）采用对比法：对检材1照片中的女式挎包与样本1录像中的女式挎包进行比对：

（1）检材1中挎包左上角缝合线处有蓝色印痕；

（2）样本1中挎包左上角未发现印痕；

（3）检材1中挎包右下角缝合线处有蓝色印痕；

（4）样本1中挎包右下角缝合线处未发现蓝色印痕；

证明：检材1照片中的女式挎包与样本1录像中的女式挎包不是同一挎包。

对检材2照片中的女式挎包与样本2录像中的女式挎包进行颜色特征、纹理特征、边界特征、区域特征比对。

证明：检材 2 照片中的女式挎包与样本 2 录像中的女式挎包是同一挎包。

五、鉴定意见

根据上述检验、分析，可以得出如下鉴定意见：

1.检材 1 照片中的女式挎包与样本 1 录像中的女式挎包不是同一挎包。

2.检材 2 照片中的女式挎包与样本 2 录像中的女式挎包是同一挎包。

六、附件

检材照片、截图照片共 12 张。

司法鉴定人：ＸＸＸ

证号:XXXXXXXXXXXX

司法鉴定人：ＸＸＸ

证号：XXXXXXXXXXXX

XXXXX 司法鉴定所

xxxx 年 xx 月 xx

参加编号：19VA0005

检材 1 截图照   检材 1 截图照

检材 1 截图照

参加编号：19VA0005

样本 1 右侧照

样本 1 正面照

样本 1 左侧照

参加编号：19VA0005

检材 2 截图照　　检材 2 截图照

检材 2 截图照

参加编号：19VA0005

样本 2 右侧照

样本 2 正面照

样本 2 左侧照

【专家点评】

编号为19VA0100的鉴定文书是本次能力验证计划完成质量较好的鉴定，获得了满意的评价结果。

在文书规范性方面，19VA0100号鉴定能按照相关行业鉴定文书规范的要求，要素齐全，结构合理，方法明确，设备专业，描述清晰。

在鉴定方法方面，19VA0100号鉴定采用了《法庭科学模糊图像处理技术规范图像增强》GA/T895 – 2010、《声像资料鉴定通用规范》SF/Z JD300001 – 2010、《录像资料鉴定规范》SF/Z JD0304001 – 2010、《图像资料处理技术规范》SF/Z JD0302002 – 2015，以及《视频中物品图像检验技术规范》GA/T1018 – 2013的鉴定方法，表现出较好的鉴定方法使用和管理意识，用以规范鉴定流程和实施内容，同时涵盖了本次能力验证计划中的图像处理和物像鉴定相关的内容。在检验内容方面，19VA0100号鉴定能够按照所列鉴定方法的要求，对鉴定委托事项进行了较为全面的检验和分析，较好地掌握和运用了相关技术方法。本次能力验证计划中，大部分鉴定机构均采用了合适的鉴定方法，但仍有少部分鉴定机构未反映出文件化的鉴定方法管理或虽列出了鉴定方法，但方法运用流于形式，未能按照鉴定方法进行检验和分析。

在检材图像固定和属性检验方面，19VA0100号鉴定通过拍照方式对送检光盘进行外观固定并计算了检材图像的哈希值，表现出良好的固定保全意识，降低对送检材料产生异议的风险。19VA0100号鉴定使用了较为专业的属性检验工具MediaInfo和OpandaPowerExif软件对检材图像的文件属性和元数据进行了检验。本次能力验证未要求鉴定机构对送检材料的真实性进行检验，但准确全面的文件属性和元数据信息检验，能够获取更多更全面的信息。

在图像处理方面，19VA0100号鉴定使用较为专业的图像处理软硬件系统对样本录像进行逐帧采集和图像增强处理。图像处理是图像资料鉴定的基本能力，亦是本次能力验证计划考查的基本技能，是物像鉴定中的物像特征充分准确选取的前提和基础。图像处理的能力又可以进一步划分为常规图像处理和高级图像处理。常规图像处理泛指对图像的亮度、对比度等的基本图像处理；高级图像处理在常规图像处理基础上，可以进一步实现图像的基于单帧或多帧的图像信息增强，比如多帧叠加、超分辨率计算等。本次能力验证计划中，样本1录像中女式挎包的特异性特殊标记特征的充分呈现需要用到图像处理，图像处理的好坏必然会对图像特征的表现和发现产生重要影响。

在检验全面性方面，19VA0100号鉴定的检验过程包含对检材图像和样本图像物体特征的分别检验、比对检验以及综合评断过程。在分别检验中，对检材和样本女式挎包的结构特征、表面分布特征以及特殊标记特征等物像特征进行了全面检验；在比对检验中，对上述特征进行了充分的比对；在综合评断中，对发现的符合和差异特征进行了综合分析和特征价值评断。

在物像特征比对分析方面，19VA0100号鉴定找出了检材1和样本1中女式挎包均出现的特征价值较高的4处符合性特殊标记特征，分别位于背带位置一处、手提位置一处、左下角和右下角位置各一处；同时，检出了两处检材1和样本1中女式挎包的差异性特殊标记特征，分别位于挎包左上角一处和右下角一处。在检材2和样本2特征比对分析方面，19VA0100号鉴定对挎包的结构特征、功能特征、形态特征、表面分布特征等进行了详尽的比对分析。在特征比对表制作方面，19VA0100号鉴定中制作的物像特征比对表，比对表充分，图像清楚，标注明确。

在鉴定结果和鉴定意见表述方面，19VA0100号鉴定的鉴定意见表述简明合理，对检材1和检材2物像的同一性鉴定均给出了合理的鉴定意见，分别为"认定同一"和"无法判断，但认定为同一款式挎包"。本次能力验证中，检材2和样本2中出现的女士挎包为同一款式的2个未使用的挎包，可检出的挎包特征大部分为整体性符合特征。由于缺乏足够的特征价值高的差异特征，且样本2录像中物像特征的选取还受限于样本2录像图像质量等因素限制，因此，对检材2和样本2中的女式挎包的鉴定意见，给出"无法判断或认定为同一款式挎包"比较合理。

编号为19VA0096号鉴定，经专家组评价，其结果为通过，而19VA0005号鉴定由于各种原因，被专家组评为不通过。该两份鉴定在文书规范性、检验和分析全面性、充分性，以及鉴定结果方面存在着比较典型的问题，主要如下：

在文书规范性方面，19VA0096号鉴定所使用的检验设备不够专业，19VA0005号鉴定在鉴定文书中未对其所使用的检验设备进行描述。

在检材图像固定和属性检验方面，19VA0005号鉴定未对送检光盘进行拍照固定，未对检材文件进行哈希值计算，未对检材图像的属性进行检验，固定保全和概貌属性检验的意识缺失。

在图像处理方面，19VA0096号鉴定由于未使用专业的图像检验和分析软硬件系统，也就无法对视频关键画面片段进行逐帧截取和后续的有效图像处理，对检材和样本物像的特征发现埋下隐患。19VA0005号鉴定在鉴定文书中未描述其有图像处理的检验步骤和内容。

在检验全面性方面,19VA0005号鉴定未体现分别检验、比较检验和综合评断的过程,未能按照鉴定方法的要求进行鉴定,也未能遵循同一认定的基本步骤。

在特征比对方面,19VA0096号鉴定仅找出检材1和样本1中女式挎包的1处差异性特殊标记特征,同时,另一处差异性特殊标记特征误检为符合性特征。19VA0005号鉴定未对检材1和样本1中女式挎包的符合性特殊标记特征有任何有效发现。此外,19VA0005号鉴定对检材2和样本2中的女式款包的特征情况未进行有效文字描述。

在鉴定意见方面,19VA0096号鉴定和19VA0005号鉴定得出的鉴定意见均不合理。19VA0005号鉴定对检材1和样本1中的女式挎包给出了否定同一的鉴定意见,究其原因,是特征发现不充分,特别是价值高的特殊标记特征,以及对检出的符合和差异特征缺乏合理的特征价值分析和综合评断。

点评人:曾锦华　高级工程师

　　　　施少培　正高级工程师

《语音同一性鉴定（CNAS SF0031）》
鉴定文书评析

【项目简介】

　　语音同一性鉴定，习惯上称为声纹鉴定，是声像资料鉴定实践中最为常见的鉴定项目。随着手机、监控等录音设备的迅速普及、民众证据意识的普遍提高，各类刑事、民事、行政、仲裁案件中经常会涉及需要确定录音资料中说话人的问题，语音同一性鉴定在打击犯罪、认定案件事实等方面正发挥着越来越重要的作用。本次能力验证计划旨在对声像资料鉴定实验室及鉴定人的语音同一性鉴定能力进行科学、客观的考察和评价，以利其进一步规范鉴定活动，提高鉴定能力。本次能力验证计划结果也可以作为认证认可、行业监管的重要依据。

【方案设计】

　　本次能力验证计划的方案由项目专家组根据我国声像资料鉴定实践中常见的情况制定并模拟设计，要求采用合理的技术方法，全面分析、比较、评断检材和样本的语音特征，得出准确的鉴定意见。本次能力验证计划由项目专家组依据事先制定的评价标准进行评价，主要从鉴定方法的合理性、检验过程的全面性、分析论证的充分性、鉴定意见的准确性以及鉴定文书的规范性等几个方面进行，以全面考察参加者在语音同一性鉴定方面的综合能力。

　　本次能力验证的样品为光盘形式，其中"检材"文件夹中名为"TP-LINK IPC_20190520181902_33620571.mp4"的监控录像文件作为检材；"样本"文件夹中名为"msg_5418160519196839efdefb0106.amr""msg_3418160519196839efda177101.amr""msg_2218160519196839efd7450106.amr""msg_1318170519196839efd3cee104.amr""msg_1318160519196839efd4f32103.amr""msg_001816051

9196839efd1f12103.amr""msg_2818150519196839efda052101.amr""msg_4618
160519196839efdd053106.amr""msg_4818150519196839efdef2a104.amr""msg_
0218170519196839efd1031103.amr""msg_0718150519196839efd5025100.amr"
的微信语音文件11个作为样本。要求鉴定：检材中的男声与样本中的张三语
音是否同一人所说。

　　本次能力验证计划以盗窃后销赃过程作为案件背景。检材为一男声与一
女声对话，样本为微信语音。检材语音和样本语音均由一位从小在河南郑州长
大后在上海读书的年轻男性发音录制。录音环境较为安静，录制距离适中，录
音质量较好。检材内容为模拟实际案例设计的对话，时长较长，语音内容充分。
样本为11段微信语音，语音量充分，具有较好的可比性。在录制检材和样本时
要求说话人尽量保持正常发音状态，语速中等。

【结果评析】

[例1]　19VB0020鉴定文书（专家组评价结果：满意）

XX市XXX司法鉴定中心

司法鉴定意见书

参加编号：19VB0020

统一社会信用代码：XXXXXXXXXXXXXX

声　明

1.委托人应当向鉴定机构提供真实、完整、充分的鉴定材料，并对鉴定材料的真实性、合法性负责。

2.司法鉴定机构和司法鉴定人根据法律、法规和规章的规定，按照鉴定的科学规律和技术操作规范，依法独立、客观、公正进行鉴定并出具鉴定意见，不受任何个人或者组织的非法干预。

3.司法鉴定意见书是否作为定案或者认定事实的根据，取决于办案机关的审查判断，司法鉴定机构和司法鉴定人无权干涉。

4.使用司法鉴定意见书，应当保持其完整性和严肃性，未经本中心同意不得部分复制。

5.鉴定意见属于鉴定人的专业意见。当事人对鉴定意见有异议，应当通过庭审质证或者申请重新鉴定、补充鉴定等方式解决。

地　　址：XX市XX区XX路X号

联系电话：XXX-XXXXXXXX

电子邮箱：XXXX@XXXX.com

XX 市 XXX 司法鉴定中心
司法鉴定意见书

XXX 司鉴 [2019] 声鉴字第 PT1 号

一、基本情况

委托人： 司法鉴定科学研究院

委托事项： 语音同一性鉴定

受理日期： 2019 年 6 月 26 日

鉴定材料：

检材： 文件名为 "TP-LINK IPC_20190520181902_33620571.mp4" 的监控录像文件。标识：2019-SX-PT1-JC1

样本： 微信语音文件 11 个。具体见表 1 所示：

表 1

样本文件名	样本标识
msg_0018160519196839efd1f12103.amr	2019-SX-PT1-YB1
msg_0218170519196839efd1031103.amr	2019-SX-PT1-YB2
msg_0718150519196839efd5025100.amr	2019-SX-PT1-YB3
msg_1318160519196839efd4f32103.amr	2019-SX-PT1-YB4
msg_1318170519196839efd3cee104.amr	2019-SX-PT1-YB5
msg_2218160519196839efd7450106.amr	2019-SX-PT1-YB6
msg_2818150519196839efda052101.amr	2019-SX-PT1-YB7

msg_3418160519196839efda177101.amr	2019-SX-PT1-YB8
msg_4618160519196839efdd053106.amr	2019-SX-PT1-YB9
msg_4818150519196839efdef2a104.amr	2019-SX-PT1-YB10
msg_5418160519196839efdefb0106.amr	2019-SX-PT1-YB11

鉴定要求：检材中的男声与样本中的张三语音是否同一人所说。

鉴定日期：2019 年 7 月 4 日

鉴定地点：XX 市 XXX 司法鉴定中心

二、基本案情

在一起团伙盗窃案件的侦查过程中，警方提取到一段由 TP-LINK IPC42A-4 监控摄像头录制的销赃过程监控录像。另在其他涉案人员的小米 MIX 手机中提取到张三的微信语音 11 段。为确认销赃人的身份，警方委托鉴定机构对监控录像中的销赃人语音与手机微信中的张三语音是否同一进行鉴定。

三、鉴定过程

鉴定使用方法：《声像资料鉴定通用规范》（SF/Z JD0300001-2010）、《录音资料鉴定规范》（SF/Z JD0301001-2010）、《录像资料鉴定规范》（SF/Z JD0304001-2010）。

鉴定使用硬件：声纹工作站。

鉴定使用软件：Adobe Audition CC、PotPlayer 64 位版 1.7.18958、警视通影像分析系统 V4.2.8、HashMyFiles v2.35、智能声纹鉴定系统 V5.0.1。

（一）检材及样本的采集

1.对检材及样本文件进行检验

对送检光盘进行检验。送检光盘为蓝色盘面，印有"司法鉴定科学研究院"、"参加编号：19VB0020"等字样，未封存。

对送检光盘内的检材及样本进行文件属性检验，检材存储于"检材"文件夹中，样本存储于"样本"文件夹中，具体结果如表2所示：

表 2

检材及样本标识	检验项目	检验结果
2019-SX-PT1-JC1	文件名	TP-LINK IPC_20190520181902_33620571.mp4
	文件格式	MP4 - MPEG-4 电影文件
	文件大小	2836842 字节
	文件创建时间	2019 年 5 月 20 日 18：22：46
	文件修改时间	2019 年 5 月 20 日 18：22：46
	文件 MD5 值	10c2ef96d1d61517a950b0b526f7e18a
	时长	3 分 38 秒
	视频帧宽度	1920
	视频帧高度	1080
	视频数据速率	66kbps
	视频总比特率	101kbps
	视频帧速率	14 帧/秒
	音频比特率	34kbps
	音频声道数	1（单声道）
	音频采样率	8000Hz
2019-SX-PT1-YB1	文件名	msg_0018160519196839efd1f12103.amr
	文件格式	amr
	文件大小	5539 字节
	文件创建时间	2019/5/20 10：32
	文件修改时间	2019/5/20 10：32
	文件 MD5 值	522517bc5c4d3e68d6c76ff3cab4603d
2019-SX-PT1-YB2	文件名	msg_0218170519196839efd1031103.amr
	文件格式	amr
	文件大小	7642 字节
	文件创建时间	2019/5/20 10：32

	文件修改时间	2019/5/20 10:32
	文件 MD5 值	20f3cd50c9fbebaee1ab8e30e2ef70b0
2019-SX-PT1-YB3	文件名	msg_0718150519196839efd5025100.amr
	文件格式	amr
	文件大小	11863 字节
	文件创建时间	2019/5/20 10:32
	文件修改时间	2019/5/20 10:32
	文件 MD5 值	b8ce72fcc5b700058c692670921924a8
2019-SX-PT1-YB4	文件名	msg_1318160519196839efd4f32103.amr
	文件格式	amr
	文件大小	5227 字节
	文件创建时间	2019/5/20 10:32
	文件修改时间	2019/5/20 10:32
	文件 MD5 值	4e067f66476f2c3879316ad223bd9618
2019-SX-PT1-YB5	文件名	msg_1318170519196839efd3cee104.amr
	文件格式	amr
	文件大小	4824 字节
	文件创建时间	2019/5/20 10:32
	文件修改时间	2019/5/20 10:32
	文件 MD5 值	f85d2f61a23a20771433415fe63c81cc
2019-SX-PT1-YB6	文件名	msg_2218160519196839efd7450106.amr
	文件格式	amr
	文件大小	4315 字节
	文件创建时间	2019/5/20 10:32
	文件修改时间	2019/5/20 10:32
	文件 MD5 值	5aef39a964af75b760b196fddafee524
2019-SX-PT1-YB7	文件名	msg_2818150519196839efda052101.amr
	文件格式	amr
	文件大小	6187 字节
	文件创建时间	2019/5/20 10:32
	文件修改时间	2019/5/20 10:32
	文件 MD5 值	ca4e84fef28e6de20a64304966fa08fa
2019-SX-PT1-YB8	文件名	msg_3418160519196839efda177101.amr
	文件格式	amr
	文件大小	3729 字节
	文件创建时间	2019/5/20 10:32
	文件修改时间	2019/5/20 10:32
	文件 MD5 值	0f75fe626fa6706daee5f2e79c561a86
2019-SX-PT1-YB9	文件名	msg_4618160519196839efdd053106.amr
	文件格式	amr

	文件大小	6557 字节
	文件创建时间	2019/5/20 10:32
	文件修改时间	2019/5/20 10:32
	文件 MD5 值	ec2142c0a2f5c86a6046b1835d91cc6f
2019-SX-PT1-YB10	文件名	msg_4818150519196839efdef2a104.amr
	文件格式	amr
	文件大小	6722 字节
	文件创建时间	2019/5/20 10:32
	文件修改时间	2019/5/20 10:32
	文件 MD5 值	21a13583e8a581568afdd21e583a9992
2019-SX-PT1-YB11	文件名	msg_5418160519196839efdefb0106.amr
	文件格式	amr
	文件大小	2102 字节
	文件创建时间	2019/5/20 10:32
	文件修改时间	2019/5/20 10:32
	文件 MD5 值	685096dce7004491911304e4c84050c6

2. 对检材及样本录音进行采集

将检材录像与样本录音文件拷贝至声纹工作站。经计算，拷贝文件 MD5 值均与原始文件的 MD5 值一致。

将检材及样本文件导入智能声纹鉴定系统，对检材及样本录音进行采集，音频采样率设置为 8000Hz，采样精度设置为 16 位，格式设置为 PCM。

对转换格式后的检材及样本文件进行检验及辨听，未出现失真、解码错误等情况，且语音效果与源文件基本一致。

（一）检材检验

使用 PotPlayer、警视通影像分析系统及智能声纹鉴定系统对检材进行检验。检材视频图像为灰色，左上角为时间标记，音频内容为一男子与一女子对话。对视频中的图像进行分析发现，时间标记变化规律，未发现异常现象。对检材音频进行听觉检验和图谱分析发现，检材中男声为普通话语音，内容完整流畅，对话正常，语意连贯，背景噪声图谱连续，未发现异常现象，由此判断未发现检材经过剪辑处理。通过对"手机"、"我"、"多少钱"等词句的辨听及图谱分析，发现检材稳定性较好，且特征反应明显。因此判断检材具备鉴定条件。

（二）样本检验

使用智能声纹鉴定系统对样本进行检验。经辨听及图谱分析发现，11 个样本语音中均仅有张三一人说话，语种为普通话，内容完整流畅，语意连贯，背景噪声图谱连续，未发现异常现象，由此判断未发现样本经过剪辑处理。

对样本进行听觉特征比较，发现在语速、节奏、嗓音纯度、赘语使用、舌位特征等方面较为一致；对样本的语图进行比较，发现其特征反应明显，在"居住证"、"公立"、"多少钱"、"我也不会搞"、"我"等词句的共振峰模式、声调模式、韵律特征、音节内和音节间过度音征、辅音频谱模式等特征上较为一致；对样本的声学参数进行比较，发现其在"我（[o]）"、"以（[i]）"、"多（[uo]）"等字的元音共振峰峰值上较为一致，符合同一人的语音特征。因此判断样本为同一人所说，稳定性较好，具备鉴定条件，可供比对。

（三）比较检验

对检材与样本进行听觉特征比较，发现在赘语使用、嗓音纯度、方言特征、舌位特征、清晰度、流畅度、缺陷特征等方面较为一致。对检材与样本的语图进行比较，发现在"大概多少钱"、"手机"、"我也不会搞"、"过两天"、"去公安局"、"我就是问一下"等语句的共振峰模式、声调模式、韵律特征、音节内和音节间过度音征、辅音频谱模式等特征上反映一致。对检材与样本的声学参数进行比较，发现二者在 "我（[o]）"、"手（[ou]）"、"机（[i]）"、"个（[ɣ]）"、"多（[uo]）"、"查（[　]）"、"钱（[iæn]）"、"如（[u]）"、"安（[an]）"、"问（[ən]）" 等字的元音共振峰峰值上较为一致。

在 "多（[uo]）" 等字的元音共振峰峰值上，检材和样本存在一定差异，经辨听及对前后音节宽带语谱图的分析，这主要因为说话人略读、不发音、不标准发音等因素。

四、分析说明

通过对检材及样本的检验分析，检材与样本在方言特征、嗓音纯度、语速、缺陷特征等方面基本一致，且在语句的共振峰模式、声调模式、韵律特征、音节内和音节间过度音征、辅音频谱模式及元音共振峰峰值等特征上较为一致，而检材与样本间的差异或变化特征能得到合理解释，符合同一人的语音特征，因此检材中的男声与样本中的张三语音是同一人所说。

五、鉴定意见

检材中的男声与样本中的张三语音是同一人所说。

六、附件

1、声像资料检验照片记录表 12 页

2、声像资料检验照片记录表 52 页

3、听觉特征比对表 1 页

4、声学参数比对表 3 页

5、检材及样本语音文字稿 2 页

6、资质证书扫描件 2 页

7、证据光盘 1 张

司法鉴定人签名或盖章 XXX

《司法鉴定人执业证》证号：XXXXXXXXX

司法鉴定人签名或盖章 XXX

《司法鉴定人执业证》证号：XXXXXXXXX

授权签字人签名或盖章 XXX

《司法鉴定人执业证》证号：XXXXXXXXX

2019 年 7 月 9 日

附件 1:

声像资料检验照片记录表

案名: 张三案

说　　明	送检的光盘

声像资料检验照片记录表

案名：张三案

说　　明	送检光盘中的内容
	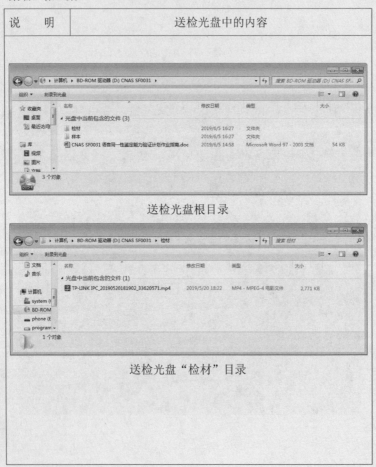

送检光盘根目录

送检光盘"检材"目录

声像资料检验照片记录表

案名：张三案

说　　明	送检光盘中的内容
	送检光盘"样本"目录

声像资料检验照片记录表

案名：张三案

说 明	检材与样本文件的 MD5 值

声像资料检验照片记录表

案名：张三案

说　明	转换后的检材与样本的 MD5 值

声像资料检验照片记录表

案名：张三案

说　　明	检材属性

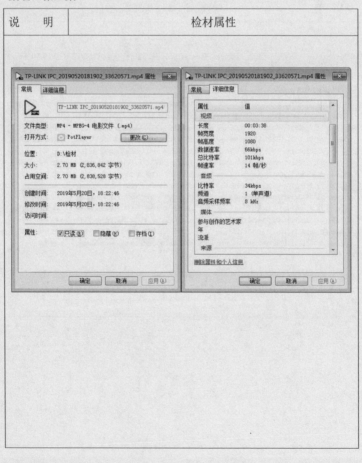

声像资料检验照片记录表

案名：张三案

说　　明	格式转换处理后的检材属性
	属性　　　　　　　　　　　　　　　　　　　　▽ ⅜ ⌘
	文件名：TP-LINK IPC_20190520181902_33620571.wav
	时长：00:03:38.368
	采样率：8000Hz
	采样精度：16位
	大小：3.33 MB
	声道：单声道
	格式：Pcm
	文件路径：J:\...\TP-LINK IPC_20190520181902_33620571.wav
	源文件格式：.mp4

声像资料检验照片记录表

案名：张三案

说　明	样本属性

声像资料检验照片记录表

案名：张三案

说　明	样本属性

声像资料检验照片记录表

案名：张三案

说　明	样本属性

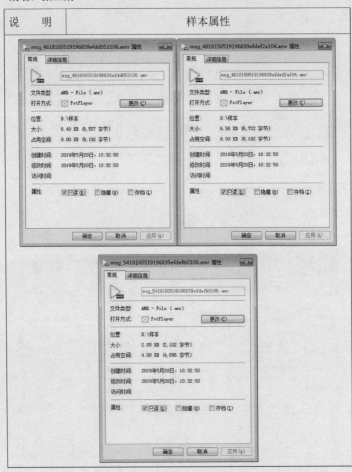

声像资料检验照片记录表

案名：张三案

说　　　明	格式转换后的样本属性

属性 属性

文件名：msg_0018160519196839efd1f12103.wav
时长：00:00:02.880
采样率：8000Hz
采样精度：16位
大小：45.00 KB
声道：单声道
格式：Pcm
文件路径：I:\...\msg_0018160519196839efd1f12103.wav
源文件格式：.amr

文件名：msg_0218170519196839efd1031103.wav
时长：00:00:03.957
采样率：8000Hz
采样精度：16位
大小：61.83 KB
声道：单声道
格式：Pcm
文件路径：I:\...\msg_0218170519196839efd1031103.wav
源文件格式：.amr

属性 属性

文件名：msg_0718150519196839efd5025100.wav
时长：00:00:05.995
采样率：8000Hz
采样精度：16位
大小：93.67 KB
声道：单声道
格式：Pcm
文件路径：I:\...\msg_0718150519196839efd5025100.wav
源文件格式：.amr

文件名：msg_1318160519196839efd4f32103.wav
时长：00:00:02.752
采样率：8000Hz
采样精度：16位
大小：43.00 KB
声道：单声道
格式：Pcm
文件路径：I:\...\msg_1318160519196839efd4f32103.wav
源文件格式：.amr

属性 属性

文件名：msg_1318170519196839efd3cee104.wav
时长：00:00:02.517
采样率：8000Hz
采样精度：16位
大小：39.33 KB
声道：单声道
格式：Pcm
文件路径：I:\...\msg_1318170519196839efd3cee104.wav
源文件格式：.amr

文件名：msg_2218160519196839efd7450106.wav
时长：00:00:02.272
采样率：8000Hz
采样精度：16位
大小：35.50 KB
声道：单声道
格式：Pcm
文件路径：I:\...\msg_2218160519196839efd7450106.wav
源文件格式：.amr

声像资料检验照片记录表

案名：张三案

说　　明	格式转换后的样本属性

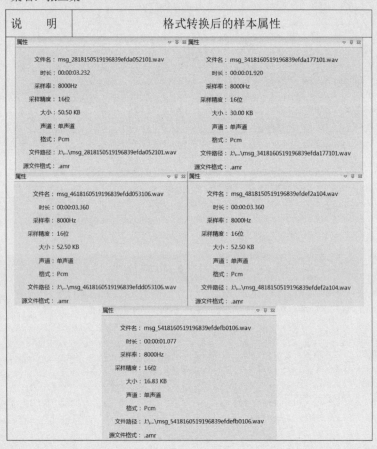

附件 2：

XX 市 XXX 司法鉴定中心

语音特征比对表

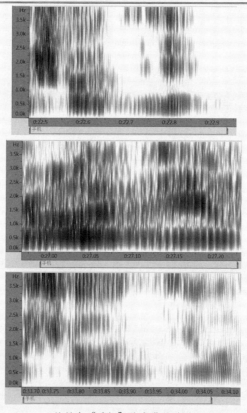

检材中"手机"的宽带语谱图

制表人：　　　　　　　　制表日期：　　　　　　　　审核人：

XX 市 XXX 司法鉴定中心

语音特征比对表

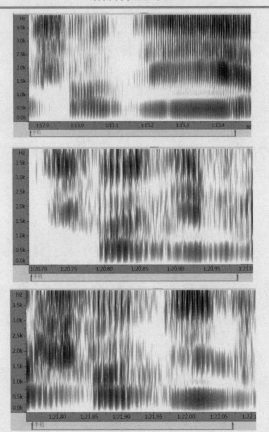

检材中"手机"的宽带语谱图

制表人：   制表日期：   审核人：

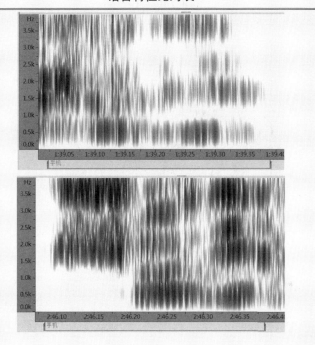

XX 市 XXX 司法鉴定中心

语音特征比对表

检材中"手机"的宽带语谱图

制表人：　　　　　　制表日期：　　　　　　审核人：

XX 市 XXX 司法鉴定中心

语音特征比对表

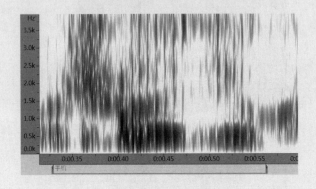

样本中"手机"的宽带语谱图

制表人：   制表日期：   审核人：

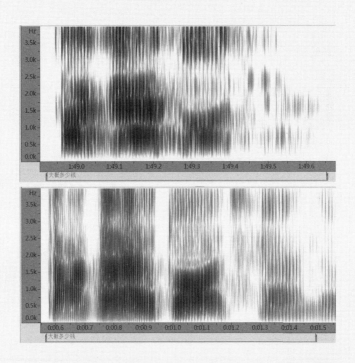

XX 市 XXX 司法鉴定中心

语音特征比对表

检材及样本中"大概多少钱"的宽带语谱图

制表人：　　　　　　　制表日期：　　　　　　　审核人：

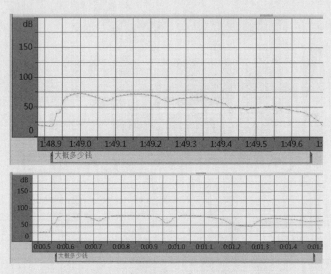

XX 市 XXX 司法鉴定中心

语音特征比对表

检材及样本中"大概多少钱"的能量曲线图谱

制表人：　　　　　制表日期：　　　　　审核人：

XX 市 XXX 司法鉴定中心

语音特征比对表

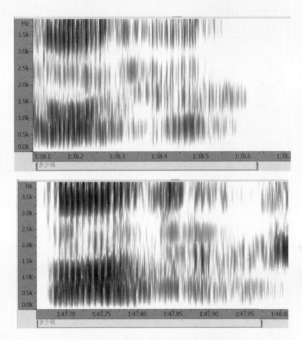

检材中"多少钱"的宽带语谱图

制表人：　　　　　　制表日期：　　　　　　审核人：

XX 市 XXX 司法鉴定中心

语音特征比对表

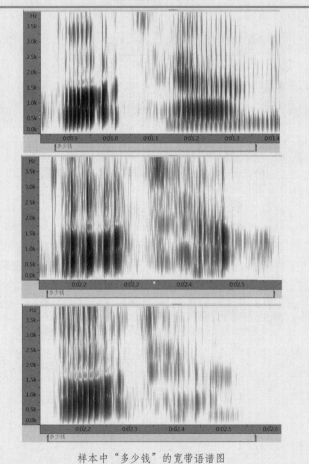

样本中"多少钱"的宽带语谱图

制表人：   制表日期：   审核人：

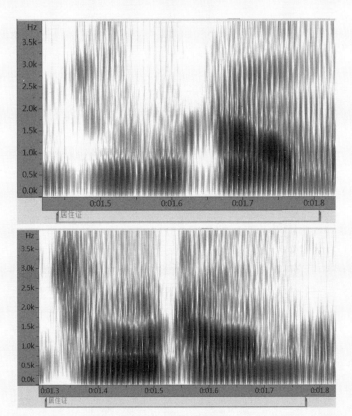

XX 市 XXX 司法鉴定中心

语音特征比对表

样本中"居住证"的宽带语谱图

制表人：　　　　　　制表日期：　　　　　　审核人：

XX 市 XXX 司法鉴定中心

语音特征比对表

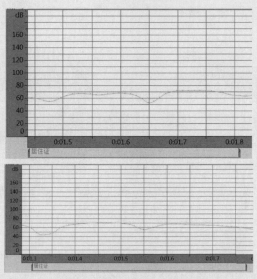

样本中"居住证"的能量曲线图谱

制表人：　　　　　制表日期：　　　　　审核人：

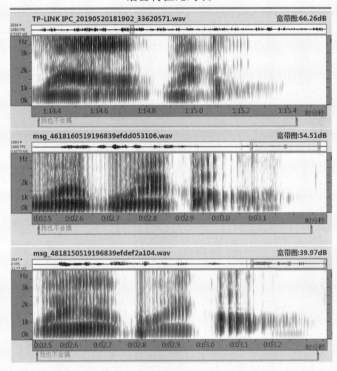

XX 市 XXX 司法鉴定中心

语音特征比对表

检材及样本中"我也不会搞"的宽带语谱图

制表人：　　　　　　制表日期：　　　　　　审核人：

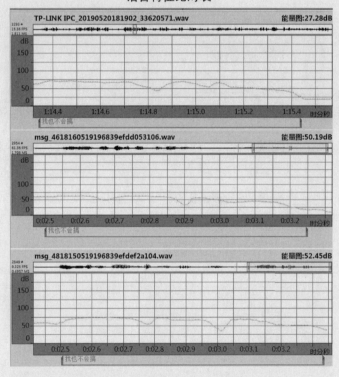

XX 市 XXX 司法鉴定中心

语音特征比对表

检材及样本中"我也不会搞"的能量曲线图谱

制表人：   制表日期：   审核人：

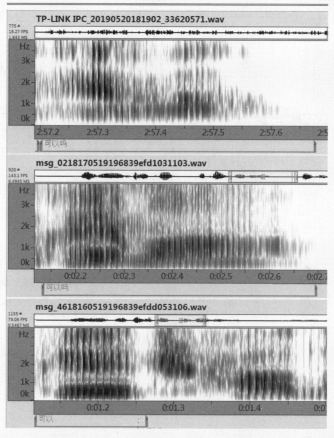

检材中"可以（吗）"的宽带语谱图

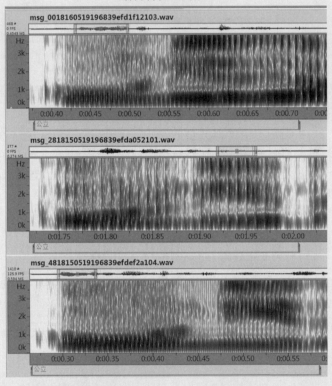

样本中"公立"的宽带语谱图

XX 市 XXX 司法鉴定中心

语音特征比对表

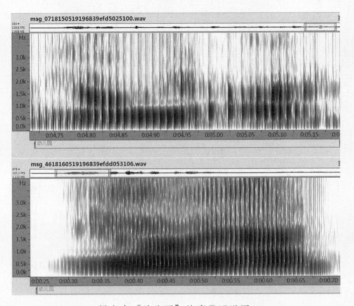

样本中"幼儿园"的宽带语谱图

制表人：　　　　　　制表日期：　　　　　　审核人：

XX 市 XXX 司法鉴定中心

语音特征比对表

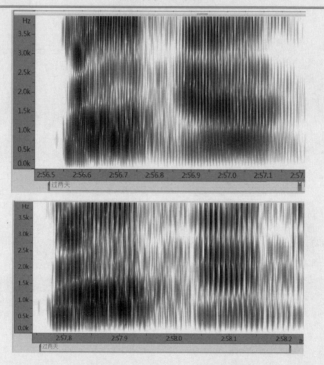

检材中"过两天"的宽带语谱图

制表人：   制表日期：   审核人：

XX 市 XXX 司法鉴定中心

语音特征比对表

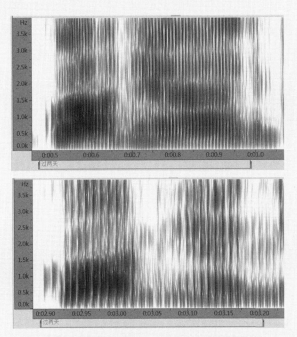

样本中"过两天"的宽带语谱图

制表人：　　　　　　制表日期：　　　　　　审核人：

XX 市 XXX 司法鉴定中心

语音特征比对表

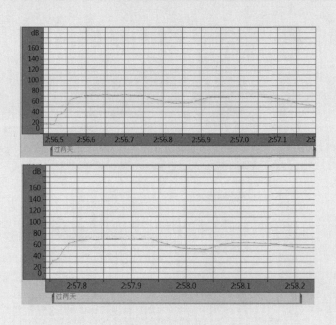

检材中"过两天"的能量曲线图谱

制表人：   制表日期：   审核人：

XX 市 XXX 司法鉴定中心

语音特征比对表

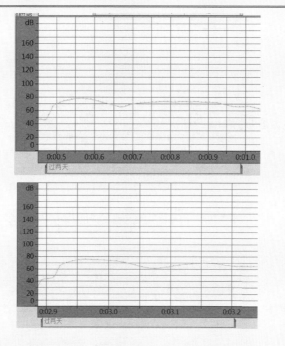

样本中"过两天"的能量曲线图谱

制表人：　　　　　　　制表日期：　　　　　　　审核人：

XX 市 XXX 司法鉴定中心

语音特征比对表

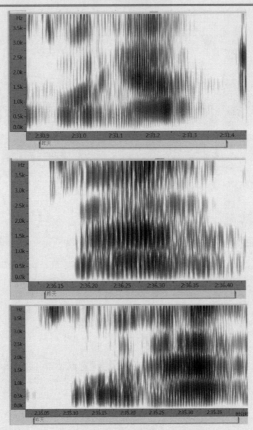

检材中"昨天"的宽带语谱图

制表人：　　　　　　　制表日期：　　　　　　　审核人：

XX 市 XXX 司法鉴定中心

语音特征比对表

样本中"昨天"的宽带语谱图

制表人：　　　　　制表日期：　　　　　审核人：

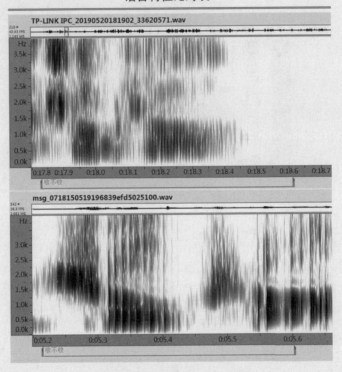

XX 市 XXX 司法鉴定中心

语音特征比对表

检材和样本中"收不收"的宽带语谱图

制表人：　　　　　　制表日期：　　　　　　审核人：

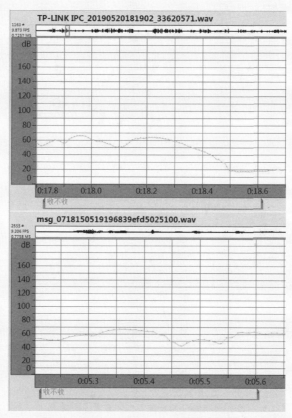

XX 市 XXX 司法鉴定中心

语音特征比对表

检材中"收不收"的能量曲线图谱

制表人：　　　　　　　制表日期：　　　　　　　审核人：

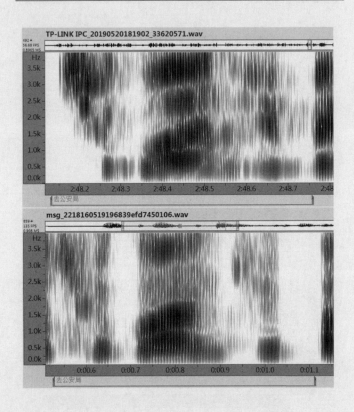

XX 市 XXX 司法鉴定中心

语音特征比对表

检材及样本中"去公安局"的宽带语谱图

制表人：   制表日期：   审核人：

XX 市 XXX 司法鉴定中心

语音特征比对表

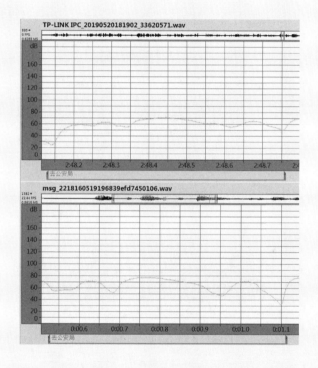

检材及样本中"去公安局"的能量曲线图谱

制表人：　　　　　　制表日期：　　　　　　审核人：

XX 市 XXX 司法鉴定中心

语音特征比对表

检材及样本中"那如果"的宽带语谱图

制表人：　　　　　　　制表日期：　　　　　　　审核人：

XX 市 XXX 司法鉴定中心

语音特征比对表

检材及样本中"那如果"的能量曲线图谱

制表人：　　　　　　制表日期：　　　　　　审核人：

XX 市 XXX 司法鉴定中心

语音特征比对表

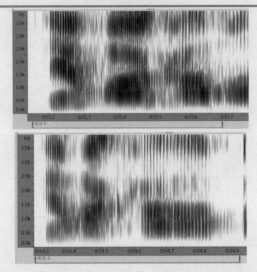

检材中"手机（卡）"的宽带语谱图

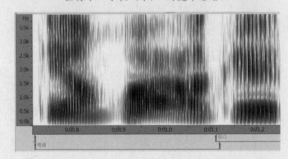

样本中"手机（可以）"的宽带语谱图

制表人：　　　　　　制表日期：　　　　　　审核人：

XX 市 XXX 司法鉴定中心

语音特征比对表

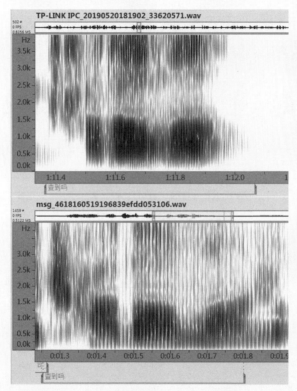

检材及样本中"查到吗"的宽带语谱图

制表人：　　　　　　　　制表日期：　　　　　　　　审核人：

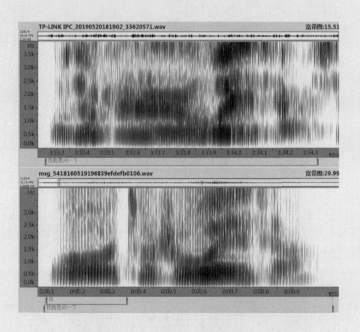

XXX 司鉴[2019]声鉴字第 PT1 号 　　　　　　　第 52页共 83 页

XX 市 XXX 司法鉴定中心

语音特征比对表

检材及样本中"我就是问一下"的宽带语谱图

制表人：　　　　　　制表日期：　　　　　　审核人：

XX 市 XXX 司法鉴定中心

语音特征比对表

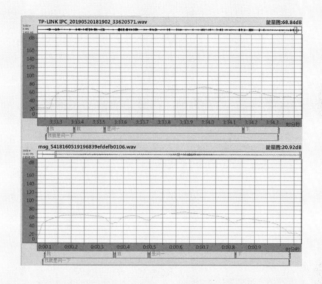

检材及样本中"我就是问一下"的能量曲线图谱

制表人：　　　　　　制表日期：　　　　　　审核人：

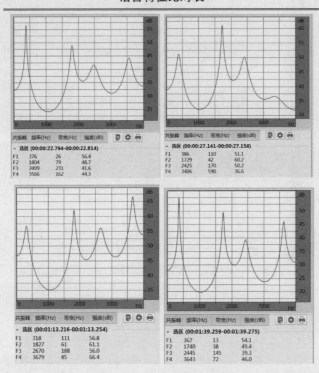

XX 市 XXX 司法鉴定中心

语音特征比对表

共振峰	频率(Hz)	带宽(Hz)	强度(dB)
∧ 选区 (00:00:22.794-00:00:22.814)			
F1	376	26	56.4
F2	1804	79	48.7
F3	2499	231	41.6
F4	3566	162	44.3

共振峰	频率(Hz)	带宽(Hz)	强度(dB)
∧ 选区 (00:00:27.141-00:00:27.158)			
F1	386	110	51.1
F2	1729	42	60.2
F3	2425	170	50.2
F4	3406	590	36.6

共振峰	频率(Hz)	带宽(Hz)	强度(dB)
∧ 选区 (00:01:13.216-00:01:13.254)			
F1	318	111	56.8
F2	1827	61	61.1
F3	2670	188	56.0
F4	3679	85	66.4

共振峰	频率(Hz)	带宽(Hz)	强度(dB)
∧ 选区 (00:01:39.259-00:01:39.275)			
F1	367	13	54.1
F2	1740	38	49.4
F3	2445	145	39.3
F4	3643	72	46.0

检材中[i]（手机）的共振峰图谱

制表人：　　　　　　制表日期：　　　　　　审核人：

XX 市 XXX 司法鉴定中心

语音特征比对表

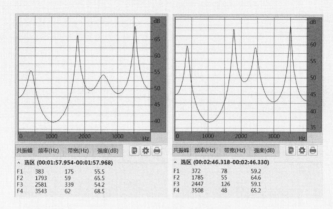

检材中[i]（手机）的共振峰图谱

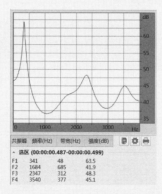

样本中[i]（手机）的共振峰图谱

制表人：   制表日期：   审核人：

XX 市 XXX 司法鉴定中心

语音特征比对表

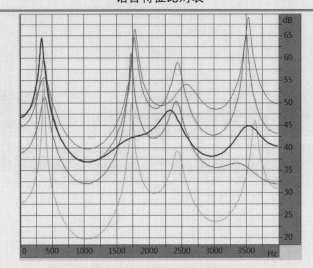

检材及样本中[i]（**手机**）的共振峰图谱对比

其中蓝色加粗为样本，其余为检材

制表人：　　　　　　制表日期：　　　　　　审核人：

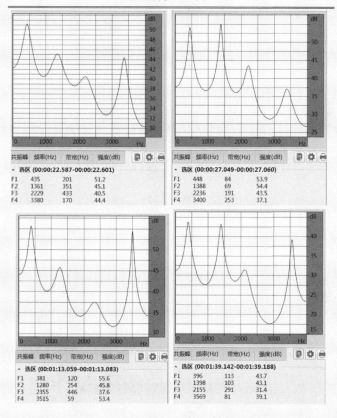

XX 市 XXX 司法鉴定中心

语音特征比对表

选区 (00:00:22.587-00:00:22.601)

共振峰	频率(Hz)	带宽(Hz)	强度(dB)
F1	435	201	51.2
F2	1361	351	45.1
F3	2229	433	40.5
F4	3380	170	44.4

选区 (00:00:27.049-00:00:27.060)

共振峰	频率(Hz)	带宽(Hz)	强度(dB)
F1	448	84	53.9
F2	1388	69	54.4
F3	2236	191	43.5
F4	3400	253	37.1

选区 (00:01:13.059-00:01:13.083)

共振峰	频率(Hz)	带宽(Hz)	强度(dB)
F1	381	120	55.6
F2	1280	254	45.8
F3	2355	446	37.6
F4	3515	59	53.4

选区 (00:01:39.142-00:01:39.188)

共振峰	频率(Hz)	带宽(Hz)	强度(dB)
F1	396	113	43.7
F2	1398	103	43.1
F3	2155	291	31.4
F4	3569	81	39.1

检材中[ou] (手机) 的共振峰图谱

制表人: 制表日期: 审核人:

XX 市 XXX 司法鉴定中心

语音特征比对表

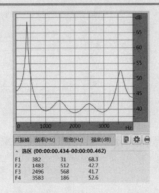

共振峰	频率(Hz)	带宽(Hz)	强度(dB)
选区 (00:00:00.434-00:00:00.462)			
F1	382	31	68.3
F2	1483	512	42.7
F3	2496	568	41.7
F4	3583	186	52.6

样本中[ou]（**手机**）的共振峰图谱

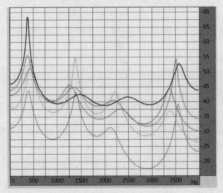

检材及样本中[ou]（**手机**）的共振峰图谱对比

其中蓝色加粗为样本，其余为检材

制表人：   制表日期：   审核人：

XX 市 XXX 司法鉴定中心

语音特征比对表

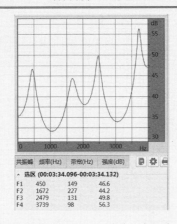

检材中 [i]（问一下）的共振峰图谱

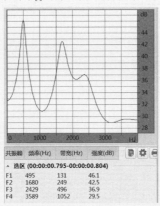

样本中 [i]（问一下）的共振峰图谱

制表人：　　　　　　　制表日期：　　　　　　　审核人：

XX 市 XXX 司法鉴定中心

语音特征比对表

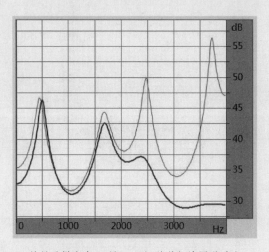

检材及样本中[i]（问一下）的共振峰图谱对比

其中蓝色加粗为样本，其余为检材

制表人：   制表日期：   审核人：

XX 市 XXX 司法鉴定中心

语音特征比对表

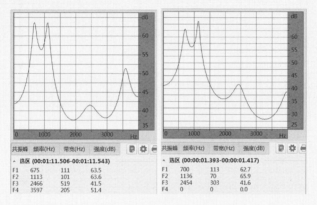

检材（左）及样本（右）中[A](查到吗)的共振峰图谱

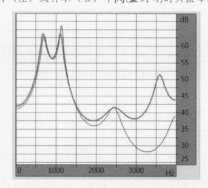

检材及样本中[A](查到吗)的共振峰图谱对比

其中蓝色加粗为样本，其余为检材

制表人：　　　　　　　制表日期：　　　　　　　审核人：

XX 市 XXX 司法鉴定中心

语音特征比对表

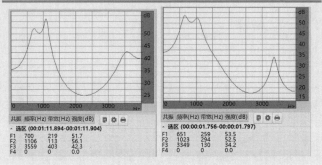

检材（左）及样本（右）中[ʌ](查到吗)的共振峰图谱

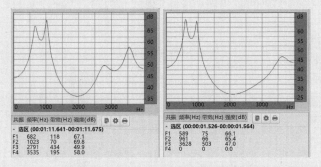

检材（左）及样本（右）中[au](查到吗)的共振峰图谱

制表人：　　　　　　　　制表日期：　　　　　　　审核人：

XXX 司鉴 [2019] 声鉴字第 PT1 号　　　　　　　　　第 63 页共 83 页

XX 市 XXX 司法鉴定中心

语音特征比对表

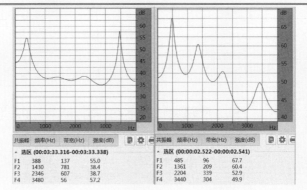

共振峰	频率(Hz)	带宽(Hz)	强度(dB)		共振峰	频率(Hz)	带宽(Hz)	强度(dB)
▲ 选区 (00:03:33.316-00:03:33.338)					▲ 选区 (00:00:02.522-00:00:02.541)			
F1	388	137	55.0		F1	485	96	67.7
F2	1430	781	38.4		F2	1361	209	60.4
F3	2346	607	38.7		F3	2204	339	52.9
F4	3480	56	57.2		F4	3440	304	49.9

检材中[o] "**我**就是问一下"（左）及 "**我**也不会搞"（右）的共振峰

图谱

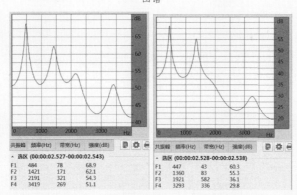

共振峰	频率(Hz)	带宽(Hz)	强度(dB)		共振峰	频率(Hz)	带宽(Hz)	强度(dB)
▲ 选区 (00:00:02.527-00:00:02.543)					▲ 选区 (00:00:02.528-00:00:02.538)			
F1	484	78	68.9		F1	447	43	60.3
F2	1421	171	62.1		F2	1360	83	55.3
F3	2191	321	54.3		F3	1921	582	36.1
F4	3419	269	51.1		F4	3293	336	29.8

样本中[o] "**我**也不会搞"的共振峰图谱

制表人：　　　　　　　制表日期：　　　　　　　审核人：

XX 市 XXX 司法鉴定中心

语音特征比对表

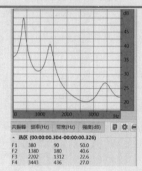

样本中[o] "**我**就是问一下" 的共振峰图谱

制表人：　　　　　制表日期：　　　　　审核人：

XX 市 XXX 司法鉴定中心

语音特征比对表

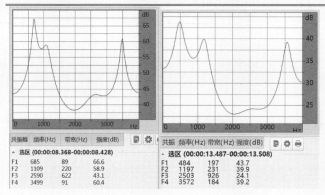

检材中[ɣ]“那个”的共振峰图谱

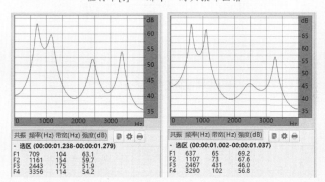

样本 7（左）及样本 10（右）中[ɣ]“那个”的共振峰图谱

制表人：　　　　　　制表日期：　　　　　　审核人：

XX 市 XXX 司法鉴定中心

语音特征比对表

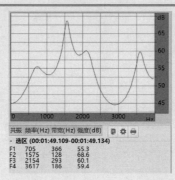

共振 频率(Hz) 带宽(Hz) 强度(dB)
╴选区 (00:01:49.109-00:01:49.134)

	频率(Hz)	带宽(Hz)	强度(dB)
F1	705	366	55.3
F2	1575	128	68.6
F3	2154	293	60.1
F4	3617	186	59.4

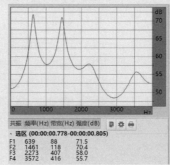

共振 频率(Hz) 带宽(Hz) 强度(dB)
╴选区 (00:00:00.778-00:00:00.805)

	频率(Hz)	带宽(Hz)	强度(dB)
F1	639	88	71.5
F2	1461	118	70.4
F3	2273	407	58.0
F4	3572	416	55.7

检材及样本 4 中[ai] "大概多少钱" 的共振峰图谱

制表人：   制表日期：   审核人：

XX 市 XXX 司法鉴定中心

语音特征比对表

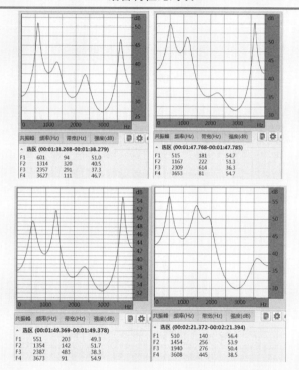

共振峰	频率(Hz)	带宽(Hz)	强度(dB)
选区 (00:01:38.268-00:01:38.279)			
F1	601	94	51.0
F2	1314	320	40.5
F3	2357	291	37.3
F4	3627	111	46.7

共振峰	频率(Hz)	带宽(Hz)	强度(dB)
选区 (00:01:47.768-00:01:47.785)			
F1	515	181	54.7
F2	1167	222	51.3
F3	2309	614	36.3
F4	3653	81	54.7

共振峰	频率(Hz)	带宽(Hz)	强度(dB)
选区 (00:01:49.369-00:01:49.378)			
F1	551	203	49.3
F2	1354	142	51.7
F3	2387	483	38.3
F4	3673	91	54.9

共振峰	频率(Hz)	带宽(Hz)	强度(dB)
选区 (00:02:21.372-00:02:21.394)			
F1	510	140	56.4
F2	1454	256	53.9
F3	1940	276	50.4
F4	3608	445	38.5

检材中[uo] "多少（钱）"的共振峰图谱

注：受到"少"字略读、不发音、不标准发音等影响，[uo]的共振峰图谱略有不同。

制表人：　　　　　制表日期：　　　　　审核人：

XX 市 XXX 司法鉴定中心

语音特征比对表

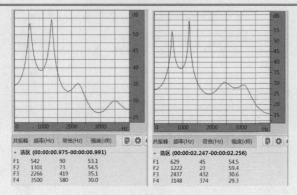

样本 1 中[uo] "多少钱" 的共振峰图谱

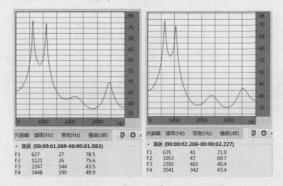

样本 4 中[uo] "多少钱" 的共振峰图谱

注：受到"少"字略读、不发音、不标准发音等影响，[uo]的共振峰
图谱略有不同。

制表人：   制表日期：   审核人：

XX 市 XXX 司法鉴定中心

语音特征比对表

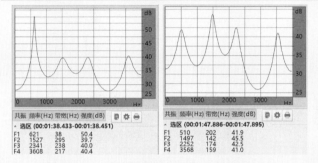

检材中 [iæn] "多少钱" 的共振峰图谱

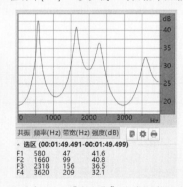

检材中 [iæn] "多少钱" 的共振峰图谱

制表人：　　　　　　　制表日期：　　　　　　　审核人：

XX 市 XXX 司法鉴定中心

语音特征比对表

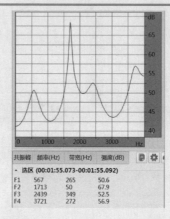

共振峰	频率(Hz)	带宽(Hz)	强度(dB)
▲ 选区 (00:01:55.073-00:01:55.092)			
F1	567	265	50.6
F2	1713	50	67.9
F3	2439	349	52.5
F4	3721	272	56.9

检材中[iæn] "几百块**钱**"的共振峰图谱

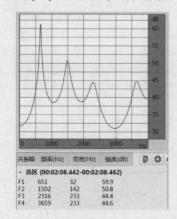

共振峰	频率(Hz)	带宽(Hz)	强度(dB)
▲ 选区 (00:02:08.442-00:02:08.462)			
F1	651	32	59.9
F2	1502	142	50.8
F3	2316	233	44.4
F4	3659	233	44.6

检材中[iæn] "三五百块**钱啊**"的共振峰图谱

制表人：   制表日期：   审核人：

XX 市 XXX 司法鉴定中心

语音特征比对表

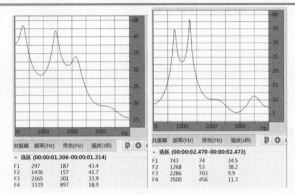

样本 1 中[iæn] "多少**钱**"的共振峰图谱

注：左侧共振峰受到[tɕʻ]较大影响

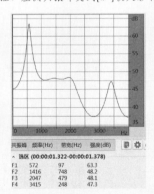

样本 4 中[iæn] "多少**钱**"的共振峰图谱

制表人：　　　　　制表日期：　　　　　审核人：

XX 市 XXX 司法鉴定中心

语音特征比对表

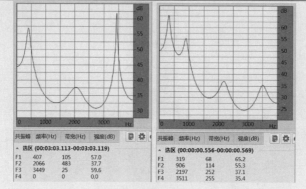

检材及样本 8 中 [u] "那**如果**"的共振峰图谱

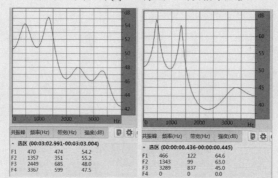

检材及样本 8 中 [ə] "**那如果**"的共振峰图谱

制表人：　　　　　　制表日期：　　　　　　审核人：

XX 市 XXX 司法鉴定中心

语音特征比对表

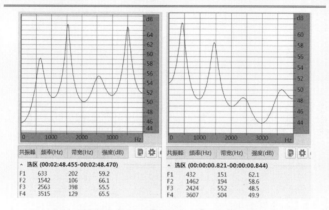

共振峰	频率(Hz)	带宽(Hz)	强度(dB)
∧ 选区 (00:02:48.455-00:02:48.470)			
F1	633	202	59.2
F2	1542	106	66.1
F3	2563	398	55.5
F4	3515	129	65.5

共振峰	频率(Hz)	带宽(Hz)	强度(dB)
∧ 选区 (00:00:00.821-00:00:00.844)			
F1	432	151	62.1
F2	1462	194	58.6
F3	2424	552	48.5
F4	3607	504	49.9

检材及样本 6 中[an]“去公**安**局”的共振峰图谱

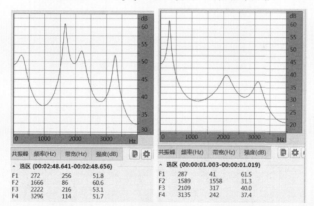

共振峰	频率(Hz)	带宽(Hz)	强度(dB)
∧ 选区 (00:02:48.641-00:02:48.656)			
F1	272	256	51.8
F2	1666	86	60.6
F3	2222	216	53.1
F4	3296	114	51.7

共振峰	频率(Hz)	带宽(Hz)	强度(dB)
∧ 选区 (00:00:01.003-00:00:01.019)			
F1	287	41	61.5
F2	1589	1558	31.3
F3	2109	317	40.0
F4	3135	242	37.4

检材及样本 6 中[u]“去公安**局**”的共振峰图谱

制表人：　　　　　　制表日期：　　　　　　审核人：

XX 市 XXX 司法鉴定中心

语音特征比对表

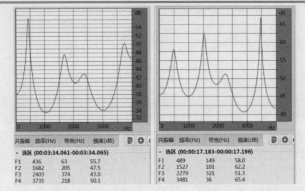

检材中[ən] "我就是**问**一下"（左）、"**问**下你们"（右）的共振峰图谱

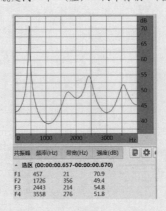

样本 11 中[ən] "我就是**问**一下" 的共振峰图谱

制表人：　　　　　　制表日期：　　　　　　审核人：

附件3:

听觉特征比对表

特点	检材	样本
伪装特征	无	无
方言特征	北方口音	北方口音
语速	适中，部分语句存在变速	适中，部分词语出现变快速
音高	正常	正常
嗓音纯度	较高（较明亮）	较高（较明亮）
平翘舌音是否区分	区分	区分
赘语使用	较常使用"那"、"这"、"就"等赘语	使用"那"、"这"、"就"等赘语
舌位特征	卷舌发音	卷舌发音
缺陷特征	咳嗽	咳嗽
清晰度	整体较清晰，但存在含糊不清的情况，如"没有**说过**（含糊不清）**那个什么**，弄个手机还……要备案的"	较清晰，偶尔出现清晰度下降的情况，如"公立的那个要**怎么搞**……"
流畅度	适中，部分语句出现不正常中断、词语重复的现象。如"那我这个……过几天过来，过两天可以吗？过两天你收吗？"	适中，部分语句出现不正常中断、词语重复的现象。"过两天你陪我去……看可以吗"、"大概多少钱，就这个，多少钱"

附件 4:

声学参数比对表

类型	音节	所在句子	F1（Hz）	F2（Hz）	F3（Hz）	F4（Hz）
检材	[i]	手机	376	1804	2499	3566
检材	[i]	手机	386	1729	2425	3406
检材	[i]	手机	318	1827	2670	3679
检材	[i]	手机	367	1740	2445	3643
检材	[i]	手机	383	1793	2581	3543
检材	[i]	手机	372	1785	2447	3508
样本	[i]	手机	341	1684	2347	3540
检材	[i]	问一下	450	1672	2479	3739
样本	[i]	问一下	495	1680	2428	3589
检材	[ou]	手机	435	1361	2229	3380
检材	[ou]	手机	448	1388	2236	3400
检材	[ou]	手机	381	1280	2355	3515
检材	[ou]	手机	396	1398	2155	3569
样本	[ou]	手机	382	1483	2496	3583
检材	[ʌ]	查到吗	675	1113	2466	3597
样本	[ʌ]	查到吗	700	1136	2454	/
检材	[ʌ]	查到吗	700	1106	/	3559
样本	[ʌ]	查到吗	651	1023	/	3349
检材	[ɑu]	查到吗	682	1023	2791	3535

样本	[ɑu]	查到吗	589	961	/	3628
检材	[o]	我就是问一下	388	1430	2346	3480
检材	[o]	我也不会搞	485	1361	2204	3440
样本	[o]	我也不会搞	484	1421	2191	3419
样本	[o]	我也不会搞	447	1360	1921	3293
样本	[o]	我就是问一下	380	1380	2202	3443
检材	[ɣ]	那个	685	1109	2590	3499
检材	[ɣ]	那个	484	1197	2503	3572
样本	[ɣ]	那个	709	1161	2443	3356
样本	[ɣ]	那个	637	1107	2467	3290
检材	[ai]	大概多少钱	705	1575	2154	3617
样本	[ai]	大概多少钱	639	1461	2273	3572
检材	[uo]	多少（钱）	601	1314	2357	3627
检材	[uo]	多少（钱）	515	1167	2309	3653
检材	[uo]	多少（钱）	551	1354	2387	3673
检材	[uo]	多少（钱）	510	1454	1940	3608
样本	[uo]	多少（钱）	542	1301	2266	3500
样本	[uo]	多少（钱）	629	1222	2437	3148
样本	[uo]	多少（钱）	627	1121	2247	3448
样本	[uo]	多少（钱）	635	1053	2392	3541
检材	[iæn]	多少钱	621	1527	2341	3608

检材	[iæn]	多少钱	510	1497	2252	3568
检材	[iæn]	多少钱	580	1660	2318	3620
检材	[iæn]	几百块钱	567	1713	2439	3721
检材	[iæn]	三五百块钱啊	651	1502	2316	3659
样本	[iæn]	多少钱	297	1436	2165	3339
样本	[iæn]	多少钱	743	1268	2286	3500
样本	[iæn]	多少钱	572	1416	2047	3415
检材	[u]	那如果	407	/	2066	3449
样本	[u]	那如果	319	906	2197	3511
检材	[ə]	那如果	470	1357	2449	3367
样本	[ə]	那如果	466	1343	/	3289
检材	[an]	去公安局	633	1542	2563	3515
样本	[an]	去公安局	432	1462	2424	3607
检材	[u]	去公安局	272	1666	2222	3296
样本	[u]	去公安局	287	1589	2109	3135
检材	[ən]	我就是问一下	436	1682	2403	3735
检材	[ən]	问下你们	489	1527	2279	3481
样本	[ən]	我就是问一下	457	1726	2443	3558

附件 5:

检材及样本语音文字稿

一、检材文字稿

女：诶，您好

男：您好。老板那个，忙不？这样啊，我想来咨询个事（儿），

女：您说。

男：那个，就是，我捡到一个什么……一个东西。想来问下你们收不收。

女：要看，不是什么东西都收，什么东西都要。

男：……（无法辨听）一个手机

女：你捡了一个手机么？

男：嗯，你们收手机么？

女：看吧，看什么手机了

男：那个，我问下啊。就，这手机，我捡到了，我关机……嗯……但它也关不上，然后它总开机，它还会亮的。（咳嗽声）你看就这样子，它开机还会亮，然后关不上就 X 了。就……就这情况下，这个失主还能找到我吗？

女：你卡拔了吗？

男：那个，什么卡？电话卡吗？哦，电话卡拔掉了

女：你……其实是可以的，你这个手机，理论上要查，都是可以查到的。

男：这个，关机关掉了以后，他定位定得了吗？关机也能查到吗？这手机也没有电了，我也不会搞，那里也没有充电，充电器我也没有，诶，你说这手机也没电了，这手机主人还能找到我吗？

女：我劝你一句哦，你就不能把卡插回去，还人家吗？手机。

男：这个卖掉多少？（咳嗽声）收一下……你这里收……收这个要多少钱，就这个手机

女：哎呀，我这儿肯定很便宜的呀，我又解不了锁，我就当收零件收的。

男：那多少钱收，就大概多少钱。

女：几百块吧

男：几百……几百块钱是几百呢，最低？然后，你看我这个手机也挺新的，我刚捡的也是。

女：我这儿顶多就收一张屏。三五百块钱吧。

男：那就三五百块钱啊。

女：嗯，就这个，废品，三五百都多了。

男：那老板我这个，三五块钱……三五百块钱，卖给你好不好，好不好，你看你具体能……那个……给我多少。（含糊不清）我这刚捡的，就，给你收么？

女：（含糊不清）捡的？

男：就这两天，前天，不是不是不是，是昨天，（咳嗽声），昨天吧。

女：昨天不收。

男：昨天……昨天怎么不收啊。

女：过两天才行，你这手机，在公安局没有备案。才行，你得过几天。

男：呀……手机还被备案啦，去公安局备案吗？

女：对啊，不然我不就成收赃物的了嘛，不行的。

男：那我这个……过几天过来，过两天可以吗？过两天你收吗？

女：没备案收。

男：那如果还有别的东西呢？

女：你还有什么东西？

男：有电脑和其他什么的。

女：电脑你也捡得到？

男：嗨，没有没有没有，我就是问一下。没有说过（含糊不清）那个什么，弄个手机还……要备案的。

女：啊呀，我劝你，你要么把手机还人家，你给人家打个电话嘛。你就说你捡到了。一般你问人家要几百块钱，人家肯定会给你的。只要你不是偷的。

男：这个不是偷的呀，我没有偷这只，我就是捡到的，不是偷的，我就是问下先。

二、样本文字稿

1. 样本 1（msg_0018160519196839efd1f12103.amr）

那个……公立的要多少钱，民办的要多少钱。

2. 样本 2（msg_0218170519196839efd1031103.amr）

过两天你陪我去……看可以吗，过两天你有空吗？

3. 样本 3（msg_0718150519196839efd5025100.amr）

那……我昨天看新闻是这样的……外地小孩上幼儿园收不收啊？

4. 样本 4（msg_1318160519196839efd4f32103.amr）

大概多少钱，就这个，多少钱？

5. 样本 5（msg_1318170519196839efd3cee104.amr）

我手机快没电啦，等我充完电再给你说。

6. 样本 6（2218160519196839efd7450106.amr）

还要去公安局办居住证吗？

7. 样本 7（2818150519196839efda052101.amr）

你家那个上是公立的还是民办的呀。

8. 样本 8（3418160519196839efda177101.amr）

那如果我已经有居住证呢。

9. 样本 9（4618160519196839efdd053106.amr）

幼儿园电话可以查到吗？有吗？这个我也不会搞。

10. 样本 10（4818150519196839efdef2a104.amr）

公立的那个要怎么搞，（咳嗽声），我也不会搞。

11. 样本 11（5418160519196839efdefb0106.amr）

我就是问一下。

余图及记录略。

[例2]　19VB0027鉴定文书（专家组评价结果：通过）

XXX 司法鉴定所
司法鉴定意见书

声　明

　　1. 司法鉴定机构和司法鉴定人根据法律、法规和规章的规定，按照鉴定的科学规律和技术操作规范，依法独立、客观、公正进行鉴定并出具鉴定意见，不受任何个人或者组织的非法干预。

　　2. 司法鉴定意见书是否作为定案或者认定事实的根据，取决于办案机关的审查判断，司法鉴定机构和司法鉴定人无权干涉。

　　3. 使用司法鉴定意见书，应当保持其完整性和严肃性。

　　4. 鉴定意见属于鉴定人的专业意见。当事人对鉴定意见有异议，应当通过庭审质证或者申请重新鉴定、补充鉴定等方式解决。

地　　址：xxxxxx

联系电话：xxxx-xxxxxxxx

参加编号：19VB0027

×××司法鉴定所

司法鉴定意见书

编号：　XXX 司法鉴定所[2019]语鉴字第 XXX 号

一、 基本情况

委托人：XXX

委托事项：

检材中的男声与样本中的张三语音是否同一人所说。

受理日期：2019 年 7 月 9 日

鉴定材料：

委托方提交标有"司法鉴定科学研究院 2019 年度能力验证计划项目 CNAS SF0031 参加编号：19VB0027 项目名称：语音同一性鉴定"等字样的光盘一张（见附件一）。

二、 基本案情

在一起团伙盗窃案件的侦查过程中，警方提取到一段由 TP-LINK IPC42A-4 监控摄像头录制的销赃过程监控录像。另在其他涉案人员的小米 MIX 手机中提取到张三的微信语音 11 段。为确认销赃人的身份，现警方委托鉴定机构对监控录像中的销赃人语音与手机微信中的张三语音是否同一进行鉴定。

三、 资料摘要

检材：

参加编号：19VB0027

光盘"检材"文件夹中名为"TP-LINK

IPC_20190520181902_33620571.mp4"的监控录像文件 1 个。

样本：

光盘"样本"文件夹中名为

"msg_5418160519196839efdefb0106.amr"、

"msg_3418160519196839efda177101.amr"、

"msg_2218160519196839efd7450106.amr"、

"msg_1318170519196839efd3cee104.amr"、

"msg_1318160519196839efd4f32103.amr"、

"msg_0018160519196839efd1f12103.amr"、

"msg_2818150519196839efda052101.amr"、

"msg_4618160519196839efdd053106.amr"、

"msg_4818150519196839efdef2a104.amr"、

"msg_0218170519196839efd1031103.amr"、

"msg_0718150519196839efd5025100.amr"的微信语音文件 11 个。

（见附件一）

四、 鉴定过程

鉴定人员：XXX，XXX

开始鉴定时间：2019 年 7 月 9 日

鉴定地点：XXX 司法鉴定所

技术规范：

本鉴定依据《录音资料鉴定规范》（SF/Z JD0301001-2010）

第三部分语音同一性鉴定规范进行。

检验设备：

音频处理工作站（设备编号：XXX）、Praat version 6.0.55

（设备编号：XXX）。

检验过程：

（一）、文件属性等检验

分别对送检光盘内监控录像文件及音频文件的属性等进行预

检（见附件二），结果见下表：

文件	检验项目	检验结果
TP-LINK IPC_2019 05201819 02_33620 571.mp4	SHA256 码	FB8DE2C85B9EBA75627B85D7428CD06695A2FF8AA585231A0957502AFE4 AD738
	音频格式	频道 1（单声道）、采样率 8.000 KHZ
	创建时间	2019 年 5 月 20 日，18:22:46
	修改时间	2019 年 5 月 20 日，18:22:46
	时长	00:03:39
	大小	2.70 MB (2,836,842 字节)
msg_1318 16051919 6839efd4f 32103.amr	SHA256 码	80839E4E59E220F99803167CCCD21607129457F6C01E1B93C2961BCB2EB7 6E88
	创建时间	2019 年 5 月 20 日，10:32:50
	修改时间	2019 年 5 月 20 日，10:32:50
	大小	5.10KB(5,227 字节)
msg_5418 16051919 6839efdef b0106.amr	SHA256 码	271689C33B7AD06487206719E5DBE93D85B061752B036EF36E39D27AA0F5 DC87
	创建时间	2019 年 5 月 20 日，10:32:50
	修改时间	2019 年 5 月 20 日，10:32:50
	大小	2.05KB(2,102 字节)
msg_2218 16051919 6839efd74 50106.amr	SHA256 码	E19353EF266697940F58C103A98109625B026E5DDCA484B05A170A79F036 D71D
	创建时间	2019 年 5 月 20 日，10:32:50
	修改时间	2019 年 5 月 20 日，10:32:50
	大小	4.21KB(4,315 字节)
msg_4818 15051919 6839efdef 2a104.amr	SHA256 码	9A64CB33A0D16D02813476EA1EC061BE68AA45263A99A51B8A182FE5353B CD64
	创建时间	2019 年 5 月 20 日，10:32:50
	修改时间	2019 年 5 月 20 日，10:32:50
	大小	6.56KB(6,722 字节)
msg_1318 17051919 6839efd3c ee104.amr	SHA256 码	EFF898084D84750B8D5DC30B52B04C1709EA5A484063F67376637749920D C350
	创建时间	2019 年 5 月 20 日，10:32:50
	修改时间	2019 年 5 月 20 日，10:32:50
	大小	4.71KB(4,824 字节)
msg_4618 16051919	SHA256 码	ED9C2B9103ADCACD6151D89278B58757D461B78F09FC851204881B682D3 6681A

6839efdd0 53106.amr	创建时间	2019 年 5 月 20 日，10:32:50
	修改时间	2019 年 5 月 20 日，10:32:50
	大小	6.40KB(6,557 字节)
msg_0018 16051919 6839efd1f 12103.amr	SHA256 码	60184F9AEB65BD1C75223702B76F7B8DA5CC1A69208665050BEA483BD70B8DBE
	创建时间	2019 年 5 月 20 日，10:32:50
	修改时间	2019 年 5 月 20 日，10:32:50
	大小	5.40KB(5,539 字节)
msg_3418 16051919 6839efda1 77101.amr	SHA256 码	CB2B20103BB38B9610D53A10B29124D40197A86D7CC84807E195FEBF6653B3E6
	创建时间	2019 年 5 月 20 日，10:32:50
	修改时间	2019 年 5 月 20 日，10:32:50
	大小	3.64KB(3,729 字节)
msg_2818 15051919 6839efda0 52101.amr	SHA256 码	22A3523F28AF34F1E67421643D8032E63ADFCAE5B5D80658E848B95BFBF532BC
	创建时间	2019 年 5 月 20 日，10:32:50
	修改时间	2019 年 5 月 20 日，10:32:50
	大小	6.04KB(6,187 字节)
msg_0718 15051919 6839efd50 25100.amr	SHA256 码	B0EA273ACFB82880C89206216D7C7108765979D003E39A1CA4C0C09D14463DC5
	创建时间	2019 年 5 月 20 日，10:32:50
	修改时间	2019 年 5 月 20 日，10:32:50
	大小	11.5KB(11,863 字节)
msg_0218 17051919 6839efd10 31103.amr	SHA256 码	6D98196ECEA6032F15B1B240E9DA99F6F74CE5F3D8F38E190EA760FAA3B07154
	创建时间	2019 年 5 月 20 日，10:32:50
	修改时间	2019 年 5 月 20 日，10:32:50
	大小	7.46KB(7,642 字节)

（二）文件格式转换

使用音频处理工作站以 8 KHZ 采样率、单声道配置将"TP-LINK IPC_20190520181902_33620571.mp4"导出为 "检材.wav"，

"msg_1318160519196839efd4f32103.amr"导出为"样本 1.wav"，

"msg_5418160519196839efdefb0106.amr"导出为"样本 2.wav"，

"msg_2218160519196839efd7450106.amr"导出为"样本 3.wav"，

"msg_4818150519196839efdef2a104.amr"导出为"样本 4.wav"，

"msg_1318170519196839efd3cee104.amr"导出为"样本5.wav"，

"msg_4618160519196839efdd053106.amr"导出为"样本6.wav"，

"msg_0018160519196839efd1f12103.amr"导出为"样本7.wav"，

"msg_3418160519196839efda177101.amr"导出为"样本8.wav"，

"msg_2818150519196839efda052101.amr"导出为"样本9.wav"，

"msg_0718150519196839efd5025100.amr"导出为"样本10.wav"，

"msg_0218170519196839efd1031103.amr"导出为"样本11.wav"。

（三）语音同一性检验

1、分别检验

使用音频处理工作站对"检材.wav"、"样本1.wav"、"样本2.wav"、"样本3.wav"、"样本4.wav"、"样本5.wav"、"样本6.wav"、"样本7.wav"、"样本8.wav"、"样本9.wav"、"样本10.wav"、"样本11.wav"中待检语音分别进行听觉、声谱分析等检验发现：

（1）"检材.wav"、"样本1.wav"、"样本2.wav"、"样本3.wav"、"样本4.wav"、"样本5.wav"、"样本6.wav"、"样本7.wav"、"样本8.wav"、"样本9.wav"、"样本10.wav"、"样本11.wav"中待检男性语音整体上语音清晰，语图反映充分，语音数量多，无伪装，具备检验条件。

2、对比检验

（1）听觉检验

1、对"检材.wav"、"样本1.wav"、"样本2.wav"、"样本3.wav"、"样本4.wav"、"样本5.wav"、"样本6.wav"、"样本7.wav"、"样本8.wav"、"样本9.wav"、"样本10.wav"、"样本11.wav"中待检语音分别进行听觉检验发现：

"检材.wav"、"样本1.wav"、"样本2.wav"、"样本3.wav"、"样本4.wav"、"样本5.wav"、"样本6.wav"、"样本7.wav"、"样本8.wav"、"样本9.wav"、"样本10.wav"、"样本11.wav"中待检男性语音在语速、抑扬顿挫、讲话力度、嗓音纯度、清晰度、响亮度、共鸣方式、舌位、口音特征等方面高度相似（见附录三）。

（2）声谱定性及定量比对

对比关键词"内个"的共振峰，"检材.wav"中三处关键词的共振峰波形与"样本4.wav"、"样本9.wav"、"样本10.wav"中关键词的共振峰波形存在差异，但总体走势比较相似。（详见附件四图1-图6）

检材中关键词"大概多少钱"、"没电啦"、"多少钱"、"这样啊"的共振峰波形，分别与样本1、样本5、样本7、样本10中对应关键词的共振峰波形对比，总体走势比较相似。

鉴定意见：

检材中的男声与样本中的张三语音是同一人所说。

参加编号：19VB0027

拟司法鉴定人：XXX

签名；

拟司法鉴定人：XXX

签名：

授权签字人：XXX

签名：

二〇一九年七月九日

附件一：送检材料图片

送检光盘图片

送检光盘内文件

附件二：文件属性检验图

附件三：听觉检验表

内容	检材	样本1	样本2	样本3	样本4	样本5	样本6	样本7	样本8	样本9	样本10	样本11
语速	正常	正常	正常	正常	正常	正常	正常	正常	正常	正常	正常	正常
音调高低	正常	正常	正常	正常	正常	正常	正常	正常	正常	正常	正常	正常
抑扬顿挫	较强	较强	较强	较强	较强	较强	较强	较强	较强	较强	较强	较强
讲话力度	有力	有力	有力	有力	有力	有力	有力	有力	有力	有力	有力	有力
噪音纯度	较高	较高	较高	较高	较高	较高	较高	较高	较高	较高	较高	较高
清晰度	好	好	好	好	好	好	好	好	好	好	好	好
响亮度	好	好	好	好	好	好	好	好	好	好	好	好
言语缺陷	无	无	无	无	无	无	无	无	无	无	无	无
共鸣方式	口腔共鸣	口腔共鸣	口腔共鸣	口腔共鸣	口腔共鸣	口腔共鸣	口腔共鸣	口腔共鸣	口腔共鸣	口腔共鸣	口腔共鸣	口腔共鸣
舌位前后	居中	居中	居中	居中	居中	居中	居中	居中	居中	居中	居中	居中
语气助词	我问一下啊											
口音特征	内			内				内			内	

参加编号：19VB0027

附件四：光标间 LPC 谱定性、定量对比图谱及定量统计表

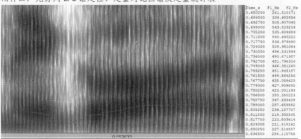

图1　样本4中"内个"关键词共振峰截图

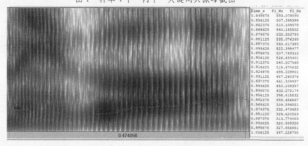

图2　样本9中"内个"关键词共振峰截图

参加编号：19VB0027

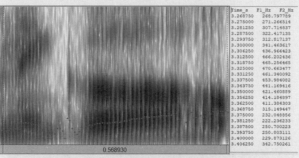

图 3　样本 10 中 "内个" 关键词共振峰截图

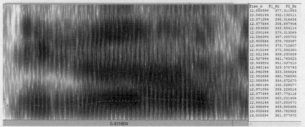

图 4　检材中 "内个" 关键词共振峰截图 1

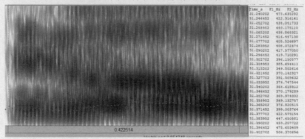

图 5　检材中 "内个" 关键词共振峰截图 2

参加编号：19VB0027

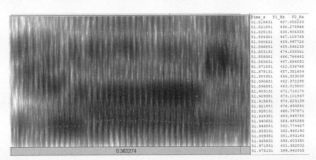

图6　检材中"内个"关键词共振峰截图3

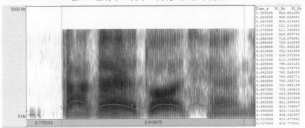

图7　样本1中"大概多少钱"关键词共振峰截图

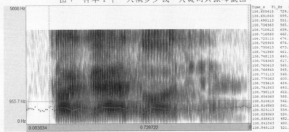

图8　检材中"大概多少钱"关键词共振峰截图

参加编号：19VB0027

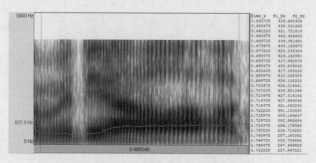

图 9 样本 5 中"没电啦"关键词共振峰截图

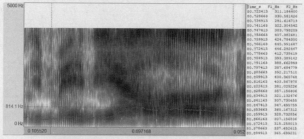

图 10 检材中"没电啦"关键词共振峰截图

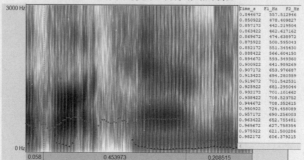

图 11 样本 7 中"多少钱"关键词共振峰截图

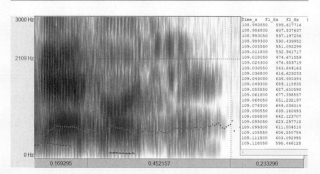

图 12　检材中"多少钱"关键词共振峰截图

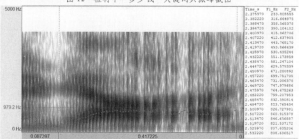

图 13　样本 10 中"这样啊"关键词共振峰截图

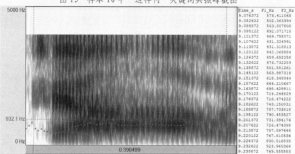

图 14　检材中"这样啊"关键词共振峰截图

【专家点评】

参加编号为19VB0020的鉴定文书是本次能力验证计划反馈结果中质量较高的一份鉴定,反映出的鉴定能力获得了项目专家组的一致好评;参加编号为19VB0027的鉴定文书的鉴定意见尽管正确,但检验过程和分析说明存在较大问题,依据预先制定的评价标准,仅获得了通过的评价结果。

在鉴定方法的合理性方面,两份鉴定文书均体现了良好的方法使用管理意识,参加编号为19VB0020的鉴定文书采用了《声像资料鉴定通用规范》(SF/Z JD0300001 – 2010)、《录音资料鉴定规范》(SF/Z JD0301001 – 2010)、《录像资料鉴定规范》(SF/Z JD0304001 – 2010),其中《声像资料鉴定通用规范》(SF/Z JD0300001 – 2010)、《录音资料鉴定规范》(SF/Z JD0301001 – 2010)方法为对语音同一性鉴定的对口方法,《录像资料鉴定规范》(SF/Z JD0304001 – 2010)是针对本次能力验证计划检材为视频所采用的方法,体现了鉴定人依据鉴定材料和鉴定要求,正确地选用鉴定方法的能力。参加编号为19VB0020的鉴定文书采用了《录音资料鉴定规范》(SF/Z JD0301001 – 2010)第三部分语音同一性鉴定规范,但缺少鉴定程序方面的要求,建议方法中增加《声像资料鉴定通用规范》。从内容上看,参加编号为19VB0020的鉴定人能够按照鉴定方法的要求进行检验,名实相副。参加编号为19VB0027的鉴定文书结构上能够按照其采用的鉴定方法进行,但过程流于形式,实质上依据不够充分,是最终导致仅被评价为通过的重要原因。另一方面,在其他反馈的鉴定文书中,存在堆砌、滥用鉴定方法的现象,即部分鉴定机构无论方法是否适用,如音像制品同源性鉴定技术规范(SF/ZJD0300002 – 2015),只要可能与声像资料有关,都写入鉴定报告,这一现象体现了机构既没有充分了解所列鉴定方法的内容,也未能在实际鉴定中使用选用的方法。

在鉴定文书规范性方面,参加编号为19VB0020的鉴定文书采用了具有声谱分析功能的专用鉴定设备或软件;参加编号为19VB0027的鉴定文书未体现采用了鉴定专用设备,工具的不够规范也导致了后续鉴定中图谱质量、测量比较的不够合理。在文书结构上,两份鉴定文书要素齐全,列明了所采用的鉴定方法和使用的鉴定设备,以及分别检验、比较检验和综合评断的内容,形式上符合相关鉴定文书规范的要求。但是,参加编号为19VB0020的鉴定文书的附件内容与文书内容相关性较弱,未在文书内容中体现对附件内容的引用,结构较松散。在文书用词上,参加编号为19VB0020的鉴定文书描述专业、准确、简明,而参加编号为19VB0027的鉴定文书用词较随意,对鉴定内容的表达不够清晰、充分。

在检验全面性方面,参加编号为19VB0020和19VB0027的鉴定文书均拍摄了样品照片并计算了检材和样本的校验值,反映出较好的固定保全意识,有助于明确鉴定材料的送检状况,避免今后产生异议。两份鉴定文书均体现了对检材的采集过程。本次语音同一性能力验证计划中,在检材的拍照固定、校验值计算、文件属性检验、内容描述等方面,整体反馈结果较好,参加机构普遍具备了声像资料的固定保全和概况介绍意识。两份鉴定文书采用表格、截图形式对检材和样本的文件属性和录制参数进行了呈现,有助于报告的使用者直观了解送检材料的总体情况。本次能力验证计划样品为视频和微信语音,两者均不是常见的音频格式,在鉴定过程中需要对检材和样本进行采集转码至声谱分析软件合适的格式、采样率,两份鉴定文书在对检材和样本的文件属性、录制参数或元数据等信息进行提取后,对检材和样本均进行了采集转码。在本次的反馈结果中,有部分鉴定文书未能体现这一必要步骤。另外,与常规的音频文件不同,本次能力验证计划的检材为视频,除了音频信息外,视频画面的信息是检材的直观组成部分,在对检材进行描述时不应忽视,但部分鉴定文书并未涉及。参加编号为19VB0020的鉴定文书对检材和样本语音中的具体内容进行了描述,便于使用者在仅查看纸质文书时就能够了解需检录音的具体内容。参加编号为19VB0027的鉴定文书未对检材和样本录音内容情况进行描述。由于一般情况下委托方或者报告的使用者不易直接读取检材或者样本内容,因此,在鉴定文书中对内容进行具体描述将有助于使用者了解鉴定材料的具体情况。

语音同一性鉴定的核心是对语音特征的分析。参加编号为19VB0027的鉴定文书"分别检验"部分中,对检材和样本语音进行了听辨检验描述,概括性提及考察了说话人语音清晰、无伪装等情况,但目的仅在于概括性确定检材和样本是否"具备检验条件",其后直接进入比较检验,无论是听觉检验还是声谱检验均缺乏同一认定的分别检验步骤中对语音特征的分析要求。参加编号为19VB0020的鉴定文书中的分别检验也类似,对语速、节奏、噪音纯度、赘语使用、舌位特征等方面的考察略有体现。分别检验是进行同一认定的重要步骤,按照同一认定的理论和方法,同一性鉴定都会涉及对检材的检验、对样本的检验、对检材与样本的比较检验和综合评断四部曲,在语音同一性鉴定方法中对分别检验也有明确表述。不进行分别检验,就无从了解检材和样本的语音特征的反映情况及其稳定性情况,只有在充分了解检材和样本特征的基础上,比较检验才能做到具有针对性并保证其充分性。听觉检验作为语音同一性鉴定检验手段中的一个部分,在分别检验和比较检验中都应出现。在分别检验中,除了利用听觉检验确定送检材料是否具备检验条件外,客观地分别考察检材和样本自身的语音听觉特征也是检验的重要内容,能够帮助鉴定人初步确定出现的语音特征及其价值,为后续的检验打下基础。

在比较检验中,参加编号为19VB0020的鉴定文书从赘语使用、嗓音纯度、方言特征、舌位特征、清晰度、流畅度、缺陷特征等方面对检材和样本的听觉特征进行了分析。参加编号为19VB0027的鉴定文书以表格的形式,对语速、音调高低、抑扬顿挫、讲话力度、嗓音纯度等进行评价,该表格内容较丰富,如能合理使用,语音听觉特征的异同清晰明了,但该机构并未具体对表格列出的项目进行检验,而是仅填写"正常""较好"等词语,无法通过表格中所列的内容对检材和样本的各项语音特征产生判断,对语音的分析过于笼统和概念化,缺少实质性内容,未能体现出解析方式的专业分析思路。实际上,采用何种形式进行描述均可,更加准确充分的听觉检验才是其目的。历次语音同一性能力验证计划中,语音分析不充分是较为普遍的现象。作为专业人员,与非专业人员的最大区别应是对语音的解析能力,常人一般会笼统地说明像或不像,而专业人员应能具体地说明哪一点像或不像,并且是如何的像或不像,其根源来自哪里。由此要求鉴定人员要重视语音知识的学习,培养辨音解析能力,提高鉴定水平。

在声谱检验部分,参加编号为19VB0020的鉴定文书选取了若干条件较好的语句制作了语图,并选取了其中认为价值较高的10个相同音节进行图谱分析和共振峰数据比对;参加编号为19VB0027的鉴定文书中也列出了5个语句制作的语图及基频数据,但未能进行除列出语图外的其他声谱、共振峰分析。语图比对部分,参加编号为19VB0020的鉴定文书制作的语图参数较合理,缩放比例合适,但在图谱清晰度方面略有欠缺,图谱未见标音,声谱特征尚算明显,但未使用箭头标出任何特征点,并且图谱排列不整齐,声谱特征的比较情况不够直观明确。参加编号为19VB0027的鉴定文书未进行标注,且在声谱比较中仅通过"总体走势比较相似"得到结论,比较分析不充分,说服力不强。纵观本次能力验证的反馈结果,虽然绝大部分都附有语图,但有一部分语图仅仅将检材和样本上下排列,无具体特征的标识,难有比较说明作用。另外,受益于目前语音分析软件的功能更新,部分鉴定文书中的图谱部分包括了较详细的语音统计数据,但其中部分数据的意义不明或者由于选区不合适导致存在一定差错,说明鉴定人未能认真分析其中的数据,仅使用软件功能对图谱数据进行简单罗列。

　　在鉴定依据的充分性方面，参加编号为19VB0020的鉴定文书从多个角度、多种模式对语音特征进行了详尽分析和比较，方法合理、检验全面，有对差异点进行分析，总体而言鉴定依据充分，鉴定意见正确。参加编号为19VB0027的鉴定文书未体现综合评断，体现出该鉴定人未能正确理解分析说明和综合评断的含义，没有很好掌握同一认定的理论和方法。尽管如此，该份文书鉴定意见是正确的。

　　比较本次能力验证计划与过去几年相同项目的反馈结果，参加机构依据方法进行鉴定的意识有大幅提高，大部分反馈结果都体现了样品固定、采集、文件属性检验等规范过程，这与历年的能力验证工作不无关系，也反映了参加机构能够通过学习总结取得进步。但反馈结果中对语音的分析过于笼统或概念化，不能具体说明语音特征到底有何异同，声谱差异到底反映出什么样的语音内涵，也反映出鉴定人缺乏语音基础，对语音的理解存在欠缺，是今后专业发展和人员培训需要引起重视的。

点评人：卢启萌　工程师

施少培　正高级工程师

《墨粉成分比对检验（CNAS SF0032）》 鉴定文书评析

【项目简介】

《墨粉成分比对检验》是微量物证鉴定领域继2009年后第二次实施的能力验证计划项目。墨粉成分比对检验是微量物证鉴定中文件材料鉴定项目之一，也是社会鉴定机构受理数量较多的鉴定项目，通常为文件鉴定提供客观数据，或直接为案件的审理提供科学证据。因此，本次能力验证计划的目的是探索适合在各机构之间进行墨粉成分比对检验能力考察和评价的科学、客观的方法和途径，并成为规范鉴定活动、提高鉴定能力的方法，从而有助于不同鉴定机构间在对同一问题的鉴定上获得基本一致的结论，保证司法鉴定结论的一致性和可比性。

【方案设计】

本次能力验证计划的方案由项目专家组根据墨粉鉴定实践中常见的情况设计，案件背景为一起劳动合同纠纷案，要求参加机构对甲方提供的一份《劳动合同》第1页与第2页上打印体字迹的墨粉成分进行比对检验，以确定第1页与第2页是否一次制作形成。相关结果评判标准由项目专家组共同制定，分别从检验结果、红外光谱法和元素分析法等三方面情况对参加机构的能力进行全面考察；在红外光谱和元素分析两部分中，样品处理和检验方法是否合适，原始记录是否完善，谱图是否准确，分析说明是否合理，检验结果是否能支持鉴定意见是考察的重点要素。同时特别要求参加者提供实施本次能力验证计划的原始记录、相关图片和谱图，目的在于考察参加机构解读图片和谱图，以及分析数据的能力。

根据方案设计，样品的制作主要过程如下：

挑选型号为"HP LaserJet Pro MFP M521dn"的惠普黑白激光打印机（以下简称黑白激光打印机）和型号为"HP Color LaserJet CP2025"的惠普彩色激光打印机（以下简称彩色激光打印机）各一台，并使用同一包double A牌A4规格80g纸张印制样品。经红外吸收光谱法和扫描电镜/X射线能谱法检验，黑白激光打印机与彩色激光打印机打印形成文件上墨粉的红外光谱不同，元素成分不同，前者墨粉中检出碳、氧、硅和铁等主要元素，后者墨粉中均检出碳、氧和硅等主要元素。检材分为A组和B组：A组检材《劳动合同》第1页为黑白激光打印机印制，第2页为彩色激光打印机印制；B组检材《劳动合同》第1页为彩色激光打印机印制，第2页为黑白激光打印机印制。

发样前，按比例抽样进行均匀性检验。经专家确认考核样的均匀性可靠，能满足鉴定的技术要求和能力验证活动的要求后进行分发。

【结果评析】

[例1]　19EA0020鉴定文书（专家组评价结果：满意）

墨粉成分比对检验能力验证计划

结果报告书

参加编号：**19EA0020**

样品收到日期：　2019 年 06 月 21 日　　　　检验完成日期：　2019 年 06 月 28 日

使用标准、规范和方法：　《刑事技术微量物证的理化检验第 6 部分：扫描电子显微镜/X 射线能谱法》（GB/T 19267.6-2008）；《刑事技术微量物证的理化检验第 1 部分：红外 吸收光谱法》（GB/T 19267.1-2008）；《红外光谱法检验墨粉》（SF/Z JD0203003-2018）

样品外观描述：　落款日期为"2016 年 4 月 25 日"的 《劳动合同》1 份 2 张，《劳动 合同》第一页上标识有"JC"。

检验过程：

1.红外光谱法

设备：　傅立叶变换显微红外光谱仪　　　　　型号：　Nicolet iN10

样品处理：　在显微镜下，用刀片分别刮取检材合同的第 1 页和第 2 页的字迹中的墨粉 于金刚池中压平待测。

检验及分析说明：　JC 第 1 页：$3037cm^{-1}$、$2968cm^{-1}$、$1608cm^{-1}$、$1510cm^{-1}$、$1381cm^{-1}$、 $1246cm^{-1}$、$1185cm^{-1}$、$829cm^{-1}$ 等处为环氧树脂的特征吸收；$1720cm^{-1}$、$1579cm^{-1}$、$1458cm^{-1}$、 $1408cm^{-1}$、$1270cm^{-1}$、$1105cm^{-1}$、$1018cm^{-1}$、$731cm^{-1}$ 等处为聚酯树脂的特征吸收，则 JC 第 1 页中的字迹是含有聚酯-环氧树脂的墨粉进行打印的。

　　JC 第 2 页：$3082cm^{-1}$、$3061cm^{-1}$、$3026cm^{-1}$、$1601cm^{-1}$、$1493cm^{-1}$、$1454cm^{-1}$、$1070cm^{-1}$、 $1030cm^{-1}$、$964cm^{-1}$、$906cm^{-1}$、$843cm^{-1}$、$758cm^{-1}$、$698cm^{-1}$ 等处为苯乙烯的吸收；$2956cm^{-1}$、 $2850cm^{-1}$、$1730cm^{-1}$、$1454cm^{-1}$、$1160cm^{-1}$、$758cm^{-1}$、$698cm^{-1}$ 等处为丙烯酸吸收，则 JC 第 2 页中的字迹是用含有苯乙烯改性的丙烯酸树脂的墨粉进行打印的。

2.元素分析法

设备：　扫描电子显微镜-能谱仪　　　　　型号：　FEI Prisma E /EDAX Elect Plus

样品处理：　在显微镜下，用刀片分别刮取检材合同的第 1 页和第 2 页的字迹中墨粉于 铺满导电胶的样品托中待检。

检验及分析说明：　JC 第 1 页：字迹墨粉中含有 C、O、Si、Fe 元素 ；

　　JC 第 2 页：字迹墨粉中含有 C、O、Si 元素 。则 JC 第 1 页与 JC 第 2 页中字迹的 墨粉所含元素种类不同。

CNAS 能力验证计划 CNAS SF0032

_____

_____

3.其他方法

设备：_____/_____ 型号：_____/_____

样品处理：_____/_____

_____

检验及分析说明：_____/_____

_____

_____

_____

_____

4.检验结果

　　落款日期为"2016 年 4 月 25 日"的 《劳动合同》第一页和第二页中字迹的墨粉红外光谱不一致，元素成分不相同，则墨粉成分不相同，可判定第 1 页和第 2 页不是同种墨粉打印制作的。

注：**1. 附原始记录、相关图片和谱图。**

　　2. 请反馈《结果报告书》打印件，可添加附页。

　　3. 不需反馈鉴定文书。

鉴定意见：

　　根据对检材第 1 页与第 2 页上打印体字迹的墨粉成分比对检验结果，选择 A、B、C 中一项，填入以下空格：

　　检材第 1 页与第 2 页上打印体字迹的墨粉___**B**___。

　　　　　　A：成分相同　　B：成分不同　　C：无法判断

2019 年能力验证照片：墨粉

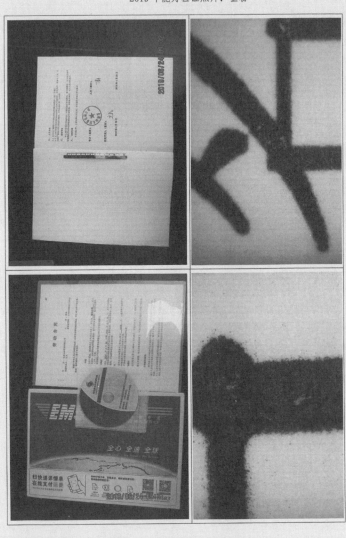

XXXX 司法鉴定中心　　　　　　　　表格编号：XXSJ/ZY-WL-01-01-2019

红外光谱检验原始记录表

编号：XX 司法鉴定中心[2019]微鉴字第 XX 号

样本类别	☐油漆　☐纤维　☐塑料　☐油墨　☐橡胶　☑墨粉　☐其他		
温度（℃）	24	湿度（%RH）	41
检测依据	☑《刑事技术微量物证的理化检验第 1 部分：红外吸收光谱法》（GB/T 19267.1-2008）； ☐《油漆鉴定规范》（SF/Z JD0203001-2010）； ☐《纤维物证鉴定规范》（SF/Z JD0203007-2018）； ☑《红外光谱法检验墨粉》（SF/Z JD0203003-2018） ☐《法庭科学玻璃物证的元素成分检验》（GA／T 1418-2017） ☐《法庭科学塑料物证检验》（GA／T 1423-2017） ☐其他；		
仪器型号	☑Nicolet iN10 傅里叶显微红外光谱（设备编号：XXSJ-YQ-A-71） ☑Nicolet iN10 红外显微镜及金刚石池附件 ☐其他附件：		
仪器条件	扫描范围：500-4000cm⁻¹；分辨率：4cm⁻¹；扫描次数：128 次 ☑冷却后　☐常温　☑透射　☐反射　☐基线校正		
样品名称/编号	特征吸收峰（cm⁻¹）		
JC 第 1 页	3037cm⁻¹、2968cm⁻¹、1608cm⁻¹、1510cm⁻¹、1381cm⁻¹、1246cm⁻¹、1185cm⁻¹、829cm⁻¹等处为环氧树脂的特征吸收；1720cm⁻¹、1579cm⁻¹、1458cm⁻¹、1408cm⁻¹、1270cm⁻¹、1105cm⁻¹、1018cm⁻¹、731cm⁻¹等处为聚酯树脂的特征吸收		
JC 第 2 页	3082cm⁻¹、3061cm⁻¹、3026cm⁻¹、1601cm⁻¹、1493cm⁻¹、1454cm⁻¹、1070cm⁻¹、1030cm⁻¹、964cm⁻¹、906cm⁻¹、843cm⁻¹、758cm⁻¹、698cm⁻¹等处为苯乙烯的吸收；2956cm⁻¹、2850cm⁻¹、1730cm⁻¹、1454cm⁻¹、1160cm⁻¹、758cm⁻¹、698cm⁻¹等处为丙烯酸吸收		

成分比对结果	___JC 第 1 页___ 与 ___JC 第 2 页___ 谱图中吸收峰	波峰 ☐相同　☑不相同 峰形 ☐一致　☑不一致
	_____ 与 _____ 谱图中吸收峰	波峰 ☐相同　☐不相同 峰形 ☐一致　☐不一致
	_____ 与 _____ 谱图中吸收峰	波峰 ☐相同　☐不相同 峰形 ☐一致　☐不一致

检验人	XXX	检验人	XXX
检验日期	2019 年 6 月 25 日	检验日期	2019 年 6 月 25 日

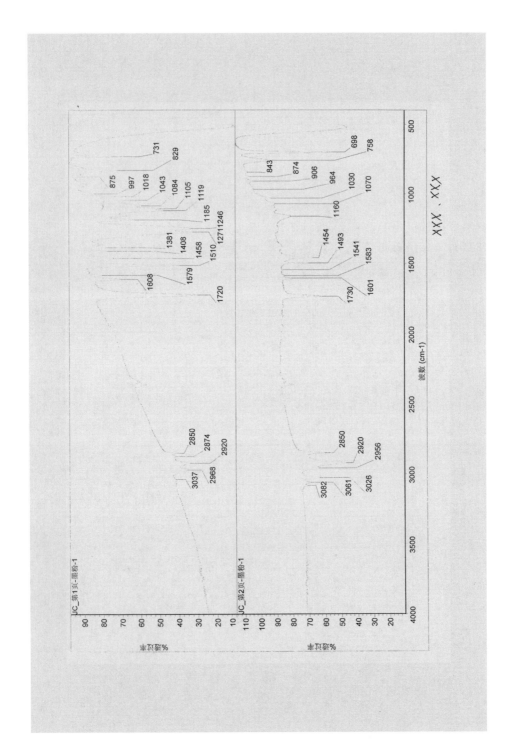

XXXX 司法鉴定中心　　　　　　　表格编号：XXSJ/ZY-WL-02-01-2019

扫描电镜/能谱检验原始记录表

编号：XX 司法鉴定中心[2019]微鉴字第 XX 号

检材类别	□油漆 □金属 □塑料 □油墨 □橡胶 □玻璃 □纤维 ☑墨粉 □其他		
温度（℃）	24	湿度（%RH）	41
检测依据	☑《刑事技术微量物证的理化检验第6部分：扫描电子显微镜/X射线能谱法》（GB/T 19267.6-2008）； □《油漆鉴定规范》（SF/Z JD0203001-2010）； □《纤维物证鉴定规范》（SF/Z JD0203007-2018）； □《法庭科学玻璃物证的元素成分检验》（GA/T 1418-2017） □《法庭科学塑料物证检验》（GA/T 1423-2017） □ 其他：		
仪器型号	☑FEI Prisma E 扫描电子显微镜-能谱仪（设备编号：XXSJ-YQ-A-143） □其他：		
仪器条件	加速电压：□30KV，□20KV，☑15KV，□10KV，□5KV，□15KV， 束流强度：☑能谱点扫，□能谱线扫，□能谱面扫： 探头模式：□背散射，□高真空，☑低真空，□环扫，□其他：		

编号	检出元素
JC 第 1 页	C、O、Si、Fe
JC 第 2 页	C、O、Si

比对结果	JC 第 1 页 与 JC 第 2 页 物质所含元素	种类 □一致 ☑有差异 含量 □一致 ☑有差异
	_____ 与 _____ 物质所含元素	种类 □一致 □有差异 含量 □一致 □有差异
	_____ 与 _____ 物质所含元素	种类 □一致 □有差异 含量 □一致 □有差异

检验人	XXX	检验人	XXX
检验日期	2019 年 6 月 25 日	检验日期	2019 年 6 月 25 日

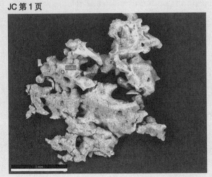

EDAX APEX

2019能力验证

创建：   2019/6/25 16:19:52
样品名称：   墨粉

JC 第 1 页

智能定量结果

元素	重量%	原子%	Error %
C K	45.14	62.76	6.9
O K	27.67	28.89	8.81
Si K	0.74	0.44	16.27
Fe K	26.45	7.91	4.68

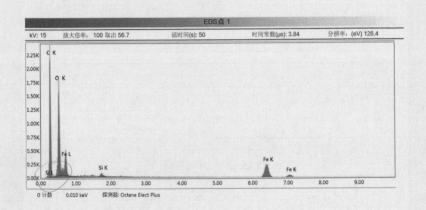

EDS点 1

| kV: 15 | 放大倍率：100 取出 56.7 | 活时间(s): 50 | 时间常数(μs): 3.84 | 分辨率：(eV) 126.4 |

0 计数   0.010 keV   探测器: Octane Elect Plus

2019能力验证

创建：　　　　2019/6/25 16:41:25
样品名称：　　墨粉

JC 第 2 页

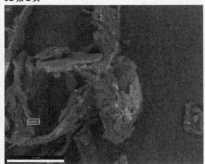

智能定量结果

元素	重量%	原子%	Error %
C K	90.31	92.78	2.36
O K	8.93	6.89	10.91
SiK	0.76	0.33	3.65

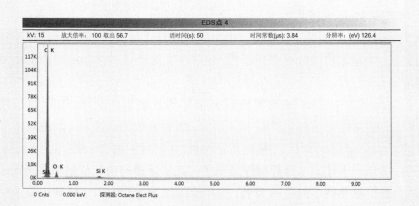

EDS点 4

KV: 15　　放大倍率：100 取出 56.7　　　活时间(s): 50　　　时间常数(μs): 3.84　　　分辨率：(eV) 126.4

0 Cnts　　0.000 keV　　探测器: Octane Elect Plus

【专家点评】

参加编号为19EA0020的机构在能力验证计划反馈结果中反映出较高的鉴定能力,在下列各方面均表现出较好的完成度,被专家组评为满意。

1. 检验方法的选择

鉴定方法的合理性是鉴定的首要环节,是获得正确的鉴定意见的基础。对于墨粉成分比对检验这一鉴定项目,目前可用的方法有《文件材料鉴定技术规范》(GB/T 37235 – 2018)、《红外光谱法检验墨粉》(SF/Z JD0203003 – 2018)和《法庭科学 墨粉元素成分检验 扫描电子显微镜/X射线能谱法》(GA/T 1519 – 2018)等。上述方法中,《文件材料鉴定技术规范》这一国标中的"墨粉鉴定"部分规定了墨粉鉴定的总体实施步骤和最终鉴定意见的出具方式,从整体上对墨粉成分的比对检验进行指导;《红外光谱法检验墨粉》和《法庭科学 墨粉元素成分检验 扫描电子显微镜/X射线能谱法》分别是2018年颁布的司法部部颁规范和公共行业标准,两者分别规定了墨粉鉴定中红外光谱法和扫描电子显微镜/X射线能谱法检验墨粉的具体步骤和结果判断,均具有较强的实用性。此外《刑事技术微量物证的理化检验 第1部分:红外吸收光谱法》(GB/T 19267.1 – 2008)和《刑事技术微量物证的理化检验 第6部分:扫描电子显微镜/X射线能谱法》(GB/T 19267.6 – 2008)也可用于指导墨粉成分比对检验,但上述国标是仪器使用方法,在鉴定实践中针对性不强,建议在无法确认具体鉴定对象的检测方法时应用。

参加编号为19EA0020的机构具有很好的方法管理意识,鉴定时采用了《刑事技术微量物证的理化检验 第1部分:红外吸收光谱法》、《刑事技术微量物证的理化检验 第6部分:扫描电子显微镜/X射线能谱法》和《红外光谱法检验墨粉》方法。上述方法选择顺序遵循了司法鉴定通则中先依照和采用国家标准,后行业标准和技术规范的要求;选择范围覆盖了能力验证计划中要求的红外光谱法和元素分析法;此外,从检验及分析过程中反映出的内容上看,该机构按照鉴定方法的要求完成了鉴定,名实相符。

略有瑕疵之处为该机构遗漏了《法庭科学墨粉元素成分检验:扫描电子显微镜/X射线能谱法》这一更具针对性的方法,鉴定机构应加强对鉴定方法的追踪与更新。

2. 红外光谱法

在《红外光谱法检验墨粉》方法中,推荐的墨粉提取方法为使用手术刀直接从纸张上提取墨粉；推荐的三种检验方法为：① 主机溴化钾压片透射；② 主机ATR反射；③ 显微红外金刚石压池透射。

参加编号为19EA0020的机构使用刀片刮取墨粉后使用金刚石压池制样后，在显微红外透射模式下检验。检验发现检材第1页和第2页墨粉的红外光谱的峰位置和峰形存在明显差异。在对红外光谱进行比对的同时，机构还通过分析红外光谱的峰位置，确定了两种墨粉中的树脂种类。虽然分析结果具有一定的理论基础，但由于墨粉中树脂成分较为复杂，不建议在比对检验中对树脂种类进行定性。

该机构反馈了完整的《红外光谱检验原始记录表》，该表格设计合理，信息全面，反映了温度、湿度等实验条件，具体方法等检测依据，仪器型号、条件，检验和比对结果，检验人和检验日期等要素，体现出较好的实验室运转情况。在检验仪器条件中，扫描范围的设置为$4000cm^{-1} \sim 500cm^{-1}$，根据分组，检材第1页墨粉中含有铁氧化物，其红外光谱特征峰在$574cm^{-1}$位置，但该峰在红外光谱图中不明显，建议在检验中调整分析，以获得更完整的信息。

3. 元素分析法

参加编号为19EA0020的机构选择了扫描电子显微镜/X射线能谱法作为对墨粉进行元素分析的方法。虽然该机构并未引用《法庭科学墨粉元素成分检验 扫描电子显微镜/X射线能谱法》方法，但其具体实施的检验过程与上述方法推荐的流程一致：直接将墨粉从纸张上提取到样品台的导电胶上后检验。检验发现检材第1页墨粉中含有碳、氧、硅和铁元素，第2页墨粉中含有碳、氧和硅元素，两者所含元素种类不同。

与《红外光谱检验原始记录表》相似，该机构反馈的《扫描电镜/能谱检验原始记录表》表格亦设计合理，信息全面，反映了诸多要素。在检验仪器条件中，加速电压设置在15 kV较合理，但探头模式设置在"低真空"，由于墨粉中不含水分等挥发性成分，为了获得更为准确的结果，应在"高真空"模式下检验。此外，由于扫描电子显微镜/X射线能谱法检验元素成分获得的结果仅为半定量形式，而元素含量的比较涉及标样等复杂因素，因此不建议在"比对结果"中设置"含量""一致"或"有差异"的选项。

4. 存在问题

一般情况下，墨粉成分的红外光谱法和扫描电子显微镜/X射线能谱法检验中还应注意以下两点：① 由于每次检验的样品量较少，为了避免样品不均匀的影响，应对墨粉进行多次检验；② 虽然每次检验的样品量较少，可以尽可能避免纸张的影响,但为了保证检验结果的准确性,应检验纸张的红外光谱和元素成分并确保排除其对墨粉本身信息的影响。建议机构在检验记录中体现上述信息。

[例2]　19EA0006鉴定文书(专家组评价结果：不通过)

CNAS 能力验证计划 CNAS SF0032

A 类

墨粉成分比对检验能力验证计划

结果报告书

参加编号：19EA0006

样品收到日期：　2019 年 6 月 21 日　　　　检验完成日期：　2019 年 7 月 2 日

使用标准、规范和方法：　《文件材料鉴定技术规范》（GB/T 37235-2018）《刑事技术微量物证的理化检验第 1 部分：红外吸收光谱法》（GB/T 19267.1-2008）《红外光谱法检验墨粉》（SF/ZJD0203003-2018）

样品外观描述：　劳动合同文件壹份（A4 纸），共 2 页，第一页比第二页纸张白一些，肉眼难以对墨粉进行区分。

检验过程：

1.红外光谱法

设备：　布鲁克红外光谱仪　　　　　　　型号：　Bruker vertex 70

样品处理：　根据相关标准，在体视显微镜下用手术刀分别提取第一页与第二页的墨粉。将墨粉与溴化钾研磨后压片，然后进行红外光谱分析。使用 Bruker vertex 70，该红外光谱仪分辨率可达 0.4 cm^{-1}，扫描次数 32。

检验及分析说明：　红外分析结果见附图，第一页与第二页的墨粉中发现了 1156.7 cm^{-1}、1375.2 cm^{-1}、1451.9 cm^{-1} 和 1728.9 cm^{-1} 是丙烯酸甲酯的特征峰，然而，第一页样品的 1504 cm^{-1} 及 1238 cm^{-1} 处的峰未在第二页样品中发现，第二页样品在 3279 cm^{-1} 处的吸收峰也未在第一页样品中发现，因此判断第 1 页与第 2 页上打印体字迹的墨粉成分不同。　　　　　　　　　检测问题，论证不深度。

2.元素分析法

设备：　　　　　　　　　　　　　　　型号：　　　　　　　　

样品处理：　　　　　　　　　　　　　　　　　　　　　

编号：SJR-Q07-2017-PT　　　　实施日期：2018-1-2　　　　第 1 页　共 3 页

CNAS 能力验证计划 CNAS SF0032

检验及分析说明：_____

_____

_____

3.其他方法

设备：_____　　　　型号：_____

样品处理：_____

_____

_____

检验及分析说明：_____

_____

_____

4.检验结果

　　第 1 页与第 2 页上打印体字迹的墨粉成分不同。_____

_____

_____

附：**1. 原始记录、相关图片和谱图。**

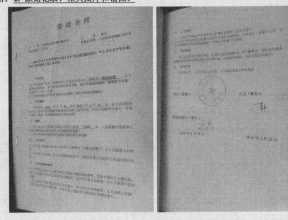

墨粉成分比对检验能力验证样品照片，左图为第一页，右图为第二页

CNAS 能力验证计划 CNAS SF0032

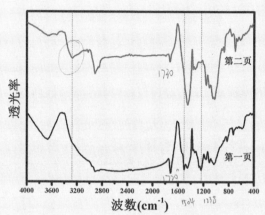

第一页与第二页墨粉的红外光谱对比图

鉴定意见：

　　根据对检材第 1 页与第 2 页上打印体字迹的墨粉成分比对检验结果，选择 A、B、C 中一项，填入以下空格：

　　检材第 1 页与第 2 页上打印体字迹的墨粉＿＿＿＿B＿＿＿＿。

　　　　A：成分相同　　B：成分不同　　C：无法判断

[例3] 19EA0037鉴定文书（专家组评价结果：不通过）

CNAS 能力验证计划 CNAS SF0032

墨粉成分比对检验能力验证计划

结果报告书

参加编号：**19EA0037**

样品收到日期：__2019-7-1__   检验完成日期：__2019-7-10__

使用标准、规范和方法：

__GB/T 37235-2018__ 《文件材料鉴定技术规范》

__GB/T 19267__ 《刑事技术微量物证的理化检验》

样品外观描述：__A4 纸打印的《劳动合同》1 份 2 页__

检验过程：

1.红外光谱法

设备：_____   型号：_____

样品处理：_____

检验及分析说明：_____

2.元素分析法

设备：_____   型号：_____

样品处理：_____

检验及分析说明：_____

编号：SJR-Q07-2017-PT   实施日期：2018-1-2   第 1 页 共 6 页

CNAS 能力验证计划 CNAS SF0032

③

3.其他方法

设备： 显微共聚焦激光拉曼光谱仪　　　　　　　　型号：　　In Via Reflex

样品处理： 对检材第一页第一条第二行"…执行劳动…"中的"动"字、第二页"乙方（签名）"处的"方"字的墨粉成分进行了拉曼光谱数据测试与收集，并进行了相互比对，测试数据和比对结果见附图3。

检验及分析说明：

图 3 中的黑色曲线为第一页"动"字的拉曼光谱数据（标记为 IC1-Dong），蓝色曲线为"方"字的拉曼光谱数据（标记为 IC2-Fang）。由图可知，"动"字和"方"字的墨粉成分的拉曼光谱数据截然不同，这说明它们的墨粉成分不同。

4.检验结果

检材《劳动合同》第一页和第二页打印体字迹的墨粉成分不同

注：**1. 附原始记录、相关图片和谱图。**
　　2. 请反馈《结果报告书》打印件，可添加附页。
　　3. 不需反馈鉴定文书。

鉴定意见：

　　根据对检材第 1 页与第 2 页上打印体字迹的墨粉成分比对检验结果，选择 A、B、C 中一项，填入以下空格：

　　检材第 1 页与第 2 页上打印体字迹的墨粉　　**B**　　。

A：成分相同　　B：成分不同　　C：无法判断

CNAS 能力验证计划 CNAS SF0032

附件：墨粉成分比对检验能力验证图片汇总

图1：检材概貌图片（第一页）

JC

劳动合同

甲　　方：金海山水贸易有限公司　　　　乙　　方：李丰
法定代表人：王凡　　　　　　　　　　　身份证号码：310503198906110519

　　根据《中华人民共和国劳动法》及有关法律法规的规定，甲乙双方在平等自愿、协商一致的基础上鉴订本合同。

一、　工作内容

1.1 甲方因生产需要，同意聘用乙方为本公司员工，职位为　销售经理　，乙方同意接受该安排，遵守劳动纪律和职业道德，执行劳动安全规程，提高职业技能，完成生产（工作）任务。
1.2 甲方可根据生产经营需要依法调整乙方的工作岗位或职位。

二、　合同期限

　　本合同自　2016　年　4　月　29　日至　2018　年　4　月　29　日，其中试用期为　3　个月。劳动合同的期限届满或约定的终止条件出现，劳动合同即终止执行。经双方协商一致的，可以解除或续订劳动合同。

三、　薪酬

3.1 甲方支付乙方的每月基本工资为人民币　12000　元。上述薪酬不包括甲方按公司补贴规定按月向乙方支付的所有补贴。
3.2 甲方严格执行国家有关最低工资的规定和标准。

四、　工作时间

4.1 甲方实行每周工作 40 小时和 2 天休息日（可能非星期六、日）的标准工时制度。
4.2 甲方因工作需要，在乙方愿意的前提下，可依法安排乙方超时工作或公休日加班。

五、　社会保险和福利

5.1 甲方依法替乙方办理各项社会保险并缴纳保险费用。但依法规定之分摊比例，属于乙方须自行负担之各项社会保险金，由甲方于每月发薪时，从乙方薪资中代扣代缴。
5.2 乙方享有国家规定的所有法定假日。甲方实行年休假制度，乙方连续工作满一年以上的可享受有薪年假，申请享受办法按甲方制定的年假规定执行。

编号：SJR-Q07-2017-PT　　　　　　实施日期：2018-1-2　　　　　　第3页 共6页

CNAS 能力验证计划 CNAS SF0032

图 2：检材概貌图片（第二页）

六、乙方责任

6.1 乙方应严格履行甲方依法制定的规章制度和《员工手册》。

6.2 乙方在劳动合同有效期内未经甲方事先书面同意，不得为另一家雇主工作。乙方应严格保守甲方的商业秘密，不得向任何第三方泄露。

七、劳动争议

甲乙双方若发生劳动争议，应通过友好协商解决；若不能解决，可以向当地有管辖权的劳动争议仲裁委员会申请仲裁；对仲裁不服的，可向人民法院起诉。

八、合同生效

本合同自甲、乙双方签订后生效。并呈送有关鉴证单位鉴证。

甲方（盖章）： 　　　　　乙方（签名）：

法定代表人（签名）：

2016 年 4 月 25 日　　　　　　　　2016 年 4 月 25 日

CNAS 能力验证计划 CNAS SF0032   ③

图3：检材 JC 1 中"动"和 JC 2 中"方"的拉曼光谱图

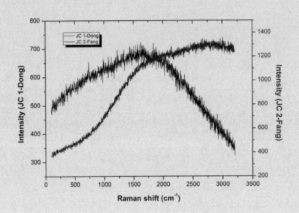

B组

和一页最1色激光打印机
应力破峰
和一页黑白激光打印机
应力比较峰

CNAS 能力验证计划 CNAS SF0032

检验记录

编号：XX 司法鉴定中心〖2019〗文鉴字第 XX 号

委托方	XXXX
委托事项	检材第 1 页与第 2 页上打印体字迹的墨粉成分是否相同
检材描述	A4 纸打印的《劳动合同》1 份 2 页
鉴定所用的方法/标准	GB/T 37235-2018 《文件材料鉴定技术规范》
仪器设备	In Via Reflex 显微共聚焦激光拉曼光谱仪
鉴定地点	XX 司法鉴定中心

检验分析记录：

对检材《劳动合同》第一页第一条第二行"...执行劳动..."中的"动"字、第二页"乙方（签名）"处的"方"字的墨粉成分进行了拉曼光谱数据测试与收集，并进行了相互比对，测试数据和比对结果见附图 3。

图 3 中的黑色曲线 JC 1-Dong 为"动"字的拉曼光谱数据，蓝色曲线 JC 2-Fang 为"方"字的拉曼光谱数据。可以看出，这"动"字和"方"字的墨粉成分的拉曼光谱数据截然不同，这说明它们的墨粉成分不同。

检材《劳动合同》第一页和第二页打印体字迹的墨粉成分不同。

鉴定人	XXX XXX XXX	日期	XX 年 X 月 X 日

JC

劳 动 合 同

甲　　方：金海山水贸易有限公司	乙　　方：李丰
法定代表人：王凡	身份证号码：310503198906110519

　　根据《中华人民共和国劳动法》及有关法律法规的规定，甲乙双方在平等自愿、协商一致的基础上签订本合同。

一、　工作内容

1.1 甲方因生产需要，同意聘用乙方为本公司员工，职位为 __销售经理__ 。乙方同意接受该安排，遵守劳动纪律和职业道德，执行劳动安全规程，提高职业技能，完成生产（工作）任务。

1.2 甲方可根据生产经营需要依法调整乙方的工作岗位或职位。

二、　合同期限

　　本合同自 __2016__ 年 __4__ 月 __29__ 日至 __2018__ 年 __4__ 月 __29__ 日，其中试用期为 __3__ 个月。劳动合同的期限届满或约定的终止条件出现，劳动合同即终止执行。经双方协商一致的，可以解除或续订劳动合同。

三、　薪酬

3.1 甲方支付乙方的每月基本工资为人民币 __12000__ 元。上述薪酬不包括甲方按公司补贴规定按月向乙方支付的所有补贴。

3.2 甲方严格执行国家有关最低工资的规定和标准。

四、　工作时间

4.1 甲方实行每周工作 40 小时和 2 天休息日（可能非星期六、日）的标准工时制度。

4.2 甲方因工作需要，在乙方愿意的前提下，可依法安排乙方超时工作或公休日加班。

五、　社会保险和福利

5.1 甲方依法替乙方办理各项社会保险并缴纳保险费用。但依法规定之分摊比例，属于乙方须自行负担之各项社会保险金，由甲方于每月发薪时，从乙方薪资中代扣代缴。

5.2 乙方享有国家规定的所有法定假日。甲方实行年休假制度，乙方连续工作满一年以上的可享受有薪年假，申请享受办法按甲方制定的年假规定执行。

六、　乙方责任

6.1 乙方应严格履行甲方依法制定的规章制度和《员工手册》。

6.2 乙方在劳动合同有效期内未经甲方事先书面同意，不得为另一家雇主工作。乙方应严格保守甲方的商业秘密，不得向任何第三方泄露。

七、　劳动争议

　　甲乙双方若发生劳动争议，应通过友好协商解决；若不能解决，可以向当地有管辖权的劳动争议仲裁委员会申请仲裁；对仲裁不服的，可向人民法院起诉。

八、　合同生效

　　本合同自甲、乙双方签订后生效。并呈送有关鉴证单位鉴证。

甲方（盖章）：　　　　　　　　　　　　乙方（签名）：

法定代表人（签名）：

2016 年 4 月 25 日　　　　　　　　　　2016 年 4 月 25 日

【专家点评】

参加编号为19EA0006和19EA0037的机构虽然检验结果正确,但两者均仅仅使用了一种墨粉检验方法,且在样品处理、检验方法、原始记录、谱图质量和分析说明各方面均暴露出较大问题,故被专家组评为不通过。

1. 检验方法的选择

编号为19EA0006的机构引用了《文件材料鉴定技术规范》、《刑事技术微量物证的理化检验 第1部分红外吸收光谱法》和《红外光谱法检验墨粉》方法,相应地,该机构也在一定程度上能遵循上述方法对墨粉成分比对检验实施基本的操作步骤。

编号为19EA0011的机构引用了国标《文件材料鉴定技术规范》和《刑事技术微量物证的理化检验》,但根据该机构主要使用拉曼光谱法检验纸张上墨粉成分的情况,该机构应引用司法部颁规范《激光显微拉曼光谱法检验墨水》(SF/Z JD0203002 – 2015)较为适宜,国标《刑事技术微量物证的理化检验》中并没有与其鉴定相关的拉曼光谱检验内容。

2. 红外光谱法

编号为19EA0006的机构使用手术刀直接提取墨粉后,将墨粉与溴化钾混合压片后进行红外光谱检验,但谱图质量较差,谱图质量与其描述的分辨率$0.4cm^{-1}$不符。检材第1页与第2页墨粉的红外光谱存在差异的峰位置描述不准确,且没有相应的原始记录。因此经专家讨论确认,被评为不通过。

3. 拉曼光谱法

激光显微拉曼光谱法可以实时无损地检验文件上的墨迹,操作简单便捷,编号为19EA0037的机构即使用该方法检验墨粉。由于该机构检材设置为B组,检材第1页为彩色激光打印机印制,其拉曼光谱应为炭黑的拉曼特征位移,第2页为黑白激光打印机印制,其拉曼光谱应为铁氧化物和部分树脂的拉曼特征位移。但该机构未提供相应的原始记录,检验使用的激光波长、曝光时间和累积次数的信息无从得知,最终呈现的拉曼光谱图虽然在波形上无法重合,但两者噪音较大,未出现有价值的拉曼位移,仅仅据此认为两墨粉样品拉曼光谱"截然"不同而认定墨粉成分不同,依据不充分。根据上述问题,经专家讨论确认,两家机构被评为不通过。

【总结】

本次能力验证计划中的检材打印文件共两页，一页为含有铁磁性颗粒的黑白激光打印机印制，一页为含有炭黑的彩色激光打印机印制，两者在墨迹分布显微形态上明显不同，墨粉的红外光谱、元素成分和拉曼光谱差异显著。此外，检材两页文件上字迹数量多，可提取墨粉量大。另一方面，本次能力验证计划的《结果报告书》按照鉴定文书的格式，细致地分解为"使用标准、规范和方法"、"样品外观描述"、"检验方法"和"鉴定意见"四个部分，要求参加机构填写。其中，"检验方法"部分需要完成的内容包含"1.红外光谱法"、"2.元素分析法"、"3.其他方法"和"4.检验结果"；每项方法中要求具体地反映设备名称和型号、样品处理过程、检验及分析说明。此外，还在"注"中明确要求反馈"原始记录、相关图谱和谱图"。综上所述，本次能力验证计划的难度较低，且《结果报告书》的设置系进行一次墨粉成分比对检验的完整过程，故完成这一报告可全面展现参加机构的鉴定能力，部分能力较差的参加机构也可从中学习墨粉鉴定的正确思路。

从总体返回结果的总体来看，有65％的机构获得了"满意"的评价结果，与2009年16％的满意率相比有了极大的提高。

点评人：罗仪文　高级工程师

权养科　研究员

《塑料种类检验(CNAS SF0033)》鉴定文书评析

【项目简介】

《塑料种类检验》是微量物证鉴定领域继2013年后第二次实施的能力验证计划项目。塑料种类检验,是微量物证鉴定中常见的检验鉴定项目,尤其在交通肇事逃逸案、交通事故中出现频率较高,也是社会鉴定机构受理数量较多的鉴定项目,通常为案件的侦破、事故处理提供科学证据。因此,本次能力验证的目的在于探索适合在各机构/实验室之间进行油漆漆片成分比对检验能力考察和评价的科学、客观的方法和途径,并帮助其规范鉴定活动、进一步提高鉴定水平的方法,从而有助于不同鉴定机构间在对同一问题的鉴定上获得基本一致的结论,保持司法鉴定结论的一致性和可比性。

【方案设计】

本次能力验证计划的方案设计和样品制备,由项目专家组根据塑料物证鉴定实践中常见的情况设计,案件背景为一起交通肇事逃逸案件,在事故现场和被撞车辆上分别提取到浅色塑料各一块。要求对两块塑料的种类进行检验以为侦查提供信息。相关结果评判标准分别从检验结果、检验方法和分析说明等三方面情况,即根据检验结果正确性;样品处理是否合适;检验方法是否合适;谱图是否准确;对谱图的分析说明是否合理、能否支持鉴定意见等要素对参加机构/实验室的能力进行全面考察。同时特别要求参加者提供实施本次能力验证计划的相关原始检测谱图,目的在于考察参加机构解读图片和谱图,以及分析数据的能力。

根据方案设计,样品组的制作主要过程如下:

　　采购丙烯腈－丁二烯－苯乙烯共聚物和聚氯乙烯（含碳酸钙）两种塑料板，均切割成3厘米×3厘米塑料片。样品设置分为A组和B组：A组中丙烯腈－丁二烯－苯乙烯共聚物作为检材1，聚氯乙烯（含碳酸钙）作为检材2；B组中聚氯乙烯（含碳酸钙）作为检材1，丙烯腈－丁二烯－苯乙烯共聚物作为检材2。

　　发样前，对检材1和检材2塑料按比例抽样进行均匀性检验。经专家确认考核样的均匀性可靠，能满足鉴定的技术要求和能力验证活动的要求后进行分发。

【结果评析】

[例1] 19EB0011鉴定文书(专家组评价结果：满意)

CNAS 能力验证计划 CNAS SF0033

塑料种类检验能力验证计划

结果报告书

参加编号：**19EB0011**

样品收到日期：___2018 年 6 月 20 日___   检验完成日期：___2019 年 7 月 4 日___

使用标准、规范和方法：___GB/T 19267.1-2008 刑事技术微量物证的理化检验 第 1 部分:___
___红外吸收光谱法；GB/T 19267.6-2008 刑事技术微量物证的理化检验 第 6 部分：扫描电___
___子显微镜/X 射线能谱法；JY/T 007-1996 超导脉冲傅里叶变换核磁共振方法通则。___

样品外观描述：___送检样品共有两小包，包装袋内各有一块浅色塑料。其中包装袋上标___
___识为"JC1"的是在事故现场地面提取到的塑料散落物，白色方形固体，大小约：3.0cm___
___×3.0cm×0.4cm，简称为检材 1。包装袋上标识为"JC2"的是在被撞车辆上提取到的塑___
___料散落物，奶黄色方形固体，大小约：2.8cm×2.8cm×0.5cm，简称为检材 2。两检材均___
___外套透明塑胶袋，分别装于黄色牛皮纸套中。___

检验过程：

1. 红外光谱法

设备：___显微红外光谱仪(带金刚石 ATR)___ 型号：___Nicolet iS50 FTIR/Continuum Microscope___

样品处理：___采用金刚石 ATR 获得检材 1 及检材 2 的红外光谱图。取检材 1 白色固体___
___适量于烧杯中，加入四氢呋喃加热溶解，用滤纸过滤收集滤液，滤液加入浓盐酸适量烘___
___干，加入蒸馏水洗至中性，以去除残留碳酸钙，残渣烘干。烘干物加入四氢呋喃加热溶___
___解，倒入装有甲醇的烧杯中沉淀，过滤收集沉淀，并将沉淀用甲醇洗涤几次，此步骤可___
___去除检材中的增塑剂，烘干得检材 1 净化树脂，然后采用四氢呋喃溶解制膜，分析其透___
___射红外光谱。 检材 2 采用氯仿溶解制膜，分析其透射红外光谱。___

检验及分析说明：___检材 1 的 ATR 红外光谱图可见碳酸钙、聚氯乙烯（PVC）的特征___
___吸收峰及氧化物于 600 cm⁻¹ 左右的宽特征吸收峰。检材 1 净化树脂的红外光谱主吸收峰___
___与 PVC 标准红外光谱图一致，剩余峰与 PVC 抗冲改性剂丙烯腈-丙烯酸酯-苯乙烯共聚___
___物（AAS）一致：丙烯腈特征峰于 2238 cm⁻¹ 尖峰；丙烯酸树脂特征于 1732 cm⁻¹ 强峰；___
___苯乙烯于 3060 cm⁻¹、3026 cm⁻¹、1603 cm⁻¹、757 cm⁻¹ 等特征峰。___

CNAS 能力验证计划 CNAS SF0033

检材 2 的 ATR 红外光谱图可见丙烯腈-丁二烯-苯乙烯共聚物（ABS）的特征吸收峰。检材 2 的透射红外光谱图主吸收峰与 ABS 的标准红外光谱图一致，剩余的 3302 cm^{-1}、1639 cm^{-1}、1557 cm^{-1} 峰为少量的 N,N'-乙撑双硬脂酰胺（EBS）润滑脱模剂峰。

2.元素分析法

设备： 扫描电子显微镜/能谱　　　　　　　 型号： HITACHI S-3700N/HORIBA EMAX

样品处理： 在立体显微镜下用取样刀分别取检材 1 及检材 2 一小片，粘于做样台导电胶上，用于扫描电子显微镜/能谱分析其元素组成。

检验及分析说明： 检材 1 检出氧以上（不含氧）元素成分为 Cl、Ca、Ti；检材 2 未检出氧以上（不含氧）元素成分。

3.核磁共振分析法

设备： 超导脉冲傅里叶变换核磁共振谱仪　　　　 型号： Bruker AVANCE-500

样品处理： 切取检材 1 净化树脂适量于核磁管中，加入氘代四氢呋喃试剂溶解；另切取检材 2 适量于核磁管中，加入氘代氯仿试剂溶解。溶解样分析其 ^{1}H-NMR、^{13}C-NMR、DEPT135°谱。

检验及分析说明： 检材 1 净化剂及检材 2 在氘代试剂中完全分散溶解。检材 1 净化树脂的 ^{1}H-NMR、^{13}C-NMR、DEPT135°谱可见 PVC 特征的 CHCl-H、CH$_2$-H 及 CHCl-叔碳、CH$_2$-仲碳的峰，可见少量杂质峰。检材 2 的 ^{1}H-NMR、^{13}C-NMR、DEPT135°谱可见 ABS 特征的 H 及 C 峰，亦可见较弱 EBS 峰。按检材 2 乙烯苯环上 2 个 H 于 6.8 位移的峰面积分、聚丁二烯残留双键上 H 于 5.4 及 5.0 位移的峰面积分、丙烯腈 CH 上的 1 个 H 于 2.6 位移的峰面积积分可以计算出 ABS 三聚合单体的相对含量：丙烯腈约 25%、丁二烯约 10%、苯乙烯约 65%。

4. 检验结果

检材 1 树脂主成分为聚氯乙烯（PVC），含少量抗冲改性剂丙烯腈-丙烯酸酯-苯乙烯共聚物（AAS），含无机填充料碳酸钙、少量钛白粉。

检材 2 树脂成分为丙烯腈-丁二烯-苯乙烯共聚物（ABS，单体的相对含量：丙烯腈约 25%、丁二烯约 10%、苯乙烯约 65%），含少量 N,N'-乙撑双硬脂酰胺（EBS）润滑脱模剂。

检材 1 与检材 2 塑胶种类不同。

注： 1. 附原始记录、相关图片和谱图。

　　　 2. 请反馈《结果报告书》打印件，可添加附页。

　　　 3. 不需反馈鉴定文书。

CNAS 能力验证计划 CNAS SF0033

鉴定意见：

根据对检材 1 和检材 2 的检验结果，将两者的塑料种类填入空格：

1. 检材 1： __聚氯乙烯__ ；

2. 检材 2： __丙烯腈-丁二烯-苯乙烯共聚物__ 。

（常见的塑料种类有聚乙烯、聚丙烯、聚苯乙烯、苯乙烯-丙烯腈共聚物、苯乙烯-丁二烯共聚物、丙烯腈-丁二烯-苯乙烯共聚物、聚乙烯醇、聚碳酸酯、聚甲基丙烯酸酯、聚甲醛、聚苯醚、环氧树脂、酚醛树脂、聚酰胺、聚氨酯、聚氯乙烯、聚四氟乙烯等）

支撑表单

✦✦✦✦✦✦

✦✦✦✦✦✦

司法鉴定结论（检测项目）审核稿
TEST REPORT

检材外观： 固体		报告编号：	19EB0011
Sample Appearance:		Report №.	
检材名称： CNAS SF0033		接样日期：	2019年6月20日
Sample Name		Sample Receiving Date	
检材数量： 2		鉴定日期：	6月20日 至 7月4日
Quantity Received		Testing Period	
检材批号：		签发日期：	2019年7月4日
Sample Lot №./Batch №：		Date for Reporting	

司法鉴定结论（检测项目）
Test Results

分析方法：

采用金刚石ATR获得检材1及检材2的红外光谱图。取检材1白色固体适量于烧杯中，加入四氢呋喃加热溶解，用滤纸过滤收集滤液，滤液加入浓盐酸适量烘干，加入蒸馏水洗至中性，以去除残留碳酸钙，残渣烘干。烘干物加入四氢呋喃加热溶解，倒入装有甲醇的烧杯中沉淀，过滤收集沉淀，并将沉淀用甲醇洗涤几次，此步骤可去除检材中的增塑剂，烘干得检材1净化树脂，然后获得四氢呋喃溶解制膜，分析其透射红外光谱。检材2采用氯仿溶解制膜，分析其透射红外光谱。切取检材1净化树脂适量于核磁管中，加入氘代四氢呋喃试剂溶解；另切取检材2适量于核磁管中，加入氘代氯仿试剂溶解。在立体显微镜下用取样刀分别取检材1及检材2一小片，粘于做样台导电胶上。

采用Nicolet IS50 FTIR/Continuum Microscope显微红外光谱仪分析检材红外光谱，溶解峰采用BRUKER AVANCE 500 MHZ核磁共振波谱仪获得其 ^{1}H-NMR、 ^{13}C-NMR、DEPT135° 谱。导电胶上试样采用HITACHI S-3700N/HORIBA EMAX扫描电镜/能谱仪分析元素成分。

检材1的ATR红外光谱图可见碳酸钙、聚氯乙烯（PVC）的特征吸收峰及氧化物于600 cm⁻¹左右的宽特征吸收峰。检材1净化树脂的红外光谱主吸收峰与PVC标准红外光谱图一致，剩余峰与PVC抗冲改性剂丙烯腈-丙烯酸酯-苯乙烯共聚物（AAS）一致；丙烯腈特征峰于2238 cm⁻¹尖峰；丙烯酸酯树脂特征峰于1732 cm⁻¹强峰；苯乙烯于3060 cm⁻¹、3026 cm⁻¹、1603 cm⁻¹、757 cm⁻¹等特征峰。检材2的ATR红外光谱图可见丙烯腈-丁二烯-苯乙烯共聚物（ABS）的特征吸收峰。检材2的透射红外光谱图主要吸收峰与ABS的标准红外光谱图一致，剩余的3302 cm⁻¹、1639 cm⁻¹、1557 cm⁻¹峰为少量的N,N'-乙撑双硬脂酸酰胺（EBS）润滑脱模剂峰。检材1净化树脂及检材2在氘代试剂中完全分散溶解。检材1净化树脂的 ^{1}H-NMR、 ^{13}C-NMR、DEPT135° 谱可见PVC特征的CHCl-H、CH₂-H及CHCl-叔碳、CH₂仲碳的峰，可见少量杂质峰。检材2的 ^{1}H-NMR、 ^{13}C-NMR、DEPT135° 谱可见ABS特征的H及C峰，亦可见较弱EBS峰。按检材2苯乙烯苯环上2个H于6.8位移的峰面积积分、聚丁二烯残留双键上H于5.4及5.0位移的峰面积积分、丙烯腈CH上的1个H于2.6位移的峰面积积分可以计算出ABS三聚合单体的相对含量：丙烯腈约25%、丁二烯约10%、苯乙烯约65%。检材1检出氧以上（不含氧）元素成分为Cl、Ca、Ti；检材2未检出氧以上（不含氧）元素成分。

分析结论：

检材1树脂主成分为聚氯乙烯（PVC），含少量抗冲改性剂丙烯腈-丙烯酸酯-苯乙烯共聚物（AAS），含无机填充料碳酸钙、少量钛白粉。检材2树脂成分为丙烯腈-丁二烯-苯乙烯共聚物（ABS，单体的相对含量：丙烯腈约25%、丁二烯约10%、苯乙烯约65%），含少量N,N'-乙撑双硬脂酸酰胺（EBS）润滑脱模剂。检材1与检材2塑料种类不同。

（以下空白）

检测方法 Method	红外光谱(刑事技术微量物证的理化检验 第1部分：红外吸收光谱法, GB/T 19267.1-2008)。
	核磁共振（超导脉冲傅里叶变换核磁共振方法通则，JY/T 007-1996）。
	扫描电镜(刑事技术微量物证的理化检验 第6部分：扫描电子显微镜/X射线能谱法, GB/T 19267.6-2008)。
备 注 Note	
声 明 Declaration	(1)未经本司法鉴定所的书面批准不得部分复制本报告（全部复制除外）。
	(1)The report shall not be reproduced except in full,without the written approval of the Institute.
	(2)本报告为司法鉴定意见结论（检测项目），只对来样负责。
	(2)The results relate only to the items tested.

鉴定人：
Organizer

审核人：
Technique Controller

第 1 页，共 1 页

支撑表单

红外光谱（FTIR）分析　原始记录

样品名称： CNAS SF0033	样品登记号： 19EB0011
样品数量： 2	样品性状： 固体

样品处理及方法提要（注明采用方法的编号）：GB/T 19267.1-2008刑事技术微量物证的理化检验 第1部分：红外吸收光谱法。

样品外观描述：送检样品共有两小包，包装袋内各有一块浅色塑料，其中包装袋上标识为"JC1"的是在事故现场地面提取到的塑料散落物，白色方形固体，大小约：3.0cm×3.0cm×0.4cm，简称为检材1、包装袋上标识为"JC2"的是在被撞车辆上提取到的塑料散落物，奶黄色方形固体，大小约：2.8cm×2.8cm×0.5cm，简称为检材2。两检材均外套透明塑胶袋，分别装于黄色牛皮纸套中。采用金刚石ATR获得检材1和检材2的红外光谱图。取检材1白色固体适量于烧杯中，加入四氢呋喃加热溶解，用滤纸过滤收集滤液，滤液加入浓盐酸适量烘干，加入高馏水洗至中性，以去除残留碳酸钙，残渣烘干，烘干物加入四氢呋喃加热溶解，倒入装有甲醇的烧杯中沉淀，并将沉淀用甲醇洗涤几次，此步骤可去除检材中的增塑剂，烘干得检材1净化树脂，然后采用四氢呋喃溶解制膜，分析其透射红外光谱。 检材2采用氯仿溶解制膜，分析其透射红外光谱。

测试项目：■鉴定　■透射　□谱图解析　□镜面反射　■ATR　□GC/FTIR　□显微镜　□水中油

仪器型号及编号：Nicolet iS50 FTIR/Continuum Microscope，编号：******。

测试条件：

检测器：	DTGS	测试范围： 4000~400	cm-1	分辨率：	4 cm-1
动镜参数： 0.4747		扫描次数： 32		制样方法： ATR及制膜	

分析结果：

检材1的ATR红外光谱图可见碳酸钙、聚氯乙烯（PVC）的特征吸收峰及氧化物于600 cm-1左右的宽特征吸收峰。检材1净化树脂的红外光谱主吸收峰与PVC标准红外光谱图一致，剩余峰与PVC抗冲改性剂丙烯腈-丙烯酸酯-苯乙烯共聚物（AAS）一致；丙烯腈特征峰于2238 cm-1尖峰；丙烯酸树脂特征峰于1732 cm-1强峰；苯乙烯于3060 cm-1、3026 cm-1、1603 cm-1、757 cm-1等特征峰。检材2的ATR红外光谱图可见丙烯腈-丁二烯-苯乙烯共聚物（ABS）的特征吸收峰。检材2的透射红外光谱图主吸收峰与ABS的标准红外光谱图一致，剩余的3302 cm-1、1639 cm-1、1557 cm-1峰为少量的N,N'-乙撑双硬脂酰胺（EBS）润滑脱模剂峰。

分析结论：检材1树脂主成分为聚氯乙烯（PVC），含少量抗冲改性剂丙烯腈-丙烯酸酯-苯乙烯共聚物（AAS），含无机填充料碳酸钙、少量氧化物。检材2树脂成分为丙烯腈-丁二烯-苯乙烯共聚物（ABS），含少量N,N'-乙撑双硬脂酰胺（EBS）润滑脱模剂。

附检材的红外光谱图对比图2份。

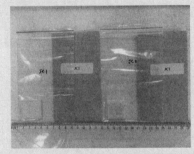

（以下空白）

检测：	校核：	测定日期： 2019/6/20-7/4

第　　页

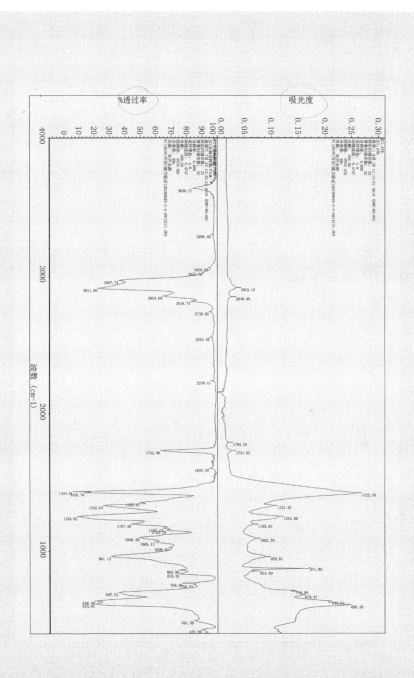

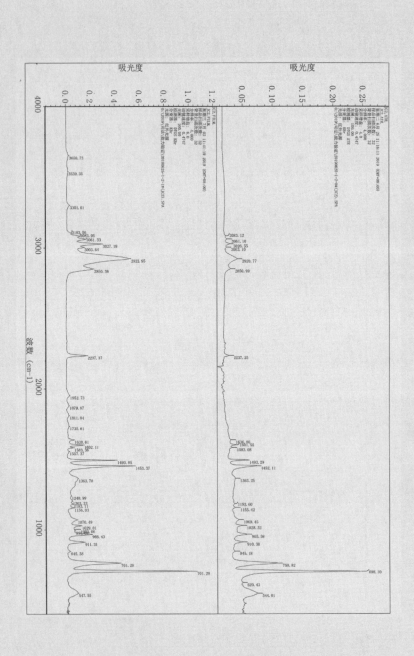

支撑表单

核磁共振波谱（NMR）分析　原始记录

样品名称： CNAS SF0033	样品登记号： 19EB0011
样品数量： 2	样品性状：　　固体

样品处理及方法提要（注明采用方法的编号）： JY/T 007-1996，超导脉冲傅里叶变换核磁共振方法通则。

切取检材1净化树脂适量于核磁管中，加入氘代四氢呋喃试剂溶解；另切取检材2适量于核磁管中，加入氘代氯仿试剂溶解。 溶解样分析其 ^{1}H-NMR、^{13}C-NMR、DEPT135° 谱。

测试项目：■^{1}H NMR　■^{13}C NMR　■DEPT　□^{19}F NMR　□^{29}Si NMR　□^{31}P NMR　□2D NMR　■谱图分析

仪器型号及编号：	□　Bruker DPX 300（编号：******） ■　Bruker AVANCE 500（编号：******）

测试条件： 见谱图。

分析结果：

检材1净化树脂及检材2在氘代试剂中完全分散溶解。检材1净化树脂的^{1}H-NMR、^{13}C-NMR、DEPT135°谱可见PVC特征的CHCl-H、CH$_2$-H及CHCl-叔碳、CH$_2$-仲碳的峰，可见少量杂质峰。检材2的 ^{1}H-NMR、^{13}C-NMR、DEPT135° 谱可见ABS特征的H及C峰，亦可见较弱EBS峰。按检材2苯乙烯苯环上2个H于6.8位移的峰面积积分，聚丁二烯残留双键H于5.4及5.0位移的峰面积积分、丙烯腈CH上的1个H于2.6位移的峰面积积分可以计算出ABS三聚合单体的相对含量：丙烯腈约25%、丁二烯约10%、苯乙烯约65%。

结论：

检材1净化树脂主成分为聚氯乙烯（PVC）。检材2树脂成分为丙烯腈-丁二烯-苯乙烯共聚物（ABS，单体的相对含量：丙烯腈约25%、丁二烯约10%、苯乙烯约65%），含少量N,N'-乙撑双硬脂酸酰胺（EBS）润滑脱模剂。

（以下空白）

检测：	校核：	测定日期： 2019/6/20-7/4

第　　页

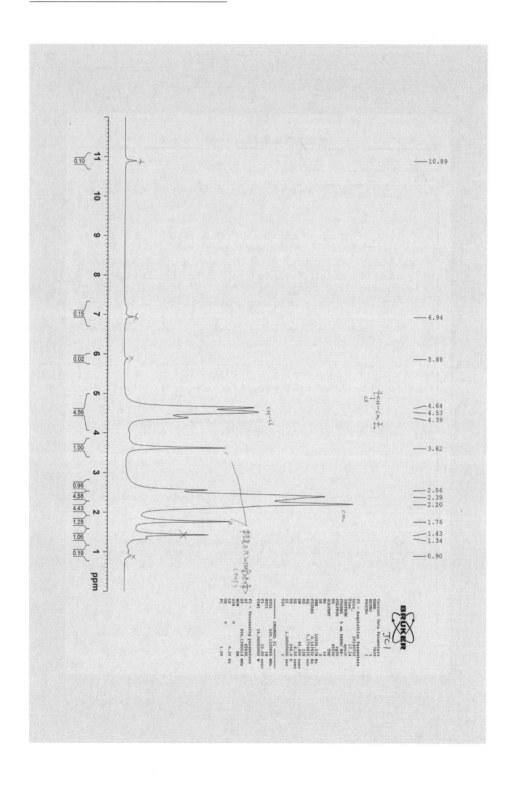

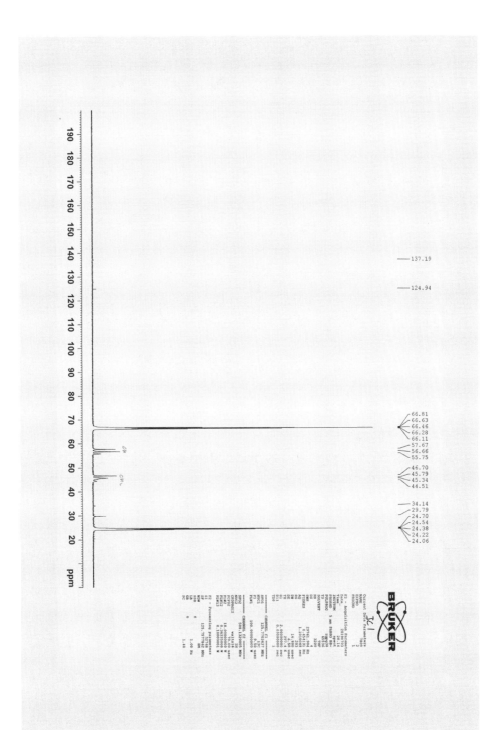

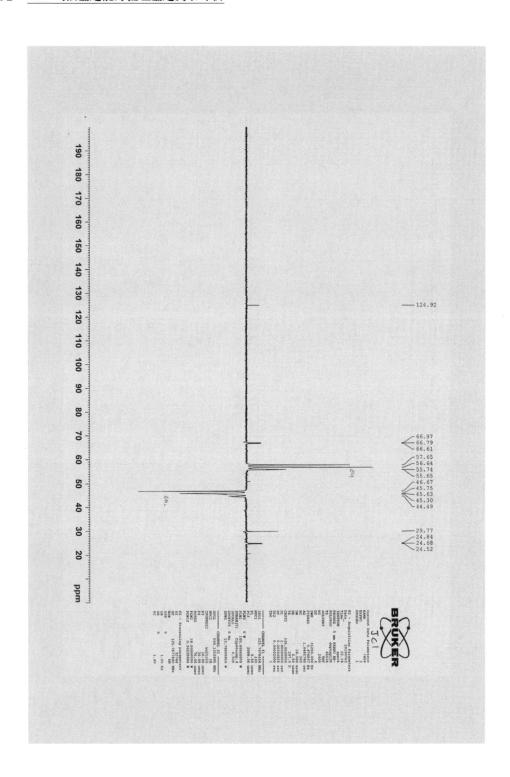

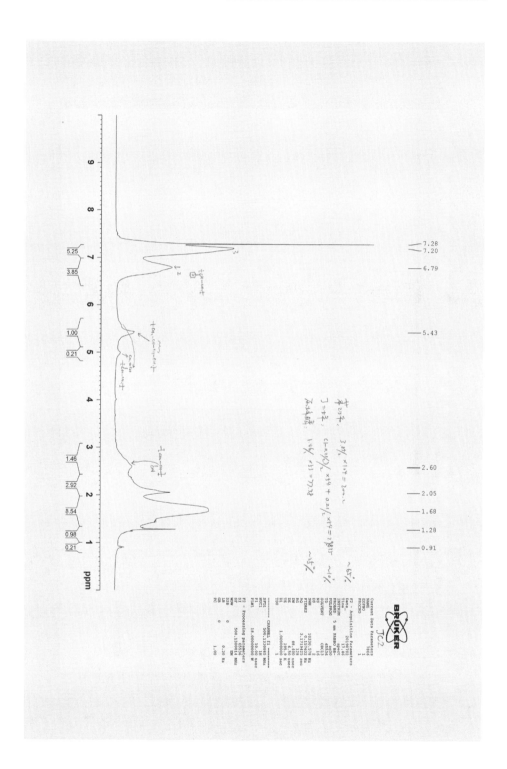

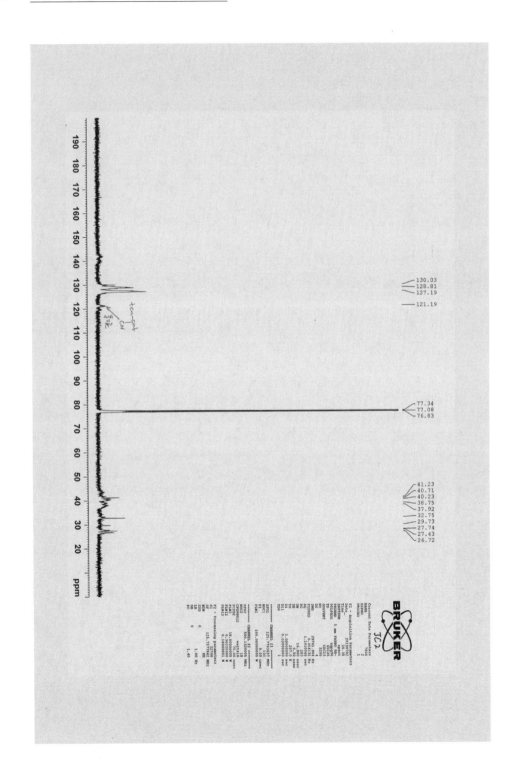

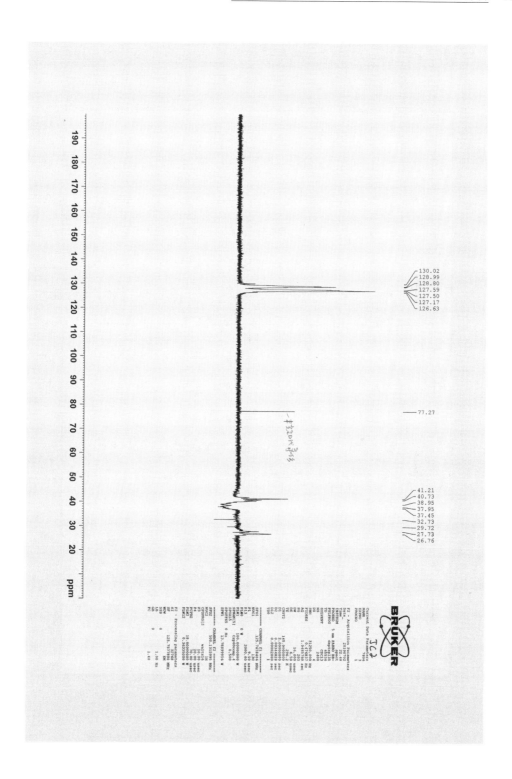

支撑表单

扫描电镜 原始记录

样品名称	CNAS SF0033	样品性状	固体	登记号	19EB0011
检测环境	室温: 26 ℃	湿度: 65%	分析项目	元素成分半定量	

样品处理及方法提要	样品制备方法： 在立体显微镜下用取样刀分别取检材1及检材2一小片，粘于做样台导电胶上。 GB/T 19267.6-2008 刑事技术微量物证的理化检验 第6部分：扫描电子显微镜/X射线能谱法。
仪器型号、编号	HITACHI S-3700N/HORIBA EMAX 扫描电镜/能谱；编号：******。
仪器工作条件	加速电压	50kv
	工作距离	10cm
	放大倍数	200
标准物质名称及编号	——
实验记录本编号	-	实验记录本页码	
检测结果	检材1检出氧以上（不含氧）元素成分为Cl、Ca、Ti；检材2未检出氧以上（不含氧）元素成分。 附扫描电镜/能谱分析结果3份。
备 注	-

检测:　　　　　校核:　　　　　测定日期: 2019年 7月 3 日

第1页，共1页

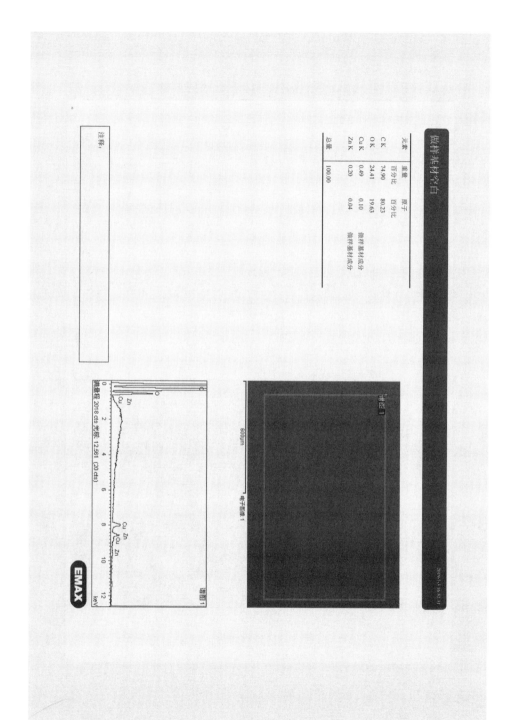

元素	重量 百分比	原子 百分比	
C K	74.90	80.23	做样基材成分
O K	24.41	19.63	
Cu K	0.49	0.10	
Zn K	0.20	0.04	做样基材成分
总量	100.00		

做样基材空白

注释：

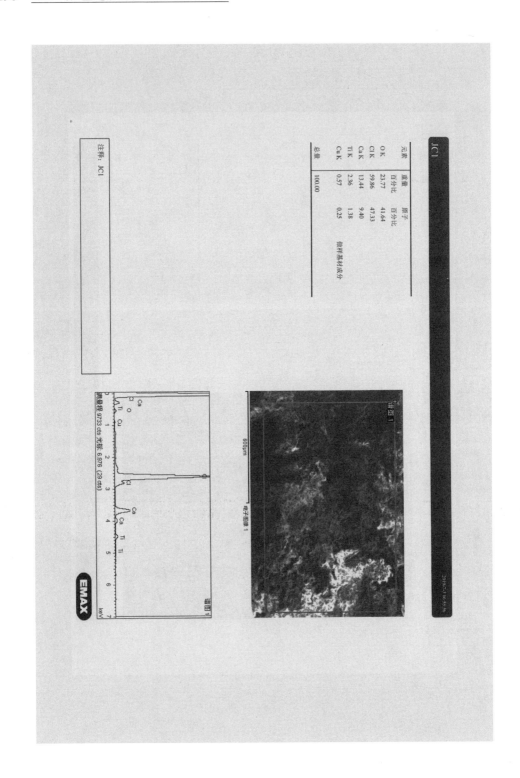

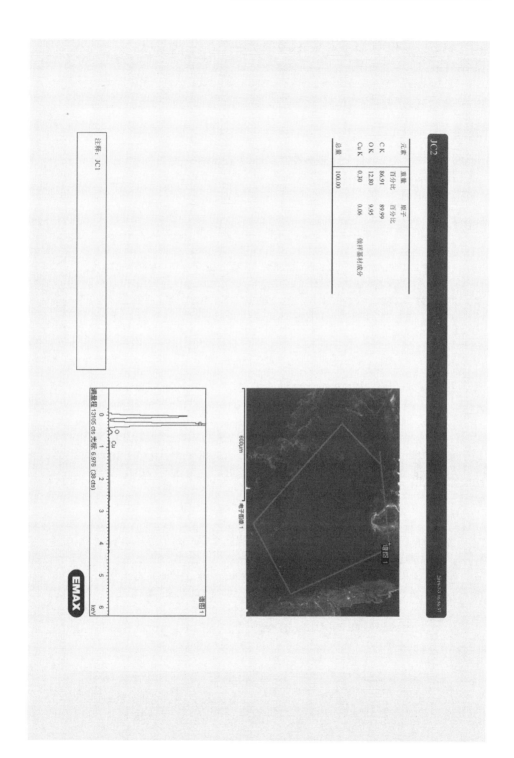

[例2] 19EB0025鉴定文书(专家组评价结果:满意)

CNAS 能力验证计划 CNAS SF0033

塑料种类检验能力验证计划

结果报告书

参加编号:19EB0025

样品收到日期: 2019.6.20   **检验完成日期:** 2019.7.10

使用标准、规范和方法: 依据中华人民共和国国家标准 GB/T 19267.1-2008 刑事技术微量物证理化检验 第 1 部分红外吸收光谱法、GB/T 19267.6-2008 刑事技术微量物证理化检验第 6 部分扫描电子显微镜/X 射线能谱法。

样品外观描述: 送检样品共有 2 小包,分别标记为 "JC1"、"JC2"。"JC1" 内有白色塑料一块,大小为 29.5mm×30mm×4mm;"JC2" 内有淡黄色塑料一块,大小为 28mm×29mm×5mm。

检验过程:

1. 红外光谱法

设备: 傅立叶变换红外光谱仪   **型号:** Thermo Scientific Nicolet iS20

样品处理: 取适量检材 1(JC1)溶于四氢呋喃溶剂中,用溶液制膜法制备薄膜试样。另取适量检材 2(JC2)溶于二氯甲烷溶剂中,用溶液制膜法制备薄膜试样。

检验及分析说明: (1)将制得的 JC1 薄膜试样置于傅里叶变换红外光谱仪中测试(仪器参数:波数范围 4000~400 cm^{-1}、分辨率 $4cm^{-1}$、扫描次数 16 次),得 JC1 的红外光谱图。由此红外光谱图可见,谱图中 1450 cm^{-1}、873 cm^{-1} 出现红外光谱吸收峰,此二峰为碳酸盐的特征吸收,推测试样中应含碳酸盐。因对所制薄膜用稀盐酸处理,以消除碳酸盐的吸收峰对塑料特征谱带的干扰,再将酸处理后的薄膜置于红外光谱仪中测试,得 JC1 酸处理后的红外光谱图。

(2)对 JC1 酸处理后的红外光谱图的分析:谱图中 2915 cm^{-1}、2849 cm^{-1} 归属为饱和碳氢的伸缩振动,表明含有-CH_2 基团;1426 cm^{-1} 归属为-CH_2 基团的变形振动;1254 cm^{-1} 归属为与 Cl 原子直接相连的 C-H 基团的变形振动;697 cm^{-1}、636 cm^{-1}、612 cm^{-1} 归属为 C-Cl 基团的伸缩振动。综上推断 JC1 塑料的种类为聚氯乙烯,经与聚氯乙烯标准红外光谱图比对,确定 JC1 塑料种类为聚氯乙烯。

(3)将制得的 JC2 薄膜试样置于傅里叶变换红外光谱仪中测试(仪器参数:波数范围 4000~400 cm^{-1}、分辨率 $4cm^{-1}$、扫描次数 16 次),得 JC2 的红外光谱图。

CNAS 能力验证计划 CNAS SF0033

（4）对 JC2 的红外光谱图的分析：谱图中 3085 cm^{-1}、3061 cm^{-1}、3027 cm^{-1} 归属为不饱和碳氢的伸缩振动，表明含有苯环或烯烃；2923 cm^{-1}、2850 cm^{-1} 归属为饱和碳氢的伸缩振动，表明含有-CH$_2$ 基团；2237 cm^{-1} 归属为氰基（-C≡N）的伸缩振动；1636cm^{-1} 归属为烯烃 C=C 的伸缩振动；1602 cm^{-1}、1494cm^{-1} 归属为苯环的骨架振动；1453 cm^{-1} 归属为-CH$_2$ 基团的变形振动；966cm^{-1}，911cm^{-1} 归属为烯烃=C-H 的面外弯曲振动；761 cm^{-1}、701 cm^{-1} 归属为单取代苯环上 C-H 的面外弯曲振动。综上推断 JC2 试样中含有氰基、烯烃和单取代苯环，由此推断 JC2 的塑料种类为丙烯腈-丁二烯-苯乙烯共聚物（ABS），经与丙烯腈-丁二烯-苯乙烯共聚物标准红外光谱图比对，确定 JC2 塑料种类为丙烯腈-丁二烯-苯乙烯共聚物。

2. 其他

设备： 飞纳台式扫描电子显微镜 型号： Phenom ProX

样品处理： 用手术刀刮取 JC1 少许，以导电胶粘附样品于样品台上。

检验及分析说明： 经扫描电镜能谱分析得 JC1 中含有 O、Cl、Ca、Ti 元素。其中 JC1 中含有 Ca 元素，表明红外光谱分析中碳酸盐填料为碳酸钙；JC1 中含有 Cl 元素，表明聚合物为聚氯乙烯。

3. 检验结果

证实红外光谱分析中 JC1 中含有 Cl 元素，聚合物为聚氯乙烯，JC1 中含有 Ca 元素，填料为碳酸钙。

注： **1.** 附原始记录、相关图片和谱图。

2. 请反馈《结果报告书》打印件，可添加附页。

3. 不需反馈鉴定文书。

鉴定意见：

　　根据对检材 1 和检材 2 的检验结果，将两者的塑料种类填入空格：

1. 检材 1： 聚氯乙烯 ；

2. 检材 2： 丙烯腈-丁二烯-苯乙烯共聚物 。

（常见的塑料种类有聚乙烯、聚丙烯、聚苯乙烯、苯乙烯-丙烯腈共聚物、苯乙烯-丁二烯共聚物、丙烯腈-丁二烯-苯乙烯共聚物、聚乙烯醇、聚碳酸酯、聚甲基丙烯酸酯、聚甲醛、聚苯醚、环氧树脂、酚醛树脂、聚酰胺、聚氨酯、聚氯乙烯、聚四氟乙烯等）

附 图 说 明

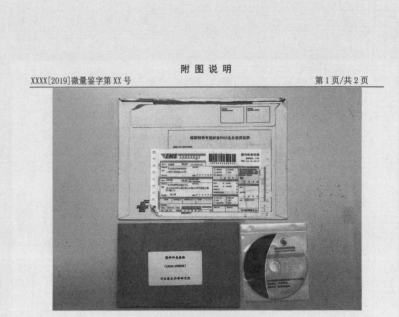

图1 检材外包装1

图2 检材外包装2

图3　检材外包装3

图4　检材外包装4

XXXX 司法鉴定中心

设备使用记录表

设备名称：傅立叶变换红外光谱仪　编号：XXX　　　　第 1 页

序号	日期	开机		关机		检测内容	使用人	备注
		时间	状态	时间	状态			
1	2019.6.25	9时30分	☑正常 ☐异常	12时20分	☑正常 ☐异常	塑料	XX、XX	
		时 分	☐正常 ☐异常	时 分	☐正常 ☐异常			
		时 分	☐正常 ☐异常	时 分	☐正常 ☐异常			
		时 分	☐正常 ☐异常	时 分	☐正常 ☐异常			
		时 分	☐正常 ☐异常	时 分	☐正常 ☐异常			
		时 分	☐正常 ☐异常	时 分	☐正常 ☐异常			
		时 分	☐正常 ☐异常	时 分	☐正常 ☐异常			
		时 分	☐正常 ☐异常	时 分	☐正常 ☐异常			
		时 分	☐正常 ☐异常	时 分	☐正常 ☐异常			
		时 分	☐正常 ☐异常	时 分	☐正常 ☐异常			
		时 分	☐正常 ☐异常	时 分	☐正常 ☐异常			
		时 分	☐正常 ☐异常	时 分	☐正常 ☐异常			
		时 分	☐正常 ☐异常	时 分	☐正常 ☐异常			
		时 分	☐正常 ☐异常	时 分	☐正常 ☐异常			
		时 分	☐正常 ☐异常	时 分	☐正常 ☐异常			
		时 分	☐正常 ☐异常	时 分	☐正常 ☐异常			
		时 分	☐正常 ☐异常	时 分	☐正常 ☐异常			
		时 分	☐正常 ☐异常	时 分	☐正常 ☐异常			
		时 分	☐正常 ☐异常	时 分	☐正常 ☐异常			
		时 分	☐正常 ☐异常	时 分	☐正常 ☐异常			

XXXX 鉴定中心

微 量 物 证 检 验 记 录

受理编号	XXXX		鉴定事项	微量物证
检验方法	GB/T 19267.1-2008 刑事技术微量物证理化检验第 1 部分红外吸收光谱法		检材名称	JC1：事故现场地面提取到的塑料散落物 JC2：被撞车辆上提取到的塑料散落物
检材编号	JC1，JC2		检材状态	固体
环境条件	温度 25℃，湿度 45%		检验日期	2019.06.25

样品处理

1、取适量检材 1（JC1）溶于四氢呋喃溶剂中，用溶液制膜法制备薄膜试样；另取适量检材 2（JC2）溶于二氯甲烷溶剂中，用溶液制膜法制备薄膜试样，做好标记。

2、将制得的 JC1、JC2 薄膜试样分别置于傅里叶变换红外光谱仪中测试。

仪器条件

傅里叶变换红外光谱仪（设备编号：XXXX）：波数范围4000~400 cm⁻¹、分辨率4cm⁻¹、扫描次数16次

检验结果

检材 1（JC1）为聚氯乙烯；检材 2（JC2）为丙烯腈-丁二烯-苯乙烯共聚物。

备注：

鉴定人：XXX	日期：2019.6.25	鉴定人：XXX	日期：2019.6.25

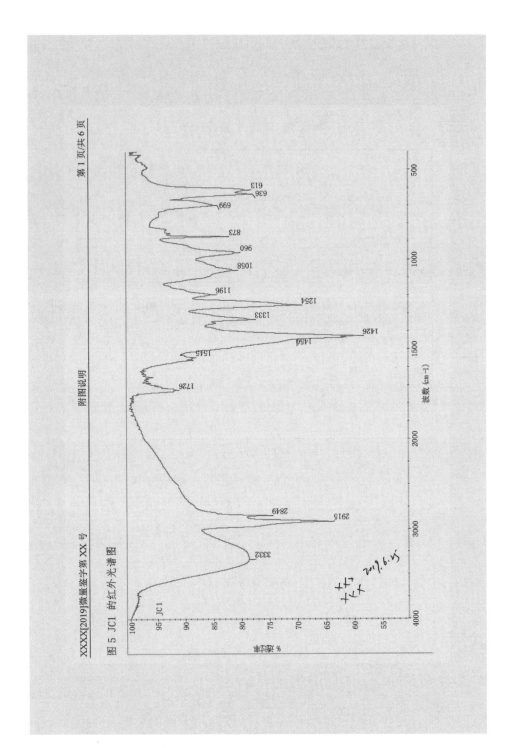

图 5　JC1 的红外光谱图

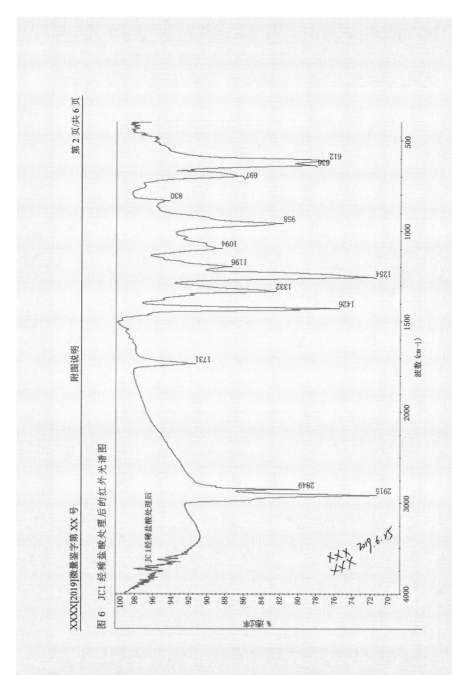

图 6　JC1 经稀盐酸处理后的红外光谱图

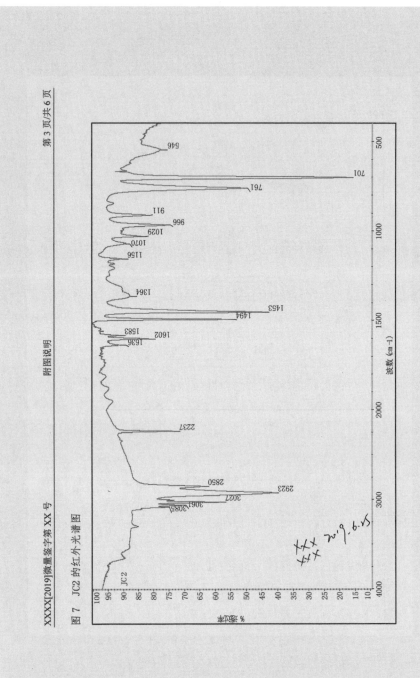

附图说明

XXXXX[2019]微量鉴定字第 XX 号

图 7　JC2 的红外光谱图

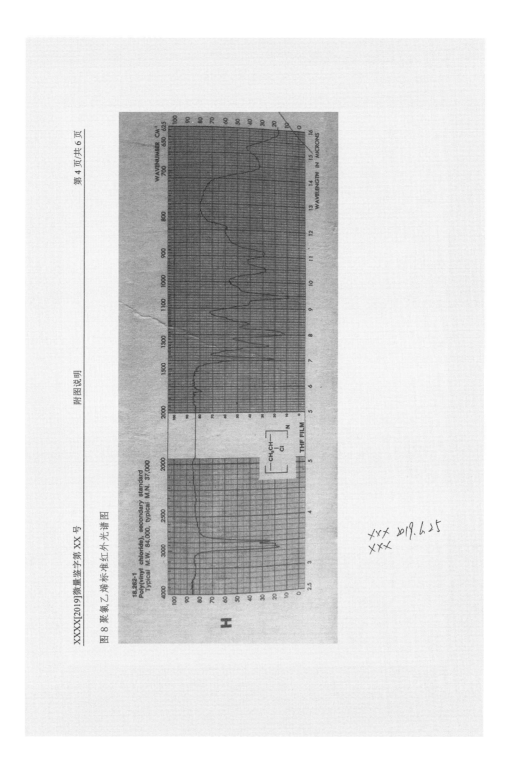

图 8 聚氯乙烯标准红外光谱图

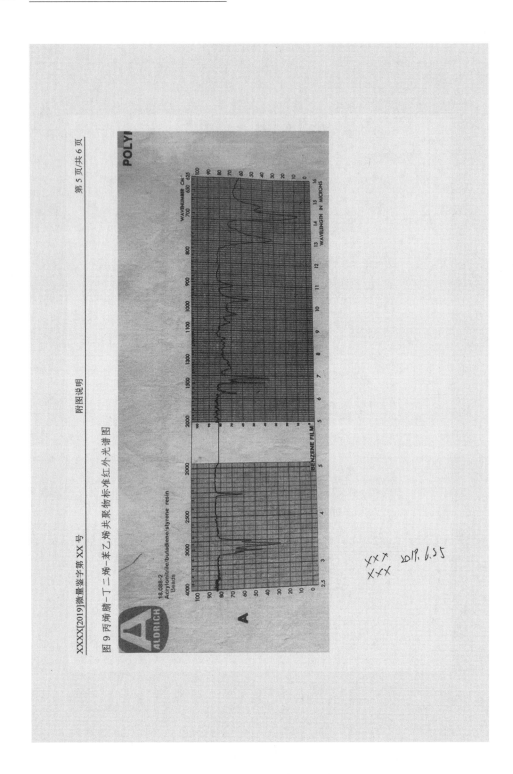

图 9 丙烯腈-丁二烯-苯乙烯共聚物标准红外光谱图

XXXX 司法鉴定中心

设备使用记录表

设备名称：扫描电子显微镜　编号：XXX　　　　　　　第 1 页

序号	日期	开机		关机		检测内容	使用人	备注
		时间	状态	时间	状态			
1	2019.6.26	8时30分	☑正常 ☐异常	9时00分	☑正常 ☐异常	塑料	XX,XX	
		时 分	☐正常 ☐异常	时 分	☐正常 ☐异常			
		时 分	☐正常 ☐异常	时 分	☐正常 ☐异常			
		时 分	☐正常 ☐异常	时 分	☐正常 ☐异常			
		时 分	☐正常 ☐异常	时 分	☐正常 ☐异常			
		时 分	☐正常 ☐异常	时 分	☐正常 ☐异常			
		时 分	☐正常 ☐异常	时 分	☐正常 ☐异常			
		时 分	☐正常 ☐异常	时 分	☐正常 ☐异常			
		时 分	☐正常 ☐异常	时 分	☐正常 ☐异常			
		时 分	☐正常 ☐异常	时 分	☐正常 ☐异常			
		时 分	☐正常 ☐异常	时 分	☐正常 ☐异常			
		时 分	☐正常 ☐异常	时 分	☐正常 ☐异常			
		时 分	☐正常 ☐异常	时 分	☐正常 ☐异常			
		时 分	☐正常 ☐异常	时 分	☐正常 ☐异常			
		时 分	☐正常 ☐异常	时 分	☐正常 ☐异常			
		时 分	☐正常 ☐异常	时 分	☐正常 ☐异常			
		时 分	☐正常 ☐异常	时 分	☐正常 ☐异常			
		时 分	☐正常 ☐异常	时 分	☐正常 ☐异常			
		时 分	☐正常 ☐异常	时 分	☐正常 ☐异常			
		时 分	☐正常 ☐异常	时 分	☐正常 ☐异常			
		时 分	☐正常 ☐异常	时 分	☐正常 ☐异常			

XXXX 司法鉴定中心

微 量 物 证 检 验 记 录

受理编号	XXXX		鉴定事项	微量物证
检验方法	GB/T 19267.6-2008 刑事技术微量物证理化检验 第 6 部分：《扫描电子显微镜/X 射线能谱法》		检材名称	JC1：事故现场地面提取到的塑料 散落物
检材编号	JC1		检材状态	固体
环境条件	温度 23℃　　湿度 44%		检验日期	2019.06.26

样品处理

1、将 JC1 置于有导电胶的样品台上，用压缩空气对样品台进行吹扫，保证检材牢固的附着在导电胶上。

2、若样本、检材导电性差，则置于金属溅射仪中进行适当的喷金处理。

仪器条件

扫描电镜（设备编号：XXXX）：加速电压：□5kv、□10kv、☑15kv；

　　　　　束流强度：□低束流、☑标准束流、□能谱点扫、□能谱线面扫；

　　　　　探头模式：□3D形貌模式A、☑成分形貌模式、□3D形貌模式B。

检验结果

JC1 中含有 O、Cl、Ca、Ti 元素。

备注：

鉴定人：XXX　　　日期：2019.6.26	鉴定人：XXX　　　日期：2019.6.26

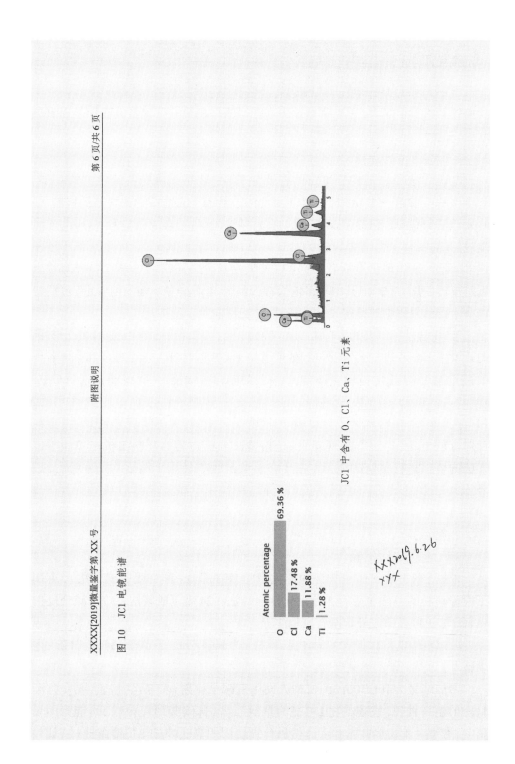

XXXXX[2019]微量鉴字第 XX 号　　　附图说明

图 10　JC1 电镜能谱

JC1 中含有 O、Cl、Ca、Ti 元素

【专家点评】

参加编号为19EB0011和19EB0025的机构在能力验证计划反馈结果中反映出较高的鉴定能力,被专家组评为满意。两家机构在下列各方面均表现出较好的完成度。

1. 检验方法的选择

鉴定方法的合理性是鉴定的首要环节,是获得正确的鉴定意见的基础。对于塑料检验这一鉴定项目,目前可用的方法有《法庭科学塑料物证检验 红外光谱法》(GA/T 1423 – 2017)和《法庭科学 塑料元素成分检验 扫描电子显微镜/X射线荧光光谱法》(GA/T 1521 – 2018),均为公共安全行业标准。《刑事技术微量物证的理化检验第1部分 红外吸收光谱法》(GB/T 19267.1 – 2008)虽然是仪器使用方法,但其中较多内容涉及红外光谱法对未知物的鉴定,包括塑料中主要成分树脂的鉴定,故可用于指导塑料检验。

参加编号为19EB0011和19EB0025的机构均采用《刑事技术微量物证的理化检验 第1部分:红外吸收光谱法》(GB/T 19267.1 – 2008)和《刑事技术微量物证的理化检验 第6部分:扫描电子显微镜/X射线能谱法》(GB/T 19267.6 – 2008)为方法,虽然未引用《法庭科学塑料物证检验 红外光谱法》和《法庭科学 塑料元素成分检验 扫描电子显微镜/X射线荧光光谱法》更具针对性的方法,但有方法管理意识,检验及分析过程亦反映出机构按照鉴定方法的要求进行鉴定的能力。由于在检验过程中使用了核磁共振分析法,编号为19EB0011的机构还引用了《超导脉冲傅里叶核磁共振方法通则》(JY/T 007 – 1996)。

2 检验过程

2.1 红外光谱检验

根据《刑事技术微量物证的理化检验 第1部分:红外吸收光谱法》,可用于检验塑料的方法主要有:(1)溴化钾压片法;(2)热压成膜法;(3)衰减全反射(ATR)法;(4)显微红外金刚石压池法等。

两家机构的检材设置均为B组,检材1为聚氯乙烯(含碳酸钙),检材2为丙烯腈-丁二烯-苯乙烯共聚物。

参加编号为19EB0011的机构先使用衰减全反射(ATR)法检验,初步判断检材的塑料种类,发现检材1可能为聚氯乙烯(含碳酸钙),检材2可能为丙烯腈-丁二烯-苯乙烯共聚物后。然后分别使用四氢呋喃和氯仿溶解检材1和检材2中的高聚物,再将溶液挥干压制成薄膜,使用红外主机透射法进行检验。参加编号为19EB0025的机构亦使用四氢呋喃溶解检材1中的树脂;对于检材2,该机构使用二氯甲烷作为溶剂。待溶液挥干后压制成薄膜,使用红外主机透射法检验。该机构还将检材1用稀盐酸处理,以去除样品中碳酸钙的干扰,再检验其红外光谱。

在检验过程中,编号为19EB0011的机构先使用制样过程较为便捷的衰减全反射(ATR)法检验塑料,根据检验结果初步判断塑料的种类和其中可能还含有的添加剂,选择适宜的溶剂溶解提取树脂,将树脂与添加剂分离,尤其是检材1中的聚氯乙烯和碳酸钙分离。参加编号为19EB0025的机构虽未提及预实验过程,但根据其选择的溶剂类型可知,该机构对检材塑料的可能成分进行了预判断。

在分析未知物的红外光谱图时,应先研究红外光谱提供的结构信息,判断未知物可能为哪类物质,然后可通过谱库检索或者查阅谱图等方式确认。编号为19EB0011的机构采用红外吸收峰位置分析和谱库检索相结合的方式;编号为19EB0025的机构采用红外吸收峰位置分析和与标准红外光谱图比对的方式。对于丙烯腈－丁二烯－苯乙烯共聚物,其红外吸收特征峰为:2236 cm-1(丙烯腈的氰基);966 cm-1、910 cm-1(丁二烯);3061 cm-1、3026 cm-1、1583 cm-1、1576 cm-1、1493 cm-1、1452 cm-1、760 cm-1、698 cm-1、544 cm-1(苯乙烯)。通过确认上述特征峰,并结合谱库信息,可鉴定塑料种类。由于聚氯乙烯中含有碳酸钙,碳酸钙的红外吸收特征峰为:2514 cm-1、1795 cm-1、1436 cm-1、875 cm-1、858 cm-1、711 cm-1,其中1436 cm-1处的峰较宽,会掩盖聚氯乙烯红外特征吸收峰的部分信息。两家机构均使用溶剂提取相对纯度较高的树脂后再检验,获得的红外光谱图与搜索谱库获得的聚氯乙烯谱图或标准聚氯乙烯谱图的匹配度较高。

2.2　其他方法

根据《刑事技术微量物证的理化检验第1部分 红外吸收光谱法》,当对未知物进行鉴定时,可将红外光谱分析与质谱分析、紫外光谱分析、核磁共振、扫描电镜及发射光谱分析等方法配合使用,鉴定未知物是什么物质。

两家机构均使用扫描电子显微镜/X射线能谱法对检材中元素成分进行了检验,以对红外光谱图结果进行补充。

参加编号为19EB0011的机构进一步用核磁共振分析法对聚氯乙烯和丙烯腈－丁二烯－苯乙烯共聚物分别进行了确认,并计算了丙烯－丁二－苯乙烯共聚物中三个单体的相对含量。

[例3] 19EB0018鉴定文书(专家组评价结果:不通过)

CNAS 能力验证计划 CNAS SF0033

塑料种类检验能力验证计划

结果报告书

参加编号: **19EB0018**

样品收到日期: 20190621　　　　　　　检验完成日期: 20190624

使用标准、规范和方法: GA/T 1423-2017 法庭科学塑料物证检验 红外光谱法

GA/T 1521-2018 法庭科学 塑料元素成分检验 扫描电子显微镜/X 射线能谱法

样品外观描述: 收到的样品装在黄色信封内(见附件1图1),内部装有两个黄色小信封,其中之一表面标记为 JC1(见附件1图2),另一个表面标记为 JC2(见附件1图4)。分别打开信封,内部可见无色透明的物证袋,在袋内分别装有一浅色塑料块,标记为 JC1 的为浅黄色(见附件1图3),标记为 JC2 的乳白色(见附件1图5),大小均约为3cm×3cm×0.5cm。检材表面均较洁净,无明显污染物。

检验过程:

1. 红外光谱法

设备: 傅立叶变换红外光谱仪　　　　型号: Nicolet 6700 型

样品处理: 首先用镊子夹取沾有酒精的脱脂棉将检材表面清洁,去除可能存在的污染物。在立体显微镜下,用酒精脱脂棉清洁过的手术刀在检材的表面3个不同部位分别提取少量的塑料样品放到金刚石池上。再将样品池放入样品仓,进行检测。

检验及分析说明: 标记为 JC1 生成的的红外光谱 Wavenumbers: 3026.07、2917.52、2848.51、2236.40、1601.67、1493.56、1451.90、1348.32、1155.39、1069.59、1028.08、965.1909.76、757.45、619.68(见附件2),对数据进行检索,发现标记为 JC1 的塑料为聚苯乙烯(见附件3);标记为 JC2 生成的的红外光谱 Wavenumbers: 2916.92、2849.63、1422.64、1326.84、1241.21、1039.22、964.76、871.79、855.09、681.50、604.71(见附件4),对数据进行检索,发现标记为 JC2 的塑料为聚氯乙烯(见附件5),填料为碳酸钙等。

2. 其他

设备：　扫描电镜/能谱仪　　　型号：　日本电子 JSM5510 型

样品处理：　首先用镊子夹取沾有酒精的脱脂棉将检材表面清洁，去除可能存在的污染物。在立体显微镜下，用酒精脱脂棉清洁过的手术刀在检材的表面 3 个不同部位分别提取少量的塑料样品放到样品台上，将样品放入设备内进行检测。

检验及分析说明：　检验结果：在"JC1"中，检出的元素为 C、O（见附件 6）。在"JC2"中，检出的元素为 C、O、S、Cl、Ca、Ti（见附件 7）。

分析说明：由于 H 元素通过扫描电镜/能说仪，无法检测，因此可以看出"JC1"为较纯净的塑料物质；而"JC2"为含有 Cl 元素较多的不纯净的塑料，其填料物质中主要含有 S、Ca、Ti 等元素。

3. 检验结果

"JC1"为较纯净的聚苯乙烯；"JC2"为填料为 $CaCO_3$ 等的聚氯乙烯。

鉴定意见：

根据对检材 1 和检材 2 的检验结果，两者的塑料种类分别为：

1. 检材 1：　聚苯乙烯　　　；

2. 检材 2：　聚氯乙烯　　　。

附件：

附件 1：验证材料相关照片 9—10 页；

附件 2：JC1 红外光谱图 11 页；

附件 3：JC1 红外光谱检索图 12 页；

附件 4：JC2 红外光谱图 13 页；

附件 5：JC2 红外光谱检索图 14 页；

附件 6：JC1 扫描电镜/能谱图 15 页；

附件 7：JC2 扫描电镜/能谱图 16 页；

CNAS 能力验证计划 CNAS SF0033

附件 1 检测样本图片

图 1 收到的检测样本原始包装

图 2 标记为 JC1 的原始包装

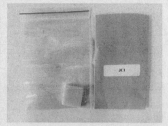

图 3 标记为 JC1 的检材

图 4 标记为 JC2 的原始包装

图 5 标记为 JC2 的检材

编号：SJR-Q07-2017-PT   实施日期：2018-1-2   第 9 页 共 10 页

CNAS 能力验证计划 CNAS SF0033

图 6 标记为 JC1 的立体显微镜照片　　　　图 7 标记为 JC2 的立体显微镜照片

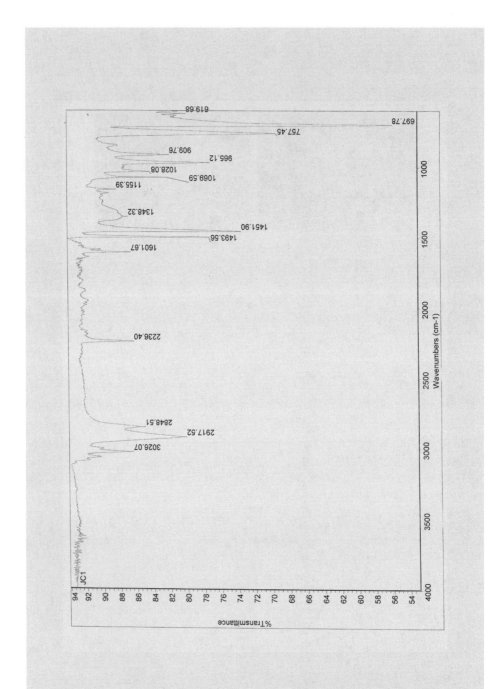

Search results for: JC1
Date: Mon Jun 24 09:54:19 2019 (GMT+08:00)
Search algorithm: Correlation
Regions searched: 3494.44-650.06

JC1
Styrene/Butadiene copolymer (polymerized) Match:93.12
POLYSTYRENE RESIN Match:92.29
POLYSTYRENE RESIN Match:90.62
Poly(styrene-co-acrylonitrile), 25 wt. % acrylonitrile, average MW ca. 165,000 Match:90.26
Styrene/acrylonitrile copolymer 25% Match:89.80

Search results list of matches

	Index	Match	Compound Name	Library Name
1	239	93.12	Styrene/Butadiene copolymer (polymerized)	Paper Materials Library
2	179	92.29	POLYSTYRENE RESIN	Polymer Additives and Plasticizers
3	179	90.62	POLYSTYRENE RESIN	HR Polymer Additives and Plasticizers
4	18022	90.26	Poly(styrene-co-acrylonitrile), 25 wt. % acrylonitrile, aver	Aldrich FT-IR Collection Edition II
5	82	89.80	Styrene/acrylonitrile copolymer 25%	HR Specta Polymers and Plasticizers by ATR
6	193	89.60	Poly(styrene), dicarboxy terminated	Aldrich Polymers
7	662	89.52	PL-9010P	Industrial Coatings
8	808	89.29	TYLAC 68-202	HR Industrial Coatings
9	997	88.88	Poly(styrene)	Nicolet Condensed Phase Academic Sampler
10	2533	88.83	Poly(styrene)	Aldrich Linked IR

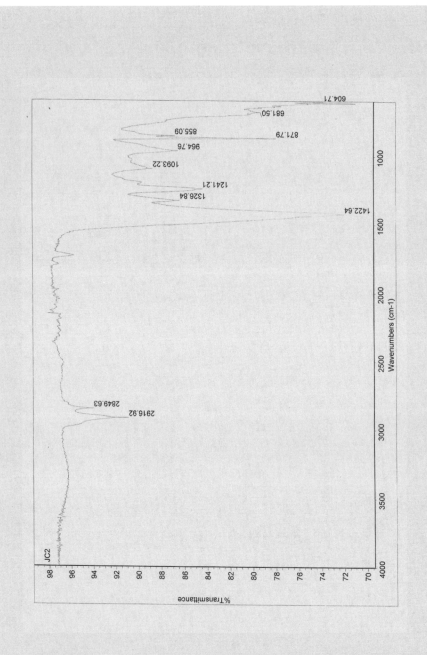

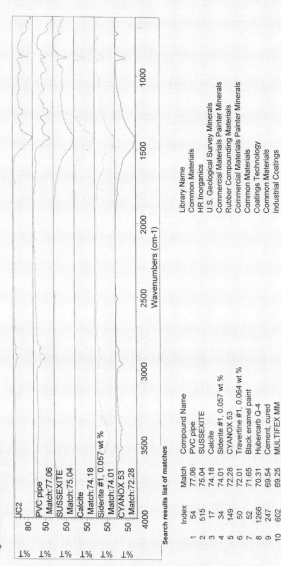

Search results for: JC2
Date: Mon Jun 24 11:01:18 2019 (GMT+08:00)
Search algorithm: Correlation
Regions searched: 3494.44-650.06

Search results list of matches

	Index	Match	Compound Name	Library Name
1	54	77.06	PVC pipe	Common Materials
2	515	75.04	SUSSEXITE	HR Inorganics
3	17	74.18	Calcite	U.S. Geological Survey Minerals
4	34	74.01	Siderite #1, 0.057 wt %	Commercial Materials Painter Minerals
5	149	72.28	CYANOX 53	Rubber Compounding Materials
6	50	72.01	Travertine #1, 0.064 wt %	Commercial Materials Painter Minerals
7	52	71.65	Black enamel paint	Common Materials
8	1266	70.31	Hubercarb Q-4	Coatings Technology
9	247	69.54	Cement, cured	Common Materials
10	602	69.25	MULTIFEX MM	Industrial Coatings

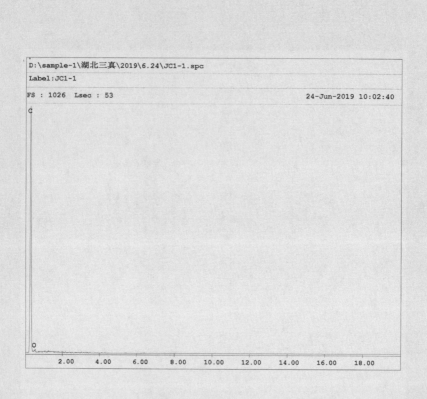

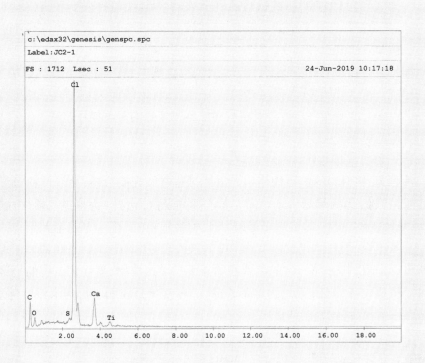

c:\edax32\genesis\genspc.spc
Label:JC2-1
FS : 1712　Lsec : 51　　　　　　　　24-Jun-2019 10:17:18

【专家点评】

参加编号为19EB0018的机构的检验结果不正确,其在塑料种类检验的过程中,尤其是塑料红外光谱的分析中,存在较大的问题,被专家组评为不通过。

1. 检验方法的选择

编号为19EB0018的机构引用了《法庭科学塑料物证检验 红外光谱法》和《法庭科学 塑料元素成分检验 扫描电子显微镜/X射线能法》为方法,该机构也在一定程度上能遵循上述方法对塑料物证鉴定规定的基本操作步骤。

2. 检验过程

2.1　红外光谱法

编号为19EB0018的机构使用ATR法进行红外光谱检验,由于其检材设置为A组,检材1为丙烯腈–丁二烯–苯乙烯共聚物,检材2为聚氯乙烯(含碳酸钙)。在测得的检材1的谱图中可以看到丙烯腈–丁二烯–苯乙烯共聚物的红外特征吸收峰,但机构仅仅依靠谱库搜索来确定塑料的种类。且从谱库搜索结果来看,相似度排在第一位的是苯乙烯–丁二烯共聚物,排在第二位的是聚苯乙烯。但机构将检材1确定为聚苯乙烯,且未加分析说明。机构未将检材2中的碳酸钙分离后检验,但从谱库搜索结果看,检材2的搜索结果中相似度排在第一位的为"聚氯乙烯管道(PVC pipe)",因此对检材2判断正确。考虑到PVC pipe中恰好含有碳酸钙,所以这一判断过程并不严谨。

2.2　其他方法

编号为18EA0039的机构还使用扫描电子显微镜/X射线能谱仪对检材1和检材2中的元素成分进行了分析,判断了聚氯乙烯中碳酸钙的存在。但该方法在对丙烯腈–丁二烯–苯乙烯共聚物的判断上能够提供的信息较少。

由于该机构的检验结果不正确,存在问题较多,按照评判标准,被专家组评为不通过。

【总结】

与以往能力验证计划项目多为比对检验不同的是,本次能力验证计划项目为种类检验。在对塑料样品定性的检验过程和分析说明中,丙烯腈–丁二烯–苯乙烯共聚物塑料检验的重点在于需对丙烯腈、丁二烯和苯乙烯的红外特征吸收峰均进行分析,方能确定塑料种类;聚氯乙烯(含碳酸钙)塑料样品检验的重点则是排除碳酸钙填料的影响。此外,本次能力验证计划的作业指南中亦未提供范围较小的塑料种类选项，仅仅在"鉴定意见"题目后附常见的二十余种塑料名称。整理现有的国家标准和行业标准也可发现，方法中对塑料种类检验的操作步骤和结果分析的表述相对简略，亦未附参照样品的红外光谱图。综合上述背景，项目组认为本次能力验证计划题目的难度为中等偏上，并预计含有聚氯乙烯（含碳酸钙）塑料样品的检测难度高于丙烯腈－丁二烯－苯乙烯共聚物塑料。根据反馈结果，有15家机构的鉴定意见判断有误，错误主要集中于对丙烯腈－丁二烯－苯乙烯共聚物的判断，与方案设计时的预计相反。对于丙烯腈－丁二烯－苯乙烯共聚物，有7家机构判断为聚苯乙烯，5家机构判断为苯乙烯–丙烯腈共聚物，1家机构判断为苯乙烯－丁二烯共聚物。对上述机构反馈的红外光谱图进行分析复核可以发现，其红外光谱检验结果正确，均可定位到丙烯腈、丁二烯和苯乙烯的红外特征吸收峰。由此可见，仅依靠谱库搜索或对红外光谱图分析不全面易得到错误的鉴定意见。

统计总体结果发现，在返回结果的65家机构中，有57％的机构获得了"满意"的评价结果，比例较高；有20家机构对聚氯乙烯（含碳酸钙）塑料中所含元素成分进行了分析，以与红外光谱法相互印证；有13家机构使用了热分析法作为补充；有两家机构和一家机构分别使用了核磁共振法和裂解气相色谱–质谱法检验，以对两个塑料样品的成分进行更精确地定性。此外，65家机构中有13家机构对聚氯乙烯（含碳酸钙）塑料样品的有机成分和无机成分进行了分离分析。因此，在本次能力验证计划中，部分机构已表现出具有较高的塑料成分分析水平；部分机构则应提高鉴定能力，尤其是对红外光谱图的分析水平，在比对检验的基础上应更进一步。

点评人：罗仪文　高级工程师

权养科　研究员